새로운 만남 가까워진 이별 양서류

마니아를 위한 Pet Care 시리즈 NO16

새로운 만남 가까워진 이별
양서류

이태원 지음

씨밀레북스

Prologue

양서류에 대한 지속적인 관심과 애정을 바라며

독자분에 따라서는 사육서라는 이름을 달고 있는 이 책에 개론적인 내용이 왜 이렇게 많이 들어가 있는지 모르겠다고 생각하시는 분이 계실지도 모르겠습니다. 우선 제가 책의 내용을 이와 같이 구성 기술하게 된 이유에 대해 잠시 언급하고자 합니다.
양서파충류를 오랜 기간 사육하고 또 그들의 사육기법을 공부하다 보니 느낀 것이 있습니다. 사람들이 애완동물로서의 양서파충류 사육을 중단하는 이유가 결코 사육과정이 어려워서가 아니라는 것입니다. 이전의 양서파충류 사육환경이 열악했을 때에 비해 요즘은 먹이곤충의 수급도 용이하고 사육에 도움을 받을 수 있는 제반 장치들이 잘 개발돼 있기 때문에 초기에 사육환경을 제대로 갖춰주고 먹이를 적절하게 급여할 수만 있다면, 비록 양서류가 애완동물로서 생소한 생물이기는 하지만 대부분 별다른 문제없이 잘 기를 수 있습니다. 하지만 애완동물로서의 양서파충류에게는 태생적으로 '사육자와 상호교감을 형성할 수 없는 생물'이라는 치명적인 단점이 있습니다.
그런 까닭에 처음 분양받을 때 가졌던 것과 같은 관심과 애정을 이후로도 오랫동안 지속적으로 유지하기가 쉽지 않습니다. 무조건적으로 주기만 해야 하는 사랑을 하다 보면 지치기 쉬우니 말입니다. 주기만 하는 짝사랑에 지쳐 중도에 사육을 포기하는 많은 사람들을 보면서 양서파충류 사육에 있어 중요한 것은, 단순히 동물을 잘 기르는 기술을 알려주는 것보다 자신이 기르는 동물에 대한 관심과 애정을 오랫동안 지속시킬 수 있도록 하는 것이라는 결론에 이르게 됐습니다.

특수동물을 사육하는 사육자의 한사람으로서 또 사육방법을 공부하고 연구하는 사람으로서 저의 관심은 사실 이처럼 사람들이 애완 양서파충류를 처음 대할 때의 관심과 애정을 어떻게 하면 조금이라도 오래 지속시키도록 할 수 있는가에 초점이 맞춰져 있습니다. 관심과 애정이 지속되는 한 자신의 애완동물을 소중히 하고, 조금이라도 건강하게 잘 기르고자 하는 노력 역시 계속 될 테니, 그것이 궁극적으로는 생물을 잘 기르도록 하는 가장 효과적인 방법일 것이라고 생각합니다.

우리 인간에게는 어떤 대상을 사랑하면서도 그 이유를 찾으려는 심리가 있습니다. 이런 이유로 본서가 사육서이기는 하지만 사육기법 외에도 애완동물로서의 양서파충류에 대한 여러 가지 호기심을 유발할 수 있고 또 사육자도 미처 몰랐던 그들의 매력을 느낄 수 있을 만한 다양한 인문학적, 과학적 이야기를 최대한 많이 포함시키려고 노력했습니다. 어떠한 독자분이든 이 책의 어느 한 구석에서라도, 양서류라는 생명체에 대해 조그마한 호기심을 가지게 될 만한 그리고 그들을 사랑하는 마음을 불러 일으킬 만한 작은 실마리를 찾을 수 있게 되기를 바랍니다.

저는 '사육 하의 동물에게 주어질 수 있는 가장 좋은 환경은 최고의 사육자를 만나는 것'이라고 생각합니다. 제가 생각하는 최고의 사육자란 사육종에 대한 관심과 애정을 놓지 않고 계속 가지고 있으면서 동시에 뛰어난 사육기술을 습득하고 적용할 수 있는 사육자입니다. '생물을 잘 기르는 가장 좋은 방법은 그 생물에 대해 가장 많이 아는 것' 입니다. 개인이 기르는 단 하나의 종에 대한 사육방법만을 공부하는 것보다 그 종이 속한 양서류라는 분류군 전체에 대한 폭넓은 이해가 선행되면 사실 그 분류군에 속한 개별 종의 사육은 그다지 어렵지 않고, 사육 하에서 발생할 수 있는 여러 문제에 대해서 보다 정확하고 유연하게 대처할 수 있게 됩니다. 이런 이유로 양서류라는 분류군 자체에 대한 자료를 충분히 싣고자 했습니다.

그러나 한정된 지면에 조금이라도 많은 내용을 담으려다 보니 조금 산만하다고 느끼실 수도 있을 것 같습니다. 파충류에 속한 '거북', '뱀' 이라는 작은 주제로 책을 구성했던 이전과는 다르게 무미목, 유미목, 무족영원목이 아니라 여기에 속한 수많은 종의 특징을 '양서류' 라는 단 하나의 이름 아래 담아내려고 하다 보니 여러모로 부족한 점이 많은 것 같습니다. 저의 학문적, 인문학적 소양의 부족도 많이 느끼게 된 시간이었습니다. 비바리움에 대한 전문적 내용이나 독화살개구리, 팩맨개구리처럼 하나의 종을 한 권의 책으로 다뤄야 할 정도로 그 내용이 방대한 분야는 부득이하게 축약해서 기술했습니다. 다음 기회에 별도의 책으로 만나보실 수 있도록 하겠습니다.

담고 싶은 내용을 다 담을 수는 없었기에 관심 있는 독자분들이 더 많은 내용을 찾을 수 있는 실마리가 되는 키워드를 많이 실으려고 했습니다. 본서의 내용을 기반으로 더욱 더 많은 지식을 쌓아 나가실 수 있게 되기를 기원합니다. 저 역시도 본서를 엮으면서 양서류라는 동물에 대한 새로운 매력을 느끼는 시간을 갖게 됐습니다. 제가 새삼스럽게 느꼈던 이들의 매력을 이 책을 읽으시는 다른 분들도 함께 발견하게 되시기를 희망합니다. 또한, 부족한 내용입니다만 이 책이 사육자들뿐만 아니라 연구자들, 양서류의 생태를 교육하시는 해설사들 그리고 양서류에 관심을 갖고 있는 많은 일반인들께도 실제적으로 조금이라도 도움이 됐으면 하는 바람입니다.

게으르고 부족하고 욕심 많은 필자 때문에 마음고생이 심하셨을 편집장님 이하 출판사 스태프들께 감사 인사를 드립니다. 또한, 저술과정에서 관심을 보여주시고 여러모로 도움을 주신 많은 분들께도 거듭 감사드립니다. 마지막으로 늘 믿어주시고 지켜봐주시는 부모님께 이 책을 바칩니다. 항상 존경하고 사랑합니다.

2018년 08월
이태원

Special Thanks To   • 서산고등학교 김현태 선생님   • 물살이연구소장 손상호 님   • 연피리의 스케치북(https://blog.naver.com/nudepencil) 손근미 님   • 서울연희실용전문학교 애완동물과 전임교수 문대승 님   • Sup_kim94 김현섭 님   • 다트샵(http://www.dartfrog.co.kr) 이승호 님   • 덕표내 川(https://blog.naver.com/ghdejrvy011) 홍덕표 님   • 파로수 김용하 님   • 베이모스농장 김현준 님   • 21세기생명과학문화재단 이주성 실장님   • 이은경 선생님   • 이상혁 선생님   • 함충호 님

Contents

Chapter 1 양서류의 생물학적 특성

Section 1 양서류의 정의와 기원, 진화 14
양서류의 어원 | 육기어류, 양서류 진화의 시작 | 양서류 진화의 원인 | 양서류의 계통발달(미치류, 공추류, 진양서류) | 양서류에서 파충류로의 진화 | 양서류 진화의 증거 '화석' | 현생 양서류의 계통추적 | 양서류의 생태적 위치

Section 2 현생 양서류의 분류 28
무미목/개구리목(서식지, 크기와 체색, 체형, 번식, 수명 | 유미목/도롱뇽목(서식지, 크기와 체색, 체형, 번식) | 무족영원목/무족목(서식지, 크기와 체색, 체형, 번식)

Section 3 양서류의 신체구조 40
머리 | 눈 | 귀 | 입 | 다리 | 꼬리 | 내부장기 | 양서류의 골격(무미목의 골격, 유미목의 골격, 무족영원목의 골격)

Section 4 양서류의 생태 54
활동 | 크기 | 수명

Section 5 양서류의 특성과 습성 62
양서류의 사회행동 | 양서류의 피부(호흡, 수분평형과 투과성, 체온조절, 체색과 보호, 분비물/독/항생물질, 탈피, 피부감각기관) | 양서류의 변태(변태의 정의, 변태가 일어나는 이유, 변태의 유형과 기간, 변태에 작용하는 호르몬, 유형성숙) | 양서류의 휴면 | 양서류의 재생능력 | 양서류의 여러 가지 방어행동(보호색, 투명화, 도망, 땅을 파고듦, 몸을 부풀림, 의태, 자절, 소변배설, 독, 발톱, 뼈, 소리를 지름, 추락)

Chapter 2 인간과 양서류

Section 1 신화와 전승의 상징 104
재생의 상징 | 다산의 상징 | 달, 달의 정령, 음의 상징 | 집의 수호신 | 재물신, 금전적 풍요 | 보은의 존재, 영물 | 왕권, 신성 | 세계의 기둥 | 징벌, 사탄

Section 2 양서류의 이용과 현황 114
식용 | 약용 | 양서류의 멸종(멸종의 원인, 멸종의 영향)

Chapter 3 양서류 사육의 기초

Section 1 애완동물로서의 양서류 124
양서류 사육의 장점(크기가 작다, 안전하다, 청결하다, 수명이 길다, 온순하다, 조용하다, 다양하다, 알레르기를 유발하지 않는다, 자연미를 느낄 수 있다, 관리가 용이하다, 지적 즐거움이 충족된다) | 양서류 사육의 단점(먹이문제, 사육개체와의 교감이 없다, 사육정보의 부족, 생각보다 시끄러울 수 있다, 특이한 사람으로 취급받을 수 있다)

Section 2 양서류 공포증 134
양서류 공포증의 원인 | 양서류를 기피하게 되는 이유(축축하고 차갑고 물컹물컹하다, 갑자기 뛰어올라 놀라게 한다, 이상한 체형, 무표정한 얼굴과 튀어나온 눈, 미끈미끈한 혹은 거칠고 우둘투둘한 피부)

Section 3 서식환경에 따른 양서류의 분류 142
수상성 종 - 팔루다리움이나 비바리움 | 완전수생성 종 - 아쿠아리움, 팔루다리움 | 수륙성 종 - 비바리움 | 지중성 종 - 비바리움

Section 4 애완양서류의 선별과 이동법 148
애완양서류의 선별(야생채집개체보다는 인공번식개체가 좋다, 먹이반응과 영양상태가 좋아야 한다, 좌우대칭이어야 한다, 걸음걸이나 헤엄치는 모습이 정상적이어야 한다, 종 고유의 체색을 유지하고 있으며 탈색이 없어야 한다, 질병증상이 없어야 한다, 외부의 자극에 대한 반응이 정상적이어야 한다) | 양서류의 보정과 이동법 | 양서류 사육 입문자가 피해야 하는 애완종의 조건 | 탈출 시의 대처방법 | 양서류 사육에 있어서의 법률적 문제 | 사육의 즐거움

Chapter 4 양서류 사육장의 조성
Section 1 사육장 조성에 필요한 용품 162
사육장(사육장의 설치위치, 적절한 사육장의 조건, 사육장의 분류) | 바닥재(바닥재의 구분) | 광원 및 열원(조명, 열원, 열원사용 시 주의할 점, UVB) | 여과기(여과란 무엇인가, 여과재의 종류, 내부여과기, 외부여과기) | 공기발생기 | 습도유지장치 | UVB 살균기 | 케이지 퍼니처(은신처, 먹이그릇, 온습도계) | 케이지 데코(백스크린, 유목, 조화, 생화) | 관리용품, 냉각기/쿨링팬, 자외선살균기, 자동온도조절기, 핀셋, 똘채, 분무기, 스펀지/솔 등 사육장 청소용구, 사이펀/환수용 호스

Section 2 양서류 사육장의 조성 202
양서류 사육장의 조성과정(사육계획 수립, 사육공간 분석, 레이아웃 구상 및 디자인, 레이아웃 소재 구입/채취, 사육개체 입식 및 사육장 보완, 기록) | 레이아웃 베이스 제작(백스크린, 나무 외피의 표현, 뿌리나 줄기/넝쿨의 표현, 유목 만들기, 식물 활착 베이스, 이끼 베이스, 배수층의 설치) | 사육장 레이아웃

Section 3 양서류 사육장 레이아웃의 형태 222
아쿠아리움, 완전수생종을 위한 사육형태 | 비바리움, 육상종을 위한 사육형태 | 팔루다리움, 반수생종을 위한 사육형태 | 식물의 식재(수생식물의 종류, 식물식재 시 고려할 점, 양서류 사육장에 식재하기 좋은 식물) | 생명체 입식 시 주의할 점 | 레이아웃의 사후관리

Chapter 5 양서류의 일반적인 관리
Section 1 사육장 및 사육환경 관리 238
온도관리 | 습도관리 | 물 관리 | 수질관리(여과, 환수, pH 관리, 용존산소량 관리) | 조명관리(광도-명암감각의 강도, 광질-빛의 파장과 색상, 광주기-광 지속시간) | UVB 관리 | 환기관리 | 바닥재의 청결 관리 | 사육장 및 사육기자재의 청결 관리

Section 2 먹이 및 영양관리 260
양서류의 소화과정 | 양서류의 식성과 포식행동(양서류의 구강구조, 양서류의 식성, 포식행동) | 사육 하에서의 먹이급여법 | 변온동물 영양관리의 어려움(사육종의 다양성, 상이한 영양상태, 성장속도의 차이, 건강상태와 컨디션의 차이, 급여하는 먹이의 종류) | 양서류 사육에 있어서 먹이급여와 관련된 문제점(올챙이시기의 엄청난 식성과 그로 인한 수질유지문제, 변태 초기의 먹이수급문제, 동식의 문제) | 양서류 먹이급여의 주안점(과다한 먹이공급으로 인한 문제, 영양결핍으로 인한 문제, 불균형적인 식단으로 인해 발생하는 영양의 불균형, 식성의 변화, 적절한 크기의 먹이급여의 중요성)

Section 3 양서류 먹이의 종류 278
먹이동물의 종류와 사육법(실지렁이, 짱구벌레, 브라인슈림프, 귀뚜라미, 밀웜류, 누에, 두비아바퀴벌레, 동애등에, 스프링테일/톡토기, 흔적날개초파리, 그린달웜, 자연의 각종 곤충들) | 소형 어류 | 작은 새, 쥐 등의 동물성 먹이 | 인공사료 | 냉동먹이 | 먹이급여법 | 남은 먹이의 처리 | 양서류의 식욕부진 및 거식의 원인과 대처(온도저하에 따른 대사장애, 적절치 않은 사육장 습도, 적절치 않은 pH, 스트레스와 사육환경 부적응, 바닥재나 이물섭식에 의한 장폐색, 기생충감염, 질병/외상/감염증, 적절치 않은 먹이의 급여, 적절치 않은 위치 및 시간대 먹이급여)

Chapter 6 양서류의 건강과 질병
Section 1 질병의 발생원인과 예방법 306
질병원과 저항력 사이의 균형 | 질병의 발생원인과 예방(적절한 영양의 충분한 공급, 사육장 및 사육장비의 위생관리, 사육환경조건의 관리, 먹이로 인한 감염 주의) | 양서류 질병 예방의 중요성 | 양서류 질병이 위험한 이유(사육환경의 특수성, 발견이 어렵다, 민감한 반응, 질병원인에 대한 정확한 판단의 어려움, 치료의 어려움) | 질병의 징후(활동성 둔화 및 거식, 이상행동의 발현, 신체에 나타나는 이상, 사육장 내 악취) | 질병개체 발견 시 행동(질병개체 격리, 응급조치 및 수의사 진단, 사육환경의 개선) | 질병과 거식과의 관계 | 질병치료에 관한 조언(침착하라, 믿

어라, 격리하라, 점검하라, 늘려라, 줄여라, 정확하게 파악하고 전달하라) 와 굵기, 피부질감의 변화로 구분 | 울음소리로 구분, 울음주머니의 크기와 탄력성의 정도로 구분

Section 2 양서류의 질병과 치료 326
대사성/영양성 질병(대사성 골질환-MBD, 소화기폐색, 탈장/탈항, 지방성 각막병증, 혈변, 비만) | 감염성 질병-곰팡이, 세균, 바이러스, 기생충(곰팡이성 질환, 세균성 질환, 바이러스성 질환, 기생충성 질환) | 환경, 행동 창상성 상해(외상, 골절/내부장기 손상, 탈수) | 기타 질환들(급성중독, 가스색전증, 수종, 휜다리증후군)

Section 3 사육자의 위생관리 354
살모넬라 감염증 | 스파르가눔증 | 교상(咬傷)으로 인한 감염증 | 급성중독(急性中毒) | 양서류의 안락사

Chapter 7 양서류의 번식
Section 1 애완양서류의 도입과 번식현황 362
애완양서류의 국내 도입 | 애완양서류의 번식 현황

Section 2 양서류의 성별구분법 368
크기 차이로 구분 | 체색의 차이로 구분 | 체형으로 구분 | 육융(肉絨), 융모(絨毛)로 구분 | 발가락의 크기와 길이로 구분 | 고막의 크기로 구분 | 교미 위치로 구분 | 총배설강의 형태나 위치로 구분 | 꼬리의 길이

Section 3 번식의 과정 376
양서류의 생식방법(체외수정과 체내수정, 난생/태생/난태생, 특이한 형태의 생식방법 및 유생보호형태, 무성생식, 계절번식종과 기회번식종, 양서류의 한살이) | 동면(cooling)을 위한 모체 관리 | 안정적인 쿨링과 사이클링(동면상자 및 동면수조의 제작과 설치, 사이클링 환경의 조성, 동면 끝내기와 동면 후의 모체 관리) | 메이팅(양서류의 구애행동, 교미, 포접) | 산란 및 수정(산란지의 선택, 양서류의 알, 난괴의 관리, 양서류의 성별결정) | 올챙이의 성장과정과 관리(사육환경 관리, 먹이관리, 사양관리) | 변태 시의 관리 | 변태 후 아와(兒蛙, froglet)의 관리

Chapter 8 양서류의 주요 종
Section 1 양서류의 주요 종 422
애완양서류의 현황 | 양서류의 주요 종 소개
그린 트리 프로그 Green tree frog **426**
러프 스킨 뉴트 Rough skinned newt **428**
레드 샐러맨더 Red salamander **430**
레드 아이 트리 프로그 Red-eyed tree frog **432**
리드 프로그 Reed frog **436**

마다가스카르 레인 프로그 Madagascar rain frog **440**
마블 뉴트 Marbled newt **442**
마블 샐러맨더 Marbled salamander **444**
말레이시안 혼 프로그 Malayan horned frog **446**
머드퍼피 샐러맨더 Mudpuppy salamander **450**
모시 프로그 Mossy frog **454**
버젯 프로그 Budgett's frog **456**
범블비 토드 Bumblebee toad **460**
보르네오 이어드 프로그 Borneo eard frog **462**
블루 스포티드 샐러맨더 Blue-spotted salamander **464**
빅아이 트리 프로그 Big eyed tree frog **466**
사이렌 Siren **468**
스페니시 립 뉴트 Spanish ribbed newt **472**
스포티드 샐러맨더 Spotted salamander **474**
슬리미 샐러맨더 Slimy salamander **476**
아마존 밀크 프로그 Amazon milk frog **478**
아프리칸 불 프로그 African bull frog **482**
아프리칸 클로드 프로그 African clawed frog **486**
아홀로틀 Axolotl **490**
알파인 뉴트 Alpine newt **494**
엠피우마 Amphiuma **498**
엠퍼러 뉴트 Emperor newt **502**
올름 Olm **504**
왁시 몽키 트리 프로그 Waxy monkey tree frog **508**
윌리스 플라잉 프로그 Wallace's flying frog **512**

웨스턴 그린 토드 North American green toad **516**
이스턴 뉴트 Eastern newt **518**
이탈리안 크레스티드 뉴트 Italian crested newt **522**
자이언트 샐러맨더 Giant salamander **524**
차이니즈 와티 뉴트 Chinese warty newts **530**
츄비 프로그 Chubby frog **532**
케인 토드 Cane toad **536**
쿠반 트리 프로그 Cuban tree frog **540**
타이거 레그 몽키 프로그 Tiger-leg monkey frog **542**
타이거 샐러맨더 Tiger salamander **544**
토마토 프로그 False tomato frog **548**
포이즌 다트 프로그 Poison dart frog **552**
피파피파 Surinam toad **558**
혼 프로그 Horned frog **562**
화이어 벨리 뉴트 Fire bellied newt **568**
화이어 벨리 토드 Korean fire-bellied toad **572**
화이어 샐러맨더 Fire salamander **574**
화이트 립 트리 프로그 White lipped tree frog **578**
화이트 트리 프로그 White's tree frog **580**
히말라얀 뉴트 Himalayan newt **584**

부록
우리나라의 양서류 **588**
개구리 인공번식 허가 관련 **592**
CITES **600**

Chapter 01

양서류의 생물학적 특성

양서류의 진화적 기원과 역사에 대해 간략하게 살펴보고,
양서류의 신체구조와 특성 및 습성 등에 대해 알아본다.

Section 01

양서류의 정의와 기원, 진화

'양서류'는 우리가 익히 알고 있는 개구리나 두꺼비, 도롱뇽 등을 통칭해 부르는 용어다. 각각의 분류군을 지칭하는 여러 가지 명칭 가운데서도 이 '양서류'라는 용어에는 이들의 기원, 진화 그리고 생태와 관련된 여러 가지 복합적인 의미가 잘 함축돼 있다.

양서류의 어원(語源)

'兩(둘)+棲(살다)+類(무리)'의 조합으로 이뤄진 '양서류(兩棲類)'라는 명칭은 이 분류군에 속하는 생명체들이 수공간과 육지, 양쪽을 옮겨 다니며 생활한다는 점에서 유래된 것이다(아직 대중적이지는 않지만 같은 의미로 '물뭍동물'이라는 이름으로 불리기도 한다). 양서류를 의미하는 영명인 'Amphibian'도 양쪽을 의미하는 그리스어 'αμϕι(Amphi)'와 생명을 의미하는 'βιοτ(bios)'라는 말이 합쳐진 'αμϕιβιοτ(Amphibios)'에서 유래된 것으로, 역시 그 기본적인 생태를 기반으로 하고 있다(이 용어는 처음에는 물개나 수달을 포함해 물과 뭍 양쪽에서 살 수 있는 동물들을 지칭하는 일반적인 용어로 사용됐으나 이후 양서류만을 지칭하게 됐다).

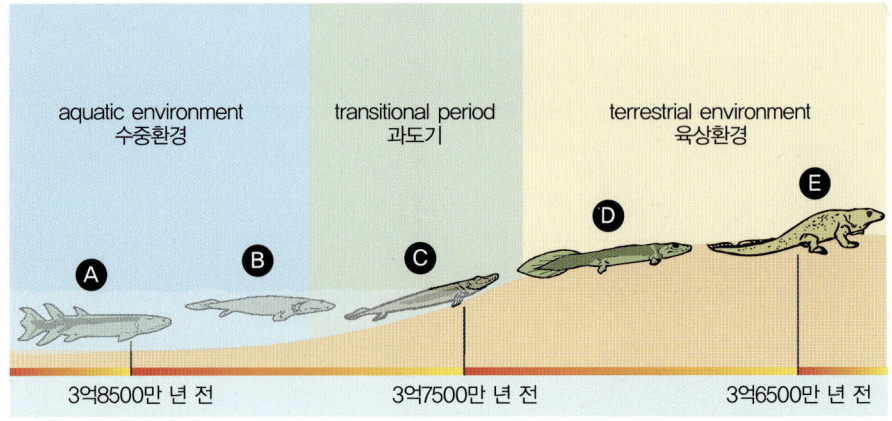

양서류의 진화과정

지구 역사에 있어서 양서류는 수중환경에서 벗어나 육상생활에 적응한 최초의 척추동물로서, 진화의 과정상 수중에서 생활하는 어류와 육지를 주 서식공간으로 하는 파충류의 중간에 위치하고 있기 때문에 생태적으로 물에서 멀리 떨어져서는 생존할 수 없다. 따라서 우리가 이들을 지칭할 때 사용하는 '양서류'라는 명칭은 '물과 뭍 양쪽에서 생활한다'는 분류군의 기본적 생태와 더불어 '물에서부터 뭍으로 진화하는 중간 과정에 있는 생명체'라는 진화사적 의미가 복합적으로 잘 내포돼 있다고 할 수 있다.

육기어류(肉鰭魚類), 양서류 진화의 시작

양서류는 척추동물(脊椎動物)의 한 강(綱)을 이루는 동물군으로, 화석어류인 육기어류로부터 진화해 약 3억8천만 년 전 고생대 데본기(Devonian period)에 지구상에 처음 그 모습을 드러낸 이후 석탄기(Carboniferous period)와 트라이아스기(Triassic period)에 걸쳐 크게 번성했던, 사지동물(四肢動物, Tetrapoda) 가운데 가장 오랜 역사를 가진 분류군이다. '어류의 시대'라고 불리던 고생대 데본기(4억4500만 년~3억9500만 년 전)에 번성한 경골어류(딱딱한 뼈를 가진 물고기) 가운데서, 강한 골격을 축으로 근육이 붙은 지느러미를 가진 육기어류(肉鰭魚類, Sarcopterygian)라는 그룹의 새로운 물고기들이 생겨나게 된다(현존하는 육기어류로는 폐어-肺魚, Dipnoi-[1]와 실러캔스-Coelacanth-[2]가 있다).

이 육기어류는 지느러미에 연골질의 기조(鰭條, 어류의 지느러미 지지붙)가 있는 다른 경골어류와는 달리, 육상척추동물의 지골(肢骨)과 대응되는 단단한 뼈가 포함된 근육질의 가슴

지느러미와 배지느러미를 가지고 있었기 때문에 수중에서처럼 부력에 의존하지 않고도 육지에서 몸을 지탱하고 움직일 수 있었다. 또한, 이들은 다른 어류와는 달리 콧구멍이 입 안쪽으로 뚫린 내비공(內鼻孔)과 원시적인 폐를 가지고 있어 공기를 들이마실 수 있었고(내비공은 육상척추동물의 특징을 나타내는 부분이다. 대부분의 어류는 콧구멍이 구강으로 연결되지 않고 맹낭-盲囊-으로 이어져 있어 냄새만 맡을 수 있을 뿐 호흡을 할 수는 없기 때문이다), 두개골이나 이빨의 구조 등이 원시 양서류와 매우 유사했다. 이런 변화 속에서 마침내 지금으로부터 약 3억8천만 년 전, 지구 생명사에 있어서 일대 혁명적 사건이 일어나게 된다. 이전까지 바다를 터전으로 살아왔던 척추동물들이 처음으로 육지로 진출하게 될 것이다.

생명체의 육지진출은 단순히 수중환경에서 육상환경으로의, '서식환경의 이동'만을 의미하는 것은 아니었다. 육지라는 공간은 산소함량, 유체밀도, 온도조절, 서식지의 다양성 등에서 수중과는 엄청나게 큰 차이를 보이는, 이전의 척추동물들이 경험한 적이 없는 전혀 새로운 세상이었기 때문이다. 이런 이유들로 인해 육상으로 진출한 양서류는 이전과는 완전히 다른 새로운 이동방법, 호흡방법, 번식방법 등을 개발해야 할 필요가 생기게 됐고, 이러한 사실은 곧 나아가 파충류, 포유류, 조류로의 진화의 출발점이 됐다는 점에서 양서류의 육상진출은 진화사적으로 엄청나게 중요한 의의를 가진다고 할 수 있다.

실러캔스(Coelacanth). 시퍼런 체색에 성장 시 길이가 2m에 가깝고, 무게는 100kg 가까이 나간다.

---

1) 폐어(Lungfish)는 1844년 뮬러(J.P. Muller)에 의해 제안된, 폐어 아강(Subclass Dipnoi)에 속하는 담수어류를 총칭하는 용어다. 4억1600만 년 전인 고생대 전기 데본기에 최초로 출현해 현재까지 생존하고 있다. 데본기에 크게 번성했던 폐어는 점차 다양성이 감소하기 시작해 현재는 총 3속 6종이 서식하고 있다. 일반적으로 어류는 아가미를 이용해 호흡하지만, 폐어는 물이 마르는 건조기에는 부레를 이용해 공기호흡을 하는 것이 가능하므로 육상과 수중에서 동시에 서식할 수 있었다. 물이 마르면 남아메리카 폐어는 진흙 속으로 파고 들어가 유도동면상태에 빠지면서 동시에 물질대사를 최소화했고 부레를 이용해 호흡을 했다.

2) 고생대 데본기 후기인 3억7500만 년 전에 나타났다가 중생대 백악기 후기인 8천만 년 전에 멸종됐다고 알려진 물고기다. 총기류(總기類)에 속하는 이 물고기는 시퍼런 체색에 성장 시 길이가 2m에 가깝고, 무게는 100kg 가까이 된다. 1938년 12월 남아프리카 해안에서 산 채로 그물에 걸렸으며, 14년이 지나 두 번째 실러캔스가 발견됐다. 그후 지금까지 남아프리카 코모로 군도(Comoro Is.)를 중심으로 200마리 정도가 발견됐다. 실러캔스는 1997년 여름 인도네시아 셀레베스 섬의 북쪽 해안에서도 발견됐다. 그곳으로 신혼여행을 갔던 미국의 생물학자 부부가 어시장으로 실려가는 실러캔스를 발견해 사진을 찍었다. 코모로 군도와 그곳은 1만km나 떨어져 있지만, 해류는 통하기 때문에 그곳의 환경이 코모로 군도 근해의 환경과 비슷해 실러캔스가 서식했다고 여겨진다. 참고로 우리나라의 63빌딩 수족관에 박제된 실러캔스가 전시돼 있다.

양서류 진화의 원인

그렇다면 여기서 양서류에 대한 최초의 의문이 한 가지 생긴다. 양서류의 조상이 되는 원시 어류는 왜 '바다'라는 풍요롭고 드넓은 공간을 두고 굳이 낯선 육지로 올라가는, 어쩌면 무모해 보이기까지 한 도전을 감행한 것일까 하는 점이다. 과학자들 사이에서도 이 점은 오랜 의문 가운데 하나였는데, 이처럼 어류가 육지로 올라와 양서류로 진화하게 된 이유에 관해서는 다음과 같은 몇 가지 가설이 존재한다.

먼저 진화의 이유가 '수중생태계가 비좁아져서'라는 주장이 있다. 데본기 말의 바다에도 현재의 바다에서처럼 따뜻하고 얕은 수심대에 생물의 종류와 개체 수가 가장 많이 밀집했는데, 이들 간의 경쟁이 점점 치열해지면서 약한 개체들이 땅으로 도망가기 위해 폐호흡을 발달시켰다는 가설이다. 또 다른 가설은 '먹을 것을 찾아서' 진화한 것이라는 주장이다. 이 시기에 이미 육상에는 곤충을 비롯해 다양한 생물들이 번성하고 있었고, 이 작은 동물들은 영양가 높은 훌륭한 먹잇감이었기 때문에 먹이경쟁이 치열한 수중에서 벗어나 새로운 먹이를 찾기 위해 육상으로 상륙했다는 것이다.

'천적을 피해서'라는 의견도 있는데, 상대적으로 약하고 어린 물고기들이 당시 번성하던 판피류(板皮類, Placoderms, 강한 턱뼈와 단단한 갑옷 같은 골성 장갑으로 덮여 있었던 고대 어류)를 피해 비교적 평화로운 얕은 물이나 땅으로 피했는데, 이 육기어류가 지느러미를 발달시켜 다리처럼 사용함으로써 생존에 유리하도록 진화했을 것이라는 주장이다. 또 다른 의견으로는, 데본기에는 계절성 가뭄이 자주 일어나 얕은 물가 등의 서식지가 없어지는 등의 '환경변화가 잦았기 때문'에 이러한 환경에 적응해 물 밖에서 생활할 수 있는 총기어류가 육지에서의 생활시간을 늘려가게 됐다는 가설이다.

육기어류	
종(種)	특징
에우스테노프테론(Eusthenopteron)	양서류 진화의 출발점. 지느러미 안에 육상동물에서와 같은 넓적 다리뼈, 종아리뼈, 정강이뼈를 가짐
판데리크티스(Panderichthys)	얼굴 생김새가 육상동물과 닮은 형태를 띰
틱타알릭(Tiktaalik roseae)	육상동물의 발목 같은 골격과 목을 가짐
아칸토스테가(Acanthostega)	가장 원시적인 4개의 발을 가짐. 골격은 약하고 수중생활을 하며 폐호흡을 했던 생물
이크티오스테가(Ichthyostega)	육기류에서 양서류로 분화되는 최초의 생물. 목과 사지, 폐호흡 등 육상동물의 특징을 가짐

틱타알릭(Tiktaalik roseae)

에스키모어로 '거대한 물고기'라는 의미의 틱타알릭은, 지난 2004년 캐나다 북서부 퀸 엘리자베스 제도의 엘즈미어 섬에 분포돼 있는 데본기 민물퇴적층에서 발견됐다. 지금으로부터 3억7500만 년 전에 살았던 틱타알릭은, 3억8500만 년 전에 살았던 에우스테노프테론(Eusthenopteron)과 3억8천만 년 전의 판데리크티스(Panderichthys) 그리고 3억6500만 년 전에 살았던 아칸토스테가(Acanthostega) 및 이크티오스테가(Ichthyostega)와 같은 미치류(초기 양서류) 사이의 천이과정을 보여주는 대표적 육기어류의 화석으로 학계의 주목을 받고 있다.

틱타알릭은 턱, 지느러미, 아가미, 비늘과 같은 어류의 특징을 가지고 있으면서도 호흡이 가능한 콧구멍 구조와 원시적인 허파 그리고 머리를 움직일 수 있는 목, 갈빗대와 같은 육지동물의 특징도 동시에 가지고 있었으며, 지느러미에는 다리로 진화해가는 형태인 발목과 발꿈치의 구조를 갖추고 있었다. 이와 같은 형태의 생명체를 고생물학계에서는 '발이 있는 물고기'라는 의미로 '사지형 어류(Tetrapodomorpha, fishapod)'라는 명칭으로 부르고 있다. 이러한 사지형 어류를 정의하는 가장 큰 특징으로는, 상완골의 머리 부분이 볼록해서 관절와구(glenoid fossa, 어깨관절을 끼우는 구멍)에 결합되는 구조를 가진 변형된 지느러미를 들 수 있다.

가장 최근의 가설로는, 양서류의 진화가 물고기 간의 경쟁보다는 '환경적인 영향의 결과'라는 주장을 들 수 있다. 식물의 뿌리와 통나무들이 빽빽하게 깔려 있는 범람원 및 호수에서 생활하면서 이러한 장애물들을 넘어가는 데 다리가 편리했으며, 얕은 물속에서 먹이활동을 하는 데는 유연한 목이 유리했기 때문이라는 주장이다.

진화의 이유가 무엇이건 간에 양서류의 진화는 데본기 환경의 결정적 뒷받침이 있었기에 가능한 것이었다. 데본기의 열대지역은 열대성 기후로 인해 습한 환경이었기 때문에 육상생활에 적응돼 있던 총기류는 비록 폐가 완전히 발달하지는 않았으나 크게 영향을 받지 않았을 것이고, 마침 당시 엄청나게 번성했던 육상식물들은 양서류와 같이 건조한 곳에서 살기 힘든 동물들에게 햇빛을 막아주는 그늘과 일정하게 유지되는 수분을 충분히 공급해줬을 것이며, 육상에서 번성하던 다양한 생명체들은 이 새로운 도전자들에게 좋은 먹잇감이 돼줬을 것이기 때문이다. 또한, 데본기 이후에 계속된 석탄기는 온도가 높고 습기가 많은 기후로 인해 이끼류와 거대한 양치류가 번성했고, 이러한 환경조건은 양서류의 생활에 더욱 이상적이었기 때문에 석탄기에는 양서류가 폭발적으로 번성하게 되는 결과로 이어지게 된다. 석탄기와 페름기(Permian period)를 보통 '양서류의 시대(Amphibian era)'라고 칭한다. 최초의 양서류라고 부를 수 있는 동물(Tetrapoda, 사지동물)이 처음으로 지구상에 등장한 시기는 3억8천만 년 전 신고생대 초기인 데본기였기는 하지만, 신고생대 중기인 석탄기 말에서부터 중생대 첫째 시기인 트라이아스기(Triassic period)까지 엄청난 다양성을 가지고 번성했기 때문이다. 양서류는 육지에서 자유롭게 이동할 수 있는 최초의 척추동물이었기 때문에 당시 다른 경쟁자가 없는 안전한 육지에서 서식지를 빠르게 확장시켜 나가면서 다양하게 진화할 수 있었고, 결과적으로 이후 파충류와 포유류 및 조류가 진화할 수 있는 생물학적 토대가 마련될 수 있었다.

그러나 모든 과학자들이 양서류와 파충류의 진화가 이처럼 어류 → 양서류 → 파충류로의 일방향적인 경로로 진화됐다는 이론에 공감하는 것은 아니다. 이와는 다른 경로로 진화했다는 의견을 가지고 있는 과학자들도 있는데, 이들은 석탄기의 지층에서 화석으로 발견되는 유미양서류(有尾兩棲類) 가운데 미치류(迷齒類)를 예로 들어 현존하는 폐어(肺魚)나 경골어류와 머리뼈의 구조가 비슷하며, 다른 한편으로는 골격의 분화가 덜

세이모우리아(*Seymouria*) 화석. 페름기에 살았던 세이모우리아는 양서류에서 파충류로 진화해가는 과정에 있는 파충류형 양서류라고 할 수 있다.

이뤄진 파충류와 비슷하므로 이와 같은 미치류로부터 한쪽은 파충류로, 다른 한쪽은 양서류로 진화됐다는 의견을 제시하고 있다. 현재 양서류 진화의 비밀을 풀 열쇠가 되는 화석의 산출이 많지 않기 때문에 그 비밀은 아직 완전히 풀리지 않고 있다.

한편, 전체 척추동물에서 양서류가 차지하는 비중이 적고, 덩치가 크고 강하게 진화하지 못했다는 이유로 양서류를 진화의 과정에서 뒤처진 분류군이라고 생각하는 사람들이 있는 것도 사실이다. 그러나 양서류는 처음 지구상에 모습을 보인 이래로 현재에 이르기까지 장장 2억 년이 넘는 유구한 시간을 생존해왔고 7400여 종 이상에 이르는 엄청나게 다양한 종으로 분화돼 존재하는 것으로 볼 때, 현대 양서류의 진화는 상당히 성공적이었다고 평가할 수 있다.

> **진화연대표**
>
> 실루리아기 - - -> 데본기 -> 석탄기 -> 페름기 -> 트라이아스기 - - -> 쥐라기 -> 백악기
>
> 고생대(古生代, Paleozoic Era)는 5억8천만 년 전부터 2억5100만 년 전까지의 지질시대를 말한다. 고생대 이전을 신원생대, 이후를 중생대라고 한다. 지금으로부터 5억4200만 년 전부터 2억5100만 년 전까지의 시대로서 초기부터 캄브리아기, 오르도비스기, 실루리아기, 데본기, 석탄기 및 페름기의 6기로 구분된다. 캄브리아기에서 실루리아기까지의 시대를 구고생대, 데본기에서 페름기까지의 시대를 신고생대라고 한다. 중생대(中生代, Mesozoic Era)는 크게 트라이아스기, 쥐라기, 백악기로 나뉘며, 대략 2억4500만 년 전부터 6600만 년 전까지의 시기로 약 1억8천만 년 정도 지속됐다.

양서류의 계통발달

양서류(Class Amphibia)는 현재는 멸종한 미치류(迷齒類, Labyrinthodontia)와 공추류(空椎類, Lepospondyli) 그리고 현생 양서류로 이어지는 진양서류(眞兩棲類, Lissamphibians) 등 3개의 아강(Subclass)으로 나뉜다.

■ **미치류(迷齒類, Labyrinthodontia)** : 견두류(堅頭類, Stegocephalia)라고도 불리는 미치류는 고생대 데본기 말에서 중생대 트라이아스기에 걸쳐 서식했던, 양서류 가운데서도 가장 오래된 종류로 총기어류로부터 기원했다고 추정되고 있다. 이들의 두개골은 총기어류의 머리뼈와 형태적으로 매우 유사하며, 이빨의 횡단면을 보면 에나멜질 표면이 미로처럼 복잡하게 꺾여 들어가 구불구불한 선을 나타내는 특징이 있어 미치류라는 이름이 붙었다. 미치류는 아직 어류의 체형을 띠고 있었고 피부의 진피에 골성(骨性) 비늘을 가지고 있었으며, 물고기와 같은 꼬리가 있었으나 보행이 가능한 대칭적인 지느러미 및 부레로부터 파생된 원시 허파를 갖추고 있었다. 이전의 육기어류는 비록 원시적인 허파를 가

지고 있기는 했지만 호흡은 주로 아가미를 사용한 데 비해 미치류는 주로 허파에 의존했으며, 육기어류가 몸과 꼬리로 추진력을 얻고 지느러미로 균형을 잡은 반면 미치류는 이동을 위해서는 네 다리를 이용했고 균형을 잡는 데는 꼬리를 이용했다고 추측되고 있다. 이처럼 미치류는 육기어류로부터 진화했으나 육상생활에 점차 적응해나갔다는 측면에서 육기어류와는 분명한 차이가 있다. 양서류의 진화를 이야기할 때 자주 언급되는 이크티오스테가(Ichthyostega)가 미치류의 대표적인 화석종이며, 이러한 미치류는 이후 공추류와 진양서류로 진화하게 된다.

■**공추류**(空椎類, Lepospondyli) : 공추류는 석탄기 전기에서부터 페름기 전기까지 생존했고, 지리적으로는 현재의 유럽과 북아메리카에만 분포했다고 알려지는 분류군이다. 이들은 영원이나 뱀 혹은 도마뱀의 모습처럼 다양한 형태의 체형을 가지고 있었는데, 두개골의 형태로 보아 미치류로부터 진화했다고 생각되며 작은 도롱뇽의 모습을 띠고 있다. 이들은 실패 모양의 단순한 척추를 가지고 있었는데, 이 척추뼈가 원통 형태를 띠고 있어 '속이 빈 척추'라는 의미로 '공추류(空椎類)'라는 이름이 붙게 됐다.

■**진양서류**(眞兩棲類, Lissamphibians) : 마지막 가지인 진양서류는 진양서아강에 속하는 양서류의 총칭으로서 이후 현대의 양서류로 분화됐다. 진양서류는 약 3억 년~2억5천만 년 전에 나타난 것으로 추정하고 있다. 현존하는 모든 양서류는 진양서아강(眞兩棲亞綱, Lissamphibia) 도약상목(跳躍上目, Salientia)에 포함되는데, 모두가 이에 속하는 세 개의 목(目), 즉 유미목(有尾目), 무미목(無尾目), 무족영원목(無足蠑螈目) 가운데 하나에 속한다.

양서류의 기원설

양서류의 기원에 관해서는 두 가지 주장이 있다. 우선 모든 양서류가 공통적으로 육기어류의 조상으로부터 유래됐다는 일계통발생설(一系統發生說)과, 공추류는 미치류와는 독립적으로 총기류의 조상으로부터 유래됐으며 진양서류는 공추류의 자손에서 파생됐다고 주장하는 이계통발생설(二系統發生說)이 그것이다. 과학자들에 따라 현생 양서류가 단일 계통군에서 진화한 것인지 혹은 다계통으로 진화했는지에 대해 의견이 분분하다.

양서류의 일계통발생설		양서류의 이계통발생설	
육기어류	→ 미치아강 → 공추아강 → 진양서아강	육기어류	→ 미치아강 → 공추아강 → 진양서아강

어류, 양서류, 파충류의 차이

	어류	양서류	파충류
서식	물에서 생활	항상 물과 가까이 생활	물에서 떨어져도 생존 가능
외부조직	비투과성의 비늘	투과성의 피부	비투과성의 비늘
수정방법	체외수정	체내수정, 체외수정	체내수정
알	부드러운 젤리질에 쌓인 알	부드러운 젤리질에 쌓인 알	부드럽거나 딱딱한 석회질의 알 껍질
변태	하지 않는다.	한다.	하지 않는다.
호흡	아가미호흡	아가미호흡, 폐호흡, 피부호흡	피부호흡
순환	1심방 1심실	2심방 1심실	2심방 불완전 1심실
질소대사 산물	암모니아(경골어류) 요소(연골어류)	암모니아, 요산	요산의 형태

*종에 따라 예외는 있을 수 있다.

양서류에서 파충류로의 진화

초기의 양서류는 대개 수중생활을 주로 했지만, 후기로 갈수록 공기호흡의 효율성 향상, 이산화탄소 제거, 건조에 대한 저항성, 두부의 운동능력 향상, 기타 형태학·생리학적인 적응을 거치면서 점차 육상생활에 더 잘 적응하게 됐다. 이로 인해 분포지역 역시 더욱 넓어지고 형태적으로도 다양한 분화가 자연스럽게 이뤄지게 됨으로써 결과적으로 지구상에 존재하는 척추동물의 다양성에 크게 기여하게 된다.

어류에서 양서류로의 이러한 진화가 진화사적으로 놀라운 것이기는 했지만, 양서류가 육지생활에 최적화된 형태의 생명체는 아니었다. 왜냐하면 물 밖으로 나오게 된 지 얼마 지나지 않았기 때문에 호흡을 위해 항상 피부를 축축하게 유지해야 했고, 어류처럼 번식효율이 떨어지는 체외수정법을 그대로 유지하고 있었으며, 알도 반드시 물에서 낳아야 하는 데다가 그나마 그 알들도 손상되기 쉬웠기 때문이다. 이러한 이유들로 인해 양서류는 진화가 거듭된 현재까지도 물에서 완전히 떨어져서는 생존할 수 없다. 게다가 양서류가 가지고 있는 2심방 1심실의 심장은 폐순환한 피가 체순환한 피를 만나 산소가 묽어지는 등 여러 가지 문제를 내포하고 있었기 때문에 고대 양서류는 육지환경에 대한 좀 더 효과적인 적응을 위해 계속적으로 진화를 거듭해야 할 필요가 있었고, 그 결과 점차 파충류로 진화해가게 된다.

석탄기와 페름기를 정점으로 번성하던 양서류는 그로부터 1억5500만 년 뒤 삼첩기(Triassic period)가 끝나기까지 거의 대부분의 종이 멸종됐고, 이후 양서류로부터 진화한 파충류에게 생태학적 우위를 점차 빼앗기게 되면서 그 숫자 역시도 현저히 줄어들어

현재에 이르고 있다. 전성기의 양서류는 현대의 악어와 같은 생태적 위치를 점유하며 최대 6m에 이를 정도로 거대한 몸집을 가지고 있었으나, 시간이 흐르면서 그 크기가 점점 작아지고 다양성 역시 줄어들었고, 현재는 진양서아강(眞兩棲亞綱, Subclass lissamphibia)만 남게 됐다.

양서류 진화의 증거 '화석'

양서류의 화석은 상당히 드물다. 이는 무엇보다도 양서류의 서식환경 자체가, 사체의 부패가 빨리 진행되고 포식자들이 많은 수변환경으로서 기본적으로 화석이 만들어지기 어려운 장소였기 때문일 것으로 추측된다. 현재까지 발견된 것 가운데 가장 오래된 양서류의 화석은 데본기 후기인 약 3억8천만 년

서식환경의 특성으로 인해 양서류의 화석은 매우 드물다.

전에 라트비아 지역에 서식하던 판데리크티스(Panderichthys)라고 알려져 있다. 도롱뇽과 개구리는 중생대 쥐라기, 무족영원은 신생대 제3기에 최초의 화석이 확인됐으며, 도롱뇽류의 화석은 쥐라기에 발견되는데 이들은 모두 북반구에서 진화됐다고 여겨진다. 무족영원류의 화석은 양서류 가운데서도 특히 더 드문 편인데, 이는 굴을 파고 생활하는 습성과 숫자가 적은 골격 때문인 것으로 생각된다. 최초의 무족영원 화석은 1972년에 이르러서야 팔레오세(Paleocene Epoch) 층에서 발견됐다.

현생 양서류의 계통추적

현대의 양서류는 유미목, 무미목, 무족영원목의 세 종류로 크게 나뉘지만, 각각의 종의

지질연대표 (Geologic time scale)

단위(백만 년 전)

대(Era)	기(Period)		절대연대	생물의 출현
신생대 (CENOZOIC)	제4기	홀로세(HOLOCENE)	00.1	현생인류 출현
		플라이스토세 (RECENT PLEITOCENE)	1.6~0.01	
	제3기	플라이오세(PILOCENE)	5.3~1.6	원시인류 출현
		마이오세(MIOCENE)	23.7~5.3	포유류와 조류의 분화
		올리고세(OLIGOCENE)	36.6~23.7	포유류의 진화와 확산
		에오세(ECOCENE)	57.8~36.6	현생 포유류 분화
		팔레오세(PALEOCENE)	66.4~57.8	포유류 등장
중생대 (MESOZOIC)	백악기(CRETACEOUS)		144~66.4	공룡의 번성과 멸종
	쥐라기(JURASSIC)		208~144	도마뱀, 시조새 등장
	트라이아스기(TRAIASSIC)		245~208	포유류 출현, 거북 출현
고생대 (PALEOZOIC)	페름기(PERMIAN)		286~245	대멸종
	석탄기(CABORNIFEROUS)		360~286	최초의 파충류 출현
	데본기(DEVONIAN)		408~360	폐어, 곤충류, **양서류 출현**
	실루리아기(SILURIAN)		438~408	절족동물이 바다를 이탈
	오르도비스기(ORDOVICIAN)		506~438	초기 어류 출현
	캄브리아기(CAMBRIAN)		570~506	삼엽충 출현, 무척추동물 번성
원생대			2500~570	해조류, 박테리아 출현
시생대			3800~2500	단세포생물

직접 조상을 추적하는 계통추적은 쉽지 않은 작업이다. 파충류의 경우와는 달리 양서류의 선조는 아직까지 수수께끼에 싸여 있다. 원시 양서류가 갑작스러운 멸종을 맞았고 현재 발견되는 양서류 화석도 극히 희소한 데다가, 발견되는 화석들도 골격 외에는 종을 분류하는 중요한 특징들이 분명하지 않은 상황이며, 멸종 이후 살아남은 종들이 새로운 환경에 발맞춰 이전의 원시적인 화석종에 비해 각기 다른 방향으로 현저하게 진화해왔기 때문이다. 이처럼 고대 양서류와 현생 양서류를 이어주는 화석이 발견되지 않고 있고, 현존하는 양서류 간의 유연관계를 명확히 밝히기 어렵기 때문에 양서류의 종을 분류하는 데 있어서도 학자에 따라 많은 견해 차이가 존재한다(양서류의 진화에 대해 좀 더 알고 싶은 독자는 로버트 캐롤-Robert Carroll-이 저술한 'The rise of amphibians : 365 million years of evolution' 을 읽어볼 것을 추천한다).

양서류의 생태적 위치

양서류는 어류와 파충류의 중간에 위치하고 수중생태계 및 육상생태계의 에너지와 물질순환(物質循環)을 연결하는 역할을 하며, 생태계 먹이사슬에서 중요한 위치를 차지하고 있다. 양서류는 곤충의 주요한 포식자로서 생태계에서 곤충의 수를 조절하고 농작물에 피해를 주는 각종 곤충들을 구제해주는 유익한 존재다. 또한, 인간과 가축

양서류는 곤충의 주요 포식자다.

에게 치명적인 질환인 라임병[3], 뎅기열[4], 말라리아를 옮기는 모기와 흡혈진드기 등 질병을 매개하는 해충들을 구제해주는 순기능도 수행한다. 워싱턴에 본부를 둔 세계적 민간환경연구단체 월드워치연구소(Worldwatch Institute)[5]는 〈1992년 지구환경보고서〉에서 '인도 서벵골 지방의 말라리아 발생률이 유달리 높은 것이나 마하스트라 지방의 농작물 해충피해가 심각한 것은 개구리가 줄었기 때문'이라는 연구결과를 발표한 바 있다. 과거 1970~1980년대 방글라데시에서는 개구리 뒷다리 수출 붐이 일면서 개구리의 개체 수가 줄어들자 해충과 수인성 전염병의 발생이 급증했다. 1989년에는 개구리 수입에서 벌어들이는 외화의 3배를 살충제를 수입하는 데 써야 했는데, 이후 개구리 수출을 금지하고 1년도 되지 않아 살충제 수입이 30~40%나 감소했다.

이외에도 양서류는 부패과정의 한 원인이 되는 곤충류를 포식함으로써 온실효과를 지연시키는 역할도 수행하고 있다. 지구온난화로 인해 한반도가 점차 아열대성 기후로 변화하고 있고, 그에 따라 곤충의 숫자와 종도 다양해질 것으로 예상되는 상황에서 양서류 개체 수의 감소로 인한 생태적 악영향은 더욱 심각해질 것으로 예상된다.

---

3) 제2의 에이즈(AIDS)로 불리는 병으로 숲, 덤불, 초원 등에 사는 진드기를 감염시키는 세균이 일으킨다. 진드기는 주로 동물, 특히 사슴이나 작은 설치류의 몸에 붙어 다니는데, 사람이 감염된 진드기에 물리면 병에 걸리며 주로 날씨가 따뜻할 때 유행한다. 이 병이 발견된 미국 코네티컷 주에 있는 도시 올드라임에서 따와 명명됐다. 4) 뎅기 바이러스가 사람에게 감염돼 생기는 병으로 고열을 동반하는 급성 열성질환이다. 뎅기 바이러스를 가지고 있는 모기가 사람을 무는 과정에서 전파된다. 이 모기는 아시아, 남태평양 지역, 아프리카, 아메리카 대륙의 열대지방과 아열대지방에 분포한다. 우리나라에는 없는 병이지만, 최근에는 유행지역에 다녀온 후 발병하는 경우가 매년 30여 명씩 보고되고 있다. 뎅기 바이러스를 전파하는 모기는 집 주위에 서식하는 모기이며, 보통 비가 고인 폐타이어나 물웅덩이에 서식하고, 주로 낮에 활동한다. 5) 환경운동가 레스터 브라운이 설립한 환경 분야 전문 연구기관이다. 그린피스 등의 환경운동단체와는 달리 과학적인 연구조사결과를 발표하는 철저한 연구기관으로서 1984년부터 매년 〈지구환경보고서〉를 발간하고 있으며, 1988년부터 격월간 잡지인 〈월드워치〉를 발간하고 있다. 〈지구환경보고서〉는 매년 초 전 세계 언론들이 인용, 보도하는 환경 분야 최고의 권위지이며, 특히 환경 이슈를 대중들이 쉽게 이해할 수 있도록 간략한 수치화를 통해 구체적으로 제시하는 것으로 유명하다.

Section 02

현생 양서류의 분류

린네의 분류법칙에 따르면, 현생 양서류는 동물계(*Animalia*) 척색동물문(*Chordata*) 척추동물아문(*Vertebrata*) 사지상강(*Tetrapoda*) 양서강(*Amphibia*) 진양서아강(*Lissamphibia*)으로 분류된다. 현존하는 양서류는 '꼬리와 다리의 유무'에 따라 성체 시에 꼬리가 없는 무미목(無尾目, *Anura*), 꼬리를 가지는 유미목(有尾目, *Caudata*), 다리가 없는 무족목(無足目, *Caecilian*)의 세 종류로 크게 분류되며, 약 7400여 종 정도가 알려져 있다(학자에 따라 영원목, 사이렌목, 도롱뇽목, 개구리목 등 4개 목으로 분류하기도 한다).

이와 같이 양서류의 신체구조가 다르다는 사실은, 일차적으로 그 신체적 특성에 적합한 환경이나 생활양식, 산란형태, 사냥방법 등 여러 가지 면에서 서로 간에 차이점을 가지도록 하고, 나아가 종 구분에 있어서 큰 의미를 가지는 생리적 격리(physiological isolation, 생리적인 현상에 의해 유전자형 상호 간에 유전적 교섭이 방지되는 현상, 생리적 고립)에도 지대한 영향을 미치는 요인이 된다.

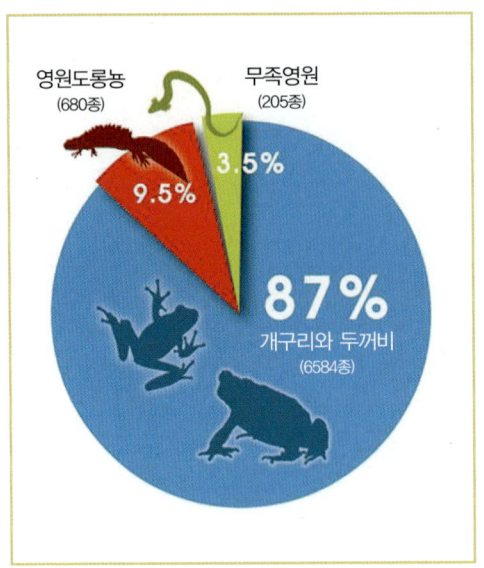

양서류의 각 분류군. 무미목은 양서류 가운데서 가장 큰 목이다
(2015년 11월 8일 amphibiaweb.org 참고).

양서류는 전체 종수를 특정하기가 상당히 어렵다. 알, 유생, 성체의 모습이 완전히 다르고 각각의 시기에 따라 전혀 다른 서식공간에서 살아가기 때문에, 조사를 진행하는 데 있어서 기본적으로 다른 분류군들에 비해 어려움이 있다. 그런 데다가 멸종되는 종이 해마다 늘어나고 있는 반면, 동남아시아와 남아메리카 등지처럼 생물다양성이 상대적으로 풍부한 지역에서는 매년 30~40종이 새로이 발견돼 신종으로 기재되고 있기 때문에 양서류 전체 종수는 조사할 때마다 편차가 크게 나타난다.

무미목(無尾目) / 개구리목(Anura)

개구리나 두꺼비, 맹꽁이 등 무미목을 의미하는 'Anura'는 고대 그리스어로 '없다'는 의미의 'an-'과 '꼬리'를 의미하는 'oura'가 합쳐진 말이다. 무미목은 양서류 가운데서 가장 진화된 형질을 가지고 있으며, 뛰어난 환경적응력으로 인해 다른 목(目)에 비해 생활영역이나 지리적 분포범위도 넓고 개체 수와 종수 역시 가장 많기 때문에 양서류라는 분류군의 다양성이라는 측면에 가장 큰 기여를 한 목(目)이다. 학계에서는 현재의 무미양서류가 약 1억9천만 년 전에 지구상에 출현한 것으로 보고 있다.

무미목은 머리형태와 다리길이, 외비공(外鼻孔)의 위치, 이선(耳腺)의 유무, 동공·고막·피부의 상태, 발가락의 형상, 흡반·혀·위턱니·서골판(鋤骨板)·골격의 형상, 선골·흉대·척추골의 형태상 차이, 앞발가락의 관절골 및 위턱뼈의 이빨 유무, 빨판이나 물갈퀴의 상태 등을 기준으로 다시 꼬리개구리나 무당개구리를 포함하는 원시적인 원와아목(原蛙亞目, Suborder archaeobatrachia)과 발톱개구리를 포함하는 중와아목(中蛙亞目, Mesobatrachia) 그리고 현생 개구리종의 대부분(96% 이상)을 포함하는 신와아목(新蛙亞目, Suborder neobatrachia) 등 3개 아목으로 분류된다.

화이트 립 트리 프로그(White lipped tree frog)

전 세계에 약 6600여 종 이상이 서식하고 있으며, 우리나라에는 두꺼비아목에 3과 5종과 개구리아목에 2과 6종(북방산개구리, 계곡산개구리, 한국산개구리, 무당개구리, 청개구리, 수원청개구리, 금개구리, 두꺼비, 옴개구리, 참개구리, 황소개구리, 맹꽁이, 물두꺼비)이 서식하고 있다. 무미목은 구성된 종의 숫자가 양서류 가운데 가장 많기 때문에 멸종위기에 처한 종의 수 역시도 가장 많이 포함돼 있다. 현재 심각한 멸종위기에 처해 있는 475종의 양서류 가운데 400종이 무미목에 속한다.

■ **서식지** : 극지방과 극심하게 건조한 사막을 제외한 모든 형태의 서식지에서 서식하며, 성체는 물 근처나 물속에서 일생을 보내는 종류도 있고 육지에서 주로 생활하다가 번식기에만 물속으로 들어가는 종도 있다. 어떤 종은 짝짓기를 할 때에도 물속으로 들어가지 않고 육상에서 번식을 시도한다. 또한, 많은 종이 나무에서 살거나 나무에 기어오른다. 일부 종은 땅속에 굴을 파고 살다가 비가 올 때만 잠시 밖으로 나오기도 한다.

■ **크기와 체색** : 주둥이에서 항문까지의 길이는 주로 2~12cm이며, 1~35cm까지 다양한 분포를 보인다. 체색은 종에 따라 엄청나게 다양한 양상을 보인다.

■**체형** : 개구리가 되기 전의 올챙이는 머리와 몸통이 합쳐져 둥글며, 세 쌍의 겉아가미와 긴 등지느러미로 수중생활을 하다가 변태가 일어나면서 육상으로 진출한다. 변태과정에서는 뒷다리가 먼저 생겨나고 앞다리가 생긴다. 모든 개구리는 앞다리에 발가락이 4개, 뒷다리에 5개가 있다. 몸이 굵고 짧으며, 목 부분에는 잘록한 굴곡이 없어 몸통과 구분이 되지 않는다. 성체에서는 꼬리가 없어지고 네 다리, 특히 뒷다리가 매우 발달한다. 다리의 발달 정도는 서식환경에 따라 상이한 양상을 보인다.

■**번식** : 대부분 체외수정을 한다. 무미목 양서류는 모든 척추동물을 통틀어 생식방법이 가장 다양하다고 알려져 있다. 알은 거의 물속에 낳지만, 습한 땅 또는 나무 위에 낳거나 어미의 몸에서 발달하기도 한다. 대부분 종의 배는 올챙이단계를 거치지만, 몇 종은 알 속에서 발생해 바로 새끼개구리로 부화되며 아예 새끼를 낳는 종도 있다.

■**수명** : 보통 1~10년을 살며 드물게 40년 이상을 살기도 하지만, 자연상태에서는 이렇게 오래 사는 경우가 드물다.

독특한 체색과 귀여운 얼굴을 지닌 아마존 밀크 프로그(Amazon milk frog)

개구리와 두꺼비의 차이		
	개구리	두꺼비
서식지	수중, 육지, 나무 위 등으로 다양	주로 육상에서 서식(극히 드물게 나무에서 서식하는 종도 있음)
체형	다양	대체로 통통함
다리길이	보통 개구리가 두꺼비보다 길다.	
이동	도약, 걷기, 수영, 활강 등 다양	대부분의 경우 걸어 다님
다리의 굵기	두꺼비가 개구리보다 굵은 편이다.	
물갈퀴와 빨판	있다.	없다.
독	보통은 없다.	대부분 있다.
피부	매끄럽고 물기가 있다.	울퉁불퉁하고 건조한 편이다.

두꺼비과(Bufonidae)에 속하는 250여 종을 일컬어 두꺼비(True toads)라고 부르기도 하지만, 대개 움직임이 느리고 사마귀 형태의 피부돌기로 인해 거친 피부를 가진 개구리나 두꺼비를 지칭하기도 한다. 그러나 개구리와 두꺼비의 이러한 차이는 분류학적으로 공식적인 내용은 아니며, 수많은 예외가 존재한다. 다만 생태적으로는 두꺼비가 개구리에 비해 좀 더 건조한 지역에 서식할 수 있다.

유미목(有尾目, Urodela) / 도롱뇽목(Caudata)

유미목을 의미하는 'Caudata'라는 명칭은 '꼬리'를 의미하는 라틴어 'cauda'로부터 유래됐다. 유미목은 무미목과 달리 변태 이후에도 꼬리를 그대로 가지고 있기 때문에 형태적으로는 파충류인 도마뱀과 유사하다. 무미목과 마찬가지로 변태를 하기는 하지만, 신체에서 상당한 비율을 차지하는 꼬리가 변태 이후에도 그대로 남아 있기 때문에 외형적으로 무미목에 비해 유생에서 성체로 되는 과정이 극적인 변화를 겪는 것처럼 보이지는 않는다. 도롱뇽과 영원을 포함해 약 680여 종 내외가 있으며, 우리나라에는 도롱뇽, 고리도롱뇽, 제주도롱뇽, 꼬리치레도롱뇽, 이끼도롱뇽 등 모두 5종이 서식하고 있다. 진화의 단계에서는 유미목이 무미목보다 먼저 출현한 것으로 알려져 있다.

■ **서식지** : 남아메리카, 중앙아메리카, 미국 남부, 유럽, 지중해의 섬, 아프리카, 일본과 타이완을 포함한 아시아 지역에 서식하는데 북반구에 서식밀도가 높다. 서식환경은 다양하며 물에서 사는 종, 뭍에서 주로 사는 종, 물과 뭍에서 모두 사는 종이 있다. 일부 종은 사막에 가까운 건조지역에서 서식하며, 일부 종은 해발고도 4000m 이상의 추운 산악지대에서도 관찰된다.

■**크기와 체색** : 평균적인 크기는 5~15cm이지만 최대 150cm에 이르는 종도 있다. 수중생활을 하는 종이 육상종보다 대체로 체구가 크며, 대부분의 종이 체구가 작아 사람 눈에 잘 띄지 않는다. 세 가지 목 가운데 크기 차이가 가장 심하게 나지만 형태적으로는 거의 흡사하다. 육지에 서식하는 종 가운데 가장 큰 것은 타이거 샐러맨더이고 수생종으로는 중국장수도롱뇽이 가장 크게 성장한다. 체색은 초록색, 갈색, 검은색, 빨간색, 주황색 등 매우 다양하며, 동굴생활을 하는 종은 체표에 색소가 전혀 없는 경우도 있다.

■**체형** : 전형적인 형태는 몸이 짧고 4개의 다리와 긴 꼬리를 가지고 있다. 꼬리는 몸통 길이와 거의 같거나 2배 정도에 이르기도 한다. 피부는 매끄럽고 비늘이 없으며 습기를 띠고, 두부는 약간 편평하고 넓다. 꼬리는 둥글게 시작해서 후반부가 지느러미 모양으로 완성된 형태로 헤엄치는 데 알맞게 발달돼 있다. 네 다리로 땅 위를 천천히 걸어 다니며, 발가락은 앞다리에 4개와 뒷다리에 5개가 일반적이다. 피부는 매끈한 것부터 돌기나 주름이 발달된 것까지 다양하며, 독샘이 발달돼 있는 종도 있다.
네 다리는 같은 크기이며 뒷다리와 앞다리의 구조는 별 차이가 없는데, 종류에 따라서는 다리가 퇴화됐거나 사이렌과(Sirenidae)처럼 뒷다리가 없는 종도 있으며, 엠피우마 종류처럼 몸이 매우 긴 반면 꼬리와 다리는 매우 짧은 종도 있다. 무미목에 비해 머리가 작은 편이고, 길고 유연한 몸통과 긴 꼬리를 가지고 있다. 수생종은 세로로 납작한 꼬리를 헤엄치는 데 사용한다. 꼬리는 변태 후에도 없어지지 않고 남는다.

케이브 샐러맨더(Cave salamander, *Eurycea lucifuga*)

■**번식** : 이들의 번식행동은 매우 복잡하며 대부분 체내수정으로 알을 낳는다. 어떤 종의 경우 암컷이 몸속에서 알을 부화시켜 낳는다. 번식기의 수컷에게는 아름다운 혼인색이 나타나며, 암컷 앞에서 구애의 춤을 춘다. 일반적으로 수컷이 정포(精包, spermatophore)를 배출하면 이를 암컷이 총배설강(總排泄腔, cloaca)에 저장하는데, 이렇게 저장된 정자는 암컷의 수정낭 안에서 장기간 생존한다.

도롱뇽(salamander)과 영원(newt)의 차이

유미목인 이 두 생명체 간의 관계는 마치 무미목의 '개구리와 두꺼비'의 관계에 비유할 수 있다. 영원은 도롱뇽의 하위그룹이므로 모든 영원은 도롱뇽이다. 그러나 모든 도롱뇽이 영원은 아니다. 마치 모든 두꺼비는 개구리지만 모든 개구리는 두꺼비가 아닌 것과 같다. 이 둘은 편의상 암수에 따른 성적이형성, 꼬리 모양, 서식지, 피부 독성의 수준과 같은 기준에 따라 분류하기는 하지만 서로를 명확하게 분류하기는 어렵다. 영어로도 샐러맨더(salamander)와 뉴트(newt)는 간혹 뒤섞여 사용되는 경우가 많다.

이 두 그룹의 생태적 차이를 대략적으로 살펴보면, 영원은 상대적으로 울퉁불퉁한 피부를 가지는 데 비해 도롱뇽은 마치 개구리와 같이 촉촉하고 부드러운 피부를 가지고 있다. 모든 영원류는 연못이나 개울에서 번식하며 올챙이시기를 거친다. 도롱뇽은 독이 없는 종도 있지만 영원은 모두 독이 있으며, 강도도 도롱뇽보다 센 편이다. 성적이형성이 영원에게서 더 두드러지게 나타나며, 도롱뇽의 꼬리가 영원에 비해 상대적으로 더 두꺼운 편이다. 영원은 도롱뇽에 비해 수환경에서 주로 활동하는 경향이 있고(아성체 시기에는 육지가 필요하다), 영원이 도롱뇽보다 지느러미가 발달돼 있다.

그러나 예외적인 종도 있기 때문에 이러한 분류도 모든 종에게 통용되는 절대적인 기준은 아니다. 처음 이 두 생명체 사이를 분류한 것은 유럽이었고 유럽에 있는 종만을 대상으로 특정한 기준에 따라 나눈 것이었기 때문에 한정된 지역의 몇몇 종을 대상으로 한 분류는 가능할지 모르지만, 전 세계에 서식하는 도롱뇽과 영원의 모든 종으로 그 대상을 확대한다면 기존의 분류기준이 불명확해지는 문제가 필연적으로 생기기 때문이다. 과학자들 사이에서는 체내수정으로 번식하고 아래턱의 전관절뼈(前關節-, prearticular bones)가 유착돼 있는 점 등을 들어 영원아목(Salamandroidea)이 도롱뇽아목(Cryptobranchoidea)보다 조금 더 진화한 도롱뇽이라고 평가되고 있다. 그러나 영원아목에 속하는 종들 가운데서 도롱뇽이라는 이름으로 불리는 것들도 있다. 결론적으로 볼 때 '도롱뇽과 영원', '개구리와 두꺼비'의 구분은 일반명을 가진 생명체 분류상의 문제점을 나타낸다고 할 수 있다.

정포는 종에 따라 형태적으로 차이가 있다. 그러나 사이렌과의 경우, 수컷에게는 정포를 생산하는 총배설강 샘이 없고 암컷은 수컷으로부터 받은 정자를 저장하는 저정낭(貯精囊, spermathecae)을 가지고 있지 않기 때문에 체외수정으로 번식한다. 번식기에는 다양한 종들이 독특한 구애의식을 하며, 페로몬을 방출함으로써 교미를 유도한다. 페로몬의 방출방법은 각각의 서식환경에 따라 상이한데, 지상성 종들은 신체의 분비샘으로부터 나오는 페로몬을 신체접촉을 통해 확산시키고, 수생종들은 꼬리를 떨거나 흔드는 동작으로 물을 통해 페로몬을 확산시키는 행동패턴을 보이는 경우가 많다.

알은 산란 때에 가서 수정되며, 1개씩 수초에 낳아 붙인다. 유생은 깃털 모양의 겉아가미가 있으며, 처음에는 무미목처럼 다리가 없다. 유미목은 무미목과는 달리 변태 시 앞다리가 먼저 나오고 뒷다리가 나온다. 대부분 유생단계를 거치지만 던스 샐러맨더(Dunn's salamander, *Plethodon dunni*)처럼 올챙이단계를 거치지 않는 종도 있고, 이와는 반대로 몇 년 동안이나 유생생활을 하는 종도 있다. 또한, 산골영원(*S. atra*)처럼 암컷의 몸속에서 완전히 변태시기를 거친 후 새끼도롱뇽이 출산되는 태생종도 있고, 성체가 돼도 유생적 특징을 보유하는 유형성숙(幼形成熟)을 하는 종도 많다. 인공사육 하에서 20년 내외로 생존하며, 드물게 50년 이상을 살기도 한다.

무족영원목(無足蠑螈目, Gymnophiona) / 무족목(Apoda)

무족영원목을 뜻하는 'Gymnophiona'는 그리스어로 '벌거벗은'이라는 의미의 'gymnos'와 뱀을 의미하는 'ophis'에서 유래된 명칭이다. 무족영원은 과거에는 뱀과 관련이 있는 것으로 오랫동안 생각돼왔다. 무족목을 나타내는 'Apoda'는 라틴어로 '없다'라는 의미를 가진 'An-'과 다리라는 뜻의 'poda'에서 유래됐다. 일반적으로는 영명으로 세실리안(ceacilian)이라고 불리는데, 이는 장님을 뜻하는 라틴어 'caecus'에서 유래된 말이다. 벌레와는 전혀 관련이 없지만 형태적으로 지렁이나 곤충의 애벌레와 비슷하게 보이기 때문에 세실리안 웜(ceacilian worm)이라고 불리기도 한다.

약 200여 종 정도가 있으며 주름의 유무와 수, 꼬리의 유무, 항문이나 촉수의 위치, 피부 속에 파묻혀 있는 작은 비늘의 유무 등을 기준으로 다시 분류된다. 땅속에서 주로 서식하고 거의 밖에 나오는 일이 없기 때문에 '은둔의 양서류'라는 별명을 가지고 있을 만큼 쉽게 볼 수 없으며, 특히 우리나라에는 이 과에 속하는 종류가 전혀 서식하지 않아 국내외를 막론하고 일반인들에게는 양서류 가운데 가장 생소한 그룹이라고 할 수 있다. 아직까지 국내에는 애완으로 도입된 적이 없으며, 거의 지하성 생활을 하기 때문에 희소성에 비해 애완으로서의 가치는 낮게 평가되고 상업적으로 유통되는 경우도 거의 없다.

■서식지 : 인도와 스리랑카, 중국 남부, 말레이반도에서 필리핀 남부에 걸친 동남아시아, 중앙아프리카의 동부와 서부의 일부 지역, 세이셸(인도양 서부) 그리고 남아메리카 북동부 지역의 축축한 흙이 많은 열대우림 산림과 물기가 충분히 유지되는 습지의 느슨한 흙에 서식하며, 일부 종은 저지대의 강과 하천에도 서식한다. 무족영원목에 속하는 대부분의 종류는 육지의 습지에 구멍을 파고 살지만, 드물게 남아메리카의 물무족영원류처럼 수중환경에 적응해 살아가는 종도 있다. 물에서 서식하는 종은 몸의 후면에 작은 지느러미를 가지고 있어 마치 뱀장어처럼 보인다.

■크기와 체색 : 가장 작은 종은 7~11.6cm로 지렁이 정도 크기이고, 대형종인 톰슨 영원(Thomson's ceacilian, Caecilia thomsonai)은 1.5m 이상까지 성장한다. 보통은 10~70cm 내외의 크기가 일반적이다. 체색은 대부분이 어두운 갈색이나 청회색이지만, 일부 종은 배 부분에 밝은 노란색 또는 분홍색을 띠고 있거나 전체가 분홍색 또는 주황색으로 밝은 색을 가진 종도 있다. 주름의 연결 부위의 색은 희거나 푸른색을 띠는 것이 일반적이다.

양서류 국명의 어원

이름	어원
개구리	• 울음소리로 인해 붙여진 명칭. 한자어로는 '개구리 와(蛙)', 영어로는 'frog'라고 한다. • 개구리는 지역에 따라 '머구리'나 '먹자구', '골개비'와 같이 완전히 다른 이름으로 불리는 경우도 많아 그 이름이 의성어에서 비롯된 것이 아니라 개(水)+굴(蟲-양서파충류를 의미하는 명사)+이(접미사)의 조합이라는 의견도 있다.
두꺼비	• 두(콩 豆/콩깍지/콩의 꼬투리)와 겁데기(갑데기/怯/거북의 어원)가 합쳐진 말. 우리말의 '두껍다'로 호두의 껍데기처럼 두껍고 단단한 피부상태를 표현한 말이다. • 몸체와 껍질이 개구리보다 두껍다고 해서 붙여졌다는 가설도 있다. 한자어로는 '두꺼비 섬(蟾)'을 사용하며, 영어로는 'toad'를 쓴다.
맹꽁이	• 울음소리로 인해 붙여진 명칭. 한자어로는 맹꽁이 맹(黽)을 사용한다. • 맹꽁이를 의인화해 맹공(黽公)이라는 한자어로 표기했는데, 이 말에 접미어 '이'가 붙어 '맹공이 → 맹꽁이'가 됐다는 설이 있다.
도롱뇽	'도룡용', '물용', '석룡자'로도 불린다. '물용'은 서식지와 관련이 있고, 석룡자(石龍子)는 돌 밑에 사는 용의 새끼라는 의미이다. 도롱뇽의 정확한 어원은 알려져 있지 않으나 〈표준국어대사전〉에는 '되롱+용(龍)'에서 온 말로 보고 있으며, '되롱'은 짚이나 띠와 같은 것으로 엮어 허리나 어깨에 두르는 전통 비옷을 말한다. 되롱 → 되룡 → 되룡이 → 되룡룡 → 도롱뇽으로 변화된 것으로 추측된다. 한자로는 도롱뇽을 예(鯢)라고 표기하는데 물고기 어(魚) 변에 아이 아(兒)가 합쳐진 말로, (한자가 유래된) 중국이 원산지인 장수도롱뇽의 어린아이 같은 울음소리에서 유래된 것으로 보인다. 영어로는 'salamander'라고 한다.
영원	영원 영(蠑)+영원 원(蠑) 혹은 영원(蠑螈), 영어로는 'newt'라고 한다.
무족영원	無足蠑螈, 영원류 가운데 다리가 퇴화된 종류를 이른다. 영어로는 'caecilian'이라고 한다.

■ **체형**: 몸은 커다란 지렁이 모양이며 다리가 없고, 움직일 때도 역시 지렁이처럼 기어 다닌다. 다른 목들과는 달리 땅을 파고 활동하기 때문에 뼈들이 융합된 매우 강하고 두꺼운 두개골을 지니고 있다. 사지(四肢)를 가지고 있지 않으며 꼬리는 전혀 없거나 극히 짧고, 총배설강은 몸의 끝 쪽에 위치하고 있다. 수컷의 총배설강은 돌출해 교미기관으로 변형돼 있기도 하다. 뱀처럼 귓구멍은 사라지고 없다. 양서류의 다른 종들이 2개의 폐를 가지고 있는 데 비해 무족영원류는 한 개의 폐를 가지고 있고, 다른 하나는 거의 퇴화돼 있다. 이는 비슷한 체형을 가지고 있는 뱀에게서도 나타나는 동일한 현상으로, 좁고 가는 체강에 내부장기를 수납하기 위해 진화한 적응형태라고 할 수 있다.

거의 지중생활을 하기 때문에 눈은 아주 작거나 피부로 덮여 흔적만 남아 있는 경우가 많고, 간혹 위턱뼈 아래에 숨겨져 있는 경우도 있다. 당연히 시력은 극히 미약해 명암 정도만 구별이 가능하다. 이처럼 시각을 이용한 먹이활동을 못하는 대신, 눈과 코 사이에 자극과 화학물질을 감지할 수 있는 한 쌍의 특수한 촉수가 발달돼 있어 이를 움직여

무족영원목의 세계분포도. 2005년 리보솜 DNA(rDNA) 분석을 통해 분자계통발생론(molecular phylogency)으로는 세 목 가운데 유미목과 무족영원목 둘 사이의 유연관계가 무미목보다 더 가깝다는 것이 알려졌다.

먹잇감이나 위험을 감지한다. 주로 곤충과 연체동물을 잡아먹는데, 뱀처럼 독을 이용하거나 먹이를 휘감는 방법으로 제압하는 것이 어렵기 때문에 일단 입으로 먹잇감을 잡은 다음 몸 전체를 강하게 회전시켜 제압한다. 이러한 방식은 파충류 가운데 무족도마뱀의 사냥방식과 상당히 흡사한데, 아마도 굴속이라는 제한된 공간에서 다리가 없는 몸으로 취할 수 있는 가장 효율적인 공격방식이기 때문일 것이다. 또한, 큰 먹잇감을 삼킬 수 있을 정도 크기의 작은 조각으로 뜯어낼 때도 동일한 회전방식을 이용한다.[6]

몸은 수많은 고리 모양의 주름(transverse folds)을 가진 동심환체(同心環體, annulli)이며, 주름 사이사이에 2차적인 잔주름이 있어 유연성을 부여한다. 많은 종에 있어서 피부 속에 각질의 비늘이 감춰져 있지만, 촉감은 일반적으로 비늘이 있는 경골어류를 만졌을 때처럼 아주 부드럽다. 다른 목의 양서류와 마찬가지로 눈 뒤쪽에 위치한 특수한 분비선에서 독소를 분비해 스스로를 보호한다.

■**번식** : 계절에 상관없이 짝짓기를 하며 체내수정을 통해 번식한다. 대부분의 도롱뇽들도 체내수정으로 번식을 하고 있기는 하지만, 무족영원의 체내수정은 도롱뇽의 그것

---

[6] 무족영원류는 위아래 턱뼈에 두 줄의 이빨이 잘 발달돼 있는데, 대부분의 양서류가 주로 곤충이나 작은 물고기를 먹는 데 비해 무족영원류의 먹이는 상당히 다양하다. 흰개미나 개미, 딱정벌레 같은 곤충 또는 지렁이 같은 무척추동물 등을 주로 먹기는 하지만 개구리, 뱀, 도마뱀과 다른 무족영원류까지 먹이로 삼는다고 알려져 있다. 또한, 다른 목의 양서류가 살아 움직이는 먹이를 선호하는 데 비해 무족영원류는 죽어서 움직이지 않는 것도 먹이로 인식한다.

과는 완전히 다르다. 일반적으로 도롱뇽이 수정 시에 특별히 생식기라고 불릴 만한 기관을 사용하지 않는 데 비해 무족영원은 팔로디움(phallodeum)이라고 불리는 특수한 생식기를 이용해 교접하기 때문이다. 이는 양서류 가운데 무족영원류만이 지닌 독특한 방식이라고 할 수 있다. 대부분 태생으로 번식하며, 전체 종 가운데 약 25% 정도가 난생으로 번식한다.

무족영원의 유생은 아가미와 짧은 꼬리를 가지고 있으며, 이는 다른 양서류와 마찬가지로 변태과정에서 사라진다. 일부 종은 태어날 때부터 성체의 형태를 띠고, 성장 중에 변태를 하

알을 돌보고 있는 무족영원

지 않는다. 유생도 육식으로서 태어날 때부터 이빨을 가지고 있으며, 이빨을 사용해 먹이활동을 한다. 알이나 새끼도 모두 지하에서 낳는데, 새끼를 양육하는 방식에 있어 다른 양서류종과는 상당히 다른 차이점을 보이는 특징이 있다.

알에서 깨어난 새끼들은 바로 독립적인 활동을 하지 않고 당분간 어미 곁에 머물면서 어미의 피부조각을 조금씩 갉아 먹으며 성장한다. 모든 양서류가 탈피를 하지만 새끼들이 먹는 이 피부조각은 낡은 탈피 허물이 아니라 새끼의 양육을 위해 특별히 생성되는 것으로, 다른 세포에 비해 비정상적으로 큰 세포에 다량의 지방과 기타 영양성분을 함유하고 있기 때문에 새끼들에게 더 많은 에너지와 영양분을 제공할 수 있다. 어미는 이러한 세포를 3일마다 한 번씩 새로 만들어내는데, 기록에 따르면 새끼의 체중을 1주 이내에 10배 가까이까지 폭발적으로 증가시킬 정도로 많은 영양분을 포함하고 있다고 알려져 있다. 태생을 하는 종 역시 어미의 난관 안에 있는 새끼들은 자신의 이빨로 난관 내벽의 샘분비물(glandular secretions)을 긁어 먹으며 성장한다. 무족영원의 어미는 이처럼 자신의 몸을 희생해 새끼를 기른다. 수명은 15년 내외다.

Section 03

양서류의 신체구조

변태를 하는 특성으로 인해 양서류의 신체구조는 올챙이단계와 성체단계로 나눠볼 수 있다. 여기서 올챙이란 일반인들에게 익숙한 무미목의 어린 개체를 이야기하는 것이 아니라 양서류의 일반적인 유생단계를 의미한다. 무미목의 경우 부화 초기에는 머리가 달려 있는 동그란 몸통에 가느다란 꼬리가 있는 형태지만, 변태가 가까워질수록 몸이 길어지고 다리가 생기면서 꼬리는 사라진다. 유미목은 무미목과는 달리 변태 이후에도 꼬리가 남아 있으며, 무족영원목은 올챙이시기를 겪지 않는다.

양서류의 체형은 비교의 기준을 무엇으로 설정하느냐에 따라 상당한 차이를 보인다. 그 기준을 무미목과 유미목, 무족영원목의 '양서류 3개 목'에 한정한다고 하면, 이들 상호 간의 체형 차이는 '상당히 크다'고 할 수 있다. 무미목은 몸의 형태가 다른 동물과 쉽게 구분된다. 그러나 무족영원류는 개구리나 도롱뇽보다는 지렁이 혹은 뱀으로 착각하기 쉽고, 유미목은 같은 목의 다른 양서류보다 오히려 파충류인 도마뱀과 그 형태가 유사하다. 하지만 비교의 기준을 조류, 포유류처럼 '다른 육상척추동물군'으로 잡는다면, 양서류의 체형변화는 '거의 없다'고 할 수 있다.

파충류나 조류, 포유류처럼 완전히 육상형으로 진화한 동물의 체형변화는 아주 다채롭기 때문에, 그런 분류군에 비한다면 사실 양서류는 체형의 변화는 거의 없는 것이나 마찬가지라고 말할 수 있다. 더구나 앞서 언급했다시피, 양서류 목 서로 간의 체형 차이는 있지만 그 각각의 목에 속하는 개별 종들의 형태적 차이는 거의 없다. 종에 따라 약간의 크기 차이나 체형의 차이가 없는 것은 아니지만, 이러한 차이는 육지의 다른 동물에 비한다면 극히 미미한 정도에 불과하다(또한, 고생대의 종과 현재의 종을 비교해보더라도 체형에 있어서 차이가 거의 없다. 이는 고생대에서부터 현대에 이르기까지 생활양식이 거의 변하지 않았다는 것을 의미한다).

양서류의 몸체는 전 종이 모두 좌우대칭이며, 무미목과 유미목의 전후와 등배는 대체로 잘 분화돼 있는 편이지만, 무족영원의 경우에는 앞과 뒤, 등 쪽과 배 쪽의 구분이 잘 되지 않는 경우가 많다. 암수의 형태적 차이는 극히 미미하지만 생식혹, 목주름, 울음주머니 등 세부적인 부분이 서로 다르다. 하지만 체구 면에서는 상당한 차이를 보이는데, 대체로 암컷이 더 크다. 올챙이는 머리와 몸통, 꼬리의 세 부분으로, 변태 이후의 성체는 머리, 목, 몸통, 다리, 꼬리의 다섯 부분으로 몸이 구분된다. 올챙이의 경우 보통 머리와 몸통을 구분할 수 없으며, 성체의 경우 유미목은 상대적으로 머리와 몸통이 쉽게 구분되는 데 비해 무미목과 무족영원목은 체형으로 인해 구분이 쉽지 않다. 무미목과 무족영원목도 경추(頸椎)는 존재하지만 외관상으로 목 부위를 특정할 수 없다.

유미목은 형태적으로 도마뱀과 유사하지만 완전히 다른 분류군에 속한다(사진은 Fire salamander).

> **양서류의 특징**
>
> 일반적으로 양서류는 진화단계에 있어서 어류와 파충류의 중간적 위치에 해당한다고 알려져 있다. 이처럼 양서류는 진화생리학적으로 수생동물과 육상동물의 중간에 위치하고 있기 때문에 어류가 가지고 있는 많은 원시적인 생리기전을 공유하고 있으며, 좀 더 진화한 파충류의 해부생리학적인 특징 역시 함께 가지고 있다. 하지만 실제로는 어류에 조금 더 가까우며, 특히 유생 때는 형태적으로나 생태적으로 어류와 유사한 점이 더 많다. 모든 조류가 '깃털'이라는 공통된 신체조직을 가지고 있는 것과 비교하면 모든 양서류에게 100% 공통적으로 나타나는 특유의 구조는 없다. 그렇기 때문에 몇 개의 형질을 하나로 묶어 이 '양서류'라는 분류군을 정의하는 방법 밖에는 없는데, 일반적으로 잘 알려져 있는 양서류의 특징은 다음과 같다.
>
> - **변태** : 유생에서 성체로 순식간에 형태를 바꾸는 변태는 척추동물 중 양서류만 지닌 고유한 특징이다.
> - **피부호흡** : 양서류는 불완전한 폐호흡을 보충하는 방법으로 피부호흡을 발달시켜 상당 부분 그에 의존하고 있다. 양서류의 피부는 얇고 비각질성으로 투과성이 있으나, 항상 습하게 유지될 필요가 있기 때문에 건조에 매우 취약하다.
> - **투과성 피부** : 지구상의 어떤 분류군과도 차별되는 독특한 투과성 피부를 지니고 있으며, 체표에 털이나 깃털, 비늘을 가지고 있지 않다.
> - **척추동물** : 양서류는 몸 안에 뼈를 가지고 있는 척추동물이다. 지렁이처럼 보이는 무족영원목 역시 몸 안에 제대로 된 골격을 가지고 있다.
> - **변온동물** : 외부온도에 의해 체온이 변화하는 변온동물이다.
> - **반수생의 서식환경** : 더 진화한 다른 척추동물들과는 달리 양서류는 물을 벗어나 생존하거나 번식할 수 없다.
>
> *양서류를 단 한 줄로 정의해본다면 '변온성 척추동물로서 변태를 하는 무양막류의 생물'이라고 할 수 있다.

머리

양서류의 머리는 대체로 편평한데, 완전수생종 가운데는 피파개구리(Suriname toad, *Pipa pipa*)처럼 극단적으로 납작한 형태를 띠는 종도 있다. 머리의 형태는 삼각형에 가깝고 코 앞쪽이 완만한 각도를 이루고 있는 것이 보통이지만, 셔블 노우즈 프로그(Shovel-nosed frog)처럼 땅을 파는 맹꽁이종이나 수중환경에 적응한 종 가운데는 급격한 각도로 꺾여 뾰족한 형태를 지니고 있는 경우도 있다.

건조지대에 서식하는 무미목은 머리 모양이 특이한 종도 있는데, 이들은 이처럼 특이한 모양의 머리를 은신처의 입구를 막아 수분증발을 막는 데 이용한다. 머리에는 대체로 별도의 구조물이 없는 것이 일반적이지만, 말레이안(말레이시안) 혼 프로그(Malayan horned frog, *Megophrys nasuta*)처럼 눈 위쪽으로 발달된 돌기를 가진 종도 드물게 있다. 지하에서 생활하는 무족영원목은 눈과 콧구멍 사이에 한 쌍의 촉수가 발달돼 있다. 머리의 위쪽 전면에 콧구멍이 위치해 있는데, 외부적으로 두드러지지는 않고 거의 구멍만 확인되며 다른 동물들처럼 후각과 호흡기능을 담당한다.

스파이니 헤디드 트리 프로그(Spiny-headed tree frog, *Anotheca spinosa*)

눈

콧구멍 뒤쪽으로 눈이 있으며, 그 크기나 돌출 정도 및 위치 등은 그들이 서식하는 지역의 환경에 따라 차이가 크다. 각 종의 빛에 대한 민감도 또한 그들의 서식환경이나 습성에 따라 약간씩 차이를 보인다. 올챙이의 눈은 어류의 눈과 닮아 있지만, 변태 후에는 각막이 더 볼록한 렌즈 모양으로 변화하며 수정체는 더 평평해지고 눈꺼풀과 분비선이 발달한다. 육지에 있다가 물속에 들어갈 경우 빛의 굴절률이 달라지므로 이럴 때는 수정체의 두께를 조절해 망막에 정확한 상이 맺히도록 함으로써 사물을 판별한다. 보통은 물속에서는 멀리 보고 물 밖에서는 아주 짧은 거리만 볼 수 있다.

양서류의 눈은 다른 동물에서와 마찬가지로 빛의 강도나 물체의 모양 및 움직임을 감지하지만, 다른 동물들과는 달리 눈동자가 고정돼 있기 때문에 움직이지 않는 것은 거의 볼 수 없으며, 대체로 작고 빠르게 움직이는 물체에 민감하게 반응하고 색도 구분하지 못한다. 그러나 지하성 종이나 동굴에 서식하는 일부 종을 제외한다면, 양서류에 있어서도 시각은 중요한 감각계. 인간의 시야각이 180°가 안 되는 데 비해 개구리는 거의 360° 범위를 다 볼 수 있으며, 이처럼 넓은 시야각 덕분에 목이 없어 고개를 돌리지 못함에도 불구하고 사방을 경계할 수 있다. 특이하게도 자외선까지 볼 수 있으며, 몇몇 종은 이러한 능력 덕분에 물의 이동이나 압력의 변화까지 시각적으로 느낄 수 있다고 알려져 있다.

올챙이일 때는 보통 머리의 양쪽에 눈을 가지고 있지만, 변태와 함께 눈의 위치는 각각의 서식환경에 유리한 위치로 이동한다. 완전수생종은 위쪽의 환경에 집중하기 위해 다른 종들에 비해 안구가 머리 위쪽으로 몰려 있기 때문에 사전에 별다른 정보가 없이 머리 부분만 관찰해도 서식환경을 미루어 짐작할 수 있다. 양서류의 눈은 조류나 포유류 등과

1. 시각은 무미목의 주된 감각이다. **2.** 완전수생종인 버젯 프로그(Budgett's frog)의 눈은 위쪽으로 몰려 있다.

같은 다른 육상척추동물보다는 오히려 어류와 유사하게 수정체의 밀도가 높으며, 형태적으로도 더 둥글다. 이러한 특징 역시 양서류가 어류로부터 진화해왔다는 것을 반증하고 있는 것이다. 또한, 많은 종이 망막을 통과한 빛을 다시 망막을 통해 반사시키는 반사층인 막층(膜層, tapetum lucidum)을 가지고 있는데, 이 막층은 야간이나 빛이 적은 환경에서 빛에 대한 민감도를 증가시켜 시력을 보조하는 역할을 한다.

보통 눈은 외부로 돌출돼 있는데, 수생종의 경우에는 수정체가 외부로 돌출돼 있고, 몇몇 육상종이나 지하성 종의 경우에는 수정체 위쪽으로 살이 덮여 있다. 이는 육상종이나 지하성 종의 경우 햇빛이나 흙과 같은 외부자극으로부터 수정체를 보호하기 위해서이고, 수생종의 경우에는 보호보다는 빠른 회피를 위해서라고 생각된다. 대체로 눈꺼풀을 가지며, 일반적으로 무미목의 경우 위쪽 눈꺼풀은 움직이지 않는 대신 아래쪽 눈꺼풀이 위로 움직여 눈동자를 보호한다. 보통 아래 눈꺼풀 안에는 순막(瞬膜)이라는 반

투명 막이 있어 잠수했을 때 눈알을 덮어 보호한다. 순막은 물속에서 시야를 확보해주고 물 밖에서는 눈의 이물질을 제거해주는 와이퍼(wiper)의 역할과 함께, 눈의 건조를 막아 안구를 보호해주는 역할을 한다. 지하성 종이나 동굴에 서식하는 종은 시각기관의 필요성이 크지 않기 때문에 눈과 눈꺼풀이 퇴화돼 있는 경우가 많다.

귀

눈의 뒤쪽에는 원형 또는 타원형의 고막이 있어 소리를 들을 수 있다. 얇고 탄력성이 강한 막으로 이뤄져 있고, 내이와 연결돼 음파진동을 포착한다. 무미목은 대체로 어렵지 않게 확인이 가능하지만, 다른 목들은 외관상 위치와 형태의 확인이 어려운 경우도 있다. 무미목 가운데는 귀가 없이 입으로 소리를 듣는 종도 있다. 무미목은 상대적으로 귀가 잘 발달돼 있으며, 외이는 없으나 눈 바로 뒤쪽으로 커다란 고막이 위치해 있다.

1. 눈 뒤의 둥근 고막 2. 개구리의 입

그러나 유미목과 무족영원목은 보통 소리로 의사소통을 하지 않기 때문에 무미목에 비해 덜 발달돼 있다.

입

입은 대체로 머리에 비해 커서 덩치가 큰 먹이동물을 통째로 삼키기에 적당하다. 입을 열면 위턱의 가장자리에 작은 턱니(jaw teeth, 모양에 따라서 송곳니/원뿔니/앞니/어금니의 4가지로 나뉜다)나 치돌기가 발달돼 있는 것을 볼 수 있는데, 이러한 이빨이나 돌기는 크기가 작아 먹이를 자르거나 씹는 데 쓰지 않고 먹이를 놓치지 않도록 붙잡는 데 주로 이용된다. 혀는 근육질로 돼 있으며, 많은 종에 있어서 먹이를 잡기 위해 밖으로 내쏠 수 있다. 피파개구리처럼 일부 무미목 가운데는 혀가 퇴화돼 없는 종도 있다.

다리

일반적으로 변태와 함께 네 개의 다리가 생기지만, 종에 따라 앞쪽에만 다리를 가진 경우 또는 몸통만 있는 경우도 있다. 무족영원목은 이름에서 알 수 있듯이 모든 종이 다리를 가지고 있지 않기 때문에 외형적으로 볼 때는 지렁이와 흡사한 모습이다. 몸에는 마디가 있으며, 다리가 없기 때문에 신체의 일부를 수축 이완함으로써 이동하는 것이 일반적이다. 뱀장어처럼 굽이치는 움직임을 통해 옆으로 이동하는 것도 가능하다. 앞다리는 개구리에게 있어 앉아 있을 때 몸을 지지해주고, 뛰어올랐다 떨어질 때 충격을 완화시켜주는 역할을 주로 한다. 지하성의 개구리는 주로 뒷다리로 땅을 파지만, 드물게 머리와 앞다리를 이용하는 종도 있다.

무미목은 변태를 거치면서 꼬리가 사라지고 다리가 발달하며, 다리의 발달 정도는 서식환경에 따라 차이가 크다. 보통 뒷다리가 특히 발달하는데, 이는 서식환경에 따라 도약이나 땅파기, 헤엄치기에 도움을 받기 위해서다. 무미목은 이처럼 대체로 뒷다리의 중요성이 크기 때문에 수영이나 점프를 빈번하게 하는 종의 경우에는 앞다리와 뒷다리의 길이가 4~5배 이상 차이 나기도 한다. 하지만 대체로 정주성 행동양식을 보이는 맹꽁이 종류나 뛰기보다는 주로 걸어 다니는 종들의 경우 앞다리와 뒷다리에 있어서 길이 차이나 근육발달의 차이가 상대적으로 적은 편이다.

무미목의 발가락 사이에는 보통 물갈퀴가 발달돼 있어 수영이나 활강, 수직 오르기에 사용한다. 유미목은 대개 육상이나 수중에서 생활하지만, 드물게 발가락 사이의 물갈퀴를 이용해 나무를 타면서 생활하는 종도 있다. 이 경우 꼬리는 마치 카멜레온처럼 가는 나무

두꺼비는 뒷다리에 땅을 파기 위한 패드가 발달돼 있다.

확연히 두드러지는 흡반은 이 종이 나무 위에서 주로 생활한다는 것을 나타내준다.

줄기 등을 감을 수 있도록 진화돼 있다. 수상성 개구리는 보통 발가락 끝에 흡반이 발달해 있는데, 이 기관은 드물게 볼렌저아시아나무두꺼비(Boulenger's asian tree toad)처럼 두꺼비에게서도 관찰된다. 양서류 전종에 걸쳐 발톱이라고 불릴 만한 기관은 없지만, 드물게 발바닥에 가시와 같은 돌기가 발달한 개구리도 있다.

무미목 가운데서도 반수생종은 특히 점프에 특화돼 있으며, 평평한 곳에서는 최대 몸길이의 20배까지도 뛸 수 있다. 캘러베러스 카운티(Calaveras County, 미국 캘리포니아 주 중부에 있는 카운티)의 엔젤스캠프 마을에서는 마크 트웨인이 1867년 발표한 첫 단편집『캘러베러스 군의 명물, 뜀뛰는 개구리』를 기념하기 위해 1928년 이후 매년 〈개구리점프대회〉가 열리고 있는데, 여기에서 나온 '가장 멀리 점프한 개구리' 의 세계기록은 1986년 대회에서 수립된 것으로 약 654cm다.

꼬리

올챙이는 몸에 측선계(側線系, lateral line system)를 가지고 있고 물고기처럼 꼬리를 가지고 있다. 그러나 물고기가 꼬리에 뼈와 연골조직을 가지고 있는 데 비해 올챙이는 단순한 피부조직으로 구성돼 있는 것이 차이점이다. 무미목의 꼬리는 변태와 함께 사라지지만, 유미목의 꼬리는 변태 이후에도 그대로 남고 변태와 함께 안쪽에 뼈와 연골조직이 생성된다. 무족영원류의 꼬리는 거의 없다고 해도 무방할 정도로 짧다.

내부장기

대뇌와 소뇌는 그리 발달되지 않았으나 중뇌는 비교적 발달해 있고, 여기에서 큰 시신경이 나와 있다. 소화관은 식도, 위, 십이지장, 대장, 직장으로 나뉘어 있고, 무미목은 변태가 이뤄지면서 올챙이시기에 비해 장의 길이가 짧아진다. 호흡은 아가미, 폐, 피부로 하며, 폐의 구조는 간단하고 심장은 2심방 1심실이다.

양서류의 내부장기

- **정소**(testis) : 정자(정액)를 생산하는 수컷의 생식샘
- **콩팥/신장**(kidney) : 오줌을 분비하는 기관. 몸에서 독성물질을 제거한다.
- **총배설강**(cloaca) : 창자와 생식관, 요관에 공통되는 구멍. 소화관의 말단에 있다.
- **방광/오줌통**(urinary bladder) : 콩팥에서 나온 오줌이 총배설강으로 배출되기 전에 저장되는 저장소. 양서류는 질소대사산물을 암모니아의 형태로 배출한다.
- **지라/비장**(spleen) : 혈액 내의 불순물을 제거하는 순환계의 기관
- **큰창자/대장**(large intestine) : 총배설강 앞쪽에 있는 소화관의 짧고 넓은 부분. 소화의 일부와 노폐물 제거가 이뤄진다.
- **작은창자/소장**(small intestine) : 위의 뒤쪽 소화관에서 길고 얇은 부분 대부분의 소화와 음식물 흡수가 이뤄진다.
- **위**(stomach) : 창자 앞쪽에 있는 소화관의 불룩한 부분. 음식물을 받아들여 소화시킨다.
- **이자/췌장**(pancreas) : 창자에 연결돼 있는 소화샘. 분비물과 호르몬을 만들어낸다.
- **간**(liver) : 대체로 소화를 돕는 물질(쓸개즙)을 분비하는 샘
- **쓸개/담낭**(gallbladder) : 소화작용 동안 간에서 분비된 쓸개즙이 창자로 분비되기 전에 저장되는 작은 저장소
- **심장/염통**(heart) : 혈액의 순환을 돕는 근육질 기관. 2심방 1심실로 심실이 1개이기 때문에, 혈액이 심장으로 들어올 때는 산소가 부족한 정맥혈과 산소가 풍부한 동맥혈이 따로 들어오지만 나갈 때는 두 심방에서 나온 피가 심실에서 섞여 몸을 순환하므로 혈액의 산소량이 떨어진다. 1심방 1심실인 어류와 더 진화된 2심방 불완전 2심실인 파충류 사이의 중간 단계다.
- **혀**(tongue) : 미각기능과 물체를 잡는 기능이 있는 가동성 구기
- **식도**(esophagus) : 소화관의 앞쪽 부분에 있는 관. 음식물을 위로 보낸다.
- **뇌**(brain) : 신경중추로 이뤄진 신경계의 주요 기관. 머리의 윗부분에 있다.
- **척수/등골**(spinal cord) : 원통형 줄기 모양의 부드러운 지방물질로 된 신경계의 성분. 척주(vertebral column, 脊柱) 안에 있다.
- **허파/폐**(lung) : 늘어나는 조직으로 된 호흡기관. 주머니 모양이며, 콧구멍으로부터 들어온 공기가 전달된다.

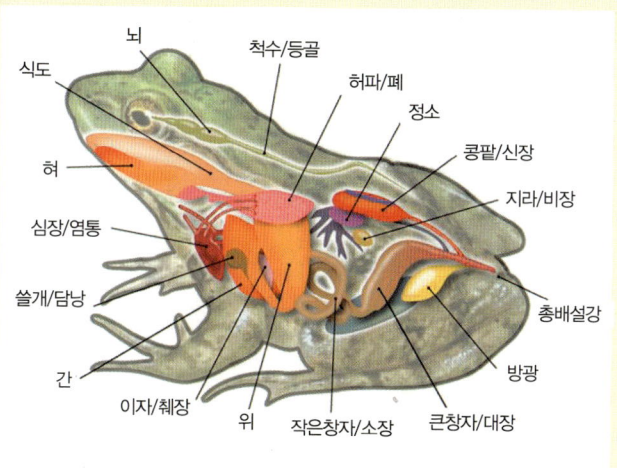

양서류의 골격

양서류의 종이 다양만 만큼이나 그 골격구조 역시 다양하다. 더구나 확연히 차이가 나는 신체기관인 다리와 꼬리가 종에 따라 있기도 하고 없기도 하기 때문에 목(目) 상호 간에 나타나는 골격구조의 차이는 상당히 크다. 그러나 개별 목(目) 안에 속하는 종들의 골격구조는 그다지 크게 차이 나지 않는다.

■**무미목의 골격** : 무미목은 이동 또는 점프 능력이 무족영원목이나 사이렌(Siren)에 비해 상대적으로 월등하게 발달돼 있으며, 따라서 골격계 역시 이동이나 점프에 적합하도록 발달돼 있다. 두개골은 융합돼 있고, 척추는 짧으며 목은 없다.

무미목 골격의 특징으로는 양서류의 다른 목보다 두개골이 특히 크게 발달돼 있다는 점을 들 수 있다. 등뼈를 구성하는 척추골의 수가 영원류나 도롱뇽류의 경우 30~100개, 무족영원류의 경우 250개 이상이나 있는 데 비해, 개구리나 두꺼비류의 척추골 숫자는 고작 5~10개 정도에 불과하다. 이는 도약이나 착지 시 그리고 땅속에 구멍을 팔 때 요구되는 큰 힘을 견디기 위해서는 짧고 튼튼한 등뼈가 유리하기 때문이다. 도약에 필수적인 상완골과 정강이뼈들은 융합돼 있고, 도약에 방해가 되는 꼬리는 변태와 함께 사라진다.

골격의 이와 같은 특징들은 오직 도약이라는 하나의 목적을 위해 진화된 것으로, 이 모든 구조들이 점프 시에 가해지는 골격계의 스트레스를 줄여 도약을 돕는 역할을 한다. 무미목 양서류 골격의 두드러지는 특징 가운데 하나가 갈비뼈다. 특히 양서류 가운데 무미목은 도약을 위해 갈비뼈를 희생하도록 진화한 동물로, 다른 육상척추동물

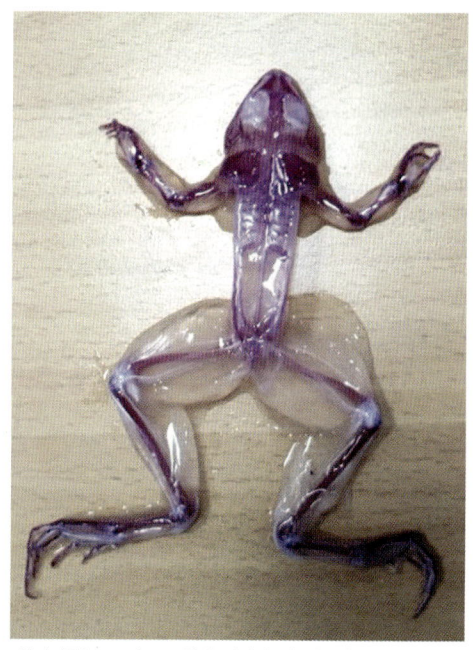

알리자린(alizarin)으로 염색 처리가 된 개구리. X-ray가 없던 시절 동물의 몸속을 관찰하기 위해 개발된 방식이다.

무미목의 골격

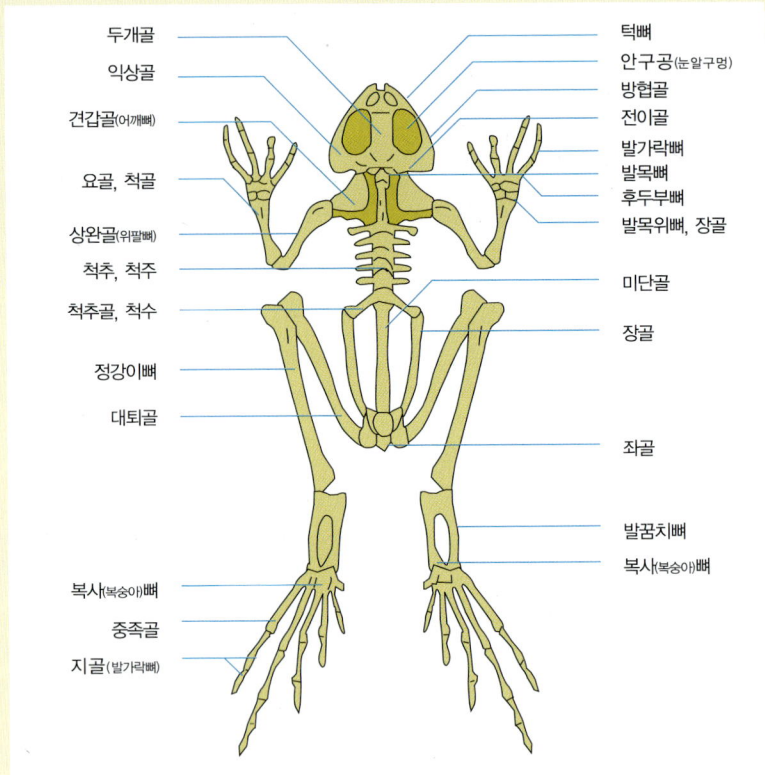

- **요대**(腰帶, pelvic girdle) : 골반대라고도 한다. 척추동물의 뒷다리가 척추와 결합하는 골격의 일부로서 척추와 평행으로 위치하는 장골(腸骨), 그 뒤끝에서 앞쪽으로 나오는 치골(恥骨), 뒤쪽으로 나오는 좌골의 좌우 합계 6개의 뼈로 이뤄진다. 장골은 척추의 뒤쪽에 가까운 천골(薦骨)과 결합되는 경우가 많다.
- **견대**(肩帶, pectoral girdle) : 척추동물에서 앞다리가 붙는 어깨 부위의 골격
- **천추**(薦椎, sacrum) : 유합돼 엉덩뼈를 이루는 것으로, 등골뼈 가운데 허리뼈보다 아래쪽에 있는 뼈
- **미추**(尾椎, coccyx) : 척추의 가장 아래에 달려 있는 4~5개의 척추 분절, 꼬리뼈

군에 비해 현저하게 짧고 척추에 융합된 갈비뼈를 가지고 있으며, 일부 종은 갈비뼈가 없는 경우도 있다. 그렇기 때문에 양서류는 다른 동물들처럼 갈비뼈 부위를 잡으면 피부 안에 단단한 뼈가 느껴지는 것이 아니라 물렁물렁하게 장기가 느껴진다. 마찬가지

의 이유로 뱀이나 도마뱀은 이 갈비뼈를 평평하게 펴서 자신을 크게 보이도록 과시행동을 하지만, 개구리는 단순히 숨을 들이마심으로써 몸을 크게 보이게 한다. 보통 앞발에 4개, 뒷발에 5개의 발가락이 있으며, 발가락 끝에 발톱은 없지만 완전수생종 가운데는 드물게 발톱이 발달돼 있는 종도 있다. 또한, 패러독스개구리(Paradox frog, *Pseudis paradoxa*)처럼 앞발가락에 여분의 골격이 있는 종도 있다.

■**유미목의 골격** : 유미목은 보통 앞발가락이 4개, 뒷발가락이 5개인 다리를 가지고 있다. 다리는 몸통에서 직각으로 뻗어 나오며, 무미목처럼 점프를 하는 경우는 극히 드물기 때문에 사지의 길이와 근육발달 정도는 거의 비슷하다. 무미목과는 달리 갈비뼈가 두드러지며, 많은 종이 꼬리에 절단면(cleavage plane)을 가지고 있다. 보통은 4개의 다리를 가지지만, 사이렌처럼 앞에 한 쌍의 다리만 가지고 있는 종류도 있다.

■**무족영원목의 골격** : 무족영원목은 굴을 파고 생활하는 방식의 습성으로 적응하는 과정에서 다리를 퇴화시켰기 때문에 요대(腰帶, pelvic girdle)와 견대(肩帶, pectoral girdle), 천추(薦椎, sacrum)가 없이 마치 뱀과 유사한 형태를 지니고 있다. 골격만으로 본다면 뱀과 무족도마뱀, 무족영원은 거의 구분할 수 없을 정도로 유사한데, 두개골의 형태나 몸통과 꼬리의 비율을 살펴 어렵지 않게 구분할 수 있다. 총배설강의 위치를 기준으로 몸통이 꼬리보다 더 길면 뱀, 꼬리가 몸통보다 더 길면 무족도마뱀, 꼬리가 거의 없으면 무족영원으로 구별한다.

흡사 지렁이처럼 보이는 무족영원

Section 04

양서류의 생태

양서류는 종수도 너무나 많고 또 많은 종에 있어서 그 생태가 정확히 알려져 있지 않은 상황인지라 이들의 다양한 생태적 특징을 '양서류'라는 하나의 카테고리, 단 몇 페이지에 정리한다는 것은 사실상 쉽지 않은 일이다. 대략적으로나마 양서류의 생태를 살펴보자면 아래와 같이 정리할 수 있다.

지리적 분포
양서류는 극지방과 바다를 제외하고는 전 세계적으로 널리 분포돼 있으며, 열대지방에서부터 한대지방에 이르기까지 모든 지역에 다양하게 분포한다. 서식장소 역시 땅속, 땅 위, 물속, 물가, 나무 위, 동굴 속 등 매우 다양하다. 양서류 세 개의 목 가운데 무미목의 서식지역이 가장 넓다. 언제나 수분을 가까이 해야 하는 특성으로 인해 물이 있는 곳 근처에서 생활하는 경우가 대부분이지만, 사막과 같은 특수한 환경에 적응한 종도 있다. 이런 종들은 건기에는 주로 땅속으로 숨어들었다가 우기에 강우가 시작되면 지상으로 나와 일제히 번식을 하고는 다시 땅속으로 들어간다.

브로멜리아드는 독화살개구리에게 최고의 서식공간이 된다.

양서류라는 명칭이 물과 뭍 양쪽에서 서식한다는 의미이고, 이러한 이중적인 생활양식은 양서류에게서 널리 볼 수 있지만 예외도 많다. 일부 종은 완전한 지상생활을 하고 일부 종은 평생 동안 수중에서 생활하며, 무족영원목과 일부 무미목에서 보이듯이 대부분의 시간을 거의 지하에서 지내는 종도 있다. 양서류의 서식을 제한하는 요인으로는 저온, 한랭, 건조, 소금기, 민물의 부족 등을 들 수 있는데, 이러한 제약만 없다면 양서류는 다양한 환경에서 잘 적응해 살아간다.

말레이시아와 태국에 서식하는 크랩 이팅 프로그(Crab-eating frog, *Fejervarya raja* 또는 *Rana cancrivora*)처럼 소금기가 있는 기수역의 맹그로브(Mangrove, 강가나 늪지에서 뿌리가 지면 밖으로 나오게 자라는 열대나무) 늪지대에 적응해 사는 경우가 없지는 않지만, 그렇다고 이들을 해양 양서류라고 하기는 어렵다. 이들의 경우에는 체내에 요소를 함유함으로써 체액이나 조직의 삼투농도를 외계(해수)의 농도와 거의 같게 유지하지만, 일반적인 양서류종은 피부의 구조상 소금물에서는 삼투압 균형이 깨지기 때문에 양서류는 보통 1.0~1.5% 농도를 넘는 염분이 있는 곳에서 생존할 수는 없다.

같은 변온동물이기는 하지만 양서류는 파충류에 비해 상대적으로 훨씬 높은 고도에서 서식이 가능한 것으로 알려져 있다. 무족영원류는 일반적으로 1500m 아래에서 발견되지만, 무미목과 유미목은 해발고도 5000m 이상에서도 찾을 수 있다. 가장 높은 해발고도에 서식하는 무미목은 볼렌저 레이지 토드(Boulenger's lazy toad, *Scutiger boulengeri*)로 해발고도 5100m에서 발견된 사례가 있다. 가장 높은 고도에 사는 유미목은 화산인 멕시코 오리사바 산(Orizaba moutain)에 서식하는 가도우 폴스 브룩 샐러맨더(Gadow's false brook salamander, *Pseudoeurycea gadovii*)로 해발고도 5000m 이상에서 찾을 수 있다.

활동

동물을 분류할 때는 종의 주 활동시간대에 따라 주행성 혹은 야행성으로 나누기도 하는데, 양서류의 경우 이를 확실하게

1. 가로 동공 2. 세로 동공

구분하기에는 좀 어려운 점이 있다. 독화살개구리처럼 주행성 종이 없는 것은 아니지만 양서류에 있어서 대부분의 종이 야행성이다. 그러나 눈 자체를 완전히 퇴화시키고 지하 혹은 동굴에서 서식하는 종도 있고, 독화살개구리를 포함해 많은 종이 분포돼 있는 열대우림의 경우에는 낮이라고 해도 밀생한 수목으로 인해 개구리들이 주로 서식하는 공간은 상당히 어둡기 때문에 주행성이라는 이름으로 활동양식을 특정하기는 어렵다. 일반적으로 개구리는 야행성 동물로 분류된다.

양서류가 주로 야간에 활동하는 이유는 여러 가지가 있는데, 우선 포식자를 피하는 것이 용이하기 때문이다. 특히 양서류의 주요 천적 가운데 하나인 조류는 주로 낮에 먹이활동을 하기 때문에 밤에 활동하면 이런 조류의 공격을 피할 수 있다. 또 다른 이유는

낮보다 밤에 수분증발이 적기 때문이다. 피부호흡에 상당 부분 의존하는 양서류의 특성상 낮에는 햇빛과 높은 온도로 인해 수분이 밤보다 쉽게 증발되는 데 비해 밤에는 비교적 이러한 비율이 낮아진다. 먹이가 되는 곤충 역시 야간에 많이 움직이기 때문에 먹이활동이 용이하다는 장점도 있다.

크기

일반적으로 양서류는 암컷이 수컷보다 더 크게 성장하는 것이 보통이지만, 드물게 골리앗개구리나 아프리카황소개구리처럼 수컷이 암컷보다 더 크게 성장하는 종도 있다. 대부분은 암수의 크기 차이가 많이 나지는 않지만, 현격하게 차이 나는 종도 있다. 현재까지 알려진 가장 크기가 작은 양서류는 2009년 8월 미국 루이지애나 주립대학교 연구팀이 인도네시아 파푸아 뉴기니 섬 남부지역에서 발견한 파이도프리네 아마우엔시스(Paedophryne amauensis)라는 학명을 가진 개구리로, 성체의 평균 크기가 7.7㎜에 불과하다. 이 종은 가장 작은 양서류일 뿐만 아니라 가장 작은 척추동물이라는 기록도 함께 가지고 있다(이 종이 발견되기 전에는 암컷 성체에 있어서 7.9mm 크기를 기록한 파이도키프리스 프로게네티카-Paedocypris progenetica-라는 잉어과의 물고기가 가장 작은 척추동물로 기록돼 있었다).

반대로 가장 크기가 큰 양서류는 중국 현지어로 어린아이라는 의미의 '와와(娃娃, wawa)'로 불리는 중국장수도롱뇽(Chinese giant salamander, Andrias davidianus)으로, 성체

세계에서 가장 작은 양서류인 파이도프리네 아마우엔시스(Paedophryne amauensis)

의 평균 길이는 110cm에 몸무게 10kg 내외 정도지만 최대 180cm까지 성장이 가능하다고 알려져 있다. 개구리 중에 가장 큰 종은 아프리카 중부의 카메룬이나 기니에 서식하는 골리앗개구리(Goliath frog, Conraua goliath)로, 1960년 8월 23일 스페인령 기니(Spanish Guinea)의 므비아 강에서 잡힌 암컷의 경우 최대 몸길이가 34cm(다리 편 길이 81.4cm)에 몸무게는 3.3kg으로 기록돼 있다. 가장 큰 무족영원은 카이

중국장수도롱뇽은 모든 양서류를 통틀어 가장 큰 덩치를 가지고 있다.

킬리아 톰프소니(*Caecilia thompsoni*)로 151.5cm이며, 가장 작은 무족영원은 11.2cm까지 성장하는 그란디소니아 브레비스(*Grandisonia brevis*)다. 가장 큰 올챙이는 패러독스개구리(Paradox frog, *Pseudis paradoxa*)의 올챙이로 최대 25cm 내외까지 성장한다. 가장 큰 두꺼비는 사탕수수두꺼비(Cane toad, *Rhinella marina*)로 성체의 평균적인 크기는 10~15cm이나, 최대 길이 38cm에 몸무게 2.65kg짜리 개체가 채집된 기록이 있다.

멸종된 종을 포함한다면 현재까지 알려진 가장 큰 양서류는 1948년 브라질 서쪽의 페드라 포구(Pedra do fogo) 지역에서 발견된 프리오노수쿠스 플룸메리(*Prionosuchus plummeri*)다. 약 2억7천만 년 전의 화석종으로 몸길이 9m에 두개골 길이만 1.5m에 이르며, 현생종 가운데 가비알악어(Gharial crocodiles, *Gavialis gangeticus*)와 유사한 형태를 지니고 있었다. 우리나라에 서식하는 양서류 가운데는 수원청개구리가 가장 작으며, 외래종인 황소개구리가 가장 크다.

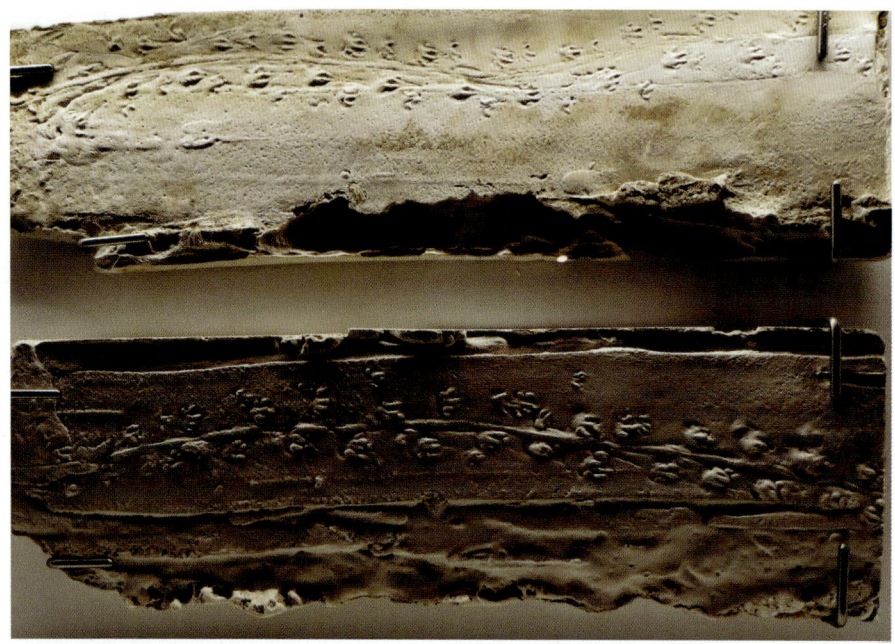

세계에서 가장 작은 양서류 발자국 화석

현재까지 알려진 '가장 작은 발자국 화석'은 지난 2012년 캐나다의 조긴스 화석절벽(Joggins Fossil Cliffs)에서 발견된 화석으로, 315만 년 전의 도롱뇽이 남긴 것으로 추정된다. 총 길이 48mm, 모두 30여 개의 발자국 무늬가 찍힌 이 흔적화석(trace fossil)은 갓 변태를 마치고 육지에 첫발을 디딘 도롱뇽의 것이라고 추측되고 있는데, 발자국의 크기(앞다리 1.6mm, 뒷다리 2.4mm)와 보폭으로 미루어봤을 때 이 흔적을 남긴 생명체의 크기는 주둥이에서 꼬리까지의 길이가 겨우 8mm에 불과했을 것으로 여겨진다. 이 화석은 세계에서 '가장 작은 척추동물 발자국 화석'이라는 기록도 함께 가지고 있다.

수명

일반적으로 생각하는 것 이상으로 양서류의 수명은 상당히 길다. 개와 고양이의 수명이 15년 정도라고 한다면 대부분의 개구리 역시 15년 정도 살 수 있고, 사양관리만 잘 이뤄진다면 두꺼비나 아프리카황소개구리 같은 경우에는 30~40년 이상 살 수도 있다.

양서류 가운데 가장 수명이 긴 것은 자이언트 샐러맨더(Giant salamander)로 50년 이상, 길게는 100년까지도 산다고 알려져 있다. 슬로베니아에 서식하는 올름(Olm, *Proteus anguinus*)은 사육 하에서 70년까지 생존한 기록이 있으며, 예측 최대수명은 반세기 이상으로 추정되고 있다. 이외에도 사육 하에서 화이어 샐러맨더(Fire salamander)는 50년, 일본장수도롱뇽은 55년, 두꺼비(Bufo bufo)는 36년의 생존기록이 있다. 뼈나이테법으로 확인된, 자연상태에서 가장 오래 산 양서류는 스포티드 샐러맨더(Spotted salamander, *Ambystoma maculatum*)로서 27살로 기록돼 있다.

변온동물인 양서류는 서식환경과 강수량, 일조량, 먹이의 종류와 양, 온도 등의 외적 요인에 따라 성장속도가 상당히 달라지기 때문에 외형적으로 연령을 정확하게 파악하기는 힘들고 대략적인 추정만 가능하다. 이런 상황에서 학술적으로 양서류의 나이를 판별하는 데 사용되고 있는 방법이 뼈나이테법(skeletochronology)이다. 온대지방의 양서류는 계절에 따른 먹이섭취량의 차이로 인해 성장과정에서 생성되는 뼈에 밀도차가 생기게 되는데, 이것이 뼈에 나이테와 같은 무늬로 나타난다. 현미경으로 뼈의 단면에 나타나는 이러한 나이테를 확인하는 방법으로 대상 개체의 연령을 판별할 수 있다.

이전에는 견갑골(肩胛骨)이나 대퇴골(大腿骨)을 이용했기 때문에 나이를 알고자 할 때 대상 개체를 죽여야 했지만, 현재는 지골(指骨)을 자르기 때문에 굳이 죽이지 않고도 연령 확인이 가능하다. 고전적인 방법은 포르말린과 같은 고정액으로 고정시킨 후 파라핀 등의 매몰제 속에 매몰시켜 표본을 고정한 후 잘랐지만, 현재는 보통 조직을 급속히 냉동시킨 후 박편절단기(microtome)라는 특수한 기구를 이용해 절단한다. 나이테는 한 해 동안 온도편차가 있는 온대지역에 서식하는 종에게서 나타나는 특징이기 때문에 뼈나이테법을 지구상의 모든 양서류종에게 일률적으로 적용하기는 어렵다.

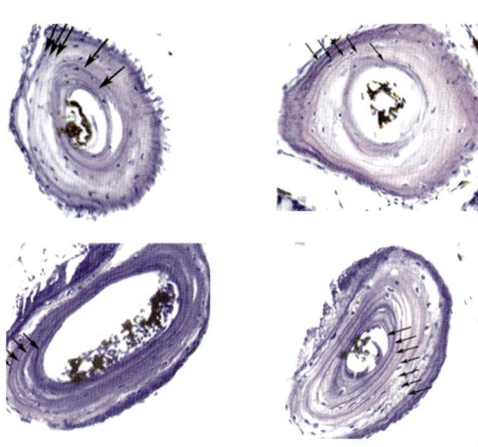

맹꽁이의 뼈나이테. 위쪽은 5살, 아래 왼쪽은 6살, 아래 오른쪽은 7살이다. 제주지역에 서식하는 맹꽁이의 나이 구조분석(고상범, 2011)

Section 05

양서류의 특성과 습성

진화의 역사에 있어서 처음으로 육상에 진출하게 되면서 양서류는 육지라는 낯선 환경에 적응하기 위한 여러 가지 진화적 도전에 직면하게 됐고, 그 적응의 결과 이전의 어류와는 다른 여러 가지 독특한 특성들을 지니게 됐다. 이번 섹션에서는 양서류라는 동물이 환경에 적응하고 생존하기 위해 어떠한 노력들을 했는지에 대해 알아보기로 하자.

양서류의 사회행동
양서류의 많은 종이 복잡하고 다양한 사회적 행동을 보이는데, 특히 번식기에 이런 행동이 활발해진다. 개구리는 대체로 조용하지만 많은 종에서 수컷은 번식영역을 방어하거나 암컷을 유인하기 위해 크게 소리 내어 운다. 일부 종에서는 특정 번식지로 이동할 때 음성신호를 사용하거나 천체신호에 따라 이동을 하거나, 화학적 신호를 사용하기도 한다. 다른 많은 동물들과 마찬가지로 양서류에 있어서도 의사소통에 사용되는 대표적인 수단은 '소리'다. 시각이나 후각과 같은 다른 수단을 사용하기 어려운 환경에서도 사용할 수 있고, 소리는 빨리 사라지기 때문에 천적으로부터 전달자의 위치를 감출 수

있다는 장점이 있다. 또한, 높이나 지속시간, 세기나 반복횟수 등을 달리해 다양한 의사를 전달할 수 있기 때문에 동물들은 일반적으로 의사소통의 수단으로서 소리를 많이 이용한다. 척추동물 가운데서는 양서류 중 무미목과 포유류만이 성대(聲帶, vocal cord)를 가지고 있다. 어류와 파충류는 발성기를 전혀 가지고 있지 않으며, 조류는 성대가 아니라 기관(氣管)에서 두 개의 기관지로 갈라지는 자리 양쪽에 붙어 있는 얇은 울대(syrnx, 명관-鳴管)를 진동시켜 소리를 낸다.

양서류 가운데서 이와 같은 청각적 의사소통법을 가장 많이 사용하는 것은 무미목으로, 이들은 다른 목의 양서류와는 달리 발성을 위한 특수한 신체기관을 발달시키고 있다. 잘 알려져 있듯이 대부분의 수컷은 눈 뒤쪽에 고막, 양볼 혹은 턱 밑에 울음주머니(鳴囊, vocal sac)를 가지고 있고, 폐와 울음주머니 사이에 공기를 왕복시키면서 성대를

진동시켜 소리를 낸다. 수컷에 비해 양서류의 암컷은 거의 소리를 내지 않는데, 그 이유에 대해서는 '알을 만들고 낳기 위한 에너지를 비축하기 위해서'라는 설이 일반적이다.

무미목이 소리를 낼 때 이 울음주머니는 크게 부풀어 오르는데, 풍선 형태의 울음주머니는 소리를 증폭시키는 일종의 공명기(共鳴器, resonator) 역할을 한다. 따라서 울음주머니가 있는 종이 없는 종보다 더 큰 소리를 낼 수 있다. 보통은 숨을 내쉬면서 울음소리를 내지만 무당개구리류는 숨을 들이쉴 때와 내쉴 때 모두 소리를 낼 수 있다. 개구리는 작은 체구에 비해 상당히 우렁찬 울음소리를 가지고 있는데, 근래에는 듣기가 어려우나 실제 번식기의 개구리소리는 숙면을 방해할 정도로 상당히 크다. 종에 따라서는 2km 밖에서 들리는 경우도 있다. 덩치가 큰

울음주머니(vacal sac)

코키 프로그(Coqui frog)

황소개구리의 울음소리는 특히 더 커서 도심에서는 민원을 제기할 정도로 시끄럽기도 하고, 하와이에 유입된 푸에르토리코산 코키개구리(Coqui frog, *Eleutherodactylus Coqui*)의 경우처럼 울음소리가 인근의 부동산 가격에 영향을 미칠 정도로 심각한 피해를 유발하고 있는 사례도 있다. 그러나 이처럼 큰 소리를 내는 데 비해 무미목은 보통 내이에 있는 기저막(基底膜, basilar membrane)의 발달이 미약해서 가청범위가 상당히 좁다. 무미목의 경우 주파수 3000~4000Hz의 저음에 민감하게 반응한다고 알려져 있다.

개구리의 울음소리는 구강과 후두계 사이에 위치한 얇은 연골조직의 떨림으로 인해 발생하는데, 이 후두계의 크기와 구조, 공기가 지나가는 통로의 크기가 종에 따라 다르기 때문에 각각의 종마다 울음소리가 다르고 그 소리와 음의 높낮이에 있어서도 서로 차이가 나게 된다(덩치가 큰 개체의 소리가 낮은 것은 이러한 이유 때문이다). 외부 울음주머니는 소리를 증폭시키고 더 멀리 퍼져 나가도록 하는 역할을 하는데, 이처럼 외부 울음주머니를 부풀려 우는 경우 종에 따라 그 모양이나 개수가 다르며 당연히 소리에도 차이가 있다. 청개구리처럼 목 아래에 한 개의 큰 울음주머니를 가지는 종도 있고, 참개구리처럼 볼 양쪽으로 두 개의 울음주머니를 가지는 종도 있다. 무당개구리처럼 외부 울음주머니가 없는 종은 구강 내의 빈 공간을 외부 울음주머니처럼 이용한다.

울음소리는 이와 같이 각각의 종류와 크기, 암수 등의 조건에 따라 음의 고저장단(高低長短)이 상이하기 때문에 종 동정이나 암수구별의 지표가 되기도 한다. 심지어 두 종의 잡종이 태어나게 되면 이들은 어미개체들과는 다른 음으로 울고, 자기와 같은 잡종 개구리의 울음소리에 적극적으로 반응한다는 실험결과가 있다. 따라서 이 울음소리의 패

1. 츄비 프로그 수컷의 메이팅 콜 **2** 말린 잎을 이용해 소리를 증폭시키는 개구리

턴을 기억하면 인간도 각각의 개구리종을 정확히 동정할 수 있다. 우리나라의 청개구리와 수원청개구리의 경우처럼 외형은 동일하게 보일지라도 완전히 다른 울음소리를 내는 종도 있기 때문에 이렇게 울음소리로 찾아낸 새로운 종의 개구리가 드물지 않게 보고되고 있다. 2014년 9월 뉴욕만 입구 서쪽의 스태튼 섬(Staten Island)에서 발견된 라나 카우펠디(*Rana kauffeldi*) 역시 독특한 울음소리로 인해 눈에 띄게 된 신종이다. 다른 표범개구리와 거의 흡사하게 생긴 이 종은 30년 이래 미국에서 두 번째로 보고된 새로운 종의 개구리로서, 1년 중 단 몇 주 동안의 번식기에만 내는 소리에 관심을 기울였던 과학자들에 의해 발견됐다.

개구리의 덩치가 크면 클수록 울음소리 또한 저음으로 나타나는데, 야간에 동종을 만났을 경우 영역다툼에서 밀리지 않기 위해 일부러 저음으로 울어 자신이 상대방보다 큰 것처럼 속임수를 쓰는 사례도 보고된 바 있다. 덩치가 큰 수컷이 번식에 유리하기 때문에 암컷 역시 저음을 내는 큰 개체를 선호하는 경향을 보인다. 또한, 짝짓기 성공률을 높이기 위해 빈 나뭇구멍이나 농수로, 도로 양옆의 빗물 배수로를 확성기로 이용해 울음소리의 크기를 증폭시키기도 한다. 이와는 반대로 수컷이면서도 소리를 내지 않고 조용히 기다리다가 다른 수컷의 울음소리에 이끌려온 암컷을 중간에서 가로채 짝짓기를 하는 개체도 있다.

우리가 익히 알고 있는 규칙적인 울음소리 외에 아주 특이한 소리를 내는 종도 있는데, 버젯 프로그(Budget frog)나 부시벨드 레인 프로그(Bushveld rain frog)의 경우에는 천적에게 위협을 받거나 공격을 받으면 비명소리와 같은 아주 독특한 괴성을 지르기도 한다.

개구리는 이처럼 서로 간의 의사소통에 사용하는 경우 외에도 주변 환경 변화의 영향으로 인해 울기도 한다. 비가 오거나 습도가 낮아질 때 개구리가 우는 것을 들을 수 있는데, 이는 기압이 낮아지고 습도가 높아지면서 호흡에 지장을 초래하게 되기 때문에 호흡량을 늘리기 위한 방법의 하나로 우는 것이라는 해석이 있다. "청개구리가 울면 비가 온다"는 우리나라 속담이 있는데, 통계적으로 조사된 결과에 의하면 청개구리의 울음소리가 들린 지 30시간 내에 비가 올 확률은 대략 60~70% 정도였다고 알려져 있다.

대부분의 개구리들이 이처럼 시끄럽게 울어대는 데 비해 반대로 초음파로 의사소통을 하는 종도 있다. 중국에 서식하는 오목귀토렌트개구리(Concave-eared torrent frog)는 주서식지인 폭포의 시끄러운 소음을 뚫고 의사소통을 해야 하기 때문에 그 수단으로서 초음파를 발달시켰으며, 초음파를 감지하기 위한 얇은

울음주머니(vacal sac)

고막을 소음으로부터 보호하기 위해 안으로 쏙 들어가 있는 귀를 가지고 있다. 환경에 적응한 놀라운 진화의 결과라고 할 수 있다. 열대우림에 서식하는 가디너개구리(Gardiner's frog)는 크기가 1cm에 불과하기 때문에 고막 대신에 머리와 입안의 뼈를 통해 소리를 인식한다는 것이 보고되기도 했다. 개구리류뿐만 아니라 여러 종의 도롱뇽도 휘파람과 비슷한 소리로 의사소통을 하며, 어떤 종은 짖기도 한다고 알려져 있다.

의사소통에 소리를 이용하는 것 외에 진동을 감지하는 종도 있다. 남아메리카의 흰입술청개구리(White lipped tree frog, *Litoria infrafrenata*)는 울 때 지표에 울음주머니를 부딪혀 진동을 일으키며, 바닥에서 전해오는 이 진동파로 다른 수컷과의 거리를 측정하기도 한다.

자극하면 괴성을 지르는 부시벨드 레인 프로그(Bushveld rain frog)

소리나 진동에 의한 의사소통방법 외에 색상이나 자세, 형태, 움직임의 변화 등 시각신호에 의해 의사를 소통하는 방법도 있다. 위협을 받았을 때 몸을 부풀리거나 들어 올리는 자세, 입을 벌리고 위협하는 자세 등이 이러한 의사소통방법에 속한다. 번식기에 보이는 혼인색 역시 시각적 의사소통법이라고 할 수 있는데, 아시아에 서식하는 패들테일 뉴트(Paddletail newt, *Pachytriton labiatus*)는 서로 간에 의사소통을 할 때 꼬리를 돌린다고 알려져 있으며, 보르네오에 서식하는 개구리종은 시끄러운 폭포소리로 인해 울음소리가 전달되지 않으므로 뒷발가락 사이에 있는 선명한 색의 물갈퀴를 펼치는 것으로 암컷에게 신호를 보내기도 한다.

물리적 방법 외에 화학적 의사소통법으로는 페로몬이 잘 알려져 있다. 의사소통의 도구로 소리를 주로 이용하는 개구리와는 달리 도롱뇽은 소리를 내지 못하는 대신에 번식기에 수컷이 분비하는 페로몬의 냄새를 맡고 암컷이 찾아온다. 이때 암컷은 페로몬이 풍부하게 분비되는 큰 수컷을 선호하는 것으로 알려져 있다. 촉각을 이용해 의사소통을 하는 경우도 있는데, 특정 종의 도롱뇽은 번식기에 이빨로 암컷의 피부를 자극하기도 하고, 턱 밑에 있는 분비샘으로 암컷의 주둥이 부분을 두드리는 행동을 한다.

양서류의 피부

양서류의 체표는 얇은 피부로 덮여져 있으며 비늘이나 깃털, 체모(體毛)처럼 피부를 둘러싸고 있는 보호층을 가지고 있지 않고 외부환경에 직접적으로 노출돼 있다(무미목 가운데 털개구리-Hairy frog-라는 이름을 가진 종이 있으나, 실제 털이 아니라 피부돌기가 외형상 털처럼 보이는 것이다). 양서류 피부의 두께는 다른 동물에 비해 상당히 얇은 편이다. 피부가 이처럼 얇은 가장 큰 원인은 호흡 때문인데, 피부호흡의 효율을 높이기 위해서는 조상인 어류가 가지고 있었던 비늘과 두꺼운 피부를 버려야 할 필요가 있었다. 유리개구리(Glass frog, *Hyalinobatrachium ruedai*)와 같은 일부 종은 피부가 극단적으로 얇아서 내부장기와 골격까지 육안으로 확인이 가능하다. 양서류의 피부는 다른 척추동물과 마찬가지로 외피와 진피의 구조로 이뤄져 있다. 외피는 여러 세포층으로 이뤄져 있기는 하지만 다른 사지동물들과 비교한다면 상당히 얇은 편이며, 각질층은 대부분의 종이 단일층의 케라틴화된 세포로 이뤄져 있다. 대부분의 종에 있어서 피부층의 케라틴화가 부족하지만, 무족영원류는 다른 목의 양서류와 달리 케라틴으로 된, 물고기와 비슷한 비늘을 가지고 있다.

몸이 투명한 유리개구리류는 내부장기를 육안으로 관찰할 수 있다.

양서류의 피부는 기본적으로 감각기관이면서 온도조절, 성 인지, 번식, 호흡과 수분평형 그리고 개체의 방어 등에 있어서 중요한 역할을 한다.

■**호흡**(呼吸, respiration) : 양서류는 일반적으로 어릴 때는 아가미를 통해 수중호흡을 하면서 물에서 살고, 성장하면 폐와 피부를 통해 호흡을 하면서 육상에서 살기 때문에 두 곳에서 산다는 의미로 양서류라고 한다. 양서류는 물에서 뭍으로 올라오는 가히 혁명적인 진화를 겪으며 폐호흡이 가능하게 됐지만, 아직 완전히 발달하지 않아 불완전한 폐의 기능을 대부분 피부호흡으로 보충하며 살아가고 있다. 피부호흡에 의존하는 비중이 높기 때문에 원활한 호흡을 위해서는 피부가 항상 축축하게 유지돼야 할 필요가 있고, 물에서 멀리 떨어진 곳에서는 생존이 어렵기 때문에 스스로 점액을 분비해 건조해지는 것을 방지한다. 양서류의 다양한 호흡방식에 대해 알아보자.

아가미호흡(branchial respiration) 아가미호흡은 입을 벌려 물을 머금었다가 아가미를 통해 배출하는 과정에서 물속에 녹아 있는 산소를 공급받아 호흡에 이용하는 방식으로서 수중생활을 하는 양서류의 유생과 유형성숙종에게서 관찰되는 호흡방법이다. 아가미를 몸 안에 가지고 있는 어류와는 달리 양서류는 유생기에는 보통 겉아가미(external gills)를 가지고 있는 경우가 많고 성장하면서 속아가미(internal gills)로 바뀐다. 그러나 북미에 서식하는 대형 도롱뇽인 머드퍼피(Mudpuppy, *Necturus maculosus*)나 멕시코산 도롱뇽

아가미호흡과 수온

1ℓ의 물에 들어 있는 산소의 양은 수온 15℃에서 7㎖, 25℃에서 5.8㎖다(공기 중에는 약 130㎖). 따라서 아가미는 이 적은 산소를 효율적으로 흡수하도록 만들어져 있다. 수중의 산소는 아가미를 통과하는 동안 최고 80%나 흡수되는 반면 허파에서는 공기 중 산소의 25%도 채 흡수하지 못한다.

겉아가미의 발달 정도는 건강의 척도가 된다.

아홀로틀(Axolotl, 우파루파)처럼 종에 따라 일생동안 아가미를 가지며, 완전히 변태를 하지 못한 채 유생상태에서 성적으로 성숙하고 평생을 수중에서 생활하는 종류도 있다. 이 경우 성체에서도 겉아가미가 관찰된다.

양서류 아가미의 구조는 각각의 종과 서식환경에 따라 다양성을 보인다. 일반적으로 무미목 유생의 경우가 유미목 유생에 비해 크기가 작고 구조도 좀 더 단순하다. 무미목 올챙이의 아가미는 덮개가 있는 데 비해 유미목의 다수 종, 특히 유형성숙이 일어나는 종의 경우에는 아가미가 외부로 노출돼 있다. 무미목의 아가미는 변태와 동시에 사라지며, 대부분의 무족영원류의 아가미는 출생 또는 부화 전에 신체내부로 수납된다. 아가미는 매우 가느다란 새파(鰓耙, gill raker)[7]와 새엽(鰓葉, acinus)으로 이뤄진 여러 개의 판이 합쳐진 형태인데, 이러한 구조는 아가미와 물의 접촉면을 늘려줌으로써 좀 더 많은 산소를 흡수할 수 있도록 하기 위해 디자인된 것이다.

아가미조직 내에는 박막층이 있으며, 이 박막층에는 미세한 모세혈관이 거미줄처럼 얽혀 있다. 일반적으로 아가미는 안과 밖의 물질확산을 촉진시키기 위해 체내를 흐르는 피와 아가미로 유입되는 물이 서로 반대 방향으로 흐르는 역류교환시스템을 가지고 있다. 공기는 0℃, 1㎤, 12기압에서 약 250g의 산소를 포함하고 있는데, 평균적인 물의 산소농도가 5ppm임을 감안하면 1㎤ 물은 약 5g의 산소를 함유하고 있는 것이다. 따라서 단순 비율상으로 아가미호흡은 폐호흡과 비교할 때 약 1/50 정도 수준의 산소를 흡수할 수 있다. 아가미호흡의 효율은 수온과 수류 및 아가미의 발달 정도에 따라 차이가 있는데, 수류가 강하거나 수온이 낮은 경우에는 수중의 용존산소량이 상승하므로 아가미호흡의 효

---

[7] 물고기의 새궁(아가미를 지지하고 있는 뼈) 안쪽 가장자리에 나란히 있는 단단한 돌기를 이른다. 무악류를 제외한 어류나 양서류의 유생에서 아가미궁 인두 측면에 열생하는 결절상 또는 섬유상 돌기구조물. 막대 모양, 주걱 모양, 혹 모양, 이빨 모양 등을 볼 수 있지만, 이빨 모양인 것을 특히 아가미이빨(gill teeth)이라고 한다. 상어, 가오리류에서는 발달하지 못한 것이 많다. 호흡수와 동시에 구강에 들어온 먹이를 걸러내는 기능을 갖고, 다른 어류나 연체동물 등을 먹는 어류는 골성의 사마귀 모양이고 발달이 나쁘며, 플랑크톤 등을 먹이로 하고 있는 종에서는 잘게 잘 발달돼 있는 것이 많다.

사육개체가 어린 경우에는 수중 산소포화도에도 관심을 기울여야 한다(사진은 타이거 샐러맨더의 유생).

율이 상대적으로 높아진다. 따라서 이와는 반대로 활동과 환경온도가 상승함에 따라 폐호흡과 구인강호흡의 역할은 더욱 커지는 경향이 있다. 사육 하에서는 멕시코도롱뇽과 같은 완전수생 유미목의 경우 여름철이 돼 수온이 상승하면 아가미가 녹으면서 폐사에 이르는 경우가 많다. 이 경우 제일 먼저 수온을 내려주면 회복하는 데 큰 효과를 기대할 수 있다.

폐호흡(pulmonary respiration) 대부분의 양서류는 다른 사지동물들과는 다르게 온전히 육지에서만 생활한다는 것이 어렵다. 이와 같이 육지생활이 제한되는 가장 큰 원인은 호흡 때문인데, 비록 한 쌍의 폐를 가지고 있어서 폐호흡이 가능하기는 하지만 좀 더 진화한 다른 분류군과 비교했을 때 완벽하게 발달돼 있지 않아 물이 없는 곳에서는 사실상 생존이 불가능하다(무족영원류의 폐는 왼쪽은 거의 퇴화됐으며, 오른쪽이 크고 더 발달돼 있다. 도롱뇽의 일부 과는 폐가 없이 완전하게 피부호흡에 의존하는 경우도 있다).

양서류의 폐는 주머니를 닮은 단순한 형태인 데다가 폐에서는 폐포와 같은 구조를 관찰하기 어려우며, 그만큼 기체교환이 가능한 면적도 작고 산소의 확산속도 역시 느리다. 이런 이유로 인해 양서류는 폐호흡을 보충해줄 다른 보조적인 호흡방법을 발달시켜야 할 필요가 생기게 됐다. 양서류는 진화 초기에 물고기의 비늘을 가지고 있었으나 비늘은 외부 공기의 효과적인 이동통로 역할을 하기 어려웠기 때문에 시간이 지남에 따라 점차 물고기조상으로부터 물려받은 마름모 형태의 비늘을 잃으면서 피부를 통해 추가적으로 호흡하는 능력을 발달시키게 됐다.

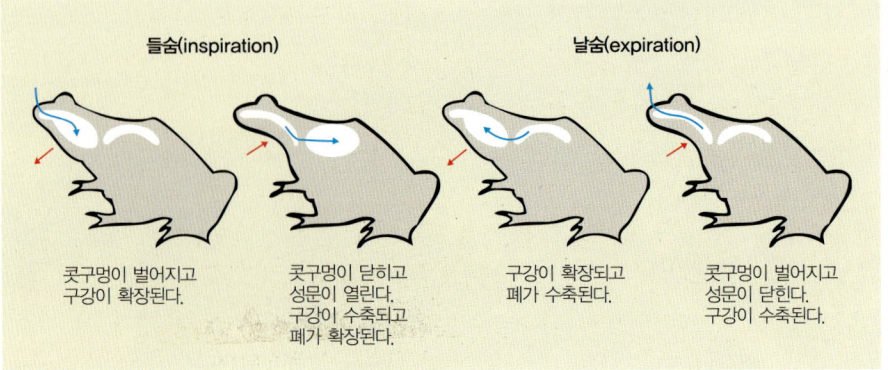

양서류의 양압호흡. 양압호흡에는 아래턱(목)의 역할이 중요하다.

불완전하게 발달된 폐로 인해 양서류는 다른 동물들처럼 폐를 부풀려 공기를 충분히 흡입하는 것이 불가능하기 때문에 목을 부풀리기도 하고 움츠리는 행동을 통해 폐로 공기를 보낸다. 이처럼 신체내부의 압력을 조절해 그 압력의 차이를 호흡에 이용하는 것을 '양압호흡(陽壓呼吸)'이라고 한다. 일차적으로 목 부위의 움직임으로 인해 입안에 양압이 생성되면서 콧구멍을 통해 공기가 볼 인두근 부위로 흡인되고, 이후 콧구멍이 닫히면서 목구멍을 수축하면 기도와 기관지를 통해 공기가 모세기관지와 폐포에까지 전달되면서 호흡이 가능해진다.

구인강호흡(buccopharyngeal respiration) 구인강(口咽腔)은 '목젖', 목젖 주변의 커튼처럼 늘어져 있는 '연구개(軟口蓋)', 그 연구개의 양쪽 끝에 위치하고 있는 '구개편도(口蓋扁桃)' 등 3개의 구조물로 이뤄져 있는 공간이다. 양서류는 횡격막을 가지고 있지 않기 때문에 몸통과 사지 근육의 움직임에 의지해 호흡을 한다. 구인강호흡은 구강(口腔)과 인후(咽喉)의 빠른 펄스를 통해 인두 사이의 내막에서 가스교환이 이뤄지는 방식이다. 인두의 내막은 젖어 있기 때문에 피부에서처럼 산소가 녹아들어 내막 아래에 분포한 미세혈관에서 가스교환이 가능해지게 된다. 구인강호흡은 물 밖에 있을 때 이뤄지며, 그 비율은 전체 호흡의 1% 정도에 불과하다.

피부호흡(cutaneous respiration) 피부호흡은 신체표면을 이용해 이뤄지는 외호흡을 말한다. 본래 체표는 산소분압(酸素分壓, oxygen partial pressure)의 차이로 인해 산소를 통과시키는 것이 가능하기 때문에 지렁이, 거머리, 이끼벌레처럼 특별한 호흡기관을 가지고 있지 않은 동물들은 주로 피부호흡에 의지한다. '호흡'이란 숨을 들이쉬고 내쉬는 행동을 뜻하지만, 실제로는 생존에 필요한 산소를 외부로부터 흡입하고 불필요한 이산화탄소(탄산가스)를 배출하는 기체교환현상이라고 말하는 것이 더 정확하다. 따라서 피부호흡은 산소를 직접 이산화탄소로 바꾸는 것은 아니지만, 산소를 흡입한다는 의미에서 호흡이라고 칭할 수 있다. 양서류의 얇은 피부 안쪽에는 혈관과 모세혈관들이 분포하는데, 피부의 점액에 녹은 산소가 피부로 흡수되고 혈류로 전송돼 가스교환이 이뤄진다.

개구리의 평상시 피부호흡에 대한 의존도는 30~50% 정도지만, 동면 중에는 70~75% 정도까지 상승한다. 인간도 피부호흡을 하지만 그 비율은 1% 미만에 불과하다. 피부호흡의 대사율은 동면기에 높아지며, 수중에서 동면을 하는 종의 경우에는 더욱 높아진다. 티티카카물개구리(Titicaca water frog, *Telmatobius culeus*)와 일부 도롱뇽처럼 산소농도가 높은 곳에 서식하는 종은 전적으로 피부호흡에만 의존해서 생존할 수 있다. 그러나 피부호흡은 폐호흡만큼 효과적이지는 않기 때문에 피부호흡의 비율이 높은 완전수생종의 경우에는, 티티카카물개구리처럼 폐가 없는 대신 피부호흡의 효율을 높이기 위해 피부가 심하게 늘어져 있어 물과의 접촉을 늘리도록 진화한 종도 있다. 헤어리 프로그(Hairy frog, *Trichobatrachus robustus*)처럼 몸에 머리털과 같은 섬모를 발달시킨 경우도 있다.

산소농도가 높은 곳에 서식하는 무폐도롱뇽과 저온에서 생활하는 양서류의 산소교환 역시 주로 피부를 통해 이뤄진다. 양서류에게 있어서

1. 버젯 프로그의 늘어진 살은 체표와 물의 접촉을 늘리는 효과가 있다. **2.** 장수도롱뇽의 주름진 피부

제1장 양서류의 생물학적 특성 **073**

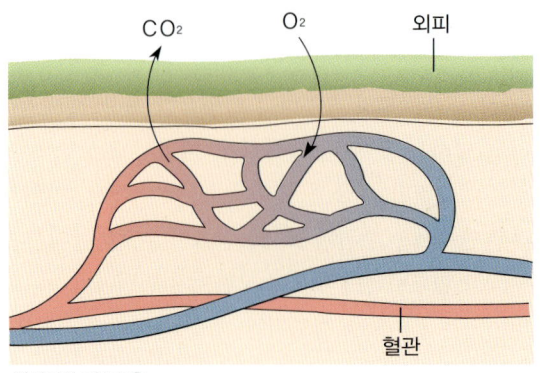
양서류의 피부호흡

피부호흡은 폐호흡이나 구인강 호흡, 아가미호흡으로는 부족한 호흡량을 보충하기 위한 방편인 경우가 많지만, 폐라는 기관 자체를 가지고 있지 않기 때문에 피부호흡을 주로 하는 종도 있다. 현재 알려진 바로는 무미목 가운데 보르네오 플랫 헤디드 프로그(Bornean flat-headed frog, *Barbourula kalimantanensis*) 1종과 유미목 가운데 400여 종이 진화과정에서 폐를 잃고 전적으로 피부호흡에 의지해 살아가고 있다. 무족영원목에는 카이킬리타 이오크라마이(*Caecilita iwokramae*)와 아트레토코아나 에이셀티(*Atretochoana eiselti*) 두 종류에게 폐가 없다고 알려져 있다.

이처럼 피부를 통해 호흡하는 것은 개체의 표면적과 부피의 비율에 의해 그 효율이 결정되므로 결국 호흡효율은 개체의 크기에 의해 좌우된다. 양서류의 크기가 전반적으로 다른 동물보다 작은 데는 피부호흡을 한다는 특징이 그 원인이 될 수도 있다. 왜냐하면 체구가 작아야 피부의 '표면적 : 부피'의 비율이 높기 때문이다. 여기에 한 가지 덧붙이자면, '피부의 보습량'이라는 조건이 있다. 양서류의 피부는 항상 젖어 있어야 공기 중의 산소가 쉽게 녹아들어 효율적인 산소교환이 가능하기 때문이다.

양서류는 피부호흡에 의존하는 비중이 높기 때문에 원활한 호흡을 위해서는 산소가 충분히 빠른 속도로 녹아들어 확산될 수 있도록 피부의 표면이 축축한 상태를 유지하고 있어야 한다. 그래서 물에서 멀리 떨어진 곳에서는 생존이 어려우며 스스로 점액을 분비해 건조를 방지한다. 이처럼 피부로 호흡을 하는 정도는 종에 따라 상이한데, 피부호흡의 비중이 크지 않은 종의 피부는 각질로 돼 있고 피부로부터의 수분증발이 적다. 따라서 피부호흡의 비중에 따라 서식환경이 구분된다.

사육장 내에 수분공급이 부족해 양서류가 폐사하는 것은 그 원인이 탈수인 측면도 있지만, 호흡곤란으로 인한 질식도 중요한 원인이 될 수 있다. 따라서 양서류 사육 전반에 걸쳐 사육자가 가장 명심해야 할 사항은, 이처럼 생존과 직결되는 역할을 하는 '양서류 피부의 중요성'이다. 단정적으로 이야기한다면 체색, 질감, 보습 등 사육대상종의 피부상

이끼도롱뇽은 다른 도롱뇽과 달리 허파가 없어 피부로만 호흡한다.

태가 일단 안정적으로 유지되고 있다면, 70~80% 이상 성공적인 사육을 하고 있다고 말해도 좋다. 양서류의 현재 상태를 나타내는 첫 번째 척도가 바로 피부이기 때문이다.

■**수분평형과 투과성** : 양서류 피부의 가장 독특한 특징은 '투과성'을 지니고 있다는 것이다. 양서류는 표피를 통해 산소와 이산화탄소를 교환하고, 물과 이온을 수동적으로 확산시킨다. 또한, 영양염류를 환경으로부터 직접 흡수함으로써 손실된 전해질을 보충한다. 야외에 나가면 가끔 개구리의 사체를 만나게 되는 경우가 있다. 보통 동물이 죽은 지 오래 되면 무슨 동물인지 구별하기 어려운 경우가 많은데, 이는 죽자마자 바로 부패가 시작되기 때문이다. 그러나 개구리의 경우는 그 형체 그대로 말라 있기 때문에 죽은 지 오래 돼도 개구리라는 걸 곧바로 알아차릴 수 있다. 이런 현상은 독특한 개구리의 피부로 인해 나타나는 것이다. 개구리의 피부는 투과성으로 수분을 유지하기가 어렵기 때문에 죽는 순간 바로 건조가 시작되고, 피부에서 부패균의 침입을 방지하는 항생물질들을 분비하고 있어 일반적으로 그 형체 그대로 말라서 굳어버리게 된다.

이처럼 독특한 투과성 피부는 양서류가 건조한 곳에서 생존할 수 없는 가장 큰 원인이기도 하다. 양서류는 언제나 물을 가까이해야 하는 생명체지만, 다른 동물들처럼 입을

물그릇에 몸을 담그고 있는 개구리. 투과성 피부를 통해 몸속으로 필요한 수분이 흡수된다.

통해 직접적으로 물을 마시는 행동은 하지 않는다. 지상에서 서식하는 많은 종의 무미목은 하복부 피부에 모세혈관이 집중적으로 분포돼 있어 얇은 복부 표면의 막을 통해 수분의 흡수가 가능하다. 이 투과성 피부 덕분에 양서류는 물속이나 축축한 흙, 젖은 잎과 단순히 접촉하고 있는 것만으로도 몸속으로 필요한 수분이 흡수된다.

양서류가 가지고 있는 여러 가지 분비선들은 배 쪽에는 거의 발달돼 있지 않은데, 이는 신체의 아랫부분이 주위 환경으로부터 수분을 받아들이는 주요한 경로가 되기 때문이다. 특히 일부 무미목의 경우에는 배 쪽 골반에 '드링킹 패치(drinking patch)'라는 특수화된 부분을 가지고 있는데, 이곳과 허벅지의 아래쪽을 통해 전체의 80%에 이르는 물이 흡수된다. 이러한 투과성은 각각의 종이 서식하는 지역의 환경조건에 따라 차이가 있다. 건조지역에 서식하는 종은 다른 지역에 서식하는 종보다 투과성이 더 높다고 알려져 있으며, 수중에서 생활하는 종은 삼투압에 의해 몸속으로 많은 물이 들어오지 않도록 하기 위해 피부의 투과성이 육지에 서식하는 종보다 낮다.

양서류는 대부분 충분한 습도가 유지되는 환경에서 서식하지만, 수분이 적은 환경에서 생존하도록 특수하게 진화한 종도 있다. 사막지역에 서식하는 종의 경우에는 몸 안에 요소를 가지고 있어 피부 안팎의 삼투압 차이를 높임으로써 건조한 흙에서도 수분을 취할 수 있다. 또한, 일부 종의 개구리나 도롱뇽은 벗어놓은 허물을 고치로 삼아 수분의 상실을 줄이기도 한다. 왁시 몽키 트리 프로그(Waxy monkey tree frog, *Phyllomedu sasauvagii*) 같은 종은 상대적으로 건조한 환경에서 서식하기 때문에 피부의 지용성 샘으로부터 생성되는 독특한 밀랍성 삼출물(왁스 같은 물질)을 몸 표면에 발라서 수분의 증발을 막는다.

호주에 서식하는 워터 홀딩 프로그(Water-holding frog, *Cyclorana platycephala*)는 방광에 수분을 저장할 수 있고, 피부에서 분비되는 특수한 분비물로 수분증발을 억제하는 일종의 고치를 만들어 다음 비가 오기까지 수개월 혹은 수년 동안 버티다가, 지면에 떨어지는 빗소리를 듣고 지상으로 나온다. 워터 홀딩 프로그는 엄청난 양의 묽은 요소를 생산해 특대형 방광에 보관하는데, 이는 가뭄기간 동안 지하에서 더위를 피하며 생명을 유지하도록 해주는 생명수가 된다. 이러한 생태를 이용해 오스트리아 원주민인 에보리진(Aborigine)[8]들은 지하에서 하면을 하는 개구리들을 식수공급원으로 이용하기도 했다는 기록이 있다. 몇몇 종의 개구리는 질소대사산물을 요소가 아니라 요산의 형태로 배설함으로써 손실되는 수분을 절약한다. 요소는 수분과 함께 배출되는 데 비해 요산은 반고체형태로서 상대적으로 수분이 적게 포함돼 있다.

개구리가 가지고 있는 피부의 투과성이라는 특징은 일견 매우 효율적으로 보이기도 하지만, 독소나 오염물질과 같은 환경적 위험요소가 증가하는 현대에 와서는 상당히 위험한 특성이 되기도 한다. 수분과 함께 불필요하고 위험한 화학물질들이 여과 없이 그대로 몸속으로 흡수될 수 있기 때문에 다른 분류군과 다른 피부의 독특한 특성이 양서류의 멸종을 재촉하는 또 하나의 원인이 되고 있다. 양서류를 사육함에 있어서도 이러한 피부의 특징을 이해하고 항상 기억하는 것은 안정적인 사육을 위해서 반드시 필요한 일이다. 일례로 여름철 무심하게 사용한 모기약 성분이 사육수조 안에 내려앉는 것만으로도 사육종인 개체 전체를 병들게 하거나 폐사에 이르게 할 수도 있기 때문이다.

이 밖에도 양서류의 투과성 피부는, 수상종(水上種)의 양서류를 지속적으로 수중에 방치해 과도하게 수화(hydration)[9]되는 상태로 유지할 경우 특히 위험할 수 있는 요소다. 수상종 양서류는 다른 환경에 서식하는 종들보다 과도한 수분을 효율적으로 방출시키는 생리적인 기작을 발달시켜왔지만 사육환경이 그를 뒷받침해주지 못할 경우 문제가 된다.

---

[8] 18세기 말엽, 유럽인에 의해 식민지로 개척되기 이전에 오스트레일리아에 거주하던 원주민을 말한다. 부족사회를 형성하고 주로 수렵 및 채집생활을 하며 살고 있었는데, 유럽인들이 이주해오면서 함께 유입된 질병과 백인과의 전쟁 등으로 인구가 격감했다. 또한, 기후조건이 열악한 내륙의 건조지역으로 밀려나 지금은 약 20여 만 명이 정부의 보호구역 내에서 노동에 종사하거나 정부로부터 보조금을 받으면서 살고 있다. [9] 수용액 속에서 용해된 용질 분자나 이온을 물 분자가 둘러싸고 상호작용하면서 마치 하나의 분자처럼 행동하게 되는 현상을 말하는데, 이는 물이 양극성 물질이기 때문에 일어나는 현상이다.

■**체온조절** : 양서류는 변온동물이지만, 같은 변온동물인 어류나 파충류의 경우처럼 체온이 꼭 외부의 온도에 따라 변하는 것은 아니다. 다른 동물들처럼 일광욕을 통해 체온을 조절하기도 하지만, 투과성 피부를 가지고 있기 때문에 체색의 변화와 체표의 수분증발을 이용해 안전하고 능동적으로 자신의 체온을 조절할 수 있다.

양서류는 호르몬의 조절로 체색의 변화를 일으킬 수 있는데, 서둘러 체온을 올려야 할 필요가 있을 때는 짙은 색, 오후에 강한 햇빛 아래에서는 옅은 색을 띤다. 또한, 양서류의 피부에서 분비되는 분비물은 몸을 보호하는 역할뿐만 아니라 증발에 의한 기화열로 체온을 조절하는 역할도 수행한다. 그 결과 양서류의 체온은 외부의 기온보다 보통 2~3℃씩 낮다(이 차이는 종에 따라 다르지만 공기가 아주 건조할 때는 8~9℃에 달한다).

■**체색과 보호** : 양서류는 각각의 종, 각각의 개체마다 독특한 체색과 고유한 무늬를 가지고 있으며, 여느 다른 동물과 마찬가지로 이러한 체색과 무늬는 원서식지에서 효과적인 보호색으로 작용한다. 양서류의 체색은 종, 지리적인 차이, 온도, 습도, 빛의 강도, 스트레스의 징도에 따라 개체마다 다양하게 나타난다. 유생인 올챙이와 성체의 경우에서 볼 수 있듯이 성장하면서 체색이 변화되기도 한다.

양서류가 지닌 고유의 체색은 색소포(色素胞, chromatophore)라 불리는 색소세포로 이뤄진 3개의 층, 즉 피부의 가장 깊은 곳에 위치한 멜라닌소포(melanophore), 간층을 형성하며 청록색을 나타내는 적색소포(allophore), 최상층을 이루며 황색을 나타내는 지질소포(lipophore)에 의해 만들어진다. 특히 멜라닌소포는 양서류 피부에 가장 많고 넓게 분포하면서 검정색이나 갈색 계열의 체색을 나타내고, 피부 전체의 명암을 조절하는 중요한 역할을 한다. 양서류 각각의 종이 가지는 고유한 체색은 송과선(松科腺, pineal gland, 좌우 대뇌반구 사이 제3뇌실의 후부에 있는 작은 공 모양의 내분비기관)에서 분비되는 멜라토닌과 같은 호르몬의 영향에 의해 결정되고, 보호색과 같이 일시적으로 일어나는 체색의 변화는 뇌하수체 후엽에서 분비되는 호르몬에 의해 조절된다고 알려져 있다.

동물들이 가지고 있는 보호색은 보통 먹이가 되는 피식자(被食者)의 색깔을 의미하는 경우가 많지만, 피식자에게 들키지 않고 접근하는 데 유리한 포식자의 은폐색을 가리키는 경우도 있다. 양서류의 무늬는 개체의 생김새나 윤곽선과 일치하지 않기 때문에 포식자들로 하여금 시각적인 교란을 일으켜 자신의 정체와 위치를 숨길 수 있도록 한다.

방어피음, 세이어의 법칙(Thayer's law)

"자연은 하늘의 빛을 가장 많이 받는 위쪽은 가장 검게 하고, 그 반대쪽은 가장 희게 하는 식으로 동물을 칠한다"

-Thayer, 1909

뉴잉글랜드 출신의 화가인 애벗 핸더슨 세이어(Abbott H. Thayer, 1849~1921)는 자연에 많은 관심을 가지고 있었다. 야생동물을 즐겨 그리던 그에게 문득 독특한 현상이 눈에 띄게 되는데, 많은 동물이 등은 짙은 색이고 배는 흰색이나 옅은 색을 띤다는 사실이다. 이러한 배색효과로 인해 보다 평평하게 보이고 윤곽을 뚜렷하게 구분하기 어렵게 되는 효과가 나타나게 된다. 1896년 그는 자신이 발견한 이러한 내용을 정리해 〈오크(The Auk)〉라는 자연사 잡지에 '보호색의 기본법칙(The law which underlies protective coloration)' 이라는 제목으로 발표하게 된다. 이처럼 생명체가 주위 배경과 뒤섞이며 평면화되는 그러데이션(gradation) 배색현상을 생물학계에서는 '방어피음(防禦被陰, countershading)' 이라는 용어로 표현하고 있는데, 이러한 현상은 이를 처음 발표한 그의 이름을 따 '세이어의 법칙(Thayer's law)' 이라고도 불린다.

세이어는 위장의 다른 메커니즘으로 '분단색(disruptive coloration) 이론' 도 발견하게 된다. 분단색은 방어피음이나 위장색과는 정반대의 개념으로 개체의 윤곽을 없앨 수 없다면 상대가 인식하기 어렵도록 윤곽을 임의적인 덩어리로 쪼개는 현상을 의미한다. 이러한 분단색을 나타내는 대표적인 종으로 얼룩말을 들 수 있고, 양서류에서는 독화살개구리(Poison dart frog)나 아마존 밀크 프로그(Amazon milk frog)를 예로 들 수 있다. 세이어는 이러한 원리들의 발견을 계기로 1898년 미국과 스페인 사이에 전쟁이 일어났을 때 자연위장전문가로서 미국 해군의 요청을 받아 함선의 위장도색법을 제시하기도 했다. 그가 발견한 이 현상들은 패션계나 회화, 군수 분야에서 지금까지도 다양하게 응용되고 있는데, 현재 우리나라 신형 군복에 적용된 디지털 픽셀 무늬 역시 이러한 분단색의 원리가 적용된 것이다.

세이어는 지속적으로 야생동물보호에 앞장섰고, 미국 오듀본협회(National Audubon Society, NAS)와 영국 왕립조류보호협회(The Royal Society for the Protection of Birds, RSPB) 같은 현대의 대규모 보전단체의 창설에 영감을 주기도 하는 등 특히 조류보호를 위한 선구적인 업적을 이뤘다고 평가되고 있다. 말년에는 자신의 이론에 심취해 모든 동물의 무늬가 위장과 은폐만을 위해 존재하는 것이라는 다소 경직된 견해를 보이게 되지만, 어찌됐건 간에 화가로서 회화와 생물학이라는 머나먼 학문 간의 거리를 뛰어넘어 자신의 이름이 붙어 있는 과학법칙을 남기게 된 것은 놀라운 학문적 성과라고 할 수 있다.

배색효과를 보이는 개구리의 체색

개구리의 보호색

또한, 많은 반수생 양서류를 보면 몸의 위쪽이 아래쪽보다 더 짙은 색을 띠고 있는, 반대색형을 가지는 방어피음(防禦被陰)을 보이는데, 이 역시도 위에서 보면 지면의 색깔과 비슷하고 아래에서 보면 하늘의 색과 비슷하게 보여 포식자인 조류나 어류로부터 스스로를 보호하는 일종의 보호색이라고 할 수 있다. 이와 같은 방어피음은 수면의 표층을 서식공간으로 하는 어류나 양서류에서 많이 관찰된다.

양서류의 보호색이 단순히 인간의 눈에 보이는 가시광선의 영역에서만 나타나는 현상은 아니다. 연구에 의하면 양서류의 등 부분의 빛 반사율과 그 배경환경의 반사율은 특정 파장에 있어서 아주 작은 변화에 이르기까지 정확하게 일치하며, 가시광선영역뿐만 아니라 자외선영역까지도 주위 배경과 완전히 일치하고 있다. 그렇기 때문에 적외선을 감지하는 피트(pit receptor)에 의해 먹이를 찾아내는 뱀이나 전갈과 같은 포식자들로부터도 스스로를 보호할 수 있다고 알려져 있다.

양서류는 이처럼 서식공간과 비슷한 보호색을 띠는 종이 대부분이지만, 무당개구리나 독화살개구리처럼 화려한 경고색을 가진 종도 드물지 않다. 또한, 등은 보호색, 배는 경고색을 가지고 있는 무당개구리처럼 일부 종은 보호색과 경고색 두 가지를 모두 가지고 있다. 이러한 종들은 평소에는 보호색을 이용해 몸을 숨기다가 적에게 존재를 들켜 도망칠 수 없는 상황이 되면 몸을 뒤집어 배 쪽의 강렬한 경고색을 드러내 보이는 방법으로 스스로를 보호한다. 이외에도 평소에는 가려져 있다가 위급한 상황에 순간적으로 보이는 체색과 무늬로 적을 놀라게 하는 종도 있다. 이 체색과 무늬는 보통 해당 개체의 옆구리나 허벅지 뒤쪽처럼 웅크리고 있을 때 잘 보이지 않는 부분에 위치해 있다가 점프하거나 자세를 바꾸는 순간 갑자기 나타나 적을 혼란스럽게 한다.

레드 아이 트리 프로그(Red-eyed tree frog)의 선명한 붉은 눈

대표적인 종으로는 엉덩이 부분에 큰 눈알 무늬가 있는 브라질가짜눈개구리(Cuyaba dwarf frog, *Physalaemus nattereri*)나 선명한 붉은 눈을 가진 레드 아이 트리 프로그(Red-eyed tree frog, *Agalychnis callidryas*)를 들 수 있다. 또한, 우리가 익히 알고 있는 청개구리처럼 배경에 맞춰 몸 색깔과 농담(濃淡)을 변화시키는 것이 가능한 종도 많이 있다. 이러한 체색변화는 양서류의 표피층에 있는 색소과립 또는 진피층의 특수한 세포(chromatophore, 색소포) 내 멜라민 등의 색소가 빛의 강도나 습도와 같은 주위 환경 혹은 외부적 스트레스에 의해 응집되거나 확산되면서 조절된다.

각각의 양서류가 가지고 있는 고유한 체색은 송과선(松果腺, pineal gland)에서 분비되는 멜라토닌과 같은 호르몬의 영향에 의해 조절되는데, 보호색처럼 주변 환경에 맞춰 일어나는 일시적인 체색의 변화는 뇌하수체에서 분비되는 에피네프린(epinephrine)에 의해 지배되기 때문에 어느 정도의 시간적 여유를 두고 천천히 진행된다. 외과적 처치로 뇌하수체중엽을 제거하면 이러한 체색변화가 일어나지 않는다.

이렇게 비교적 단기간에 자주 나타나는 체색의 변화 외에 번식기에 보이는 혼인색(婚姻色)도 여러 종의 양서류에서 다양하게 나타난다. 보통 동물의 세계에서는 수컷의 혼인색이 잘 알려져 있고 양서류 역시 이러한 경향이 나타나지만, 번식기에 등색이 붉어진다던가 하는 등 암컷에 있어서의 체색변화도 보고되고 있다.

■**분비물/독/항생물질** : 양서류의 피부는 외관상 인간의 피부와 유사해 보이지만, 인간과 상당히 다른 특징을 많이 가지고 있다. 외피에는 인간에게서 보이는 체모가 없고, 진피라고 불리는 외피의 안쪽에는 많은 신경 및 혈관들과 함께 점액선(黏液腺 , mucous gland)과 과립선(顆粒腺, 점액을 분비하는 외분비선으로 독액이 분비된다)이 분포하고 있는데, 외피까지 연결된 이 점액선에서 분비된 물질에 의해 피부가 항상 촉촉하게 유지되고 있다.

양서류의 이러한 분비물은 수분을 유지시켜 호흡을 돕는 역할 외에도 외부의 자극이나 감염원으로부터 신체를 보호하는 역할을 한다(또한, 물속에서 수영할 때 마찰을 감소시켜주며 천적이 붙잡기 어렵도록 만드는 역할도 한다). 양서류가 주로 서식하는 습한 환경은 여러 가지 병균과 바이러스의 이상적인 번식환경이기도 한데, 상처가 나기 쉬운 연약한 피부를 가지고 있는 양서류는 상처가 생겼을 때 다른 동물의 경우처럼 세균에 감염돼 덧나는 일이 없다. 이는 양서류 스스로 여러 가지 항생물질을 생성하기 때문이다.

이런 점에 착안해 우리나라에도 오래전부터 개구리 피부를 말려 곱게 간 후 기름을 섞은 것을 상처나 부스럼에 바르는 민간요법이 전해지고 있다. 1987년 미국의 외과의사 마이클 자슬로프(Michael zasloff)라는 박사가 연구를 위해 개구리를 수술하고는 항생제를 투여하는 것을 잊어버렸는데, 얼마 후 개구리는 멀쩡하게 살아났고 절개부위도 깨끗이 아물어 있었다. 여기서 힌트를 얻은 자슬로프 박사는 개구리에서 분비되는 항생 펩타이드 마가이닌(magainins)을 발견하게 됐고, 이는 종전에는 다룰 수 없던 생물학적 질병을 해결하는 첫 번째 무기가 됐다.

이와 같은 원리를 미리 알고 그런 것은 아니겠지만, 현대식 냉장고가 나오기 훨씬 전부터 러시아와 핀란드인들은 우유가 상하는 것을 막기 위해 우유 양동이

1. 독을 뿜고 있는 두꺼비 2. 독을 가진 무당개구리

가장 강한 독을 가진 생물, 황금독화살개구리(Golden poison dart frog, *Phyllobates terribilis*)

황금독화살개구리가 가지고 있는 독성분인 바트라코톡신(Batrachotoxin)은 자연계에 존재하는 가장 강력한 화학물질이며, 나트륨의 이온채널을 방해하는 신경독으로 심근육에 작용해 심정지와 호흡곤란을 일으킨다.
복어 독의 주성분인 테트로도톡신의 약 10배, 시안화칼륨(청산가리)의 약 3천배의 독성을 가지고 있으며, 현재까지 해독제는 개발돼 있지 않다. 치사량은 2μg/kg으로 보통 독화살개구리 한 마리가 가지고 있는 바트라코톡신 1mg으로 이론상 1만 마리의 쥐, 체중 50kg의 사람을 20명, 2마리의 코끼리를 죽일 수 있다. 일반적인 양서류의 독은 직접적으로 눈에 들어가거나 섭취했을 때 효력을 발휘하는 경우가 대부분이지만, 이 종은 단순한 접촉만으로도 사망에 이를 수 있다.
이 독은 개구리 스스로가 생산해내는 것이 아니라 먹이가 되는 불개미나 딱정벌레와 같은 곤충으로부터 얻기 때문에 독화살개구리라고 해도 인공적으로 번식돼 사육 하에서 관리된 것은 독을 가지고 있지 않다. 독화살개구리가 전 세계적으로 인기 있는 애완양서류로 널리 분양되고 있는 것은 이러한 이유 때문이다. 또 바로 이런 이유가 유럽, 미국, 캐나다, 일본 등지의 제약업계에서 자연상태의 황금독화살개구리를 연구용으로 몰래 채집해 밀반입하는 원인이 되기도 한다. 현재 판타스말독화살개구리(Phantasmal poison-arrow frog, *Epipedobates tricolor*)의 독에서 의존성과 부작용이 없으면서 모르핀보다 200배나 강한 새로운 진통물질이 발견됐고, 이를 바탕으로 에피바티딘(Epibatidine) 합성에 성공해 현재 모르핀을 대신해 이용되고 있다. 황금독화살개구리의 독으로는 600배나 강한 또 다른 진통제를 개발하고 있다.

에 개구리를 집어넣곤 했다는 기록이 있는데, 이 역시 세균을 막는 양서류의 항균물질을 실생활에 이용한 것이라고 볼 수 있다. 생명체들에게서 발견되는 이러한 항균 펩타이드(antimicrobial peptides, AMP)는 병원균뿐만 아니라 곰팡이에도 효과가 있으며, 암세포와 바이러스에도 탁월한 효능을 보인다. 또한, 인간세포에는 작용하지 않아 부작용이 없는 항생물질의 개발이 가능하다는 장점이 있다.

현재 전 세계적으로 항생제의 남용이 인류의 건강을 심각하게 위협하고 있고, 항생물질이나 약물에 저항성을 가진 내성균이 생겨나며 어떠한 항생제를 써도 듣지 않는 슈퍼박테리아가 점점 늘어나고 있는 실정이다. 이러한 상황에서 새로운 항생제를 찾는 연구가 국내외에서 활발하게 진행되고 있는데, 이 과정에서 가장 주목받고 있는 생명체가 바로 양서류다.

두꺼비의 독 분비샘

도롱뇽의 독 분비샘

또한, 많은 종의 양서류가 피부에서 이러한 항생물질 외에 좀 더 강력한 유독물질도 분비한다. 유럽도롱뇽, 독화살개구리, 두꺼비나 무당개구리류의 분비물은 특히 독성이 매우 강하다고 알려져 있다. 이 독은 스스로 분비하기도 하지만 대부분 압력자극에 의해 분비된다. 남미의 원주민들은 독화살개구리의 독을 입으로 부는 화살에 묻혀 사냥하는 데 사용하고 있으며, 전통적으로 동양에서도 두꺼비의 귀밑샘의 독을 말린 섬수(蟾酥)나 두꺼비를 태운 재인 섬회(蟾灰)가 한약재로 사용돼오고 있다. 고대 마야에서는 수수두꺼비의 독을 치면을 거는 물질로 이용한 사례가 있고, 브라질에서는 앵무새의 깃털을 다양한 색상으로 나게 하는 데 독이 있는 개구리를 이용하기도 한다(녹색 앵무새의 깃털을 뽑은 뒤 맨살에 개구리를 문지르면 새 깃이 돋아나올 때 여러 가지 색상을 띠게 된다).

이처럼 양서류는 '살아 있는 천연자원'으로 불리며 오래전부터 치료제로 이용돼 왔을 뿐만 아니라, 현재에도 양서류가 만들어내는 갖가지 피부 분비물들은 진통제나 파킨슨병 치료제, 알츠하이머 치료제, 항암제, 항생제, 당뇨병 치료제, 모기퇴치제, 슈퍼박테리아(MRSA) 억제제, 의료용 접착제 등 인간에게 도움이 되는 여러 가지 물질들을 개발하는 데 이용되고 있다.

■**탈피**(脫皮) : 양서류는 성장을 위해 탈피의 과정을 거쳐야 한다. 갑상샘호르몬의 영향으로 낡은 허물을 벗고 새로운 허물을 만드는 과정을 통해 성장을 지속한다. 양서류에게는 피부가 무엇보다도 중요한 기관이므로 항상 최적의 상태를 유지하는 것이 중요한데, 신

체의 가장 외부에 있는 피부는 시간이 지남에 따라 낡아지고 기능이 떨어질 수밖에 없기 때문에 정기적으로 새로운 피부로 교체해줄 필요가 있다. 이러한 이유들로 인해 양서류는 허물을 벗는다.

탈피를 한다고 해도 절지동물이나 뱀처럼 낡은 허물이 고스란히 남는 방식이 아니라 피부허물이 벗겨지는 정도지만, 이와 같은 피부의 갱신 역시 탈피의 한 형태라고 할 수 있다. 파충류에 있어서는 사육습도가 부족할 경우 탈피를 못하는 증상인 탈피부전이 흔하게 일어나지만, 양서류에 있어서는 기본적으로 습한 환경에서 서식하기 때문에 탈피로 인해 문제가 발생하는 경우는 상대적으로 적다. 그러나 사육장이 건조할 때 탈피부전이 일어날 가능성은 항상 잠재돼 있다는 점을 잊지 않도록 하자.

보통 자연상태에서 양서류가 탈피하는 모습을 보기는 쉽지 않지만, 사육 하에서는 의외로 자주 그리고 쉽게 관찰이 가능하다. 따라서 어느 날 개구리의 몸에 하얀 막 같은 것이 붙어 있거나 물속에 떠다니는 것을 보게 되더라도 정상적

1. 탈피는 정상적인 성장과정이다. 2. 화이어 벨리 뉴트의 탈피된 허물

인 성장의 과정이니만큼 너무 놀라지 않아도 된다. 일부 종은 단백질을 보충하기 위해 자신이 벗은 낡은 허물을 먹기도 하는데, 이 역시 자연스러운 현상이므로 강제로 입을 벌려 꺼내주지 않아도 괜찮다. 썩 유쾌한 광경은 아닐지라도 자연에서 쉽게 보기 힘든 이러한 생태를 가까이서 관찰할 수 있는 것도 양서류 사육의 매력 가운데 하나라고 할 수 있다.

피파개구리의 측선

■ **피부감각기관** : 올챙이나 완전수생종의 피부에는 분비선 외에도 측선기관(側線器官, lateral line system)이 머리에서 몸통에 이르기까지 규칙적으로 줄지어 발달해 있는 경우가 있다. 측선기관은 물속의 진동이나 수류 및 수압의 변화를 감지하는 독특한 감각기관이다. 보통 올챙이에게는 이 감각기가 두드러지고 변태와 더불어 사라지지만, 완전수생종에 있어서는 유지되는 경우가 많다. 무족영원류는 눈과 콧구멍 사이에 물속에서 주위의 물체를 감지할 수 있도록 하는 한 쌍의 전기수용체(electroreceptor)를 가지고 있다.

양서류의 변태(變態, metamorphosis)

'변태' 란 동물의 정상적인 생활사에서 배 발생 후기에 일어나는 형태적인 변화 가운데 하나로, 유생으로부터 성체로 급격하게 형태변화가 이행되는 것을 의미한다.

■ **변태의 정의** : 무미목 양서류에 있어서는, 올챙이의 성장과정에서 꼬리가 사라지기 시작하면서 체형이 변하고 꼬리가 흡수돼 완전히 사라지며, 호흡방식이 아가미호흡에서 폐호흡으로 변화되는 등 수서생활에서 육상생활로 진출함에 따른 일련의 적응변화 과정을 '변태' 라고 한다. 일반적으로 양서류의 변태는 성장 중에 외부에서 일어나는 것이 보통이지만, 일부 종의 변태는 수란관 안에서 이뤄지기도 한다.

변태 이전의 시기를 '유생', 일반적으로 양서류에서는 '올챙이' 라고 하고, 변태 이후를 '유체' 그리고 '성체' 로 본다. 사지의 발달, 아가미와 측선기관의 상실, 꼬리 위아래에 있는 지느러미의 퇴화, 눈꺼풀의 분화, 피부두께와 수분투과성의 변화 등과 같이 무미목과 유미목의 변태는 유사점이 많지만, 올챙이에게 가장 두드러지는 꼬리의 변화가 뚜렷하지 않기 때문에 양서류의 변태는 유미목보다는 무미목에게서 비교적 더 명확하게 일어나는 듯 보인다.

양서류는 변태를 통해 외부적인 형태가 변하게 되는데, 변태과정에서 일어나는 이러한 구조적인 형질변화에는 생물의 생리적·생화학적·행동적 변화도 수반된다. 즉 변태는 단순히 겉모양만 바꾸는 것이 아니라 사실상 내부장기에서부터 골격계, 신경계, 혈액의 헤모글로빈, 눈의 광색도(photo-pigment), 심지어는 체내 노폐물처리 시스템에 이르기까지, 모든 생체시스템이 완전히 새로 만들어지는 놀라운 현상이다.

한 마리의 올챙이를 개구리로 변화시키기 위해서는 정교하게 프로그램된 DNA 정보를 필요로 하는데, 이 복잡한 과정이 너무나도 정확하고 치밀하게 이뤄진다. 창조과학적 견해를 가지고 있는 사람들은 "이 과정이 방향도 없고 목적도 없이 무작위적이고 우연한 돌연변이에 의해 일어날 수 있는 일은 결코 아니며, 분명히 이 일련의 과정을 설계한 초월적인 지성이 있을 것"이라고 주장할 정도로 변태는 경이로운 생명현상이다.

변태 중인 양서류. 올챙이에서 다리가 나오고 체형이 변화된 모습이다.

■ **변태가 일어나는 이유** : 많은 사람들이 개구리가 변태를 한다는 사실은 잘 알지만, 변태가 왜 일어나는지에 대해 관심을 가지는 경우는 드물다. 생각해보면 변태는 굉장히 특이한 변화다. 양서류는 척추동물 가운데 유일하게 변태를 하는 동물이고, 이 점은 양서류의 가장 큰 특징이라고 할 수 있다.[10] 그런데 다른 대부분의 동물에게서 나타나지 않는 변태가 왜 양서류에게 일어나는 것일까. 변태는 과연 어떠한 장점이 있는 것인가.

우선 변태의 장점 중 하나는 동일종의 미성숙개체와 성체에게 있어 서식지 및 식성에서 큰 차이가 날 경우 먹이와 생활공간을 차지하기 위해 '직접적인 경쟁을 하지 않아

---

[10] 변태가 양서류의 가장 독특한 특징이기는 하지만, 모든 양서류종에서 100% 변태가 일어나는 것은 아니다. 알에서 노른자를 통해 영양분을 섭취하며 발육하다가 올챙이시절을 거치지 않고 바로 개구리가 되는 종도 있으며, 일생에 걸쳐 변태가 이뤄지지 않는 종도 있다.

무족영원은 변태를 하지 않는다.

도 된다'는 점이다. 생태계에서는 이종 간의 생존경쟁도 극심하지만 동종 간의 경쟁도 매우 심하다. 만일 미성숙개체와 성체의 먹이 및 서식지가 온전히 같다면 서로 간의 경쟁으로 인해 그만큼 미성숙개체의 생존율이 떨어지게 되고, 이는 곧 종 자체의 쇠퇴로 이어지는 심각한 문제가 될 수 있다. 하지만 변태를 통해 이러한 경쟁을 줄임으로써 미성숙개체의 생존율을 높이고 나아가 생태계에서 우위를 차지하게 되는 긍정적인 효과를 얻을 수 있다.

또 다른 이유로는 '종의 안전성'을 들 수 있다. 일시에 올챙이 아니면 성체의 상태로 동일하게 존재하는 것보다는 자신들의 형태와 서식장소를 지리적으로 또는 시간적으로 안배함으로써 기후변화와 천제지변 같은 여러 가지 환경적 변수에도 종을 유지할 수 있는 가능성을 높이게 된다. 다른 이유로 거론되고 있는 것은 '효율성'이다. 양서류의 알은 일반적으로 어류의 알에 비해 발생기간이 훨씬 긴 편이지만, 상대적으로 많은 양의 난황을 가지고 있지는 않다. 대신 곤충에서 관찰되는 것처럼 알, 유생, 성체의 과정을 거치면서 성장한다. 알에서 나와 지속적으로 성체로 성장해나가는 것이 아니라, 성장을 위한 폭발기인 유생단계를 한 번 더 거치는 것이다.

생물의 최종목적은 종족번식이며, 올챙이와 성체들의 삶의 목적 역시 동일하다. 그러나 올챙이는 번식이라는 목적을 포기하고 최단시간 내에 성체가 되는 것에 집중하는 한편, 성체들은 자손을 생산하고 그들이 잘 성장할 수 있는 최적의 환경을 찾고 양육하는 것에 집중하게 되면 성장과 번식을 함께 하는 것보다는 각각 하나의 목적에만 집중함으로써 종의 번성을 도모하기에 유리하다는 장점이 있다. 정확한 설명은 어렵지만 이러한 이유들로 인해 변태가 일어나며, '변태'는 실제로 생물학에서 가장 성공적인 환경적응의 결과로 손꼽히고 있다.

■**변태의 유형과 기간** : '올챙이'라고 통칭해서 불리는 양서류의 유생단계는 아가미와 측선계(側線系, 수중에서 물체나 다른 생물, 수류, 수압 등을 감지하는 감각기관)를 갖추고 있어 수생 척추동물을 닮았으며, 지느러미 형태의 긴 꼬리를 가지고 있다. 올챙이는 처음에 다리가 없고, 꼬리를 흔들어서 헤엄을 친다. 변태과정을 거치면서 올챙이는 다리, 폐, 한 쌍의 고막, 육식에 적응한 소화계가 발달하게 되고, 이와 동시에 아가미가 사라진다. 대부분의 종에서도 측선계는 사라진다. 변태기간 동안 유생의 신체 내부에서 일어나는 이러한 변화는 소멸과 생성, 변화의 3가지 유형으로 나눠볼 수 있다.

소멸 첫 번째는 유생시기의 생존을 위해서는 필요하지만 성체가 되면 쓸모가 없어지는 구조 및 기관들의 기능이 축소되거나 완전히 사라진다. 대표적으로 변태과정에서 소실되는 아가미와 꼬리(혹은 꼬리에 있는 지느러미), 측선기관을 들 수 있다. 원래 있던 조직들이 사라지는 시각적인 변화가 두드러지기 때문에 양서류의 변태는 '괴사성 변태(壞死性 變態)'라고도 불린다. 괴사성 변태에는 세포소기관인 리소좀(lysosome)이 관여하는데, 리소좀은 산성가수분해효소를 가지고 있어 손상된 세포잔해 또는 필요 없어진 세포에 들어가 pH의 차이를 이용해 세포를 가수분해시켜 파괴되도록 하는, 일종의 세포자살(apoptosis)[11]을 유도하는 역할을 한다. 변태과정에서 이러한 소멸조직은, 단백질합성이 줄어드는 동시에 단백질분해효소의 양이 증가하면서 세포를 자가분해하고, 이후 대식세포가 찌꺼기들을 소화시키는 과정이 되풀이되면서 결국은 사라지게 된다.

생성 두 번째, 일부 기관들은 변태과정이나 그 직후에 발생돼 기능이 나타나기 시작한다. 시각적으로 가장 두드러지는 사지(四肢)의 발달, 고막, 눈꺼풀을 예로 들 수 있다. 올챙이는 다리가 없으나 육상으로 진출하게 되면서 없던 다리가 새로 생겨나게 되고, 고막이나 눈꺼풀도 새로 만들어진다.

---

11) 세포자살(細胞自殺) 또는 세포자멸사(細胞自滅死)는 다세포 생물체에서 볼 수 있는 세포예정사(programmed cell death)의 일종이다. 세포자살은 세포 형태와 내부의 생화학적 변화로 말미암아 세포가 죽는 것으로 정리된다. 이 과정은 세포의 팽창과 균열, 세포막의 변화, 핵단편화, 염색질 응축과 염색체 절단 그리고 해당 세포가 다른 세포에게 먹혀 처리되는 것으로 끝난다. 갑작스럽게 세포가 피해를 입어 야기되는 세포사인 괴사(necrosis)와 대조적으로 세포자살은 생물체에 해를 끼치지 않으며, 생명주기에 유익한 것이다. 인간 배(胚, embryo)의 분화과정에서 손가락과 발가락이 각각 10개 형성되는 것은 세포자살이 작용하는 대표적 사례다. 세포질에 있는 많은 단백질들이 세포자살 경로에 관여하고, 이들은 정상상태에서 억제자와 결합해 있다가 세포자살유발물질에 의해 활성화된다.

변화 세 번째는 변태 전후에 모두 존재하며 기능을 하고 있으나 생활환경에 적응해 변화를 일으키는 기관이다. 가장 쉽게 관찰할 수 있는 대표적인 예로 머리의 형태변화, 눈 위치의 이동, 피부와 소화계의 변화를 들 수 있다. 무미목의 올챙이는 대개 수중초식동물로서 나선 모양의 긴 장을 가지고 있으나, 변태과정에서 식성이 육식으로 변화됨과 동시에 입의 모양과 장의 길이가 변화된다. 또한, 앞으로의 주 서식영역에 따라 눈의 위치가 변화하기도 하며, 피부의 두께와 수분투과성이 변화하고 피부선이 분화되며, 색소형성 역시 달라진다. 변태에서 일어나는 생리적인 변화로는 배설기작을 예로 들 수 있다. 올챙이는 질소대사의 마지막 산물을 암모니아의 형태로 배출하지만, 변태를 마친 개구리는 요소의 형태로 배출한다.

이와 같은 변태에 소요되는 시간은 종마다 상이하다. 단기간 생성되는 물웅덩이를 이용해 번식하는 종은 겨우 일주일 만에 변태가 완료되기도 하고, 추운 지방에 서식하는 종이나 추워질 때 부화된 올챙이 그리고 고도가 높은 지역에 서식하는 일부 종은 월동을 하고 이듬해 여름까지 변태를 하지 않는 경우도 있다. 또한, 영양섭취나 서식지의 온도 역시도 변태에 어느 정도 영향을 미친다.

이 시기의 무미목의 유생은 프로그렛(froglet)이라고 불린다.

■ **변태에 작용하는 호르몬** : 양서류의 변태는 성장과정 전반에 있어서와 마찬가지로 뇌하수체호르몬인 프로락틴(prolactin)과 갑상샘호르몬인 티록신(thyroxine)에 의해 조율된다.

어린 올챙이에 티록신을 주사하면 변태가 촉진돼 곧바로 아와(兒蛙)가 되고, 올챙이의 갑상샘을 떼버리면 변태를 하지 않고 영원히 올챙이로 남는다. 호르몬의 분비는 온도변화에 의해 유발되지만, 타이거 샐러맨더(Tiger salamander)처럼 생활환경이 악화되면 시상하부에서

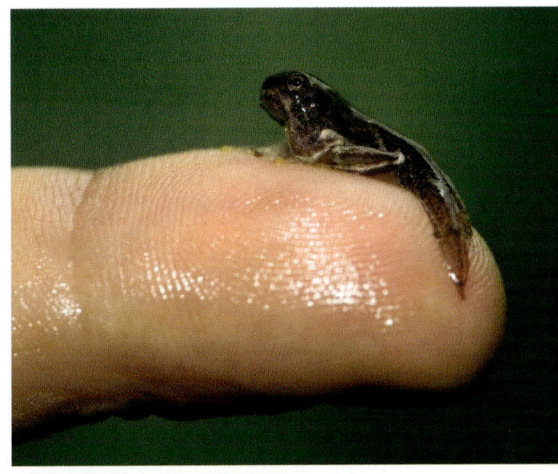

양서류의 변태는 놀라운 생명현상이다.

변태호르몬을 생성 방출하도록 자극받게 되는 경우도 있다. 그러나 멕시코도롱뇽처럼 특정한 환경에서만 살 수 있는 유형성숙종의 경우에는 자연적으로 변태를 진행할 수 없기 때문에 티록신을 인공적으로 투여해야만 변태를 완성시킬 수 있다.

변태에 작용하는 티록신은 저온에서는 거의 효과가 없기 때문에 사육 하에서 안정적으로 변태를 유발하기 위해서는 수온을 조절해줄 필요가 있다. 이 말은 저온을 유지하면서 사육하면 어느 정도 변태를 지연시킬 수 있다는 의미이기도 하다. 이론상으로 수조의 수온을 지속적으로 낮게 설정하고, 요오드가 포함된 먹이를 조절하거나 갑상샘호르몬억제제인 PTU(propylthiouracil)를 급여하면 변태시기를 늦출 수 있어 올챙이를 더 크게 기를 수 있고 더 큰 아와(兒蛙)를 만들 수 있다. 참개구리의 경우 정상적인 성장온도는 20~25℃이며, 수온이 20℃ 이하로 지속되면 변태가 지연된다.

■ **유형성숙(幼形成熟)** : 변태는 다른 분류군과 양서류를 구분 짓는 중요한 변화이기는 하지만, 북아메리카 남부의 사이렌(Siren) 등이나 미국 북부의 네크투루스(Necturus)처럼 완전한 변태를 하지 못하고 유생상태에서 성적으로 성숙하는 종도 있다. 이를 유형성숙(幼形成熟, neoteny)이라고 하며, 애완종 가운데는 멕시코도롱뇽이 대표적인 유형성숙종이다. 미주 도롱뇽과(科), 동굴영원, 엠피우마과(科), 사이렌과(科)는 모든 종이 유형성

아홀로틀(Axlotle, 멕시코도롱뇽)은 대표적인 유형성숙종이다.

숙을 한다고 알려져 있다. 미주 도롱뇽과 동굴영원의 경우에 유형성숙은 환경에 대한 적응과 연관돼 있다. 이들 과의 유형성숙은 유전적 성질로서 인위적으로 티록신을 투여해도 변태가 일어나지 않는다. 또한, 동종이라고 할지라도 서식지역에 따라 변태를 하고 성숙하는 개체도 있고, 유형성숙하는 개체도 있다.

양서류의 휴면(休眠)

동면(冬眠), 하면(夏眠), 춘면(春眠)을 통한 휴지기를 휴면이라 한다. 일반적으로 야생동물의 번식활동은 1년 중 기온과 먹이를 얻는 조건이 가장 좋은 계절에 이뤄지는 것이 보통이다. 양서류 역시 연간 특정한 계절에 한해서 번식활동을 하는 계절번식동물(季節繁殖動物, seasonal breeder)이며, 계절에 따라 생식기관의 발달 정도에 차이를 보인다. 번식활동을 하지 않는 비번식계절(非繁殖季節, non-breeding season)에는 생식선 기능이 저하해 정자형성이나 웅성호르몬의 분비가 정지돼 있다가 번식계절(繁殖季節, breeding season)이 되면 호르몬의 변화를 시작으로 생식활동이 이뤄지게 된다.

계절주기에 따른 이러한 생식호르몬의 변화에는 일조시간, 온도, 영양, 강수량, 이성의 존재 등 여러 가지 환경요인이 영향을 미치는데, 이 가운데 변온동물인 양서류에 있어서는 '계절변화에 의한 온도변화'가 번식활동조절에 가장 크게 영향을 미치고 있다. 양서류는 동면이나 하면으로 인한 일정 기간의 휴면기를 거친 이후에 번식활동이 자극되는 경우가 대부분이다(이러한 이유로 열대지방의 종은 온대지방에 살고 있는 동물에 비해 계절주기가 상대적으로 명확하지 않은 경향이 있으며, 인공사육 하에 있는 개체들 역시 이러한 경향을 보인다. 동굴과 같이 환경적인 변화가 거의 없는 곳에서 서식하는 종 역시 마찬가지다). 바로 이 점이 우리가 인공사육 하에서 양서류를 번식시키기 위해서는 일정 기간의 온도변화, 즉 쿨링(cooling)이나 사이클링(cycling)에 관심을 가져야 하는 이유다.

온대지방에 서식하는 양서류는 온도가 내려가면 신진대사속도가 저하되며, 동면에 들어간다. 신진대사의 저하가 동면의 가장 주된 원인이지만 곤충과 같은 먹이동물 역시 감소하기 때문이기도 하고, 겨울에는 호흡을 하는 데 필요한 피부의 수분이 얼어버리고 건조한 환경으로 인해 피부호흡이 어려워지는 것도 동면을 하는 이유 중 하나다. 보통 이 동면기에는 물질대사가 저하되고 신경섬유의 흥분성과 전도성이 낮아지며, 콩팥에서의 수분배설이 줄어든다. 또한, 심장박동수와 호흡량이 급격히 감소하는데 보통 폐호흡은 하지 않고 피부로만 호흡하며, 동면 전에 비축해둔 영양분을 서서히 소비하면서 봄이 오고 온도가 활동이 가능할 만큼 상승하기를 기다린다.

동면장소는 종에 따라 상이하며, 일반적으로는 0℃ 이하로 내려가지 않는 땅속을 주로 이용하는 경우가 많다. 수면은 얼어붙어도 수면 아래 밑바닥의 온도는 0~4℃ 정도를 유지하기 때문에 샘이나 하천 바닥의 돌 밑을 이용하기도 하고, 진흙 속이나 쌓인 낙엽 또는 짚더미의 아래쪽을 동면처로 이용하기도 한다. 종에 따라서는 주위 환경과 함께 얼어붙어 겨울을 나는 경우도 있다. 양서류는 겨울잠을 자는 동안 체온이 영하로 내려가도 얼어 죽지 않는데, 이는 동면기에는 체내의 당분농도가 높아 체액의 어는점을 낮추기 때문이다. 동면에 들어가기 전 양서류는 활발한 포식활동을 하며 영양을 비축한다.

겨울이 오고 주위 온도가 영하로 떨어지면 피부 밑에 얼음결정이 생기기 시작하고 간에 저장돼 있던 녹말이 포도당으로 분해되면서 혈당수치가 평소의 100~250배 이상으로 급증하는데, 이렇게 분해된 혈당은 혈관을 타고 주요 장기와 근육으로 이동해 세포 속으로 들어간다(연구에 의하면 겨울잠을 자는 개구리는 혈액 1ℓ 당 45g의 당분을 지닌다고 한다. 인간이 혈액 1ℓ 당 4g만 초과해도 당뇨병에 걸리는 것에 비하면 놀라운 수치라고 할 수 있다).

1. 물속에서 겨울잠을 자고 있는 물두꺼비 2. 땅속에서 겨울잠을 자고 있는 참개구리 3. 땅속에서 겨울잠을 자고 있는 수원청개구리

혈액은 혈당을 세포에 전해주고 얼어붙게 되며, 내부장기 및 장기를 둘러싼 체강까지 얼지만 세포 자체는 얼지 않는다. 온대지방에서 동면하는 종들의 체온은 주변 기온과 비슷한 2℃까지 낮아지고, 심장박동 수는 평소의 2~10%까지 줄어들며, 한대지역에 서식하는 종들의 심장은 완전히 멈추기도 한다. 비율로 보면 신체의 약 65% 정도가 얼어붙지만 생명에는 지장이 없다.

이처럼 양서류는 혈액에 있는 포도당과 요소 등이 일종의 동결보호제(cryoprotectants) 역할을 해서 세포의 어는점을 내림으로써 세포의 손상을 억제하며 겨울을 버틸 수 있다. 봄이 오고 기온이 상승하면 세포조직에 저장된 영양물질이 혈관 쪽으로 서서히 이동하면서 심장이 다시 뛰기 시작하고 겨울잠에서 깨어난다. 동면 중에는 혈액순환과 심장박동이 거의 멈춤으로써 호흡 자체가 필요 없는 상태가 되기 때문에 질식사(窒息死)하지 않는 것이다.

양서류의 이와 같은 동면 메커니즘은 저온생물학 분야에서 특별한 관심의 대상이 되고 있다. 일반적인 동물세포는 기온이 떨어지면 세포의 70~90%를 차지하는 수분이 얼면서 세포 내 소기관을 파괴하기 때문에 치명적인 피해를 입게 되는데, 이러한 현상으로 인해 냉동인간을 소생시킨다는 것은 현재의 과학기술로는 불가능한 일이다. 그러나 저온에도 살아남는 양서류의 동면 메커니즘에서 새로운 대안을 찾을 수 있다.

동면(冬眠)이 활동이 불가능할 만큼 낮은 온도에 대한 대응의 결과로서 생명을 겨우 유지하는 기초대사량(基礎代謝量)으로 양분의 손실을 막는 것이라고 한다면, 하면(夏眠, aestivation)은 정상적인 활동이 불가능한 높은 온도에 대한 적응의 결과라고 할 수 있다. 한여름의 온도가 높은 기간에 야외활동을 하지 않고 은신처에서 일정 기간 휴면을 하는 것을 하면(夏眠, 여름잠)이라고 한다. 사막과 같은 환경에 적응해 비가 오지 않는 건기(乾期) 동안 땅속에서 주로 생활하는 종은 수분손실을 방지하기 위해 몸 주위에 얇은 막을 형성하고는 휴면상태로 우기(雨期)를 기다리는데, 이 역시 일종의 하면이라고 할 수 있다.

직접적인 번식과는 상관없지만 우리나라 두꺼비처럼 동면에서 깨어나 교미하고 산란을 한 후, 지친 체력을 회복하고 충분히 기온이 상승할 때까지 다시 동면지에 들어가 일정 기간 휴식기를 갖는 춘면(春眠)을 하는 종도 있다.

양서류의 재생능력(再生能力, regeneration)

'재생(再生)'이란 개체의 특정 부분이 어떤 원인으로 인해 절단되거나 손상을 입었을 경우 나타나는 회복현상으로, 활발한 세포의 증식과 분화가 유발되면서 손상된 부분을 어느 정도 또는 완전하게 보수하는 과정을 말한다. 잘린 신체를 재생하는 능력을 가진 종으로는 도마뱀이 잘 알려져 있는데, 도마뱀이 꼬리만 재생 가능하고 연골과 비슷한 힘줄만 생길 뿐 잘린 부위에 새로운 뼈를 재생하는 것은 불가능한 데 비해, 도롱뇽이나 영원들은 꼬리나 사지(四肢)뿐만 아니라 뼈와 근육까지 재생 가능하며 장기나 척수에서부터 심지어는 뇌, 심장, 수정체까지도 재생시킬 수 있는 놀라운 재생능력을 가지고 있다. 양서류는 신체 일부에 손상을 입게 되면 일차적으로 혈관을 수축시켜 출혈을 막으며, 손상되고 남은 부분에 있는 세포조직들은 탈분화(脫分化)돼 그들의 독특한 특징을 잃어버리고 배(胚)시기의 모습으로 되돌아가게 된다. 재생하는 신경섬유의 영향을 받아 아체(芽體, blastema-성체줄기세포)라는 미분화된 덩어리를 형성하고 그곳에서 새로운 조직이 성장하게 된다. 무미목인 개구리나 두꺼비 등의 재생능력은 다른 목의 양서류에 비해 상대적으로 떨어지는데, 올챙이시기에는 어느 정도 재생능력을 갖고 있지만 변태를 거치고 성체가 되면 이러한 능력은 확연하게 저하된다.

재생 중인 도롱뇽의 꼬리

최근 연구결과에 따르면, 지금으로부터 2억9천만 년 전에 살았던 도롱뇽의 화석에서 꼬리와 사지의 재생흔적이 발견될 만큼, 양서류에게 있어서 재생능력은 자연에서 가장 약한 종들이 험난한 환경에서 생존을 유지하기 위해 발달시킨 특별한 능력이었다고 할 수 있다.

영국의 유니버시티 칼리지 런던(University College London, 런던에 있는 연구 중심의 공립종합대학) 구조분자생물학 연구진은 이처럼 놀라운 도롱뇽의 재생능력은 'ERK', 즉 '세포외신호조절인산화효소(extracellular signal-regulated kinase)의 활성화로 인해 가능한 것이라는 연구결과를 내놓은 바 있다. 도롱뇽에게는 ERK를 자유자재로 활성화할 수 있는 유전통로가 존재하기 때문에 유전물질이 함유된 세포표면으로부터 ERK 효소 신호를 받아 손상된 부위를 재생시킬 수 있다는 것이다. 인간에게도 동일한 ERK유전자가 존재하지만, 인간은 이 유전자가 활성화될 수 있는 통로가 극히 제한적이기 때문에 신체재생이 이뤄지지 않는다. 도롱뇽의 놀라운 재생능력은 인간의 상처치유와 조직재생에 새로운 모델을 제시한 것으로 매우 흥미로운 연구대상이라고 할 수 있다.

사육 하에서도 불의의 사고나 합사된 개체들 간의 다툼으로 인해 사지가 손실될 가능성은 늘 열려 있다. 특히 식욕이 왕성한 종을 장기간 굶기거나 하면 같은 사육장에 있는 개체에 대한 공격성이 증가한다(강한 식탐으로 인한 결과로 의도적인 공격은 아니다). 사육개체가 어려서 피부나 뼈가 약할 경우에 외상이나 사지의 손실은 더욱 쉽게 발생한다. 따라서 사육 중에는 충분한 영양공급으로 이런 다툼을 미리 예방해주는 것이 무엇보다도 중요하고, 한 사육장에 지나치게 많은 개체가 있다면 적당한 숫자로 나눠 개체 수를 줄여주는 조치 등도 필요하다. 혹시 이미 외상이 생긴 것을 발견한 경우라면 사육환경을 평소보다 더욱 청결하게 유지하면서 감염을 방지하고, 영양공급을 늘려 잘린 신체부위가 빨리 회복 및 재생되도록 관리해줘야 한다.

양서류의 여러 가지 방어행동

지구상의 모든 분류군 가운데 양서류는 가장 작고 약한 그룹에 속한다. 양서류는 다른 동물들이 가지고 있는 큰 덩치, 빠른 속도, 뿔, 발톱, 이빨, 두터운 보호갑, 강력한 독 등을 가지고 있지 않기 때문에 천적들로부터 스스로를 보호하기가 어렵다. 이처럼 불리한 조건에서 양서류가 가지고 있는 여러 가지 방어법에 대해 알아보도록 하자.

■보호색 : 우선 다른 동물들처럼 보호색과 무늬를 가지고 있다. 이러한 체색은 강력한 무기를 갖고 있지 않은 양서류가 자신을 보호하는 매우 중요한 무기 가운데 하나다. 독화살개구리나 화이어 샐러맨더의 화려한 체색, 무당개구리의 배 색깔처럼 경고색을 띠는 종도 있고, 드물게 올챙이들에게 이러한 경고색이 나타나는 종도 있다.

이와 같은 보호색과 경고색을 가진 종은 비교적 흔하지만 경고무늬를 가진 종은 드물다. 가장 독특한 종이 네눈개구리속(Four-eyed frog, *Pleurodema*)의 개구리들인데, 이들은 포식자를 만나면 머리를 낮추고 몸의 뒷부분을 들어 올리는 방어자세를 취하는 과정에서 몸의 뒤쪽에 있는 눈알무늬를 갑자기 드러내 적을 놀라게 하는 행동을 보인

개구리의 보호색

다. 이때 단순히 무늬만 보여주는 것이 아니라, 무늬 아래쪽으로 독샘을 가지고 있어 필요할 때 이 독샘을 부풀려 실제 눈처럼 입체감을 나타낼 수도 있다. 올챙이 가운데는 꼬리 끝 쪽의 색이 더 짙은 종들이 있는

데, 이는 잠자리 유충 등과 같은 수서 곤충들로 하여금 덜 위험한 꼬리 쪽으로 공격하도록 유도하기 위해서다.

■**투명화** : 유리개구리는 몸을 극단적으로 투명하게 만들어 배경의 색을 그대로 투과시킴으로써 자신의 형태를 숨기는 방식으로 스스로를 보호한다.

브라질가짜눈개구리의 뒷모습

■**도망** : 보호색으로 은신하다가 적에게 발각되면 빠르게 뛰어 달아난다. 이러한 회피행동도 동물이 스스로를 보호하는 기본적인 방법 가운데 하나다. 보통은 최단거리로 적을 피해 달아나지만, 지상성 개구리들은 적을 혼란스럽게 하기 위해 지그재그로 뛰어 도망가기도 한다. 일부 종의 도롱뇽은 경사지에서 꼬리를 입으로 물고 굴러 달아나기도 한다.

■**땅을 파고듦** : 맹꽁이 종류가 주로 사용하는 방법이다. 보통은 뒷다리부터 파고들지만 머리부터 파고드는 종도 있다.

■**몸을 부풀림** : 스스로를 좀 더 크게 보이도록 하는 전형적인 방어행동 가운데 하나다. 다른 방법으로는 땅속에 사는 종의 경우에 포식자의 공격이나 위협을 받으면 공기를 들이마셔 굴속에 몸을 꽉 끼게 하는 데 사용하기도 한다. 보통 이렇게 몸을 부풀리는 행동은 다리를 곧추세워 몸을 들어 올리는 동작이나 입을 벌려 위협하는 동작과 병행되는 경우가 많다.

■**의태(擬態)** : 양서류에게도 다른 동물이나 자연물의 색상 또는 형태를 모방하는 의태행동이 나타난다. 독은 없으나 서식지를 공유하는 다른 독개구리의 체색을 따라하는 종이 있으며, 나뭇잎이나 나뭇가지의 색과 질감을 따라하는 종도 있다. 보통은 스스로의 목숨을 보호하기 위해서지만, 일부 유리개구리 종류의 수컷(*Centroienella valerioi*와 같은

종)은 암컷이 낳은 알 덩어리와 유사한 체색과 형태를 가짐으로써 알을 먹이로 삼는 포식자들로부터 알을 보호하기 위한 의태를 하기도 한다.

■**자절(自切)** : 꼬리나 신체의 말단을 스스로 끊고 달아나는 자절은 도마뱀의 대표적인 행동이지만 양서류에서도 나타난다. 도롱뇽의 경우 꼬리의 기부(基部)에 절단면이 있어 위험에 처하거나 포식자에게 꼬리를 잡히면 스스로 꼬리를 잘라버리는 자기절단(自己切斷, autotomy)이라는 행동을 한다. 이렇게 잘린 신체 부위는 보통 재생된다.

1. 몸을 부풀리고 몸의 뒷부분을 들어 올리는 방어행동
2. 알과 비슷하게 의태하는 유리개구리

■**소변 배설** : 포식자에게 잡혔을 때, 방광에 저장해둔 수분을 총배설강을 통해 강하게 뿌린 후 적이 놀란 틈을 타 도망간다. 야외에서 개구리를 잡았을 때 이런 봉변을 당하는 모습을 흔히 볼 수 있다. 일부 종의 오줌은 피부에 자극을 줄 수도 있다.

■**독(毒)** : 양서류의 피부에는 비늘이 없고 습기가 많기 때문에 진드기, 거머리, 모기 등 기생충의 공격에 취약하며, 느리고 약한 동물이라 다른 대형동물들의 공격에도 취약하다. 이런 이유로 상당수의 종들이 스스로를 보호하는 방법의 하나로 독을 채택하고 있으며, 양서류가 가지고 있는 독은 전체적으로 200가지가 넘는다고 알려져 있다. 독을 가진 종은 보통 주변 환경과 분리되는 경고색을 가지고 있고, 행동도 비교적 느린 편이다. 대부분의 종이 사람에게는 심한 영향을 끼치지 않는 독을 지니고 있지만, 일부 종의 경우에는 즉각적으로 사망에 이르게 할 정도로 치명적인 독을 가지고 있기도 하다. 이처럼 죽음에 이르게 하는 경우도 있지만, 뱀의 신경계에 작용해 지속적으로 하품(입을 벌리는 동작)을 하게 함으로써 입안에서 탈출할 기회를 만드는 용도로 사용되기도

두꺼비의 독

한다. 이러한 종은 보통 화려한 보호색으로 미리 경고를 하며, 필요 시 몸에서 가장 독이 많은 부위를 천적에게 내미는 동작을 취하는 경우가 많다. 일반적으로 이러한 자세는 독성분비물의 분비와 함께 나타난다. 북아메리카의 붉은도롱뇽은 위협을 받으면 꼬리를 들어 올려 파도치듯이 흔드는 행동을 하는데, 이 역시 적에게 독이 있음을 알리는 일종의 경고행동이다.

보통은 포식자가 가하는 압력자극에 의해 독을 분비해 주입하는 방식이 적용되지만, 종에 따라서는 능동적으로 머리를 좌우로 흔들며 박치기를 하는 동작으로 공격을 하는 종도 있다. 이들 종은 두개골 가장자리에 독샘과 연결돼 발달된 가시와 같은 구조가 피부 밖으로 돌출돼 있다.

그러나 이처럼 독을 가지고 있다고 해서 완전히 안전한 것은 아니다. 독에 내성을 가지고 있는 포식자도 있으며, 내성까지는 아니더라도 상대적으로 독이 없는 부위만 먹는 방법으로 독의 위험을 피하는 종도 있다. 두꺼비의 경우 귀 뒤쪽에 독샘이 집중돼 있는데, 위의 포식자들은 두꺼비의 몸을 뒤집어 독이 없는 내장이나 뒷다리 등을 먹고 나머지는 버리는 방식으로 잡아먹는다.

■**발톱** : 양서류는 보통 발톱을 무기나 도구로 발달시켜 사용하는 경우가 드물다. 그러나 여기에도 예외가 존재하는데, 일본 남부의 아마미 섬에서 서식하는 오톤 프로그(Otton frog, *Babina subaspera*)는 암컷과 수컷이 모두 독특한 앞발톱을 가지고 있다. 일반

적으로 개구리의 앞다리 발가락의 개수는 4개지만, 이 종은 비교적 날카로운 제5의 발가락을 가지고 있다. 마치 엄지발가락처럼 돌출돼 있는데, 포식자와 다툴 때나 수컷끼리의 다툼에서 발톱처럼 무기로 쓰이는 경우가 많다. 보통은 수컷이 이를 자유자재로 이용한다.

■뼈 : 양서류 중에는 발톱이 아니라 자신의 뼈를 공격수단으로 이용하는 종도 있다. 울버린개구리 (Wolverine frog)라고 불리는 헤어리 프로그(Hairy frog, *Trichobatrachus robestus*)는 적을 만나면 의도적으로 자신의 뼈를 부러뜨려서, 마치 영화 '울버린'의 주인공처럼 피부 밖으로 돌출시켜 적을 공격함으로써 위험에서 벗어나는 독특한 방

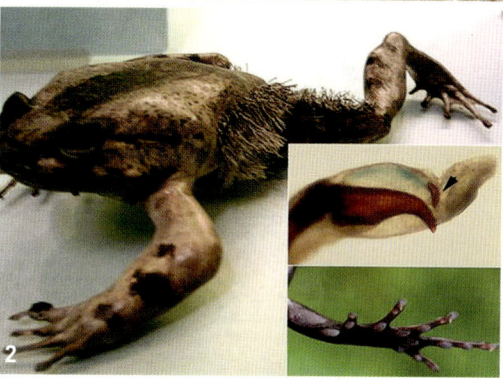

1. 독특한 앞발톱을 지닌 오톤 프로그의 경계자세 2. 뼈를 돌출시켜 공격수단으로 이용하는 헤어리 프로그

어기전을 가지고 있다. 정확하게 말하면 단백질인 케라틴으로 이뤄진 발톱이 돌출되는 것이 아니라, 앞발가락 뼈의 부러진 날카로운 단면을 마치 발톱처럼 이용하는 것이다. 일단 발톱을 사용하고 나면 뼈가 다시 뒤로 후퇴해 발가락뼈가 자라난다고 알려져 있다. 극히 희귀한 보호행동을 보이는 경우도 있는데, 피부를 뚫어 갈비뼈를 몸 바깥으로 돌출시켜 스스로를 방어하는 도롱뇽이 스페인에서 발견된 바 있다. 이는 신체를 크게 보이게 하면서 필요 시에 공격을 가하는 동작으로 보인다.

이렇게 돌출까지 되지는 않더라도 독이 있는 종들의 갈비뼈는 독성물질이 천적의 몸에 쉽게 주입될 수 있도록 무독성의 종들에 비해 더 날카로운 형태를 띠고 있는 경우가 많다. 최근에는 대서양 연안인 브라질 동북부에서, 두개골 가장자리에 독샘과 연결된 뼈가 밤송이처럼 뾰족하게 피부 밖으로 돌출돼 있어 이것을 이용해 능동적으로 적을 찌

양서류의 방어행동

Unken reflex : 도롱뇽이나 두꺼비 혹은 특정 종의 개구리가 포식자에게 공격당할 것이라고 판단될 때 취하는 독특한 방어자세다. 평소에는 가려져 있던 복부나 꼬리 또는 사지의 밝은 경고색을 드러내기 위해 앞뒤 다리를 들고 몸을 아치형으로 구부리는 행동을 의미한다. 보통 이 자세를 취하면 위험이 물러갔다고 판단될 때까지는 움직이지 않으며, 분비샘에서 독을 방출하거나 공기를 삼켜 자신의 몸을 더 크게 보이도록 하는 과시행동과 병행되는 경우가 많다. 독일어로 무당개구리(Fire-bellied toad)를 의미하는 'Unke'라는 단어에 동작을 의미하는 어미인 '-n'이 붙어 명명됐다.

두꺼비(위)와 도롱뇽의 Unken reflex

개구리가 오줌을 싸며 도망가는 이유 : 개구리를 핸들링하다 보면 오줌을 싸는 경우가 종종 있는데, 실제로 개구리가 사람에게 오줌을 싸는 것은 아니다. 정확하게 말하자면 이 액체는 '방광에 저장해둔 수분'으로 소변과는 그 성분이 다르다. 개구리에게 이 액체는 자신을 보호하는 일종의 무기로서 이런 행동을 하는 이유는 여러 가지 원인이 있다. 첫 번째는 적을 놀라게 하기 위해서다. 갑자기 오줌을 강하게 뿌려 포식자를 놀라게 함으로써 도망갈 시간을 버는 효과가 있다. 두 번째는 체중을 줄이기 위해서다. 신속하게 달아날 때는 몸속에 저장해둔 수분을 버리고 몸을 가볍게 하는 것이 유리하기 때문에 이런 행동을 하는 것이다. 개구리에 있어서 수분은 매우 중요한 것이지만 생존을 위해서 이를 스스로 포기한다. 동서양을 막론하고 "개구리 오줌을 맞으면 사마귀가 생긴다"는 속설이 있는데, 이 둘은 전혀 관계가 없다. 일부 종의 경우 독성으로 인해 문제가 될 수 있을지언정 그로 인해 사마귀가 생기지는 않는다. 그러나 눈에 들어가면 좋지 않을 수 있다.

르며 독을 주입하는 새로운 종의 개구리가 발견되기도 했다. 이처럼 자신을 보호하기 위해 독을 적에게 주입하는 개구리들은, 현재까지 알려진 것에 비해 지닌 독의 독성도 훨씬 강하고 더 많은 종이 존재할 가능성이 있다.

■**소리를 지름** : 드물지만 천적을 만나 위협을 받았을 때 독특한 소리를 내어 대응하는 종이 있다. 대표적인 종으로 장수도롱뇽과 버젯 프로그를 들 수 있다. 버젯 프로그를 물 밖으로 꺼내서 자극하면 비명소리와 같은 경고음을 들을 수 있다. 장수도롱뇽은 중국에서 와와어(娃娃魚, 어린아이 물고기)라고 불리는데, 이는 장수도롱뇽이 잡혔을 때 내는 어린아이 울음소리 같은 독특한 소리로 인해 붙여진 이름이다.

■**추락** : 동작을 멈추고 땅으로 툭 떨어진다. 이처럼 동작을 멈추고 무생물인 척 하는 행동은 살아 움직이는 먹이를 좋아하는 천적을 속이는 데 큰 효과를 발휘한다.

Chapter 02

인간과 양서류

인간과 양서류의 관계에 대해 역사적인 측면에서 간략하게 살펴보고, 양서류의 이용과 멸종의 의미 및 전망에 대해 알아본다.

Section 01

신화와 전승의 상징

양서류의 광범위한 서식지역으로 미루어 짐작할 수 있듯이, 세계 각국에는 이들 양서류에 대한 여러 가지 이야기들이 전승돼오고 있다. 인간과 비교적 쉽게 접촉하는 무미목에 대한 것이 가장 많고, 그 다음으로 도롱뇽과 같은 유미목이며, 인간의 눈에 잘 띄지 않는 무족영원은 역시 전해지는 이야기도 거의 없다.

재생의 상징

달이 이지러졌다가 다시 차오르는 속성을 가지고 있는 것처럼, 죽었다가 다시 살아나는 모습을 보이는 동물을 달동물(lunar animal)이라고 한다. 개구리는 겨울잠이라는 죽음의 과정을 거치고 다시 살아나 많은 알을 낳는 생태적인 특징을 보이기 때문에 고대로부터 뱀과 함께 대표적인 달동물로 여겨지고 있다. 이러한 달동물은 '생산성'과 '재생'의 상징으로 세계 여러 나라의 고대신화에서 자주 등장하고 있다. 개구리는 겨울을 제외하고 어느 때나 볼 수 있지만 유독 '봄의 전령사'라는 별명으로 불리는 것은, 모든 생명이 잠들어 있는 겨울을 지나고 처음으로 생명의 소생을 노래하는 동물이기 때문이다.

불의 정령으로서의 샐러맨더의 이미지

개구리와 마찬가지로 유럽에서는 '도롱뇽(salamander)' 역시 재생의 상징으로 여겨지고 있다. 샐러맨더라는 명칭 자체가 도롱뇽을 의미하는 라틴어에서 유래됐으나 영어로 샐러맨더는 도롱뇽이라는 의미 외에 세계의 4대 원소(흙, 물, 불, 바람) 중에서 불을 관장하는 '불의 정령'이라는 의미도 가지고 있다.

신화 속의 샐러맨더는 작은 도마뱀의 형태를 띠고 있고, 화산의 화구 안쪽 또는 용암 속이나 타오르는 화염 속에 살고 있으며, 불을 먹고 피부를 재생시킨다고 일컬어진다. 고대 그리스나 로마에서는 도롱뇽은 차가운 점액이 있기 때문에 불꽃의 열을 방지할 수 있을 뿐더러 타오르는 불꽃도 꺼버릴 수 있다고 믿어졌는데, 이러한 믿음으로 인해 로마의 박물학자 플리니우스(Plinius, A.D. 23~79)는 그의 저서 《박물지(Naturalis Historia)》에서 "샐러맨더를 불속에 던져 넣으면 불이 얼음에 닿은 것처럼 금세 꺼져버린다"고 기록하기도 했다. 샐러맨더에 대한 이와 같은 전설은 중세까지도 엄연한 사실로 믿어져 레오나르도 다빈치(1450~1519)조차도 샐러맨더는 불속에서 죽지 않는다는 글을 남긴 바 있다.

이후 기독교에서는 샐러맨더가 욕망(불꽃)에 견디는 '인내'의 상징으로 이용됐고, 프랑스에서는 샐러맨더를 문장으로 삼는 가문까지 나타나게 됐다. 죽음의 건조함에 대립되는 생명의 촉촉한 피부를 가진 개구리는 '생명의 부활'을 상징하는 동물이다.

다산(多産)의 상징

고대 근동지방(이집트, 메소포타미아, 페니키아, 팔레스타인 지역)에서는 나일 강이 범람한 후 엄청난 수의 개구리가 태어났는데, 이로 인해 이집트인들은 개구리를 다산의 상징으로 여겼다. 중국에서도 개구리의 통통한 체형이 임산부의 배를 닮았고 하룻밤 사이에 엄청난 숫자가 번식을 위해 모여드는 것을 보고 다산과 생식력의 상징으로 인식했다. 이집트에서 개구리는 어머니나 신생아의 보호자인 헤크트(Hecht, 개구리 모양의 머리를 가진 탄생과 부활의 여신)의 상징이며, 이시스(Isis, 나일 강을 주관하는 여신)의 표시이기도 하다.

우리말의 '떡두꺼비 같은 아들'이라는 표현에서 알 수 있듯이, 양서류 가운데 두꺼비는 여러 나라에서 아들을 상징한다. 중국 남부의 소수민족들 사이에서는 결혼을 마친 신랑신부의 신방 앞에 두꺼비와 토끼를 두어 득남을 기원하는 풍습이 전해지고 있다. 조선시대 내명부나 외명부의 여인들이 예장을 갖출 때 머리에 얹는 금속장신구로 '첩지'라는 것이 있는데, 왕비는 봉첩지를 사용했으나 그 외에는 은 또는 흑각을 이용해 개구리를 조각한 첩지로 장식했다. 이 역시 다산(多産)이라는 생물학적 특징을 반영한 형태로 '왕족의 번성이 곧 나라의 번영'이라는 옛사람들의 믿음을 나타낸 것이라고 볼 수 있다.

달, 달의 정령, 음(陰)의 상징

무미목 가운데서도 두꺼비는 중국이나 우리나라에서 달(月)을 상징한다. 한자로 쓰이는 두꺼비 섬(蟾) 자는 달 또는 달빛을 의미하기도 한다. 달을 다른 말로 '섬토(蟾兔)'라고도 하는데, 이는 달 속에 살고 있다는 금두꺼비와 옥토끼가 합쳐진 말이다. 중국에는 불사의 약을 훔쳐먹은 여인 항아(姮娥)가 두꺼비가 된 채로 달에 살고 있는데, 그 두꺼비가 달을 먹어대기 때문에 달의 모양이 이지러진다는 전설이 〈산해경〉 및 〈회남자(淮南子)〉와 같은 고대문헌에 전해지고 있다.

이러한 두꺼비의 이미지는 중국 집안시(集安市) 오회(五盔) 4호분 고구려 고분의 일월신(日月神) 벽화에서 학과 용을 타고 승천하는 신선 옆의 달 가운데서 찾아볼 수 있다. 또 다른 쪽 벽화에는 남자 신이 들고 있는 해 속에는 세발까마귀, 즉 삼족오(三足烏)가, 여

삼족섬

신이 들고 있는 달 속에는 두꺼비가 그려져 있는데, 이 삼족오와 두꺼비는 각각 양과 음을 상징하는 동물로서 그 자체로 해와 달을 의미하기 때문이다. 또한, 중국 최초의 신을 그린 복희여와도의 그림 안에도 해와 달 속에 삼족오와 삼족섬이 발견되며, 국내에서는 이외에도 신라시대의 와당(瓦當)이나 조선시대의 불화 등에서도 달 속에 그려진 두꺼비를 발견할 수 있다. 달에 살고 있는 두꺼비가 다리가 세 개인 이유는 숫자 3이 '완전'과 '생성'을 의미하기 때문이며, 이는 영생불멸의 존재이자 알을 낳듯 많은 것을 생성하는 존재라는 점을 나타내고 있다.

집의 수호신

전통적으로 두꺼비는 구렁이나 족제비 등과 함께 집안의 살림을 보호하고 재물을 늘게 하는 업(業, 집지킴이) 또는 재물신(財物神)으로 생각되고 있다. 이는 중국이나 일본, 베트남, 우리나라에서 공통적으로 갖고 있는 의식이며, 이러한 믿음으로 인해 집 안에 들어온 두꺼비를 쫓거나 해하지 않는 풍습이 전해져 내려온다. 오늘날 전기계량기를 흔히 '두꺼비집'이라고 부른다. 예전에는 사기로 된 절연체 안에 퓨즈를 넣어 보호했는데, 그 모습이 마치 집을 지켜준다고 믿어지던 두꺼비가 웅크리고 있는 것처럼 보인다고 해서 붙여진 이름이라는 주장이 있다.

재물신, 금전적 풍요

중국에서는 특히 다리가 세 개인 삼족섬(三足蟾, 세발두꺼비)이 재물을 모으고 복을 내려주는 동물로 귀하게 여겨지고 있다. 이 삼족섬은 배설구가 없기 때문에 돈은 들어오는데 나갈 구멍이 없다는 의미를 가지고 있어, 이와 관련된 그림이나 조형물을 집에 두고 있으면 재물을 모으며 지키고 흘러가는 것을 막아준다는 믿음이 있다. 이런 이유로 현재 중국에서는 수많은 사람들이 옥으로 만든 삼족섬을 집 안에 둠으로써 액운을 막아주고 부(富)를 모아주기를 기원하고 있다.

보은(報恩)의 존재, 영물(靈物)

잘 알려진 이야기로는 〈콩쥐팥쥐〉에서 항아리구멍을 막아주는 존재인 두꺼비를 들 수 있다. 콩쥐팥쥐의 배경이 되는 곳이 전라도였음을 고려해보면, 전라도 사람들은 두꺼비를 '물이 새는 곳을 막아 수해로부터 인간을 보호해주는 영험한 존재'로 여겼음을 알 수 있다. 또한, 민간에는 자신을 길러준 처녀가 지네에게 제물로 바쳐지자 은혜를 갚기 위해 목숨을 걸고 지네와 싸워 처녀를 구한 개구리의 이야기나, 목숨을 구해준 농부에게 쌀이 무한정 나오는 바가지로 보답했다는 등의 설화가 여러 지역에서 전해지고 있다.

호주나 아메리카 원주민들은 개구리를 '비를 부르는 힘을 가진 영험한 존재'로 생각했고, 인도에서는 천둥의 화신으로 생각했는데 개구리를 의미하는 단어가 산스크리트어로 '구름'을 뜻한다. 이는 개구리의 생태적 습성과 관계된 믿음에 의한 것으로 생각된다. 이처럼 영험한 존재로서의 양서류에 대한 믿음은 우리나라에서도 많이 볼 수 있다. 그 가운데 두꺼비는 전북 진안의 데미샘[1]에서 발원해 임실, 순창, 남원, 곡성, 구례, 하동을 거쳐 전남 광양의 망덕포구 앞 남해바다에 이르는 섬진강(蟾津江) 이름의 유래와도

두꺼비는 우리 민족에게 가장 친근한 양서류다.

관련된 전설을 가지고 있다. 섬진강의 원래 이름은 '두치강'이었는데, 1385년(고려 우왕 11년)경 바다 건너 왜구가 섬진강 하구에 침입했을 때 어디선가 수십만 마리의 두꺼비 떼가 나타나 울부짖는 바람에 왜구가 감히 상륙할 생각을 못하고 물러났다는 전설이 있었고, 그 후부터 두꺼비 섬(蟾) 자를 따서 섬진강이라고 부르게 됐다. 지금도 하동읍 강 너머 섬진나루 앞에는 수월정(水月亭)이라는 정자와 두꺼비 석상 4기가 놓여 있다.

두꺼비와 신선을 소재로 한 심사정의 하마선인도

이처럼 변고를 예고하는 영물로서의 이미지는 삼국사기에서도 발견된다. 백제 의자왕 때 수만 마리의 두꺼비가 나무 위에 모인 후 백제가 멸망했으며, 신라 애장왕 때 두꺼비가 뱀을 잡아먹고 그해 왕이 시해됐다는 기록이 전해지고 있다.

두꺼비는 불교에서도 벽사의 능력을 가지고 불법을 수호하는 신비한 동물로 받아들여지고 있어 불교의 고승(高僧), 나한(羅漢) 등의 인물을 그린 도석인물화(道釋人物畵)에도 자주 등장한다. 이뿐만 아니라 일본에서는 개구리가 행운을 상징하기도 하며, 고대 이집트와 그리스, 이탈리아와 터키에서도 개구리는 영혼의 상징으로 여겨져 행운의 마스코트로 이용되고 있다. 또한, 우리나라에서뿐만 아니라 일본에서도 청개구리는 날씨를 알리는 동물로 언급되고 있는데, 이는 비 오는 것을 예지하는 개구리의 능력으로 인한 것이다.

왕권(王權), 신성(神聖)

중국의 최초의 신은 여와(女媧)라고 알려져 있다. 일반적으로 여와는 뱀의 하반신을 가지고 있다고 알려져 있으나 본래는 다산의 상징인 개구리라는 주장도 있다. 또한, 중국

---

1) 데미샘은 3개도 10개 시·군에 걸쳐 218.6km를 흐르는, 우리나라에서 네 번째로 긴 강인 섬진강의 발원지다. 데미샘은 진안군 백운면 신암리 원신암마을 상추막이골에 있으며, 금강의 발원지와 이웃하고 전체적으로 역태극 형태를 취하고 있다. 조선 후기 천주교에 대한 종교박해가 있을 때 이 일대를 비롯해 원신암마을 및 임하마을 등에 천주교 신자들이 조용히 숨어 사는 교우촌이 형성됐다고 전해진다. 데미샘이 있는 봉우리를 천상데미라고 하는데, '데미'라는 말은 '더미(봉우리)'의 전라도 사투리로 섬진강에서 '천상으로 올라가는 봉우리'란 뜻으로 '천상데미'라 불렸다. 샘이 천상데미에 있다고 해서 데미샘이라고 이름을 지었다고 한다.

에서 두꺼비는 달 속에 사는 여신이나 신선을 상징한다. 우리나라에서도 개구리에 관한 기록은 일찍부터 문헌에 나타나는데, 그 대표적인 것이 부여의 건국 신화다. 〈삼국유사〉 '동부여조(東夫餘條)' 에는 해부루(解夫婁)가 곤연(鯤淵)이라는 연못가에서 금빛 개구리 모양의 어린아이를 얻어 길러서 태자를 삼았는데, 이 아이가 뒤에 동부여의 금와왕(金蛙王)이 된다는 내용이 있다.

또한, 신라 '선덕여왕지기삼사(善德女王知幾三事)' 이야기 속에도 개구리에 관한 언급이 있다. 선덕여왕이 옥문지(玉門池)에서 겨울에 개구리가 모여들어 우는 것을 보고, 경주 인근 여근곡(女根谷)에 적병이

프랑수아 1세의 문장에서 보이는 샐러맨더의 이미지

침입한 것을 알아맞혔다는 내용이다. 이처럼 우리나라에서 개구리는 왕권과 관련한 신성(神聖)을 상징하고 있다. 외국에서도 이러한 의미와 상통하는 예가 있는데, 프랑스 왕가의 문장인 백합은 프랑크 왕국의 초대 국왕 클로비스(Clovis) 1세 당시의 프랑스 왕가를 상징하는 깃발에 있던 세 마리의 개구리 문양이 변한 것이다.

세계의 기둥

몽골 신화에서는 땅은 움직일 수 없도록, 불과 물이 나오는 화살이 꽂혀 있는 황금개구리의 등에 있다는 내용이 전해진다. 이와 비슷하게 힌두교 경전인 리그베다(Rig veda, 고대 인도의 브라만교 성전인 4편의 베다 가운데 가장 오래된 베다)에서도 개구리가 세상을 떠받치고 있다는 내용이 수록돼 있다. 켈트족에 있어서도 개구리는 대지의 주인, 치유력을 가진 강의 신과 연관돼 있다. 마오리족에게는 옛날 거대한 개구리가 세상의 물을 다 마셔버렸는데 다른 동물들이 개구리를 웃도록 만듦으로써 물을 토하게 해서 세상에 큰 홍수가 났다는 이야기가 전해지고 있다.

징벌, 사탄

이집트에는 개구리의 모습으로 묘사되는 '생명과 다산의 여신'인 헤크트(Hecht, Hekqet로도 불린다)가 있는데, 이와는 달리 이스라엘 사람들은 개구리를 악한 세력으로 보고 있다. 일반인들에게 개구리에 대해 잘 알려져 있는 이야기 가운데 하나는 모세와 관련된 성서의 '개구리비'에 관한 내용이다. 출애굽기 8장 1~3절을 보면 "여호와께서 이르시되 내 백성을 보내라 그들이 나를 섬길 것이다. 내 백성을 보내지 않으면 너의 나라에 개구리 재앙을 내릴 것이다. 나일 강이 개구리로 넘쳐나리라…"라고 수록돼 있다. 이처럼 성서에서 개구리는 상당히 불길한 동물로 묘사되고 있다.

이와는 별도로 과학적으로 개구리비에 대한 내용, 즉 나일 삼각주에 개구리의 숫자가 폭발적으로 증가한 이유를 설명한 내용이 있기에 잠시 설명한다. 과학계에서는 동시대(중기 청동기시대)에 일어난 산토리니(Santorini) 화산 폭발이나 독성을 가진 남조류의 과잉 번식을 이집트의 10가지 재앙과 연결시켜 설명하고 있다. 올챙이는 보통 8~10주 정도가 지나야 변태를 하고 성체가 되지만, 환경적 스트레스에 노출돼 호르몬 균형이 깨지면 단기간에 변태를 완료하기도 한다. 개구리 재앙에 앞서 나일 강이 피로 물드는 첫 번째 재앙이 먼저 일어난다. 과학자들은 이처럼 나일 강이 붉게 물든 것은, 화산폭발로 인해 생성된 화산재가 강한 산성으로 강을 물들였거나 과잉 번식한 조류(藻類)로 인해 적조현상이 나타난 것으로 풀이한다. 이 첫 번째 재앙으로 인해 나일 강의 산소수치가 감소함으로써 환경적 스트레스를 받은 올챙이들이 단기간에 변태해 지상으로 올라와 죽었다는 설명으로, 일종의 생물학적 연쇄반응에 의해 일어난 현상이라고 풀이하고 있다.

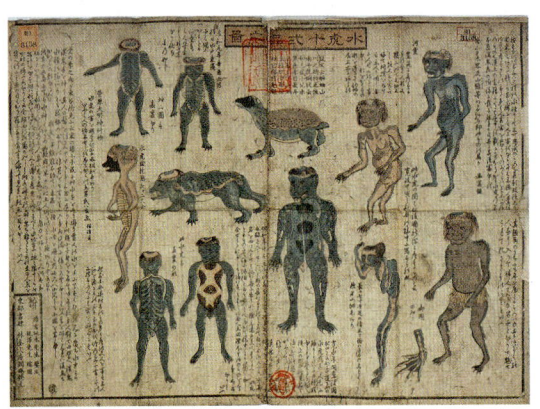

고서에서 보이는 갓파의 이미지

성경에서 개구리는 이처럼 하느님의 징벌로 나타나며, 또 요한계시록 16장 13절에는 '개구리 같은 더러운 영'이라는 표현이 나오는데 이는 사탄을 의미한다. 이뿐만 아니라 중세 유럽에서는 가톨릭교회에 의해 개구리

일본장수도롱뇽

는 마녀가 즐겨 사용하는 마법의 재료라는 이미지가 만들어졌다. 이외에도 기독교에서 개구리는 악, 이단(異端), 세속적인 쾌락에 대한 집착, 질투, 탐욕을 의미하기도 한다.

일본에도 양서류에 관한 부정적인 전설이 있는데, 그 가운데 가장 대표적인 것이 갓파(かっぱ)다. 갓파는 한자어로 하동(河童)이라고 불리며, 어린아이만한 덩치에 녹색의 인간형 몸, 대머리, 새의 부리, 거북의 등껍질과 물갈퀴를 가진 일본 전설 속의 요괴를 말한다. 물속에 주로 살며 어린아이를 물속으로 끌어들여 항문을 통해 영혼을 흡수해 죽인다고 알려져 있다. 머리 위에는 접시 모양의 홈이 있어 여기에 물이 차 있고 이 물이 사라지면 죽는다고 하는데, 이 역시 물을 떠나서는 살 수 없는 양서류의 습성과 일치하는 점이 있다. 갓파의 유래가 된 동물은 일본에 서식하는 장수도롱뇽이라고 알려져 있는데, 실제로 이 종은 그 크기가 1.2m에 이를 정도로 거대하며 성격도 사나운 편이다. 일본장수도롱뇽이 서식하는 장소가 아이들이 자주 노는 수심이 얕고 깨끗한 수계이다 보니 아이들에게 주의를 주는 차원에서 갓파 전설이 생겨났다고 추정되고 있다.

Section 02

양서류의 이용과 현황

생태계에 있어서의 중요성은 논외로 친다 해도, 양서류는 오래전부터 인간에게 중요한 단백질 공급원으로 이용돼왔을 뿐만 아니라 전통의학적 측면에서도 매우 중요하게 취급돼온 귀중한 생물자원이다. 더구나 최근에는 그 경제적, 산업적 중요성과 가치가 더욱 더 부각되고 있는 추세다.

식용

우리나라에서는 대중적인 음식은 아니지만, 프랑스를 비롯해 중국, 동남아시아, 아프리카, 중남미, 미국 등 많은 나라에서 개구리와 개구리의 알은 중요한 단백질 공급원이 되고 있다. 중국과 동남아시아 등지에서는 개구리 요리를 아주 쉽게 찾아볼 수 있으며, 특히 중국에서는 개구리를 밭에서 나는 닭고기라는 의미로 전계(田鷄)라고 부르며 귀한 식재료로 삼아왔고, 천자(天子)에서부터 서민들에 이르기까지 식용으로 널리 애용돼왔다. 우리 시각으로 보면 아직 혐오스러운 음식이겠지만, 중국 한대(漢代)에서는 개구리가 종묘(宗廟)의 제사에도 올랐다는 기록이 있다.

1. 건조 중인 개구리 2. 개구리 다리 요리

비단 동양에서뿐만 아니라 프랑스에서도 개구리 뒷다리로 만든 큐이스 가누에(Cuisses de grenouilles, 넓적다리 개구리)라는 요리가 유명하다. 영국 사람들은 개구리고기를 먹는 프랑스인들을 '프로그(frog)'라고 부르며 조롱하는데, 최근의 고고학적 증거에 따르면 영국인들이 훨씬 오래전인 지금으로부터 8천 년 전부터 개구리 뒷다리 요리를 즐긴 것으로 나타났다.

단백질함량은 소고기, 양고기, 계란보다 높고 지방함량은 낮아 고단백저지방의 우량식품에 해당되며, 우리나라와 중국 그리고 일부 동남아시아에서는 상업적인 양식도 시행되고 있다. 이렇게 식용이나 약용으로 이용되는 양서류는 일부 개구리와 두꺼비 종류이며, 전체 양서류종에 비하면 그 종류는 다양하지 않다.

약용

동의보감에 따르면 개구리는 찬 성질을 가지고 있어 몸이 허약하고 기가 약한 사람, 폐가 허약하고 기침하는 사람, 신경쇠약, 기억력감퇴, 어린아이의 열창, 제상(탯줄의 상처가 잘 아물지 않는 증상), 산후 모유분비가 원활하지 않을 때, 간염이나 폐결핵 등의 소모성 질병이나 연로자의 치유회복에 효과가 있다고 기재돼 있다. 현재도 암컷 개구리의 수란관(輸卵管)을 건조시킨 것이 합마유(哈蟆油)라는 이름으로 약용되고 있다.

우리나라뿐만 아니라 일본에서도 상처가 났을 때 말린 개구리에 참기름을 발라 상처부위에 감싸두는 민간요법이 전해지고 있고, 중국에서는 눈이 아플 때 살아 있는 개구리로 찜질을 하는 민간요법이 전해지고 있다(그러나 이러한 민간요법으로 인해 기생충감염의 사례가 자주 보고되고 있기 때문에 절대 함부로 적용해서는 안 된다). 과학적인 효능은 검증되지 않았으나 페루에서는 껍질을 벗긴 개구리와 흰콩스프, 당근, 꿀, 알로에 그리고 마카 잎을 믹서에 간 음료가 천식이나 기관지염, 성불감증을 치료하는 치료제로 높은 인기를 구가하고 있다(참고로 이러한 용도로 사용되는 개구리는 티티카카 호에 서식하는 티티카카물개구리-Titicaca water frog, *Telmatobius culeus*-인데, 개체 수가 줄어 2004년 멸종위기종으로 지정돼 있다).

중국에서도 오래전부터 두꺼비나 개구리에서 추출한 물질을 국소 또는 전신감염증에 사용해오고 있는데, 두꺼

약용으로 판매되고 있는 개구리

비 독을 치료에 이용한 기록은 지금으로부터 1500여 년 전인 중국 남북조시대 도홍경(陶弘景, 456년~536년)의 저서 〈명의별록〉에 처음 등장할 정도로 오랜 역사를 자랑하고 있다. 두꺼비 독은 강한 항암작용으로 인해 현재까지도 섬수(蟾酥, toad venom)라는 이름으로 방광암을 비롯한 폐암, 췌장암, 간암, 피부암, 위암 및 암성 통증의 치료에 널리 이용되고 있으며, 암 치료과정에 있어서 화학요법 및 방사선요법 실행 시 흔히 관찰되는 백혈구감소 현상을 억제하는 작용이 있다는 사실이 새로이 발견되기도 했다.

나이지리아와 파타고니아에서는 단순포진으로 생긴 표피종양을 제거하기 위해 종양 위에다 개구리를 거꾸로 동여매두는 치료법을 시행했고, 유럽에서는 집시들이 류마티스성 염증치료에 개구리 알을 사용했다는 기록이 남아 있다. 이탈리아에서도 입안에 상처가 났을 때 작은 개구리를 산 채로 입에 물고 있도록 하기도 했다. 이외에 일반인들에게 알려져 있는 개구리의 이용 분야는, 남미 원주민들이 사냥할 때 사용하는 독화살에 독개구리의 피부에서 분비되는 독을 쓴 것이나(영화나 다큐멘터리 등을 통해 일반에 소개됨) 독두꺼비 혹은 황소개구리의 가죽을 이용해 가방 등의 가죽제품을 제작하는 산업 정도를 들 수 있다.

전통적인 이용법과는 별개로 근래 들어 양서류는 경제적, 산업적, 환경적으로 더 높은 가치가 주목받고 있다. 양서류는 생물학이나 의학의 실험연구용 동물로 널리 이용되고 있는데, 쉽게 구할 수 있는 척추동물이면서 다루기 쉬운 크기와 성격을 가지고 있고 많은 수의 알을 쉽게 얻을 수 있는 등 실험동물로서의 이상적인 조건을 갖추고 있기 때문이다. 특히 양서류의 내분비계는 파충류나 조류, 포유류와 관련기관이 매우 유사하기 때문에 척추동물의 대표적인 모델로서 교육과 연구목적으로도 주로 이용돼왔다.

또한, 발생학 연구에 중요한 동물로서 근육이나 신경의 생리학, 생화학, 색소세포, 내분비에 관한 연구에도 적지 않은 공헌을 하고 있다(현재는 애완용으로도 많이 길러지고 있는 아프리카발톱개구리가 그 대표적인 종이다). 의학연구용으로도 개구리가 많이 선택되는데, 노벨생리의학상이 수여된 연구업적의 약 10%가 개구리를 이용한 것이었다고 알려져 있다. 연구용뿐만 아니라 최근에는 동물원 전시 및 애완용으로도 사육되고 있다. 이런 점에서 볼 때 양서류의 멸종은 곧 인간의 건강과 환경개선을 위한 소중한 미래가치 역시 사라지게 된다는 것을 의미한다고 할 수 있다.

양서류의 멸종

인터넷에서 '양서류'라는 키워드로 검색을 하면 뜨는 연관검색어 가운데 하나가 '양서류의 멸종'이다. 비록 다른 관심사에 비해 크게 주목받지는 못하고 있으나 양서류의 감소는 21세기의 매우 중요한 환경적 이슈 중 하나라고 할 수 있다. 현재 지구상에는 양서류가 살아가기 위한 최소한의 환경적 임계치를 벗어나는 변화들이 매우 빠르게 일어나고 있다. 양서류는 물과 뭍 양쪽에서 서식하며, 깨끗한 물에서만 산란하는 습성과

황금두꺼비(Golden Toad, *Bufo periglenes*)

지구온난화로 인해 멸종된 최초의 생물. 코스타리카(Costa Rica) 몬테베르데(Monteverde) 삼림보호지구에서만 발견됐던 이 종은 1966년 양서류학자 제이 세비지(Jay Savage)에 의해 보고된 이후로 1987년 수 백 마리, 1988년 10마리, 1989년 5월 15일 마지막 수컷 1마리가 발견되고 현재까지 보이지 않아 세계자연보전연맹(IUCN, International Union for Conservation of Nature and Natural Resources)에 의해 멸종이 선언됐다.

이 종의 갑작스런 멸종원인에 대해 '오존층파괴설', '대기오염설' 등 여러 가지 가설이 있으나 지구온난화로 인한 기후변화가 가장 큰 원인이었을 것이라고 추측되고 있다. 코스타리카는 6~7월이 건기인데 엘니뇨(El Nino)의 영향으로 건기가 일정치 않게 되면서 황금두꺼비가 번식하기에 어려운 환경이 됐고, 이것이 황금두꺼비를 멸종으로 몰아간 원인이 됐다는 주장이다.

이 종이 멸종된 이후로도 세계 곳곳에는 양서류종의 멸종이 계속되고 있으며, 전문가들에 의하면 지구온난화가 지금처럼 진행된다면 2055년까지 지구상의 생물종 가운데 25%가 멸종할 것이라고 경고하고 있다. 개구리의 멸종속도는 모든 분류군을 통틀어 가장 빠른 만큼 향후 10년 이내에 전 세계의 양서류 대부분이 멸종의 위기에 처하게 될 수도 있다.

양서류는 환경지표종, 환경의 파수꾼으로 불린다.

피부의 습기를 유지해야 하는 특성 그리고 그들이 지닌 독특한 투과성 피부로 인해 이와 같은 환경변화에 특히 민감하기 때문에, 민물생태계의 건강성 여부를 가장 잘 나타내는 지표이자 환경적 스트레스의 정확한 지표, 즉 '환경지표종(環境 指標種)'의 역할을 한다.
물과 뭍 양쪽에서 서식한다는 사실은 서식지 선택의 폭이 넓어 생존에 유리하다는 의미일 수도 있지만, 다른 한편으로는 그만큼 환경적 위험에 노출될 가능성이 크다는 뜻이기도 하기 때문에 '양서류의 건강'은 곧 '전체로서의 생물권 건강'을 의미한다고도 할 수 있다. 따라서 최근 보이는 양서류의 급격한 감소와 멸종 추세가 지구의 환경변화에서 갖는 의미는 결코 작지 않다.

■멸종의 원인 : 양서류의 멸종에 대해 전문가들이 본격적으로 연구를 시작한 것은 1980년대부터다. 과학자들은 양서류 멸종의 원인으로 지구온난화나 산성비, 농약의 과다한 사용, 습지의 염분증가, 오존층 파괴(늘어난 자외선으로 인한 개구리 알의 유전자 교란), 대기 중 이산화탄소 배출증가 등과 같은 환경오염, 외래침입종의 개체 수 폭발, 연못이나 경작지의 감소와 같은 서식지파괴, 기후변화와 신종 바이러스의 출현 등을 꼽고 있다.
로드 킬을 비롯해 애완용이나 식용, 미끼용 혹은 실험용을 목적으로 남획돼 상업적으로 거래되는 것도 개체 수 감소의 중요한 원인이 되고 있으며, 그와 더불어 국제거래로 인해 기존 서식지에는 없는 새로운 양서류 병원체를 유입하게 되는 것도 토종개구리의 절멸이나 개체 수 감소에 영향을 주고 있다.

마지막으로 인간에 의해 외래종의 동물이 토종생태계에 유입됨으로써 발생하는 개체 수의 감소도 간과할 수 없다. 북미 시에라네바다(Sierra Nevada)의 노란다리개구리 경우처럼, 식용을 위해 유입된 송어가 토종양서류와 그 알을 먹어치움으로써 절멸에 이른 종도 보고되고 있다. 국내에도 베스나 블루길과 같은 외래어종의 수생태계 유입이 토종 양서류 개체 수 감소에 영향을 미치고 있다. 일반적으로 양서류는 서식지역이 한정돼 있고, 서식지 외의 지역으로 이동하지 않고 살아간다. 따라서 한 서식지가 파괴되면 그 곳에 서식하는 개체가 거의 절멸하며, 새로운 서식지를 찾아 이동하지 않기 때문에 남아 있는 개체를 찾아 복원하기도 어렵다.

■**멸종의 영향** : 양서류의 개체 수 감소는 단순히 특정 종의 멸종에만 그치는 문제가 아니다. 양서류는 생태계의 중간고리로서 곤충의 대표적인 포식자이면서 반대로 잠자리나 물자라 등의 수서곤충에서부터 각종 민물어류, 뱀, 조류 심지어 원숭이와 인간을 포함한 다양한 분류군에 있어서 중요한 식량원으로 기여하며 먹이사슬의 중요한 한 축을 형성하고 있다. 따라서 양서류의 절멸은 복잡한 먹이사슬을 흩뜨리고 다른 취약한 종을 멸종에 이르게 하는 등 생태계 전체의 붕괴를 가져올 수 있다는 점에서 그 위험성이 간과돼서는 안 된다. 양서류의 멸종은 결과적으로 생물다양성에 치명적인 영향을 미칠 우려가 있기 때문에 종과 개체 수 보호에 지속적인 관심을 기울여야 한다.

현존하는 지구상의 모든 동물이 매년 0.01~0.7% 수준으로 감소되고 있으며, 그 속도는 점차 빨라지는 추세다. 최근 미국 브라운대학교(Brown University)의 연구결과에 따르면, 인간의 무분별한 행동과 개발 때문에 동물이 멸종되는 속도는 6천만 년 전보다 무려 1000배나 빠른 것으로 나타났다. 동식물보호단체인 '생물다양성을 위한 센터'의 노하 그린왈드(Nohah Greenwald) 박사는 허핑턴포스트(The Huffington Post)에 "2050년에는 현재 지구상에 존재하는 동식물 중 30~50%가 사라질 수도 있다"고 경고하고 있다.

양서류의 멸종속도는 다른 분류군의 멸종속도보다 월등하게 빠르다. 양서류는 처음 생겨난 이래로 지금까지 몇 번의 빙하기와 소행성충돌 등 여러 가지 다양한 환경장애에도 불구하고 2억8천만 년을 살아오고 있으나, 현재 전 세계 6600여 종에 이르는 양서류의 1/3 이상이 이미 멸종의 단계에 있고, 그 가운데 200여 종은 최근 몇 십 년 만에 지구상에서 사라졌다. 현재 멸종위기에 있는 양서류는 1957종으로 과학전문매체인 〈네이처

〈Nature〉〉가 주관한 조사연구에 따르면, 2200년에는 전 세계적으로 양서류의 41%가 지구상에서 완전히 자취를 감출 것이라고 예측되고 있다(2014년 자료). 현재의 환경오염속도라면 그 시기는 예상보다 훨씬 더 일찍 찾아올 수도 있다.

양서류가 처한 현실이 이렇기 때문에 개구리에 애정을 가지고 사육하는 입장에서 환경문제에 대해 관심을 가지지 않을 수 없다. 필자는 동물에 대한 애정만으로는 사라져가는 동물을 구할 수 없다고 생각한다. '생명존중'이라는 드높은 가치만으로는 자연에 관심 없는 일반대중을 변화시키기 어렵다. 많은 동물보호론자들이 감성을 자극해 이성적 판단을 내리도록 하는 운동을 하고 있지만, 이성을 각성시킴으로써 행동의 변화를 유발하도록 하는 방향으로 생태운동이나 환경운동을 하는 경우는 드물다. 본서가 일차적으로 안정적인 사육을 하는 데 도움이 되길 바라지만, 야생의 양서류에 대해서도 자그마한 지적 관심을 불러일으키는 계기가 됐으면 하는 바람이다.

양서류와 관련된 우리 속담

- **우물 안 개구리** : 세상 물정 모르고 자기 주변의 세상이 모든 것인 양 말하는 사람을 이르는 말
- **호박잎에 청개구리 뛰어오르듯** : 연소자가 버릇없이 연장자를 희롱하는 경우를 이르는 말
- **어정뜨기는 칠팔월 개구리** : 마땅히 할 일은 하지 않고 엉뚱한 일만 하고 돌아다니는 경우를 이르는 말
- **뒷간 개구리한테 하문을 물렸다** : 봉변을 당했어도 창피한 일이라 차마 남에게 이야기할 수 없는 경우를 두고 이르는 말
- **두꺼비 파리 잡아먹듯** : 무엇이든 닥치는 대로 늠름늠름 받아먹거나 챙기는 모양을 이르는 말
- **악머구리 끓듯 한다** : 시끄럽게 떠드는 모양새를 이르는 말
- **성균관 개구리** : 글만 읽는 사람을 이르는 말
- **개구리 낯짝에 물 붓기** : 아무런 반응이나 보람 없는 행동을 이르는 말
- **개구리 밑구멍에 실뱀 따라다니듯** : 귀찮게 따라다니는 모양새를 일컫는 말
- **가뭄철 웅덩이에 올챙이 몰리듯** : 좁은 장소에 많은 사람이 모여드는 것을 이르는 말
- **두꺼비 꽁지만하다** : 아주 작아 거의 없는 것 같음을 이르는 말
- **두꺼비씨름 누가 질지 누가 이길지** : 서로 다퉈도 승부의 결말이 나지 않는다는 말
- **개구리도 움쳐야 뛴다** : 뛰기를 잘하는 개구리도 뛰기 전에 움츠려야 한다는 뜻으로, 아무리 급하더라도 일을 이루려면 그 일을 위해 준비할 시간이 있어야 함을 이르는 말
- **개구리 소리도 들을 탓** : 시끄럽게 우는 개구리 소리도 듣기에 따라 좋게도 들리고 나쁘게도 들린다는 뜻으로, 같은 현상도 기분이 어떤 상태에서 대하느냐에 따라 좋게도 보이고 나쁘게도 보인다는 말
- **개구리 올챙이 적 생각 못 한다** : 형편이나 사정이 전에 비해 나아진 사람이 지난날의 미천하거나 어렵던 일을 생각지 아니하고 처음부터 잘난 듯이 뽐내는 모양새를 비유적으로 이르는 말
- **올챙이 개구리 된 지 몇 해나 되나** : 어떤 일에 좀 익숙해진 사람이나 가난하다가 형편이 좀 나아진 사람이 지나치게 잘난 체함을 비꼬는 말
- **장난으로 던진 돌에 개구리는 맞아 죽는다** : 생각 없이 하는 말과 행동으로 인해 다른 사람이 잊지 못할 상처를 받을 수 있다는 것을 비유적으로 이르는 말
- **맹꽁이통에 돌을 들이친 것 같다** : 요란하게 떠들던 것이 일시에 조용해진 경우를 이르는 말
- **오뉴월 맹꽁이도 울다가 그친다** : 언제 끝날지 모르던 현상도 언제든 끝날 때가 있다는 말
- **장마통의 맹꽁이 울음소리 같다** : 귀가 따갑게 몹시 시끄럽게 떠들어대는 것을 비유하는 말

Chapter 03
양서류 사육의 기초

좋은 양서류를 고르는 법, 양서류를 보정하는 법 등에 대해 살펴보고, 분양받기 전 준비해야 할 사항들에 대해 자세히 알아본다.

Section 01

애완동물로서의 양서류

필자는 동물을 기른다는 사실을 굳이 다른 사람에게 드러내지는 않는 편이지만, 어쩌다 필자가 양서파충류에 대한 일을 직업으로 삼고 있다는 사실을 사람들이 알게 되는 순간이면 반드시 받게 되는 질문이 하나 있다. 그것은 "그런 동물들은 주인을 알아보나요?" 혹은 "그런 동물들이 기르면 뭐가 좋아요?"라는 질문이다. 사실 이와 같은 질문을 하는 것은 단순한 호기심의 발로일 수도 있지만, 가끔은 '내가 밥을 줘서 기르는 애완동물이면 당연히 주인인 나에게 위안이나 심리적인 안정감과 같은 어떤 대가를 줘야지!'라는, 애완동물에게 무언가를 기대하는 심리가 담겨져 있기도 하다.

일부 심한 경우에는 거기서 좀 더 나아가서 '나에게 아무런 대가도 주지 않는 동물을 왜 돈과 시간을 쓰고 고생해가면서 키워요?'라는 의미까지 포함돼 있는 경우도 있다. '내가 누군가에게 무언가를 주면 그도 반드시 나에게 무언가를 줘야만 한다'는 심리, 필자는 사람들이 가지고 있는 이러한 기대감이 애완동물의 사육에 있어서 여러 가지 문제를 일으키는 가장 큰 원인이라고 생각한다.

어떤 대상을 사랑하는 순간에도 그 이유를 찾으려는 심리가 우리에게는 있다. 작고 귀여워서, 털이 부드러워서, 온순해서 우리는 동물을 사랑한다. 이처럼 우리는 사람 사이에서뿐만 아니라 동물에게서도 자신이 그들을 사랑해줘야 하는 이유를 요구한다.

그렇다면 작고 귀엽던 동물이 자라 덩치가 커지면, 병으로 털이 빠지게 되면, 번식기에 주인을 물면, 과연 어떤 일들이 벌어질까. 어떤 이유로 특정 대상을 사랑하게 되는 경우에는 그 이유가 사라짐과 동시에 사랑도 소멸되는 경우가 많다. 기대와 실망은 정확히 비례한다. 무엇인가를 기대한다는 것은 곧 그 대상을 믿고 의지하고 싶다는 것일 수 있는데, 이러한 기대는 사람과 전적으로 사람이 돌봐줘야 할 동물 사이에서는 위의 경우처럼 그 균형이 깨지기 쉽다. 더구나 인간과 동물은 완전히 다른 존재들로서 서로를 완벽히 이해한다는 것은 절대 불가능하며, 양서류의 경우 더욱 그렇다.

사실 사람들이 던지는 이러한 질문들에 대해 선뜻 대답한다는 것이 쉽지는 않다. '좋으면 좋은 거지, 좋아하는 데 굳이 특별한 이유가 필요한가요?' 라는 것이 필자의 속마음이지만, 감성에 근거한 이런 대답은 서로 간에 대화의 단절을 가져올 뿐이기 때문이다. 그렇지만 자주 받게 되는 이런 질문들은 본의 아니게 필자에게 나름대로 긍정적인 효과도 가져다줬다. '일반인들이 쉽게 납득할 수 있는 양서파충류의 장점이 무엇일까' 라는 문제에 대해 깊이 생각해보게 됐기 때문이다. 그 고민의 결과는 다음과 같다. 현대사회에서 애완동물로서의 양서류는 어떠한 장단점을 가지고 있는지 살펴보자.

양서류 사육의 장점

원초적인 거부감만 극복할 수 있다면, 양서류는 현대 도시사회에서 요구되는 이상적인 애완동물의 요건을 모두 충족시키고도 남을 정도의 뛰어난 장점을 가지고 있는 최고의 애완동물이라고 할 수 있다. 애완동물로서의 양서류의 장점을 알아보자.

■**크기가 작다** : 애완으로 길러지고 있는 분류군들 가운데 양서류는 그 크기가 가장 작다. 많은 사육입문자들이 간과하고 있는 부분이지만 보통 애완동물을 기르고자 할 때 반드시 한 번 더 생각해봐야 할 것이 있는데, 그것은 '입양 1년 후'의 상황이다. 실제 사육을 시작하기 전에 자신이 선택한 동물이 1년 후에 어느 정도까지 성장할지, 사육장은 어느 정도 크기가 필요하게 될지, 먹이양이 얼마만큼 증가할지, 개체의 운동량 및 기타 관리에는 어느 정도의 추가적인 노력이 필요할지 등을 충분한 시간을 갖고 생각해보는 과

정이 필요하다. 하지만 다행스럽게도 애완동물로서의 양서류는 이러한 갖가지 고민에서 상당히 자유스럽다고 할 수 있다. 최대 성장크기가 작기 때문이다. 20cm가 넘는 어류, 파충류, 조류, 포유류는 흔하지만 20cm까지 자라는 양서류는 아주 드물 정도로 최대 성장크기가 작다는 것이 애완양서류의 가장 큰 특징이자 장점이라고 할 수 있다.

대부분의 양서류는 3자(90cm) 수조 정도의 공간만 있으면 평생을 기를 수 있다(그렇다고 이것이 양서류를 좁은 사육장에 '구겨 넣어' 기르는 핑계가 돼서는 안 된다. 자연상태의 활동영역이 단지 90cm에 불과한 것은 아니기 때문이다). 이렇게 크기가 작다는 것은 우선 넓은 사육공간을 필요로 하지 않으며, 필요한 사육설비를 구비하는 데도 그다지 많은 비용이 소요되지 않는다는 것을 의미한다. 체구가 작은 만큼 먹이급여량도 많지 않고, 사양관리 역시 용이하다. 이처럼 작은 체구는 사육에 있어 여러 가지 점에서 유리한 조건이 될 수 있다.

왁시 몽키 트리 프로그(Waxy monkey tree frog)

■**안전하다** : 무엇보다 양서류 사육 시에는 인간에 전염되는 인수공통전염병으로부터 안전하다. 가장 우려되는 것이 살모넬라감염 정도인데, 이는 손을 잘 씻는 방법으로 예방이 가능하다. 우리가 흔히 사용하는 베개, 화장실 변기, 키보드, 에스컬레이터 손잡이 혹은 달걀이나 가금류 섭취로부터 감염되는 경우에 비한다면, 실제로 사육 중인 애완양서류로부터의 살모넬라감염은 극히 드물다.

■**청결하다** : 앞서 언급한 크기와도 관련이 있겠지만 양서류는 사육 중에 특별한 냄새가 나지 않는다. 체취도 느낄 수 없고 배설물냄새도 거의 없다. 체구가 작은 만큼 먹이의 잔여량이나 배설물의 양도 적다. 픽시 프로그(Pixie frog, *Pyxicephalus adspersus*)와 같은 대형종을 기를 때 또는 육상이나 반수생 환경을 조성해서 사육할 때 바닥재에서 냄새가 나는 경우가 있지만, 이는 사육자가 사양관리에 게으름을 부린 것이 원인일 경우가 많다. 작은 크기에도 불구하고 심한 냄새가 나는 다른 온혈동물들과 비교한다면, 이 역시 애완동물로서의 장점 가운데 하나라고 할 수 있다.

■**수명이 길다** : 앞서 잠깐 언급했다시피 일반적으로 생각하는 것 이상으로 양서류는 수명이 길다. 대표적인 애완동물인 개와 고양이의 수명이 15년 정도라고 한다면 대부분의 개구리 역시 10~15년 정도 살 수 있고, 두꺼비나 픽시 프로그와 같은 경우에는 30~40년 이상을 살 수도 있다. 사육환경을 적절히 제공해주고 지속적으로 잘 관리해준다면 양서류는 아주 오랜 시간을 주인과 함께 할 수 있다.

■**온순하다** : 애완동물로서 양서류가 가지는 또 하나의 뛰어난 장점은 공격성이 없다는 것이다. 전 생애에 걸쳐 인간과 함께 생활해야 하는 애완동물에게 있어서 공격성은 가장 치명적인 단점이 된다. 많은 다른 애완동물들은 비록 어릴 때부터 길러 사육자와 교감하는 온순한 개체라 하더라도 호르몬의 영향으로 인해 번식기에는 성격이 평소보다 조금은 공격적으로 변하는 것이 일반적이지만, 양서류는 호르몬의 지배를 받는 이러한 번식기에조차 인간에게 공격성을 보이지 않는다. 양서류는 가히 지구상의 모든 동물들 가운데 인간에게 가장 안전한 분류군이라고 할 수 있다.

간혹 아프리칸 불 프로그나 팩맨 프로그처럼 식탐이 강한 종을 사육하는 경우 먹이를 급여하는 과정에서 눈앞에 움직이는 사육자의 손가락을 먹이로 착각해 무는 경우가 없지는 않으나, 이 역시 실수일 뿐 의도적으로 사육자를 공격하는 것은 아니다. 앞서 언급했다시피 양서류는 체구가 기본적으로 작기 때문에 설사 물렸다고 해도 사육자에게 심각한 피해를 끼치는 경우는 거의 없다. 이처럼 양서류의 대부분은 공격성이 없어 의도적으로 인간을 공격하는 경우는 없기 때문에 다른 어떤 동물보다도 사육자의 안전을 보장하는 안전한 애완동물이라고 볼 수 있다. 그러나 보통 가정에서 애완종을 사육하는 경우에는 그렇지만, 동물원에서 장수도롱뇽처럼 체구가 크고 물 밖에서는 공격적인 종을 직업적으로 다뤄야 하는 경우처럼 특수한 상황에서는 사육자의 안전을 위해 핸들링에 극도의 주의를 기울일 필요가 있다.

■**조용하다** : 번식행동이 나타나는 시기의 수컷 성체와 같이 특수한 몇몇 경우를 제외하고 양서류는 아주 조용한 동물이다. 소음으로 인해 사육자가 생활에 방해를 받거나 이웃으로부터 항의를 받는 경우는 없다. 다가구생활이 보통인 현대 도시사회에서 이처럼 조용한 습성은 사육에 있어 아주 유리한 조건이라고 할 수 있다.

새로운 생명의 탄생은 사육과정에서 느낄 수 있는 큰 즐거움 가운데 하나다.

■**다양하다** : 애완으로서의 양서류는 종류, 크기, 체색, 활동성 등 모든 면에 있어서 상이하기 때문에 그만큼 선택의 폭이 넓다. 개인이 제공 가능한 사육장의 크기와 투자 가능한 사육비용, 관리에 투자할 수 있는 사육자의 시간적 여유 등의 제반조건을 고려해 적절한 종을 선택할 수 있으며, 여러 마리 또는 여러 종을 사육하는 것 역시 가능하다.

■**알레르기를 유발하지 않는다** : 개나 고양이, 애완설치류나 조류 등이 일부 예민한 사람들에게 알레르기반응을 유발할 수 있지만, 양서류는 이런 점에서 거의 완벽하게 자유롭다. 양서류로 인해 인간에게 알레르기가 발생할 수 있는 유일한 경우는 실수로 개체를 삼키게 됐을 때인데 그럴 가능성은 거의 없다고 봐도 무방하다. 동물 자체가 지닌 단백질성분뿐만 아니라 사육에 사용되는 바닥재의 분진에 의해서도 알레르기가 유발될 수 있는데, 양서류는 기본적으로 습한 환경에서 사육되기 때문에 분진으로 인한 알레르기문제도 거의 발생하지 않는다.

■**자연미를 느낄 수 있다** : 아름답게 잘 꾸며진 양서류 사육장은 '미니 정원' 혹은 '그린 인테리어'로 불리며, 실내의 습도유지효과와 더불어 뛰어난 장식효과를 가져온다. 특히 마당이나 정원을 가꾸기 어려운 도시환경에서 양서류 사육장은 작게나마 인테리어의 효과적인 대안이 될 수 있다. 또한, 양서류는 잘 조성된 테라리움 내에서 사냥하고, 이동하고, 땅을 파고, 나무에 오르는 등 자연에서와 동일한 종 고유의 행동패턴을 보인다. 사육환경만 지속적으로 잘 유지해준다면 방 안에 앉아서 아마존 깊은 정글 속 독화살개구리의 활동모습을 그대로 관찰할 수 있다.

애완동물 사육의 일차적인 목적은 사육자의 즐거움이다. 그러나 사육자는 자연에서 살아가는 동물들을 인간의 즐거움을 위해 한정된 공간에서 가둬 기르고 있다는 사실을 인식하고 사육환경 관리에 최선을 다할 책임과 의무가 있다. 동물은 우리를 좀 더 인간답게 만들어줄 수 있는 존재들이기 때문이다. 2009년 아카데미 어워드 최우수 다큐멘터리상을 받은 영화 '더 코브: 슬픈 돌고래의 진실(The cove)'의 주인공이자 유명한 돌고래보호활동가 릭 오베리(Richard O'Barry)의 "수족관의 돌고래를 관찰하며 돌고래의 생태를 배운다는 것은 디즈니의 미키마우스를 보고 쥐의 생태를 배우겠다는 것과 같

다"는 말처럼, 사실 정확하게 말하면 사육장이라는 한정된 공간에서 원서식지에서와 같은 완전한 생태를 관찰하는 것은 불가능하다. 그러나 최소한 그들의 생태에 대한 호기심을 유발할 수는 있으며, 그들이 사는 자연에 좀 더 관심을 갖게 될 수 있다.

■관리가 용이하다 : 사육장의 관리가 용이하며, 변온동물의 특성상 어느 정도의 금식에도 크게 영향을 받지 않기 때문에 적절한 조치만 취해진다면 필요 시 단기간 집을 비우는 것도 가능하다(그러나 믿을 만한 사람에게 잠시 위탁하는 것이 더 좋다는 것을 기억하자).

■지적 즐거움이 충족된다 : 사육을 통해 수질유지기법이나 자연과 생물의 역사, 환경, 테라리움 디자인의 미학에 대해 배울 수 있다. 양서류는 각각의 종마다 다양한 환경에서 적응해 살아가기 때문에 그에 적합한 환경을 인공적으로 조성해주기 위해서는 사육과 관련된 여러 가지 사항들을 충분히 숙지할 필요가 있다. 이 과정에서 사육자는 다양한 생태, 과학적인 정보들을 습득하게 되며 실용적이고도 아름답게 사육장을 조성하고자 노력하는 과정에서 관찰력과 심미안(審美眼)이 높아지게 되는 효과가 있다.

이 밖에도 양서류 사육에는 필자가 미처 생각하지 못한 여러 가지 장점들이 있을 것이다. 이 글을 읽는 독자 여러분들도 사육을 하면서 나름대로 느끼는 양서류의 매력을 찾아보고 그것을 다른 사람에게도 전해주기를 바란다.

양서류 사육의 단점

교감을 나누고자 하는 반려동물로서 양서류를 사육하고자 하는 경우가 아니라면 그리고 양서류 자체에 대한 원천적 거부감 정도를 제외하면, 애완동물로서의 양서류의 단점은 다음과 같다고 생각된다.

■**먹이문제** : 일단 먹이로 곤충류 혹은 설치류를 급여해야 한다는 것이 일반인들로 하여금 양서류 사육을 주저하게 하는 가장 큰 문제라고 할 수 있다. 개구리를 싫어하는 사람도 있지만, 곤충류나 설치류를 싫어하는 사람 역시 상당히 많기 때문이다.

먹이문제에 있어서 두 번째 어려움은 관상어류나 애완파충류는 인공사료 또는 냉동 보관한 먹이라도 적절한 방법을 통해 급여가 가능하지만, 움직이는 것만 먹이로 인식하는 양서류의 특성으로 인해 대부분의 애완양서류종에게 '살아 있는' 곤충이나 설치류를 먹이로 급여해야 한다는 사실이다. 사실 이러한 동식(動食)의 문제는 급여해야 하는 먹이의 종류보다 더 큰 문제다. 먹이를 지속적으로 살아 있는 상태로 유지 관리해야 할 필요가 있기 때문이다. 먹이반응이 좋고 상대적으로 예민하지 않은 종이라면, 파충류의 경우와 마찬가지로 냉동 보관된 먹이곤충을 해동시킨 후에 핀셋을 이용해 눈앞에서 움직이는 방법으로 급여할 수 있지만 이 역시 약간은 번거로운 일이다.

여기에 한 가지 더 추가한다면, 드물게 다트 프로그(Dart frog)처럼 초소형종을 사육할 경우 초파리나 핀헤드 크기의 귀뚜라미를 급여하기 위해 필요시 직접 곤충을 번식시켜야 할 수도 있다는 사실이다. 이런 종들을 사육할 정도가 되면 어느 정도 양서류 사육에 대한 경험과 노하우가 쌓인 상태겠지만, 그렇다고 해서 이렇게 먹이를 직접 번식해서 유지하는 것이 쉬운 일은 아니다. 양서류 사육에는 관심이 있으나 이와 같은 먹이문제로 인해 선뜻 도전하기 꺼려지는 사람이라면, 먹이반응이 왕성한 종이나 인공사료에 대한 순치가 가능한 완전수생종부터 천천히 도전해보는 것을 추천한다.

■**사육개체와의 교감이 없다** : 양서파충류 사육자의 숙명이라고 할 수 있는 사항으로 오

랫동안 사육했더라도 교감을 기대할 수 없다. 특히 양서류는 인간의 손길을 반기지 않기 때문에 핸들링이 어려우며, 연약한 피부로 인해 손으로 만지는 것이 사육대상종 자체에도 좋지 않다. 이런 점에서 자신의 애완동물과 교감을 느끼고자 하는 사람이나 어린아이의 애완동물로는 적당하지 않다.

낯설기만한 도롱뇽도 아주 매력적인 애완동물이 될 수 있다.

■**사육정보의 부족** : 애완양서류가 국내에 도입된 지 얼마 되지 않은 데다 현재까지도 국내에서 애완으로 양서류를 기르고 있는 사람이 많지 않다. 따라서 사육정보가 절대적으로 부족하다는 것이 애완양서류의 확산을 어렵게 하는 한 가지 원인이 될 수 있다. 양서류의 종마다 필요로 하는 온도와 습도부터, 먹이의 크기, 종류, 양, 급여횟수 등 모든 조건이 다르기 때문에 각각의 종에 대한 정보가 부족한 상태에서 이뤄지는 사육이란 언제나 폐사의 위험을 안고 있다고 할 수 있다. 그런 만큼 양서류를 사육하는 사람은 다른 애완동물을 사육하는 사람보다 더 많은 공부와 노력이 필요하다.

■**생각보다 시끄러울 수 있다** : 개구리 울음소리는 예상외로 우렁차다. 자연에서 들리는 개구리의 합창은 풍류로 느껴질 수 있지만, 방 안에 울려 퍼지는 울음소리는 생각만큼 낭만적이지 않을 수도 있다. 특히 여러 마리를 사육할 경우 잠자는 것을 포기해야 하는 상황이 생길 수도 있다. 그러나 사육 하에서 이런 경우는 극히 드물다.

■**특이한 사람으로 취급받을 수 있다** : 양서류를 극심하게 기피하는 사람들도 있고 아직 대중화된 애완종도 아니다 보니, 양서류를 사육한다고 하면 주위에서 호의적이지 않은 반응을 보일 수도 있다. 그것이 꼭 나쁜 일이라고만은 볼 수 없지만 가끔 주위의 호기심 어린 시선이 부담스럽게 느껴질 수도 있다. 특히 가족 또는 함께 생활하는 사람들의 반응은 사육에 앞서 한 번쯤 더 고려해볼 필요가 있다. 오랜 시간 양서류를 사육해나가는 중에 가까운 이의 도움을 필요로 하게 될 수도 있기 때문이다.

Section 02

양서류 공포증

과학자들은 지구상에 서식하는 수백만 종의 동식물에 대해 각각 고유한 이름을 붙여 구분하고 있다. 앞으로 본서에서 필자가 양서류의 각 종을 설명할 때 표기하게 될 '학명(學名, scientific name)'[1]은 앞에는 속명(屬名)을, 그 뒤에는 종명(種名)을 붙여 부르는 명명법으로 이러한 표기방식을 '이명법(二名法)'이라고 한다.

현재 전 세계적으로 통용되는 과학적 명명법인 '이명법', 즉 '이명식 명명법(二名式 命名法)'을 처음으로 제정한 과학자는 '분류학의 아버지'라고 불리는, 식물학자이며 의사였던 스웨덴의 칼 폰 린네(Carl von Linne, 1707~1778)다. 그러나 장장 7900km에 이르는 광대한 지역을 걸어서 다니며 온갖 식물과 동물을 조사했고 이 세상 모든 생명체에 대해 무한한 관심과 애정을 가지고 있던 위대한 과학자 린네도, 유독 '양서류'에 대해서만큼은 상당히 비우호적인 기록을 남기고 있다. 그의 말을 인용해보자면 다음과 같다.

---

[1] 본서에 나오는 모든 학명의 한글표기는 학술용으로 공인된 '고전라틴어 발음법'을 원칙으로 기재됐으며, 세부적인 표기는 국립국어원의 라틴어 한글표기법에 따른다.

"These foul and loathsome animals are abhorrent because of their cold body, pale color, cartilaginous skeleton, filthy skin, fierce aspect, calculating eye, offensive voice, squalid habitation, and terrible venom; and so their Creator has not exerted his powers to make many of them."
— Carolus Linnaeus, 'Systema Naturae' (1758)

"차가운 몸뚱이와 창백한 색깔, 물컹물컹한 골격, 지저분한 피부, 험악한 성격, 이기적인 눈빛, 공격적인 음성, 지저분한 서식처, 끔찍한 독을 가진 고약하고 혐오스러운 동물들. 창조주는 그들 대부분에게 그의 은혜를 베풀지 않았다."
— 칼 린네, '자연의 체계' (1758)

지금 이 책을 손에 들고 있는 독자 여러분은 기본적으로 양서류에 대한 관심을 어느 정도 가지고 있는 분들이겠지만, 일반인들 가운데는 린네처럼 '양서류'라는 종 자체에 대해 불쾌감이나 거부감, 나아가 혐오감을 느끼고 있는 사람들이 의외로 많다. 척추동물 중에서 양서류는 인간에게 직접적인 위해를 가하지 않는(그리고 가할 수 없는) 유일한 분류군임에도 불구하고, 지나치다 싶을 정도로 양서류에 대한 거부감을 나타내는 이들을 흔히 볼 수 있다. 그 이유는 무엇일까.

양서류 공포증의 원인

양서류 공포증은 'Ranidaphobia(Ranida-가장 잘 알려진 양서류종+phobia-혐오증)' 혹은 'Batrachophobia', 'Bufonophobia', 'Frogphobia', 'Frog fear' 등의 다양한 용어로 일컬어진다. 양서류 거부반응을 가진 사람들은 지금 이 책을 읽는 독자 여러분의 지인들 중에도 있을 수 있고, 인터넷을 잠시만 검색해도 쉽게 찾아볼 수 있다. 동물이나 피, 주사와 같은 특정 대상이나 상황에 대해 보통 이상으로 겁을 내는 등 비합리적인 두려움과 회피행동을 지속적으로 나타내는 이러한 증상을 '특정 공포증(specific phobia)'이라고 한다. 일반적으로 특정 공포증은 외상이나 부정적 경험 등의 외부적인 요인과 유전 등의 내부적인 요인이 복합적으로 조합돼 발생하는 것이 보통이다.

개구리공포증의 경우에는 개구리와 관련된 어린 시절의 부정적인 기억과 같은, 외부적 요인이 더 크다고 알려져 있다(정확히 연구된 바는 없으나 알레르기나 일부 종이 가지고 있는 독성으로 인한 기피가 고대로부터 인류에게 유전적으로 각인돼 있을 가능성도 있다). 도시에 거주하는 학생들의 경우 개구리를 실제로 대면할 기회가 거의 없음에도 불구하고 대부분 처음 개구리를 봤을 때 어느 정도의 거부감을 보이는 것이 보통이다. 이는 방송이나 다른 매체 혹은 어른들로부터 얻은 양서류에 대한 부정적인 이미지 때문일 것으로 생각된다.

이와 같은 특정 공포증을 예방하기 위해서는 자녀에 대한 어릴 때부터의 양육방식이 중요하다. 어려서부터 다소 두려운 동물이나 상황을 피하지 않는 생활자세를 갖추는 것이 중요하며, 부모들도 어린아이들에게 그릇된 두려움을 갖지 않도록 교육시켜야 할 필요가 있다. 예를 들면 자녀와 함께 동물원에 전시된 개구리를 보러온 학부모들이 "어머, 저 개구리 봐. 정말 징그럽지?"라고 소리 지르며 말

왁시 몽키 트리 프로그(Waxy monkey tree frog)의 외양

하는 모습을 자주 볼 수 있는데, 이 역시 무의식적으로 자신의 가치관을 아이에게 주입함으로써 잠재적으로 양서류에 대해 이유 없는 혐오감을 심어줄 수 있는 행동이다.

양서류를 기피하게 되는 이유

본서가 양서류 사육서임에도 불구하고 책의 앞부분에서부터 '양서류 혐오증'에 대해 언급하는 점을 의아하게 생각하는 독자들이 있으리라 생각한다. 본서는 사육서이기 때문에 기본적으로 양서류를 좋아하는 사람들이 선택해 읽게 되겠지만, 자신의 의지와는 상관없이 억울하게 오해를 받고 매도되고 있는 종에 대한 객관적 사실을 주위 사람에게 널리 알림으로써 일반인들로 하여금 양서류에 대한 올바른 인식을 갖도록 전환을 유도하는 것도 양서류 애호가로서의 중요한 역할 가운데 하나라고 생각한다.

따라서 사람들이 양서류를 기피하는 원인에 대해 알아보고 그 과학적인 이유를 생각해 보는 것도 사육 전반에 있어서 아주 의미 있는 일이라고 생각돼 본 내용을 기술한다. 또한, 이처럼 사람들이 양서류를 싫어하는 이유들은 근본적으로 양서류라는 종의 기본적인 생태와도 밀접한 관련이 있기 때문에 그 기피의 이유를 알아보는 과정에서 양서류의 생태를 다시 한 번 공부하게 되는 효과도 있다. 그럼 사육에 앞서서 먼저 사람들이 양서류를 싫어하는 이유에 대해 알아보자.

■**축축하고 차갑고 물컹물컹하다** : 사람들로 하여금 양서류를 기피하게 만드는 가장 큰 이유이며, 온혈동물인 인간이 변온동물인 양서류와의 접촉을 통해 인지하는 '감각', 좀 더 정확하게 말하면 '촉각(觸覺)'에 의한 인식이다. 인간은 동물이다. 모든 동물은 삶의 궁극적인 목적인 생존을 위해 어떤 새로운 대상이 있으면 무의식적으로 관계를 형성하고 유지하려는 습성을 가지고 있으며, 그렇게 생성된 관계로부터 위안과 안정을 얻고자 하는 본능을 가지고 있다(이것을 영국의 아동정신분석학자인 볼비-John. m. Bowlby-는 '애착-attachment'이라는 용어로 표현했는데, 이는 단순히 일시적인 정서반응이 아니라 일종의 생존시스템으로서 생명체가 수억 년 동안의 진화과정을 통해 발전시켜온 체계다).

이처럼 어떤 대상과의 관계를 맺는 데 사용되는 여러 감각들 가운데 가장 큰 영향을 미치는 것이 '촉각'이며, 촉각은 '감각의 어머니'라는 설명에서 알 수 있듯이 개체와 개체 간의 관계를 생성하고 강화시키는 데 절대적으로 중요한 역할을 한다. 생명체는 접촉을 통해 부정적인 감촉에 대해서는 두려움을, 긍정적인 감촉에 대해서는 편안함과 위안을 얻게 된다(이를 심리학에서는 '접촉위안-contact comfort'이라고 한다). 하지만 접촉위안을 얻기 위해서는 그 관계의 대상이 따뜻하거나 부드럽거나 폭신폭신한 것처럼 필수적으로 좋은 감촉을 가지고 있어야 한다. 사람들이 양서류를 싫어하는 가장 큰 이유로 '기분 나쁜 촉감'을 드는 것은 양서류로부터 이러한 접촉위안을 전혀 얻을 수 없기 때문일 것이다.

양서류는 피부호흡을 위해 항상 축축한 피부를 유지해야만 하고, 온혈동물처럼 항상 따뜻한 일정체온을 유지하지 못하기 때문에 상대적으로 차가운 느낌을 주는데, 이는 결국 인간에게 그다지 좋은 촉감을 주지 못하게 된다. 그러나 양서류가 지닌 이와 같은 피부의 특징은 혹독한 자연환경에서 생존하기 위해 나름대로 진화한 결과물이라는 사실을 이해해줄 필요가 있다.

> **변온동물이란**
>
> 동물은 체온을 체내의 물질대사과정에서 발생한 열을 이용해 내온성조절(endothermic regulation)을 하는 항온동물(homeotherm)과 외부(환경)의 열을 이용해 외온성조절(ectothermic regulation)을 하는 변온동물(poiklotherm)로 크게 나뉜다. 양서류는 물질대사를 통해 극히 미약한 열을 낼 수 있기는 하지만, 대사에 필요한 대부분의 열을 외부에 의존해야 하는 변온동물이다. 양서류와 같은 변온동물은 체온을 유지하는 데 에너지를 낭비하지 않아도 되기 때문에 적은 양의 먹이로도 장기간 버틸 수 있고 다양한 환경에 적응할 수 있어 종 다양성이 높다는 장점이 있지만, 모든 활동이 대기온도에 의해 제한을 받는다는 단점도 가지고 있다.

■**갑자기 뛰어올라 놀라게 한다** : 인간은 자신의 안전에 위협을 느낄 때나 앞으로 어떤 일이 벌어질지 모르는 긴장상태에서 공포를 느끼게 된다. 이러한 공포는 자신에게 그 상황에 대비할 마음의 준비를 할 시간적

개구리의 점프는 이동을 위한 것일 뿐 공격행동과는 거리가 멀다.

인 여유가 주어지면 점차 약화되는 것이 보통이다. 그러나 개구리의 움직임은 사람이 느끼기에 아무런 사전 예비동작 없이 이뤄지며, 그 이행속도가 상당히 빠르다. 이 때문에 사람들은 개구리의 갑작스러운 움직임에서 공포를 경험하게 된다. 적절한 비유가 될지는 모르겠지만 이런 갑작스런 개구리의 움직임을 영화 '여고괴담 1'의 특정 장면과 비교해볼 수 있다. '여고괴담'이 수많은 평론가들로부터 한국공포영화의 한 획을 그은 작품으로 높게 평가받고 있는 가장 큰 이유는, 한국공포영화사상 최고의 명장면으로 회자되는 '공포의 복도 점프 컷' 때문이다. 양서류는 기본적으로 호감이 가지 않는 존재인 데다가, 그런 불편한 대상이 영화에서처럼 갑자기 내가 있는 방향으로 순식간에 다가오는 모습을 본다는 것은 상당히 두려운 경험일 수밖에 없다.

그러나 개구리가 이렇게 뛰는 것은 단순히 도피하기 위한 행동 또는 이동을 위한 행동일 뿐 사람을 공격할 목적으로 달려드는 행동은 아니라는 점을 알아야 한다. 자신의 이동경로에 우연히 사람이라는 존재가 있었을 뿐이라는 말이다. 따라서 개구리가 내 몸에 달라붙었다고 해서 두려워할 필요는 없다. 개구리는 기본적으로 공격성이 없는 동물이며, 대상이 움직이지 않으면 잘 볼 수조차 없다.

■**이상한 체형, 무표정한 얼굴과 튀어나온 눈** : 못생기고 기괴한 외모 역시도 사람들이 양서류를 기피하는 이유 가운데 하나다. 그러나 따지고 보면 동물의 외형은 인간의 기호에 따라 진화하는 것이 아니다. 양서류의 독특한 외형은 주어진 환경에서 생존하기 위한 적응의 결과이므로 이 역시 어느 정도는 이해를 해줘야 할 부분이라고 할 수 있다. 외모가 개체 간의 우열과 성패를 가름한다고 믿는 외모지상주의는 사람들 사이에서도 좋은 의미로 받아들여지지 않는데 굳이 이를 동물에게까지 적용시킬 필요는 없다고 생각한다. 다르다는 사실이 차별의 이유가 돼서는 안 된다.

■**미끈미끈한 혹은 거칠고 우둘투둘한 피부** : 양서류는 진화과정에서 이전의 동물들에서는 볼 수 없는 새로운 기관으로서의 '피부'를 가지게 됐다. 이 피부는 양서류 이전의 어류가 가지고 있던 '비늘'과는 완전히 다른, 양서류 이후로 진화하게 되는 신체기관으로서 오직 양서류만이 지니고 있는 특징적인 구조라고 할 수 있다. 양서류는 아가미호흡을 버리게 되면서 피부호흡의 효율성을 높이기 위해 축축하고 미끈미끈한 피부를 갖게 됐고, 일부 종은 험난한 자연환경 속에서 스스로를 보호하기 위해 강력한 독을 분비하기 위한 돌기와 분비샘을 피부에 발달시키게 됐다.

부득이한 진화의 결과물이기는 하지만 어쨌거나 이들이 가진 이 미끈미끈한 혹은 거칠고 우둘투둘한 피부가 사람들에게 좋은 인상을 주지는 못하기 때문에 이 기괴한 피부 역시 사람들이 양서류를 꺼리게 되는 하나의 이유라고 할 수 있다. 그러나 양서류 피부의 이러한 진화 또한 인간에게 예쁘게 보이기 위한 것이 아니라 스스로 험한 환경에서 살아남기 위한 피나는 진화적 노력의 산물이라는 사실을 우리가 좀 더 이해해줄 필요가 있다. 어쩌면 긴박한 진화과정에 있던 양서류는 생존을 우선시하느라 미처 외형적으로 아름답게 자신을 가꿀 시간적 여유가 없었는지도 모르겠다.

이 피부의 질감이 인간에게 썩 유쾌하게 받아들여지지는 않지만, 최근 생명과학기술이 발달하면서 이러한 양서류 피부의 투과적 특질이나 분비물을 이용해 인간에게 도움이 되는 다양한 물질들이 개발되고 있다. 개구리의 피부에서 강력한 항암물질이 발견돼 각종 항암제, 진통제, 백신 등을 개발 중에 있고 개구리의 점액질을 이용한 무릎연골 접착제 개발, 의료용 접착제 개발 등도 추진되고 있어 질병으로 고통받고 있는 수많은 사람들에게 희망을 주고 있다. 그러니 그 정도는 조금 이해해줘도 되지 않을까 싶다.

Section 03

서식환경에 따른 양서류의 분류

여기서는 앞서 언급한 학문적 분류가 아니라 사육자의 입장에서 양서류를 분류해보도록 하자. 사육을 위한 환경을 조성하기 위해서는 개별 종의 서식환경을 충분히 고려하는 것이 무엇보다도 우선시되기 때문에, 애완으로서의 양서류는 그 서식형태에 따라 아래의 4가지로 크게 분류해 생각해볼 수 있다. 물론 시기적 요인이나 개체의 상태, 서식환경 등의 요인에 따라 복합적인 서식형태를 보이는 경우도 있기 때문에 아래의 분류방식이 절대적이라고 하기는 어려우나, 기본적인 사육장환경 조성을 위해 해당 종의 주된 서식형태를 고려해 분류할 필요가 있다.

수상성(樹上性) 종 - 팔루다리움이나 비바리움
대표적인 종은 화이트 트리 프로그, 레드 아이 트리 프로그, 왁시 몽키 트리 프로그, 밀크 트리 프로그 등의 나무개구리류를 들 수 있으며, 보통 트리 프로그(tree frog)라는 영명이 붙은 종들이 이에 속한다. 수상성 종이라고 해서 아예 지상에 내려오지 않는 것은

수상성 종의 발

아니지만, 이름처럼 나무 위를 주서식처로 한다. 우리나라 양서류 가운데는 청개구리와 수원청개구리가 수상성의 생활형태를 띠고 있다.

나무 위를 효과적으로 이동해야 하기 때문에 과도하게 비대한 종은 드물며, 대부분 지상성 종에 비해 그 크기가 작은 편이다. 체색은 나뭇잎이나 나무줄기와 비슷한 녹색 혹은 갈색 계통이 주를 이룬다. 수륙성(水陸性) 개구리들처럼 자주 점프를 하지는 않으며, 대부분 걸어 다니는 경우가 많기 때문에 다른 서식공간에서 생활하는 종보다 다리가 길고 고르게 발달해 있는 편이다. 그러나 적에게 쫓기거나 조금 먼 거리를 이동할 필요가 있을 경우에는 점프도 곧잘 한다.

수상성 종은 수영을 할 필요가 없기 때문에 보통은 뒷다리에 물갈퀴를 가지고 있지 않은 경우가 많다. 그러나 수영과는 상관없이, 약 80여 종에 이르는 날개구리들은 글라이더처럼 상당히 먼 거리를 활강하는 데 사용하기 위해 앞뒤 발가락 사이의 물갈퀴를 크게 발달시키고 있다. 대부분의 종들은 나무의 거친 줄기 또는 매끄러운 잎에 매달리거나 달라붙어 있을 수 있도록 앞발가락이 길고, 발가락 끝에 둥근 패드(adhesive disk pad) 및 젖은 면에 들러붙게 하는 점액질 막(mucous film)이 있으며, 마른 접촉면을 만들기 위해 젖은 층 위로 튀어나온 미세한 돌기(microscopic bumps)가 발등에 분포돼 있다.

패드의 접착력을 유지하기 위해 특별한 점액을 분비하는데, 이 점액의 양을 조절해 접착력을 강화하거나 이동 시 마찰력을 증가시킨다. 또한, 이 점액은 발바닥에 묻은 이물질을 제거해 접착력을 유지하는 역할도 한다("청개구리가 나무에서 떨어지면 날씨가 맑다"라는 속담이 있는데, 이는 날씨가 맑은 날에는 청개구리의 발의 접착력이 약해진다는 사실에서 유래된 것이다).

수상성 종의 체구가 다른 공간에서 서식하는 종보다 상대적으로 작은 것은, 이처럼 패드의 파지력(把持力, 무언가를 움켜쥐고 있을 때 발생되는 힘)으로 매달려 생활해야 하는 점이 하나의 원인이 되기도 한다. 과학계에서는 수상성 개구리의 이러한 능력을 연구해 아무 것이나 잘 붙고 매달려 있는 '그리피 패드(Grippy Pad)'와 같은 제품을 개발한 예도 있다.

완전수생성(完全水生性) 종 – 아쿠아리움, 팔루다리움

대표적인 종은 버젯 프로그, 피파피파, 아홀로틀, 아프리카발톱개구리, 머드퍼피 샐러맨더 등이 있으며, 거의 전 생애에 걸쳐 수중생활을 하는 종류가 이에 속한다. 우리가 익히 알고 있는 개구리 또는 도롱뇽의 일반적인 생태나 형태와는 약간의 차이가 있기 때문에 양서류를 사육하는 사람 가운데서도 조금 더 특이한 형태나 생태를 가진 종을 사육하기를 희망하는 사람들 사이에서 선호된다. 그렇다고 해서 특별히 사육난이도가 높은 것은 아니다. 물고기를 사육해본 경험이 있는 사람이라면 사육환경 조성에 별다른 어려움을 느끼지 못할 수도 있는데, 각각의 종에 적합한 수위와 수질 및 수온만 신경 쓰면 어류를 사육할 때와 동일한 노력으로 사육이 가능하기 때문이다.

완전수생종은 사육이라는 측면에서 볼 때 다른 양서류에 비해 월등하게 유리한 장점이 한 가지 있기 때문에 사육입문자들에게 많이 추천된다. 앞서 언급했다시피 일반인들이 양서류 사육에 어려움을 느끼는 큰 이유 가운데 하나가 살아 있는 곤충류를 먹이로 급여해야 한다는 사실인데, 완전수생종은 구피나 몰리, 송사리, 피라미, 금붕어와 같은 소형어류를 먹이로 급여하는 것이 가능하고, 무엇보다 인공사료에 대한 먹이붙임도 쉽다는 장점이 있어 입문자들에게 적합하다.

완전수생종

수륙성(水陸性) 종 - 비바리움

대표적인 종은 참개구리, 금개구리 혹은 산개구리류, 독화살개구리류, 두꺼비류를 들수 있으며, 물과 가까운 육지환경에 서식하는 종이다. 양서류라는 명칭 자체가 이처럼 수륙성의 특징을 가진 것에서 유래됐지만, 사실 애완으로 분양되고 있는 양서류 가운데 이 분류에 넣을 수 있는 종(실제로 물가를 서식공간으로 하는 종들)은 많지 않다.

자연상태에서 이 종류에 속하는 양서류는 상당히 많지만, 사육자의 입장에서 볼 때 애완종으로서는 매우 치명적인 단점을 가지고 있기 때문에 그다지 매력적이지 않다고 여겨진다. 수륙성 종의 단점은 바로 뛰어난 '활동성'이다. 대부분 지나치게 활동성이 강하고, 점프력 또한 강하기 때문에 탈출하기 위해 이리저리 비비거나 뛰면서 사육장 벽에 부딪혀 상처를 입고, 그로 인해 폐사하는 경우가 많다(외상을 방지하기 위해서는 사육 중에도 가급적 자극을 주지 않는 것이 좋다). 물론 사육장 내에서 잘 적응하고 생존하는 개체가 없는 것은 아니지만, 무역과정에서 이동 중 스트레스로 폐사하는 경우도 허다하고, 사육 중에 폐사하는 경우도 상대적으로 많기 때문에 이 분류에 속하는 종들의 애완화는 활발하게 이뤄지지 않고 있다.

수륙성 종 가운데는 독화살개구리처럼 체구가 작은 종이나 거의 걸어서 이동하는 두꺼비류 정도가 애완으로 사육되고 있는 실정이다. 이 무리에 속하는 종들 중 그나마 활동성이 강하지 않은 개체들로, 평소에는 낙엽이나 돌 밑과 같은 은신처에서 몸을 숨기고 있다가 밤이 되면 주로 활동하는 경우가 많다. 법적인 문제를 차치한다는 가정 하에 개인적으로는 우리나라 참개구리나 금개구리도 상당히 매력적인 종이라고 생각하기는 하지만, 이처럼 활동성이 높은 종을 좁은 사육장에 적응시켜 가둬 기르는 것은 그다지 추천하고 싶지는 않다. 우리가 알고 있는, 전형적인 개구리의 이미지를 가지고 있는 개구리속(Rana)의 종들은 실제로 한정된 사육공간에서 사육하기가 용이하지 않다.

수륙성 종을 위한 비바리움

지중성(地中性) 종 - 비바리움

대표적인 종은 토마토 프로그(Tomato frog), 부시벨드 레인 프로그(Bushveld rain frog), 멕시코구멍파기개구리(Mexican burrowing frog)와 같은 맹꽁이류가 있다. 평소에는 흙이나 낙엽 등의 바닥재를 파고들어 거의 지중생활을 하다가, 먹이활동을 할 때나 우천 및 교미기처럼 특정한 시기에만 육상으로 올라오는 종류를 말한다. 사막지역이나 아프리카처럼 건조한 지역을 원산지로 하는 종 가운데 이런 지중성 종이 많다. 일반적으로 체형이 뚱뚱하고 다리가 짧은 대신에 튼튼한 근육과 강한 힘을 가지고 있으며, 땅을 파기 위해 특화된 돌기(spade pad)를 가진 종이 많다.

이 무리에 속하는 종들에 대해서는 사육자들 사이에서 호불호가 많이 갈린다. 기본적인 생태적 특성으로 인해 바닥재를 충분히 깔아주면 모습을 확인하기 힘든 경우가 대부분으로, 일반적으로 거의 움직이지 않기 때문에 그로 인해 얼마 지나지 않아 사육에 싫증을 느끼는 사육자도 있다. 그런 반면에, 독특하고 귀여운 체형을 지니고 있어 좋아하는 사람도 많고, 또 잘 안 움직이기 때문에 다른 종보다 현저하게 작은 공간에서도 사육이 가능하다는 점이 사육자에 따라서는 장점으로 작용할 수도 있다.

보통은 이렇게 바닥재를 파고드는 것이 싫다는 이유로 이 종들을 바닥재가 적게 깔린 곳에서 사육하는 경우를 많이 볼 수 있는데, 바닥재가 적은 환경에서 사육하게 되면 스트레스로 거식을 하는 경우가 생길 수 있다는 점을 염두에 둬야 한다. 그렇다고 해서 사육 초기부터 바닥재를 너무 많이 깔아주면 아예 밖으로 모습을 나타내지 않아 사육관리 자체가 불가능하게 되는 문제가 생긴다. 그러므로 처음 사육을 시작할 때는 사육장을 간단하게 세팅해서 관리하다가, 사육경험이 쌓임에 따라 점점 복잡한 레이아웃으로 사육장환경을 변경해 보는 것을 추천한다.

토마토 프로그(Tomato frog)

애완양서류의 선별과 이동법

모든 사육준비가 완료되면 이제 기르고자 하는 종을 분양받으러 가도 좋다. 우리나라는 인터넷 강국답게 애완동물 숍도 웬만하면 다 홈페이지를 운영하고 있고 또 주기적으로 새로운 생물들을 업데이트하기는 하지만, 생명체를 분양받을 때는 가급적이면 사육자가 직접 가서 눈으로 확인하고 선별해오는 것이 기본이다. 앞서도 언급했다시피 애완양서류는 국내에 수입되는 종의 숫자나 개체 수가 상당히 적기 때문에 기르고자 하는 종을 분양받기가 용이하지는 않다. 국내에 들어온 적이 있는 종은 많지만 그 모든 종들이 현재까지 지속적으로 꾸준히 수입되고 있지는 않으며, 인기 있는 종이라고 하더라도 한 번에 몇 십 마리나 몇 백 마리 단위로 수입되지는 않기 때문이다.

팩맨 프로그나 화이트 트리 프로그처럼 애완양서류 중에서도 가장 인기가 있는 종이라고 하더라도 한 업체에서 항시적으로 보유하고 있는 개체 수는 10마리를 넘기가 어렵다(실제로는 훨씬 더 적은 경우도 흔하다). 그나마 이렇게 대중적으로 인기 있는 종이라면 입수할 가능성이 있지만, 조금이라도 희소한 종을 기르기 위해서는 수입처에 미리 의뢰

를 하고 기다린다거나 지속적으로 양서파충류 숍의 홈페이지를 모니터할 필요가 있다. 인터넷 동호회의 개인분양란에 관심을 가지는 것도 좋다. 이처럼 수입이 됐다 하더라도 기본적으로 그 개체 수가 많지 않기 때문에 마음에 드는 개체를 입양하기 위해서는 좀 부지런할 필요가 있다. 동물은 획일적인 기준에 의해 생산되는 공산품과는 다르기 때문에 같은 날 수입된 개체라고 하더라도 각각의 크기나 영양상태, 건강상태, 사육환경에 대한 적응력에 있어서 상당한 차이를 보일 수밖에 없기 때문이다.

애완양서류의 선별

사람에 따라 보는 눈이 다들 비슷하므로 가장 크고 건강하며 예뻐 보이는 개체부터 우선적으로 분양되기 마련이다. 시간을 놓치면 자신이 원하는 좋은 아직 남아 있으나 입양할 만한 상태가 아닌 경우가 생길 수도 있다. 한편, 이렇게 수입되자마자 바로 입양하는 것은 어느 정도의 위험부담을 안고 있는 것 또한 사실이다. 양서류는 수입할 때의 스트레스를 이기지 못하고 폐사하는 비율도 상당하기 때문에 당장 외형적으로는 건강해 보이더라도 분양받고 나서 얼마 지나지 않아 폐사할 가능성 또한 상존하고 있기 때문이다. 수입되고 어느 정도의 시간이 지나 충분히 축양된 상태의 개체를 입양하는 것이 가장 이상적인 방법이지만, 실제로는 그렇게 하기가 상당히 어렵다.

이러한 이유들로 인해 원하는 종의 건강한 개체를 얻기 위해서는 사육자 스스로가 그 종에 대해 열심히 공부하고 나름의 선별기준을 정립한 후 선택하는 것을 우선시하고, 보조적으로 주위에 사육경험이 있는 사람이 있다면 선별 시에 도움을 받는 것이 좋다. 사육개체를 입양하고자 할 때 주의 깊게 살펴봐야 할 사항들은 수없이 많지만, 일단 가장 기본적인 선별방법부터 알아보도록 하자.

■**야생채집개체보다는 인공번식개체가 좋다** : 양서류와 같은 특수한 애완동물을 입양하고자 할 경우에는, 해당 개체가 원서식처에서 채집된 개체인지 인공적으로 번식된 개체인지 여부가 선택에 있어서 중요한 요인 중 하나다(양서류의 경우는 WC가 수입되는 경우도 많다). 자연에서 자유롭게 살아가던 야생개체보다는 인공적으로 번식시켜 관리되던 개체가 사육자의 인공사육환경에 대한 적응력이 높다고 평가되기 때문에 가급적이면 인공적으로 번식된 개체들을 입양하는 것이 좋다. 야생채집개체의 분양가가 저렴하기는 하지만 기생충이나 질병, 외상, 적응력 등에 있어서 상대적으로 취약하다.

사실 WC개체(wild caught, 야생채집개체)가 CB개체(captive born or bred, 인공번식개체)보다 인공적인 사육환경에 더 잘 적응할 것이라는 점은 100% 확실한 사실이라고 단정할 수는 없다. 인공번식된 개체의 경우 태어나서부터 길러지던 환경에 적응돼 있던 개체이기 때문에 사육자가 조성해둔 새로운 환경이 이전의 환경과 많이 차이 나면 오히려 쉽게 약화될 가능성도 배제할 수 없다. 그러나 일반적으로 인공번식개체가 야생채집개체보다는 여러 면에서 더 나은 평가를 받는 것은 사실이다.

체색과 피부상태가 좋은 건강한 개구리

■**먹이반응과 영양상태가 좋아야 한다** : 일단 기본적인 영양상태가 좋아야 한다. 부종으로 인해 부풀어 있는 것이 아닌 한, 살이 통통하게 올랐다는 것은 그동안 지속적으로 충분한 영양공급을 받았고 먹이거부도 없었으며, 이를 바탕으로 어느 정도의 질병저항성을 갖췄다는 의미와 상통한다. 양서류의 영양상태는 외형적으로 두개골이나 골반, 척추골이 두드러지는 레이저 백(razor back) 증상을 관찰함으로써 확인이 가능하다. 그러나 종에 따라서는 본래 체형이 그런 형태를 띠고 있기도 하므로 영양결핍이나 영양과잉을 판별하기 위해서는 각각의 종의 평균적인 체형을 미리 인지하고 있어야 한다. 먹이반응 역시도 주의 깊게 관찰해야 하는 것 중에 하나다. 분양받을 때 직접 먹이를 급여해보는 것이 가장 좋고, 이외에 먹이를 주는 손가락의 움직임에 예민한지, 허공에도 입질을 하는지 등을 살펴본다.

■**좌우대칭이어야 한다** : 대칭성 역시 생명체 선별의 기본적인 기준이 된다. 모든 생명체는 좌우대칭성을 가지며, 이 비율이 50:50에 근접할수록 건강한 것으로 판단한다. 대칭성을 깨뜨리는 것은, 가벼운 증상으로는 부종이나 종기에서부터 심한 경우에는 사지 손상이나 골격이상 등을 들 수 있다. 생명체의 대칭성을 해치는 이 모든 증상이 건강한 개체의 선별을 위한 기준에 부합하지 못하는 요인이 된다.

좌우대칭은 생명체 선별의 기본적인 기준이다.

사실 이 '대칭성'이라는 것은 생물학적으로 '성 선택 압력에 의한 선호도'의 결과다. 자연계에서는 대칭인 개체일수록 건강하다는 것을 뜻하고, 이는 곧 자손에게 건강한 유전자를 물려줄 가능성이 많다는 것을 의미하기 때문에 생명체는 본능적으로 대칭성이 높은 대상에게 호감을 느끼게 된다.

실제로 진화생물학자들은 외모, 특히 좌우대칭의 균형 잡힌 몸매가 짝짓기에 결정적인 구실을 한다는 증거를 여러 동물들에게서 발견하고 있다. 단순히 사육 자체의 즐거움을 추구하는 경우라면 사실 극미한 비대칭이 있다 한들 크게 문제가 되지는 않겠지만, 차후 번식까지 염두에 둘 경우 가급적이면 대칭인 개체를 선별하는 것이 조금이라도 유리하다.

■ **걸음걸이나 헤엄치는 모습이 정상적이어야 한다** : 자신의 서식공간 내에서 아무런 불편함이나 이상 없이 움직이는 개체가 기본적으로 건강한 개체다. 육상종이나 수상종이라면 걷는 모습을, 반수생종이나 완전수생종이라면 헤엄치는 모습을 살펴보고 물결에 따라 힘없이 둥둥 떠다니지는 않는지 확인한다. 균형을 잡지 못하거나 혹은 다리를 절거나 걷기 힘들어하는 증상, 물에 떠 있는 자세가 기울어져 있을 경우, 잠수를 하지 못하거나 수영을 하더라도 한 방향으로 계속 도는 등의 증상이 나타나면 신경계나 관절, 내부장기 혹은 골격에 이상이 있다는 의미이므로 선별에서 제외해야 한다. 특히 이러한 증상은 치료가 거의 불가능하기 때문에 외관상 보이는 증상을 가볍게 생각하고 입양하는 일이 있어서는 절대 안 된다.

■ **종 고유의 체색을 유지하고 있으며 탈색이 없어야 한다** : 다른 동물들과 마찬가지로 양서류도 종마다 고유의 체색과 독특한 나름의 무늬를 가지고 있다. 따라서 종 고유의 체색과 무늬를 잘 유지하고 있는 개체를 선별하는 것이 좋다. 생명체에 있어서 체색의 변화는 곧 개체의 건강상태를 반영하는 거울이라고 할 수 있다.

다행스럽게도 다른 동물들과는 달리 양서류는 피부를 덮는 털이나 깃털을 가지고 있지 않기 때문에 체색을 확인하기가 용이하다. 양서류는 체색을 변화시킬 수 있지만 이처럼 변하는 체색 역시 종이 가지고 있는 변색범위 내에서 이뤄져야 하며, 그 이상 과도하게 체색이 변하는 것은 건강상의 문제와 관련이 있다고 판단해도 좋다. 만약 애완동물 숍 사육장에 여러 마리가 함께 있다면 가장 색깔이 좋은 개체를 선택하는 것이 좋다. 약한 개체나 스트레스를 심하게 받은 개체는 본래의 체색을 잃는 것이 보통이다.

■**질병증상이 없어야 한다** : 당연한 이야기지만 외부적으로 나타나는 질병증상이 있을 경우 선별대상에서 제외한다. 눈이 맑고 투명한지 또는 부어 있지는 않은지, 피부에 상처나 부종이 없는지, 몸에 부어 오른 부분이나 부스럼 등은 없는지 살핀다. 특히 무엇보다 피부상태가 양호해야 한다. 양서류와 같은 특수한 애완동물의 질병증상을 절대로 가볍게 생각해서는 안 된다. '이 정도는 가벼운 처치로 회복시킬 수 있을 거야'라는 생각으로 입양한 후 아까운 돈과 시간, 노력을 허비한 사례를 많이 봐왔다. 증상이 정말 가볍거나 개체가 너무 마음에 들고 국내에 다시 도입될 가능성이 희박할 정도면 모르겠으나, 조금이라도 질병증상이 의심되는 개체는 가급적이면 입양하지 않는 것이 좋다.

■**외부의 자극에 대한 반응이 정상적이어야 한다** : 질병에 기인한 이상증상만 아니라면, 어느 동물이건 무리 가운데 활동성이 가장 뛰어나고 자극에 대한 반응이 가장 적극적인 개체를 선택하는 것이 애완동물 선별의 기본이다. 질병이 있거나 상태가 좋지 않은 개체에게 제일 먼저 나타나는 증상이 활동성의 둔화이기 때문에 움직임, 냄새, 소리, 진동, 접촉 등의 자극요인에 정상적으로 반응하고 그 속도가 빠를수록 건강한 개체다. 그러나 양서류의 경우에는 대부분 거의 움직임이 없기 때문에 활동성을 알아보기 위해서는 의도적으로 자극을 해야 할 필요가 있다.

> **개체의 반응상태 확인**
>
> 다음과 같은 여러 가지 가벼운 자극을 줌으로써 개체의 반응상태를 확인할 수 있다.
>
> - 먹이를 줬을 때 먹이반응이 좋은가
> - 눈동자를 건드리면 눈을 깜빡이는가
> - 다리를 잡아당기거나 자극했을 때 근긴장(muscle tone)이 확실히 느껴지는가
> - 몸을 뒤집었을 때 능동적으로 자세를 바로잡으려고 하는가
> - 손으로 살짝 감싸 쥐었을 때 손아귀를 벗어나려는 강한 거부반응을 보이는가
> - 옆으로 세워서 들었을 경우 강한 거부반응을 보이는가
> - 다른 환경에 옮겨뒀을 때 능동적으로 원래 있던 곳으로 돌아가려고 하는가 (ex. 청개구리를 바닥에 내려놨을 때 바로 나무 위로 올라가려고 하는가, 수생종을 물에 넣었을 때 재빨리 헤엄쳐 숨는가)

이처럼 고의적으로 자극을 주는 것은 사육과정에서 권장되지 않는 행동이지만, 처음 개체를 선별할 때만큼은 부득이한 일이기도 하다. 자극에 대한 반응이 즉각적일수록 건강한 개체이며, 지나치게 움직임이 없거나 다리와 머리를 힘없이 늘어뜨리고 있는 개체는 일단 선별에서 배제하는 것이 바람직하다.

양서류의 보정과 이동법

양서류의 피부는 스스로를 보호하기 위한 방편으로 점액에 덮여 있으며, 독성물질을 분비하기도 한다. 그러나 다른 사지동물에 비해 상대적으로 피부가 약한 데다가 투과성 피부로 인해 화학물질에 노출됐을 경우 피하 내 흡수가 쉽다는 특징이 있다. 또한, 무미목의 경우에는 강한 도약력이라는 행동적 특성을 가지고 있으며, 대부분의 종이 추락에 의한 충격에 상당히 취약하다. 더구나 체구가 매우 작기 때문에 다른 동물의 경우보다 특별히 조심스럽게 다뤄야 할 필요가 있다.

양서류의 보정은 기본적으로 이러한 독특한 특징을 염두에 두고 시행돼야 한다. 일단 양서류를 만지기 전에 손에 있는 기름성분이나 염분, 기타 화학물질의 이동을 막고 손의 온도를 식히기 위해 염소를 제거한 물에 손을 씻는 것이 좋다. 이때 비누나 세정제는 사용하지 않도록 하며, 물기를 완전히 제거하지 않는 것이 좋다. 피부점막의 손상을 방지하기 위해 젖은 면장갑을 이용하는 것도 좋은 방법이 될 수 있다.

소형 양서류는 손을 오므려 잡도록 하며, 대형종은 엄지와 검지 사이에 머리를 두고 나머지 손가락과 손바닥으로 움켜잡은 다음 다른 손으로는 몸통 뒤쪽을 보정한다. 이 경우 엄지는 개체의 목 부분에 두고 갑작스럽게 앞으로 뛰어 나가려는 동작을 제어한다. 나일론 그물망을 이용하는 방법도 있으나 창상(創傷)을 유발할 수도 있으므로 가급적 손으로 보정하는 것이 좋다. 아주 작은 개체는 직접 손으로 잡는 것보다는 통을 이용해 몰아넣어 잡는 방법이 안전하며, 질병증상을 확인하고자 할 때는 페트리 접시를 이용하는 것이 용이하다. 완전수생종도 비슷한 방법으로 보정한다.

양서류를 보정할 때는 앞으로 뛰쳐 나가려는 행동에 대한 대비가 필요하다.

독성을 가진 종을 보정할 때는 피부가 파열되거나 자극되면 독성물질이 분비되므로 너무 과도한 힘을 줘서 눌러 잡는 것은 피해야 한다. 이동을 위해서는 스티로폼박스처럼 탄력이 있고 온도유지가 잘 되는 상자에 환기구멍을 충분히 뚫어 이용하고, 바닥에는 이끼나 스펀지 등의 바닥재를 깔아주는 것이 이동 중 있을지도 모를 충격을 완화시키는 데 도움이 된다. 완전수생종을 이동시킬 때는 개체를 완전히 물에 담근 상태로 옮겨야 안전하다.

아주 작은 개체는 이렇게 직접 손으로 잡는 것보다는 통을 이용해 몰아넣어 잡는 것이 안전하다.

양서류 사육 입문자가 피해야 하는 애완종의 조건

156쪽 표의 조건에 해당되는 종들은 사육 중에 먹이나 관리 면에서 여러 가지로 신경 쓸 것도 많고, 사육자가 들인 노력에 비해 폐사될 확률은 상대적으로 높아 양서류 사육을 처음 시도하는 입문자들이 사육의 즐거움을 느끼기에는 어려운 종들이다. 그러므로 독자 여러분 중에 처음 양서류 사육을 시작하려는 분이 있다면 표의 조건에 부합되지 않는 가장 대중적인 종부터 사육을 시도하는 것이 좋다.

그렇다고 해서 이러한 조건에 부합되는 많은 종의 양서류가 애완으로서의 매력이나 가치를 전혀 가지고 있지 않다는 의미는 아니다. 사육난이도가 높은 만큼 오히려 사육의 재미를 느끼기에는 훨씬 더 좋다. 국내에서는 구하기도 쉽지 않고 그런 만큼 가격대도 다른 애완종들에 비해 상대적으로 높을 테지만, 체색이 놀라울 정도로 화려한 종도 많고 사육하면서 관찰할 수 있는 기본적인 생태도 일반적인 종에 비해 특이하다. 무엇보다도 그동안 쌓아온 사육자의 사육역량을 총동원해야 제대로 키워낼 수 있는 종이기 때문에 애완의 측면에서 본다면 아주 매력적인 종들이라고 할 수 있다.

그러나 대체로 사육난이도가 높은 종들이기 때문에 양서류 사육을 처음 시도함에도 불구하고 희귀하다는 이유로 이러한 종들을 선택하면 사육에 실패하게 될 가능성이 매우 높다. 따라서 표에서 언급한 특성을 가진 종들의 사육은 경험이 충분하게 쌓인 후에 시도하기를 권한다.

양서류 사육 입문자가 피해야 하는 애완종

1. **입양 시의 크기가 너무 작은 개체나 성체 시의 크기가 작은 종** : 이러한 종들은 먹이의 공급과 급여가 원활하지 못하다. ex) 독개구리 종류, 그린 트리 프로그 등을 들 수 있다.
2. **너무 많이 뛰는 종, 예민하고 겁이 많은 종** : 안정적으로 사육장을 조성해주지 못할 경우 작은 자극에도 놀라 뛰면서 사육장 벽에 부딪혀 외상과 감염을 초래할 가능성이 높다. ex) 대표적으로 개구리속(Rana)의 개구리들을 들 수 있다.
3. **활동성이 떨어지는 종** : 많은 수의 개구리들이 그리 활발하다고는 할 수 없지만 사육에 처음 입문하는 시기에 양서류 사육의 매력과 즐거움을 느끼기 위해서는, 활동성이 떨어지는 종을 피하고 상대적으로 활동적인 종을 선택하는 것이 좋다. ex) 맹꽁이류
4. **사육자가 제공하고 유지해야 하는 환경조건이 까다로운 종** : 지속적으로 저온을 유지해줘야 하기 때문에 초보사육자에게는 그 관리가 매우 까다로운 종이다. ex) 장수도롱뇽 등
5. **환경변화에 민감한 종** : 거의 완벽하게 원서식지와 같은 환경조건을 시뮬레이션하고 유지해줘야 하는 종이다. ex) 말레이시안 혼 프로그, 독화살개구리류가 이러한 종에 속한다.
6. **지하성 생활을 주로 하는 종** : 바닥재를 파고들어 관상과 관찰이 어렵다. ex) 무족영원류나 맹꽁이류
7. **고가의 희귀종** : 생물의 가격은 희소성뿐만 아니라 사육 및 번식의 난이도와도 깊은 관련이 있다.
8. **질병증상이 확인되는 개체** : 특히 초보자는 절대 피해야 한다.

1. 말레이시안 혼 프로그 2. 변태 이후의 먹이수급을 고려한다면 올챙이의 입양도 지양하는 것이 좋다.

탈출 시의 대처방법

사육 중에 잠금장치를 확실하게 처리하지 않으면 사육개체가 사육장을 이탈하는 경우가 생길 수 있다. 특히 수직벽을 기어오를 수 있는 흡반을 가진 종을 완전하게 밀폐하기 어려운 물고기수조에서 기를 경우 탈출의 빈도가 높다. 지상성 개구리라고 해도 입체적으로 조성한 백스크린을 타고 오르거나 강력한 점프력을 이용해 그대로 수조 밖으로 뛰어나가는 경우도 있고, 아주 작은 개체들은 수조 벽면에 맺힌 물기를 이용해 탈출하기도 한다.

사육개체가 사육장을 이탈한 경우는 탈출을 인지한 즉시 수색을 시작해야 한다. 우선 사육장 안을 다시 한 번 확실하게 확인하도록 한다. 간혹 사육장 내의 습도가 낮아져서 바닥재를 파고 들어가 있거나 사육장 위쪽에 붙어 있어서 보지 못한 경우가 있을 수도

있기 때문이다. 확실하게 탈출했다고 판단될 경우에는 겨울철이라면 바로 보일러를 끄고, 외부와 통하는 구멍이 있는 경우 이를 모두 막은 후 수색을 시작한다. 수색은 탈출 공간 내에서 가장 생존가능성이 낮은 곳(건조한 곳)부터 시작하고, 집 전체를 뒤져야 한다면 화장실이나 부엌처럼 습기가 있는 곳을 가장 나중에 찾는다.

서식양식을 고려해 지상성 종은 바닥을, 수상성 종은 위쪽을 중점적으로 찾아보되, 습하고 어두우며 좁은 장소부터 우선적으로 확인한다. 양서류는 다른 동물과는 달리 체내 수분을 유지하지 못하는 특성으로 인해 탈출시간과 생존확률이 완전히 반비례하기 때문에 최대한 빨리 찾아야 할 필요가 있다. 특히 습도가 낮은 겨울철에 보일러를 가동하고 있고 탈출한 개체가 크기가 작으며, 지상성 종인 데다 탈출한 지 시간이 좀 경과됐다면, 살아 있을 가능성이 상당히 낮아지게 된다. 수상성 종은 바닥의 온도가 높고 습도가 낮으면 위쪽으로 도피할 수 있지만, 지상성 종은 순식간에 말라버리기 때문이다.

마지막으로 탈출한 장소가 너무 복잡해 찾는 것이 어렵고, 수색을 포기해야 할 것 같다고 생각되면 최후의 수단을 사용한다. 일단 사육장 문을 열어두고 안을 습하게 유지하며, 군데군데 물그릇이나 젖은 수건을 배치해 마르지 않게 유지하는 방법을 시도한다. 집에서 가장 습도가 높은 화장실 문을 항상 개방해두는 것도 도움이 될 수 있다. 양서류는 수분이 부족하면 본능적으로 물을 찾기 때문에 살아서 어딘가에 숨어 있는 것이라면 간혹 며칠 지나 마치 아무 일도 없었다는 듯이 다시 사육장 안에 돌아와 있거나, 밖에 설치해둔 물그릇 혹은 젖은 수건 사이에 몸을 숨기고 있는 것이 발견되는 경우가 있다.

만약 두 번째, 세 번째 탈출이라면 첫 번째 탈출 시에 찾았던 곳에 있을 확률이 높으므로 그곳을 먼저 확인한다. 이때 생각해볼 것은 이렇게 숨어 있는 곳의 환경이 사육 중인 개체가 자신에게 적합한 환경이라고 판단했다는 사실이다. 그러므로 숨어 있던 곳의 온도와 습도 및 명암 등을 살펴보고, 사육환경을 보완하는 데 참고할 필요가 있다. 다행스럽게 도망간 개체를 찾았다면, 가장 먼저 탈출과정에서 외상이나 골절이 생기지 않았는지 확인해야 한다. 문제가 있다면 처치를 하고, 별다른 문제가 없어 보인다면 사육장에 넣은 후 수분을 보충해주고 안정시킨다. 먹이급여는 며칠 금하는 것이 좋다.

잠금장치를 철저하게 확인함으로써 탈출을 사전에 차단하는 것이 최선의 방법이다. 사육개체의 탈출이 사육자의 실수 때문이 아니라 잠금장치의 고장이나 환기구멍의 벌어진 틈새로 인한 문제라면 즉시 문제점을 개선해주거나 잠금장치를 확실하게 관리할 수 있는 새로운 사육장으로 옮겨줘야 한다.

양서류 사육에 있어서의 법률적 문제

양서류를 애완의 목적으로 사육하기 위해서는 법률적인 문제에 대해 알아둬야 한다. 야생동물인 양서류의 국제거래에 관련된 법은, 멸종위기에 처한 야생동식물의 상업적인 국제거래를 규제함으로써 서식지로부터 해당 동식물의 무분별한 포획과 채취를 방지해 생태계를 보호하자는 취지로 만들어진 'CITES(Convention on International Trade in Endangered Species of Wild Fauna and Flora, 멸종위기에 처한 동식물 교역에 관한 국제협약)'다. 국내로 수입되는 멸종위기종 동물의 경우에는 이 법의 규제를 받는다.

우리나라에서 애완으로 길러지고 있는 종은 거의 100% 가까이 외국종이기 때문에 수출입 시에 허가절차가 필요하기는 하지만, 양서류 가운데서 국제적 멸종위기종으로 보호받고 있는 종은 극히 드물기 때문에 문제가 되는 경우는 흔치 않다. 이런 종의 양서류의 경우 상업적으로는 거의 다뤄지지 않는 데다가 설사 상업적으로 분양되는 개체가 있다고 하더라도 국내로의 입수가 쉽지 않은 상황이기 때문에 개인이 양서류를 사육하면서 국제법에 저촉되는 경우는 거의 없다고 해도 무방하다.

양서류 사육에 있어서 법률적으로 문제가 되는 대부분의 경우는 국내종을 채집해 사육하는 상황이다. 환경오염과 서식지파괴, 남획 등으로 인한 개체 수 감소 때문에 현재 토종양서류는 많은 종이 법률로써 보호되고 있다. 그러나 아직 홍보가 잘 이뤄지지 않아 일반인들이 그 사실을 모르고 있는 경우도 많으며, 일반인 스스로도 그 위법성에 대한 죄책감이 크지 않은 경우가 많다. 양서류 애호가의 입장에서 단순히 자신의 만족을 위한 사육에서 탈피해 스스로 국내종에 대한 보호에 앞장설 필요가 있고, 일반인들을 대상으로 한 양서류에 대한 인식개선과 정보전달 및 계도의 책임이 있다고 하겠다. 양서류와 관련된 법률은 별도의 장에서 다루기로 하겠다.

사육의 즐거움

마지막으로 사육을 시작하는 사람들에게 늘 하는 조언이기는 하지만 필자가 생각하기에 동물사육에 있어서 가장 중요한 마음가짐이므로 다시 한 번 언급하고 싶은 말이 있다. 일반적으로 '동물사육의 시작은 동물을 우리 집에 데리고 오는 그 순간부터이며, 사육이란 동물에게 먹이를 주고 청소해주고 교감하고 돌봐주는 것'이라고 생각하는 경우가 많다. 그러나 필자는 이러한 생각들이 동물을 사육한다는 것에 쉽게 흥미를 잃게 하고 결국 포기하도록 만드는 매우 중요한 원인 가운데 하나라고 생각한다.

개구리와 관련된 오해

맨손으로 개구리를 만지면 화상을 입는다

개구리를 맨손으로 만질 경우 사람의 체온에 의해 개구리가 화상을 입는다는 이야기가 있는데, 이것은 사실일까. 화상은 열에 의해 단백질이 변성돼 세포가 파괴되거나 괴사하는 것을 의미한다. 보통 41℃ 정도가 되면 대부분의 단백질은 변성되기 시작한다. 그러므로 사람의 체온 37.5℃는 단백질의 변성이 일어날 온도는 아니다. 따라서 단순히 사람 손의 열기만으로 개구리의 체세포가 괴사하지는 않는다.
그러나 평상시 개구리의 체온보다 월등하게 높은 온도에 접촉되는 것이고, 이로 인해 접촉부분의 체온이 급격하게 상승할 수 있기 때문에 폐사에 이를 수도 있다. 실제로 청개구리를 두 손으로 감싸 쥐고 얼마 지나지 않으면 죽게 된다. 개구리를 손으로 만졌을 때 위험한 것은, 국소적인 화상의 가능성이 아니라 체온의 급상승이나 피부수분의 상실로 인한 호흡곤란이다. 따라서 가급적이면 손으로 만지지 말고 그릇이나 용기를 이용해 관리하는 것이 좋다.

개구리의 배를 문지르면 잠이 든다

개구리를 뒤집어놓고 배를 살살 문지르면 잠에 빠진다. 동물최면과 관련해 잘 알려진 사례 중 하나가 개구리다. 이런 현상은 공통적으로 몸의 일부를 일정 시간 동안 압박하거나 문지르거나 흔들면 발생하는데, 이렇게 최면에 걸린 동물은 수의근이 정지돼 압박을 풀어도 움직이지 못하게 된다. 정확한 원리는 알려져 있지 않으나 인간에 있어서의 최면과는 다른 일종의 중추신경계의 흥분에 의한 반사현상인 것으로 추정되고 있다. 최근 연구자들은 이러한 행동을 지칭할 때 최면(hypnosis)이라는 말보다는 '긴장성 무운동(tonic immobility)'이라는 용어를 사용하고 있다. 동물이 극단적인 스트레스 상황에서 스스로를 무력화시키고 '얼어붙는' 반응을 보이는 것으로, 이러한 현상은 비단 개구리뿐만 아니라 상어나 토끼, 악어, 뱀, 닭 심지어 문어, 갑각류, 곤충, 불가사리에 이르기까지 폭넓게 나타난다. 하지만 이는 스트레스를 기반으로 하는 통제방법이므로 몇몇 과학자나 수의사들이 동물을 안전하게 검사하기 위해 이 방법을 사용할 수는 있으나 사육자가 재미로 시도하는 것은 바람직하지 않다.

긴장성 무운동 현상을 보이는 개구리

애완동물의 사육은 육체적인 노동이 아니라 '지식탐구'와 '인적 교류'를 바탕으로 한 정신활동이자 사회활동이 돼야 한다는 것이 필자의 생각이다. 본서가 양서류 사육에 있어서 완벽한 바이블이 될 수는 없지만, 현재 이 책을 읽는 독자 여러분들이 앞으로 쌓아갈 여러 분야의 다양한 지식들과 앞으로 만들어갈 같은 취미를 공유하는 사람들과의 원만한 인간관계는 여러분들이 느낄 본서의 부족함을 충분히 보완해줄 수 있을 것이라고 생각한다. 또한, 애완동물을 사육하면서 단순히 사육 자체에서 즐거움을 찾는 것도 좋지만, 본인이 사육하는 동물과 관련된 여러 가지 사회현상에 대해 관심을 갖고 사고의 폭을 넓혀가는 것도 나쁘지 않다고 생각한다.

환경오염으로 인해 요즘은 청개구리도 쉽게 보기 힘들다.

어디선가 작은 청개구리 한 마리를 데려와 사육하게 된 경우를 예로 들어보자. 처음에는 단순히 먹이에 반응하고 귀엽게 행동하는 것 자체에서 안정과 즐거움을 누리다가, 좀 더 좋은 먹이와 환경을 제공해주기 위해 관련 정보를 찾으면서 사육관리에 대한 여러 가지 과학적 지식을 알게 된다. 이후 좀 더 나아가 청개구리가 서식하는 지역의 환경문제와 야생동물이 처한 상황에 대해 관심을 갖게 되고, 종국에는 환경운동이나 생태보전운동에 동참하게 된다. 바로 이것이 필자가 생각하는 보다 올바르고 건설적인 사육자의 자세다.

그렇다고 본업을 제쳐두고 사회운동에 뛰어들라는 의미는 아니다. 단지 생활하면서 내가 취하는 행동들이 환경과 생명체에 미치는 영향에 대해 한 번만 더 생각한다면, 충분히 좀 더 나은 환경을 만드는 데 일조할 수 있고 그런 사람들이 많아질수록 세상은 훨씬 좋아지게 될 것이다. 이 책을 읽고 우리가 흔히 사용하는 건전지에 포함돼 있는 수은이나 카드뮴이 자연상태의 개구리에게 미치는 영향이 어떨지 잠시만 뒤돌아본다면, 가급적 충전용 건전지를 구입하고 분리수거에 동참하게 될 것이며, 그런 식으로 조금씩 세상은 바뀌어갈 것이다. 본서는 사육서지만 필자는 이 책을 씀으로써 나름대로의 환경운동을 하는 것이라고 생각하고 있다. 적어도 본서를 읽은 독자들이라면 한 번쯤은 양서류와 그들이 살고 있는 환경, 그들이 현재 처해 있는 상황에 대해 잠시라도 고민해볼 것이라고 믿기 때문이다.

"인간에게는 동물을 다스릴 수 있는 권한이 있는 것이 아니라 모든 생명체를 지킬 의무가 있는 것이다."

– 제인 구달

Chapter 04

양서류 사육장의 조성

양서류를 기르는 데 꼭 필요한 용품 및 장비에 대해 자세히 살펴보고, 서식환경별 사육장을 조성하는 방법에 대해 알아본다.

Section 01

사육장 조성에 필요한 용품

이번 섹션에서는 양서류 사육을 위해 준비해야 할 사육용품들에 대해 알아본다. 애완동물로서의 양서류 사육 분야는 아직 미미한 수준이고, 양서파충류를 기르는 사람들 사이에서도 양서류는 특히 더 희소한 분류군이기 때문에 순수하게 양서류만을 대상으로 한 사육용품은 거의 개발돼 있지 않다. 따라서 양서류 사육자에게는 어류나 파충류와 같은 다른 관상동물 사육용품에 대한 충분한 이해와 응용력이 요구된다.

사육장

사육장은 본격적인 사육에 앞서 가장 먼저 준비해야 하는 사육용품이다. 식용을 목적으로 한 대규모 야외방사장을 설치하는 것이 아닌 이상, 양서류를 풀어서 기르는 것은 사실상 불가능하다. 따라서 사육대상종에 알맞은 크기, 형태, 구조를 갖춘 사육장을 준비하는 것으로 양서류 사육이 시작된다. 보통 사육장을 구입한 이후에 레이아웃을 구상하는 경우가 많은데, 가급적이면 사육대상종에 적합한 레이아웃을 먼저 구상하고 필요자재를 준비한 다음 레이아웃을 실제로 구현할 수 있는 사육장을 구입하거나 제작하는 것을 추천한다.

■ **사육장의 설치위치** : 사육장의 위치를 선정한다는 것은, 그 중요성 면에서 집 안의 인테리어를 위해 장식품을 배치하는 것과는 완전히 다른 의미를 가진다. 잘 꾸며진 양서류 사육장이 아름다운 인테리어 효과를 내기는 하지만, 근본적으로 살아 있는 생명체가 살아가는 '집'이기 때문에 설치위치는 사육개체를 위주로 선정돼야 한다. 안정된 위치에 사육장의 자리를 잡는 단순한 조치만으로도 차후 지속될 사양관리의 편의성을 도모할 수 있고, 사육 중에 생길 수 있는 여러 문제를 미리 예방할 수 있기 때문에 사육자는 사육장 위치를 정하는 것을 절대 가볍게 생각해서는 안 된다. 더구나 사육장의 부피가 크거나 물이 채워져 있는 경우에는 한번 자리 잡은 위치를 다시 옮긴다는 것이 그리 쉬운 일이 아니기 때문에 처음 위치를 선정할 때부터 신중을 기하는 것이 좋다.

가장 우선적으로 고려할 것은 사육장이 놓이는 받침대의 견고성과 높이다. 보통 양서류 사육장은 다른 동물들의 사육장에 비해 그 크기가 작기는 하지만, 사육장 자체의 기

본적인 무게가 있고 내부에 사육환경이 조성되면 더 무거워지며 거기에 물까지 들어가면 더욱 더 무거워진다. 충분히 튼튼한 받침대 위에 위치시켜야 사육장의 파손이나 누수로 인한 문제가 생기지 않는다. 또한, 물을 많이 채워야 하는 수조의 경우에는 파손을 방지하기 위해 수평을 확실하게 맞춰야 한다. 덧붙여 차후 혹시 모를 누수가 있더라도 가급적이면 문제가 되지 않을 만한 장소가 좋으며, 사육장의 크기가 아무리 작다 해도 가전제품 위와 같은 곳에는 올려두지 않는 것이 좋다.

사육장이 설치되는 장소의 높이 역시 중요한데, 너무 높거나 낮으면 관리에 어려움을 느끼게 되고 자연스럽게 손이 덜 가게 되기 때문에 사육자의 신장과 가시성을 고려해 적합한 높이가 되도록 선정해야 한다. 집안에 어린아이가 있을 경우에는 아이의 손이 직접 닿지 않을 정도의 높이에 위치시키는 것이 안전하다.

사육장의 설치위치는 직사광선이 직접적으로 내리쬐는 곳, 겨울철 외풍이 들이쳐 온도편차가 심하게 나거나 잦은 곳은 좋지 않다. 습기가 유지돼야 하는 양서류 사육장의 특성상 냄새와 곰팡이 등이 쉽게 생길 수 있기 때문에 통풍과 환기가 원활한 곳이어야 한다. TV, 오디오, 스피커 등 진동이 많이 발생하는 기기 옆에 사육장을 위치시키는 것 역시 추천되지 않는다. 특히 완전수생종의 경우에는 측선이 발달돼 있기 때문에 진동이 있는 곳은 절대적으로 피하는 것이 좋다. 출입문 옆이나 복도 등 사람들의 왕래가 잦아 사육종에게 스트레스를 줄 수 있는 곳 역시 피하는 것이 좋다.

마지막으로 사육장에는 필수적으로 전기장치가 설치돼야 하므로 전원으로부터 가까운 곳에 사육장을 위치시키는 것이 좋으며, 차후 사양관리 중에 물을 사용하는 빈도가 높아지기 때문에 급수와 배수, 사육용품 세척이 용이한 곳 근처에 설치하는 것이 좋다.

> **적절한 사육장의 조건**
> - 사육종의 성장크기에 맞는 충분한 공간을 제공해 줄 수 있어야 한다.
> - 서식환경과 유사하게 세팅이 가능한 구조여야 한다.
> - 온도차 형성이 가능한 넓이와 구조를 갖춰야 한다.
> - 덮개가 없는 오픈형일 경우 사육종의 탈출이 불가능할 정도의 높이여야 한다.
> - 온도, 습도, 조명의 조절이 가능해야 한다.
> - 내부나 외부에 열원의 설치가 가능해야 한다.
> - 환기가 적절하게 이뤄질 수 있어야 한다.
> - 물을 채워도 누수의 염려가 없어야 한다.
> - 사육장 안쪽에 배선이 있는 경우 전선은 잘 감춰져 있어야 하며, 감전의 위험이 없어야 한다.
> - 화재의 위험이 없는 절연체일수록 좋다.
> - 부식돼 사육종에게 해를 끼치는 것은 피한다.
> - 내부를 쉽게 청소할 수 있는 구조여야 한다.
> - 쉽게 파손되지 않아야 한다.
> - 삼면이 막혀 있는 형태의 것이 좋다.
> - 탈출방지를 위해 확실한 잠금장치가 돼 있어야 한다.
> - 사육장 하단으로 물을 뺄 수 있는 구멍이 있는 구조라면 레이아웃을 철수하지 않고 청소를 할 수 있다(이런 구조의 사육장은 시판되지 않으므로 주문 제작하거나 필요할 경우 개조해 사용할 수 있다).

■ **적절한 사육장의 조건** : 양서류 사육에 있어서는 관상어 사육에 사용되는 수조나 양서파충류 사육용품 전문회사에서 생산되는 기성품을 주로 사용한다. 최근에는 사육자가 직접 만들거나 시판되는 수조를 개조해 사용하는 경우도 늘고 있다. 양서류는 기본적으로 크기가 작기 때문에 가볍고 관리가 용이한 채집통이나 플라스틱 통을 이용하는 경우도 많다. 그러나 이런 소재의 사육장은 열원이나 여과기의 설치가 용이하지 않고, 공간이 너무 작아 온도차나 습도차를 제공해주기 어렵기 때문에 권장되지 않는다. 사육장은 어떠한 소재와 형태, 구조로 제작된 것이라도 괜찮지만, 가능하면 위 표의 조건을 많이 충족시키면 시킬수록 좋은 사육장이라고 할 수 있다.

■**사육장의 분류** : 사육장은 현재 소재와 구조, 형태 면에서 다양한 제품들이 시판되고 있다. 최근에는 외국에서 생산된 양서파충류 전용 사육장이 수입되고 있고, 사육자에 따라서는 직접 제작하거나 자신이 기르는 사육종에 최적화한 디자인으로 주문 제작하는 경우도 늘고 있는 추세다.

양서파충류 전용장, 전면개폐식 전면이 미닫이나 여닫이식으로 돼 있는, 양서파충류 사육을 위해 제작된 전용사육장을 말한다. 하단에 일정 부분 물을 채울 수 있도록 방수처리가 돼 있고, 윗면은 환기와 열원의 설치를 용이하게 하기 위해 보통 망으로 처리돼 있다. 측면은 완전히 밀폐돼 있는 것도 있고 망으로 처리돼 있는 것도 있다.

기성품이라 크기가 정해져 있기 때문에 최근에는 MDF나 다른 소재를 이용해 원하는 크기로 주문 제작하거나 자작해서 사용하는 경우도 늘고 있다. 형태적으로도 가로로 긴 것, 세로로 긴 것이 있으므로 서식형태에 따라 적절하게 사육환경을 조성해줄 수 있다. 그러나 대부분 철망이 설치돼 있어 쉽게 수분이 증발하는 구조이기 때문에 사육장 내 습도유지를 위해서는 철망 부분을 가리는 등의 개조를 하는 것이 좋고, 혹은 별도의 미스팅 시스템을 설치한다거나 주기적으로 분무를 해줄 필요가 있다. 당연히 온도손실도 많기 때문에 필요한 경우 별도의 보온대책을 마련해야 한다.

수조, 상면개폐식 어류 사육을 목적으로 제작되는 것이 대부분이지만 거의 모든 종의 양서류를 사육할 수 있다. 유리수조의 경우 위쪽 덮개에 조명이 설치돼 있는 일체형이 많고, 이와는 다르게 상단에 별도의 조명을 거치할 수 있게 돼 있는 오픈형도 있다. 유리수조는 원래 물고기를 사육하기 위한 용도로 제작된 제품인 만큼 완벽하게 방수가 되기 때문에 양서류에 있어서는 물을 채운 환경을 필요로 하는 완전수생종을 사육할 때 많이 사용되고 있다. 그러나 수조의 용도 자체가 원래 양서류를 기르기 위한 것이 아니므로 양서류를 사육하기에는 몇 가지 적합하지 않은 점이 있다.

우선 보통 수조의 윗면이 확실하게 밀폐돼 있지 않은 경우가 많기 때문에 양서류를 사육할 때는 탈출의 우려가 높다. 특히 벽을 타는 수상성(樹上性) 종의 경우에는 완전히 밀폐돼 있지 않으면 상당한 빈도로 탈출을 감행한다. 따라서 반드시 잠금장치를 꼼꼼하게 설치한 후에 사육하는 것이 좋다. 철망을 덮고 대충 무거운 것으로 눌러두는 정도의 조치로는 탈출을 방지하기가 어렵다는 점을 잊어서는 안 된다.

다른 한 가지 문제는 열원의 설치다. 조명이나 히터를 설치하는 것은 무리가 없으나 별도의 열원을 설치하기가 용이하지 않다는 점이 또한 변온동물인 양서류 사육에 있어서 문제가 될 수 있다. 유리소재의 특성상 수조 옆면에 소켓을 부착하는 것이 어려운 데다가 어찌어찌 부착하더라도 사육개체가 화상을 입을 우려가 있고, 수조의 위쪽은 보통 덮개가 포함돼 있어 설치하기가 어렵다. 간혹 오픈형 수조 상단에 철망을 올리고 그 위에 열원을 얹어두는 사육자가 있는데, 이럴 경우 사육개체가 철망을 밀어올리고 탈출하는 경우가 많으므로 그에 대비한 대책을 마련해야 한다.

청소하기가 불편하다는 것도 문제점으로 들 수 있다. 수조의 제작형태상 윗면만 개폐가 가능하기 때문에 아무래도 청소하기가 조금은 성가신 것이 사실이다. 마지막으로 위쪽이 완전히 밀폐돼 있는 구조인 경우에는 환기가 용이하지 않다. 위쪽이 오픈된 형태라도 공기의 순환이 원활하지 않기 때문에 오염된 공기가 수조 내에 정체되는 경우가 많다. 따라서 원활한 환기를 위해서는 팬을 설치하는 것이 좋다.

이러한 이유로, 수조는 어류와 서식형태가 유사한 완전수생양서류의 사육에는 많이 사용되지만 일반적인 애완양서류종의 사육에는 그다지 선호되지 않는다. 그러나 다양한 크기의 제품이 출시돼 있고 비교적 입수가 용이하기 때문에 양서류 사육에 적합하게끔 약간 개조해서 사용하면 큰 문제는 없다. 근래에는 점점 사육장 레이아웃에도 신경을 쓰는 사육자가 늘고 있어 수조를 이용해 사육장을 조성하는 경우도 많이 보이고 있다.

채집통 플라스틱으로 제작된 사육통이다. 가격이 저렴하고 구하기 쉬우며, 가볍고 청소가 용이하다는 장점이 있어 많이 사용된다. 윗면에 환기 가능한 덮개를 설치한 구조로 원래 사육용이라기보다는 임시보관용이지만, 양서류는 크기가 작기 때문에 사육용으로 사용하는 경우도 흔하다. 최근에는 각 제조회사에서 소재와 구조에 조금 더 신경을 써서 좋은 품질의 플라스틱 사육통을 다양하게 제조하고 있다. 일반적으로 크기가 작고 플라스틱이라는 소재의 특성상 열원의 설치가 어려우며, 사육공간 내에 온도편차를 조성해 주는 것이 어렵다는 단점이 있지만, 사육공간 전체의 온도가 유지된다는 가정 하에 이처럼 채집통에서 기르는 것도 전혀 불가능한 일은 아니다.

야외방사장 야외에서 사육 가능하도록 외부에 설치한 방사장이다. 우리나라 기후가 야외방사장을 설치해 연중 운용하기에는 적합하지 않으며, 사육에 있어서 여러 가지 변수가 많기 때문에 애완의 목적으로는 거의 사용되지 않는 사육장 형태다. 외국종을 사육할 경우에는 적용되지 않으며, 대개의 경우 주로 국내종의 상업적 대량증식에 사용된다. 이러한 목적으로 설치되는 야외방사장의 규격과 시설은 법률로써 규정돼 있는

태국 개구리농장의 야외방사장

유리사육장에 구멍 뚫기

시판되는 수조나 사육장에는 별도의 구멍이 없는 것이 보통이지만, 육상양서류를 사육하는 데 있어서는 사육장 바닥에 출수구가 있는 것이 바닥재의 오염관리나 식물의 안정적인 생육이라는 측면에서 볼 때 훨씬 더 유리하다. 그러나 처음부터 구멍이 뚫려서 나온 것이 아니라서 막상 필요할 때 어떻게 구멍을 뚫어야 하는지 고민스러운 경우가 많다. 특히 타공을 해야 하는 소재가 유리이다 보니 적당한 공구를 갖추고 조심스럽게 작업하지 않으면 사육장을 파손시키는 경우가 종종 발생한다.

보통은 생활하면서 유리에 구멍을 내볼 일이 없어 어렵게 생각되겠지만, 8000RPM 이상의 전동드릴과 유리타공용 다이아몬드 홀소(hole saw) 그리고 물만 있으면 어렵지 않게 구멍을 낼 수 있다. 작업을 할 때는 힘을 주어 뚫어낸다는 느낌이 아니라 물을 충분히 뿌려가면서 연마해 갈아낸다는 느낌으로, 과도한 충격을 주지 말고 시간적 여유를 가지고 임해야 한다. 물을 뿌리지 않아도 천공은 되지만 분진이나 열 발생, 홀소의 마모를 줄여주기 때문에 작업 중에는 물을 지속적으로 뿌려주는 것이 좋다. 유리의 절반 정도 구멍을 뚫고 난 다음에는 거의 힘을 빼서, 뚫는 반대쪽이 깨져 떨어져 나가지 않도록 주의할 필요가 있다(절반 정도 뚫고 반대쪽에서 맞춰 뚫는 것이 좀 더 완전하게 구멍을 낼 수 있으나 작업의 난이도는 더 높다). 유리판만 따로 뚫는 것이 아니고 보통은 형태가 완성된 수조의 한 면을 뚫는 것이기 때문에 작업할 때 주의를 요한다. 바닥에 스티로폼이나 나무판자를 양면테이프로 고정시키고 뚫어주면, 흔들림을 줄이고 드릴날도 끝까지 넣을 수 있어 보다 편하게 작업할 수 있다.

본격적인 작업을 위해서는 먼저 뚫을 구멍의 크기를 정하고 드릴을 준비한 다음, 수조에 뚫을 위치를 정확하게 표시한다. 유리를 뚫기 전에 작은 아크릴판이나 포맥스판을 먼저 드릴로 뚫고, 양면접착제를 이용해 뚫을 위치에 고정한다. 그런 다음 수조 면에 충분히 물을 뿌려가며 천천히 갈아낸다.

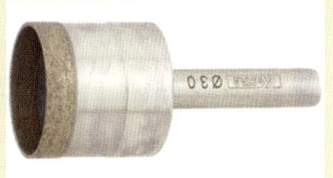

유리 홀소

데, 먹이활동공간과 동면지 등을 포함하고 있다. 그러나 이러한 야외방사장은 온습도나 병원균, 천적과 같은 환경조건을 통제하기가 용이하지 않기 때문에 안정적인 사육을 어렵게 만드는 변수가 많다고 할 수 있다.

바닥재

사전적인 의미로만 이야기한다면 바닥재란 '사육장 바닥을 덮는 소재'라는 의미이므로 특별한 제한이 있는 것은 아니지만, 사실상 바닥재는 사육장의 온도 및 습도 유지에서부터 미관상의 문제, 청소의 용이성 문제, 바닥재를 먹음으로써 발생하는 소화기계통의 질병, 배설물의 냄새문제, 심지어 미끄러지거나 걸을 때의 충격을 흡수하지 못해 일어나는 관절계통의 이상, 스트레스 감소 등 사육 중에 부딪치게 되는 많은 문제와 밀접하게 관련돼 있는 중요한 사육용품이다. 따라서 사육장을 선택하는 것만큼이나 꼼꼼하게 선택해야 하며, 어찌 보면 사육에 있어서의 중요성은 오히려 사육장보다도 더 크다고 할 수 있다. 특히 수생성(水生成) 양서류의 경우 바닥재는 수조 내의 pH 유지에 가장 큰 영향을 미치기 때문에 신중히 선택해야 한다. 또한, 많은 종의 지상성(地上性) 양서류가 온습도의 조절과 더불어 몸을 숨김으로써 스트레스를 줄이기 위해 바닥재를 파고드는 행동을 보이므로 적절한 굵기 및 소재의 선택에 관심을 기울여야 한다.

시중에는 여러 가지 종류의 바닥재가 시판되고 있는데, 모든 조건을 충족하는 완벽한 바닥재라는 것은 존재하지 않는다. 아래의 조건을 갖춘 소재가 바닥재로서 적합하다고 볼 수 있으므로 가능한 한 조건을 많이 충족시키는 바닥재를 선택하도록 한다. 특히 육상환경을 조성할 경우에는 한 가지 소재만을 단독으로 사용하기보다는 적정습도와 pH를 제공해줄 수 있는 다양한 소재를 섞어서 사용하는 것을 추천한다.

■**바닥재의 구분** : 일반적으로 다른 애완동물의 사육에 있어서 바닥재가 개체 자체의 생존과 직접적으로 관련되는 경우는 극히 드물지만, 적어도 양서류 사육에 있어서만큼은 다르다. 양서류의 생존에 있어서는 습도의 안정적인 유지가 필수적이기 때문에 사육장의 습도를 유지하고 조절하는 바닥재는 사육개체의 생명과 직결되는 아주 중요한 사육용품이라고 할 수 있다. 또한, 바닥재의 pH도 양서류의 생존과 밀접한 관계를 가지고 있으며, 이와 더불어 사육 중에 바닥재를 삼킴으로써 건강상의 문제가 생기는 사례도 상당히 흔하게 보고되고 있는 만큼 선택에 주의를 기울여야 한다. 양서류 사육에 사용되는 바닥재는 소재에 따라 다음과 같은 타입으로 나눠볼 수 있다.

베어탱크 타입(bare tank type) 일체의 바닥재를 사용하지 않는 가장 단순한 사육형태로 수상성 종이나 완전수생종의 경우에는 의외로 많이 이용되는 방법이다. 수상성 종의 경우에는 사육장 바닥을 물로 채우고 오염되면 물 자체를 교환하는 방식으로 사육하는 경우가 있으며, 완전수생종의 경우 바닥재로 인한 임팩션을 방지하고 청결한 수질을 유지하기 위해 바닥재 없이 기르는 경우가 있다. 외관상으로는 너무 삭막해 보이지만 관리 면에서는 가장 용이한 방식이다. 바닥재를 사용하지 않는 형태이기 때문에 분진이나 섭취로 인한 건강이상과 같은 문제로부터는 자유롭지만, 숨거나 바닥재를 파고드는 등 종의 자연스러운 행동을 제한하고 미끄러운 바닥으로 인해 다리가 휘는 등 체형변형의 우려가 있으며, 사육장 바닥에 반사되는 빛으로 인한 스트레스가 발생할 수 있다.

특히 팩맨처럼 상대적으로 체중이 무거운 개체를 베어탱크 타입으로 사육할 경우에는 관절이상의 확률이 상당히 높아지며, 여기에 불균형적인 영양공급까지 더해지면 문제는 더욱 심각해진다. 따라서 편의를 위해 바닥재는 사용하지 않는 경우라 하더라도 최소한 몸을 지지할 수 있는 구조물은 설치해주는 것이 좋다.

매트 타입(mat type) 파충류용 매트, 키친타월, 실리콘 매트, 부직포 등을 바닥재로 이용하는 방식이다. 육상종이나 수상성 종의 바닥재로 주로 이용되며, 바닥에 깔고 물을 뿌린 후에 사용한다. 이런 제품을 선택할 경우 제조 시 화학물질로 처리됐는지 여부를 확인하고 충분히 세척한 후에 사용해야 한다. 외국에서는 키친타월도 많이 추천되는 소재다. 습도유지가 용이하고, 무엇보다 오염되면 시트 전체를 교체하거나 세척하면 되기 때문에 청결한 사육환경을 유지할 수 있다는 것이 매트 타입 바닥재의 가장 큰 장점이다. 그러나 소재에 따라 오염물이 완벽하게 세척되지 않거나 세척에 시간이 많이 소요되는 경우도 있다. 청결유지 면에서는 좋으나 이 소재 역시 바닥을 파는 것과 같은 종의 자연스러운 행동에 제약을 준다는 점과, 덩치가 크고 힘이 센 개체의 경우에는 매트를 찢거나 구겨서 어지럽히는 사례가 많아 잦은 교체를 해야 한다는 것이 단점으로 지적된다. 대형종의 경우 간혹 구겨져서 뭉쳐진 바닥재를 삼켜 문제가 되기도 한다.

샌드/소일/스톤 타입(sand/soil/stone type) 습도유지가 어렵다는 이유 때문에 모래는 대부분 물이 채워진 수조환경에서 사육하는 경우에 바닥재로 사용된다. 맹꽁이류를 사육하는 경우에는 흙과 물을 섞어 진흙 환경으로 조성하는 데 사용되기도 한다. 이런 계열의 바닥재는 수조 내에 식물을 식재할 때 기초토양이 돼주고, 여과박테리아가 생존하는 서식지의 역할도 하며, 사육종에게 적합한 pH를 유지시켜주는 역할을 한다.
강모래, 흑사, 구운 흙 등 물고기수조에 사용되는 제품은 어느 것이나 선택할 수 있지만, 산호사의 경우에는 수질을 알칼리화시키는 효과가 있으므로 사용을 지양하는 것이 좋다. 시판되는 모래는 거의 강모래인데, 혹시 염분을 포함하고 있을 경우를 대비해 충분히 우려내고 세척한 후 사용해야 한다. 또한, 채색을 입힌 컬러 모래도 가급적 사용하지 않는 것이 좋다. 컬러 모래에 포함된 착색제 성분이, 양서류가 가지고 있는 투과성 피부로 인해 어류의 경우보다 더 좋지 않은 영향을 미칠 수 있기 때문이다.

> **바닥재 선택 시 유의해야 할 사항**
> - 사육종의 원서식처 서식환경과 비슷한 환경을 조성해줄 수 있는 소재인가.
> - 미관상 자연스럽고 보기 좋은 소재인가.
> - 사육개체에게 심리적 안정을 줄 수 있으며 사육하의 스트레스를 줄이는 데 도움이 되는 소재인가.
> - 걸을 때의 충격을 흡수하지 못해 관절에 부담을 주는 소재는 아닌가.
> - 흡수성이 좋은가 → 배설물이나 냄새를 일정 수준 흡수할 수 있는 소재인가.
> - 입자가 날카롭거나 거칠지 않은가 → 사육개체에게 상처를 입히거나 섭취했을 때 체내 상해의 원인이 되는 소재는 아닌가.
> - 사육하는 개체의 크기를 고려할 때 입자의 크기는 적당한가 → 바닥재로 인해 움직임에 어려움이 있어서는 안 되며 섭취 시 안전성을 고려한다.
> - 사육장의 온도유지와 열전도에 도움이 되는 소재인가.
> - 사육종에게 필요로 하는 습도를 적절하게 유지시킬 수 있는 소재인가.
> - 부식됨으로써 해로움을 주는 소재는 아닌가.
> - 섭취했을 경우 해롭지는 않은가 → 배설이 되지 않고 장에 축적될 정도의 크기거나 유해한 화학성분이 함유돼 있는 소재는 아닌가.
> - 청소나 교환, 소독이 용이한가 → 2차 감염 방지
> - 수조 내의 적절한 pH(중성~약산성)를 유지시키는 데 도움이 되는 소재인가.
> - 가격이 저렴하고 공급이 안정적인 소재인가.

사용하는 모래의 입자가 너무 굵을 경우 혹시라도 섭취했을 때 장막힘 등의 문제가 생길 수 있다는 사실을 반드시 기억해야 한다. 이러한 이유로 삼키지 못하도록 사육종의 머리보다 큰 크기의 자갈을 바닥재로 사용하는 사육자도 있다. 이렇게 자갈을 바닥재로 이용하는 경우에는 흰색보다는 갈색이나 검정색의 제품을 선택하는 것이, 사육종에게 전반사현상(全反射現象, 수조에 설치한 조명의 빛이 유리면에 반사돼 바닥면에 투사되면서 광량이 늘어나는 현상)으로 인한 스트레스가 발생하는 것을 줄여주고 수조 내 녹조의 과잉증식을 억제할 수 있다.

지상종 양서류의 바닥재로 순수하게 모래만을 사용하는 것은, 땅을 파고 드는 중에 피부가 손상될 위험이 크고 시간이 지남에 따라 혐기성 박테리아가 생성된다는 이유로 그다지 추천되지 않는다. 피트모스(peat moss)도 어렵지 않게 구할 수 있는 부드러운 소재이기는 하지만, pH4 정도의 강산성이므로 가급적 사용하지 않는 것이 좋다. 부득이하게 선택해야 하는 경우 단독으로 사용하지 말고 pH를 완충해줄 다른 소재와 섞어 쓰는 것이 안전하다.

지상성 종의 사육에 가장 많이 사용되는 것은 코코넛섬유를 미세하게 갈아 압축해놓은 소재인데, 가격이 저렴하고 양이 많은 데다 부드러워 사육자들 사이에서 선호된다. 벽돌형태를 띠고 있어 코코넛섬유벽돌(coconut fiber brick)이라고도 부르는데, 매우 단단하게 압축돼 있기 때문에 물에 불린 후 풀어서 사용한다. 가능하다면 불릴 때 끓인 물을 이용하거나 불린 것을 사용량만큼 전자레인지에 한 번 돌린 후 사용하는 것이 좋다. 외부에서 퍼온 흙을 사용하는 것은 절대 추천하지 않는다.

바크 타입(bark type) 양서류 사육장의 습도를 지속적으로 유지할 필요가 있을 경우에 일반적으로 많이 사용되는 것이 바크(나무껍질) 소재의 바닥재다. 원예에 있어서는 사실 수분의 유지보다는 수분증발을 억제하는 용도로 많이 사용되지만, 소재의 특성상 수분을 머금고 있을 수 있고 나무 소재라 자연스러운 분위기를 연출할 수 있다는 것이 바크 소재 바닥재의 가장 큰 장점이라고 할 수 있다. 양서파충류용으로 염분이나 탄닌성분을 제거하고 살균 소독된 제품이 시판되고 있지만, 가격이 싼 편은 아니며 공급량도 많지는 않다. 보통은 화훼용으로 시판되는 바크를 사용하는 경우가 많다.

화훼용 바크는 가격이 저렴하고 양이 많지만, 소독되지 않은 제품이라 간혹 벌레가 생기거나 돌 또는 이물질이 섞여 있는 등 품질의 편차가 크고 냄새가 심한 경우도 있다. 시기에 따라 수급에 어려움을 겪기도 한다. 또한, 향이 자극적이거나 송진, 탄닌 등 양서류에게 해로운 물질이 나오는 경우도 있기 때문에, 사용할 때마다 매번 상태를 주의 깊게 확인하고 오랜 시간 물에 우려 진을 빼고 사용하는 것이 좋다. 필자의 경우 사용량을 미리 물에 불려서 진을 빼며 관리하다가 필요할 때 사용한다. 화훼용 바크는 입자 크기에 따라 대(20mm), 중(10mm), 소(5mm)로 나뉘어 판매되고 있다.

바크 소재의 가장 안 좋은 단점은 대체로 입자가 크기 때문에 먹이급여 시에 바크를 함께 삼켜 장이 막히는 경우가 생길 수 있다는 것이다. 사육장 내에서는 특히나 운동량이 부족하기 때문에 배설하지 못하고 문제가 되는 사례가 흔하다. 사육자에 따라서는 이를 방지하기 위해 먹이급여 시에 바닥재 위에 젖은 필름을 깔거나, 바닥재가 없는 장소에서 급여하고 사육장으로 되돌려 보내는 방법을 사용하기도 한다. 밀웜이나 먹이곤충들이 바크 사이를 파고들어 먹이를 찾기 어려워지는 경우도 있다.

코코넛칩

바크

모스 타입(moss type) 대형화원에서 판매하는 것을 구입하거나 자연상태의 것을 채취한, 살아 있는 이끼를 사용하는 경우가 있다. 생이끼는 사육장을 가장 자연스럽게 조성할 수 있는 최고의 소재라고 할 수 있다. 그러나 간혹 이끼와 함께 유해한 곤충들이 딸려 올 수 있고, 살균되지 않은 상태이기 때문에 세균이나 바이러스를 전파할 우려가 있다는 점을 염두에 두고 조심스럽게 사용할 필요가 있다.

생이끼 외에 '수태'라고 불리는 건조된 열대우림산 이끼를 바닥재로 사용하는 경우도 많다. 양서류 수입 시에도 습도유지와 완충제로 사용되며 국내에서도 흔하게 사용된다. 수태는 보통 압축 포장된 상태로 시판되는데, 일정 시간 물에 불렸다가 물기를 짜서 사용한다. 폭신폭신하고 보습효과가 뛰어나기 때문에 사육장의 습도유지에는 좋은 소재지만, 시판되는 수태의 대부분이 pH4 내외의 강산성을 띠기 때문에 흔히 생각하는 것만큼 편하게 사용할 소재는 아니다(산성을 띠기 때문에 수태를 그대로 물에 불려서 사용하면 곰팡이나 세균의 증식이 거의 없지만, 예민한 사육개체에게는 높은 산성도가 유해할 수도 있다).

알칼리성 또는 중성 소재와 섞어 pH를 조정해서 사용하거나, 단독 사용할 경우에는 가능하다면 한 번 삶거나 또는 최대한 물을 갈아주면서 충분한 시간(6~10주 정도) 동안 우려낸 뒤에 사용하는 것이 안전하다(이 과정에서 pH가 중성에 가까워지므로 각종 균으로부터의 오염은 용이해진다). 간혹 먹이급여 시에 이끼를 함께 삼켜 문제가 되는 경우가 있는 만큼 사용상에 주의를 요한다. 단독으로 사용되기도 하지만 사육자에 따라서는 잘게 잘라 다른 소재와 섞어 쓰는 방법을 이용하는데, 이렇게 하면 장폐색의 위험을 조금은 줄일 수 있다. 수태 단독으로 사용할 경우라도 반드시 잘라서 사용하는 것이 안전하다. 말리지 않은 생수태도 구할 수 있는데, 이 역시 양서류 사육에 있어 좋은 소재가 된다.

건조수태

생수태

리프 타입(leaf type) 과학자들의 연구에 따르면, 코스타리카(Costa Rica) 숲에서의 개구리의 급격한 감소 원인 가운데 하나가 낙엽의 감소라고 지적될 정도로 자연상태에서 땅에 떨어진 나뭇잎은 양서류에게 먹이와 은신처를 제공하는 필수적인 서식환경이다. 따라서 사육 하에서도 자연에서와 마찬가지로 나뭇잎은 육상종 사육장의 제일 윗면을 효과적으로 커버할 수 있는 좋은 소재다. 양서류 사육 분야 면에서 앞선 외국에서는 양서류 전용의 살균된 나뭇잎을 판매하기도 하지만, 아직 국내에서 구하기 쉬운 소재는 아니다. 사육자에 따라 직접 채취한 것을 사용하는 경우도 있으나 해롭지 않은 나무에서 채취한 것이어야 하며 반드시 살균할 필요가 있다. 낙엽은 분해되면서 사육장 내부에 서식하는 유용한 미생물이나 작은 벌레들에게 영양분이 돼주고, 소화 후 배설된 변은 다시 사육장 내에 식재된 식물의 성장에 도움을 주는 비료의 역할도 한다.

바닥재라고까지는 할 수 없으나 수생종의 경우 pH 조정을 위해 아몬드 잎(Almonds leaf)을 사용하기도 한다. 기생충 방제효과와 항균효과가 있어 수조 내 곰팡이감염의 위험을 줄여줄 수 있고, 곰팡이감염 증상이 있을 경우에 도움이 될 수 있다. 또한, 스트레스를 감소시키고 피부를 진정시켜 체색을 좋게 하는 효과가 있다고 알려져 있다. pH 조정을 위해서라면 3~7일 정도 넣어두고는 제거해야 하며, 조금 더 지나도 괜찮지만 지나치게 오래 두면 부스러져 수조를 지저분하게 만든다.

지금까지 언급한 바닥재 소재들은 단독으로 이용되는 경우도 있지만, 보통 여러 가지 소재들을 섞어 사용하는 경우가 대부분이다. 아직은 국내에 다양한 바닥재를 효율적으로 배합한 제품은 수입되고 있지 않은데, 실제로 어느 정도 사육경험이 쌓인 양서류 사육자들은 스스로의 노하우로 자신이 사육하는 종에 적합하도록 흙, 바크, 숯, 수태 등 국내에서 가용한 여러 소재들을 배합해 사용하고 있다.

이처럼 각각의 소재들의 특성을 정확히 파악하고 알려지지 않은 새로운 소재를 찾으며, 다양한 소재들을 나름의 비율로 섞어 사육자 자신이 생각하는 최적의 바닥재를 제조하는 것 역시 양서류 사육에서 느낄 수 있는 즐거움 가운데 하나다. 이러한 과정에서 사육기술이 점차 향상되고 나름대로의 노하우가 쌓이게 된다. 이러한 노하우를 많이 가지고 있을수록 더 좋은 사육자가 될 수 있고, 결국 자신이 기르는 동물 역시 안전하고 행복할 수 있게 된다.

낙엽이 깔린 비바리움

광원 및 열원

사육장에 설치되는 등은 세 종류가 있다. 사육개체를 관상하고 사육장 내의 양서류에게 광주기를 제공해주기 위한 '조명용 등', 칼슘대사를 자극하기 위해 설치해주는 'UVB등', 변온동물인 양서류에게 열을 제공해주기 위한 '열등'이 그것이다.

여기에 하나 더 덧붙이자면, 사육장 내에 살아 있는 식물을 식재할 경우 생장을 촉진하기 위해 설치해주는 '식물재배등'을 들 수 있다. 양서류는 다른 애완동물의 사육에 있어서처럼 강한 풀스펙트럼(full-spectrum) 광선을 필요로 하지는 않는다. 또한, 일반적인 경우 먹이로부터 충분한 영양분을 공급받을 수 있기 때문에 UVB의 필요성도 높지는 않다. 그러나 광주기를 제공하기 위한 조명은 사육개체의 대사활동을 원활하게 하기 위해 사육장에 반드시 설치돼야 하는 사육용품이다.

■**조명** : 조명의 설치목적은 크게 두 가지로 볼 수 있다. 사육자의 입장에서 본다면 사육 중인 개체를 효과적으로 관상할 수 있도록 하기 위한 것이고, 양서류 입장에서 보면 대사에 필요한 생체사이클의 안정을 목적으로 광주기를 안정적으로 제공하기 위한 것이다. 조명용 등은 광주기를 제공하는 데 단독으로 사용되거나 UVB등으로 조명을 대체하는 경우도 있으며, 두 개를 함께 사용하는 경우도 있다.

보통은 관상을 위해 조명을 설치하지만 양서류의 경우에는 이것이 오히려 악영향을 초래할 수도 있다. 대부분의 양서류가 강한 조명 아래서는 활동을 멈추고 숨기 때문이다. 일단은 사육 중인 양서류의 시력에 영향을 미칠 정도의 강한 빛을 사용하는 것은 좋지 않다. 주행성 종이 아니라면 일반적인 밝기의 조명만 비쳐도 보통의 양서류는 은신처에서 나오지 않는다. 일반적인 형광등 정도로 조명은 충분하며, 레이아웃으로 적절하게 커버해주는 것이 좋다. 사육장 내에 식물이 식재돼 있을 경우에는 식물재배등으로 조명을 대체할 수도 있다. 규칙적인 광주기를 제공하기 위해서는 타이머를 설치해 정해진 시간에 등이 켜지고 꺼지도록 설정해주는 것이 좋다.

■**열원** : 생물의 생장에 필요한 여러 가지 요건 중에서도 특히 '온도'는 양서류에 있어서 성비, 부화기간, 돌연변이, 성장, 활동, 생존, 동면과 분포 등 삶의 모든 부분과 밀접하게 연관돼 있는 아주 중요한 요소다. 양서류 역시 생명체로서 대사작용의 결과에 의해 미약한 열이 발생하기는 하지만, 이러한 대사열만으로는 체온을 조절하는 것이 사실상 불가능하기 때문에 인공사육 하에서는 반드시 적절한 열원을 설치해줘야 한다. 양서류는 직접적으로 일광욕을 하는 경우가 드물기 때문에 가장 좋은 것은 사육공간 전체의 온도를 적절하게 유지하는 것이지만, 한 개의 사육장을 위해 방안 전체의 온도를 조절한다는 것이 현실적으로 어렵기 때문에 보통은 사육장에 열원을 설치하게 된다. 사육장에 설치되는 열원은 주간용 등, 야간용 등, 세라믹등을 포함하는 상부열원과 열선, 히팅 패드, 히팅 필름, 히팅 락, 수중히터의 하부열원으로 나눌 수 있다.
일반적으로 수상성 종의 경우에는 주로 상부열원을 사용하고 나머지 서식지역의 종들은 저면열원을 이용하는 것이 보통이지만, 양서류의 경우에는 저면열원의 사용에 극히 신중을 기할 필요가 있다. 자연상태에서 주열원은 태양이고 그로 인해 달궈진 돌이나 다른 육상구조물이 2차 열원이 된다.

상부열원(上部熱源) 사육장 위쪽에 사용되는 열원은 주·야간용 스팟등(spot light)이나 세라믹히터 등이 있다. 전구 뒤쪽으로 미러 코팅(mirror coating)을 해서 빛과 열이 한쪽으로 집중되도록 제작된 등을 스팟등이라고 한다. 파충류 사육장에는 필수적인 장비가운데 하나지만, 양서류의 경우 강한 빛을 싫어하기 때문에 만약 설치하고자 한다면 최대한 와트 수가 낮은 것을 설치하고, 적당한 레이아웃으로 그늘을 많이 만들어줘야 한다.

> **상부열원 설치 시 주의사항**
>
> 상부열원 설치 시에는 전용소켓을 사용함과 동시에 소켓의 허용 와트(watt) 수를 반드시 확인해야 한다. 화재를 예방하는 것은 물론이고 전구의 수명도 늘리는 효과까지 기대할 수 있기 때문이다. 플라스틱 재질의 소켓보다 가급적이면 도자기 재질의 소켓을 사용하는 것이 좋다.
> 열원을 가동할 때는 매우 뜨겁기 때문에 취급 시 화상에 특히 주의해야 하고, 무엇보다도 습도유지를 위해 사육장에 분무를 할 때 절대로 달궈진 열원에 물이 닿게 해서는 안 된다. 급격한 온도차이로 파열돼 위험한 상황이 발생할 수 있다.

야간등은 동물의 휴식에 방해가 되는 밝은 빛을 방출하지 않도록 붉은색이나 푸른색 등 색깔 있는 유리로 제작된 전구다. 적외선파장을 방출해 야간에 주로 열원으로 사용된다. 양서류 사육에 있어서는 야간등의 사용빈도가 파충류에 비해 더 높다고 할 수 있다. 대부분의 양서류가 야행성이기 때문에 야간에 체온조절을 위한 열 공급이 필요하고, 사육자 입장에서도 역시 사육장 내 사육개체들의 활동성이나 건강상태를 파악하기 위해 야간등은 설치하는 것이 좋다.

개인적으로 양서류 사육에 있어서 가장 즐거운 시간은 방 안의 조명을 소등하고 야간등을 켜둔 30분 이후부터라고 생각한다. 낮 동안 잠들어 있던 사육장 내의 생명들이 기지개를 켜고 활기를 찾아 분주히 활동하는 모습을 보는 것은, 일상과 격리된 전혀 새로운 세계를 엿보는 듯한 경이로움을 느끼게 해주기 때문이다. 빛을 내지 않는 등으로는 세라믹등도 있으나 일반적으로 지나치게 고온을 내기 때문에 양서류용으로는 사용되지 않는다.

하부열원(下部熱源) 사육장의 저면에 설치되는 열원으로 '열판'과 '히팅 필름', '락 히터' 등이 있다. 그러나 자연에서처럼 위쪽에서 온도가 전달돼 체온이 너무 상승할 경우 바닥재를 파고들어 숨으면 되지만, 저면열원을 사용함으로써 사육장 바닥으로부터 열이 전달되면 바닥재부터 건조하게 되고 나중에 가서는 습도를 유지하기 위해 도피할 곳이 사라지게 되는 결과가 발생한다. 따라서 양서류 사육장에 직접적인 하부열원을 사용하는 것은 좋지 않다. 특히 열대성 종이 낮은 온도대의 영역을 찾아 땅을 파고들고자 할 때 저면열원이 설치돼 있으면 극심한 스트레스를 받게 된다.

사육여건상 저면열원을 사용해야 할 경우에는 말 그대로 최소한의 온도를 유지해주는 용도로 사용하기를 권한다. 상부열원의 작동이 멈췄을 때 폐사에 이르지 않는 수준의 온도를 제공해주도록 설정하고, 실질적인 대사온도의 제공은 상부열원으로 하는 것이 좋다. 사육장 전체 공기의 온도를 높여주기 위해 저면열원을 사용하고자 할 경우에는 사육장의 바닥보다는 옆면에 부착해 설치하는 것이 조금은 안전한 방법이다.

수중히터 온도감지방법에 따라 히터 몸체와 자동온도조절기부가 함께 붙어 있는 '바이메탈식' 히터, 온도표시부와 히터 몸체가 따로 분리돼 있는 '전자식' 히터의 두 가지로 나눌 수 있다. 보통 수족관 등에서 구입할 수 있는 히터는 대부분 바이메탈식이다. 바이메탈식 히터는 대부분 헤드 부분의 작은 나사를 돌려 온도를 설정하도록 돼 있다. 수위가 낮은 사육장에서 바이메탈식 히터를 사용할 때 가로로 눕혀서 완전히 잠기게 설치하는 경우도 있지만, 히터의 머리 부분은 수면 위로 나오고 나머지 유리관 부분은 물속에 잠기도록 설치하는 것이 정석이다. 전원이 작동하고 있을 때 공기 중에 노출되면 유리관이 파열돼 문제가 발생하므로 수조청소를 하기 전에 미리 전원을 뺀 다음, 어느 정도 시간을 두고 히터를 식힌 후에 작업하는 것이 안전하다.

히터는 수생종의 사육환경 조성에 있어 주열원으로 사용된다. 멕시코도롱뇽처럼 저온을 선호하는 종에게는 사용되지 않고, 피파피파나 아프리카발톱개구리처럼 아열대 및 열대지방을 원서식지로 하는 완전수생종의 사육에 주로 사용된다. 그러나 애완으로 사육되는 완전수생종 가운데는 낮은 수온을 선호해 히터가 필요치 않은 종들이 많다. 사계절이 뚜렷한 우리나라 기후의 특성상 한겨울 난방이 잘 안 되는 곳에 사육장이 위치해 있다면 히터로 일정온도를 유지해줄 필요가 생기기 때문에 구비하고 있는 것이 좋다.

육상종이라도 사육장의 일부에 반수생환경을 조성해줄 경우라면 사용되기도 한다. 간혹 어류와 양서류를 합사하는 경우에도 수온을 유지하기 위해 사용되며, 온대지역 종의 사육에 있어서는 동면을 시키지 않고 겨울을 나게 할 경우에 사용하기도 한다. 소모품이므로 차후 파손을 감안해 여유분을 보유하고 있는 것이 좋다. 양서류 수조에 수중히터를 사용할 경우에는 반드시 덮개를 씌워야 한다. 좁은 틈을 파고들어 숨기를 좋아하는 양서류의 습성으로 인해 수조벽면과 히터 부착면 사이를 파고 들어가 숨는 경우가 많기 때문에 덮개를 확실히 하지 않으면 화상을 입기 쉽다. 연약한 양서류 피부의 특성상 화상의 위험도는 다

시판되는 히터 커버

른 동물에 비해 더 높기 때문에 각별히 신경 써야 한다. 히터 커버가 시판되고 있으므로 이를 구입해서 사용하도록 하고, 구하기 어려우면 PVC파이프와 같은 플라스틱 관에 구멍을 내서 덮어씌우는 방법으로 사육개체가 히터에 접근하는 것을 차단할 수 있다.

■**열원사용 시 주의할 점** : 열원을 사용할 경우에 가장 관심을 기울여야 하는 부분은 사육장 내에 온도편차를 제공해주는 것이다. 이는 모든 변온동물 사육에 있어서 공통적으로 중요시되는 사항이다. 사육장 내에 온도가 높은 핫 스팟(hot spot) 지역과 온도가 낮은 은신처 지역의 온도차를 설정해주기 위해 열원을 사육장 중앙이 아니라 왼쪽 혹은 오른쪽 한 곳으로 집중해 설치해야 한다. 온도편차를 제공해주기 위해서는 사육장의 크기가 최소 60cm는 넘어야 한다. 작은 크기의 사육장의 가장 큰 단점은 이와 같이 사육장 내에 온도편차를 제공해주는 것이 불가능하다는 사실이다.

사육장 내의 영역에 따른 온도편차를 조성해주는 것과 더불어, 가능할 경우 자연상태와 같이 주간과 야간의 온도편차도 제공해주면 더욱 좋다. 같은 와트 수로 주간등과 야간등을 24시간 내내 가동하기보다는, 야간에는 열원을 제공하지 않거나 주간등보다 낮은 와트 수의 야간등을 사용함으로써 밤낮의 온도차를 형성해주는 것이 좋다.

사육장 내의 이러한 온도변화는 사육개체에게 질병에 대한 저항력과 면역력을 길러주고, 좁은 활동공간으로부터 오는 스트레스를 감소시키는 효과가 있다고 알려져 있다. 이와 같이 온도는 눈에 보이지는 않지만 사육자에 따라서는 그 무엇보다 유용한 사육도구가 될 수 있다.

일광욕을 즐기는 왁시 몽키 트리 프로그

따라서 오랜 시간 사육경험이 축적된 사육자일수록 변온동물의 사육에 있어 온도를 적극적으로 이용하는 경향이 있다. 초보사육자는 사육용품의 제원이나 성능, 사용법에 관심을 가지지만 숙련된 사육자일수록 온도와 습도, 환기 등 사육환경 자체를 통제하고 관리하는 데 더 큰 관심을 기울인다. 문제의 해결법을 고민하기보다는 사전차단이나 예방의 중요성에 눈을 뜨게 되고 자연스럽게 관심이 옮겨가게 되기 때문이다.

사육장 바닥의 수분을 흡수하고 있는 개구리

열등을 설치한 경우 반드시 습도와의 상관관계를 고려해야 한다. 사육장온도가 상승하면 수분증발량 역시 증가하기 때문에 사육장이 쉽게 건조해질 수 있고, 이는 즉각적인 사육개체의 폐사로 이어진다. 특히 저면열판을 사용한 경우에는 더욱 세심한 주의가 필요하다. 상부열원으로 인해 사육장 내의 습도가 점차적으로 감소하더라도 최종적으로 바닥재 아래 부분은 습기를 유지하고 있기 때문에 바닥재를 파고들어서라도 생존하는 것이 가능하지만, 저면열원을 사용하고 있는 경우에는 바닥재 표면의 습기가 마르는 순간 사육개체는 폐사하게 된다. 따라서 이처럼 저면열원을 가동하는 경우에는 사육장 내에 물그릇을 비치하고 바닥재의 습도관리와 병행해 깨끗한 물을 항상 넉넉히 채워두는 것이 좋다. 미스팅 시스템을 갖춰 주기적으로 분무를 해줄 수 있으면 더욱 좋다.

■UVB : UVB 광선은 양서류의 칼슘대사를 위한 비타민D₃의 생성을 자극하는 역할을 하는 등이다. 양서류가 필요로 하는 정확한 UVB 요구량에 대한 연구가 진행돼 있지는 않지만, 사육 하의 양서류에게는 칼슘항상성을 유지하기 위해 자외선의 조사가 필요하다. 최적의 공급처는 '태양'으로서 필터링되지 않은 태양의 직사광선이야말로 가장 좋은 UVB원이지만, 실내에서 사육할 경우에는 가끔씩 실시하는 일광욕 시간을 제외하고는 특수하게 만들어진 UVB등에 의존할 수밖에 없다. 보통 UVB광선은 유리를 통과할 수 없으나 시판되는 UVB램프는 특수한 유리를 사용해 UVB를 방출할 수 있도록 제작돼 있다. 일반적으로 사용하는 기다란 형광등 형태부터 콤팩트형광등 형태, 수은

전구 형태까지 다양한 종류의 제품이 시판되고 있으며, 각 제품별로 상이한 크기와 조사강도를 지니고 있다. 형광등 형태나 콤팩트형광등 형태의 UVB등은 보통 와트 수가 낮아서 열원의 역할까지 병행하기는 어렵지만, 수은등 형태로 제작되는 UVB등은 UVB광선의 조사와 더불어 열원의 역할까지도 병행할 수 있다. 그러나 수은등 형태의 UVB등은 지나치게 높은 열을 내므로 양서류 사육에 있어서는 거의 사용되지 않는다. 자외선에 과다하게 노출되면 사육개체의 피부화상이나 백내장을 유발한다는 보고가 있으므로 UVB등을 사용할 경우에는 자외선 조사를 능동적으로 피할 수 있는 은신처를 사육장 내에 반드시 설치해줘야 한다.

식물재배등 일반적으로 양서류 사육장에 식재되는 식물의 경우 음지식물이 많기 때문에 적은 양의 빛으로도 양지식물보다는 좀 더 오래 버티기는 하지만, 조금이라도 오랫동안 유지하기 위해서는 식물재배등이 필요할 수도 있다. 태양광이 가진 고유의 스펙트럼과 가장 유사하다는 백열등으로도 식물을 키울 수 있으며, 형광등으로도 식물재배가 불가능한 것은 아니다. 그러나 광주기를 제공하기 위해 설치되는 이러한 등만으로는 사육장 내에 식재된 식물을 안정적으로 생육시키기에 부족한 경우가 많다.

태양은 워낙 풍부한 빛을 가지고 있기 때문에 야외방사장이라면 식물의 생장에 전혀 문제가 없지만, 실내의 사육장 내에서 전기를 소비하면서 만들어지는 인공조명은 극히 일부 파장을 내거나 형광등의 경우 식물의 생장과는 상관없는 빛이 55%나 포함돼 있다. 따라서 사육장 안에 정성들여 식물을 식재하고 난 후 어느 정도는 잘 유지되지만, 얼마 지나지 않아 성장이 멈추거나 웃자라는 것을 흔히 볼 수 있다. 사육장을 베란다에 둔 경우라도 채광은 실외의 50%에 불과하며, 그만큼 빛 부족은 실내에서의 식물재배를 어렵게 하는 가장 큰 원인이 된다. 또한, 식물의 주향성으로 인해 시간이 지나면 시각적으로 이상함을 느끼게 된다. 따라서 햇볕이 없는 실내에서 정상적으로 식물을 기르기 위해서는 충분한 빛의 공급이 필수적이라고 할 수 있다.

사육장 내에서 식물이 웃자라고 성장이 멈추는 가장 큰 원인은 조명이 광보상점(光補償點, light compensation level, 식물이 광합성을 시작하는 최소한의 빛의 세기)을 넘기지 못하기 때문이다. 식물이 제대로 성장할지 여부를 알아보는 데는 흔히 빛의 밝기를 나타내는 럭스(lux)를 이용하지만, 사실 우리가 알고 있는 럭스는 식물의 성장과는 크게 상관이 없다. 럭스는 사

음지식물이 주로 식재되는 양서류 사육장에는 강한 조명이 필요치 않다.

람의 눈으로 보는 밝기일 뿐 식물이 광합성을 하는 데 필요한 빛의 양을 나타내는 단위가 아니기 때문이다. 식물의 광합성에 필요한 빛은 마이크로몰(micromole)[1]로 나타내며, 일반적으로 엽채류의 재배는 100~150umol/m²s 이상의 PPFD가 필요하다고 알려져 있다. 식물이 가장 잘 성장하는 것으로 알려진 460nm 파장대의 청색led는 광합성작용으로 20~30%가량 성장을 촉진시키는 것으로 알려져 있으며, 적색 660nm 파장대의 led는 비타민과 항산화기능을 가진 폴리페놀 성분의 함량을 증가시키는 것으로 알려져 있다. 식물재배등은 여러 종류가 시판되고 있고 어렵지 않게 입수할 수 있으므로 식재된 식물의 종류를 먼저 고려한 다음 적절한 것을 선택해 설치하면 된다. 식물 역시도 동물과 마찬가지로 광주기가 필요하므로 타이머를 설치해 광주기를 조절해주는 것이 좋다.

---

[1] PPFD(potsoynthetic phtoon flux density)의 단위. PPFD는 광합성이 가능한 파장을 갖는 광자가 m²당/초당 얼마씩 떨어지는가를 나타내는 수치로 1평방미터에 1초 동안 떨어지는 광양자의 양을 의미한다.

여과기

완전수생종이나 반수생종 사육환경에서 일정 범위의 수공간의 수질을 안정되게 유지하기 위해 꼭 필요한 장비다. 지속적으로 환수하는 방식으로 수질을 유지하며 사육한다면 사용하지 않아도 되지만, 수질과 pH의 편차가 환수 때마다 발생하게 되고 또한 이처럼 수시로 물을 갈고 보충해준다는 것이 실제로 사육을 해보면 상당히 번거로운 일이기 때문에 여과기를 설치하는 것이 좋다. 여과기는 여과박테리아가 부착해 살 수 있는 환경을 제공하고, 물의 흐름을 생성해 각종 침전물이나 암모니아 및 아질산염이 여과박테리아에 잘 접근하게끔 함으로써 수질을 안정되게 유지하는 역할을 한다.

여과기의 성능은 여과기 안에 들어가는 여과재의 종류, 여과재의 용적량, 여과량(토크, torque) 등 세 가지 조건에 따라 좌우되는데, 수조 하나 당 한 개의 여과기를 사용하는 것이 일반적이지만 2개 이상의 여과기를 복합적으로 사용할 수도 있다.

■**여과란 무엇인가** : 양서류를 사육하는 수조 내에서는 대사활동의 결과물인 배설물과 탈피허물, 먹이찌꺼기, 식재된 식물 등이 부패하면서 암모니아와 같이 생명체에게 유해한 유독성 물질이 발생하게 된다. 이렇게 발생한 암모니아는 물속에서 암모늄의 형태로 존재하기 때문에 양서류에게 그다지 치명적인 영향을 미치지는 않는다.

암모니아는 호기성 박테리아(beneficial bacterial colonies)인 니트로소모나스(Nitrosomonas, 아질산균의 일종)의 활동으로 점차 유독한 아질산염(nitrite)으로 바뀌게 되는데, 이때 다른 종류의 박테리아인 니트로박터(Nitrobacter, 질산화균의 일종)가 아질산염을 질산염(nitrate)으로 변화시킨다. 암모니아에 비해 질산염이 상대적으로 덜 유해하기는 하지만 질산염 역시 과다하게 축적되면 해롭기는 마찬가지다. 따라서 주기적으로 수조 안의 물을 일정 부분 빼내고 새로운 물을 채워주는 부분환수를 통해 축적된 질산염을 제거해줘야 할 필요가 생긴다.

즉 수조 내에서는 여과기 안에 서식하는 여과박테리아에 의해 암모니아를 질산염으로 바꾸는 작용이 일어나야 하고, 사육자는 축적된 질산염을 밖으로 배출해 제거해주는 물갈이를 해야 하는 것이다.

> **질소순환 사이클**
>
> 질소의 순환 사이클은 다음과 같다.
> 유기물 → NH_3(암모니아) → NO_2(아질산염) → NO_3(질산염)
>
> 이러한 화학물질들이 양서류를 비롯한 수생생물에게 유해한 정도는, 암모니아(NH_3)/암모늄(NH_4) 〉 아질산염(NO_2) 〉 질산염(NO_3) 순이다. 그러나 질산염 역시 어느 정도 쌓이게 되면 수중생물에게 해로운 영향을 미칠 수 있기 때문에 환수를 통해 직접 제거해 줄 필요가 있다.

완전수생종을 위한 레이아웃

이렇듯 박테리아에 의해 수조 안의 유독한 암모니아가 독성이 비교적 덜한 질산염으로 바뀌는 일련의 과정을 '질소순환 사이클'이라고 하며, 이 사이클을 잡아주는 것이 곧 생물학적 여과라고 할 수 있다. 물리적 혹은 화학적 방법도 있다.

■**여과재의 종류** : 여과기 내부를 충전하는 소재들을 여과재라고 한다. 매우 다양한 제품들이 시판되고 있으며, 각 제품별로 기능을 명확하게 구분하기는 어렵지만 기대할 수 있는 효과에 따라 크게 물리적 여과재, 생물학적 여과재, 화학적 여과재로 나눌 수 있다. 물리적 여과재는 수조 내의 찌꺼기를 잘게 부수고 저장하는 공간을 제공한다. 보통 링 형태를 띠고 있는데 생물학적 여과를 병행하는 경우도 많다. 보유하고 있는 수조 내에 자잘한 부유물들이 많이 발생해 고민스러운 경우 사용하고 있는 여과기 내에 링 형태의 여과재를 채워 가동하면 상당 부분 고민이 해결될 수 있다. 흔하게 사용되는 측면여과기 안에 채워져 있는 스펀지나 솜도 물리적 여과를 어느 정도 기대할 수 있는데, 이 경우 엉성할수록 물리적 여과 기능이 강해진다. 링 형태의 여과재를 구하기 어려울 때는 사용 중인 측면여과기를 분해해 내부의 스펀지를 조금 엉성한 것으로 교체한 뒤 가동시키는 것만으로도 제법 큰 효과를 볼 수 있다.

생물학적 여과재는 여과의 핵심기능을 담당하는 소재로서 가장 큰 역할은 여과박테리아가 서식할 수 있는 공간을 제공해주는 것이다. 스펀지, 솜, 섭스(substrat) 등 대부분의 여과재가 이 역할을 수행한다. 여과재에 자리를 잡은 여과박테리아들은 수조 내에서 발생한 암모니아를 덜 해로운 질산염으로 바꿔주는 역할을 한다. 일반적으로 물을 머금기 전과 후의 무게에 있어서 차이가 많이 날수록 좋은 여과재라고 평가되는데, 이는 곧 미생물이 활착할 수 있는 공간이 많다는 의미이기 때문이다.

화학적 여과재는 물속의 화학성분을 흡착하거나 특수한 성분을 분출하기 위해 사용하는 여과재다. 카본(carbon)이나 블랙 피트(black peat) 등이 여기에 속하는데, 일반 어항에서 사용하는 경우는 드물다.

■**내부여과기** : 수조의 내부에 설치되는 다양한 형태의 여과장치를 말하는데, 부피가 작고 설치와 유지 관리가 용이하며 여과용량도 그리 나쁘지 않기 때문에 가장 보편적으로 이용하고 있는 여과장치다. 무엇보다 가격이 저렴하고 구하기가 쉽다는 장점이 있다.

저면여과기(UGF, undergravel filter) 내부여과기 기포기를 연결한 저면여과판을 수조의 바닥에 설치하고, 그 위에 여과재 역할을 하는 솜과 바닥재(모래나 흙)를 깐 다음 기포기를 가동해 저면여과판에 수직으로 설치한 관 속으로 기포를 넣으면, 거품이 관을 통해 올라가면서 물을 밀어올린다. 바닥재를 통해 물을 빨아들여 배출하는 과정이 계속 순환되면서 여과가 이뤄지는 방식이다. 물이 저면으로 서서히 흐름으로써 박테리아가 생성되기 좋은 조건을 제공하기 때문에 특히 생물학적 여과 기능이 뛰어나다. 가장 저렴한 여과방식이지만 수조 전체에 깔린 바닥재가 여과재의 역할을 하기 때문에 여과효율이 일반적으로 생각하는 것보다는 상당히 좋은 편이다. 특히 올챙이를 사육하는 경우에는 저면여과기가 좋은데, 수류가 강하지 않고 모터를 이용하

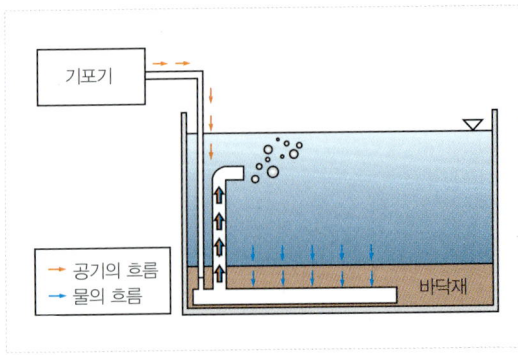

저면여과기

지 않으므로 여과기로 올챙이들이 빨려 들어갈 가능성이 적기 때문이다. 특히 저면여과는 기포기를 사용하는 방식이기 때문에 용존산소량이 높아져서 수조 내의 pH를 낮게 유지시킬 수 있으며, 환수 직후에도 pH의 스윙이 크게 발생하지 않는다는 장점이 있다. 이런 점은 사육환경의 변화에 예민한 올챙이들을 사육할 때 큰 장점이 될 수 있다. 그러나 여과판이 수조 바닥에 설치돼야 하기 때문에 청소를 하기 위해서는 바닥 전체를 뒤집어야 한다는 단점이 있고, 수조 내에 뿌리를 내리는 수초를 식재할 경우에는 적합하지 않은 여과방식이다.

스펀지식 측면여과기(sponge filter) 기포기와 연결해 공기방울의 부력으로 스펀지를 통해 물을 빨아들여 순환시키면서 여과하는 방식으로 생물학적 여과에 특화돼 있다. 저렴하고 효과적인 여과방식이지만 부피가 커서 수조를 좁게 만든다는 단점이 있다. 여과능력은 우수한 편이나 물리적 여과 능력이 떨어지기 때문에 수조 내 찌꺼기는 다른 방법으로 제거해야 한다. 가격은 상당히 저렴한 편이고, 운용하기 위해서는 저면여과방식과 마찬가지로 산소공급기가 필요하다. 수중구조물이 부족할 경우에 간혹 스펀지에 알을 붙이기도 한다.

모터식 측면여과기(power filter) 여과기 상단에 설치된 모터로 물을 빨아들여 여과재를 통과시킨 후 다시 배출하는 방식으로서 일반적으로 가장 많이 사용하는 여과방식이다. 소음이 적고 물리적 여과 기능이 뛰어나지만 여과재가 들어가는 공간이 좁아 생물학적 여과 능력이 떨어지므로 단독으로 사용할 때보다는 다른 여과기와 병행해 사용할 때 효과가 배가된다. 하지만 체구가 작고 오염물질 배출이 적은 양서류에 있어서는 대개의 경우 관리만 잘

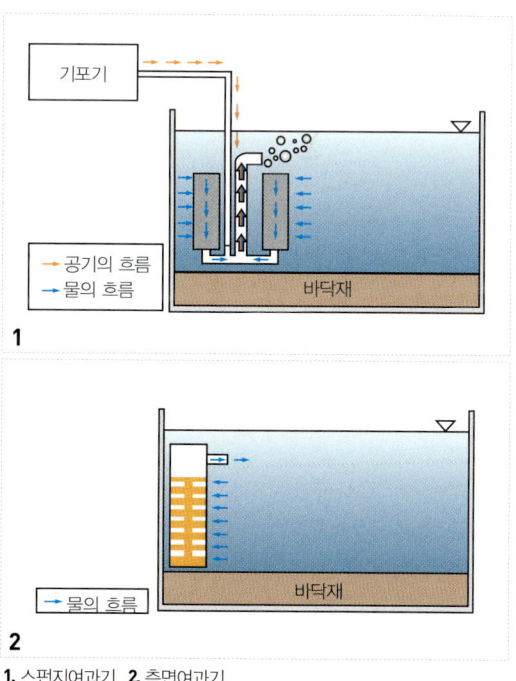

1. 스펀지여과기 2. 측면여과기

해준다면 여과기 하나로 부족함 없이 여과용량을 충족시킬 수 있다. 보통은 몸체 부분에 검정색의 스펀지가 들어 있지만, 사육자에 따라 내부의 스펀지를 제거하고 여과효율이 뛰어난 다른 소재로 교체해 사용하는 경우도 있다. 작은 크기에 비해 출수구로 나오는 물살이 비교적 세서 사육개체가 스트레스를 받을 수 있으므로 물살의 방향을 조절해주는 등 적절한 조치를 취할 필요가 있다.

단지여과기/간단한 여과통(corner filter) 물속에 넣을 수 있는 투명한 플라스틱 상자 형태로, 기포기에 연결해 바닥의 찌꺼기를 걸러내는 물리적 여과에 특화돼 있는 여과기다. 주로 보조여과기로 사용되며, 여과기의 성능이 뛰어나다면 굳이 설치해줄 필요는 없다.

■**외부여과기** : 사육동물과 분리해 수조의 외부에 설치되는 여과장치로 수조의 물을 외부로 옮겨 여과한 후 다시 수조의 내부로 돌려보내는 방식으로 작동된다. 여과용량이 내부식 여과기에 비해 크기 때문에 여과효율이 높지만, 공간을 많이 차지하고 상대적으로 가격이 비싸다는 단점이 있다.

걸이식 여과기/동력여과기(power filter) 수조의 상단 벽면에 걸어서 설치하는 여과기로서 수중모터로 끌어올린 물을 내부의 여과재에 통과시켜 다시 수조로 보내는 방법으로 여과하는 방식이다. 측면여과기가 수조의 내부에 설치해 사용되는 데 반해 걸이식 여과기는 수조의 바깥쪽에 설치해 사용한다. 여과기의 본체가 수조 밖에 설치됨으로써 수조 내의 공간을 차지하지 않기 때문에 주로 60cm 이내의 소형어항에서 많이 사용된다. 여과기 안에 필터를 넣는 공간이 있어 그곳에서 박테리아 활성이 가능하기 때문에 물리적 여과뿐만 아니라 생물학적 여과 능력도 뛰어나다. 그러나 이렇게 걸이식 여과기를 설치할 경우 수조 덮개를 사용하기 어렵기 때문에 사육개체가 오픈형 수조에서 사육 가능한지 여부를 먼저 확인할 필요가 있다.

상면여과기(slider filter) 수조의 상단에 걸쳐서 사용하며, 긴 직사각형 박스 형태에 여과재를 넣고 한쪽에서 모터로 물을 끌어올려 여과재를 통과시킨 후 수조로 배출하는 형태의 여과방식이다. 여과재가 들어가는 양이 많아 여과효과 또한 상당히 뛰어나다. 다만 적절하게 처리하지 않으면 배수될 때 소음이 심한 편이고 물이 많이 튈 수 있다. 수조를 건드리지 않고 여과기를 세척하면 되기 때문에 청소가 간편하며, 여과기 안에 구획을 나눠 번갈아가면서 청소하면 여과사이클이 깨지는 것을 방지할 수 있다는 장점이 있다.

다른 여과기에 비해 상면여과기는 자작해서 사용하는 경우가 많다. 기성품이 판매되기도 하지만, 자신이 보유하고 있는 수조에 딱 맞는 것을 찾기는 어렵기 때문에 보통은 직접 만들어서 사용한다. 대략적인 구조와 원리만 알면 모터 하나와 주위에서 쉽게 구할 수 있는 플라스틱 통 정도로도 비교적 어렵지 않게 만들 수 있으므로 한번 도전해보는 것도 여과의 원리를 이해하는 데 좋은 경험이 될 수 있을 것이다.

워낙 많은 사람들이 자작하기 때문에 인터넷을 검색하면 갖가지 독특한 소재와 형태, 구조의 상면여과기 제작에 관련된 자료를 쉽게 얻을 수 있다. 물을 수조 상단의 여과조까지 끌어올려야 하므로 물속에 강한 모터를 설치할 필요가 있는데, 이 경우 사육종의 접근을 방지할 적절한 덮개가 필요하다.

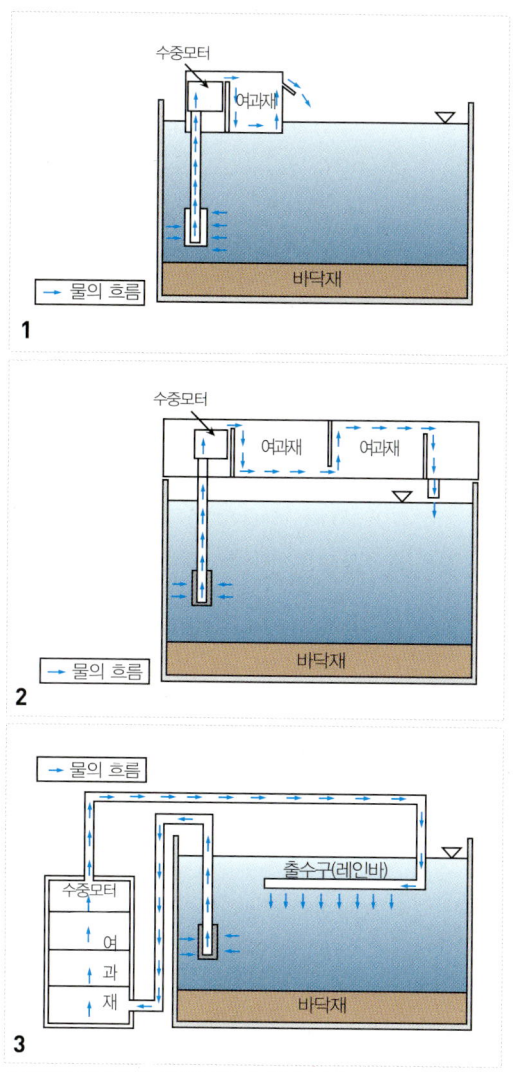

1. 걸이식 여과기 2. 상면여과기 3. 외부여과기

외부여과기(canister filter) 어항에 걸쳐 놓는 걸이식 여과기와 유사한 방식이지만 보다 강력한 기계적 여과를 제공하도록 설계돼 있다. 수조의 외부에 모터와 여과재를 조합하고, 입수와 출수 라인을 통해 수조의 외부로 물을 순환시켜 여과조를 통과하도록 하면서 여과하는 방식이다. 여과조가 커서 많

은 양의 여과재를 넣을 수 있고, 여과기 내부에 칸이 나눠져 있어 물리적 여과재와 생물학적 여과재를 적절히 배치할 수 있으므로 여과효율이 월등하게 좋아진다. 따라서 수조의 크기가 클 경우나 사육종으로부터 발생되는 불순물의 양이 많아서 강력한 여과가 필요할 경우에 사용된다. 그러나 상대적으로 가격이 비싸기 때문에 외부여과기를 구입하기보다는 여과방식을 개선하는 경우가 많다. 사실 양서류를 기르는 데 외부여과기까지 사용하는 예는 드물다. 간혹 올챙이나 완전수생종들을 한 수조에서 대량으로 관리할 경우 또는 테라리움을 조성할 경우에 수조 상단에 레인바를 연결해 사용하기도 한다.

공기발생기(air pump)

여과기 종류 가운데 모터를 사용하지 않는 저면여과기, 스펀지여과기, 단지여과기를 가동하기 위해 필요한 장비다. 펌프를 이용해 압축공기를 생성하고, 이렇게 생성된 공기방울의 부력을 이용해 물을 순환시킬 수 있다. 이외에 여과와는 별도로 환수를 위해 받아둔 수돗물의 염소를 제거할 때나 수질이 나빠질 때, 질병치료를 위해 수중에 산소를 공급하기 위한 에어레이션(aeration)을 할 때도 필요하다. 그러므로 여과와 상관없이 하나쯤 보유하고 있으면 여러모로 도움이 되는 사육장비라고 할 수 있다. 가정에서 많이 사용하고 배출구가 1~2개인 소형기포기와 대용량의 블로워(blower)가 있다. 블로워는 한 라인에 여러 개의 여과기를 설치할 때 사용되는데, 양서류를 대량 증양식하는 경우를 제외하고는 그다지 사용되지 않는다.

습도유지장치(안개발생기 및 분수, 가습기, 분무기, 미스팅 시스템)

수조환경에서 사육하는 완전수생종의 경우라면 수분부족으로 인한 문제가 생길 우려가 없겠지만, 일반적으로 조성하게 되는 반수생이나 수상성 환경이라면 사육장 내의 습도유지를 위한 대책이 반드시 필요하다. 고의적인 것은 당연히 아니겠지만, 사육공간의 온도상승으로 인해 수분증발량이 많았다거나, 여행이나 출장 등으로 며칠 방치했다거나, 바닥에 열원을 강하게 가동했다거나 하는 등의 이유로 사육개체를 바짝 말려 죽이는 경우가 의외로 많기 때문이다.

> **습도와 환기**
>
> 사실 이 두 가지는 사육에 있어서 불가분의 관계라고 할 수 있다. 습도가 높으면서 환기가 안 되면 곰팡이나 각종 벌레들이 쉽게 발생하고, 반대로 환기가 잘 되면 온도와 습도가 낮아져서 양서류에게 좋지 못한 영향을 끼치게 되기 때문이다. 사육자는 이 둘의 상관관계를 항상 염두에 두고 주의를 기울여야 한다.

미스팅 시스템이 설치된 사육장

사육장 내의 습도는 보통 바닥재가 함유하고 있는 수분을 기본적으로 유지하면서 물그릇을 넣어주는 등 부가적으로 가습을 하는 방식으로 유지한다. 아날로그적인 방법으로는 바닥재에 주기적으로 물을 뿌려주고 분무를 해주는 것이 있고, 자동화된 방법으로는 안개발생기나 가습기를 설치하고 미스팅 시스템이나 레인바를 가동하는 것이 있다.

자동화된 방법도 번거로움을 조금 줄여줄 뿐 기계를 청소하거나 물통의 물을 보충하는 등 여전히 사람의 손길이 필요한 부분이 있다. 결국 애완동물은 주인의 손길을 먹고 자라는 것이기 때문에 개인적으로는 사육에 있어서 아날로그방식을 선호하는 편이다. 그러나 이러한 사육설비는 지속적으로 개량과 발전을 거듭하고 있기 때문에 새로운 사육기술을 일부러 받아들이지 않으려는 것은 좋지 않다. 새로운 사육설비와 기법에 대한 공부는 계속하면서 받아들일 만한 것은 수용하는 유연한 자세가 필요하다.

바닥재로 바크를 사용 중인 경우 제일 위쪽 바크의 색이 밝아지면 건조해지고 있다는 의미이므로 이를 기준으로 삼고 분무를 해주면 된다. 바닥재를 충분히 깔고 2/3 정도는 항상 축축한 상태가 유지되도록 관리해주면, 환경이 지나치게 건조해지더라도 본능적으로 바닥재를 파고 들어가 수분을 찾으므로 크게 걱정하지 않아도 된다. 미관에 크게 신경을 쓰지 않는다면 사육장 한쪽에 물그릇을 두고 숯을 배치하는 것도 좋은데, 이러한 방법은 최소한의 습도유지효과를 기대할 수 있을 뿐 안정적으로 원하는 만큼 습도를 유지하기는 어렵다. 근래에는 물에 넣어두면 증발효과를 내는 여러 가지 제품들이 시판되고 있으므로 그런 제품을 응용해보는 것도 좋고, 사육장 상부에 물통을 설치하고 수

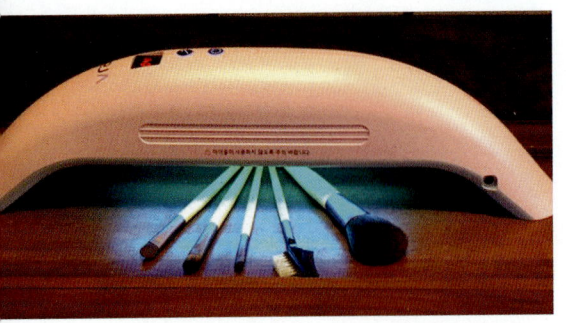

포터블 자외선 살균기

액세트를 마련해 일정하게 바닥에 물을 공급하는 방법도 고려할 만하다. 이 경우 물통의 물을 청결하게 유지할 필요가 있는데, 숯이나 여과기를 넣어두는 방법도 괜찮다. 마지막으로, 사육장 내에 습도계를 설치하는 것이 습도를 안정적으로 관리하는 데 무엇보다 도움이 된다.

UVB 살균기

가정에서 애완의 목적으로 양서류를 사육할 때 UVB살균기를 사용하는 경우는 거의 없는데, 대량 증양식을 목적으로 사육하는 경우 수질의 안정과 오염원의 제거를 위해서라면 사용을 고려해볼 만하다. UVB살균기는 살균등과 접촉되는 유해박테리아와 기생충의 알, 편모충이나 섬모충을 거의 완전하게 박멸할 수 있으므로 안정적으로 사용한다면 부화율을 높이고 질병 발생율을 현저하게 감소시키는 것이 가능하기 때문이다.

그러나 정기적으로 수질을 관리하고 과밀사육을 피하는 정도로도 질병의 발생을 상당부분 억제할 수 있다. 또한, 전문사육자들 중에는 자외선등이 개체가 가지고 있는 고유한 면역력을 저하시킨다고 생각해 사용을 지양하는 경우도 있다. 대량증식 시 사육환경을 관리하는 데 보조하는 역할 정도라면 효과적일 수 있고, 일반적인 사육의 경우에는 질병에 걸렸을 때 설치 가동해주면 감염을 방지하는 역할을 할 수 있다. 관상어 사육용으로 시판되는 제품을 구입해 사용하면 되는데, 모든 자외선등은 수명이 있으므로 주기적으로 교환해줘야 한다.

케이지 퍼니처(cage furniture)

케이지 퍼니처는 사육장과 바닥재, 광원과 열원을 제외한 나머지 온습도계, 은신처, 물그릇 등 케이지 내부에 설치되는 여러 가지 사육용품을 말한다. 사람들마다 생각의 차이는 있겠지만, 다양한 종류의 케이지 퍼니처 가운데서도 가장 중요한 것을 꼽으라면 온도계와 습도계라고 할 수 있다. 그런 만큼 사정상 다른 것들은 설치하기 어려운 경우라도 사육장 내에 이 두 가지는 반드시 설치해주는 것이 좋다.

■**은신처** : 자연상태에서 은신처는 야간에는 열손실을 막아주고 주간에는 직사광선을 피할 공간을 제공하며, 악천후나 비 그리고 바람 등의 험한 자연환경 또는 포식자와 같은 위험들로부터 양서류를 지켜주는 다양한 환경요소를 의미한다. 양서류는 일광욕이나 먹이활동을 할 때를 제외하고는 나뭇잎 뒤나 돌 틈 등의 안전한 은신처에서 대부분의 시간을 보낸다. 그러므로 사육 하에서도 휴식이나 심리적 안정을 위해 은신처는 반드시 설치해야 한다. 파충류나 다른 동물의 경우 일정한 형태로 제작된 은신처가 시판되고 있으나 양서류에 있어서는 이러한 것을 사용하는 경우가 드물다.

보통은 유목이나 돌, 조화 등을 이용해서 적당히 몸을 가릴 수 있는 공간을 제공해주면 사육개체가 스스로 그 공간을 파고 들어가 은신하게 된다. 따라서 사육환경을 조성할 때 은신처를 염두에 두고 적당한 장소에 약간 구석진 공간을 마련해주거나 몸을 붙이고 있을 만한 공간을 계획해주는 것이 좋다. 조화나 식물을 충분히 넣어주는 것으로도 은신처의 효과를 기대할 수 있다. 은신처는 스트레스를 방지하는 역할을 하기 때문에 적절한 은신처를 조성해주는 것은 질병의 예방 차원에서도 아주 중요한 의미를 가진다.

■**먹이그릇** : 보통 양서류를 사육할 때는 생먹이를 바로 사육장에 공급하기 때문에 별도의 먹이그릇은 필요하지 않다. 그러나 육상생활을 하는 종의 경우에는 먹이와 함께 바닥재를 섭취하는 것을 방지하기 위해서 사육장 내에 그릇을 비치해주는 것도 좋다. 웜 종류의 먹이를 급여하는 경우에는 사용이 가능하며, 수상성 종의 경우에도 높은 곳에 먹이그릇을 비치해서 사용하기도 한다.

사육자에 따라서는 바닥재 위에 필름 형태의 얇은 깔판을 깔고 그 위에 먹이를 주거나, 아예 바닥재가 없는 곳으로 옮긴 뒤 먹이를 급여하는 방식으로 바닥재를 먹는 빈도를 줄이기도 한다. 이 경우 환경변화에 민감한 종은 먹이반응이 떨어질 수도 있기 때문에 사육종의 상태를 살펴가면서 실시해야 한다. 사육장 내에 살아 있는 식물이 식재돼 있다면 먹이곤충이 돌아다니며 피해를 입힐 수 있는데, 먹이곤충이 탈출하지 못하도록 표면이 매끄러운 그릇을 사용하면 식물의 피해를 조금이라도 줄일 수 있다.

■**온습도계** : 사육장 내부의 온습도를 체크하기 위해 설치한다. 누차 강조하지만 온도는 양서류의 생존과 직결되는 요인이므로 저가의 제품보다는 정확하고 믿을 수 있는

이끼의 상태를 관찰해 사육장의 온도나 습도를 가늠할 수 있다.

제품을 이용해야 한다. 최고 및 최저온도를 확인할 수 있으면 더욱 좋다. 스티커형부터 디지털온도계까지 다양한 제품이 시판되고 있지만, 가격대비 성능을 생각한다면 일반적으로 볼 수 있는 막대형의 수은온도계(알코올계 온도계)를 사육장 안쪽에 부착하는 것도 좋다. 다만 정확한 온도를 확인하기는 어려우므로 수조에 설치한 것과는 별도로 기준이 되는 정확한 온도계를 하나 더 보유하고 있어야 한다.

케이지 데코(cage deco)

아름답게 꾸며진 사육장은 보기에도 좋을 뿐만 아니라 사육개체의 활동성을 높여주며 심리적인 안정까지도 제공할 수 있다. 이를 위한 목적으로 사용되는 케이지 데코용 자재들은 사육장을 아름답고 실용적으로 꾸미기 위한 백스크린, 살아 있는 식물과 각종 조화들, 유목과 바위, 코르크판 및 기타 장식품들을 포함한다. 사육장을 꾸미는 데는 가급적이면 자연물을 이용하는 것이 좋고, 기성품의 경우라면 양서류에게 해를 주는 화학성분이 나오는 제품은 사용하지 않는 것이 좋다. 사육자에 따라서는 사육장을 전혀 꾸미지 않고 최소한의 사육용품만 이용해 단순하게 세팅하는 경우도 많으므로 케이지 데코는 사육과정에 있어서 필수적인 요소는 아니다.

그러나 양서류의 경우 제대로 꾸민 사육장에서 종 본연의 활동형태를 가장 잘 관찰할 수 있다는 것은 재론의 여지가 없다. 사육장을 조성하는 데 필요한 종의 특성이나 사육장 세팅용품 선택 시 반드시 고려해야 할 사육개체의 행동패턴, 먹이의 종류, 온습도의 제공방법 등에 대한 지식은 깡그리 무시한 채 단순히 사육장을 '아름답게' 꾸미기만 하는 것은 올바른 사육자의 자세라고 할 수 없다. 최적의 효과를 낼 수 있도록 세팅된 사육장이 미관상 아름답기까지 하다면 가장 이상적인 형태의 레이아웃이라고 할 수 있을 것이다. 더불어 보기에 아름다운 사육장은 사육의 즐거움을 배가시키는 효과도 있다.

■**백스크린** : 사육장의 뒷면을 자연스럽게 꾸며주기 위해 사용한다. 사육장 외부 뒷면에 부착하는 필름식이 있고, 사육장 내부 뒤쪽에 입체적으로 설치하는 구조물도 있다. 입체형은 스티로폼에 색을 칠한 것부터 좀 더 견고한 플라스틱 제품까지 다양하게 시판되며, 우레탄폼과 실리콘을 이용해 자작하기도 한다. 설치했을 때 사육장 내부가 필름식보다 훨씬 자연스러워진다는 장점이 있다. 요철이 많아 청소가 어렵다는 것이 단점으로 지적될 수 있지만, 그 요철이 오히려 양서류에게는 안정적인 은신처가 될 수 있다. 백스크린에 대해서는 다음 섹션에서 다시 설명하도록 하겠다.

■**유목(流木)** : 특히 수상성 종을 사육할 때 가장 많이 사용되는 것이 유목이다. 일반적으로 동물 사육에 있어 상업적으로 제품화된 유목은 '오랜 시간 동안 지하에 묻혀 광물질을 흡수해 석탄이 되기 직전의 나무'를 의미한다. 국내에서는 생산되지 않아 전량 수입되는데, 불에 타지 않으며 물에 넣어도 썩지 않기 때문에 수조나 습도가 높은 사육장 세팅용으로 이상적이다. 일부 제품의 경우 물에 넣으면 흡수됐던 타르가 우러나와 물을 산성화시키지만, 적절히 우려냈다가 사용하거나 환수를 하면 큰 영향은 없다. 따라서 새로 구입한 유목은 바로 사용하지 말고 삶거나 물에 담가 유해물질을 제거한 후에 사용하는 것이 좋다. 장기간 사용한 유목일 경우에는 바로 투입해도 괜찮다.

다양한 종류의 유목들이 수입되고 있으나 보통 양서류 사육장은 다른 동물의 사육장보다 특별하게 습도가 높은 경우가 대부분으로 물

> **유목 만들기**
> 1. 적당한 형태의 고사목을 채취한다.
> 2. 필요 없는 부분을 손질한다.
> 3. 고사목이 들어갈 크기의 통에 소금물을 넣은 후 끓이고 건조하는 과정을 여러 번 반복하며 형태를 잡는다.
> 4. 건조 후 수상용은 바로 사용 가능하고, 수생용으로 사용할 경우에는 한동안 돌로 눌러 물에 완전히 가라앉힌 후 사용한다.

시판되는 유목

러지거나 곰팡이가 슬거나 부식되는 경우가 많다는 것은 감안하고 사용해야 한다. 야외에서 구할 수 있는 고사목을 이용해 사육장 세팅에 사용할 만한 유목을 인공적으로 만들 수도 있는데, 이 경우에는 몇 가지 주의할 사항이 있다.

우선 선별할 때 옻나무나 소나무, 버드나무와 같이 유해한 진액이 나오는 수종은 피해야 한다. 사육장 관리 중에 사육자에게 묻을 수 있고, 혹시라도 진액이 사육종에게 닿거나 먹었을 경우 심각한 결과를 초래할 수도 있다. 너무 오래돼 부식이 많이 진행된 것도 좋지 않다. 또 가급적이면 단순한 직선 형태보다는 뿌리 부분처럼 복잡한 형태인 것이 사육장을 세팅했을 때 보다 아름답게 보인다.

채취한 유목은 소금물에 몇 차례 삶고, 무거운 돌을 매달아 물속에 가라앉혀서 나무속의 진액과 유해성분을 제거한 다음 살균 소독하면 사육장 세팅에 사용할 수 있다. 이렇게 처리한 나무는 오랜 시간이 지나면 부식되는 경우가 있어 영구적이지는 않지만, 그래도 제법 오랫동안 사용 가능하고 레이아웃을 변경할 때 폐기하고 새로 만들어 넣는다고 생각하면 그리 나쁘지 않은 선택이 될 수 있다. 수생종의 경우 물속에 유목을 넣으면 은신처의 기능과 인테리어 효과를 기대할 수 있다. 이외에 물속의 pH를 안정적으로 유지하게 해주고, 블랙 워터(black water, 약산성을 띠는 어두운 색의 물)로 인해 안정감을 느끼게 하는 부가적인 효과도 얻을 수 있다.

■조화(artificial flower/plant) : 플라스틱을 이용해 생화 혹은 풀과 유사하게 만든 조경용 인조식물이다. 적절히 배치하면 사육장의 분위기를 자연스럽게 만들어주고, 사육종에게도 심리적인 안정감을 줄 수 있다. 실제로는 생화가 더 자연스럽고 좋지만, 관리상의 편의로 인해 조화를 사용하는 경우도 많다. 대형 화훼단지의 조화 코너를 이용하거나 인터넷을 이용해 어렵지 않게 구입할 수 있다.

■**생화** : 양서류 사육장의 조성에 사용되는 식물들은 대부분 음지식물(陰地植物, shade plant)이다. 양치류가 많고, 대부분 내음성(耐陰性)이 강하며 호흡속도가 느리기 때문에 조명도가 낮은 여건 아래서도 정상적인 성장을 보여준다. 그러나 건조와 광량에 대한 저항성이 약하다(양서류 사육장 내에 사용되는 생화는 별도의 장에서 다루도록 한다).

관리용품

사양관리와 사육환경의 유지에 필요한 냉각기, 가습기, 자동온도조절기, 타이머, 핀셋, 분무기, 청소용 스펀지, 환수용 호스와 사이펀 등의 여러 가지 기구와 물품들을 말한다.

■**냉각기/쿨링팬** : 저온을 요하는 완전수생종의 사육장 혹은 육상형 사육장이라도 사육장의 깊이가 깊을 경우, 특히 사육장 내에 식물이 식재돼 있을 경우 수온을 낮추고 사육장 내의 정체된 공기를 순환시키기 위해 팬을 설치할 필요가 있다. 팬 역시 양서류용으로 시판되는 것은 없기 때문에 열대어용으로 나와 있는 제품을 적절히 응용한다. 수조의 경우 상단에 설치되는 것이 보통이지만, 육상형 양서류 수조에는 연통을 이용해 중간 부분에 설치하기도 한다. 사육수조에 얼음을 직접 넣거나, 페트병에 얼음을 얼려 어항에 넣거나, 차가운 물로 물갈이를 하거나, 수조뚜껑을 열어두거나, 쿨링팬을 설치하는 등의 방법으로 사육하는 경우도 있지만 냉각기를 사용하는 것이 가장 안정적이다.

보통 고온을 선호하는 종보다 저온을 선호하는 종의 사육난이도가 높다고 이야기하는데, 이는 사육종이 필요로 하는 적절한 수준의 낮은 온도를 일정하게 유지해주는 일이 생각보다 쉽지 않기 때문이다. 앞서 언급한 방법들은 필연적으로 온도변화가 잦아질 수밖에 없기 때문에 당연하게 사육종의 건강에 좋지 않은 영향을 끼친다. 사육장을 냉각시킬 때 미스트와 쿨링팬을 동시에 사용하는 경우도 있다. 미스팅을 한 후 쿨링팬을 가동해주면 기화열로 인해 어느 정도 사육장 안의 온도를 낮게 유지할 수 있다.

기계적으로 저온을 유지하는 방법으로는 냉각기를 이용하는 것과 쿨링팬을 이용하는 것이

냉각팬

있는데, 효과는 쿨링팬보다 냉각기가 월등하게 더 좋다. 하지만 냉각기는 효율이 뛰어난 반면 가격이 많이 비싸다는 단점이 있기 때문에 냉각기 대신 쿨링팬을 사용하는 경우도 있다. 쿨링팬은 사육수조의 수면으로 바람을 불어넣어 그 기화열로 수온을 낮추도록 하는 장치다. 기화열만으로는 필요로 하는 수준까지 수온을 내리기가 쉽지 않기 때문에 냉각기보다는 효율이 많이 떨어지고(보통 2~3℃ 정도 수온을 내리는 효과가 있다), 물 증발량이 많아 자주 보충해줘야 한다는 단점이 있다. 그러나 냉각기에 비해 가격이 상대적으로 저렴하고 구하기도 용이하므로 필요한 경우 구입해서 설치해주면 어느 정도의 효과는 볼 수 있다.

■**자외선살균기** : 수시로 청소를 하기는 하겠지만 바닷재의 100% 교체와 내부구조물의 완전살균 외에 사육장의 오염을 완벽하게 제거할 수 있는 방법은 거의 없다. 화학약품이나 끓는 물을 분무하는 등의 방법으로 살균할 수도 있지만, 이러한 방법은 양서류 사육장에 적용하기에는 특히 위험하거나 식재된 식물 때문에 사용할 수 없거나 그 과정이 상당히 번거롭다는 단점이 있다. 이럴 때 자외선을 이용하면 효율적일 수 있다.
자외선은 모든 종류의 세균 및 곰팡이류에 대해 99.7% 이상의 강력한 살균작용을 한다고 알려져 있을 정도로 놀라운 효과를 가지고 있다. 특히 양서류의 경우 감염성 질병이 가장 다양하고 위험한 것인데, 안전하게 잘만 사용하면 자외선살균방식은 레이아웃에 영향을 주지 않으면서 사육장의 청결을 유지하는 가장 효과적인 방법이 될 수 있다. 태양광으로 살균하는 것보다 그 효과가 월등하며, 살균제나 살충제의 경우처럼 냄새 또는 화학물질이 남지 않는다는 것이 화학물질의 사용이 제한되는 양서류 사육에 있어 가장 큰 장점을 지닌 살균방법이라고 할 수 있다.
자외선(10~400nm)은 가시광선(380~770)보다 파장이 짧으며, 254nm 정도의 파장에서 모든 미생물과 접촉해 세균을 제거하는 독특한 기능을 갖는다. 이렇게 세균을 제거할 수 있는 것은 자외선이 박테리아, 바이러스, 효모, 곰팡이, 조류의 외부세포막을 관통하기 때문이다. 특히 세균이 생존하고 증식하는 데 필요한 DNA를 무력화하고 충격을 가해 파괴시킨다. 보통 살균등을 이용하는데, 진공상태의 살균램프 안 유리관에는 적당량의 수은과 아르곤(Argon) 가스 또는 불활성 가스가 봉입돼 있다. 2개의 전극을 통해 전류를 흘려 열전자를 방출시키면, 아르곤 가스를 매개로 해서 방전이 일어나게 된다. 이 방전에 의해 유리관 내에 전자가 흐르게 되는데, 여기에 수은열기가 충돌해 자외선을 발생시키는 원리로 작동하게 된다. 이렇게 발생된 살균선을 이용해 물, 공기, 기타 물질의 표면에 포함된 세균을 제거한다.

양서류 사육장에 적용할 수 있는 자외선살균장치의 사용방법은 두 가지가 있다. 하나는 수조의 물을 순환시키는 과정에서 수조 내에 발생할 수 있는 유해한 미생물이나 박테리아 등을 제거하기 위해 사용하는 방법이고, 다른 하나는 육상환경에서 사육장 구조물을 살균하는 도구로서 사용하는 방법이다. 자외선살균등을 이용할 경우 직접적으로 생물과 접촉되지 않도록 살균 중에는 사육개체를 반드시 별도의 공간에 격리해두는 것이 좋다. 또한, 식물에 영향을 줄 수 있다는 사실을 숙지하고 있어야 한다. 자외선은 사육장뿐만 아니라 사육비품들을 소독하는 데도 사용 가능하다.

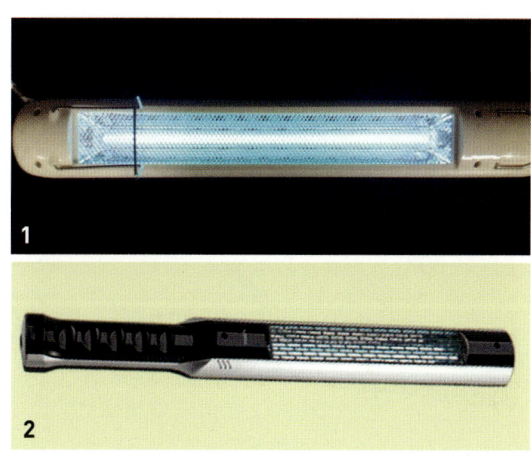

1. 자외선살균기 **2.** 자외선살균등

■**자동온도조절기** : 사육장 내의 온도를 설정값대로 유지하기 위해 사용하는 사육용품이다. 사용하고자 하는 열원이나 광원을 자동온도조절기에 연결하고 조절장치를 전원장치에 연결하면, 설정해둔 온도에 맞춰 스스로 전원을 작동시킴으로써 사육장의 온도를 일정하게 유지한다. 상당히 편리한 제품이기는 하지만, 개인적으로 디지털기기를 이용하는 것보다는 한 번이라도 더 사육장을 확인하는 것이 사육자의 올바른 마음가짐이라고 생각하기 때문에 필자의 경우 많이 사용하지는 않는다. 하지만 바쁘게 생활하다 보면 직접 손으로 열원의 전원을 켰다가 끄는 아날로그적인 방식으로는 사육장의 정확한 온도를 유지하지 못하는 경우가 빈번하게 생기게 되고, 또 그로 인한 문제도 많이 발생하기 마련이므로 활용하기에 따라서 사육에 큰 도움을 주는 아주 유용한 아이템이 될 수 있다.

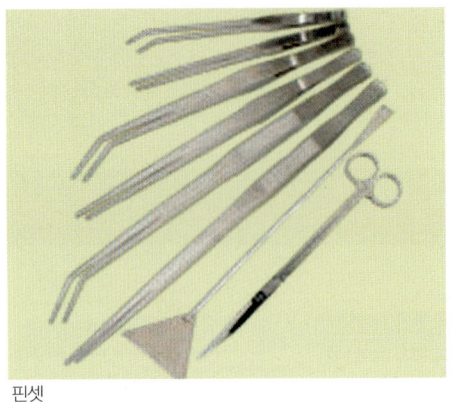
핀셋

■핀셋 : 양서류 사육용품 가운데 사용빈도가 매우 높은 기구 중 하나이기 때문에 손에 맞는 적당한 크기의 제품을 구입해 눈에 잘 띄는 곳에 두고 사용하면 상당히 편리하다. 먹이를 집어주거나 수조 내의 배설물 또는 먹이찌꺼기를 제거할 때 주로 사용한다.

사육장 청소용으로는 15cm~30cm 이상의 의료용 핀셋을 사용하는 것이 좋다. 이 핀셋은 먹이급여용으로 사용하기에는 조금 무겁고, 귀뚜라미와 같은 작은 물체를 재빨리 집는 것이 어려우므로 먹이급여 시에는 좀 더 가는 핀셋을 사용하는 것이 좋다. 양서류 먹이급여용으로 개발된 것은 없기 때문에 보통은 수초재배용으로 시판되는 것을 많이 사용하는 편이다. 대나무로 된 집게 등을 개조해 사용하는 경우도 있다. 먹이급여 시에 사용되는 핀셋은 팁 부분을 조금 둥글게 손질하거나 고무 덮개를 씌움으로써 사육종이 먹이를 받아먹다가 찔려 다치는 일이 없도록 하는 것이 좋다.

■뜰채 : 수조 내의 먹이찌꺼기나 부유물 혹은 먹이용 물고기를 잡아 옮길 때 사용한다. 소모품으로서 사용하다 보면 구멍이 나는 경우가 많으므로 크기별로 여러 개 준비해두면 사육장을 관리하는 데 아주 유용하다.

■분무기 : 사육장을 청소하거나 사육종에게 직접적으로 수분을 보충해줄 때, 평상시 사육장 내에 습도를 제공하기 위해 사용한다. 양서류 사육에 있어서는 특히 사용빈도가 높은 사육장비 중 하나이므로 사육장 가까이에 비치해두고 사용하도록 한다. 손잡이를 당길 때마다 분무되는 형태도 있고, 상단의 압축펌프로 공기를 압축해 사용하는 형태도 있다. 어느 것이나 사용해도 문제는 없으나 너무 용량이 큰 것은 좋지 않다. 가급적이면 용량이 적은 것으로 준비해 자주 신선한 물로 갈아서 사용하는 것을 추천한다.

분무기는 사육장 청소를 위해 세제를 살포하는 것과 물만 채워서 사용하는 습도유지용 두 개가 있으면 좋은데, 이 두 가지는 라벨을 달아서 철저하게 분리해 사용해야 한다. 혹시라도 소독용 분무기를 물 분무용으로 사용할 경우에는 좀 과하다 싶을 정도로 확실하게 세척한 이후에 사용해야 한다.

■ **스펀지, 솔 등 사육장 청소용구** : 수조 벽면이나 데코 자재에 생기는 물이끼 또는 오염물을 제거하는 데 사용된다. 유리처럼 매끄러운 재질일 경우 스펀지만으로도 오염을 제거할 수 있지만, 유목 등 굴곡이 많은 세팅자재는 솔이나 칫솔을 사

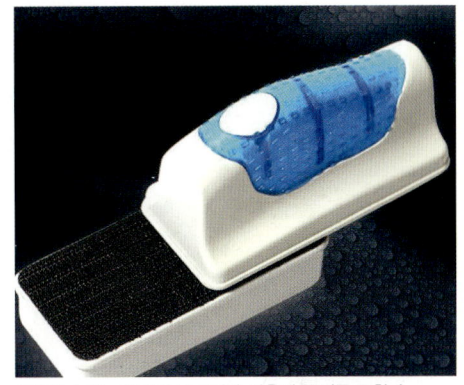

자석청소기는 편리한 도구지만 사용에 주의를 요한다.

용하면 더 확실하게 청소할 수 있다. 사육장 청소 시에 유리면을 닦는 스펀지는 최대한 부드러운 재질을 사용하는 것이 좋다. 오염을 제거하는 데 힘은 좀 더 들지만, 그만큼 수조 벽면에 흠집을 낼 가능성이 적기 때문이다.

요즘은 자석을 이용해 물에 손을 넣지 않고도 수조 벽면을 닦을 수 있는 제품도 많이 시판되고 있는데, 이런 제품은 벽면에 붙여둘 수 있어 사용하기에는 편리하지만 개인적으로 권하지 않는다. 자석면 안쪽에 모래나 단단한 물질이 박힌 것을 완벽하게 제거하지 않은 상태에서 부주의하게 사용하게 되면 유리면에 바로 흠집이 생기기 때문이다. 사용할 경우에는 세심하게 관리하고, 사용 후에는 사육장에 붙여두지 말고 다른 곳에 보관하는 것이 수조를 흠집 없이 좀 더 오래 유지할 수 있는 방법이라고 할 수 있다.

■ **사이펀(syphon), 환수용 호스** : 사이펀은 대기압을 이용해 용기를 기울이지 않고 높은 위치에 있는 액체를 낮은 곳으로 옮기는 연통관(連通管)을 의미한다. 수조 내의 물을 교환하거나 보충하는 데 사용한다. 수조 내에는 보통 여과기가 설치돼 있지만, 여과기만으로는 바닥에 쌓이는 배설물이나 사료찌꺼기 등을 완벽하게 제거하기 힘들기 때문에 사육자가 직접 제거해줄 필요가 생기게 되는데, 이때 사용하는 것이 사이펀과 호스다.

환수용 사이펀은 수족관에서 쉽게 구입할 수 있으며, 호스는 가까운 철물점 등에서 적당한 길이로 구입해서 사용하면 된다. 사이펀이나 호스를 이용해 수족관 내의 물을 환수할 때는 수족관 위쪽의 물보다 찌꺼기가 고여 있는 아래쪽의 물을 찌꺼기와 함께 빨아들여 수조 밖으로 빼내버리는 것이 좋다.

Section 02

양서류 사육장의 조성

어느 날 문득 개구리가 매력적으로 보이기 시작하더니 집에서 한번 길러 보고 싶어졌다. 그렇다면 어디서부터 시작해야 할까. 이번 섹션에서는 양서류를 기르고 싶다고 생각한 그 순간부터 사육장 조성이 끝나고 마지막으로 양서류를 분양받아 실제로 집에 데리고 올 때까지의 과정에서 어떠한 준비들을 해야 하는지에 대해 알아보도록 한다. 여담이지만 간혹 필자가 일하는 곳에 인턴이나 직업체험을 하는 학생들이 와서 양서파충류 사육에 대한 교육을 받는 경우가 종종 있다. 이럴 때 필자는 시간이 허락하는 한 반드시 전체일정 안에 크든 작든 비바리움을 조성해보는 프로그램을 포함시킨다.

비바리움을 조성한다는 것은 단순히 동물을 기를 집을 예쁘게 꾸며주는 일만을 뜻하지 않는다. 해당 종의 생태에 대한 충분한 이해를 기반으로 각종 레이아웃 소재를 입수하고 처리하는 법, 사육장 여과방식이나 열원의 제공 등과 같은 사육설비 전반에 대한 정보숙지, 사육장 오염원이나 위생곤충의 구제와 차단방법, 사육장 내에 식재되는 식물에 대한 이해, 차후 사양관리에 대한 대비, 공간을 구성하는 예술적인 감각까지 모두 동원돼야

하는 것이다. 하나의 비바리움을 충실하게 완성해가는 과정에서 각각의 분류군과 해당 종에 대한 이해가 한층 더 깊어지게 되는 것은 물론이고, 실제로 사육 전반에 있어 필요로 하는 여러 가지 지식과 정보, 기술들에 대한 포괄적인 이해가 가능해지게 된다.

비바리움에 대해 지속적으로 공부하고 경험이 쌓이고 나면, 다른 사람이 만든 비바리움을 살펴보는 것만으로도 대략 어떤 생태를 가진 종을 위한 레이아웃인지, 사육설비와 사육종에 대한 사육자의 이해도가 어느 정도인지, 나아가서는 사육자의 스타일까지도 어느 정도는 파악할 수 있게 된다. 반대로 생각해보면 다른 사람이 한눈에 알아볼 수 있는 나만의 개성적인 비바리움 스타일을 정립해보는 것도 사육에 있어서 즐거운 일 가운데 하나가 될 것이다.

양서류 사육장의 조성과정

드물기는 하지만 우연히 애완동물 숍에 들렀다가 마음에 드는 개구리가 있어 무작정 집으로 데려오게 되는 경우가 있는데, 이런 행동은 지양해야 한다. 어느 동물이건 사육에 있어서 가장 중요한 것은 '사육을 위한 준비'를 갖추는 일이기 때문이다. 생물은 모든 준비가 완료된 다음에 데려와야 한다. 특히 양서류처럼 환경에 민감한 종은 집에 데리고 온 후 사육준비를 하는 과정에서 약해지거나 폐사에 이르는 경우도 상당히 흔하다.

■**사육계획 수립** : 사육에 앞서 가장 먼저 해야 할 일은 무엇보다 '계획'을 세우는 일이다. 가장 중요한 '어떤 종'을 기를 것인지와 '몇 마리'를 기를 것인지를 시작으로 '어디에다' 기를 것인지, 희망하는 종을 '어디서' 구할 것인지, 사육장은 어느 장소에 어느 정도 크기로 설치할 것인지, 먹이나 사육장용품은 어떻게 수급할 것인지, 나아가 혹 문제가 생길 경우 누구에게 도움을 받을 것인지 등에 이르기까지, 가능한 한 구체적인 계획을 세워보도록 한다. 물론 아무런 사전지식이 없는 상황에서 이런 자료를 스스로 조사하고 계획하려면 상당히 수고스럽고 골치가 아플 것이다.

그러나 이러한 질문들에 대한 답을 스스로 찾아가는 과정에서 앞으로 양서류를 사육하면서 사육에 도움이 될 여러 가지 실질적인 정보들을 자연스럽게 습득하게 된다. 실제 사육종을 분양받기 위해 동호회에 질문을 할 때나 애완동물 숍에 들러 상담을 할 경우 미리 축적된 지식들은 사육에 필요한 좀 더 구체적인 도움을 받을 수 있도록 해주며, 준비과정에서 시간과 비용의 불필요한 중복투자를 줄여준다. 따라서 이 준비과정에 공을

상하운동을 하지 않는 러프 스킨 뉴트(Rough-skinned newt, *Taricha granulosa*)의 사육장은 가로로 넓은 형태가 적합하다.

들이고 치밀하게 진행한 만큼 앞으로 경험하게 될 실제적인 사육이 더 용이해질 것이다. 현재 국내에는 다양한 종류의 애완양서류가 도입돼 있다. 일단은 양서류라는 동물에 대해 잘 알지 못하는 상태이니만큼, 먼저 각각의 종의 특성과 생태에 대해 대강이라도 정보를 찾아본 다음, 본인이 마음에 들고 자신의 상황에 가장 적합한 종을 선택하도록 하자. 일차적으로 사육대상종이 선별되면, 이제는 오랜 기간 건강하게 잘 사육할 수 있도록 그 종에 대해서 좀 더 심도 있는 공부를 할 필요가 있다.

진정한 수집가가 '소유'보다는 무언가를 찾아 헤매는 '행위' 자체에 흥미를 느끼듯이, 개인적인 견해로는 사육의 즐거움 역시 이와 다르지 않아야 한다고 생각한다. 동물을 소유하고 관상하며 먹이를 주는 단순한 즐거움을 얻는 데 그치지 않고 사육의 모든 과정 자체를 즐길 수 있다면, 애완양서류 사육은 평생에 걸쳐 가까이하며 즐길 수 있는 수준 높은 취미활동이 될 것이다.

■**사육공간 분석** : 계획을 세웠다면 다음은 사육장을 구입해야 한다. 대량 증양식을 위한 야외방사장이 아닌 이상 양서류를 집 안에서 풀어 기를 수는 없는 일이므로 적절한 형태와 크기의 사육장을 준비하는 것은 사육을 위해 실질적으로 가장 먼저 해야 하는 일이다. 사육개체의 크기와 총 마릿수를 고려해 일차적으로 적당한 형태 및 넓이의 사육장을 구입하도록 하자. 사육장을 준비할 때 최우선적으로 고려해야 하는 것은 사육대상종의 '활동량'과 '활동형태'다. 활동량에 따라 사육장의 넓이가 결정되고, 수중에서 생활하는지 육상에서 생활하는지 나무에서 생활하는지에 따라 수조를 준비할지 아니면 양서파충류 전용 사육장을 준비할지가 결정된다. 또한, 수평운동을 하는지 수직운동을 하는지에 따라 세로로 긴 형태의 사육장인지 가로로 긴 형태의 사육장인지가 결정된다.
예를 들어 사육하고자 하는 종이 화이트 트리 프로그라면, 나무 위를 주 서식공간으로 하는 종이기 때문에 세로로 긴 형태의 사육장이 보다 유리하고, 수영을 즐기는 종이 아니므로 굳이 수조를 사용할 필요는 없어진다. 화이트 트리 프로그는 트리 프로그 중에서도 비교적 덩치가 큰 종인 데다 야간에는 제법 활동량이 많은 편이라 사육장도 다른 소형종 트리 프로그의 경우보다 좀 넓어야 하고, 사육환경을 조성할 때도 굵직한 유목이나 자재들이 많이 필요하게 된다.

사육장을 구입할 때는 크기뿐만 아니라 사육장을 설치할 가용공간도 고려해야 한다. 무조건 너무 큰 사육장을 구입했다가 올려둘 공간이 마땅치 않아 난감한 경우가 생길 수도 있다. 현재 양서파충류용 사육장은 다양한 재질과 형태로 제작되고 있다. 파충류 사육용품 전문회사에서 생산되는 기성품도 다양하게 수입되고 있고 사육자가 희망하는 대로 국내에서 주문 제작되기도 하는데, 어떠한 소재와 형태 및 구조로 제작됐든 208쪽 표의 조건을 많이 충족시킬수록 좋은 사육장이라고 할 수 있다.

■**레이아웃 구상 및 디자인** : 사육장이 정해졌다면 이제 레이아웃을 구상할 단계다. 필자는 현재 양서류 외에 파충류도 사육하고 있다. 필자의 경우도 그렇고, 다른 사람에게 사육법을 조언할 때도 필요하다면 파충류의 경우는 적층된 서랍형태의 '렉 시스템'을 권하기도 하지만, 양서류에 있어서만큼은 가급적이면 원서식지의 환경과 최대한 유사하게 세팅한 팔루다리움(paludarium)에서 사육하라고 권한다. 팔루다리움을 권하는 가장 큰 이유는 이러한 환경에서 사육종이 편안함을 느끼기 때문이다. 하지만 사육자의 입장에서 본다면 양서류는 대부분 크기가 작아 사육장의 조성과 관리 측면에서 다른 애완동물을 기를 때보다 시간과 노력이 상대적으로 덜 들기 때문이고, 무엇보다 제대

로 된 팔루다리움에서 사육할 때야말로 양서류의 진정한 매력을 느낄 수 있기 때문이다. 이렇게 자연스러운 사육장은 사육종의 생태를 관찰하기에 좋을 뿐만 아니라 아름다운 레이아웃으로 장식효과까지 있으며, 사육 하의 개체에게서 나타날 수 있는 비특이적 부적응 증후군(non-specific maladaptation syndrome)을 줄이는 데도 상당한 효과가 있다.

관리가 번거롭다는 이유로 최소한의 생존환경에서 동물을 기르는(사실은 죽지 않도록 유지하는) 경우가 많은데, 애완동물의 사육에 있어서는 사육자의 편의보다는 사육종의 행복이 절대적으로 우선시돼야 하는 것이 옳다. 애완동물 사육은 인간에게 있어 등산, 낚시, 독서와 같은 여러 가지 취미활동 가운데 하나지만, 유일하게 '생명'을 책임지는 취미활동이므로 사육자는 그 무게감이 일반적인 취미생활과는 다르다는 사실을 항상 기억해야 할 필요가 있다. 사육자에게 있어서 애완동물은 '생활의 일부'일 수 있지만 애완동물에게 있어서 주인은 '삶의 전부'라는 점을 잊어서는 안 된다.

대부분 사육장 또는 사육개체의 크기가 문제가 되기 때문에 실제 애완으로 사육되는 동물 가운데 가정에서 원서식지의 생태를 그대로 관찰할 수 있는 종은 그다지 많지 않다. 그러나 양서류는 적정한 넓이의 사육장에 적절한 레이아웃만 제공된다면, 집 안에 가만히 앉아서 원서식지에서의 행동을 생생하게 관찰할 수 있다. 사육장을 살아 있는 식물로 세팅할 경우 레이아웃을 제대로 유지하는 것 자체가 불가능한 경우가 많은데, 양서류는 작은 체구로 인해 식물에 대한 훼손이 거의 없어 유려한 레이아웃과 자연스럽게 어울린 모습을 관찰할 수 있다. 또한, 배설물의 양도 적기 때문에 제대로 유지되는 사육장에서는 유용미생물에 의해 재순환이 가능하다는 장점도 있다.

매뉴얼적으로 이야기하면 양서류 사육장은 하나보다는 두 개를 구상하는 것이 좋다. 사육대상종을 분양받고 바로 조성해둔 팔루다리움으로 투입하는 것보다는 초기사육장에서 일정 시간 동안 개체의 상태를 관찰해가며 축양하다가 안전하다고 판단될 때 실제 사육장으로 옮기는 것이 좋기 때문이다. 특히 다른 개체를 이미 사육하고 있고 새로 분양받은 개체를 하나의 사육장에 합사해 기르고 싶을 경우에는 격리수조가 더욱 필요하다. 격리수조의 세팅을 실제 사육에 사용할 사육장처럼 복잡하게 할 필요는 없다. 격리용 사육장은 사육개체의 관찰과 관리가 용이하도록 비교적 간단하게 세팅하고, 적응 정도를 충분히 지켜보고 판단한 다음 제대로 세팅된 실사육장으로 이동시키는 것이 좋다.

 사육장을 조성함에 있어 가장 우선시해야 할 것은 사육대상종이 서식하는 원서식지의 환경이다. 그 다음 동일한 종을 사육하는 다른 사람들의 사육장 레이아웃을 참고한다. 사육하고자 한 종의 국명이나 영명, 학명을 인터넷에서 검색하면 원서식지에서 찍은 많은 생태사진들과 다른 사육자들이 올려둔 사육장 레이아웃 사진을 어렵지 않게 찾을 수 있다. 이런 사진들을 자주 그리고 많이 볼수록 실제 사육장을 조성할 때 실질적으로 도움이 된다. 도움이 될 만한 사진은 출력하고 스스로 생각하는 이상적인 사육장의 레이아웃을 대략적으로나마 직접 그려보는 것도 좋다. 이렇게 대략적인 비바리움의 디자인이 머릿속에 그려지면, 좀 더 정확하게 자신이 구상한 사육환경을 실제로 구현하기 위해 필요한 데코 자재들의 크기와 숫자를 산출한다.

■**레이아웃 소재 구입/채취** : 사육장을 조성하는 데 필요한 자재들은 수족관이나 양서파충류 전문 숍에서 구입할 수 있다. 약간의 수고로움을 감수하면 가까운 산이나 냇가에서도 어렵지 않게 소재들을 구할 수 있으며, 이처럼 사육장을 꾸밀 자재들을 찾고 구하러 다니는 과정 역시 양서류 사육에 있어서 또 하나의 즐거움이기도 하다.

양서류 비바리움의 기능

기능	효과
환경적 기능	공기정화, 가습효과, 온도조절, 음이온 증가, 환경오염물질 제거
심리적 기능	정서순화, 스트레스 감소
치료적 기능	눈의 피로 경감, 정신적인 안정
교육적 기능	과학적 지식 습득, 미적 감각, 관찰력 증진
장식적 기능	생활공간에 미적 가치 부여
경제적 기능	공간의 가치창출

실제로 필자는 비바리움을 자주 만들지는 않지만, 야외에 나가거나 집 근처 수족관 또는 벼룩시장을 방문하는 등 일상생활에서 앞으로 꾸밀 비바리움에 사용될 소재들을 발견하고 수집하는 것에 지속적으로 흥미를 가지고 있다. 지금 당장 비바리움을 꾸밀 것은 아니지만 실제로 이런 활동들을 하면서 느끼는 소소한 즐거움도 사육에 있어서 빼놓을 수 없는 기쁨이다. 사실 수족관이나 애완동물 숍에서 본인이 처음 구상한 사육장을 그대로 구현할 수 있는 자재들을 구하기는 쉽지 않다. 대부분의 자재들은 수입되는 데다가 사육자가 원하는 형태나 크기가 제각각이기 때문이다.

고사목을 채취해 삶는 등의 방법으로 적당한 소재들을 구할 수 있다. 보통 사육장에 사용되는 나무는 고사목을 사용하고 필요한 돌이나 이끼와 같은 자연소재들의 양도 극히 적기 때문에 자연에서 소량 채취한다고 하더라도 환경에 크게 영향을 끼칠 정도는 아니지만, 이런 경우에도 국립공원과 같은 보호구역에서 무단으로 채취하는 것은 지양해야 한다. 혹 소재들이 바다에서 구한 것이라면 물에 충분히 담가 염분을 제거한 후에 사용하는 것이 좋으며, 돌에 식물을 활착시킨 후 사육장을 장식하고 싶다면 뿌리의 활착이 용이한 현무암이나 부석 등 다공질의 돌을 사용하는 것이 유리하다.

■**사육장 조성** : 자재의 구입이 끝나면 구입해온 소재들로 실제로 사육장을 조성한다. 이 과정에서 여러 번의 시행착오가 있을 수도 있는데, 사육자는 이러한 과정 자체까지도 즐기는 마음가짐이 필요하다. 좀 더 자세한 내용은 뒷장에서 설명하도록 하겠다.

■**사육개체 입식 및 사육장 보완** : 사육장을 조성하는 작업이 완전히 완료되고 식재한 식물들이 어느 정도 자리를 잡으면, 분양받은 사육대상종을 입식하고 상태를 관찰한다. 이제 막 입식한 개체가 새로운 환경에 적응할 수 있도록 돕기 위해 적절한 습도와 온도

를 제공하고, 과도한 빛과 스트레스 요인이 차단된 상태에서 하루 이틀 정도 금식을 시킨다. 며칠간 개체의 활동양상을 관찰해 적절한 열원의 위치, 먹이활동 영역, 은신처 영역 등이 대략적으로 정해지면, 이를 고려해 다시 한 번 레이아웃을 조정하고 부족하다 싶은 것을 보완한다.

■ **기록** : 사육장 조성과 관련된 사항들을 기록으로 남기고 지속적으로 사육일지를 작성한다. 앞으로 양서류를 사육하게 되면 거의 반드시라고 말할 정도로 사육장 조성을 위해 찾았던 애완동물 숍이나 화원, 자재상 등을 다시 방문해야 하는 일이 생길 것이다. 따라서 처음 방문했을 때 명함과 연락처를 받아 보관해두면 지속적으로 도움이 된다. 관련된 명함들은 별도의 명함첩에 모으고 연락처는 따로 저장해두도록 한다.
번거롭고 유난스럽다고 생각될 수도 있지만, 이러한 자료의 수집은 일차적으로 본인의 사육에 도움이 되는 일이지만, 양서류를 사육하게 될 다른 사람들에게도 엄청난 도움이 될 수 있는 것이다. 또한, 차후 같은 취미를 공유하는 동호인들과 교류하게 된다면 흥미로운 대화의 소재가 될 수도 있다.

레이아웃 베이스 제작

양서류 사육에 입문해 사육장을 조성할 때는 보통 기성품을 사용하지만, 점점 경험이 쌓이다 보면 자신이 기르는 종에 최적화된 사육장을 직접 만든 것들로 꾸며주고 싶은 욕구가 생기게 된다. 사육자가 사육장 레이아웃에 필요한 것들을 직접 제작하고자 할 때 알아야 할 여러 가지 내용들에 대해 살펴보도록 하자.

■**백스크린** : 일반적으로 시판되는 양서파충류용 사육장은 사면이 투명한, 유리나 아크릴로 만들어진 제품이다. 따라서 바닥재나 유목 정도만을 배치하면 상당히 허전해 보이고, 사육개체의 입장에서는 사방에 노출되기 때문에 스트레스를 유발하는 요인이 될 수 있다. 보통은 사육장의 뒷면을 자연스럽게 보이도록 처리하는 과정이 필요하고, 이것이 비바리움 세팅의 시작이 된다.

기성품 백스크린 이용하기 사육장 안쪽 면에 백스크린을 만드는 방법 가운데는 편평하게 가공된 코르크판이나 헤고판(나무고사리의 일종인 헤고를 판재로 가공한 것)을 붙이는 방법이 가장 간단하다. 식물을 식재하고자 할 경우에는 판에 구멍을 파고 묶거나 활착시킨다. 에피웹(Epiweb)이나 하이그로론(Hygrolon)은 열가소성 플라스틱 '폴리에틸렌테레프탈레이트(Polyethyleneterephthalate)' 로 제작된 특수섬유인데, 함수율이 높기 때문에 식물의 활착에 도움이 된다. 원하는 형태로 재단해 백스크린이나 유목 등을 표현할 수 있다.

백스크린 자작하기 사육장의 배경을 꾸미는 가장 자연스럽고도 수준 높은 방법은 입체 백스크린을 부착하는 것이다. 현재 다양한 제품이 판매되고 있으므로 이를 구입해서 각각의 사육장에 맞도록 재단해 부착하는 방법이 있고, 사육자에 따라서는 직접 제작해 사용하기도 한다. 기성품이 마음에 들지 않는다면 사육장 후면을 장식하는 백스크린을 직접 만들어보자. 보통은 압축스티로폼을 이용하지만, 굳이 구입하지 않더라도 가전제품을 포장하는 데 사용되는 압축스티로폼 조각을 사용하면 된다. 가볍고 일정한 높이만 제공할 수 있으면 소재나 색상에 관계없이 어느 것이나 사용할 수 있다.

기성품 입체 백스크린이 시판되고 있지만 어느 정도의 노력과 시간을 투자한다면 나만의 백스크린을 가질 수 있고, 이러한 것에 도전해보는 것도 양서류 사육에 있어서 새롭고 즐거운 경험이 될 것이라고 생각한다. 필자 역시 지금도 가끔씩 비바리움을 만드는

> ### 압축스티로폼을 이용한 입체 백스크린 만들기
>
> 백스크린의 제작은 다음과 같은 순서로 진행된다. 재료준비 → 백그라운드 디자인 → 대략적인 조각 → 리터치(세밀 조각) → 커버(프라이머-primer- 및 콘크리트 도포, 실리콘 작업 후 피트모스 도포, 유리섬유 부착 및 도색 등) → 수조 뒷면 부착 → 소독 → 식물 식재 → 생명체 투입
>
> 준비물 : 압축스티로폼(혹은 일반 스티로폼, 아이소핑크, 골드폼 등), 실리콘, 우레탄폼(필요한 경우), 아크릴물감, 젯소(gesso), 매트 바니시, 칼, 붓, 열풍기, 톱, 고무장갑
>
> 1. 사육장 뒷면 크기에 맞게 스티로폼을 절단한다.
> 2. 입체감을 줄 부분은 스티로폼을 덧댄다.
> 3. 적절한 모양으로 밑그림을 그린 후 도안에 따라 스티로폼을 자르고 파낸다. 인터넷 검색을 통해 마음에 드는 디자인을 찾아 참고해도 좋다(이 작업을 할 때는 가루가 많이 날리므로 이에 대한 대비가 필요하다. 처음에 크게 파내는 과정에서는 커터칼보다는 큼직한 부엌칼이나 쥐톱을 사용하는 것이 더 편리하다).
> 4. 대략적인 굴곡을 잡았으면 커터칼로 세세한 부분을 다듬어주고, 식물을 식재할 부분에 구멍을 판다.
> 5. 인두로 녹여 좀 더 섬세한 바위의 질감을 표현한다. 전기인두 끝에 철사를 감아주면 질감을 표현하기가 더 용이하다. 토치램프나 열풍기가 있다면 사용해도 좋다. 단 토치램프를 사용할 경우에는 화재에 주의할 필요가 있는데, 적절한 거리를 유지하지 않으면 순식간에 타버리게 된다. 이외에 자연석을 달궈서 스티로폼에 무늬를 찍는 방법도 있지만 상당히 번거로운 과정이다.
> 6. 젯소를 물과 1:5로 섞어서 전체에 바른다. 젯소는 도료의 접착성을 높이고 발색을 좋게 하는 역할을 한다. 스티로폼과 젯소가 모두 흰색이기 때문에 빼먹은 부분 없이 칠하기 위해서는 먼저 검은색 아크릴물감을 섞어 흰색 바탕과 구분되게 한 번을 먼저 칠하고, 두 번째는 흰색을 그대로 칠해 회색의 바탕과 구분해서 칠하면 된다.
> 7. 충분히 마르면 아크릴물감으로 도색을 한다. 손으로 눌러도 묻어나지 않는다면 도색을 시작해도 괜찮다. 빛이 비치는 것을 표현하고자 할 경우에는 화이트 펄을 살짝 발라주면 좋다.
> 8. 1~2일 동안 충분히 건조시키고 무광 유성 바니시(니스)나 알키드수지 계열의 유성 바니시로 10회 이상 칠하면 단단한 피막이 생긴다.
> 9. 흙의 질감을 내고 싶은 부위에 실리콘을 도포하고 완전히 건조한 흙을 발라 말린다. 돌의 느낌을 살리려고 한다면 회색을, 흙과 유목의 느낌을 살리고자 하면 검정색의 실리콘을 사용하는 것이 좋다.
> 10. 화학성분이 충분히 휘발될 때까지 완전히 말린다. 수조에 붙이고, 물을 채우고, 유해물질을 우려내는 과정을 반복한다.
> 11. 식물을 식재한다.

데, 구상부터 완성까지의 제작과정 하나하나가 즐겁고, 처음 구상대로 잘 완성됐을 때의 성취감도 상당히 크다. 처음에는 평면에 가벼운 굴곡을 주는 정도지만, 몇 번 경험이 쌓이면 입체적인 다층 폭포 또는 복잡하게 연결된 동굴을 만든다거나 식물을 식재할 자리까지 구상하는 등 점점 완성도가 높아지는 모습을 보게 될 것이다. 이 방법은 꼭 백스크린뿐만 아니라 인조돌이나 물에 뜨는 부상육지를 만드는 데도 동일하게 응용할 수 있다. 이와 같은 제작기술은 양서류 사육뿐만 아니라 사육장을 필요로 하는 다른 종의 사육에도 공통적으로 적용될 수 있으므로 한 번쯤 실습해보기를 권한다.

백스크린 시트지 붙이기

몇 종류의 기성품 시트지가 시판되고 있으나 마음에 들지 않는 경우 가장 손쉬운 방법은, 자연적인 풍경이 프린트된 시트지를 출력해 사육장 뒷면 바깥쪽에 붙이는 것이다. 백스크린 시트지를 붙일 때 필요한 준비물은 시트지, 헤라, 분무기, 약간의 세제(계면활성제), 칼 등이다. 시트지를 붙이는 방법은 다음과 같다.

1. 시트지를 붙일 사육장 뒷면을 깨끗이 닦아낸다.
2. 부착할 면의 길이보다 1~2cm 여유를 두고 시트지를 자른다.
3. 사육장 뒷면과 시트지의 접착면에 계면활성제를 탄 물을 분무한다.
4. 시트지가 작은 크기일 경우 이면지를 완전히 떼어 붙이고, 큰 크기라면 일부분만 제거하고 시트지를 원하는 위치에 맞춰 붙인 다음 남은 이면지를 조금씩 떼어가며 붙이는 것이 편리하다(시트지 뒷면의 이면지를 제거할 때 계면활성제를 탄 물을 전체적으로 분무해주는 것이 좋다).
5. 시트지를 사육장 뒷면에 어긋나지 않게 살짝 올려둔다.
6. 시트지 중간을 헤라로 문질러 먼저 붙인다.
7. 중간에서 가장자리 방향으로 헤라를 움직여 공기방울을 제거하고 붙여나간다. 붙이는 도중에 갇힌 기포는 시트지를 조심스럽게 다시 떼어내 바깥쪽으로 밀어 제거한다. 가운데 기포가 생기면 칼로 구멍을 살짝 내고 공기를 뺀 후 마른 수건으로 눌러 붙인다.
8. 끝부분까지 밀착됐으면 남는 부분을 자르고 마무리한다.

■**나무 외피의 표현** : 앞에서 설명한 바위의 표현과 동일한 방법으로 나무의 외피를 표현하는 것이 가능하다. 좀 더 디테일하게 만들기 위해서는 시판되는 코르크나 실제 나무의 외피를 이용하는 방법이 있다. 적당한 크기의 나무를 디자인한 후 그 크기에 맞게 코르크나 채취한 나무의 외피를 잘라 붙인다. 가느다란 가지는 시판되는 가지 유목이나 실제 나뭇가지를 붙여 표현하고, 이음새 부분은 우레탄 폼으로 붙이고 깎아서 세부적인 표현을 한다. 나머지 처리는 동일하다.

■**뿌리나 줄기, 넝쿨의 표현** : 준비물로는 가장 굵은 부분을 표현할 PVC파이프와 같은 원통형 소재, 뿌리나 가는 줄기를 표현할 여러 가지 굵기의 밧줄, 무독성 시멘트, 프라이머, 실리콘, 피트모스, 고무장갑 등이 필요하다.

PVC와 같은 원통형 파이프에 열을 가해 원하는 형태를 만드는데, 이는 가장 굵은 뿌리가 된다. 부식되지 않는 적당한 굵기의 소재라면 무엇이든 사용 가능하다. 밧줄로는 곁뿌리나 잔덩굴을 만드는데, 줄의 형태라면 어떤 것이든 사용할 수 있으며 굵은 밧줄에 가는 밧줄을 감아 좀 더 디테일하게 표현할 수 있다. 굵기 표현이 필요한 부분은 우레탄폼을 도포한 후, 이것이 마르면 적당한 굴곡을 주며 깎아내고 전체적인 모양을 잡는다. 건조 후 검정색 실리콘을 전체적으로 꼼꼼히 바르고, 그 위에 피트모스를 덮어준

다음 다시 말린다. 부착하는 소재는 생명토도 좋고 다른 것들을 이용해도 괜찮다. 모든 작업과정에서 고무장갑을 이용하는 것이 편리한데, 실리콘의 점성 때문에 경험상 붓보다는 장갑을 착용한 손으로 실리콘을 바르는 것이 가장 빠르고 꼼꼼하게 작업할 수 있었다.

■ 유목 만들기 : 유목은 수족관용으로 판매되지만 야외에서 구할 수 있는 고사목으로 직접 만들어 사용할 수도 있다. 심하게 부식된 것이나 유해한 곤충이 살고 있는 것, 옻나무나 소나무처럼 유해한 진액이 나오는 것만 아니면 어느 것이든 사용 가능하다. 유목을 만드는 순서는 다음과 같다. ①우선 적당한 크기와 모양의 고사목을 채취한다. 화원에서 고사한 분재를 구해 만들어보는 것도 미관상 좋은 형태의 유목을 얻을 수 있다. ②고사목의 흙을 털어내고 심하게 부식된 부분이나 남은 껍질을 제거한 다음 용도에 맞게 손질한다. ③식물을 부착할 부위에는 홈을 파거나 적당한 길이 및 형태로 절단한다. ④유해한 물질이나 세균을 제거하고, 진액을 빼기 위해 끓는 물에 소금을 넣고 삶은 다음 하루 정도 물에 담가둔다. ⑤수중에 사용할 것은 물이 담긴 물통에 넣고 돌 등으로 눌러 가라앉힌다.

1, 2. 밧줄을 이용해 뿌리를 표현한 모습 **3.** 유목과 밧줄을 이용해 조화롭게 만든 인조 넝쿨의 모습

■식물 활착 베이스 : 양서류 사육장에 활착식물이나 이끼를 식재하면 자연스러움을 더할 수 있는데, 이와 같은 활착식물들은 편평하고 공극이 많은 면이 아니면 잘 붙지 않는다. 사육장에 바닥재를 깔고 식물을 식재하면 오래지 않아 식물들이 시들기 시작하는 경우가 많은데, 이는 뿌리가 정상적으로 착생되지 않았기 때문이다.

사육장을 꾸미는 많은 사람들이 이처럼 식물, 특히 양서류 사육장에서 중요한 위치를 차지하는 이끼를 안정적으로 활착시키는 데 많은 어려움을 겪는다. 뿌리를 활착시키는 전통적인 방법은 알루미늄철사나 케이블타이 혹은 나일론실 등을 이용해 뿌리가 내릴 때까지 묶어두는 것이다. 현재도 많이 쓰이는 방법이며, 어느 정도 무게가 나가더라도 튼튼하게 지탱할 수 있고 경사가 심한 곳이라도 안정적으로 고정시킬 수 있다는 장점이 있다. 제품화된 실 가운데는, 시간이 지나면 녹아서 사라지기 때문에 활착 이후 번거롭게 다시 제거해줄 필요가 없는 것도 있다.

수초는 시판되는 수초본드를 사용하기도 하고, 난초 같은 경우에는 순간접착제로 살짝 붙여두기도 한다 (수초용 본드를 사용할 경우에는 가능한 한 물기를 완전히 말린 후 발라야 한다). 이외의 방법으로 우뭇가사리나 천연 셀룰로오스 혹은 하이셀(Hi-cell), 구아검(Guar Gum, 콩과 구아에서 추출한 증점제), 잔탄검(Xanthan Gum, 사탕수수에서 추출한 증점제) 등의 점도증가제를 이용하면 보다 쉽게 문제를 해결할 수 있다. 냉수나 온수에 녹여 사용하는 이러한 증점제는 끈적끈적한 점성을 가지고 있기 때문에 사육장 바닥면이나 경사면의 돌, 백스크린, 나무 등에 식물을 붙일 때 접착제처럼 사용된다.

성분에 따라서는 단순히 이끼가 떨어져 나가는 것을 방지하는 수준을 넘어 효과적으로 증식하고 활착하도록 도와줄 수도 있기 때문에 그냥 그 자리에 이끼를 물리적으로 고정해두는 것보다 여러모로 효율적이다. 증점제에 발근촉진제 등의 식물영양제를 소량 섞어 사용하면 뿌리의 활착이나 새 뿌리의 발달에 도움을 줄 수 있다.

잔탄검과 구아검

생명토

생명토는 원예, 분재, 조경 등에 사용하기 위해 특수 조제된 토양 영양조성물로 뛰어난 보수력과 수화력(수분을 공급해주는 능력)을 가지고 있다. 또한, 미생물 발효, NPK(질소·인산·칼륨)의 장기적인 균형유지로 토양의 개선, 뿌리활력 촉진, 조기착근 및 식물식재 시 활착력을 증진시키는 효과가 있다. 이외에도 병해발생 억제, 토양경화 방지, 유해물질의 분해 및 제어 등의 효과를 나타낸다.
자연부엽토 성분이라 신선한 곳에 보관해야 하며, 장기간 보관이 가능하다. 토탄 40~60%, 갈탄 30~40%, 유기물(유박, 골분, 계분, 송수태) 20~30%, 미생물제재 5~15%, 기타 무기영양제를 혼합해 제조되며, 조경수 이식과 분재, 석부작(石附作) 등에 쓰인다. 사육장 조성에 있어서는 고저나 요철 등을 손쉽게 표현할 수 있기 때문에 사육장의 뒷면에 덧발라 백스크린을 표현하기도 하고, 만들어진 백스크린 위에 검정색 실리콘 대용으로 펴 발라 식물을 식재하는 방식 등으로도 응용이 가능하다.

생명토

식물을 옮겨 심을 때 사용되는 영양제들은 가까운 화원에서 어렵지 않게 구할 수 있다(이러한 점도증가제를 사용할 경우 양이 많다고 하더라도 블렌더를 사용해서는 안 된다. 증점역할을 하는 연결고리를 끊어버리기 때문에 젤화가 일어났더라도 나중에 다시 물처럼 바뀌게 된다).

원예용으로는 생명토를 많이 사용하는데, 이 역시 어느 정도 점성을 가지고 있으므로 효과가 나쁘지 않다. 그러나 개인적으로 사용해본 결과, 육상부에는 문제가 없지만 물과 닿는 부분에 사용되면 수질에 상당한 영향을 미치는 것 같아 물과 접촉되는 부분에는 사용하지 않고 있다. 국산과 일본산 두 종류가 시판되고 있으며, 일본산의 가격이 조금 더 비싸다. 국산 생명토는 그대로 물에만 반죽할 경우에는 마르면서 갈라지는 현상이 있다는 평이 있지만, 양서류 사육장의 경우 지속적으로 습도를 유지하도록 관리하기 때문에 이러한 특성은 크게 문제가 되지 않는다.

이처럼 사육장 바닥이나 사육장 내에 식재한 식물 주위를 이끼로 덮어두면 좋은 이유가 몇 가지 있다. 우선 관상가치가 있으며, 이끼의 생장은 곧 식물이 생육하는 환경과 밀접한 관계가 있으므로 이끼의 모습을 보면 식물의 상태를 미루어 짐작할 수 있기 때문에 이끼의 상태를 살펴가며 사육장 내의 습도를 관리할 수 있다는 장점이 있다.

■ **이끼 베이스** : 구입하거나 채취한 이끼를 그대로 사육장에 활착시키는 방법 외에 사육장 안에 직접 기르는 방법이 있다. 앞서 설명한 대로 이끼를 조금씩 떼어 원하는 위치에 증점제로 활착시킨 후 관리하면서 번식시켜 나가기도 하고, 다음에 설명한 방법대로 영양액과 이끼를 통째로 갈아 원하는 위치에 바르고 키우는 방법도 있다.

이끼 베이스 제조방법은 다음과 같다. ①믹서에 이끼와 플레인 요구르트 혹은 버터밀크를 넣고 잘 섞이도록 갈아준다(콘시럽을 넣기도 하는데, 이는 내용물이 잘 흘러내리지 않도록 하는 증점제의 역할을 한다). ②이끼의 뿌리는 제거하고, 믹서에 갈 때 물을 넣어 페인트와 비슷한 정도로 점도를 조절한다. 이때 이끼는 반드시 싱싱한 것을 이용해야 한다. 생명토를 사용할 경우에는 이끼와 1:1 정도의 비율로 혼합해 갈아서 사용한다. ③걸쭉해질 때까지 충분히 잘 반죽한 후 하루 이틀 정도 숙성시킨다. ④혼합된 재료를 사육장 벽면이나 유목 혹은 희망하는 곳에 잘 펴서 바른다. 그냥 발라도 조건이 충족되면 이끼가 발생하지만, 구입한 이끼를 활착시키는 활착 베이스의 용도로 사용할 경우에는 그냥 쓰는 것보다 조금 묽게 희석시켜 이끼의 뿌리 부분에 골고루 펴서 바른 후 활착시키면 좀 더 좋은 결과를 얻을 수 있다. ⑤분무기로 미스팅해주며 관리한다.

이렇게 플레인 요구르트나 버터밀크를 사용하는 방법의 경우 양서류 사육장의 습한 환경으로 인해 이끼가 제대로 성장하기 전에 곰팡이가 먼저 발생할 우려가 있기 때문에 초기관리를 잘 해줄 필요가 있다. 염려가 된다면 요구르트와 버터밀크 대신 점도증가제를 섞어도 좋다.

■**배수층의 설치** : 바닥재와 식재된 식물로도 어느 정도의 생태적 순환이 이뤄지기는 하지만, 사육장을 보다 오래도록 잘 유지하기 위해서는 배수층의 설치가 필요하다. 사육장 맨하단에 설치되는 배수층은 일차적으로 바닥재의 과다한 수분으로 인해 사육장 내에 식재된 식물들이 죽는 것을 막아주고, 사육장 내의 과잉된 수분을 저장하며 수분이 부족할 때는 보충하는 역할을 한다. 동시에 오염물질을 모아주고, 나아가 여과기나 여과재, 수중모터의 설치여부에 따라 물을 순환시키고 생물학적으로 분해해 정화하는 역할을 한다. 사육장 바닥에 저면 열원이 설치된 경우 식물을 열원의 열기로부터 보호하는 역할도 한다.

사육장을 타공해 배수관을 외부로 연결하면 오염을 효과적으로 줄이거나 제거하고,

하이드로 볼

하이드로 볼(Hydro ball)
진흙을 특수 고열 처리해 입자 내에 다공층이 많도록 제조한 인공경석으로 식물재배에 적합한 무균의 용토다. 통기성과 배수성이 좋고 보수성 및 보비성(保肥性)이 뛰어나 난 재배, 수경재배에 이용되고 뿌리가 굵은 식물재배 용토로 사용된다. 입자크기에 따라 1호(2mm), 2호(4mm), 3호(6mm), 4호(10mm), 5호(14mm), 6호(20mm)로 구분된다.

배수관이 있으면 바닥층을 장기간 청결하게 유지 관리할 수 있다.

바닥재 전체를 교체하는 시기를 늦추는 데 상당한 도움이 될 수 있다. 어느 정도 경력이 쌓인 사육자들은 배수층 높이보다 낮게 배수구멍을 뚫어 오염수가 능동적으로 배출되게 함으로써 사육장의 레이아웃을 해치지 않고 오염물질을 제거해 레이아웃의 수명을 늘리기도 한다. 배수층을 만들 때는 바크나 자갈, 하이드로 볼, 숯, 난석처럼 대체로 입자가 굵은 소재를 깔아주는 방법이 있고, 플라스틱 망 등으로 사육장의 하단부를 일정 간격으로 완전히 이격시켜 사육장 바닥으로 물이 고이도록 하는 방법이 있다.

사육장의 크기에 맞게 보통 '루버(Louver)'라고 불리는 플라스틱 격자망으로 만들기도 하는데, 시중에서 쉽게 구입할 수 있는 구멍 뚫린 플라스틱 상자를 이용해도 좋다. 이렇게 만든 공간 안에 여과재를 넣어 생물학적 여과 성능을 향상시키기도 한다. 배수층을 설치한 이후에는 그 위에 깔아줄 바닥재와의 격리를 위해 덮개를 준비할 필요가 있다. 덮개를 덮은 후 레이아웃을 조성하면 차후 전체적으로 다시 세팅할 경우 보다 편리하게 사육장 안의 구조물을 제거할 수 있다.

사육장 레이아웃(lay-out)

사육자가 바닥재나 백스크린, 유목, 돌, 식물, 물그릇, 은신처 등의 케이지 데코 자재를 이용해 사육장을 효과적으로 정리하고 배치하는 것을 보통 '세팅(setting)' 혹은 더 보편적으로 '레이아웃(layout)'이라고 말한다. 레이아웃의 사전적 의미는 '시각적 전달

비바리움 제작은 양서류 사육의 또 다른 즐거움이다.

을 위해 문자, 사진, 일러스트레이션 등의 시각요소를 일정한 공간 내에 효과적으로 배열해 시선을 유도하는 작업'이지만, 동물사육 분야에 있어서는 일반적으로 사육소재와 비품들을 이용해 효과적으로 사육장을 조성하는 작업(또는 그 결과물)을 일컫는다.

사육장 안에는 바닥재, 열원, 조명, 여과기, 안개발생기, 살아 있는 식물, 이끼, 유목, 돌, 물 등이 복합적으로 구성된다. 여기서 각각의 사육종에 최적화된 꼼꼼한 지형조성을 비롯해 사육장 내의 생태계 작용, 오염을 통제하는 여과작용이나 정화작용 등을 고려한 복잡한 기본작업이 먼저 이뤄지고 난 후, 그 위로 덮이는 식물과 물 그리고 안개 등의 요소가 조합되는데, 이러한 작업을 총체적으로 의미하는 것이 비바리움 레이아웃이다. '동물에게 필요한 온도나 습도 등의 환경조건들이 잘 갖춰진 사육장'이나 '관상적 가치가 높은 아름답게 꾸며진 사육장' 혹은 '사양관리가 가장 용이하도록 조성된 사육장' 이 동물의 사육에 있어서 효율적이지 않다거나 가치가 없다는 의미는 결코 아니다. 그러나 적어도 양서류에게 있어서 '가장 이상적인 사육환경'이란 '사육하고자 하는 각 종의 원서식지 환경에 가장 근접한 서식조건이 제공될 수 있도록 효과적으로 세팅된 사육공간'을 의미한다고 생각한다. 여기에 미적으로 아름답게 꾸며져 있다면 더욱 이상적인 환경이라고 할 수 있다. 이러한 사육환경은 사육자가 양서류 사육의 참다운 매력을 가장 잘 느낄 수 있는 필수조건이 되기 때문이다.

물론 사육자에 따라서는 안전과 효율을 중시한, 심플한 설비로 세팅하는 경우도 있다. 사육에 있어서 우선시해야 할 것은 '생명체의 생존을 유지할 수 있는 환경의 제공'이기 때문에 어떤 식으로 레이아웃하는 것이 옳다 그르다 판단하는 것은 어렵지만, 원서식지와 유사하게 시각적으로 아름답게 레이아웃된 사육장은 사육개체의 안정적인 생존에 더 적합할 뿐만 아니라 미적으로도 충분한 가치를 지닌다. 더구나 양서류는 전반적으로 체구가 작은 만큼 레이아웃을 훼손하는 경우가 드물기 때문에 다른 애완동물에 있어서보다 레이아웃의 효용성이 더 크다고 할 수 있다.

레이아웃은 미적인 관점에 치우쳐 단순히 사육장을 '아름답게' 꾸미는 것과는 다르다. 물론 보기에도 아름다워야 하지만 그것보다 우선시해야 할 것은 사육대상종의 생태와 습성에 대한 고려이기 때문이다. 일차적으로 사육대상종의 생태와 원서식지 환경에 대한 충분한 이해를 기초로 식물과 조경, 구도에 대한 미적인 이해, 사육장에 설치되는 각종 사육설비에 대한 충분한 이해가 모두 합쳐질 때 아름다운 레이아웃이 완성된다. 따라서 비바리움은 처음에 언급한 바와 같이 사육자가 가지고 있는 사육종에 대한 사육지식, 양서류에 대한 생태적 지식, 디자인에 대한 예술적 재능, 사육비품에 대한 기술적 이해도가 모두 반영되는 종합예술이라고 할 수 있다. 이러한 이유로 레이아웃은 사육자들 사이에서는 '양서류 사육의 꽃'이라고까지 이야기되고 있다.

그러나 이와 같이 복잡한 레이아웃은 초보자들에게는 권장되지 않는다. 사육장 안에 구조물이나 식물이 많이 추가되면 될수록 관리 면에서는 더 번거로워지는 것이 사실이고, 사육개체를 정확하게 관찰하기가 어려워지며, 그로 인해 사육에 실패하게 되는 여러 가지 변수가 더 많이 발생하기 때문이다. 처음 사육을 시작할 때는 최소한의 레이아웃을 시도하고, 차츰 지식과 경험을 쌓아가며 자신만의 멋진 양서류 사육장 레이아웃에 도전해보길 바란다.

Section

양서류 사육장 레이아웃의 형태

이제 이전 섹션의 내용을 참고해 실제로 사육장을 조성해보자. 양서류 사육장을 조성하는 데 특별한 법칙이 있는 것은 아니다. 이 책에서 제시하는 내용 역시 수많은 레이아웃 방법 가운데 하나일 뿐 그것이 절대적인 기준은 아니다. 그러나 사육에 도움이 되는 내용을 정리하는 과정에서 어떤 분류의 기준은 있어야 하므로 여기서는 아래의 세 가지 유형으로 나눠 양서류 사육장 레이아웃을 간단하게 정리해보도록 하겠다.

사육장은 기본적으로 '아쿠아리움 타입'과 '테라리움 타입'으로 나눌 수 있으며, 테라리움은 다시 육상환경의 비중이 높은 '비바리움'과 육지 없이 수중환경과 수상환경의 비중이 높은 '팔루다리움'으로 나눌 수 있다. 테라리움은 보통 생명체 없이 식물만을 기르는 경우를 말하므로 여기서는 수생종을 위한 아쿠아리움 타입, 지하성이나 지상성 종을 위한 비바리움 타입, 수상성 종을 위한 팔루다리움 타입의 세 가지로 나눠 설명하도록 하겠다. 본서에서는 사육장의 조성형태를 이처럼 편의상 세 가지로 나누지만, 일반적으로 완전수생종을 위한 아쿠아리움 타입 사육장에 부상육지를 설치해 반수생종

제작 중인 사육장의 모습

을 기를 수도 있고, 팔루다리움 타입의 상부를 식물로 꾸미고 완전수생종을 사육해도 좋다. 사실 사육장을 조성하고자 할 경우 가장 관심을 기울여야 할 점은, 사육장의 형태가 아니라 사육대상종이 필요로 하는 물과 육지의 비율 및 서식환경, 즉 수생종인지 육상종인지 지하성 종인지의 여부다. 먼저 이 점을 확인해야 사육개체가 필요로 하는 환경을 제대로 제공해줄 수 있다. 그런 다음 사육자의 취향을 반영해 가장 적합한 스타일로 사육장을 조성하면 되고, 창의성을 발휘해 다양하게 응용할 수도 있다.

청개구리를 기를 경우를 예로 들어보자. 기본적으로 나무 위를 주 서식처로 하는 수상성 종으로 육상에 내려가거나 물에 들어가는 경우가 거의 없으므로 수족관 형태의 아쿠아리움 타입보다는 육상환경을 제공해줄 수 있는 비바리움 타입이나 팔루다리움 타입이 적합하다. 이 두 타입 모두 가능하지만, 필자의 경우 바닥재를 자주 교체해주는 것이 번거로울 것 같고 개구리만 기르는 것보다는 소형 관상어류와 함께 사육하면 좋을 것 같아 부상육지가 설치된 팔루다리움 타입을 선택한다.

사실 필자는 '완전수생종은 물이 가득 담긴 수조에, 육상종은 테라리움에'라는 식의 정형적인 사육환경은 그다지 선호하지 않는 편이다. 독특하게 조성된 사육장은 그만큼 사육자가 사육 자체를 즐기고 있으며 사육대상종에 대한 관심과 애정을 가지고 있다는 증거라고 생각하기 때문에, 새로운 구조와 형태의 사육장을 국내에서도 많이 볼 수 있었으면 한다. 또한, 이렇게 직접 사육장을 조성해보는 경험 역시 사육에 있어서 아주 즐거운 일 중 하나가 될 것이다. 필자의 사무실에는 항상 작업 중인 사육장이 한두 개씩 있다. 업무 중에 눈에 띌 때마다 조금씩 수정하고 보충해가며 천천히 완성해 가는데, 바쁜 일상 속에서 머리를 식히는 즐거운 취미활동 중 하나다. 급하게 완성해야겠다는 생각만 없다면 오랜 기간 느긋하게 즐길 수 있는 추천할 만한 취미라고 생각한다.

아쿠아리움(aquarium), 완전수생종을 위한 사육형태

아쿠아리움은 완전수생종 양서류 사육에 적합한 수조형태의 사육장조성방식이다. 완전수생종은 수중환경에서 생활하는 비중이 높으므로 육지는 필요치 않으며, 굳이 필요하다고 판단될 때는 수면에 뜨는 부상육지를 배치하는 것으로 육상환경을 대신할 수 있다. 부상육지는 스티로폼이나 우레탄폼으로 자작을 해도 좋고, 코르크판을 띄워 두거나 기성품으로는 수생거북용의 수상구조물을 설치해줘도 괜찮다. 그러나 이 역시 완전수생종의 경우 사용빈도가 높지는 않아 올라와 있는 것을 관찰하기가 힘든 경우가 많다. 아쿠아리움에 반수생종을 기르고자 할 경우, 수질관리의 편의를 위해서는 수위를 낮추

완전수생종을 위한 아쿠아리움

고 부상육지의 크기를 늘리며, 내부구조를 복잡하게 조성하는 것이 어느 정도 도움이 된다. 그러나 아쿠아리움 타입은 완전수생종에 적합한 형태이며, 반수생종의 경우는 수중환경에서 생활하는 비율이 상대적으로 높은 종을 사육하는 것이 바람직하다.

아쿠아리움에는 수중식물과 부상성 식물을 주로 식재한다. 물속에 식재하는 수초의 사육은 이미 수준 높은 취미활동의 한 분야로 대접받고 있기 때문에 식재되는 식물이 많이 개발돼 있고 레이아웃에 대한 자료도 많이 축적돼 있다. 수초에 관련된 책이나 자료를 찾아서 참고하도록 하자. 한 가지 주의할 점이라면, 수조 내에 순수하게 수초만 기르는 것이 아니라 양서류가 함께 공존해야 하기 때문에 이산화탄소를 충분히 공급해야만 정상적으로 생육하는 식물은 식재하지 않는 것이 좋다는 것이다. 수조 안의 양서류에게 인공적으로 공급되는 이산화탄소가 영향을 미치지 않도록 하기 위해서는 공급되는 이산화탄소를 모두 소비할 수 있을 만큼 충분히 많은 수초가 식재돼 있어야 한다.

비바리움(vivarium), 육상종을 위한 사육형태

'테라리움(terrarium)'은 1829년 밀폐된 유리용기 안에서 식물이 별도의 수분과 양분, 공기의 공급이 없어도 잘 자란다는 것을 발견한 영국 런던의 워드(Nathaniel bagshow ward)라는 의사에 의해 시작돼 현재 전 세계에 전파돼 있는 식물재배방식이다. 식물의 생리작용과 대기의 자연순환법칙을 이용해 한정된 공간 내에서 식물을 기르는 이 테라리움에 생명체가 더해지면 비바리움(vivarium)이라는 다른 이름으로 불리게 된다. 'vivarium'은 'viva(동물)'와 'arium(작은 용기)'의 합성어로 투명한 용기에 작은 동물을 함께 기르고 감상할 수 있는 동물사육형 테라리움을 의미한다. 움직이는 동물이 들어가므로 아무래도 식물만 식재된 테라리움보다는 동적인 묘미를 살릴 수 있으며, 정서순화와 자연학습에 도움이 되는 역할을 한다.

이처럼 비바리움을 설치할 경우 바닥재의 오염을 관리하기가 쉽지 않기 때문에 출수구를 뚫어주고 배수층은 반드시 조성해주는 것이 좋다. 사육장 바닥에 바닥재를 바로 깔면 얼마 지나지 않아 오염이 되고, 심한 경우 레이아웃 전체를 들어내고 다시 세팅해야 할 수도 있다. 배수층의 소재로는 보통 하이드로 볼(황토볼)을 많이 사용하는데, 이 소재는 입자 사이사이에 공간을 만들어줌으로써

> **안개발생기와 타이머를 이용한 분무법**
> - 윗부분에 안개발생기가 들어갈 장소를 만들고 펌프로부터 물이 항상 채워지게 한다.
> - 타이머 가동 환풍기와 연결하면 더욱 좋다.
> - 진동자상부로 3~5cm 정도 물이 채워져 있을 때 안개발생 효과가 가장 좋다.

육상종을 위한 비바리움

물과 흙이 썩는 것을 최대한 늦춰준다. 하이드로 볼을 깐 다음에는, 다른 소재의 바닥재와 하이드로 볼이 뒤섞이지 않도록 루바나 그물망 같은 것으로 덮어 경계를 만들어주는 것이 좋다. 이렇게 경계를 만든 다음 그 위에 바닥재를 깔아준다. 시판되는 제품을 사용할 수도 있고, 사육자에 따라서는 시판되는 제품에 또 다른 소재를 더해 사용하기도 한다. 바닥재의 소재와 비율은 사육종에 따라 적절히 선택 배합하도록 한다. 필자는 비바리움의 곰팡이발생을 억제하는 효과가 있는 수태를 잘라 다른 바닥재와 섞어 쓰거나 바닥재 윗면에 물에 불린 수태를 잘라 깔아주고 있다. 마지막으로 최상부를 나뭇잎 등으로 덮고 유목이나 코르크보드, 물그릇, 먹이그릇 등의 케이지 퍼니처를 배치한다.

테라리움 안에 수공간을 조성할 때는 관리의 편의성을 도모하기 위해 수공간을 분리해주거나 별도의 용기를 사용하는 경우가 많다. 수공간을 제공해줄 경우에는 종에 따라 그 깊이를 잘 조정해야 할 필요가 있다. 특히 팩맨이나 아프리카황소개구리처럼 수영에 능숙하지 못한 종의 경우 수위는 사육개체가 '앞다리를 자연스럽게 펴서 땅에 닿을 정도'가 적당하다. 너무 깊으면 물에 들어가는 것을 꺼리게 되는 경우가 있으며, 반대로 수위가 너무 낮으면 지속적으로 불편한 자세를 취하는 과정에서 내부장기나 골격에 문제가 발생할 수 있다. 육상종 중에는 다리가 짧은 종도 있으므로 물그릇에 드나들기 용이하도록 경계면을 잘 디자인해줄 필요가 있다.

팔루다리움(paludarium), 반수생종을 위한 사육형태

팔루다리움(paludarium)은 '워터 가든(water garden)'이라고도 불린다. 늪지라는 의미의 'paludal'과 수조라는 의미의 'aquarium'의 합성어로 수중환경의 비율이 높은 테라리움을 팔루다리움이라 지칭하며 열대우림, 정글, 강둑, 습지의 환경을 구현할 수 있다. 전체적으로 중층구조를 이루며 수중과 수면 그리고 육상으로 이어지는 연장선상의 환경을 사육장 내에 그대로 옮겨두는 방식의 수조경(水造景, aquascaping)으로, 일반적으로 알려져 있는 양서류의 서식환경이 이와 같은 반수생의 환경이기 때문에 팔루다리움이라는 용어 자체가 '양서류 사육장'이라는 의미로 사용되기도 한다.

팔루다리움에서는 다양한 종류의 생물을 사육할 수 있으나 보통은 양서류나 어류, 수생 혹은 반수생 파충류를 주로 키운다. 사육대상종 레이아웃의 활용성과 보존성 두 가지 측면을 고려할 때 팔루다리움에 가장 잘 어울리는 육지동물은 단연 양서류라고 할 수 있다. 팔루다리움이 다른 유형의 사육장과 구별되는 부분은 수계와 육상부의 경계면이 구분된다는 점을 들 수 있는데, 레이아웃을 할 때 이 경계면에 가능한 한 많은 변화와 굴곡을 줌으로써 자연미를 살리는 것이 좋다. 수면에 접하는 부분은 수형이 좋은 식물이나 늘어지는 식물을 심어 경계면의 격리를 보완하는 것이 보다 자연스럽다.

반수생종을 위한 팔루다리움

물고기를 함께 사육할 경우에는 여과기를 설치하고 필요에 따라 히터를 설치한다. 음지식물이나 습지식물은 사육장 크기에 비해 너무 크지만 않으면 어떤 것이든 식재 가능하다. 물배추나 물옥잠, 개구리밥 등의 수상식물도 좋으나 대체로 이런 식물들은 강한 빛을 필요로 하기 때문에 장기간 유지하는 것은 어렵지만, 여름철이면 햇빛이 비치는 곳에서 축양하다가 주기적으로 교체하는 방법으로 유지가 가능하다. 이러한 부상식물은 야외방사장이라면 먹이를 유인하고, 올챙이의 먹이가 되면서 은신처의 역할까지 하는 등 여러모로 쓸모가 있으므로 식재를 추천한다.

식물의 식재

사육장의 모습이 대강 갖춰졌다고 바로 식물을 심어서는 안 된다. 특히 자연재료만을 이용해 조성한 것이 아니라 화학물질을 이용해 백스크린이나 사육장 내 구조물을 자작한 경우라면 유독한 성분을 휘발시킬 시간적인 여유가 필요하다. 조금이라도 빨리 완성된 사육장을 보고 싶겠지만, 시간을 갖고 독성을 제거한 다음 어느 정도 안전하다고 판단되면 그때 식물을 식재하도록 하자.

■**수생식물의 종류** : 식물의 전체 혹은 일부가 물속에 있는 식물군을 의미하며, 얼마만큼 물에 의존하는가에 따라 생태적으로 다음과 같이 정수성 식물, 부엽성 식물, 부유성 식물, 침수성 식물 등으로 나눠볼 수 있다.

정수성 식물(挺水性, emergent hydrophytes) 식물체의 줄기 아랫부분은 수면 밑에 있고 줄기의 윗부분은 대기 중에 노출돼 있는 식물군으로 연이나 갈대, 부들 등으로 대표된다. 일반적으로 가정에서 사용하는 크기의 사육장에 심기에는 지나치게 키가 큰 식물이 많지만, 야외방사장에 식재하면 수질정화에 좋은 효과를 거둘 수 있다.

부엽성 식물(浮葉性 植物, floating leaved hydrophytes) 수면 아래 토양에 뿌리를 내리고 잎은 수면에 떠 있는 식물군으로 수련이나 마름, 자라풀, 순채, 가시연꽃 등이 포함된다. 부엽성 식물의 경우도 보통 잎이 넓고 크기 때문에 사육장 내의 식재는 역시 제한되지만, 충분한 크기의 야외방사장이 있을 경우 식재하면 은신처 및 일광욕 공간의 역할을 할 수 있다.

부유성 식물(浮游性 植物, free-floating hydrophytes) 생이가래, 개구리밥, 물배추, 아마존 프로그비트, 부레옥잠 등 토양에 뿌리를 내리지 않고 수면에 떠다니는 식물군을 말한다. 수중 내의 질산염을 제거하는 능력이 뛰어나고, 무성한 수염뿌리는 수중의 부유물을 흡착하는 기능을 한다. 무미목 올챙이의 경우 이러한 식물군이 먹이가 된다.

침수성 식물(沈水性 植物, submerged hydrophytes) 붕어마름이나 검정말과 같이 완전히 수중에서 자라는 식물군을 말하는데, 사육 하에서 길러지는 수초는 대부분 외래종인 경우가 많다. 수초사육 역시 수족관의 한 분야를 점하고 있으므로 침수성 수초는 화훼점보다는 수족관에서 보다 쉽게 구입할 수 있다. 야외에서 채취해서 쓰기도 하는데, 이처럼 채취해서 활용할 경우에는 수돗물에 잠시 넣어뒀다가 식재하는 것이 좋다.

■**식물식재 시 고려할 점** : 식물은 본래 각각의 환경에 가장 적합한 성질을 가지고 자연에서 살아가고 있다. 식물을 양서류 사육장 내에서 안정적으로 생육시키기 위해서는 원서식환경이 양서류의 생육환경과 유사한 식물종을 선택하는 것이 우선이다. 가장 중요한 고려조건은 조명과 습도로, 양서류의 생육에 적합한 높은 습도와 일정한 온도 및

낮은 광량에 대한 적응력이 강하고, 반그늘에서 잘 버티며 생존하는 식물을 우선적으로 선택해야 하는 것이 당연하다. 선인장류를 양서류 사육장에 심지 못하는 이유다. 국산 식물 중 돌단풍, 돌아이비, 석창포처럼 식물이름 가운데 돌, 바위 암(岩), 돌 석(石) 자가 들어가는 식물들은 내습성이 강한 종이 많다. 또한, 하나의 공간에서 여러 종의 식물을 함께 기르기 위해서는 생명력이 좋고 공통적으로 관리할 수 있는 식물들을 선택하는 것이 중요하며, 사육장의 크기가 한정돼 있기 때문에 생장이 느려 잘 자라지 않는 식물류를 선택하는 것이 좋다. 여기에 식물의 생육에 지장이 없는 범위 내에서 가능한 한 생장을 지연시킬 수 있도록 관리하는 것이 필요하다.

자신이 사육하는 종의 생태적 특성 역시 식물식재 시 중요하게 고려할 조건이다. 나뭇잎에 알을 붙이는 종이라면 넓고 튼튼한 나뭇잎을 가진 식물을 식재하는 것이 좋고, 독화살개구리처럼 잎 사이의 고인 물에서 번식하는 특수한 생태를 가지고 있는 종이라면 브로멜리아드(Bromeliad, 파인애플과 식물의 총칭으로 열대 아메리카산의 관상식물을 이른다)처럼 물이 고일 수 있는 구조를 가진 식물을 식재해줄 필요가 있다.

사육개체가 선호하는 온도 역시 고려대상이다. 저온을 선호하는 종이라면 온도가 낮은 곳에서 잘 자라는 이끼, 지의류, 양치류 등이 좀 더 좋고, 따뜻한 온도를 선호하는 종이

브로멜리아드 관리법

양서류 사육장에 있어 최고의 은신처이자 데코 식물로 평가되고 있는 브로멜리아드는 의외로 우리 주위에서 흔히 접할 수 있다. 브로멜리아드과의 식물은 56속 3170여 종이 있는데 가장 잘 알려져 있는 것으로는 파인애플, 알로에, 유카 등이 있다. 스패니시모스(Spanish moss) 역시 형태적으로 완전히 상이하지만 같은 과에 속하며, 틸란드시아(Tillandsia)도 브로멜리아드에 속한다. 약 500년 전, 콜럼버스가 두 번째 신대륙탐사를 마치고 귀국했을 때 파인애플을 스페인에 소개하면서 처음 외국에 전해진 것으로 알려져 있다. 현재도 새로운 종이 지속적으로 발견되고 있고, 새로운 교잡종도 개량되고 있다.

브로멜리아드는 특히 수상성(樹上性) 개구리류에게 이상적인 은신처이자 번식처가 된다. 착생식물로 자연에서는 주로 돌이나 나무에 붙어서 자란다. 바닥에 뿌리를 내리기도 하지만 브로멜리아드의 건강에는 활착이 더 도움이 된다. 양서류 사육장의 경우 상당히 습한 환경인데, 뿌리가 물과 오래 접촉하고 있으면 정상적으로 성장하지 못하는 경우가 많다. 일반적으로 잎이 딱딱하고 두꺼운 종은 강한 빛도 잘 견디며, 저온에 강하다. 부드럽고 얇은 잎을 가진 종은 약한 빛을 선호하며, 약간 높은 온도를 좋아한다. 주간온도 20~24℃, 야간온도 15~18℃, 습도는 40~60% 정도에서 잘 자란다. 순환되는 공기를 통해 이산화탄소와 수분이 공급되기 때문에 환기가 중요하다.

잎줄기 사이에 물을 저장하는데 광량이 부족할 경우 박테리아나 곰팡이발생의 위험이 있으며, 먹이곤충이나 동물의 배설물로 인해 부패되면서 좋지 않은 영향을 받을 수 있기 때문에 주기적으로 물을 부어 청소해주는 것이 좋다. 분무기의 강한 수압을 이용하면 사육장에서 꺼내지 않고도 세척이 가능하며, 화분에 심겨져 있다면 밖으로 꺼내 꼼꼼하게 세척해주는 것이 좋다. 사육자에 따라서는 물청소를 쉽게 할 수 있도록 약간 비스듬히 활착시키기도 한다. 사육장에 미스팅 시스템이 설치돼 있다면 노즐이 직접적으로 브로멜리아드를 향하지 않도록 주의를 기울여야 한다.

라면 베고니아(Begonia, 베고니아과의 다년초로 열대·아열대 원산의 관상용 식물), 크로톤(Croton, 대극과의 상록관목), 페페로미아(Peperomia, 인도, 브라질, 페루 원산의 여러해살이풀), 부처손류, 봉작고사리 등이 좋다.

■**양서류 사육장에 식재하기 좋은 식물** : 사육장에 식물을 식재할 때는 각각의 식물에 적합한 식재방법, 적합한 바닥재의 종류 및 양, 조명의 위치와 광량, 미스팅 노즐의 위치나 거리까지(미스팅 시스템이 설치돼 있을 경우) 세심하게 고려해야 한다.

양서류 사육장에 식재하기 좋은 식물로는 브로멜리아드, 콩란, 애란, 호야, 페페로미아, 흰줄무늬달개비, 스킨답서스, 넉줄고사리, 나비란, 베고니아, 아이비, 카랑코에, 깅기아난, 나한송, 대곡도, 아디안텀, 푸테리스, 싱고니움, 코딜리네, 펠라에아로던디폴리아, 피튜니아, 디펜바키아, 드라세나, 필로덴드론류, 피레아, 나비란, 디펜바키아, 렉스베고니아, 마란타, 셀라지넬라, 스파티필름, 아글라오네마, 아스파라거스, 아프리칸바이올렛, 안스륨, 테이블야자, 푸밀라 고무나무, 프테리스, 피토니아, 필레아 등이 있다. 이외에 물속에서 기르는 수초를 육상에서 길러 사용하기도 한다.

양서류 사육장에 가장 많이 사용되는 식물은 이끼(선태식물-蘚苔植物, 선태류라고도 하며 선류-蘚類, 태류-苔類, 지의류-地衣類에 속하는 은화식물-隱花植物-의 총칭)이며, 전 세계적으로 약 2만5천 종의 선태식물이 있다. 습한 숲의 바위나 나무에 활착해 성장하고, 물관과 체관이 발달하지 않아 대기에서 직접적으로 수분과 영양을 얻어 성장한다. 이러한 이유로 오염된 환경에서는 생존할 수 없기 때문에 토양 및 환경조건에 대한 지표식물이 된다. 무게의 최대 수십 배까지 수분을 저장하고 증산작용을 통해 주변습도를 유지하기 때문에 비바리움에 다기능적으로 이용 가능하다. 이와 같은 습도유지능력이 양서류 사육장에서 이상적인 조건이 된다. 화훼상에서 재배 또는 채집된 이끼를 판매하고 있으므로 이를 구입해서 사용해도 좋고, 적은 양이라면 직접 채집해 사용하기도 한다.

이끼를 식재할 때는 이처럼 채취하기도 하고 씨앗을 번식시켜 활착시키기도 하는데, 소독하는 방법이 있기는 하지만 채집된 이끼를 그대로 사용하는 경우 아무래도 자연상태의 흙이 따라오기 마련이다. 따라서 외부감염원이나 사육장 내 식물에 영향을 주는 연체동물의 차단이라는 관점에서 보면, 시간이 걸리더라도 번식시키는 것이 조금 더 안전하다. 단기간에 활착시킬 수 없기 때문에 아름다운 이끼를 보기 위해서는 오랜 시

여러 가지 이끼소독법

- 채취해온 이끼를 신문지 위에 두고 눈에 띄는 벌레나 지렁이 등을 제거한다. 이후 물에 5~10시간 정도 담근 후 물기를 빼고, 다시 벌레나 지렁이를 제거한다. 이 과정을 몇 번 반복한다.
- 물 1ℓ에 구연산 10g을 섞어 이끼를 담가둔다. 식초를 사용하는 경우도 있다. 여러 번 충분히 헹구고 난 이후에 사용한다.
- 과망간산칼륨에 10분 정도 담가둔다.
- 명반(황산알루미늄)을 5ℓ 당 1스푼 정도 넣은 용액에 2일간 담가둔다. 이렇게 하면 달팽이와 달팽이 알을 죽이는 데 효과가 있다.
- 백점병균이나 기생충은 숙주가 있어야 하므로 숙주가 될 만한 생물이 없는 물에 3일 정도 보관한다.
- 수태(Sphagnum moss)를 우린 물에 한동안 담가둔다.
- 비오킬(BIO KILL, 페메트린을 함유하는 백색유제로 개미, 모기, 빈대, 벼룩, 쥐, 진드기, 좀벌레, 바퀴벌레 등에 효과가 있는 살충제의 상품명)을 도포하고 한 시간 정도 밀봉해둔다. 이 경우 충분히 시간을 두고 사용하거나 여러 번 세척한 이후 사용하는 것이 안전하다.
- 베노밀(Benomyl, 카바메이트계 침투성 살균제)과 같은 농약살균제를 사용한다. 이처럼 화학약품을 이용하는 경우에는 역시 충분히 시간을 두고 사용해야 안전하다. 투과성이 높은 피부를 가진 양서류의 특성상 농약을 이용한 소독은 가급적 하지 않는 것이 안전하다.
- 자외선으로 소독한다. 외국에는 이끼소독제가 시판되고 있으므로 이를 구입해서 사용해도 좋다.

간 정성을 들여야 한다. 최근 양서류 사육 분야가 조금씩 활기를 띠고 있고, 비바리움에 대한 관심이 점차 늘어나면서 새로운 종의 비바리움 식물들이 많이 도입되고 있으므로 전문 숍이나 동호회에서 어렵지 않게 도움을 받을 수 있다. 개인적인 희망이라면, 현재 비바리움에 식재되는 식물은 거의 대부분이 외래종인데 사육자들 사이에서 국내종 식물을 비바리움에 적용하려는 시도가 활발하게 이뤄졌으면 한다.

생명체 입식 시 주의할 점

자연재료만을 이용해 육상환경의 사육장을 조성한 경우는 제외하고, 식물의 식재를 마쳤다고 바로 생물을 입식해서는 안 된다. 아직 이끼나 식물들이 제대로 활착하기 전이기 때문에 가급적이면 시간적으로 여유를 뒀다가 천천히 사육동물을 입식하는 것이 좋다. 또한, 실리콘이나 내부의 화학물질로 인한 영향도 충분히 고려해야 한다. 양서류의 경우 화학물질로 인한 영향은 다른 동물에게 있어서보다 특히 더 중요하게 취급돼야 하는데, 다른 질병보다 급성중독으로 인한 폐사는 손쓸 겨를도 없이 이뤄지는 경우가 많으므로 완전히 안전하다고 판단되기 전까지는 절대 사육장에 생명체를 넣어서는 안 된다.

> **신수조증후군**
>
> 새로 설치한 수조에서 생물학적 여과를 담당하는 여과박테리아가 충분히 활성화해 어항의 여과능력이 갖춰지기도 전에 갑자기 증식된 암모니아로 인해 생물들이 죽게 되는 현상을 신수조증후군이라고 한다.
>
> 이러한 현상을 방지하기 위해서는 여과기를 작동시키면서 수조의 물을 충분히 묵히거나(수돗물에서 여과박테리아가 증식되기까지는 2~6주 정도의 시간이 소요되는데, 20℃ 이하의 환경에서는 좀 더 오래 걸린다. 에어레이션을 해주고 수온을 올려주면 이 기간을 단축시킬 수 있다), 시간적인 여유가 없을 경우에는 박테리아 혹은 박테리아활성제를 직접적으로 투여하는 방법을 사용하기도 한다.
>
> 박테리아활성제를 구할 수 없는 경우라면 다른 수조의 여과기 안에 있는 솜이나 여과재를 옮겨주는 방법도 있고, 그마저도 여의치 않으면 튼튼한 수생생물을 넣어 여과박테리아가 생물학적으로 생성되도록 하는 방법도 있다.

물이 채워져 있다면 파일럿 피시(Pilot fish, 수질테스트용 소형 물고기)를 넣어 환경이 안정됐는지 테스트해보는 것도 고려할 수 있다. 올챙이 수조나 물이 들어가는 수조의 경우에는 신수조증후군도 유의해야 한다. 따라서 반드시 어느 정도 여과능력이 갖춰졌다고 판단될 때 사육종을 분양받아와 입식해야 한다. 물이 안 잡힌 상태에서 바로 동물을 넣으면 수조의 물이 맑아지지 않고 밀가루를 푼 듯한 백탁현상이 지속될 수도 있다. 백탁은 100% 환수해도 없어지지 않는 경우가 있는데, PSB 또는 생박테리아제를 주기적으로 첨가함으로써 안정화시킬 수 있다.

레이아웃의 사후관리

픽시 프로그나 팩맨처럼 체구가 큰 개체라면 간혹 사육장의 레이아웃을 훼손하는 경우가 생길 수 있다. 바닥이나 구석을 파고드는 과정에서 식물 또는 구조물을 어지럽히게 되는데, 훼손된 것이 발견되는 대로 레이아웃을 보완해주도록 한다. 특정 부분을 지속적으로 훼손시킨다는 것은 사육대상종이 판단하기에 그곳이 편안한 장소라는 의미일 수 있다. 따라서 원상태로 복구하기보다는 해당 영역에 은신처를 마련해주는 등 레이아웃에 있어서 약간의 변경을 시도하는 것도 고려해볼 수 있다.

처음 사육대상종의 사육환경을 조성하고자 할 때는 가능한 한 완벽함을 지향해야 한다. 충분한 공간을 제공할 수 있는 적절한 크기의 사육장의 선택에서부터 적합한 바닥재, 열원, 조명의 종류나 강도의 선정, 레이아웃에 이르기까지 최종적으로 사육장 세팅이 완료된 후에 스스로 평가해도 더 이상 변경하거나 추가할 것이 없다고 느껴질 정도의 수준을 목표로 해야 한다. 그러나 이렇게 한번 세팅된 사육장의 레이아웃을 영구적으로 유지하는 것은 좋지 않다. 주기적으로 레이아웃을 변경해줌으로써 사육종에게 긍정적인 스트레스를 유발하도록 하는 것이 오히려 좋을 수 있다.

사육장 내에 식재된 식물의 위치를 가끔 옮겨주는 것도 사육개체에게 긍정적인 영향을 줄 수 있다.

여기서 말하는 '변경'이란 사육환경의 극단적인 변화를 의미하는 것이 아니다. 사육종이 흥미를 가질 만한 새로운 구조물을 추가하거나 레이아웃을 살짝 변화시킴으로써 사육개체의 감각기관을 자극하고 운동성을 증가시키며, 새로운 환경에 대한 호기심을 유발하는 것이다. 이처럼 사육 하의 제한된 공간과 부족한 자극으로 인한 무기력증 및 스트레스를 줄이는 데 도움이 되는 작업을 동물행동풍부화(animal behavioral enrichment)라고 한다. 생물학적으로는 호르메시스효과(Hormesis effect)[2]라고 불리는데, '낮은 농도의 독은 오히려 건강에 이로운 기능을 한다'는 개념으로 간헐적 금식, 낮은 강도의 운동, 적응 가능한 정도의 기압, 온도 및 습도의 변화와 같은 '적당한' 자극은 신체를 각성시키고 재생체계를 가동해 노화를 늦추는 효과가 있다고 여겨지고 있다. 이처럼 스트레스라고 해서 무조건 나쁜 것만은 아니며, 사육 하에서는 적절한 강도의 스트레스를 저항성 강화나 활동성 증가 등에 유익하게 이용할 수도 있으므로 사육에 적용해보도록 하자.

---

[2] 호르메시스(Hormesis)란 다량이면 독성을 나타내는 물질이지만, 작용원이 소량인 경우는 생체를 자극해 생리학적으로 유익한 효과를 내게 한다는 것을 말한다. 이 용어는 원래 그리스어의 horme, 즉 '흥분'에서 유래됐는데, 1943년 사우섬과 에를리히(CM Southam and J. Ehrlich)가 식물병리학 저널에 제출한 논문에서 처음으로 호르메시스란 용어를 사용해 알려지게 됐다. 이들은 다량이라면 균류 성장을 저해하는 참나무(Oak) 수피추출물이, 소량일 경우 균류 성장을 촉진시키는 현상에 사용한 것을 최초로 증명했다.

덩치가 크고 땅을 파는 습성이 있는 두꺼비류의 경우 비바리움을 훼손하는 일이 빈번하다.

레이아웃과 관련해 한 가지 조언을 하자면, 사육자가 스스로 만족할 만한 최상의 레이아웃을 자신이 기르는 개체가 함부로 파헤치거나 손상시키는 경우가 있더라도 이를 당연하게 여겨야 한다고 이야기하고 싶다. 이 경우 사육자는 자신이 가지고 있는 사육종에 대한 애정과 테라리움을 공들여 꾸민 자신의 노력이 부정되는 것 같은 섭섭함을 느낄 수도 있지만, 그런 생각을 가질 필요는 전혀 없다.

사육자는 자신이 생각하기에 나름 최상의 환경을 제공해준 것일 테지만, 양서류와는 완전히 다른 존재인 인간이 그들이 요구하는 환경을 100% 맞춰줄 수는 없기 때문이다. 레이아웃 작업은 사육자가 했지만 실제 그 사육장에서 생활하는 것은 자신이 기르는 동물이고, 그들 스스로가 편안하게 살아가기 위해 가장 적합한 환경으로 사육환경을 개선하는 과정에서 레이아웃이 흐트러지는 것이기 때문에 이를 당연하게 받아들이는 마음가짐이 필요하다.

사육장 레이아웃의 가장 큰 목적은 사육자가 보기 좋은 환경을 꾸미는 것이 아니라 사육종이 생활하기 적합한 환경을 조성하는 것이다. 하나의 생명을 기른다는 것은 끊임없는 이해와 포용의 과정이기도 하다. 사육 초기에는 큰 맘 먹고 제대로 된 레이아웃을 적용했는데, 다음날 처참한 몰골이 돼 있는 사육장을 보게 되는 경우가 적지 않다. 그러나 이처럼 흐트러진 사육장을 잘 관찰하고 경험이 쌓이면, 차츰 자신이 레이아웃을 계획할 때 계산한 위치에 사육개체가 정확히 자리를 잡고 있는 모습을 발견하는 날이 올 것이다. 그 순간 자신이 사육하는 종의 생태와 습성에 대해 조금 더 알게 됐으며 사육에 있어서 한 계단 더 올라섰다고 스스로 뿌듯하게 생각해도 좋다.

새로운 형태나 소재의 사육장에서부터 각종 사육기자재, 소모품, 레이아웃 기법 등에 이르기까지 사육자재와 사육기술의 진보는 현재도 끊임없이 이뤄지고 있다. 사육자에게는 이러한 변화와 진보에 대해 지속적으로 관심을 가지고 새로운 소재와 용품, 기법을 자신의 사육장에 적응시키려는 노력이 요구된다.

Chapter 05

양서류의 일반적인 관리

양서류를 기르는 데 있어서 기본적으로 관리해야 할 사항에 대해 살펴보고, 먹이의 종류와 급여방법 등에 대해 알아본다.

Section 01

사육장 및 사육환경 관리

동물사육을 시작한 이상 사육자는 매일매일 사육개체와 사육장을 관리해야 한다. 사육되는 양서류에게 주어질 수 있는 가장 좋은 환경은, 두말할 것도 없이 '가장 좋은 사육자를 만나는 것'이다. 아무리 좋은 사육시설을 갖췄다고 해도 결국 그것을 통제하고 조절하는 것은 사육자이기 때문이다. 사육환경을 관리한다는 것은 사육자의 입장에서 보면 청결하고 미관상 아름다운 사육장을 유지하기 위함이기도 하지만, 사실 그보다는 질병의 원인이 되는 요소를 사전에 차단하기 위한 목적이 더 크다. 따라서 양서류 사육환경의 관리를 시작하기 전에 가장 먼저 해야 할 일은 무엇보다 '손을 깨끗이 씻는' 것이다.

다른 종의 애완동물도 마찬가지지만 양서류 사육에 있어서 특히 손 씻기의 중요성은 아무리 강조해도 지나치지 않다. 완전수생종의 경우에는 수조에 물이 차 있기 때문에 관리를 하는 중에 '저절로 손이 씻기니까 괜찮지 않을까' 싶은 마음이 들기도 하겠지만, 손을 씻는 것은 사육자의 위생을 위해서라기보다는 사육자의 손으로부터 곰팡이나 유해물질이 사육장 안으로 유입되거나 사육대상종에게 직접적으로 전파되는 것을 차단하기 위한 목적이 더 크기 때문에 관리 전에 반드시 손을 씻어야 할 필요가 있다.

양서류는 가급적 젖은 손으로 만지는 것이 좋다.

특히 양서류 질병의 상당 부분이 곰팡이로 인한 진균성 질환이고, 사람의 손은 염분이나 유해한 오염물질과 더불어 곰팡이원인균의 효과적인 전파통로가 될 수 있기 때문에 과하다 싶을 정도로 철저하게 씻는 것이 좋다. 통제된 사육 하에서 질병원의 가장 큰 보균체는 사육자 자신이라는 사실을 항상 명심하도록 하자.

일반적으로 질병원으로서의 곰팡이는 사육장 내로 끊임없이 유입될 수 있는 병원체이긴 하지만, 다른 질병원에 비해 통제하기가 용이하기 때문에 보통의 애완동물에게 있어서는 그다지 위험하게 취급되지는 않는다. 그러나 특히 양서류의 경우는 투과성의 연약한 피부로 인해 그 위험성이 다른 동물에 비해 월등하게 높다고 할 수 있다. 그렇다고 해서 시판되는 항균티슈나 항균스프레이와 같은 제품으로 손을 닦고 핸들링을 하거나 핸드 워시 또는 비누 등으로 손을 닦고 완전히 성분을 제거하지 않은 상태에서 핸들링이나 사육장 관리를 하는 것은, 오히려 그냥 만지는 것보다 더 좋지 못한 결과를 초래한다는 사실을 알아둘 필요가 있다. 이와 더불어 사육개체의 사양관리에 이용되는 핀셋이나 다른 관리용품도 항상 위생적으로 관리해야 한다. 일단 손을 깨끗이 씻었다면 이제부터 사육환경을 관리함에 있어 기본적으로 해야 하는 일들을 알아보도록 하자.

온도관리

사육장을 관리하면서 우선적으로 할 일은 사육장 내 사육개체의 건강상태를 체크하는 것이다. 이상증상이 있을 경우에는 바로 조치를 취해야 한다. 그 다음으로 할 일은 사육장 내의 온도 및 습도 그리고 수생종일 경우 수온과 수질을 체크하는 것이다. 그중에서도 사육장의 습도와 온도 확인이 가장 우선이라고 할 수 있다. 습도와 온도에 대한 언급을 계속하게 되는데, 그만큼 변온동물에게는 절대적인 생존요인이기 때문이다.

양서류는 대사에 필요한 대부분의 열을 외부에 의존하는 외온성 동물로 각각의 종마다 생존에 적합한 '최적온도대(最適溫度帶)'가 있으며, 장기간 이 범위를 넘는 환경에서 길러지면 성장이 저하되고 질병이 유발되면서 결국에는 폐사에 이르게 된다. 양서류의 서식지역과 서식환경이 다양하기 때문에 각각의 사육대상종은 저마다의 서식환경을 고려한 적절한 사육온도의 유지가 필수적이다. 여기서 적절한 사육온도란 '최적온도대(POTZ : perferred optimum temperature zone)'를 의미하는 것으로 원서식지에서 해당 종이 서식하는 평범한 서식지의 온도대를 의미한다.

최적온도대의 범위는 양서류가 생육, 번식, 소화, 부화 등과 같은 대사활동을 위해 선호하는

정확한 온도계 보유는 변온동물 사육의 기본이다.

온도의 영역대로서 서식지역의 계절, 개체의 연령, 신체상태(질병이나 동면 등)에 따라 다소 차이가 있다. 따라서 사육할 종이 결정되면 가장 먼저 그 종의 원서식지가 어디인지, 어떤 온도대에서 주로 활동하는지부터 알아보고 이를 기준으로 사육장 온도를 설정해야 한다. 이렇게 파악된 원서식지의 온도정보를 바탕으로 사육장 내의 공간에 따른 온도차를 설정해주는 것이 양서류 사육 시 온도관리의 가장 기본이 된다.

그러나 사육장의 온도관리란 단순하게 사육장 전체를 위와 같이 세팅된 온도로 24시간 유지하는 것이 아니다. 이 온도영역은 생존을 위해 제공돼야 할 기본적인 온도이고, 조금 더 경험과 애정이 쌓이면 낮과 밤에 따른 온도차, 사육개체의 컨디션이나 대사상태에 따른 온도차 등 세밀한 부분까지 다양한 온도차를 설정해주는 것이 좋다. 완전수생 양서류의 경우에는 온도관리에 더 많은 주의를 기울여야 한다. 양서류는 일반적으로 좁은 온도범위에서만 적응이 가능하기 때문에 지속적으로 한계수온 이상의 환경에 노출되면 극심한 스트레스를 받고 폐사에 이를 수 있다. 특히 물 밖으로 피할 구조물이 없거나 물 밖으로 거의 나오지 않고 생활하는 완전수생종일 경우에는 더욱 위험하다.

여름철 수온이 상승하면 수중의 물질대사(유기물분해로 인한 산소소비량)가 증가됨과 동시에 포화용존산소량이 저하되고 암모니아수치가 증가하는데, 이 경우 아가미에 문제가 생겨 호흡이 곤란해질 수 있다. 온도로 인한 스트레스가 극심해질 경우 중추신경계가 손상돼 의식을 잃고 폐사에 이를 수도 있다. 이때는 수온을 낮추고 강한 에어레이션을 제공해줄 필요가 있으며, 지속적으로 저온에서 사육해야 하는 종은 냉각기의 설치를

수온이 상승하면 겉아가미가 녹으면서 호흡에 문제가 발생한다(사진은 아홀로틀-Axolotle, 멕시코도롱뇽).

고려해야 한다. 온도는 성장과 매우 밀접한 관계를 가지고 있는 요인으로서 적합한 온도를 제공해주지 않을 경우 성장이 저하되며 먹이를 거부하는 경우도 흔하다. 온도관리에 있어서 또 한 가지 주의할 점은, 사육하는 종에 관계없이 사육온도의 갑작스러운 변화는 피해야 한다는 사실이다. 특히 양서류의 경우 저온보다는 고온에 대한 저항력이 낮기 때문에 온도의 급격한 상승은 절대적으로 주의해야 하는 부분이다.

체계적인 온도관리를 위해서는 사육장 내에 반드시 온도계를 설치해야 한다. 오차가 적은 휴대용 적외선온도계 등이 시판되고 있기는 하지만, 필요할 때마다 찾아서 온도를 재기보다는 사육장 내에 온도계를 항상 비치해두고 언제든 확인 가능하도록 하는 것이 온도관리에 용이하다. 수조에는 좋은 품질의 온도계를 반드시 설치해 습관적으로 온도를 확인하도록 하자.

습도관리

사육 하에서의 습도관리는 작게는 사육장 내의 적정습도를 유지 관리하는 것에서부터 크게는 사육개체의 탈수를 방지하고 체내의 수분과 전해질량 균형을 유지하는 것까지 모두 포함한다. 양서류는 육상에서 피부로부터의 수분증발을 조절하는 생리적인 능력을 가지고 있지 않다. 습도로 인한 문제는 과습 시보다 건조할 경우에 훨씬 더 치명적인 결과를 초래하는데, 이는 양서류가 가지고 있는 투과성 피부가 체표에서 수분이 쉽게 증발하도록 하기 때문이다. 따라서 양서류는 육상의 그 어떤 척추동물보다도 증발로 인한 수분손실에 의해 활동과 행동반경에 많은 제한을 받는다고 볼 수 있다.

사막에 서식하는 종은 체내수분 가운데 60%를 잃어도 생존할 수 있지만, 완전수생종의 경우는 40%만 잃어도 치명적인 결과를 초래할 수 있다. 이러한 이유로 인해 양서류는 본능적으로 자신의 적정습도를 조절한다. "청개구리가 낮은 곳에 있으면 날씨가 맑다"는 속담이 있다. 민감한 피부를 가진 개구리는 날씨가 맑고 건조하면 피부가 건조해지지 않도록 습기가 많은 지면 가까이로 이동하는데, 이러한 모습을 보고 만들어진 말이다. 또한, "개구리가 얕은 땅에서 겨울잠을 자면 흉년이 들지 않는다"는 속담 역시 양서류와 수분과의 밀접한 관계로 인해 생겨난 말이다.

일반적으로 육지에 사는 양서류의 사육습도는, 사육장 내의 습도경사가 형성되고 사육종이 필요로 하는 습도를 스스로 선택할 수 있을 정도의 수준인 70%를 기준으로 한다. 이 70%라는 기준은 당연히 절대적인 수치는 아니며, 종에 따라 컨디션의 차이는 있을지언정 최소한 폐사에 이르지는 않을 수준의 습도를 의미하는 것이다. 그러나 간혹 30~50%의 건조한 환경을 요하는 종도 있다는 것을 참고하도록 한다.

사육 하에서 습도관리를 위해서는 기본적으로 바닥재를 신중하게 선택해야 한다. 또한, 은신처 부근은 반드시 최적습도를 유지하도록 하고, 열원이 설치되는 건조한 지역을 만들어 사육장 내에 어느 정도의 습도편차를 제공해주는 것이 좋다. 그와 더불어 습도가 높아지면 세균의 번식이 활발해지므로 바닥재의 교체주기에도 신경을 써야 하며, 식물이나 숯 등 자연소재를 이용해 사육장 내의 습도조절을 보조하는 것도 좋다. 가능하다면 자동분무시스템의 설치를 고려하고, 분무기를 이용한 수동분무도 정기적으로 실시해야 한다. 습도관리에 있어서 중요한 것은 바닥습도와 공중습도는 차이가 있다는 사실이다. 수상성 양서류 사육장의 바닥재에 물을 부었다고 해서 공중습도가 원하는 만큼 쉽게 올라가지는 않기 때문에 사육장의 상부에도 분무나 미스팅을 통해 습도를 제공해줄 필요가 있다. 사육장 내에는 습도계를 설치하고 온도와 마찬가지로 항상 확인해야 한다.

일반적으로 양서류에 대한 별도의 지식 없이 개구리를 사육하게 되면 예상외로 많은 사람들이 실패를 맛보곤 한다. 이는 상업적인 목적으로 양서류를 대량 증양식하는 사람들도 마찬가지다. 필자는 그 이유 중

사육하는 개체가 많다면 압축식 분무기를 보유하고 있는 것이 좋다.

하나가 사람들이 보통 '개구리는 물을 좋아한다'고 판단하기 때문이라고 생각한다. 개구리를 포함하는 양서류는 생존을 위해 물을 '필요로 할' 뿐 '좋아하는' 것은 아니다. 불필요하게 과도한 수분은 안정적인 사육에 오히려 방해가 된다는 것을 명심하도록 하자.

물 관리

양서류 사육에 사용되는 물은 염소를 제거한 수돗물이 가장 적합하다. 수돗물의 수질은 지역에 따라서 조금씩 차이가 있기는 하지만, 미네랄 성분의 조합은 전국적으로 유사하다. pH는 일반적으로 7.6 내외, 경도는 60mg/ℓ 정도로서 pH와 경도가 극단적으로 치우치지 않도록 조정돼 있다. 조금이라도 자연환경과 가까운 조건을 제공해주고 싶은 욕심에 연못의 물을 사용하거나 우물물 혹은 냇물을 이용하려는 사육자도 있겠지만, 양서류 질병의 상당 부분이 세균에 의한 질병이라는 것을 고려할 때 수돗물을 사용하는 것이 기생충이나 바이러스의 위험으로부터 가장 안전하다고 할 수 있다.

또한, 양서류는 투과성 피부를 지니고 있기 때문에 사육에 사용되는 물은 불순물이나 암모니아, 염소, 산성물질, 구리, 기타 화학적인 독소들이 없어야 하는데, 이런 점에 있어서도 수돗물은 가장 적합한 조건을 가지고 있다. 그러나 수돗물에는 양서류와 수조 내에 서식하는 여과박테리아에게 극히 위험한 염소가 포함돼 있으므로 이유를 막론하고 사육장에 염소가 포함된 수돗물을 직접적으로 사용하는 것만은 철저히 금해야 한다.

우물물과 같은 지하수는 보통 경도(물속에 녹아 있는 칼슘 및 마그네슘이온)가 높고 특성상 공기와 맞닿는 시간이 짧아 용존산소가 부족한 경우가 많기 때문에 양서류 사육에는 적합하다고 말하기 어렵다. 또한, 표층수가 어떤 토양을 통과해 지하수를 형성했느냐에 따라 수질에 많은 변화가 있을 수 있다. 지하수를 이용하고자 할 경우에는 용존산소와 질산염수치, 중금속함유량, 경도 등을 확인할 필요가 있으며, 용존산소가 부족할 경우에는 저수조

완전수생종의 경우 수질관리에 더욱 신경 써야 한다.

수돗물과 염소

수돗물의 경우 소독과정에서 미생물이나 일반 세균의 제거를 위해 염소이온이 첨가된다. 우리가 일상적으로 사용하는 물이기 때문에 사실상 사람들은 수돗물 속의 염소에 대해 그다지 심각하게 생각하지 않는 편이다. 염산은 위험한 물질이라는 사실은 누구나 알고 있다. 물(H_2O)에 염소(Cl)를 투입하면 염산(HCl)이 된다. 일반적으로 사용하는 수돗물에는 0.2ppm 이상의 염소가 녹아 있다. 염소는 어류의 아가미를 손상시키기 때문에 어류에게도 위험하지만, 양서류는 투과성 피부로 이것을 바로 체내로 흡수하게 되므로 더욱 더 위험하다. 따라서 반드시 제거할 필요가 있다. 염소는 휘발성이 강하므로 이 성질을 이용해 아래와 같이 수돗물에서 염소를 제거하는 것이 가능하다.

1. 끓인다. 단점은 용존산소까지 제거
   - 2분 경과 시 : 15%로 감소
   - 15분 경과 시 : 1.8%로 감소
2. 그릇에 담아 방치한다.
   - 24시간 경과 시 : 17%로 감소
   - 48시간 경과 시 : 2.4%로 감소
3. 에어레이션(공기주입)을 한다.
   - 5분 경과 시 : 70%로 감소
   - 30분 경과 시 : 25%로 감소
   - 120분 경과 시 : 9%로 감소
4. 전기믹서를 사용한다(shaking).
   - 2분 경과 시 : 25%로 감소
   - 2분 경과 시 : 25%로 감소
   - 5분 경과 시 : 8%로 감소
   - 10분 경과 시 : 0.7로 감소

―환경부 수돗물 자료 발췌

이외의 방법으로는 다음과 같은 것이 있다.
1. 화학적으로 중화한다(티오황산나트륨).
   - $Na_2S_2O_3$(티오황산나트륨)+$4ClO^-$(잔류염소)+H_2O
   -> $2NaCl$(염화나트륨)+$2SO_4$(황산염)+$2HCl$(염산)
   〈―부산생성물
   - 5ℓ의 물이라면 티오황산나트륨 1방울이면 된다.
2. 활성탄을 이용해 흡착시킨다.
   단점은 미량원소까지 제거한다는 점
   - 침전필터/카본필터가 결합된 하우징 이용

용기에 담아 에어레이션을 해주면 가장 경제적이고도 쉽게 염소를 제거할 수 있다. 시중에 저렴한 염소제거제가 많이 시판되고 있으나 화학물질은 필요한 양만 반응하기 때문에 반응하고 남은 나머지 물질들이 수조 안의 생명체에게 또 다른 독성물질이 될 수 있으므로 추천하지는 않는다. 실제로 열대어의 경우 중화제 과다투입 시 지느러미가 상하고, 안구에 문제가 생겼다는 보고가 있다. 화학물질에 특히 취약한 양서류에 있어서 어떤 결과를 초래할지 알 수 없다. 부득이하게 사용할 경우에는 표시된 용량을 정확하게 지켜야 한다.

에서 일시적으로 폭기(曝氣, aeration)를 제공한 후에 각각의 수조에 공급해야 한다. 시판되는 생수 역시 지하수를 가공한 것으로 종류에 따라 미네랄성분이 함유된 경수일 수 있기 때문에 장기간 사용하는 것은 좋지 않다. 경도가 높을 경우 보통 수생생물의 피부에 가해지는 자극이 강해진다고 알려져 있다. 간혹 정수기 물을 사용하는 사육자도 있는데, 정수기의 물은 다량의 광물질을 걸러내고 경도가 낮은 연수로 변한 것이기 때문에 장기간 100% 정수기 물만을 사용해 사육하는 것은 그다지 추천되지 않는다. 어떤 물이건 간에 수조에 바로 직수하는 것은 좋지 않으며, 별도의 용기에 보관해서 온도 및 수질 등을 수조의 물과 비슷하게 조절해 사용하는 것이 좋다.

수질관리

일반적으로 수조의 물이 투명하면 깨끗하다고 판단하는 사람이 많은데, 이는 사실과 정확하게 부합하지 않는다. 물론 수중의 오염물질로 인해 물이 흐려질 수도 있지만, 그 오염물이 수중의 생물에게 별다른 문제를 일으키지 않는 경우도 흔하기 때문이다. 가장 쉬운 예로 메콩 강이나 아마존 강의 물은 외관상 탁하지만 수많은 생명들의 안식처가 되고 있다. 따라서 '수질을 관리한다'는 것은 일반인들이 생각하는 것처럼 단순하게 떠다니는 불순물 없이 수조 내의 물을 투명하게 (보이도록) 유지한다는 의미가 아니다. 작게는 물의 탁도나 오염도를 파악해 여과기를 청소하거나 여과박테리아 투입, 환수 등의 적절한 조치를 취하는 것에서부터 크게는 물의 수소이온농도(pH), 일반경도(GH), 중금속농도, 이산화탄소농도, 탄산경도(KH) 등을 적절하게 조절한다는 의미를 포함하고 있다.

그러나 한정된 사육환경 내에서 원서식지와 완벽하게 동일한 수질을 조성해준다는 것은 불가능에 가까우며, 굳이 그럴 필요도 없다. 양서류도 역시 생명체인지라 생육조건에 있어서 원서식지와 어느 정도 차이가 있더라도, 적응을 통해 생존에 큰 문제가 생기지 않는 경우도 많기 때문이다. 그러나 원서식지의 조건과 차이가 많이 나는 환경에서 충분한 발육이나 번식 및 체색을 기대하기는 어려우므로 최대한 원서식지 환경과 유사한 수질조건을 제공해주도록 노력하는 것이 좋다.

수돗물 · 정수기 물 · 생수의 미네랄 수질검사 결과

국립환경과학원 수질분석 결과

항목	수질기준 (기준치 이하)	수돗물 (은평구 아파트)	정수기 물		생수				
			중공사막식	역삼투압식	삼다수	아이시스	평창수	에비앙	볼빅
경도	300mg/l	45	44	2	19	35	62	317	68
칼슘(mg/l)		14.9	14.7	0.2	3.3	13.7	19.6	80.6	3.2
나트륨		5.3	5.3	0.7	6.2	5.7	8.4	6.8	13.1
마그네슘		2.6	2.6	0.1	2.7	1.1	2.6	28.1	9.1
칼륨		1.6	1.6	0.1	2.2	0.5	0.7	1.0	6.7
규소		3.6	3.6	0.4	14.0	9.3	10.3	7.5	16.4
pH	5.8~8.5	7.1	7.0	6.3	7.8	7.1	7.2	7.4	7.1
잔류염소	4.0mg/l	0.15	불검출	불검출	불검출	불검출	불검출	불검출	불검출
비린 맛 쓴맛 등		없음	없음	없음	없음	없음	없음	없음	없음

*경도는 물에 포함된 칼슘과 마그네슘 양을 탄산칼슘으로 환산한 수치로, 수치가 높을수록 미네랄이 많은 것이다.

■ **여과** : 수조 내의 수질은 여과(濾過)와 환수(換水)를 통해 안정되게 유지할 수 있다. 여과는 사육과정에서 수조 내에 발생하는 배설물, 먹이찌꺼기, 탈피허물 등 오염물질을 제거, 약화시키는 일련의 과정으로 '물리적 여과'와 '화학적 여과', '생물학적 여과'의 세 가지로 크게 나눌 수 있다.

물리적 여과(mechanical filtration) 수조 내에서 발생하는 배설물, 탈피허물, 사료찌꺼기 등의 유기성 침전물을 물리적으로 걸러주는 것을 말한다. 여과용 스펀지나 솜, 바닥재 등에 이러한 오염물질이 쌓이면 필터를 세척하거나 교체해주는 일과 수조 바닥에 쌓이는 먹이찌꺼기나 배설물 등의 침전물들을 호스나 사이펀 등을 이용해 제거해주는 것이 여기에 속한다. 사육자가 수생양서류를 기르면서 하게 되는 직접적인 수조관리의 대부분이 이러한 물리적 여과의 범주에 포함된다. 여기서 주의할 점은 기본적으로 여과기라는 기계는 어류의 배설물을 분해하기 위한 목적으로 만들어진 것이지 양서류의 배설물을 분해하려고 제작된 것은 아니라는 사실이다. 양서류의 배설물은 여과기에 효과적으로 흡수 분해되는 것은 아니기 때문에 보이는 대로 사육자가 직접 제거해줘야 한다.

화학적 여과(chemical filtration) 활성탄이나 이온교환수지 등 여과기 안에 채워진 화학적 여과제가 물속의 불필요한 요소를 분해하는 것을 말한다. 화학적 여과는 대부분 여과재의 수명에 제한을 받으며, 자주 여과재를 갈아줘야 하는 등 여러 가지 불편이 따르기 때문에 양서류의 사육에 있어 그리 중요하게 취급되지는 않는다.

생물학적 여과(biological filtration) 양서류의 원서식지에서는 양서류, 식물, 미생물이 균형을 이루는 진정한 의미의 생물학적 평형상태가 이뤄져 있기 때문에 별도의 인위적인 관리가 필요치 않다. 그러나 자연계에서의 이러한 순환과정이 폐쇄된 사육장 내에서도 그대로 재현될 수 있다는 생각은 절대 가져서는 안 된다. 식물의 밀도와 사육 양서류의 개체 수와 같은 조건들을 조절해서 최적의 순환상태를 단기간 유지시킬 수는 있겠지만, 이 균형은 유지하기가 극히 어려우며 쉽게 깨질 수 있기 때문이다. 이와 같은 균형을 그나마 오래 유지시키기 위해 가장 쉽게 할 수 있는 일은 여과기를 설치하는 것이다. 여과기는 기본적으로 모터로 물을 돌려 이물질을 모아주는 물리적 여과작용을 하며, 여과기 내의 여과재의 공극에 서식하는 여과박테리아는 생물학적 여과를 도와준다.

■**환수**(換水) : 여과와 달리 환수는 수조 내의 오염된 물을 버리고 새로운 물로 갈아주는 작업이다. 수조 내의 오염원을 제거하기 위해 실시하기도 하지만, 완전수생종 사육 시 질병증상이 보일 경우 수중의 상주세균농도를 희석하기 위해 실시하기도 한다. 또한, 새로운 물과 함께 산소를 수조 내에 공급해주는 효과도 있다. 환수의 시기는 수조의 부피, 사육종의 개체 수, 먹이급여량 및 급여횟수에 따른 사육개체의 배설량, 여과기의 성능 등에 따라 각기 상이하므로 획일적으로 규정할 수는 없다. 환수시기나 여과기 청소 시기는 수조 내 이물질의 농도 등을 관찰하며 탄력적으로 조정하도록 한다.

여과사이클이 완전히 깨져 수조를 새로 세팅해야 하는 최악의 상황이 아니고서는 100%까지 환수하는 경우는 드물고, 보통 수조 내의 물을 1~2주에 한 번씩, 1/3~1/4 정도 교체하는 부분 물갈이를 실시하는 것이 일반적이다. 그러나 모래 사이에 남아 있는, 환수로 제거하지 못한 잔류유기물질이 어느 순간 문제가 될 수 있으므로 바닥재까지 청소하는 전면 대청소 역시 1년에 1~2회 정도 실시해야 한다(이는 물고기와 마찬가지로 일반적인 수조환경에서 사육할 때의 경우에 해당한다).

부분 물갈이 수조의 환경에 따라 차이가 있기는 하지만 보통은 일주일에 한 번 정도 실시한다. 수조 내에서 자연적으로 증발된 물을 보충해줄 때 함께 실시하는 것이 편리하다. 보통 양서류 사육장의 경우 열대어를 사육할 때처럼 수조에 물을 완전히 채우지는 않기 때문에 수조 내 수분증발량에 신경을 써야 할 필요가 있다.

먼저 수조 내부를 부드러운 스펀지를 이용해 전체적으로 닦은 후에 5~10분 정도 방치한 다음, 호스나 사이펀을 이용해 오염물을 제거해준다. 이때 수조의 1/5~1/3 정도 되는 양의 물을 버리도록 한다. 수조의 물을 절반까지 빼내는 것은 물갈이 후 뽑아낸 물을 보충하면서 수질의 급변이 발생할 수 있으므로 좋지 않다. 특히 완전수생종의 경우에는 부분 물갈이를 할 때 좀 더 신경 써서 시행할 필요가 있다. 수조 내에 여과기를 작동시키거나 수중구조물을 설치하게 되면 각종 오염물들이 수류를 따라 이동하다가 이와 같이 구석진 곳에 모이는 경향

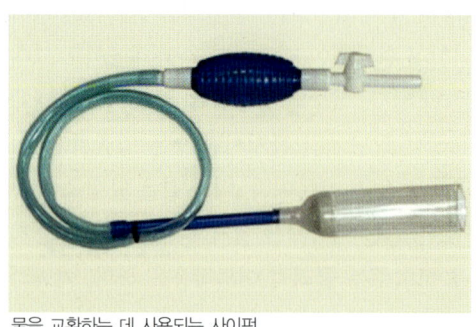

물을 교환하는 데 사용되는 사이펀

이 있고, 사육동물 역시 이런 곳을 은
신처로 선호하기 때문에 신경 써서 관
리해주지 않으면 당연히 오염된 환경
으로 인한 문제가 생길 수밖에 없다.
거기다 혹시라도 이런 장소에서 부패
한, 미처 제거해주지 못한 먹이를 사
육개체가 섭취하게 되는 상황이 발생
하면 문제는 더욱 심각해진다. 따라서
보이지 않는 장소라고 방치하지 말고
주기적으로 구석진 곳을 확인해 오염
물을 제거해줘야 한다.

전체 물갈이 전체 물갈이는 현재 유지
하고 있는 수조 내 구조물을 전체적으
로 세척하고 다시 세팅하는 것으로,
심각한 문제가 생기지 않은 이상 1년
에 1~2회 정도 실시한다. 수조의 크기
가 큰 경우 또는 야외에서 큰 번식장
을 관리하고 있는 경우에는 주기적으
로 대청소를 해줄 필요가 있다.
우선 가장 먼저 할 일은 충분한 양의
수조 물을 따로 받아두는 것이다(이 물
속에는 유익한 박테리아들이 많이 서식하고 있
고, 현재 사육개체에게도 가장 적합한 조건을
갖춘 물이기 때문에 새로 수조를 청소한 이후에
여과에 도움을 주는 씨물-seed water-이 된

환수를 하다 보면 사육개체가 이처럼 수중구조물에 산란한 알을 발견하게 되는 경우도 있다.

다). 그리고 약간의 물과 함께 사육개체를 별도의 공간에 안전하게 옮겨두고 에어레이
션을 해준다. 다음으로 여과기와 히터를 제거하고 유목이나 돌, 수초, 바닥재 순으로
꺼내 완전히 세척한 후 처음 수조를 세팅할 때와 같이 다시 세팅을 한다. 세팅을 마치

물갈이의 필요성과 주의할 점

1. 여과기가 정상적으로 작동해 육안으로 확인했을 때 물이 투명하고 깨끗해 보이더라도 수조 내에는 질산염이 축적되고 있으므로 정기적인 물갈이는 반드시 필요하다.
2. 환수 시에는 가급적 사이펀을 이용해 바닥 쪽의 물을 침전물과 함께 빼내도록 한다. 이는 질병의 원인을 제거한다는 측면에서 아주 중요하다. 일부 유해균들은 바닥재에서 생식하다가 다른 개체에게 전염되므로 물갈이와 바닥청소로 기생충이 사육개체에게 감염될 능력을 얻기 전에 제거할 수 있다.
3. 환수용 물의 온도는 수조 속 물의 온도와 비슷할수록 좋다. 원래 있던 수조의 물보다 너무 낮거나 높은 온도의 물로 세척하는 것 역시 여과박테리아 소멸의 원인이 된다.
4. 환수용 물의 pH는 수조 속 물의 pH와 비슷할수록 좋다.
5. 여과박테리아는 염소를 접하면 전부 소멸되므로 여과재는 절대 수돗물로 바로 세척하지 않도록 하며, 염소를 제거하지 않은 수돗물로 환수하는 것도 지양해야 한다. 여과재나 수족관 바닥의 모래는 살아 있는 생명체와 같다고 생각하고 조심해서 다뤄야 할 필요가 있다.
6. 여과기의 여과재나 스펀지에는 여과박테리아가 서식하고 있으므로 너무 깨끗하게 세척하지 않도록 주의한다. 많이 씻으면 씻을수록 애써 활성화시킨 여과박테리아가 씻겨 내려가게 된다. 수조의 물이나 미리 받아둔 물로 표면의 찌꺼기만 세척해주는 것으로 충분하다. 여과재를 깨끗이 씻으면 씻을수록 수조의 물은 더디게 맑아진다.
7. 여과재는 동시에 전부 세척하는 것은 좋지 않다.
8. 부분 물갈이와 여과기 청소를 동시에 하지 않는 것이 좋다.
9. 전체 물갈이는 사육장 전체의 레이아웃 변경 또는 이사처럼 부득이한 경우를 제외하고는 하지 않는다.
10. 반드시 받아둔 물로 환수하고 수돗물을 바로 사용하지 않도록 한다.
11. 환수는 조금씩 자주 해주는 것이 가장 좋다.

면 따로 보관해뒀던 기존 수조의 물을 넣어주고 여과기 및 히터와 같은 전기장치를 가동한다. 물이 좀 안정됐다 싶으면 사육개체를 투입한다. 부족한 분량의 물은 염소를 제거한 수돗물로 보충하는데, 시간을 두고 천천히 조금씩 넣는 것이 좋다. 이처럼 물갈이를 할 경우 사육자가 여러 개의 수조를 관리하고 있을 때는 질병전파나 pH쇼크를 방지하기 위해 서로 다른 수조의 물을 섞어 사용해서는 안 된다. 또한, 가급적이면 청소에 사용하는 용구도 따로 분리해 사용하는 것이 보다 안전하다.

■**pH 관리** : pH는 수용액의 산성도 혹은 염기성도를 측정하는 것으로 '수소이온지수(水素—指數, potential of hydrogen)'를 의미한다. 용액 1ℓ 중에 존재하는 수소이온의 그램이온 수를 0~14의 숫자로 전환해 나타내며 1기압, 25℃에서 중성인 pH7을 기준으로 pH가 기준이 되는 7보다 작으면(pH1부터 pH6.9까지) 산성, pH가 7보다 크면(pH7.1에서 pH14까지) 알칼리성이라고 한다.

수조환경에서 사육하는 경우 보통은 수온을 맞추는 정도에 그치고 pH는 크게 신경을 쓰지 않는 사육자도 많다. 급격한 pH의 변화는 쇼크를 유발할 수 있고, 부적합한 pH 환경이 장기적으로 지속되면 스트레스와 질병을 일으킬 수 있으며, 결국 폐사로 이어지는 요인이 될 수도 있다. 따라서 양서류를 건강하게 기르기 위해서는 자신의 사육개체가 필요로 하는 적정 pH를 확인하고 그에 맞춰주는 것이 중요하다. 양서류가 생존 가능한 pH의 범위는 9.0~4.5 사이이며, 양극단에 가까워질수록 생존율이나 부화율이 저하된다. 국내종 양서류를 예로 들면 pH7.5~8.5 정도가 적당하다고 알려져 있는데, 일반적으로 두꺼비류는 pH4.25에서는 죽고 개구리속은 보통 pH4.5가 생존과 생식이 불가능한 위험수준이며, pH4.0이 치사수준이라고 알려져 있다.

자연상태에서 양서류는 토양의 산성도에 따라서도 분포지역이 민감하게 제한된다고 알려져 있으므로 수조 내의 pH지수뿐만 아니라 육상 바닥재에 대해서도 신경을 쓰는 것이 좋다. 바닥재를 신중하게 선택하는 것은 물론이고, 시간이 지남에 따라 바닥재의 산성도 또한 변화된다는 사실을 염두에 둘 필요가 있다. 주기적으로 새로운 바닥재로 교체하는 경우가 아니라면, 분무 시에 변화된 바닥재의 pH를 완충시킬 수 있도록 미스팅의 pH를 조절해주면 더욱 좋다. 수조의 pH는 시간이 지나면서 산성으로 변화되는데, 이렇게 되면 사육개체의 아가미가 변색되거나 녹으며, 심하면 점액과다현상을 보이면서 부패되는 경우가 생긴다. 지느러미나 신체말단처럼 약한 부분이 녹거나 짓무르고 염증이 생기며, 점액분비가 많아지는 현상도 관찰된다. 심한 경우 갑작스럽게 유리면을 들이받거나 수조 밖으로 튀어나올 수도 있다.

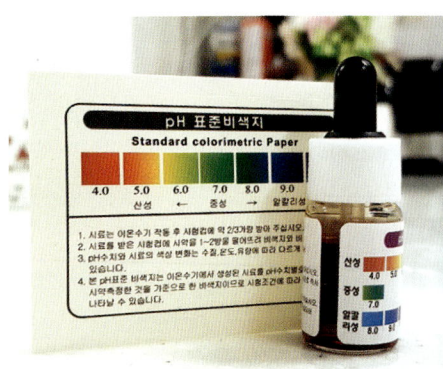

pH 측정 시약

pH 측정기

과도한 밀집사육은 카니발리즘, 수질오염, 질병확산 등 여러가지 문제를 유발한다.

pH가 이상적으로 변화되는 원인으로는 용존산소량이 감소했거나 장기간 환수를 해주지 않았을 경우, 먹이를 지나치게 많이 급여했을 경우를 들 수 있지만, 실제로 사육 하에서는 수조의 pH가 이 정도에 이르기까지 방치하는 경우는 상당히 드물 것이라고 생각한다. 그러나 의외로 여과기도 설치하지 않은 채 매우 좁은 수조에 양서류를 장기간 방치하는 경우도 있을 수 있기 때문에 이런 부분에 주의할 필요가 있다.

또 하나 주의할 것은 환수를 할 때 수조의 물과 새로운 물의 pH지수가 1 이상 차이나는 것은 좋지 않다는 사실이다. 수조 내 pH의 급변 역시 쇼크 증상을 초래하므로 더욱 신중하게 환수할 필요가 있다. pH의 변동값은 1이 상승할 때마다 10의 제곱승으로 상승한다. 이 말의 의미는 pH5가 pH6보다 10배나 더 강한 산성을 나타낸다는 의미다. 따라서 pH의 작은 변화에도 사육환경에는 심각한 영향을 미치게 된다. 환수한 지 오래지나 수질이 산성화돼 있을 경우 갑자기 많은 양을 환수하면 쇼크가 올 수 있는데, 사실 이처럼 쇼크가 오면 치료는 상당히 힘들다. 가능한 한 신속하게 기존의 pH와 유사한 수조로 옮겨주고 안정을 취하게 하는 것이 최선이다. 쇼크로 심각하게 점액질이 손상됐을 경우는 감염이나 다른 질병의 발생을 막기 위해 항생제처치도 고려해봐야 한다.

수조 내의 pH로 인한 문제는, 바닥재를 벗어날 수 있는 구조물을 제공해주는 지상성이나 수상성 양서류보다 올챙이 또는 평생을 거의 물속에서 보내며 물과 항상 접하고 있는 완전수생종의 경우 더 심각하다. 특히 알이나 올챙이의 경우에는 수질의 산성화에 더욱 큰 영향을 받는데, 알 발생시기에 수중의 pH농도가 급격히 변하면 부화율이 상당히 저하되며, 낮은 pH와 높은 알루미늄농도의 환경에서 성체의 체구가 작아지고 올챙이의 변태가 느리게 진행됐다는 보고가 있다. 수조 내 pH의 측정은 시중에 나와 있는 여러 가지 테스트키트를 사용하면 손쉽게 시행할 수 있다.

■**용존산소량**(dissolved oxygen, DO) **관리** : 수생양서류나 올챙이는 수중에 녹아 있는 산소를 아가미나 피부를 통해 혈액에 보내고, 혈액 속의 이산화탄소를 몸 밖으로 내보내는 호흡작용을 하며 생활한다. 이와 같은 호흡 및 신진대사과정에서 수조의 산소는 지속적으로 소비되기 때문에 사육자는 수온이나 수질뿐만 아니라 수중의 용존산소량에도 관심을 기울여야 할 필요가 있다. 수조에 물만 채워두더라도 자연스럽게 수면을 통해 산소가 녹아 들어가기는 하지만(보통 0.05%), 이처럼 용해되는 산소량은 물의 표면적과 수류 및 온도 등에 영향을 받기 때문에 이러한 조건을 고려해 수조를 관리해야 한다. 물의 양이 같을 경우 표면적이 좁고 깊은 수조보다는 넓고 얕은 수조에 녹아드는 산소의 양은 많아지며, 수면에 움직임이 있거나 수온이 낮을수록 더 많은 산소가 녹아든다. 사실 여과기를 가동시켜 수면을 움직여주는 것만으로도 산소부족에 대한 부분은 크게 걱정할 문제는 아니지만, 과밀사육이나 질병이 있을 경우와 같이 자연스럽게 녹아드는 산소로는 충분치 않다고 판단될 때는 환수를 하거나 기포기를 이용해 직접적으로 수중에 공기를 공급해주는 방법도 고려할 필요가 있다.

간혹 수초를 기르는 수조에 수생양서류를 함께 사육하는 경우가 있는데, 이 경우 수초의 성장을 돕기 위해 설치한 이산화탄소로 인해 양서류의 호흡에 문제가 생길 수도 있다. 이산화탄소 발생기가 설치된 경우에는 좀 더 세심하게 개체들의 행동을 관찰할 필요가 있다. 수중의 산소가 부족한 상황이 장기간 지속되면 염기성 미생물의 증가와 더불어 호기성 미생물이 사멸해 여과사이클이 깨지게 되고, 이는 고스란히 사육개체의 질병이나 폐사로 이어지기 때문이다. 이 정도면 수조를 완전히 새로 세팅해야 되는 경우까지 생길 수 있으므로 미리미리 주의해서 예방하도록 하자.

수온(℃)	10	15	20	25	30
용존산소량(cc)	10.90	9.74	8.83	8.10	7.52

＊기압 아래의 증류수에서 온도에 따른 포화용존산소량(Mg-O/L)

조명관리

다른 생물과 마찬가지로 양서류에 있어서도 빛은 일상활동에서부터 먹이활동, 소화, 성장, 정자 및 난자의 형성과 생식선의 발육, 면역반응 등에 중요한 영향을 미친다. 양서류 사육 시 제공되는 조명은 광도, 광질, 광주기의 세 가지로 나눠볼 수 있다.

■광도(光度, light intensity) - 명암감각의 강도 : 광도관리는 각 생물에게 적합한 밝기의 조명을 설치해주는 것이다. 당연한 말이겠지만 어두운 열대우림에 서식하는 양서류의 사육장에 온대의 평원에 서식하는 종의 사육장과 같은 밝기의 조명을 설치하는 것은 좋지 않다. 과다한 광량은 지속적인 스트레스 요인이 되기 때문이다. 심한 경우 은신처에서 나오기를 싫어하거나 사육장을 이탈하려는 행동을 보이며, 경우에 따라서는 식욕부진 등의 증상이 나타날 수도 있다. 사육장의 조명은 사육자의 관상을 목적으로만 설치되는 것이 아니므로 각 종의 양서류에게 적합한 밝기의 조명을 선택해 설치해주도록 하자.

■광질(光質, light quality) - 빛의 파장과 색상 : 광질관리는 낮과 밤에 적절한 색상의 조명을 설치해주는 것, 즉 밤낮의 조명밝기를 조절해주는 것이다. 밤에도 가시광선이 지속적으로 나온다면 수면에 방해가 되고, 그로 인해 스트레스를 받고 면역력이 떨어질 수 있으므로 야간에 열원이 필요할 때는 세라믹등이나 야간용 등을 사용하는 것이 좋다.

■광주기(光週期, photoperiod) - 광 지속시간 : 광주기관리는 밤낮의 길이를 제공해주는 것이다. 많은 수의 양서류가 야행성이고 강한 빛을 필요로 하지 않는다는 사실 때문에 사육장에 별도의 조명을 설치하지 않거나 규칙적으로 광주기를 조절하는 것에 대해 크게 관심을 기울이지 않는 사육자도 있다. 그러나 양서류 사육에 있어 적합한 광량이나 광질의 조명을 제공하는 것 이상으로 중요한 것은, 하루 중 얼마 동안 빛을 제공할 것인가에 관심을 기울이는 것이다.

모든 생명체는 낮과 밤의 길이의 변화를 감지하며, 낮 동안 받아들인 빛을 중추신경계로 전달해 생식활동의 일주성(日週性)이나 연주성(年周性) 등 생체리듬조절에 관여하는 호르몬을 생성 분비한다. 따라서 광주기는 면역기능부터 번식에 이르기까지 다양한 면에서 생물에게 큰 영향을 미치게 된다. 특히 생식에 있어서 송과선호르몬인 멜라토닌(Melatonin)의 농도가 높을 때는 생식세포의 발달을 억제하고, 낮을 때는 촉진하는 작용을 한다.

사육장의 광주기 제공은 아주 중요하다.

사육개체를 건강하게 사육하고 싶은 사육자는 물론이거니와 번식을 고려하고 있는 사육자일 경우에는 단순히 사육장에 빛을 공급하는 것에 그쳐서는 안 되며, 광주기를 적절하게 설정해주는 데까지 관심을 기울여야 한다. 당장 눈에 보이는 효과는 없을지라도 동물의 생존과 번식에 영향을 미치는 광주기의 작용은 절대 간과해서는 안 되는 부분이다. 특히 성장기에 이런 규칙적인 광주기의 설정은 뇌의 발달과 호르몬 조절에 큰 영향을 미친다는 사실을 유념해야 한다. 다른 동물에 있어서도 성장기에 규칙적인 광주기를 제공해주지 않으면 돌연사하는 경우도 흔히 보고되고 있다.

이뿐만 아니라 광주기는 외상의 치료 촉진과 스트레스의 회복에 도움을 주는 기능이 있으므로 숙련된 사육자는 양서류에게 밤낮의 차이만 제공해주는 것에서 벗어나 광주기를 적극적으로 사육에 이용하기도 한다. 광주기의 효과적인 조절을 위해서는 수동으로 전원스위치를 작동시키는 방법보다 타이머를 이용해 하루 14시간의 점등과 10시간의 소등이 되도록 설정하는 방법이 좋다.

UVB 관리

UVB(ultraviolet-B)는 파장영역이 280~320nm인 중파장 자외선으로 칼슘대사에 중요한 물질인 비타민D_3를 합성하도록 도와주며, 체내에서 칼슘흡수를 돕는 매개체역할을 주로 한다. 양서류 가운데 많은 종이 자외선으로부터 스스로를 보호하기 위해 차단물질인 가두솔(Gadusol)을 합성할 수 있지만, 기본적으로 얇고 예민한 피부를 가지고 있기 때문에 보통 UVB 복사량의 증감에 매우 민감한 반응을 보인다.

과도한 UVB는 알의 폐사 또는 기형을 유발한다.

사육 하에서도 양서류 성체는 모두 육식을 하기 때문에 칼슘대사를 위한 목적의 UVB가 꼭 필요치는 않다. 많은 수의 양서류가 야행성이라는 사실이 또한 이를 증명하고 있다. 그러나 주행성 애완양서류에게는 칼슘항상성을 유지하는 데 자외선이 도움이 되기도 한다.
이뿐만 아니라 사육 하에서는 피부의 살균에도 어느 정도 도움을 주며, 특히 초식을 하는 무미목의 올챙이시기에는 자연광을 충분히 쬐야 피부를 더욱 건강하게 유지할 수 있다.

하지만 일반적으로 양서류에게 과도한 UVB는 좋지 않다. 특히 산란한 알의 경우 UVB를 막을 외피도 없고 햇빛을 피해 이동할 수 없으므로 배 발생 도중 사망률과 돌연변이율이 높아지고, 유생의 생존율이 낮아져 개체 수가 감소하는 중요한 원인이 되기도 한다. 또한, 잘못 사용할 경우 성체라고 해도 화상과 백내장을 유발할 수 있다. 이런 이유로 인해 양서류에게는 낮은 수준의 UVB 조명이 사용돼야 하며, 사육개체가 원할 때 언제든 빛을 피해 숨을 만한 공간이 필수적으로 제공돼야 한다. 양서류용 UVB 제품들이 시판되고 있으므로 필요하다고 판단되면 구입해 설치하도록 하자.

환기관리

환기관리는 사육장 내의 공기를 순환시키고, 바닥재와 배설물 및 먹이찌꺼기가 부패하며 발생하는 오염된 공기를 흡착, 제거하는 것을 의미한다. 특히 양서류 사육에 있어서는 공기의 순환으로 사육장의 온도를 조절하고 식물의 생장을 돕는 것까지 포함된다. 환기는 사육장의 온도균형을 유지하고 암모니아 가스를 배출하며 산소를 공급하는 것 외에도, 습기나 박테리아 및 곰팡이균을 제거하고 먼지 등 병원균을 배출하는 역할도 한다. 또한, 부가적으로 사육장 내 전열기구의 사용기한을 연장시키는 장점도 있다.
청결하지 못한 사육환경에서는 각종 유기물들이 부패하면서 암모니아가 발생하게 된다. 이런 상태에서 환기시설이 제대로 설치돼 있지 않거나 직접 환기를 자주 시켜주지

환기의 효과와 피해		
환기의 효과	환기불량의 원인	환기불량의 피해
• 사육장의 온도균형 유지 • 습기 및 곰팡이균의 제거 • 산소공급 • 암모니아가스 배출 • 먼지 등 병원균 배출 • 새로 제작한 수조일 경우 화학물질의 희석, 배출 • 전열기구의 사용기한 연장 • 사육개체의 건강유지	• 과밀사육 • 활발한 활동, 먼지가 많이 발생하는 재질의 바닥재 사용으로 인해 발생하는 분진 • 베딩과 배설물, 먹이찌꺼기의 부패 • 청결하지 않은 사육환경과 부적절한 환기시설	• 거식 • 성장둔화 • 눈병, 호흡기질병을 포함한 각종 질병발생 증가 • 폐사

않으면 환기불량으로 인해 먹이를 거부하거나 성장이 둔화되고, 눈병 및 호흡기질병을 포함한 각종 질병에 걸리는 것은 물론, 심한 경우 폐사에 이르게 되는 등 건강상의 문제가 발생하게 된다. 양서류 사육장에는 보통 살아 있는 식물을 식재하는 경우가 많은데, 이 경우 환기의 중요성은 더욱 더 커진다. 특히 브로멜리아드와 같은 착생식물이 식재된 경우에는 더욱 더 환기에 신경을 써야 한다.

날씨가 추운 겨울철에는 사육장 내부의 온도유지에 치중해 사육장 밀폐만 신경을 쓰는 경우가 있어 사육장 내 유해가스의 농도가 다른 계절보다는 높아지기 쉬우므로 다른 계절보다 환기에 더 신경을 써야 한다. 사정상 환기가 어려울 경우에는 바닥재를 자주 교체하고, 사육장 청소 횟수를 늘려 암모니아발생을 줄여주는 등의 노력이 필요하다.

바닥재의 청결 관리

모든 바닥재는 소모품이다. 바크와 같은 경우에는 세척하고 소독해서 다시 사용하기도 하지만, 세척해서 사용하는 바크나 매트 타입 또는 사용시간에 관계없이 형태적으로 변화가 없는 모래 등 교체시기의 차이가 있을 뿐 모든 바닥재가 소모품이라는 사실은 변함이 없다. 바닥재는 보통 육안이나 냄새로 오염이 확인되면 교체하는데, 바닥재에 대해 사람들이 오해하는 것 가운데 하나가 수조의 모래는 교체할 필요가 없다는 생각이다. 다른 바닥재와 마찬가지로 모래 역시 수명이 있다는 점을 명심해야 한다.

모래를 오래 사용하다 보면 모래에서 녹아나오던 광물질이 점점 고갈되는데, 이는 어느 순간 pH의 급하강을 초래하게 된다. 환수를 하고 얼마 지나지 않았음에도 불구하고 pH가 2~3 정도나 떨어져 산성화되는 것이다. 이런 현상은 수조 내에 합사한 개체

사진의 모시 프로그처럼 벽을 타는 수상성 종의 경우 사육장 유리를 자주 닦아줘야 한다.

수가 많다거나 먹이급여가 잦을 경우 더욱 심하게 발생한다. 이를 방지하기 위해서는 산호사를 조금 섞어 사용하거나 새로운 모래를 첨가하는 것이 좋다. 사육장의 크기가 크지 않다면 사육장 제일 하단에 배수층을 설치하고 외부로 배수관을 연결하면, 바닥재의 교체시기를 늦추고 오염을 줄이는 데 도움이 될 수 있다. 전체를 교체하는 것도 좋다.

사육장 및 사육기자재의 청결 관리

동물을 사육하면서 사육비품을 청결하게 관리하는 것은 일상적으로 해야 하는 일이다. 사육장과 사육기자재의 청결을 어느 정도 수준으로 유지할 수 있는지에 따라 사육대상종의 건강상태가 결정된다고 할 수 있다. 특히 수상성 종을 기를 때 잦은 관리가 필요하다. 저면생활을 하는 다른 양서류와는 달리 사육장 내부에 조성된 돌이나 유목뿐만 아니라 유리벽을 타고 이동하면서 벽면을 더럽히는 경우가 많기 때문이다. 활동성이 뛰어난 종의 경우에는 며칠만 지나면 관상이 불가능할 정도로 유리면이 더러워지게 된다. 사육장의 벽면은 분무를 해서 주기적으로 닦아내야 하며, 일정기간을 두고 전체적으로 소독과 세척을 해주는 것이 좋다. 또한, 양서류는 자신의 배설물에 중독될 수도 있기 때문에 특히 사육장 내의 물그릇은 항상 청결하게 관리해야 한다.

보통 이렇게 사육장과 사육기자재를 소독할 경우에는 뜨거운 물이나 비누, 세제, 락스 등을 이용하는데, 다른 동물들과는 달리 양서류는 이들이 가지고 있는 독특한 피부 때문에 세제를 이용할 경우는 더욱 세심한 주의가 필요하다. 양서류 사육장의 청소는 일반적인 다른 애완동물 사육장을 청소할 때와 비교해 훨씬 조심스럽게 진행돼야 한다. 사육 중인 양서류에게 유해할 수 있는 비누와 세제, 락스 등의 가정용 청소제품은 가급적 사용해서는 안 되며, 만약 사용하게 된 경우라면 잔류물질이 없도록 세제성분을 철저하게 씻어내야 한다.

수생종을 사육할 때 수조 안에 넣어주는 돌이나 유목, 수초에 붓이끼 등이 부착되는 경우가 있는데, 이 경우에도 락스를 사용하는 것보다는 목초액이나 식초를 이용하는 것이 안전하다. 또한, 수조에 이끼가 많이 끼더라도 시판되는 이끼제거제는 가급적 사용을 지양하는 것이 좋다. 수조용 이끼제거제의 경우 어류 수조에 사용하는 것을 목적으로 생산됐기 때문에 어류의 비늘과는 다른 투과성의 피부를 가지고 있는 양서류에게 어떤 영향을 미칠지 알 수 없기 때문이다. 기본적으로 이끼제거제는 제초제성분을 함유하고 있으므로 각별히 주의해야 한다.

양서류의 번식과정 전반에 걸쳐 안정된 사육환경 및 번식환경을 유지해주는 것은 다른 애완동물의 번식에 있어서보다 훨씬 더 중요하다. 이는 양서류의 기형발생률이 다른 동물에 있어서보다 높기 때문인데, 양서류는 각종 오염원에 의해 자연적인 원서식지에서조차 종에 따라서는 60%에 이르는 기형발생률을 보이기도 한다. 따라서 번식과정에서 화학물질이나 바이러스, 기생충, 자외선, 환경호르몬 등에 노출되면 개체의 생존은 물론이거니와 설사 번식에 성공하게 되더라도 정상적인 자손을 기대하기가 어려운 경우가 많다. 또한, 사육장이 위치한 공간에서 헤어스프레이, 탈취제나 방충제, 향, 기타 화학물질의 사용은 피하는 것이 안전하다. 사육장에 내려앉은 이러한 화학물질은 사지 기형이나 자웅동체, 기형구기와 변태 지체, 돌연사를 유발할 수 있다.

수조 내에 합사 가능한 청소도우미 생물

물이 들어가 있는 사육장의 청소를 위해 청소물고기를 투여할 경우에는 사육종을 잡아먹을 만큼 커서는 안 되고 공격성이 없어야 하며, 혹시 양서류가 잡아먹더라도 문제가 되지 않도록 가시가 없는 종을 선택해야 한다. 코리도라스는 청소물고기로 많이 사용되지만, 덩치가 작고 지느러미에 가시가 있어 위험하다. 대표적인 청소물고기인 플레코처럼 너무 크게 자라는 종도 나중에는 막대한 배설물로 인해 오히려 수질 악화에 많은 영향을 미치기 때문에 좋지 않다. 오토싱 크로스, 알지이터 등이 양서류 수조의 청소용 합사어종으로 주로 추천되며, 이외에 새우나 달팽이 등을 이용하는 경우도 있다.

오토싱 크로스

새우

Section 02

먹이 및 영양관리

이제 양서류 사육에 있어서 가장 중요한 '먹이'에 대해 알아보도록 하자. 먹이를 '제대로' 급여하기만 해도 사육은 절반 이상 성공이라고 할 수 있다. 실제로 오랜 시간 사육을 해온 사육자들조차 먹이급여를 너무 쉽게 생각하는 경향이 있는데, 먹이를 '제대로' 주기까지는 많은 공부와 시행착오 그리고 오랜 경험과 숙련과정이 필요하다.

양서류의 소화과정

양서류의 소화계는 경골어류의 소화계와 유사하며 입과 식도, 위, 십이지장, 회장, 대장, 직장으로 이뤄져 있다. 올챙이시기부터 육식을 하기 때문에 일반적으로 무미목은 올챙이시기보다 성체의 장의 비율이 유미목에 비해 낮다. 입에서 분비되는 점액질은 먹이의 통과를 용이하게 하고, 짧은 식도 안쪽에는 섬모가 줄지어 나 있어 위장으로 먹이를 이동시키는 데 도움을 주는데, 일단 삼켜진 먹잇감은 위로 이동해 부분적인 소화가 이뤄진다. 먹이를 통째로 삼키는 포식 특성으로 인해 양서류 대부분은 체구에 비해 상당히 큰 위를 가지고 있다. 하지만 대부분의 소화작용은 위가 아니라 소장에서 이뤄지며, 인접한

간과 췌장은 소화액이 소장으로 분비되도록 유도하는 역할을 한다. 위와 소장에는 소화액을 분비하는 많은 분비샘들이 있으며, 소화되고 남은 찌꺼기는 대장으로 보내져 총배설강을 통해 체외로 배출된다. 지상에서 생활하는 양서류는 질소성 노폐물로 요소를 배설하며 물에 사는 양서류는 암모니아를 배설하는데, 암모니아는 생성되자마자 바로 배설되지만 요소는 배설될 때까지 방광에 저장된다.

양서류의 식성과 포식행동

먹이를 잘 주기 위해서는 급여하는 먹이의 종류에 앞서 우선 양서류가 어떻게 먹이를 잡고 소화시키는지에 대해 알아둘 필요가 있다.

■**양서류의 구강구조** : 양서류에 대해 많은 사람들이 가지고 있는 궁금증 가운데 하나가 '개구리는 이빨이 있는가' 라는 것이다. 본서를 읽고 있는 독자분들이나 실제로 개구리를 기르는 사육자들 중에서도 이러한 궁금증을 가진 사람이 꽤 많으리라고 생각한다. 왜냐하면 우리가 개구리를 상상할 때 흔히 떠오르는 이미지가 잽싸게 혀로 먹이를 낚아챈 후 그대로 꿀꺽 삼키는 모습이기 때문이다. 더구나 개구리는 거의 대부분의 시간 동안 입을 닫고 있고, 이처럼 입을 닫고 있을 때는 구강이 외부로 노출되지도 않기 때문에 이빨의 유무를 확인할 수 없다. 실제로 상당수의 두꺼비류는 이빨이 없다.

그러나 일부를 제외한 모든 양서류의 성체는 육식성이기 때문에 이빨을 가지고 있고, 그 이빨은 우리가 상상하는 것보다 훨씬 날카롭다(이빨의 유무는 개구리와 두꺼비를 구분하는 기준이 되기도 한다). 대부분의 개구리는 턱의 상부 가장자리 주위에 매우 작은 원뿔형의 이빨(상악치, 上顎齒)을 가지고 있다. 또한, 입천장에 서골치열(鋤骨齒列)이나 편도치(扁桃齒)를 가지고 있다. 이 이빨의 숫자, 크기, 형태나 배열 등이 각각의 종마다 상당히 상이하기 때문에 종을 동정하는 중요한 기준이 되기도 한다.

> **독니를 가진 개구리**
>
> 피부에 독을 가진 개구리는 일반인에게도 잘 알려져 있으나 최근 베트남 북부의 깟바 섬(Cat Ba Island, 베트남 북부 하롱베이에 딸린 섬) 국립공원에서 독니를 가진 코랏큰입개구리(Khorat big-mouthed frog, Limnonectes megastomias)와 인도네시아의 슬라웨시 섬(Sulawesi, 인도네시아 동부 칼리만탄 섬 동쪽에 있는 섬)에 서식하는 필리핀독니개구리(Philippine fanged frog, Limnonectes larvaepartus)가 발견됐다. 턱뼈의 일부가 이빨처럼 변한 것으로 아직 정확한 용도는 알 수 없으나, 스스로를 방어하고 자신보다 작은 개구리뿐만 아니라 물고기나 작은 조류까지도 사냥한다고 추측되고 있다.

물고기를 먹고 있는 멕시코도롱뇽

대부분의 개구리들은 위턱에만 이빨을 가지고 있으며, 바로 아래턱에 이빨을 가진 종은 현재 겐터주머니개구리(Guenther's marsupial frog, *Gastrotheca guentheri*)만 알려져 있다. 몇 년 전에는 인도네시아에서 턱뼈의 일부가 이빨처럼 변해 턱 자체가 이빨의 역할까지 하는 종이 발견되기도 했다. 그러나 극히 일부 종을 제외하고 양서류의 이빨은 다른 동물들처럼 상대방을 깨물어 자신을 보호하는 용도로 사용되지는 않는다.

양서류의 조상인 어류는 혀를 움직일 수 없지만, 어류에서 진화한 양서류는 대부분 혀를 능동적으로 움직일 수 있도록 발전했다. 그 가운데 무미목은 많은 종들이 이 유연하고도 끈적끈적한 혀를 이용해 눈앞의 먹이를 사냥한다. 파리를 잡기 위해 혀를 내미는 동작은 개구리를 상상할 때 흔히 떠올리는 모습이다. 혀를 가지고 있지 않은 피파개구리류를 제외한 대부분의 무미목과 도롱뇽의 혀는 먹이를 잡기 위해 입 밖으로 길게 내뻗을 수 있다. 일부 종에 있어서는 전체 몸길이의 80%에 이를 정도로 길게 돌출되기도 한다. 이와 같은 혀는 아주 유연해서 거꾸로 뒤집을 수도 있고, 먹이를 혀의 표면에 묻

뿔개구리의 골격

혀서 입속까지 끌고 올 수도 있다(혀가 없는 종의 경우에는 먹이를 입속으로 끌어오는 데 앞발을 이용한다. 혀가 있는 종도 앞발을 사냥의 보조수단으로 이용하는 경우가 많다). 그러나 혀의 역할은 여기까지이며, 구조상 입의 뒤쪽으로 고정돼 있지 않기 때문에 목구멍과 위장으로 먹이를 밀어 넣는 데는 사용할 수 없다.

최근 미국 조지아공대 연구원이, 개구리에 있어서 혀뿐만 아니라 침이 먹이를 잡는 중요한 도구로 작용한다는 연구를 영국왕립학회지 〈Journal of the Royal Society Interface〉에 발표했다. 개구리의 침은 평소 입안에서는 끈적이지 않는 상태로 있다가, 먹이를 낚아채기 위해 혀를 길게 빼서 먹이와 접촉하는 순간에 두껍게 모아지면서 틈새를 매워 먹잇감의 움직임을 통제하며, 그와 동시에 혀에 보다 잘 달라붙게 하는 끈적끈적한 점착성을 가지게 된다는 사실을 밝힌 것이다. 혀가 다시 입안으로 들어가면 끈적이던 침 역시 점성을 잃고 본래의 일반적인 침 상태로 돌아가는데, 이와 같은 특성을 지니고 있는 침이 개구리의 먹이사냥을 돕는 역할을 한다.

잡은 먹이를 씹는 종도 있으나 양서류의 많은 종이 먹이를 통째로 삼킨다. 일부 종은 먹잇감을 씹는 듯한 모습을 보이기도 하지만, 씹는다고 해도 스스로의 안전을 위해 먹이를 강한 악력으로 '제압' 하는 행동일 뿐 소화를 용이하게 하기 위해 먹이를 '자르고 부수는' 행동이라고 보기는 어렵다. 이빨은 단순히 먹이를 잡아두는 데 사용되거나 먹이가 탈출하지 못하도록 억제하는 정도의 역할을 수행한다. 이러한 구강구조 때문에 양서류가 먹이를 삼키는 순간 눈꺼풀을 닫고 안구를 두개골 안쪽으로 밀어 넣는 독특한 행동이 나타난다. 이는 눈의 아랫부분과 입천장 사이에 있는 근육을 수축시킴으로써 눈알과 혀 사이에 낀 먹이를 으스러뜨리고, 먹이를 효과적으로 인후 뒤쪽으로 밀어내어 식도로 옮기기 위한 행동이다.

■ **양서류의 식성** : 무미목과 유미목 올챙이의 식성은 상당한 차이를 보인다. 무미목은 올챙이 때 초식에 가까운 잡식성 동물로 윤형동물(輪形動物)이나 식물성 말류 및 이끼를 주로 먹으며 성장하지만, 유미목의 경우에는 올챙이 때도 육식을 주로 한다. 이러한 이유로 무미목의 유생에게는 이빨이 없지만 유미목의 유생에게서는 성체의 것과 유사한 형태의 이빨이 관찰된다. 그러나 무미목의 식성도 변태를 전후해 육식성으로 변화하기 때문에 '변태가 이뤄진 후의 모든 양서류의 성체는 육식성'이라고 할 수 있다.

양서류는 다양한 종류의 살아 있는 먹이를 포식하는데, 그 식이의 대부분이 수중이나 수변부에서 서식하는 무척추동물 또는 나무 위에서 얻을 수 있는 곤충으로 구성된 '식충동물(insectivore)'이다. 곤충을 비롯해 거미와 노래기 등의 절지류, 지렁이 및 달팽이 같은 연체동물, 크게는 소형 물고기 등을 주로 포식하지만 대형종들의 성체는 쥐나 작은 새 그리고 새끼뱀을 먹기도 한다. 양서류는 이처럼 동물성 먹이를 주로 섭취함에도 불구하고 물질대사의 수준이 온혈동물에 비해 현저하게 낮다는 특징이 있다. 이는 몸속에 지방층이 없는 데서 기인하는데, 일부 지방체를 제외하고 양서류의 몸에서는 지방을 찾아보기 어렵다(보통 동물들은 피하에 여분의 지방을 저장하지만, 피부호흡을 하는 양서류의 특성상 이와 같은 호흡이 불가능하게 되기 때문에 거의 피하지방이 없다).

무미목은 다양한 먹이를 먹지만 영원이나 도롱뇽, 무족영원은 대개 지렁이나 민달팽이처럼 부드럽고 움직임이 느린 먹잇감을 선호한다. 올챙이시기에는 폭발적인 식탐으로 인해 동족포식이 흔하며, 성체가 돼도 크기 차이가 많이 나면 동족을 먹이로 삼는 경우가 많다. 특이하게 독화살개구리는 자신의 올챙이들에게 무정란을 먹이로 낳아주기도 한다. 대개는 입속에 들어갈 정도의 크기에 움직이는 것이라면 가리지 않고 다 입에 넣

> **개구리는 토할 때 위(胃)까지 뱉어낸다**
>
> 보통 잘못된 먹이를 먹었을 때 동물의 신체는 구토(vomiting)를 하게 된다. 이는 위험물을 최대한 신속하게 몸 밖으로 배출하기 위한 본능의 일환이다. 그러나 무미목에게 있어서 구토는 다른 동물들의 경우와는 완전히 다른 양상을 띠고 있다. 내용물뿐만 아니라 자신의 '위'까지 토해내기 때문이다. 주로 벌이나 폭탄먼지벌레와 같은 독성곤충을 삼켰을 경우 이러한 모습을 관찰할 수 있는데, 먹이가 입안에 머무르고 있는 경우에는 그냥 뱉어내지만, 위까지 내려갔을 경우에는 복벽근을 강하게 수축함과 동시에 먹이와 함께 자신의 위를 뱉어냈다가 다시 삼킨다.
> 일명 '위 세탁(胃 洗濯)'이라고 불리는 이러한 행동은 무미목의 독특한 생존전략 가운데 하나다. 무미목이 이러한 행동을 하는 가장 큰 원인은 그들의 '부정확한 시력' 때문이다. 이들은 큰 눈을 가졌으나 눈앞에서 움직이는 것만 볼 수 있는 데다가, 위험한 곤충인지 아닌지를 정확히 구분할 만한 시력을 가지지 못했기 때문에 일단 먹이가 될 만하다 싶으면 입안에 집어넣고 보는 습성이 있다. 이 과정에서 독성이 있는 먹이를 삼켰을 때의 응급처치법으로 이러한 방법을 발달시키게 됐다.

지만, 북미에 서식하며 개미만을 잡아먹는 서부맹꽁이처럼 특정한 먹이를 고집하는 경우도 있다. 세 목 가운데 무미목은 특히 식욕이 왕성해 눈앞에 움직이는 것은 무엇이든 입에 넣기 때문에 사육 하에서 바닥재나 이끼와 같이 먹이가 아닌 것을 섭취하는 빈도도 높고, 과식으로 인한 위의 과부하나 팽창 등은 흔히 관찰되는 증상이다.

■포식행동 : 이처럼 먹이를 사냥할 때 무미목과 유미목은 주로 시각에 의존하는 반면, 무족영원류는 후각 자극에 의지한다. 양서류는 색상이나 형태로 먹이를 식별하지 못하고 움직이지 않는 동물에게는 일반적으로 반응을 보이지 않는다. 반대로 배고플 때는 동종을 포함해 눈앞에서 움직이는 것이면 무엇이든 입속에 넣는 습성이 있다. 특히 올챙이는 식탐이 강해 동족포식의 빈도가 높기 때문에 이 시기에는 먹이를 충분히 급여할 필요가 있다(유미목은 성체나 유생이 모두 육식성이며, 물고기 알처럼 움직이지 않는 것도 먹는다). 이렇게 보편적으로 움직이는 먹잇감에만 반응을 보인다는 것이 양서류의 가장 큰 특징이면서 양서류 사육을 어렵게 만드는 가장 큰 요인이기도 하다. 올챙이는 주로 후각에 의지해 먹잇감을 찾는데, 턱과 구강에는 비교적 잘 발달된 이빨이 있어 먹이를 찢어 먹지만 성체가 되면 먹이를 씹지 않고 통째로 삼킨다.

동식(動食)이 양서류 사육의 가장 큰 걸림돌이다.

먹이를 사냥하는 방법은 체형에 따라 상이하다. 먼 거리를 뛸 수 있는 종은 직접적으로 움직여 먹잇감을 사냥하지만, 두꺼비나 팩맨개구리처럼 퉁퉁한 체형을 가진 종은 정교한 무늬의 위장색으로 은신해 있다가 가까이 온 먹잇감을 낚아채는 방식으로 사냥을 한다. 도롱뇽의 경우에는 꼬리로 먹이를 몰아 반대방향으로 달아나는 먹잇감을 사냥하는 방법을 사용하기도 한다. 양서류는 변온동물로서 장기간의 굶주림에도 어느 정도 저항력을 가지고 있는 것이 보통인데, 올름(Olm, *Proteus anguinus*)의 경우 15년 이상 먹이급여를 하지 않았음에도 불구하고 생존한 기록이 있다.

사육 하에서의 먹이급여법

먹이를 급여하는 방법은 사육장 내에 먹잇감을 풀어놓는 방법과 핀셋이나 손을 이용해 직접적으로 급여하는 방법이 있다. 사육장 내에 먹잇감을 풀어놓는 방법을 이용할 때는 별도로 먹이그릇을 사용하기도 하고, 사육장 내에 그대로 방사해두기도 한다. 먹이그릇을 이용하면 먹이곤충이 사육장 내를 돌아다니며 오염을 가중시키거나 사육개체에게 위해를 가하는 일이 없고 사육자가 사육개체의 포식량을 확인할 수 있는 등의 장점이 있지만, 예민한 개체의 경우 먹이반응이 떨어진다는 단점이 있다.

지렁이도 양서류에게 좋은 먹잇감이다.

사육개체의 숫자가 많지 않고 개체의 성격이 예민하지 않을 경우에는 먹이반응을 확인하기 위해 핀셋 피딩을 해도 좋다. 핀셋 피딩은 번거롭기는 하지만 여러 가지 면에서 장점이 많은 급여방법이다. 먹이를 급여할 때는 교차감염을 방지하기 위해 한 사육장에 풀어놓은 먹이곤충을 다시 잡아 다른 개체의 사육장에 넣어서는 안 된다.

변온동물 영양관리의 어려움

사육 하에 있어서 먹이급여의 기본은 먹이의 '질', '양', '종류', '급여횟수', '급여시간'을 계획적으로 관리하는 것이다. 사육하는 종이 무엇인지에 따라서 현재의 영양상태, 건강상태를 충분히 고려해 개체가 선호하는 영양이 있는 먹이를 각 종의 포식시간대와 일치하는 시간대에 적당한 양 및 횟수로 급여하는 것이 영양관리의 기본이다.

여기에 한 가지 덧붙이자면, 변온동물이므로 소화가 가능한 적정온도대에서 먹이를 급여하는 것이 좋다. 먹이를 계획성 있게 급여했다 하더라도, 소화시킬 만한 온도를 유지해주지 못하면 먹이를 다시 토하거나, 소화가 정체돼 뱃속에서 먹이가 부패함으로써 폐사하는 경우가 있기 때문이다. 가장 위험한 것은 먹이를 먹은 직후에 사육장의 온도가 저하되는 것보다 먹은 지 하루 이상 지나 소화가 어느 정도 진행됐을 때 온도가 떨어지는 것이다. 먹이의 형태가 유지되고 있을 때는 토하기가 쉽지만, 소화가 이뤄지면서 액화가 진행될수록 완전히 토해내기가 어렵기 때문이다.

사실 영양관리에 있어서 먹이급여의 다른 조건들, 즉 '질', '종류', '급여시간' 등을 매뉴얼화하는 것은 어렵지 않다. 본서에서도 양서류 각 종에 대한 설명과 급여 가능한 먹이의 종류, 영양상태나 질병의 파악방법 등의 정보를 제공할 것이지만, 단 한 가지 '급여하는 먹이의 양과 횟수'에 있어서만큼은 '적당한'이라는 부정확한 표현을 사용할 수밖에 없는 점을 이해해주기 바란다. 본서가 사육서인 이상 필자도 먹이공급에 있어서 가급적이면 객관적이고도 정확한 수치를 제시하고 싶지만, 그럼에도 불구하고 이 '적당한'이라는 애매모호한 용어를 부득이하게 사용할 수밖에 없는 몇 가지 이유가 있기 때문이다. 필자가 생각하는 변온동물 먹이급여의 수치화를 가로막는 이유들은 다음과 같다.

■**사육종의 다양성** : 첫째는 사육자들마다 각자 사육하고 있는 양서류의 '종(種)'이 다르기 때문이다. 애완양서류의 종이 다양하기 때문에 각각의 종의 표준적인 체형은 다를 수밖에 없고, 이 때문에 하루에 급여하는 먹이의 양을 일률적으로 규정할 수가 없다.

■ **상이한 영양상태** : 같은 종이라고 할지라도 개체마다 '영양상태'가 각각 다르기 때문이다. 양서류는 변온동물로서 비만의 정도는 운동량과 밀접한 관련이 있다. 이 운동량은 사육종의 크기, 먹이활동의 빈도, 사육장의 온도나 습도 차이로 인한 이동량, 혹은 다른 개체로 인한 스트레스로 발생하는 움직임 등의 조건에 따라 상당한 차이를 보인다. 따라서 개체의 운동량이 어느 정도인지를 알 수 없기 때문에 해당 개체의 영양상태 또한 사육자가 아니고서는 정확하게 파악하기가 어렵다.

■ **성장속도의 차이** : 개체의 성장단계 혹은 사육자가 희망하는 성장속도가 다르기 때문이다. 양서류는 올챙이에서부터 완성체까지 다양한 크기로 성장한다. 따라서 미세한 각 성장단계마다 필요한 영양공급을 표준화할 수 없다. 전적으로 사육자가 개체의 영양상태와 먹이반응, 성장속도를 고려해 결정해야 할 사항이다. 또한, 사육자마다 개체의 성장을 지연시킬 것인지 아니면 촉진시킬 것인지 각각 다를 수도 있고, 그에 따라 상이한 계획에 의해 먹이급여횟수와 급여량 등을 조절하게 된다.

한 사육장에서 사육한 개체라 하더라도 크기에 있어서 차이가 날 수 있다.

화이어 샐러맨더(Fire salamander)

■**건강상태와 컨디션의 차이** : 먹이를 급여하고자 하는 순간의 개체가 지닌 '건강상태와 컨디션'이 천차만별이기 때문이다. 영양상태가 지극히 정상적이라 하더라도 사육자가 아닌 이상 사육개체의 '현재 상태'를 파악하기 어렵다. 변태 전인지 탈피를 하는 중인지, 아니면 질병에 걸렸는지 스트레스를 받고 있는지 등의 컨디션조건에 따라 먹이급여량과 횟수에 차이를 둘 수밖에 없고, 이는 전적으로 사육자가 판단해야 한다.

■**급여하는 먹이의 종류** : 먹이로 급여하는 것이 대부분 생먹이이기 때문이다. 먹이동물의 종류와 성장크기가 다양하고, 먹이곤충의 영양상태 또한 하나하나 차이가 나기 때문에 똑같이 한 마리를 먹였다고 해서 절대 동일한 칼로리의 영양을 공급했다고 할 수가 없다.

이러한 여러 가지 이유 때문에 먹이급여에 있어서 "무슨 종 성체일 경우 귀뚜라미 5마리를 매일 먹이세요"라고 수치화시켜서 말하기가 어려운 것이다. 설사 그것이 해당 개체의 평균적인 급여수치는 될 수 있다 하더라도, 앞서 언급한 여러 가지 변수를 고려하지 않은 것으로 심한 경우에는 폐사에 이르게 하는 위험한 조언이 될 수도 있기 때문이다. 모든 동물의 사육에 있어서 영양공급은 개체의 현재 상태를 정확하게 파악한 이후 조절해야 하지만, 양서류와 같은 변온동물의 경우에는 더욱 더 그러하다. 그렇기 때문에 사육자가 영양을 적절하게 공급하기 위해서는 사육하고 있는 종의 정상적인 체형기준과 사육환경, 개체의 현재 건강상태 등을 정확하게 파악하고 있을 필요가 있다(사정으로 인해 다른 사람에게 잠시 관리를 맡길 때도 평균적인 먹이급여량 외에 자신이 알고 있는 이러한 정보들을 가급적 정확하게 전달해줄 필요가 있다).

사육자 자신이 기르고 있는 개체의 운동량과 건강상태, 육안으로 확인되는 영양상태를 고려해 적절히 가감해서 급여하도록 한다. 양서류는 대사가 느린 동물이라 한 번에 많은 양의 먹이를 급여했다면 한동안 급여하지 않더라도 굶어죽는 일은 없다. 반대로 소량의 먹이를 매일 주는 방법도 취할 수 있지만, 먹이반응의 속도나 먹이붙임 정도 등 먹이를 급여하면서 얻을 수 있는, 개체의 건강상태를 파악하는 데 중요한 정보들을 보다 잘 관찰하기 위해 적당히 시간적 여유를 두고 급여하는 것이 좋다.

자율급식도 불가능하고 먹이의 급여량과 급여횟수가 매뉴얼화돼 있지도 않은 이러한 '부정확성과 변수' 때문에 양서류 사육을 어렵게 느끼는 사람이 많은 것 또한 사실이다. 그러나 단언컨대 일단 사육을 시작하고 애정을 가지고 조금씩 공부해나가다 보면, 그다지 어렵고 복잡한 일만은 아니다. 심심풀이 삼아 인터넷에서 같은 종의 사진을 찾아서 한동안 살펴보는 것만으로도 종의 표준적인 체형과 영양상태에 대한 어느 정도의 기준이 생기기 마련이며, 매일 똑같아 보이는 동물이라도 시간이 지남에 따라 조금씩 다른 모습이 점점 눈에 들어오게 될 것이기 때문이다. 앞에서 필자가 사용한 '적당한'이라는 이 부정확한 용어가 실제 사육개체의 사양관리에 있어서 '의미'를 가지기 위해서는, 무엇보다 사육종에 대한 사육자의 '애정과 관심'이 우선적으로 뒷받침돼야 한다.

양서류 사육에 있어서 먹이급여와 관련된 문제점

사육 하에서의 먹이급여로 인한 문제는 크게 아래의 세 가지로 나눠볼 수 있다. 그러나 이외에도 양서류 사육에서 먹이는 먹이 자체의 문제, 사육환경과 관련된 문제, 개체의 건강과 관련된 문제 등 다양한 문제들과 밀접하게 관련돼 있다.

■**올챙이시기의 엄청난 식성과 그로 인한 수질유지문제** : 알에서 깨어나고 얼마 지나지 않아 올챙이는 엄청난 식성을 보이게 된다. 거의 하루 종일 무언가를 먹고 있다고 생각될 정도로 폭발적인 식성을 지니고 있어 눈에 보이는 것이면 무엇이든지 먹으려 든다. 그 '무엇'에는 동종이 산란한 알이나 같이 깨어난 다른 올챙이들도 포함되며, 올챙이들 간의 카니발리즘(cannibalism)은 상당히 흔하게 보고되고 있다. 이렇게 서로를 해치고 잡아먹는 것을 방지하기 위해서는 충분한 양의 먹이를 공급하는 것이 무엇보다 중요하다. 올챙이가 선호하는 다양한 먹이를 넉넉하게 공급함으로써 카니발리즘을 어느 정도 예방할 수 있으며, 비슷한 크기의 개체를 분리 사육하는 것도 도움이 될 수 있다.

먹이를 먹기 위해 몰려든 올챙이

또한, 올챙이시기에는 수조의 수심을 너무 깊게 유지하는 것은 좋지 않은데, 이것이 청결한 수질을 유지하는 데도 문제를 유발하게 된다. 먹이급여량이 많고 개체 수는 과밀한 데 비해 상대적으로 수량(水量)은 적기 때문에 수질이 쉽게 오염되고, 그로 인한 피해는 고스란히 올챙이에게 나타나게 된다. 여과용량을 확충하고 잦은 물갈이를 해줌으로써 안정된 수질을 유지해야 올챙이의 폐사를 줄일 수 있다.

아직 우리나라의 경우 양서류 사육에 있어서 이와 같은 문제를 걱정할 정도로 애완종을 대량 증식한 사례가 없기 때문에 이런 걱정은 상업적으로 개구리를 대량 증양식하는 양식장에서나 고려할 사항이다. 개인적으로는 애완양서류 쪽에서도 이런 문제에 대한 고민들이 빨리 들려오기를 기대하고 있다.

■**변태 초기의 먹이수급문제** : 폭발적인 먹이반응을 보이는 데다가 먹이의 종류를 가리지 않고 잘 먹어주기 때문에 사실 올챙이를 기르는 것은 그다지 어렵지 않다. 그러나 올챙이시기의 축양을 성공적으로 마친 다음, 변태를 거쳐 아와(亞蛙)가 되면서부터 사육자는 심각한 먹이수급문제에 봉착하게 된다. 아와 때부터 식성이 바뀌고, 움직임이 있는 먹이에 반응하는 동식(動食)을 시작하기 때문이다(또한, 대중적으로 인기 있는 독화살개구리처럼 성체 자체의 크기가 작을 경우에도 역시 문제가 된다).

갓 변태한 아와의 크기가 작고 입은 더욱 더 작은 데다가 뱀처럼 머리 크기보다 큰 먹이를 삼킬 수 있는 것도 아니기 때문에 사육자는 아와가 먹을 수 있는 크기의 먹잇감을 구하고 유지하는 데 어려움을 느끼게 된다. 갓 알에서 부화한 핀헤드급의 귀뚜라미나 그린달웜, 초파리, 톡토기 정도가 급여 가능한 크기의 먹이인데, 이 시기의 식성도 올챙이에 버금가게 왕성하기 때문에 그렇게 작은 먹이를 지속적으로 공급하는 것이 쉬운 일은 아니다. 작은 먹이를 먹여야 하는 개체가 한두 마리 정도면 그나마 괜찮지만, 개체 수가 많은 경우에는 상당히 부담되는 것이 사실이다. 국내에서 식용을 목적으로 한 개구리의 인공번식이 시도되고 있지만, 현재까지 성공에 이르지 못한 가장 큰 이유가 이처럼 변태 후 아와(兒蛙)의 먹이문제를 완전히 해결하지 못했기 때문이라고 할 수 있다.
이와 같은 이유로 번식초기부터 체계적인 프로그램에 따라 크고 건강한 성체로부터 튼튼한 알을 받아내고, 그 알을 조금이라도 큰 올챙이로 길러내는 것이 중요하다. 많은 종에 있어서 올챙이 때에 비해 변태 이후 아와의 크기가 더 작게 줄어들지만, 어쨌거나 큰 올챙이는 조금이라도 큰 개구리가 되기 때문이다. 더불어 아와에게 급여 가능한 크기의 먹이를 찾아내고 미리 준비해두며, 지속적으로 안정되게 유지 공급하는 방법을 구상하는 것 또한 사육에 있어서 중요하게 취급해야 할 부분이다.

■**동식의 문제** : 양서류의 먹이급여에 있어서 가장 큰 문제는 '동식(動食)'을 한다는 사실이다. '움직이지 않는 물체를 먹이로 인식하지 못한다'는 점이 일반인들로 하여금 양서류 사육을 어렵게 여기도록 만들고 애완양서류의 대중화를 가로막는 큰 걸림돌이 되고 있다. 개구리의 눈은 고정돼 있기 때문에 움직이는 사물만 인식할 수 있다. 이는 처음 들어간 빛은 시세포를 자극해 인지되지만 계속 비치는 빛, 즉 움직이지 않는 것은 인식하지 못하기 때문이며, 움직이지 않으면 설사 코앞에 먹이가 있어도 이를 알아차릴 수 없다.
대부분의 애완동물은 인공사료로 사육이 가능하고, 양서류의 경우도 영양을 고려해 이상적인 비율로 배합된 인공사료를 제조하는 것이 어렵지는 않다. 하지만 인공사료라도 아무 문제 없이 잘 먹는 다른 동물들에 비해 양서류는 아무리 완벽한 성분비로 제조됐다 하더라도 움직이지 않는 인공사료에 전혀 반응을 보이지 않는다는 것이 사육에 있어서 가장 큰 문제가 된다. 이러한 이유로 사육 중에는 급여 시까지 먹이동물을 살려둘 수밖에 없는데, 이 경우 여러 가지 번거로운 일이 발생한다.
먹이동물에게도 별도의 먹이와 물을 급여해야 하고 배설물을 치워줘야 하기 때문에, 관리 면에서 오히려 양서류를 기르는 것보다 더 많은 손길이 필요하게 되는 경우가 많다. 그 와중에 먹이동물들이 집단 폐사해 번거롭게 비용을 들여 다시 구입해야 하는 경우도 있다. 또한, 빠른 시간 내에 너무 크게 자라 급여를 할 수 없는 상황이 생길 수도 있다(이러한 문제는 저온보관이라는 방법으로 어느 정도 대처가 가능하다. 먹이동물인 곤충도 저온에서는 대사가 저하되므로 낮은 온도에서 보관함으로써 영양손실과 성장속도를 조절할 수 있기 때문이다. 그러나 일반 가정에서 먹이보관을 위한 별도의 냉장고를 구입하는 것도 사실상 쉬운 일은 아니다).

양서류 먹이급여의 주안점

사육개체에게 적합한 종류 및 적당한 크기의 먹이를 급여해야 한다는 기본적인 원칙 외에도 먹이의 급여에는 여러 가지 고려하고 신경 써야 할 사항들이 있다.

■**과다한 먹이공급으로 인한 문제** : 너무 많은 먹이를 주면 자연에서는 발생하지 않을 여러 질병들이 생기기 때문에 균형적인 영양공급과 더불어 과다하게 급여하지 않도록 엄격하게 관리하는 일 또한 아주 중요하다. 사실 먹이의 조절(diet)에 있어서 그 양과 횟수가 사육하는 양서류의 종류나 크기에 따라 획일적으로 정해져 있는 것은 아니다. 그러나 상당수의 양서류가 왕성한 식성을 가지고 있기 때문에 처음 사육을 시작할 경우에는 먹이를 받아먹는 데 재미를 느낀 나머지 식이계획과 개체의 칼로리 요구량을 고려하지 않고 먹이를 과다하게 급여하는 경우가 생길 수 있다.

이것이 지속되면 비만이 될 수 있는데, 특히 자연상태에 비해 운동량이 훨씬 적기 때문에 쉽게 비만에 이를 수 있다. 자연상태에서는 먹이사냥이 그다지 용이하지 않은 경우가 많아 보통 먹잇감을 얻기 위해 사용하는 에너지의 양이 상당히 많다. 하지만 사육되는 개체들은 자연에 있을 때와 비교해 먹이의 공급이 안정적이고 과다한 데 반해 운동량은 절대적으로 부족한 경우가 많기 때문에 이것이 곧 비만으로 이어지고, 비만은 돌연사 등 치명적인 건강상의 문제를 야기하게 된다.

화이트 트리 프로그의 나이든 개체

따라서 기르고 있는 개체가 비만증세를 보인다면 먹이의 양과 공급빈도를 줄이고, 슈퍼웜처럼 지방함량이 높은 먹이를 피하는 등의 방법으로 적절한 체중을 유지시켜야 한다. 여러 개체를 합사하고 있는 경우에는 먹이급여 후 한동안 지켜보면서 지나치게 많은 먹이를 독식하는 개체가 있는지 확인하고, 그러한 개체는 일정 기간 별도로 관리하도록 한다. 과식을 하게 되면 구강에 들어찬 먹이로 인해 질식사하거나 가득 찬 위가 폐를 압박해 질식사하기도 하고, 소화력이 떨어져 삼킨 먹이가 몸속에서 부패돼 폐사하기도 한다. 올챙이의 경우 먹이를 주는 대로 모두 먹어치우기 때문에 너무 많이 급여하면 심한 경우 배가 터져 죽을 수도 있다.

■**영양결핍으로 인한 문제** : 사실 사육 하에서 영양결핍으로 인한 문제가 발생하는 경우는 드물다. 사육에 흥미를 잃은 태만한 사육자가 아니라면 기르고 있는 개체에게 먹이를 주지 않고 장기간 굶기는 일은 없기 때문이다. 그러나 많은 개체를 합사해 기르고 있는 경우라면, 본의 아니게 간혹 그 가운데 영양결핍이 있는 개체가 생길 수 있다. 과도한 먹이경쟁에서 밀린 개체들이 매번 충분한 양의 음식을 섭취하지 못함으로써 영양결핍이 일어나는 것이다. 이를 방지하기 위해서는 먹이급여 후 바로 자리를 떠나지 말고 잠시 지켜보면서 전 개체가 골고루 적당량씩 먹이를 섭취하고 있는지 확인하는 것이 중요하며, 먹이경쟁에서 밀려 크기에 차이가 나는 개체들은 별도로 관리할 필요가 있다. 그대로 방치해서 개체 간에 크기차이가 너무 많이 나게 되면 큰 개체가 작은 개체를 잡아먹는 경우가 생길 수도 있으므로 주의를 요한다.

변온동물의 특성상 양서류는 운동에너지로 상당한 열량을 소모한다(양서류의 대사율은 질병이나 외상으로부터 회복 중일 경우에는 약 1.5~2배, 먹이활동이나 도피 등의 격렬한 움직임이 지속될 경우에는 9배가 증가한다). 따라서 배가 고픈 상태임에도 먹이를 급여하지 않으면, 먹이활동을 하는 중에 축적해둔 영양분이 급격히 소모돼 짧은 시간 내에 갑자기 여위는 경우가 생길 수도 있다는 점을 명심해야 한다. 그런 상황이 닥치기 전에 먹이를 제때 공급함으로써 영양상태를 적절하게 유지해줘야 한다.

■**불균형적인 식단으로 인해 발생하는 영양의 불균형** : 먹이로 인해 발생하는 세 가지 문제 가운데 실제로 가장 치명적인 결과를 초래하는 것이 영양의 불균형으로 인한 것이다. 영양이 과잉되거나 결핍될 때보다 오히려 불균형적일 때는 치료가 거의 불가능한 여러 가지 증상들이 나타날 수 있기 때문이다. 다행스럽게도 생먹이를 통째로 섭취하는 양서류는 보통 영양불균형으로 인한 이상증상을 보이는 경우는 드물다고 알려져 있으며, 국내에서도 거의 보고된 바가 없다. 하지만 잘못된 갓-로딩(gut-loading)으로 인한

> ### 것-로딩(gut-loading)
>
> 먹잇감을 급여하기 전이나 냉동하기 전에 반드시 필요한 것이 '것-로딩' 이다. 사육개체에게 보다 나은 영양을 공급하기 위해 사용하는 방법으로 약간은 번거로운 과정이기도 하고 즉각적인 효과를 기대하기도 어려워 사육에 있어 그 중요성이 많이 간과되곤 하는데, 꾸준히 좋은 영양소를 공급함으로써 사육개체의 건강유지와 성장에 많은 도움이 된다는 것은 부인할 수 없는 사실이다.
> 것-로딩은 생먹이를 급여할 경우 먹이가 되는 생물에게 영양이 있는 양질의 먹이를 급여한 뒤, 그 영양분이 충분히 먹이동물의 체내에 흡수된 다음 양서에게 급여해 영양의 손실 없이 그대로 전달되도록 하는 것을 말한다. 것-로딩용 사료를 먹이동물에게 먹이고 바로 급여하는 것이 아니라 24~48시간이 지난 뒤 급여해야 효과적이다. 또한, 것-로딩을 마친 먹이동물을 냉동 보관할 경우에도 마찬가지로 영양이 흡수될 수 있도록 충분한 시간을 가진 뒤에 보관하는 것이 좋다. 24시간 동안 충분히 것-로딩하는 것이 좋지만 시간적 여유가 없을 때라도 먹이곤충의 것-로딩 시간은 칼슘제의 경우 5분 내외, 채소나 다른 생먹이의 경우 30분 정도는 필요하다. 곤충의 경우라면 하루 정도 먹이공급을 중단해 장을 비웠다가 원하는 것-로딩 사료를 급여하고 사육개체에게 급여하는 것이 좋다. 먹이곤충의 먹이섭취가 끝나면 소화가 이뤄지기 전에 바로 급여하거나 냉동 보관하도록 한다.
> 것-로딩을 위한 사료는 쉽게 조달할 수 있는 재료들을 혼합해 직접 조제해도 되고, 그것이 번거롭다면 시판되는 것-로딩용 사료를 사용하면 도움이 된다. 것-로딩은 질병치료, 색상 및 면역강화에도 사용할 수 있다. 먹이곤충에게 약성분이나 면역강화성분이 첨가된 먹이를 급여함으로써 원하는 효과를 얻을 수 있다.

영양의 불균형이 생길 수 있기 때문에 절대 간과해서는 안 된다. 사육 하에서는 한 가지 먹이만 것-로딩한 단일종의 먹이곤충을 장기간 지속적으로 급여함으로써 영양불균형이 초래될 가능성이 있다. 해외에서는 시금치를 주식으로 기른 곤충을 장기간 급여해 문제가 된 사례가 있다.

■**식성의 변화** : 자연상태에서 대부분의 양서류는 성장함에 따라 포식할 수 있는 먹이의 종류나 크기에 대한 변화가 있을 뿐 동물성인지 식물성인지 여부에 변화는 없다. 그러나 '무미목의 올챙이' 시기는 식성에 있어서 변화를 겪게 되므로 사육 하에서 먹이를 급여할 때도 성장단계를 고려해 사료비율을 조절해줄 필요가 있다.

무미목 올챙이의 경우에는 대개 초반에는 초식에 가까운 잡식성으로 식물성 먹이를 주로 섭취하다가, 변태가 가까워오면서부터 동물성 먹이의 비율이 증가하고 변태와 더불어 완전히 육식성으로 바뀐다. 이는 내부장기를 보면 확인이 가능한데, 대부분의 올챙이는 식물질을 소화하기 쉽도록 달팽이 모양의 긴 소화기를 가지며, 변태와 더불어 이 소화기는 극단적으로 짧아지면서 육식에 적합하게 변화된다. 이러한 장 길이의 변화는 급여하는 먹이의 종류에 따라서도 발생된다. 무미목 올챙이에게 초반부터 동물성 사료를 중심으로 급여한 경우 성장이 저하된다는 연구결과가 있다.

■**적절한 크기의 먹이급여의 중요성** : 양서류의 먹이급여에 있어서 가장 중요하게 고려돼야 하는 것은 '먹이의 크기'다. 사육개체의 성장정도에 따라 급여되는 먹이의 크기 역시 달라져야 하지만, 어떠한 일이 있어도 사육개체의 머리크기보다 큰 먹이를 급여해서는 안 된다. 개구리는 먹이를 자르거나 뜯어먹지 않고 통째로 삼키기 때문에 지나치게 큰 먹이는 일단 삼키기 어려울 뿐만 아니라, 억지로 삼키더라도 이후에 척추신경이 눌려 뒷다리가 마비되거나 하는 등의 부작용이 생길 수 있다.

어린 개체나 체구가 작은 종의 경우는 특히 먹이곤충의 크기가 더욱 중요한데, 머리크기보다 더 큰 먹이를 먹게 되면 소화불량이나 장폐색, 설사를 유발할 우려가 있으며, 심한 경우 심각한 장 손상이나 발작을 일으키며 직접적으로 폐사에 이르기도 한다. 또한, 지나치게 큰 먹이를 억지로 삼켰을 경우 위의 소화능력을 초과한 과부하로 심장과 대뇌의 혈액공급에 문제가 생겨 저혈량성 쇼크 상태에 빠질 수도 있으므로 주의를 요한다. 이 경우는 즉시 먹이를 제거해줄 필요가 있다. 삼킨 먹이를 입으로 꺼내는 것이 가능한 경우도 있지만 어렵다면 외과적인 처치를 실행해야 할 수도 있다.

먹이반응을 보이지 않더라도 지나치게 큰 먹이에 놀란 개체는 다음번 먹이급여 시에 먹이반응이 저하될 우려가 있으며, 나아가 먹이 자체를 거부하는 경우도 생길 수 있다. 양서류에게 급여되는 먹이의 크기는 사육개체의 '양눈 사이의 거리를 벗어나지 않는 크기' 혹은 '머리크기의 1/2'을 기준으로 한다. 체구에 비해 입이 큰 개구리라 하더라도 개체의 머리크기보다 더 큰 먹이를 급여하는 것은 위험할 수 있다.

먹이의 적당한 크기를 가늠하는 기준은 양눈 사이의 거리대(사진은 스파이니 헤디드 트리 프로그).

Section 03

양서류 먹이의 종류

동물성 먹이는 동물의 간이나 고기 등과 같은 육류, 살아 있는 새우 또는 가재, 실지렁이, 웜, 귀뚜라미, 미꾸라지, 금붕어, 개구리 등을 포함하는 '생먹이' 와 이러한 생먹이를 그대로 건조하거나 냉동시킨 '가공사료' 의 두 가지 형태로 나눌 수 있다.

다른 애완동물의 사육에 있어서 생먹이는 가공사료나 인공사료보다 기호성이 좋은 반면에 먹잇감의 유지 관리가 어렵기 때문에 사육의 편의성이라는 측면에서 대부분 항시적으로 급여하지는 않는 것이 일반적이다. 그러나 누차 언급했지만 살아 움직이는 것만을 먹이로 인식하는 양서류의 특성으로 인해 유독 양서류 사육에 있어서만큼은 생먹이의 중요성이 다른 애완동물 사육에서보다 월등하게 높다.

애완으로 분양되는 양서류는 먹이반응이 좋고 예민하지 않은 종을 개량한 것이기 때문에 핀셋으로 움직여주면 먹이반응을 보이는 경우가 대부분이지만, 예민한 개체나 사육난이도가 높은 종을 사육하게 되면 핀셋 피딩이 통하지 않는 경우가 많다. 사육 하에서는 자연상태에서와 같이 다양한 종류의 생먹이를 공급해주기는 어렵지만, 입수가 용이

한 한두 가지 먹이에만 의존하지 말고 여건이 되는 대로 여러 종류의 먹잇감을 공급하도록 노력해야 한다. 사육 하에서는 영양의 결핍이나 과잉보다는 불균형이 문제가 되는 경우가 많은데, 다양한 종류의 먹이를 급여하면 영양의 균형은 자연스럽게 맞춰지기 때문이다. 외국만큼 먹이용 곤충의 종류가 많지는 않지만, 국내에서 시판되는 생먹이도 각각의 영양성분에 있어서 유의미할 정도로 차이가 나지는 않는다. 수급 가능한 먹이를 골고루 섞어 급여하거나 더스팅을 해서 급여하면 별다른 문제 없이 사육할 수 있다.

대부분 동물성 생먹이를 급여하는데, 식물성 생먹이는 주로 무미목의 올챙이에게 사용된다. 많은 수의 수생식물 가운데 그나마 비교적 쉽게 구할 수 있으면서 건강상의 문제를 일으키지 않고 급여 가능하다고 알려진 것은 부레옥잠, 물배추, 좀개구리밥, 검정말 정도다. 올챙이들이 먹기는 하지만 사육 하에서는 영양을 공급한다기보다는 은신처를 제공하고 개체의 안정을 도모하는 역할이 더 크다. 올챙이에게는 인공사료의 급여가 가능하기 때문에 일부러 식물성 생먹이를 베이스로 해서 사육하는 경우는 거의 없다. 이외에도 물고기나 쥐, 소형 조류, 간이나 달걀 등을 먹이로 급여하는 것이 가능하다.

먹이동물의 종류와 사육법

현재는 상업적으로 먹이동물을 사육하는 농장들이 제법 많아졌기 때문에 이전과는 달리 먹이의 수급에 문제를 겪게 되는 경우는 드물다. 그러나 양서류 사육자는 먹이동물의 특성을 확실하게 파악하고, 구입해온 먹이동물을 생존 및 유지시키기 위한 지식을 충분히 숙지할 필요가 있다.

■**실지렁이**(Sludge worm/Sewage worm/Lime snake, *Tubifex tubifex*) : 실지렁이는 원시빈모목 실지렁이과의 빈모류로 몸길이 5~10mm, 100~150개의 고리마디를 가지고 있는 환형동물이다. 기호성이 뛰어나고 성장촉진이나 산란유도에 탁월하지만, 섭취 후 소화시키는 데 시간이 많이 걸리고 개체의 활동성이 저하되므로 너무 많은 양을 먹이지 않는 것이 좋다. 자연상태에서는 하수 및 더러운 개천 바닥에 깔린 진흙 속에서 무리를 지어 서식하기 때문에 흡입식 파이프로 뻘을 빨아들여 거르는 방식으로 채취했으나, 최근에는 환경오염과 서식지감소로 채취가 어려워져 구하기가 쉽지는 않다(양식이 이뤄지고 있다). 과거에는 뱀장어의 치어 양식용 먹이로 많이 사용됐기 때문에 채취되는 양도 많았고 일본으

로 수출까지 한 기록이 있다. 현재는 부정기적으로 수족관에서 살아 있는 상태의 것을 구입할 수 있으며, 냉동해 제품화된 것은 상시적으로 구입 가능하다.

살아 있는 경우 색이 선명하고 물에서 빨리 둥글게 뭉쳐져야 신선한 것이다. 만일 물에 넣은 지 10여분이 지났음에도 불구하고 원형으로 뭉치지 않는다면 상태가 별로 좋지 않은 것이므로 급여하지 않는 것이 안전하다. 사육종이 먹고 남겼을 경우 수질을 급속하게

실지렁이

악화시키며, 바닥재에 숨어 들어가기 때문에 이 역시 수질악화의 원인이 된다. 바닥재가 있는 수조에는 사용하지 않거나 충분히 넓은 먹이그릇을 사용하는 것을 추천한다. 실지렁이의 오염문제는 서서히 흐르는 물에 3일 이상 둬서 장을 완전히 비우거나 먹이가 되는 우유와 설탕을 섞은 물에 서너 시간 정도 담가 배설을 유도하면 어느 정도 해결된다. 그러나 이렇게 해도 세포조직 내에 축적된 중금속은 제거되지 않는다. 물속에 실지렁이를 넣어두면 바닥에 공처럼 뭉쳐 있는데, 이 경우 중간에 있는 실지렁이가 산소부족으로 죽게 된다. 죽은 실지렁이를 급여할 경우 질병을 유발하게 되므로 하루에 두세 번 정도 휘저어 죽은 것과 살아 있는 것을 분리해주면서 관리해야 한다. 붉은 핏물과 거품이 생기지 않을 때까지 물을 갈아가면서 죽은 실지렁이를 제거한다.

보관통에 검은 모래나 루바 망을 여러 겹 겹친 것을 깔아주면 실지렁이가 자리를 잡아 폐사를 줄일 수 있으나 반대로 필요할 때 잡아내기가 번거로울 수도 있다. 바닥재를 너무 두껍게 깔아주면 실지렁이가 파고 들어갔다 죽으면서 부패되기 때문에 바닥재는 1mm 내외로 얕은 것이 좋다. 보관통의 높이가 너무 낮을 경우 실지렁이가 밖으로 기어 나올 수 있으므로 뚜껑을 사용하거나 어느 정도 높이가 있는 통을 사용하는 것이 좋다. 수조의 여과력이 높을수록, 바닥재가 얕을수록, 수조의 크기가 클수록, 수온이 낮을수록, 용존산소가 많을수록 오래 생존하기 때문에 널찍한 보관통에 산소를 공급하고 수온을 낮춰주면 좀 더 오랫동안 보관이 가능하다. 26℃ 이상부터는 폐사하므로 스티로폼 박스에 아이스 팩을 이용해 차갑게 보관하는 것이 생존율을 높일 수 있다. 아이스 팩은 스티로폼 뚜껑에 붙여두는 것이 좋다.

> **실지렁이의 번식방법**
>
> 실지렁이를 양식할 때는 입수구와 출수구가 있는 긴 형태의 탱크에 물을 흐르도록 장치한 후, 우물이나 배수로의 진흙에 100g/m² 정도의 유기비료나 200g/m² 정도의 쌀겨를 섞어 5cm 두께로 양식배양액을 넣는다. 이 배양액에 물을 추가하고 3~4일 정도 묵힌 후 양식을 시작한다. 먹이로는 설탕물이나 달걀물을 급여하며, 4주 후부터 수확할 수 있다.

보관 중에도 주기적으로 세척해서 죽은 개체를 제거해야 하며, 장기간 보관할 경우에는 세척할 때 우유와 설탕을 섞은 물에 30분 정도 담가두고 다시 검역한 후 보관하는 것이 좋다. 화장실 변기의 물탱크 속에 넣어 보관하는 경우도 있다. 사육자에 따라서는 메틸렌블루(methylene blue)나 프라지콴텔(praziquantel), 파라가드(Para Gaurd, Seachem사의 상품명)와 같은 기생충관리제를 이용하거나 천일염에 담가 소독한 후 급여하기도 하는데, 이는 실지렁이 외부의 병원균은 죽일 수 있지만 알로 존재하는 흡충 등은 구제하지 못하기 때문에 완벽한 질병차단법이라고 할 수는 없다. 열대어 사육자 가운데는 자외선으로 살균한 후 급여하는 경우도 있다.

열대어 사육자들 사이에서 실지렁이는 '양날의 검'이라고 표현되는데, 불안전한 먹이를 이처럼 공을 들이면서까지 굳이 급여하는 이유는 먹이원으로서 실지렁이가 가지는 장점이 분명히 있기 때문이다. 무엇보다 최상의 먹이반응과 성장속도를 보장하기 때문에 짧은 시간 안에 올챙이를 안정적인 크기까지 급성장시키고자 할 경우 급여를 고려해볼 수 있다. 실지렁이만 지속적으로 급여한다면 배설물로 인해 수질이 빠르게 악화되기 때문에 수중에 폭기를 제공하고 환수횟수를 늘리며, 사육수조의 여과능력을 향상시킬 수 있는 조치가 필요하다. 공급적인 측면에서의 단점이라면, 채집시즌에 따라 가격폭등과 수요가 중단되는 현상이 잦다는 점을 들 수 있다.

기호성이 높은 먹이이기는 하지만, 사실 실지렁이는 환경부가 정한 환경오염 최하위등급인 4등급(BOD 6PPM 이상, 고도의 정수처리 후 공업용수로 이용 가능)의 지표생물이기 때문에 중금속 및 질병의 문제를 들어 사육자에 따라서는 절대적으로 금기시하기도 한다. 짱구벌레 자체의 영양성분으로 인한 문제보다는 서식지의 불결함으로 인한 잠재적인 감염위험이 상존하고 있기 때문이다.

■ **짱구벌레**(Blood worm, 학명은 채집되는 모기 유충의 종에 따라 다르다) : 다른 먹이에 비해 가격이 부담될 수도 있으나 기호성이 높고 성장에 탁월한 효과가 있기 때문에 상용사료 또는 특별식으로 사용하면 사육개체에게 양질의 단백질을 제공할 수 있다. 그러나 실지렁이와 마찬가지로 서식지의 불결함으로 인한 잠재적인 위험이 상존한다. 또한, 적절한 방법

짱구벌레를 먹고 있는 멕시코도롱뇽

으로 보관하지 않으면 급속히 변질된다. 이러한 이유로 짱구벌레 역시 실지렁이처럼 사육자에 따라서는 절대로 급여하지 않기도 한다. 냉동짱구벌레는 보통 캡슐화해 냉동되는데, 언 상태로 급여하면 장염이나 다른 질병에 걸릴 수 있으므로 반드시 완전히 해동한 후 급여해야 한다. 급여 시에는 수조의 물을 다른 통에 소량 담아 적당량의 냉동짱구벌레를 넣고 완전히 녹인 다음, 핀셋을 이용해 짱구벌레만을 건져서 급여하는 것이 가장 좋다(냉동짱구벌레를 녹인 물은 반드시 버려야 한다).
짱구벌레의 영양성분은 조단백 57.4%(최대 65%), 조지방 5.81%, 조회분 16.75%, 조섬유 4.04%, 칼슘 0.12%로, 일반적인 사료의 조단백량이 50% 내외인 것을 고려할 때 고단백먹이임을 알 수 있다. 짱구벌레는 모기의 유충을 먹이용으로 제품화한 것으로, 살아있는 것은 구할 수 없고 냉동이나 건조된 제품을 구입해 사용한다. 일본산의 히카리와 미국산의 AHT 두 브랜드가 잘 알려져 있으며, 캡슐형이나 판형의 냉동제품으로 시판되고 있다. 중국에서는 양식이 이뤄지고 있으며, 양식산 또는 자연산을 OEM방식으로 제품화하는 경우가 많다.

■ 브라인슈림프(Brine shrimp/Artemia/Sea monkey, 학명은 채집되는 종에 따라 다르다) : 브라인슈림프는 열대지방의 소금호수가 원산지인 동물성 플랑크톤의 일종으로, 전 세계적으로 염분이 많이 함유된 육상이나 호수 또는 웅덩이에 서식한다. 몸길이 15mm 정도까지 성장한다. 갓 부화한 올챙이가 먹을 수 있는 크기의 먹이는 한정돼 있고 움직이는 먹잇감에 반응이 빠르기 때문에, 이 시기에 브라인슈림프는 상당히 좋은 먹이원이 될 수 있다. 부화 직후 영양가가 높을 뿐만 아니라 내구란(耐久卵, 일반적으로 부적합한 환경에 견디는 성질이 있는 알의 총칭)의 보존이 용이하고, 수시로 부화시킬 수 있다는 점이 먹이로서는 상당한 장점이라고 할 수 있다. 그러나 완전한 먹이의 형태로 공급되는 것이 아니기 때문에 알의 부화과정이 조금 번거로울 수 있으며, 외국에서는 내부장기의 이상을 초래하거나 바이러스를 옮길 가능성이 있다는 이유로 사용을 꺼리는 사람도 있다. 이미 여러 회사에서 다양하게 상품화해 시판되고 있고, 각 제품의 포장에 부화방법이 기재돼 있으므로 그대로 따라 과정을 진행하면 된다. 부화시킨 아르테미아 유생을 적당한 크기까지 배양한 후 수확해서 냉동 보관하면 오래 두고 급여할 수 있다.

브라인슈림프를 번식시킬 때는 다음과 같이 몇 가지 주의할 점이 있다. 부화과정에서 약간의 독특한 냄새가 발생하므로 이를 감안해서 부화장소를 선택하는 것이 좋으며, 유생이 활발히 유영해야 사육개체의 먹이반응이 좋으므로 유생의 활력을 유지하는 데 관심을 기울여야 한다.

전문적으로 대량 생산할 경우 부화율을 높이기 위해 치아염소산소다나 과산화수소 등을 이용하기도 하지만, 가정에서 수급할 때는 굳이 그렇게까지 하지 않아도 충분한 양을 수확할 수 있다. 개봉된 아르테미아는 가급적이면 빨리 사용하고 장기간 보관하지 않도록 하는데, 부득이한 경우 밀봉해서 건조하고 어두운 곳에 보관한다.

브라인슈림프

브라인슈림프의 번식방법

준비물로는 플라스틱 박스, 히터(커버가 있는), 부화통, 조명, 봉자석, 기포기 세트(기포기, 에어스톤), 브라인슈림프, 스포이트, 마이크로 튜브, 칼 등이 필요하다. 번식방법은 다음과 같다.

1. 우선 부화용 통을 준비한다. 에어레이션을 할 때 바닥으로부터 공기가 골고루 확산될 수 있는 투명한 원통형의 용기가 이상적인데, 일반적으로는 입수와 가공이 용이한 페트병이 많이 사용된다.
2. 준비한 부화통의 윗부분을 10cm 정도 자른다.
3. 염소를 날린 물 1ℓ에 천일염 30g을 녹여 부화통에 넣는다.
4. 제품에 표기된 용량에 따라 알을 덜어 부화통에 넣는다. 보통 물 1ℓ 당 알 2g 정도가 적당하다. 고밀도 부화 시 거품의 발생에 유의해야 한다. 알을 넣을 때 혹시 알에 붙어 있을지도 모를 균들을 제거하기 위해 미리 수돗물에 1시간 정도 불려서 망에 걸러 넣으면 병원균의 전염을 최소화할 수 있다.
5. 부화조건을 맞춘다. ①브라인슈림프의 부화온도는 25~30℃이며, 25℃ 이하에서는 부화가 지연되고 33℃ 이상에서는 대사가 멈추게 되므로 에너지 손실 없는 최상의 유생을 얻기 위해서는 부화에 유리한 적정수온인 28~30℃를 유지해야 한다. 히터를 넣은 스티로폼 박스 안에 부화통을 설치하는 것이 안정적으로 온도를 유지하는 데 도움이 된다. 이 경우 히터는 반드시 커버를 씌워야 하며, 히터 몸체가 잠길 정도로 스티로폼 통 안에 물을 채워야 한다. 부화온도를 조절하는 데 자동온도조절기를 사용하는 것도 좋다. 적정 pH는 7~9다. ②최상의 부화를 위해서는 20mg/ℓ의 산소용존량의 유지가 필요하다. 따라서 부화통 안에 기포기를 설치해 에어레이션을 한다. 이때 자른 페트병의 윗부분을 부화통에 뒤집어 끼우면 에어레이션으로 인해 물방울이 밖으로 튀는 것을 방지할 수 있다. 페트병을 부화통으로 사용할 경우에는 에어스톤을 그냥 넣으면 되지만, 큰 통을 부화통으로 이용할 경우에는 원활한 에어레이션을 위해 에어스톤을 부화통 정중앙에 위치시키는 것이 좋다. 에어레이션은 알에 산소를 공급할 뿐만 아니라 알을 부유(浮遊)하게 하는 데도 중요한 역할을 한다. 가라앉은 알은 부화되지 않으므로 부화통 구석구석에 골고루 닿도록 충분히 에어레이션을 해줄 필요가 있다. ③빛을 제공해주는 것도 부화에 도움이 된다. 부화의 전 기간 동안 1000lux의 빛을 유지하는 것이 이상적이다. 특히 부화 시작 후 1시간 동안은 빛이 필수적이다. ④pH8 이상 강알카리성 염수에서 부화가 잘 되므로 탄산수소나트륨을 약간 넣는다(엄지와 검지로 살짝 집은 정도의 양).
6. 부화하기까지 26~48시간 소요된다. 부화시간이 길어지면 일찍 부화된 유생은 자체의 함유영양가가 점점 떨어지게 되므로 가급적 짧은 시간에 동시에 부화시키는 것을 목표로 하는 것이 좋다.
7. 부화를 마쳤다고 판단될 때 에어레이션을 멈추면 부화통 상부에 탈각이 분리돼 떠오르고 브라인슈림프는 아래로 가라앉는다. 주변을 어둡게 하고 아래쪽으로 라이트를 비추면, 주광성인 브라인슈림프가 빛을 따라 자연스럽게 라이트가 비치는 곳으로 몰려 채취가 쉬워진다. 브라인슈림프의 알껍질이 물에 뜨는 점과 브라인슈림프가 빛을 향해 모여드는 성질을 이용해 분리한다. 알 껍질에 철분 코팅이 돼 있는 제품의 경우에는 봉자석을 이용해 껍질을 제거해준다. 이 작업은 에어레이션을 끝내고 30분 이내에 마친다. 시간이 너무 지체되면 부화된 브라인슈림프가 산소부족으로 질식해 죽게 된다. 채집 시에 유생들을 공기에 노출시키거나 에어레이션이 안 돼 있는 작은 용기에 밀집시키면 산소부족으로 폐사할 수도 있으므로 유생을 옮기는 공간에도 청결한 수질과 충분한 에어레이션이 유지돼야 한다.
8. 탈각을 제거하고 부화된 브라인슈림프는 염도가 매우 높기 때문에 고운 망에 걸러 깨끗한 물로 씻어준 다음 올챙이들에게 먹인다. 이때 너무 강한 수압으로 씻는 것은 좋지 않다.
9. 부화한 유생은 가급적 바로 급여하도록 한다. 부화한 유생은 전적으로 저장된 에너지로 살아가기 때문에 갓 태어난 브라인슈림프가 가장 영양가가 높다.
10. 먹이고 남은 것은 작은 마이크로 튜브 등에 나눠 담아 0~4℃의 저온으로 냉장고에 보관하면 변태를 지연시키고 영양손실을 최소화할 수 있다. 염도 35%, 25℃의 소금물에 넣어두면 하루 이틀 정도는 살려서 보관할 수 있으며, 완전한 담수에서는 하루 정도 생존이 가능하다. 이러한 방법이 불가할 경우 냉동 보관하도록 한다.

■**귀뚜라미**(Brown Cricket, *Acheta domesticus* / Black Cricket, *Gryllus bimaculatus*) : 애완으로 다뤄지는 귀뚜라미는 색깔에 따라 갈색귀뚜라미(Brown Cricket, Common House Cricket)와 검정귀뚜라미(Black Cricket, Black Field Cricket, Mediterranean/African Cricket) 두 종류가 있는데, 우리나라에서 길러지고 있는 것은 검정색인 쌍별귀뚜라미(Two-spotted cricket)다. 체색이 검고 앞날개 기부에 노란색의 점이 있기 때문에 쌍점귀뚜라미로도 불린다. 일반적으로 먹이용으로 사용되는 귀뚜라미는 토종이 아니라 아프리카, 지중해 연안, 대만, 일본 등지를 원산지로 하는 이 '쌍별귀뚜라미'를 지칭한다.

외국의 경우 의외로 바퀴벌레류가 먹이용 곤충으로 가장 선호되지만, 국내에서는 귀뚜라미가 부동의 1위를 차지하고 있다. 귀뚜라미는 외골격이 윔에 비해 연해서 소화시키기 쉬우며, 다른 먹이곤충에 비해 상대적으로 활동성이 뛰어나 사육개체의 사냥본능을 유발하는 효과가 큰 데다가 가격 역시 다른 먹이곤충에 비해 비교적 저렴하다는 장점이 있기 때문이다. 무엇보다 먹이용 귀뚜라미 전문 농장이나 양서파충류 숍을 통해 어렵지 않게 수급이 가능하다는 것이 가장 큰 이유라고 할 수 있다. 최근 식품의약품안전처에서 '쌍별'이라는 이름으로 한시적 식품원료로 인정받았기 때문에 사육하는 농가가 점차 증가하고 있어 수급에 어려움은 없을 것으로 보인다. 그러나 동족포식성이 강해 잘 관리하지 않으면 전부 폐사하게 되는 경우도 많다.

구입해온 귀뚜라미는 종이계란판을 세로로 촘촘히 세운 플라스틱 통으로 옮기고 먹이를 급여해가며 관리하면 상당히 오랜 기간 유지할 수 있다. 사육통의 뚜껑은 철망으로 준비해서 환기가 잘 되도록 하는 것이 폐사를 조금이라도 줄일 수 있는 방법이다. 귀뚜라미 성체를 급여할 경우에는 뒷다리를 제거하고 먹이는 것이 좋다. 간혹 뒷다리의 돌기 때문에 구강에 상처가 생기기도 하고, 외골격이 단단하고 질겨 소화도 잘 안 된다. 뒷다리를 제거하고 급여하는 것이 사육개체가 사냥을 더 용이하도록 하는 데 도움이 된다. 도약력이 약하고 날개가 있지만 잘 날지 않는다.

귀뚜라미를 노리는 화이트 립 트리 프로그(White lipped tree frog)

귀뚜라미의 번식방법

상업적으로 이용하기 위해 일본에서 도입된 것이 실내에서 연중 사육된다. 번식을 위해서는 번식용 통, 계란판, 오아시스(Oasis, floral foam의 상품명), 분무기, 휴지, 신문지, 먹이 등의 준비물이 필요하다. 암컷 성체는 돌출된 산란관으로 쉽게 구분이 가능하다. 암컷의 날개는 부드러운 반면, 수컷은 날개를 비벼 소리를 내야 하기 때문에 골이 있는 날개를 가지고 있다.

1. 성체 암수를 합사하거나 구입해온 귀뚜라미 암컷 가운데 알을 가진 개체를 분리한다.
2. 오아시스를 물에 불린 후 별도의 통에 넣고 알을 가진 암컷을 넣는다. 오아시스가 없다면 습한 톱밥이나 흙, 모래, 부엽토 등도 사용 가능하다. 단, 암컷은 마른 곳에는 산란하지 않으므로 습기를 유지하고 있어야 한다. 산란처는 2cm 이상만 되면 충분하다.
3. 산란한 곳의 습도를 유지한다. 스프레이로 적당히 분무하면 된다. 산란 후 오아시스를 그대로 방치하면 성체들이 먹어버리는 경우가 있으므로 분리하도록 한다.
4. 70%의 습도를 유지하면 10~15일 후 약충이 부화한다.
5. 부화한 약충들을 별도의 통에 분리해 먹이와 수분을 공급한다. 귀뚜라미는 잡식성으로 아무것이나 잘 먹지만 상추나 멸치 등을 공급하는 것이 좋다. 새끼귀뚜라미의 경우 공기 중의 습도관리에 신경을 써야 폐사를 줄일 수 있다. 스프레이를 해줄 경우 물방울 표면에 갇혀 죽기도 하므로 바닥에 휴지나 신문지를 깔아 이를 방지해야 한다.

번식 시 주의할 점
1. 사육통은 8시간 이상 어둡게 유지해야 안정된 번식률을 높일 수 있다.
2. 사육 시의 온도는 25~30℃가 적당하며, 35℃ 이상의 온도에서는 폐사할 수 있다.
3. 만약 사육하고 있는 양서류개체가 많다면 적어도 한 달 동안은 계속 알을 부화시키는 작업을 해야 6개월 정도부터 원하는 크기의 귀뚜라미를 급여할 수 있다.
4. 사육 시의 습도는 70% 정도가 적당하다(그러나 귀뚜라미가 좋아하는 습한 환경은 공기 중의 습도가 높은 환경일 뿐 바닥이 축축한 곳을 의미하는 것은 아니다). 먹이급여를 위해 개체를 관리하는 경우라면 최대한 습도를 낮게 유지하고 한쪽에 물을 준비해주는 방식으로 관리하는 것이 폐사를 줄일 수 있는 방법이다.
5. 먹이와 물은 별도의 그릇을 이용하는 것이 좀 더 청결하게 관리할 수 있는 방법인데, 수분보충은 물에 적신 스펀지와 오아시스를 이용하도록 한다.
6. 사육통은 적어도 한 달에 한 번 정도는 반드시 내용물을 완전히 비우고 청소를 해줘야만 냄새를 줄이고 귀뚜라미를 좀 더 오래 기를 수 있다.
7. 동족포식을 줄이기 위해서는 충분한 영양공급 및 수분공급이 우선시돼야 한다. 가급적 복잡한 구조의 은신처를 제공해주는 것도 어느 정도 도움이 된다.

■**밀웜류**(Standard mealwarm, *Tenebrio molitor* / Super mealwarm, *ZopHobas morio*) : 딱정벌레목 거저리과 갈색쌀거저리의 유충을 의미하는 말로 분류학상의 용어는 아니다. 스탠다드피닉스웜, 킹피닉스웜, 버터웜, 왁스웜, 버팔로웜, 피닉스웜, 칠리웜 등이 있는데, 스탠다드웜과 슈퍼밀웜은 다른 종류이며, 사육법과 관리방법도 약간 다르다. 밀웜은 귀뚜라미에 비해 사육하기 쉽고 번식속도도 빠르기 때문에 먹이곤충으로 사랑을 받고 있다. 그러나 단백질과 칼슘함량이 다른 먹이곤충에 비해 낮고 지방의 함량이 높으므로 더스팅 또는 것-로딩으로 다른 영양소를 보충해줄 필요가 있다.

밀웜류의 번식방법

1. 낮고 넓은 사육통을 준비한다. 가급적 넓은 통이 좋으나 높이는 너무 높을 필요는 없다. 밀기울을 깔고 10cm 이상 남을 경우 탈출은 하지 못하므로 전체 높이가 20cm 정도인 사육통이면 사육 가능하다. 그러나 소재는 유리나 플라스틱처럼 밀웜이 갉을 수 없는 튼튼한 것이어야 한다. 탈출이 염려되면 사육통 안쪽 윗면에 투명테이프나 알루미늄테이프를 붙이도록 한다.
2. 환기를 위해 옆면과 밑면에 구멍을 뚫어둔다. 밀웜은 성충이 돼도 날지 못하기 때문에 뚜껑을 덮지 않고 기르는 경우도 많다.
3. 통 안에 먹이가 될 만한 것을 넣는다. 보통은 밀기울과 엿기름을 50:50으로 섞은 것을 많이 사용한다. 앵무새사료나 닭사료에 압맥이나 엿기름을 혼합해 기르는 경우도 있다. 밀웜은 곡식을 주로 먹는 곤충으로 쌀이나 밀기울, 엿기름, 미숫가루 등이 주식이다(번식정도에 따라 보충도 해줘야 하고 알을 받을 때도 필요하므로 충분히 보유해두는 것이 좋다. 밀기울은 사육통 옆면을 관찰해 반 정도 가루로 변했을 때 갈아주도록 한다). 그러나 입자가 너무 고운 것은 밀웜의 숨구멍을 막을 수가 있으므로 어느 정도 입자 크기가 큰 것을 먹이로 급여하는 것이 좋다. 먹이 위에 손바닥 크기 정도의 솜이나 종이, 식빵 등을 깔아준다. 수분과 먹이가 부족하면 동족포식을 하거나 애벌레의 유즙을 빨아먹는다.
3. 번식시킬 밀웜을 투입한다.
4. 수분을 공급한다. 채소나 과일을 2~3일에 한 번씩 넣어주는데, 이때 산성이 강하거나 향이 강한 것, 독성이 있는 것은 제외한다. 물기가 있으면 바닥재가 썩거나 응애 또는 먼지벌레 등이 꼬일 수 있으므로 절대 채소 겉면에 물기가 없어야 하며, 사료에 직접적으로 닿지 않도록 급여하는 것이 사료의 부패를 방지하는 방법이다. 급여하고 몇 시간 후에 먹고 남은 찌꺼기를 제거한다(응애는 습기가 있을 경우 왕성하게 번식하므로 응애를 없애기 위해서는 사육통을 건조하게 유지하면 된다). 과일보다는 채소류가 더 좋지만 혹시 과일을 급여할 때는 덩어리째 주면 안 된다. 얇게 썰어 급여하고, 몇 시간 후 바로 치워주도록 한다. 절대 직접적으로 분무하거나 물을 뿌려서는 안 된다.
5. 번식통 위에 부직포나 탈지면 등을 덮어두면 알을 낳는데, 1회에 약 180~250개를 산란한다.
6. 이 상태를 유지하면 통 안에서 번식사이클이 반복되며, 애벌레는 9~20번의 허물을 벗는다. 밀웜이 성장하다가 어느 순간 c자 모양으로 말고 밀기울 위에 올라와 있으면 번데기가 되려고 하는 것이다. 번데기는 움직임이 적어 방치하면 잡아먹는 경우가 많기 때문에 따로 관리하는 것이 좋으며, 스푼을 이용해서 옮기는 것이 안전하고 편리하다. 번데기시기에는 건조하면 말라버리거나 탈피부전이 생길 수 있으므로 너무 건조해지지 않도록 관리한다. 번데기를 5~10℃ 사이에서 보관하면 성충으로 우화시키지 않고 유지할 수 있다. 변태 후 10일이 지나면 성숙하고 번식이 가능하다.
7. 바닥재를 뒤적거리는 것은 좋지 않으며, 습기를 싫어하므로 건조하게 유지하도록 한다.
8. 모아둔 번데기에서 성충이 나오면 다시 성충을 따로 분리해서 교미를 시킨다(성충도 먹이와 수분은 지속적으로 공급해야 한다). 알은 밀기울과 엿기름을 섞은 곳에 낳으므로 동일한 바닥재를 사용한다.

번식 시 주의할 점

1. 환기가 잘 될 수 있도록 가급적이면 표면적이 큰 통에서 사육하는 것이 좋으며, 야행성 동물이므로 번식통을 어둡게 유지해주는 것이 좋다.
2. 개체 수가 너무 늘어나면 일부를 분리해 번식밀도를 낮춰줘야 한다.
3. 온도가 높아지면 라이프사이클이 빨라지므로 개체 수가 너무 불어날 경우 냉장 보관하면서 기르는 경우도 있다. 그러나 이는 일반 밀웜만 가능하며 슈퍼밀웜은 저온보관이 불가능하다.
4. 한 케이지에서 너무 오래 사육하면 근친번식으로 개체의 크기가 작아지므로 종종 새로운 개체들을 넣어주도록 한다. 2~3개 정도의 통으로 분리 사육하다가 주기적으로 섞어주는 것도 좋다. 온도 25℃ 내외, 습도 45% 이하에서 가장 왕성하게 번식한다. 온도가 낮아지면 동면에 들어가 검게 마르다 죽고, 30℃ 이상의 높은 온도에서도 폐사한다.
5. 번식 시에는 진드기나 응애 같은 기생충감염에 유의해야 한다. 응애의 발생을 방지하기 위해서는 습도를 45% 이하로 유지해주는 것이 좋다. 과도하게 감염된 경우에는 완전멸균 후 다시 시작한다.
6. 밀웜은 동족포식성이 강한 애벌레이며, 사육 중에 주식이나 수분섭취가 부족해도 1~2달은 버티는 강한 생명력을 가지고 있으나 동족포식은 쉽게 일어난다.

조지방이 매우 높은 편이고 칼슘과 인의 비율이 1:7 정도로 불리하다(조단백 52.7, 조지방 32.8, 조회분 3.2). 그러므로 밀웜을 최적의 먹이곤충으로 단정해서는 안 되며, 균형 잡힌 식단의 일부로 구성하는 것이 좋다. 또한, 껍질이나 외골격에 키틴(chitin)이라는 성분을 함유하고 있기 때문에 많은 양을 급여하면 소화불량을 유발할 수 있다. 이런 이유 때문에 밀웜을 주식으로 이용하는 것은 추천되지 않으며, 특히 어린 개체에게 주식으로 사용하는 것은 위험할 수 있으므로 주의를 요한다.

최대 성장크기는 25~35mm(스탠다드웜), 40~50mm(슈퍼밀웜) 정도로 양서류가 먹이로 삼기에 적절한 크기를 가지고 있다. 그러나 슈퍼웜의 경우 크고 생명력도 강하기 때문에 머리를 떼거나 눌러서 죽인 후 급여하지 않으면 간혹 양서류의 내부장기에 상처를 줄 수도 있다. 생산된 밀웜이나 왁스웜은 냉장 보관할 경우 장기간 생존을 유지할 수 있는데, 슈퍼웜의 경우는 원산지가 열대지방이기 때문에 냉장 보관하면 전부 폐사한다. 이처럼 냉장 보관할 때는 그냥 밀웜만 따로 분리해서 냉장시키기보다는 몸을 파묻을 수 있는 바닥재를 함께 넣어주는 것이 좋다.

■ **누에**(Silkworm, *Bombyx mori*) : 크기가 다양해 적합한 크기의 개체를 골라 급여할 수 있으며, 소화가 힘든 외골격이 없고 영양가가 높다. 또한, 단백질과 인의 함량이 다른 웜에 비해 월등하게 높다. 이러한 이유로 골대사장애(MBD, Metabolic bone disease)의 예방과 치료에 유용하게 사용될 수 있는 먹이곤충이지만, 사육방법이 번거롭고 사육환경이 비교적 까다롭다는 단점은 있다.

인공사료가 개발돼 있지만 워낙 성장속도가 빠르고 많은 먹이를 먹는 데다가 보기보다 손이 많이 가기 때문에 개인이 가정에서 사육해서 급여하기

1. 밀웜 2. 누에

에는 조금 어려운 점이 있다. 시중에서 구할 수 있는 동결건조 누에를 먹이로 급여하는 것이 편하고, 생먹이로 급여하고 싶을 경우에는 번식장에 직접 연락해 공급받는 방법이 있다. 다양한 누에 사육키트가 시판되고 있으니, 시간적 여유가 있고 많은 양이 필요한 경우가 아니라면 시험 삼아 길러서 급여하는 방법도 시도해볼 만하다.

■두비아바퀴벌레(Dubia roach, *Blaptica dubia*) : 아르헨티나 로치(Argentine roach), 오렌지 스포티드 로치(Orange spotted roach), 가이아나 스포티드 로치(Guyana spotted roach)라고도 한다. 한 사육장에서 다양한 크기의 개체로 자라므로 필요한 크기의 것을 골라 급여할 수 있다. 국내에서는 구하기 어려워 먹이곤충으로 대중화돼 있지 않지만, 해외의 경우 관리가 어렵고 동족포식이 심한 귀뚜라미를 대체한 먹이곤충으로 각광받고 있다.
두비아바퀴벌레는 먹이곤충으로서 여러 가지 장점이 있는데, 대부분의 양서파충류에게 있어 기호성이 높으며, 외골격이 부드러워 소화가 잘 된다. 움직임이 민첩하지 않고 벽을 타지 못하기 때문에 탈출이 불가능하다는 것도 관리 면에서 본다면 아주 유리한 점 가운데 하나다. 열대종으로서 생존에는 높은 온습도가 필요하므로 만약 탈출하더라도 야생에서의 번식은 어렵다. 동종포식이나 소음, 냄새가 거의 없어 위생적이다.
성장속도는 성체에 도달하기까지 약 5~7개월이 걸릴 정도로 느린 편이다. 수컷은 날개를 가지고 있고 암컷은 없으며, 수명은 수컷의 경우 9~10개월, 암컷은 18~20개월이다. 6개월이면 성성숙이 이뤄져 번식이 가능하고, 암컷은 두 달마다 25~35개의 알을 낳는다. 어린 개체의 성별구분은 상당히 어렵다. 사육의 최적온도는 27℃이며, 더 낮은 온도에서도 생존은 가능하지만 번식률이 저하된다. 강건한 체질로 건조나 과밀사육에 강하고, 아무런 먹이나 잘 먹어서 사육이 용이하다.
저온에 약해 기온이 떨어지면 번식과 성장이 중단되며, 어두운 곳을 좋아하므로 몸을 숨길 장소를 제공해주면서 관리해야 한다. 바퀴벌레류는 자연의 청소부로서 거의 모든 것을 먹을 수 있기 때문에 아무것이나 급여가 가능하며(동물사료, 빵조각, 채소나 과일 등), 빨리 먹어치울 수 있도록 가급적이면 작은 조각으로 나눠 급여하는 것이 좋다.

■동애등에(Black soldier fly, *Ptecticus tenebrifer*) : 파리목 동애등에과에 속하는 곤충이다. 북아메리카 원산으로 1950년을 전후해 세계적인 분포를 보이고 있다. 우리나라에서는 1990년 최초로 발견 보고됐고, 현재 전국적으로 분포하고 있다. 잡식성으로 다양한 서

식지에서 관찰된다. 환경정화곤충으로서 애벌레의 강력한 소화능력을 이용해 유기물처리에 활용하기 위한 연구가 활발하게 이뤄지고 있지만, 사육 면에 있어서는 닭이나 양서파충류의 사료로도 많이 이용된다. 파리와는 달리 인간에게 해를 끼치지 않고, 성충의 경우 특이한 입구조로 인해 섭식 후 역류가 불가능해 질병매개가 없다. 해충인 파리와 유사해 보이나 인간 거주지에 침입하는 경우가 거의 없어 위생곤충으로 취급되지 않는다.

상업화된 동애등에의 유충을 '피닉스웜(Phoenix worm)'이라는 이름으로 부르는데, 번데기의 건조중량이 44%이며 필수아미노산과 지방산을 포함한 42%의 단백질과 35%의 지방으로 구성돼 있다.

1. 두비아바퀴벌레 **2.** 동애등에

피닉스웜의 장점은 양서류 먹이의 필수요소인 칼슘과 인의 함량이 다른 생먹이에 비해 월등히 높으면서도 그 비율이 1:1.52배로 최적화돼 있다는 점이다. 먹이활동을 하는 중에 스스로 50~60℃의 열을 발생시키며, 유충 섭식기간에 인포케미칼(Info-chemical)이라는 향균물질(antimicrobial substance)을 분비해 타종의 파리가 번식할 수 없도록 쫓아낸다. 또한, 유기물 내 세균 및 곰팡이 등의 미생물을 섭식 처리하거나 항생물질 분비로 미생물 발생을 억제하기 때문에 기생충 혹은 다른 오염의 위험이 적다. 사육에 필요한 공간 및 관리 면에서 번거로운 점이 많아 직접 사육하기가 쉽지 않으므로 구입해서 급여하는 것을 추천한다.

27℃일 때 '알(4일) → 유충(15일) → 번데기(15일) → 성충(10일)'의 생애주기를 가진다. 자연상태에서 1년에 3회 발생하며(5~10월), 인공사육 시 연 9~10세대 사육이 가능하다. 번식은 밝은 날 27℃ 정도의 온도에서 이뤄지며, 암컷 한 마리가 약 1000개의 알을 낳는다. 성숙한 유충의 크기는 20mm 정도이고 가축분뇨, 음식물쓰레기 등을 섭식하며 분해한다. 성충으로 우화하면 먹이를 먹지 않고 수분만 섭취하며 생활한다. 먹이가 되는 유

기물과 톱밥을 섞어 적절한 수분을 유지한 배지에서 사육하며, 이틀에 1회 정도 먹이를 추가로 급여한다. 빵상자에 5000~10,000마리 정도의 밀도를 유지하고, 망을 씌워 천적의 유입이나 애벌레의 탈출을 방지한다. 성충은 좁은 틈에 산란하는 특징이 있으므로 각목 등에 작은 구멍을 많이 뚫어두면 그곳에 산란을 한다. 산란 시 역시 배지와 동일한 조건으로 조성해주면 되고, 알은 27℃의 온도와 습도 60%의 부화공간에서 관리한다.

■**스프링테일/톡토기**(Springtail, Collembola目) : 지구상에 출현한 지 매우 오래된 곤충 가운데 하나다. 6각류 절지동물로 전 세계에 1500여 종이 존재하며, 한국에만 149종이 보고돼 있다. 토양과 낙엽더미 속에 살면서 유기물질 분해와 부엽토 축적에 일조하는 생물로서 부패한 식물질, 곰팡이, 세균, 조류와 꽃가루, 미생물, 응애 등을 먹어치워 토양을 건강하고 기름지게 만드는 역할을 한다. 자연상태에서는 토양 1평방미터 당 수천에서 수만 마리에 이를 정도로 엄청난 개체 수와 놀라운 번식력을 자랑한다.

작은 크기에도 불구하고 절지동물 바이오매스(biomass, 특정 시점 및 특정 공간 안에 존재하는 생물의 양)에서 높은 비중을 차지하며, 유기물을 분해하는 토양 미세절지동물 가운데 가장 흔하다. 일반적으로 체색은 유백색 혹은 회색이며, 원시적인 곤충으로 날개가 없다. 같은 공간 안에서도 완전히 다른 종이 서식하는 경우도 있으며, 모양과 크기도 제각각이다. 제4배마디 복부 끝에 갈래 모양의 부속지(percula)를 이용해 도약하기 때문에 톡토기라는 이름이 붙었다. 양서류의 먹이가 됨과 동시에 비바라움 내 사육개체의 배설물을 분해해 토양의 정화력을 높인다. 먹이곤충 중에서는 크기가 작기 때문에 보통 크기의 양서류 성체는 먹이로 인식하지 않으나, 올챙이에서 개구리로 변한 지 얼마 되지 않은 크기의 개체 또는 초소형종 개구리의 경우에는 좋은 먹잇감이 된다.

톡토기

벽을 탈 수도 있으나 서식공간을 좀처럼 벗어나려고 하지는 않는다. 생김새와 움직임 때문에 불쾌감을 유발하지만, 기본적으로 살아 있는 생물에게는 실질적인 해를 끼치지는 않는다. 위험을 느끼면 자신의 몸길이보다 20배 이상 높이 뛰어 달아나는데, 이러한 움직임이 사육개체의 호기심과 사냥본능을 자극하는 효과가 있다. 산란 10일 후 유충으로 부화되고 6일 후 성충이 되며, 성충의 수명은 대략 1년 내외다. 보통 1~2mm, 큰 종류라도 6mm를 넘지 않는 작은 크기로 화분이나 부패성 식재의 표면에 대규모로 발생하며, 사육장에서 자연적으로 발생하기도 한다. 별도의 통에 넣어 먹이를 급여하고, 어둡고 습하게 해주면 어렵지 않게 번식시킬 수 있다. 먹이로는 과일껍질이나 동물질사료를 갈아서 넣어준다. 서식환경은 온도 25~30℃, 습도 60~80%다. 적정습도가 충분히 유지되면 표면으로 올라오고 건조하면 땅을 파고들어 숨는데, 습도 30% 이하의 건조한 환경에서는 개체 수가 급격하게 감소된다.

■ **흔적날개초파리**(Fruit fly, *DrosopHila*) : 전 세계에 약 2000종, 우리나라에는 95종이 알려져 있다. 노벨상 수상자인 미국의 유전학자 토마스 모건(Morgan, Thomas H.)에 의해 1900년대 처음 이용된 이래로, 현재까지도 유전학연구의 중요한 소재로 활용되고 있다. 초파리는 다양한 돌연변이들이 나타나는데, 먹이로 이용되는 것은 그 가운데 날개가 퇴화됐거나 아예 없는 개체들이다. 비정상적인 날개를 지닌 개체들을 교배시키고, 그렇게 태어난 개체들 중에서 날개에 이상이 있는 개체를 계속 반복적으로 번식시켜 사용한다. 초파리의 번식용 배지는 시중에서 어렵지 않게 구할 수 있다.

날개가 퇴화돼 날지 못하기 때문에 양서류가 사냥하기에 좋으며, 크기가 2~3mm로 작아 소형종 개구리의 좋은 먹잇감이 된다. 번식주기가 짧고 번식이 용이하다는 것도 먹이동물로서의 장점 가운데 하나다. 먹이반응도 좋으며 관리가 용이하지만, 지속적인 먹이원으로 사용하기 위해서는 꾸준한 관리가 필요하다. 부패하거나 발효한 음식물이 있는 곳에서 서식하며, 1년 내내 볼 수 있다. 400개 정도의 알을 낳으며, 산란하고 1~2주 후면 애벌레가 태어난다. 애벌레가 다 자라면 번데기로 바뀌고, 12일 전후로 생존한다.

날개가 없는 개체를 구입해 번식시키는데, 통 입구를 솜뭉치 등으로 막고 과일껍질 등을 먹이로 급여하면 금세 번식한다. 배지를 만드는 것도 어렵지 않으므로 사육예정이라면 제조를 시도해보는 것을 추천한다.

초파리

■그린달웜(Grindal worm, *Enchytraeus buchholzi*) : 양서류 먹이로 사용되는 토양지렁이류로는 그린달웜, 화이트웜(White worm), 마이크로웜(Micro worm), 바나나웜(Banana worm), 월터웜(Walter worm) 등이 있다. 토양에 자생하는 지렁이의 일종으로 최대 성장크기가 1.5cm에 불과해 소형종 개구리 사육 시 먹이로 적합하다. 일반가정에서도 쉽게 배양이 가능하고 깨끗하며, 다른 벌레들처럼 바닥재를 파고들지 못하기 때문에 양서류의 먹이로 이상적이다. 먹이의 종류에 따라 체성분을 다르게 배양할 수 있고, 냄새도 전혀 없으며 실온에 보관 가능하다. 물에 가라앉기 때문에 올챙이들에게도 좋은 먹잇감이 된다. 웜 자체의 영양분은 단백질 70%, 지방 14.5%, 미네랄 5.5%, 탄수화물 10% 정도다.

그린달웜을 번식시킬 때는 우선 플라스틱 소재의 통에 소독된 바닥재(상토와 피트모스를 50:50으로 혼합한 것 혹은 퓨리라이트, 피트모스 등)를 깔아준다. 흙이나 코코피트 소재를 배지로 사용할 때는 배양통 바닥에 스펀지를 약간 깔아 오물을 빨아들이고 수분을 머금을 수 있도록 해주는 것이 좋다. 배지의 높이는 1.5~2cm, pH는 7 정도가 적당하다. EM용액(effective microorganisms, 유용미생물군으로 이뤄진 발효액)에 배지를 약 3일 정도 배양해서 사용하면 더 좋은 결과를 얻을 수 있다. 배지의 관리는 2~3일에 한 번 염소를 날린 물을 살짝 부은 다음, 배양통을 기울여서 스포이트로 오물을 빼내는 방식으로 청소해준다. EM용액을 희석한 물을 부어준다. 통은 밀폐하는 것이 좋고, 호흡을 위해 구멍은 있어야 하나 그냥 두는 것보다는 부직포나 환풍 시트를 부착하는 것이 파리나 다른 유해곤충의 침입을 방지할 수 있는 방법이다(소독한 상태면 일반 흙도 가능하다).

바닥재는 항상 습기를 유지하도록 하되 질척거릴 정도로 과습한 것은 좋지 않으며, 너무 건조해도 배지를 파고 들어가기 때문에 성장속도와 번식에 불리하다. 웜을 투입하고 바닥재 위에 구멍 뚫린 격자판을 깐 다음, 다시 그 위를 아크릴판이나 OHP 필름 등의 투명한 판으로 덮는다. 온갖 종류의 유기물을 모두 먹이로 삼기 때문에 어떤 것을 급여해도 잘 자란다. 과일, 채소, 빵가루, 개사료, 곡식분말, 물고기사료 혹은 시리얼가루나 거버이유식 등을 급여한다. 동물성 먹이는 사육배지가 오염되기 쉽고 냄새가 날 수 있기 때문에 가급적이면 식물성 사료를 급여하는 것을 추천한다. 기성품으로는 코리도라스나 플레코를 위해 만들어진 납작한 와퍼

그린달웜

먹이곤충 영양성분표						(100g 당 성분표)
	수분	단백질	칼슘	지방	회분	
밀웜	59%	10%	3.28%	13%	1%	
슈퍼웜	59%	20%	10.80%	16%	1%	
버터웜	58.54%	16.20%	42.90%	5.21%	1.04%	칼슘 최고
왁스웜	61%	16%	13.14%	20%	1%	지방
피닉스웜	N/A%	17%	34%	10%	7.5%	
누에	76%	64%	34%	10%	7.5%	
귀뚜라미 성체	74%	18%	14%	6%	1%	
두비아바퀴벌레	61%	36%	20%	7%	2%	

(wafer) 타입의 사료를 이용하는 것이 좋다. 비용이 걱정된다면 초식동물용 펠릿 사료를 급여해도 괜찮은데, 이 경우 추가적인 영양보충이 필요하다. 먹이로 배양하는 것이니만큼 웜을 사육할 때도 양질의 영양이 충분하게 공급돼야 한다.

웜은 바닥재 위에 올려둔 투명판에 스스로 붙거나 위로 기어오르기 때문에 채취하는 것은 어렵지 않다. 판을 꺼낸 후 물을 흘려주면 웜이 떨어지는데, 스포이트로 채집해 급여한다. 다른 기생곤충이 생기면 채집한 웜을 물에 넣어 병원균을 제거한 뒤 다시 배양하면 된다. 적정온도는 20~30℃이며, 22℃ 이상으로 유지해준다. 또한, 스프레이를 충분히 해서 수분을 유지해줘야 한다. 너무 과밀하거나 배양통의 온도가 너무 높으면 배양통을 타고 올라오는 벌레들을 볼 수 있다. 부패한 먹이는 성장에 방해가 되므로 빨리 제거해주는 것이 좋다.

■**자연의 각종 곤충들** : 경우에 따라 자연에서 채집한 곤충들을 먹이로 급여할 수도 있다. 개인적으로 세균이나 기생충감염, 화학적 오염의 우려가 있기 때문에 야생곤충의 급여를 추천하지는 않는다. 그러나 정말 부득이한 경우라면 가급적 오염되지 않은 환경에서 채집된 개체를 급여하도록 하며, 초식성 곤충을 주로 급여하는 것이 그나마 괜찮다. 잠자리나 사마귀와 같은 육식성 곤충은 기생충감염의 위험이 높다. 또한, 먹이가 되는 곤충 가운데는 독성을 지니고 있는 종도 있기 때문에 그런 점도 잘 확인해야 한다. 채집한 곤충을 먹인 뒤 갑작스런 활동성 둔화, 식욕저하, 거식 증상이 나타나거나 분변에서 벌레 또는 벌레 알이 발견될 경우에는 즉시 수의사의 도움을 받는 것이 좋다. 가급적이면 곤충을 채집해서 급여하는 것은 피하도록 한다.

소형 어류

곤충 외에 제브라, 수마트라, 네온테트라, 구피, 고도비, 피라미, 몽크호샤 등 수조의 물잡이용으로 이용되는, 비교적 저렴하고 최대 성장크기가 6cm를 넘지 않는 소형어류를 양서류의 먹이로 사용할 수 있다. 대부분 온순한 어종으로 수조에 풀어놔도 사육종에게 위해를 가하는 경우가 드물며, 대개 국내 양식장에서 인공 번식된 개체들로 외부기생충의 위험이 적다. 대량구매 시 마리당 100~200원 정도의 가격대를 유지하며 입수가 용이하다. 수조에 여유가 있다면 난태생의 어류를 자가 번식해 급여하는 것도 가능하다. 열대어 외에도 피라미 등의 토종 어류, 블루길, 베스, 잉어, 향어, 금붕어, 미꾸라지의 치어도 크기만 적당하다면 먹이로 사용 가능하다. 큰 개구리에게는 다 자란 미꾸라지를 급여해도 되지만, 미꾸라지의 특성상 쉽게 죽지 않고 개구리 뱃속에서도 일정 시간 생존하는데 가슴지느러미에 있는 가시가 소화기관을 다치게 할 수 있으므로 머리와 지느러미를 잘라서 급여하거나 기절시켜서 주는 것이 안전하다.

작은 새, 쥐 등의 동물성 먹이

간혹 십자매, 어린 메추라기, 병아리 등의 조류나 실험용 흰쥐 등도 먹이로 사용된다. 포식과정에서 사육개체를 공격하거나 위해를 가할 수 있기 때문에 반드시 기절시키거나 경추를 분리해 죽여서 급여하고, 조류의 깃털은 소화가 안 돼 소화기를 막을 수 있으므로 반드시 제거해서 급여해야 한다. 그러나 양서류의 소화기관은 태생적으로 포유류의 뼈나 고기를 소화시키는 데 적합하지 않기 때문에, 가끔 급여하는 것은 모르되 상시적으로 급여하는 것은 권장되지 않는다.

쥐를 먹고 있는 아프리칸 불 프로그

인공사료

일반적으로 애완동물 사육에 있어서 적합한 인공사료의 개발은 해당 종의 사육을 대중화시키기 위한 중요한 조건 가운데 하나다. 새로운 종이 애완동물로서 고려되면 인공사료의 개발에 관심을 쏟기 마련인데, 양서류의 경우에는 이와 같은 시도가 거의 이뤄지지 않고 있다. 생먹이를 주로 먹는 종이 대부분이고, 움직이지 않으면 먹이로 인식하지 못하는 양서류의 독특한 특징 때문이다. 인공사료의 제조는 어렵지 않으나 이를 급여하는 것이 까다롭기 때문에 애완동물사료회사에서도 육상에 서식하는 양서류를 위한 인공사료의 개발은 크게 이뤄지고 있지 않은 실정이다. 현재 완전수생종이나 올챙이용 인공사료가 약간 개발돼 있는 실정이고, 대중적으로 인기 있는 팩맨의 경우에는 분말을 물과 반죽해 급여하는 제품이 시판되고 있다.

동식을 하는 특성으로 인해 양서류 사육에 있어서 인공사료가 사용되는 경우는 상당히 제한적이다. 먼저 알에서 깨어난 올챙이단계에서 사용되는데, 올챙이는 성체와는 달리 움직이지 않는 것도 먹이로 인식하고 식물성 먹이를 먹기 때문에 이 단계에서 어류용 사료를 급여하는 경우가 많다. 올챙이단계에서 인공사료의 사용은 오히려 추천할 만하다. 그 이유는 여러 가지가 있는데, 우선 무엇보다도 한정된 종류의 생먹이로는 올챙이의 성장에 필요한 여러 가지 복합적인 영양성분들을 충분히 제공해주기는 어렵기 때문이다. 인공사료의 경우 사육개체의 성장에 필수적인 영양소들이 골고루 함유돼 있고, 영양의 균형을 고려해 여러 가지 다양한 성분들을 복합적으로 첨가해 제조되기 때문에 영양불균형 등의 문제가 발생하는 경우는 드물다. 따라서 전 생애에 걸쳐 인공사료로 먹이붙임이 가능한 종이라면, 또 올챙이시기만을 한정해서 이야기한다면 순수하게 인공사료를 주사료로 사육하는 것이 불가능한 일은 아니다.

두 번째는 수질의 문제다. 자연상태에서는 충분한 여과작용으로 수질이 오염될 여지가 적지만, 제한된 공간의 수조 내에 채소나 다른 동물성 먹이를 직접적으로 투여하는 경우 수질을 급격히 오염시키기 쉽다. 이렇게 오염된 수질을 안정적으로 유지하기 위해서는 강력한 여과능력과 잦은 환수가 필수적인데, 이 역시 올챙이의 안정적인 성장에는 좋지 않은 영향을 끼치게 된다. 올챙이는 양서류의 전 생애에서 수질변화에 가장 취약한 시기이기 때문에 물갈이로 인한 수온변화, pH변화는 고스란히 스트레스 요인으로 작용하게 된다. 따라서 올챙이 사육 시에 인공사료를 사용하는 것은 수조 내의 수질오염을 줄이고 유생들의 영양상태를 효과적으로 관리하는 방법이 될 수 있다.

세 번째, 완전수생종을 사육하는 경우 인공사료를 급여할 수 있다. 동식을 하는 다른 서식지의 종들과는 달리 완전수생종의 경우에는 어느 정도 인공사료로 먹이붙임이 가능하다. 사료 자체는 움직이지 않지만 핀셋 등으로 집어서 급여할 때 움직임을 감지하

인공사료

게 되며, 수중에 그냥 두더라도 중력과 물살로 인해 사료에 움직임이 생길 수 있다. 따라서 다른 종들과는 달리 완전수생종 양서류에게는 인공사료의 급여가 가능하다. 필자는 먹이의 수급 여부에 따라 그 비율은 약간의 차이가 있지만 올챙이 시기나 완전수생종 양서류의 경우에는 인공사료나 냉동사료를 주먹이로 하고, 생먹이를 보조사료로 사육하는 것을 선호하는 편이다.

그러나 올챙이에게 인공사료를 급여할 경우에는 반드시 숙지해야 할 사항이 두 가지 있다. 먼저 당연한 말이겠지만 '거의 대부분의 인공사료는 양서류용으로 제조되지 않았다' 는 사실이다. 인공사료의 경우 대상종을 선택하고 그에 적합한 성분을 조합하기 때문에 전용사료가 아닌 것을 다른 종에게 급여한다는 것은 필연적으로 불완전성을 갖게 마련이다. 따라서 인공사료제품의 성분을 충분히 고려하고 급여하고자 하는 개체의 상태를 잘 관찰해 급여량과 급여시기, 추가적인 영양제의 사용횟수와 성분 등을 결정해야 한다.

두 번째는 급여하는 '인공사료가 침강성(沈降性)인지 부상성(浮上性)인지를 고려' 하는 것이다. 인공사료는 보통 각종 영양소를 주재료로 하고, 거기에 급여대상종에게 필요한 비타민이나 각종 미량원소를 첨가해 수분함량이 약 10% 미만인 건조사료의 형태로 제조된다. 물에 뜨느냐 가라앉느냐에 따라, 고운 입자를 가지고 있거나 형태상 납작한 플레이크 타입으로 수면 위에 뜨는 부상성(浮上性) 사료, 수조 바닥에 가라앉는 침강성(沈降性) 사료로 크게 나눌 수 있다. 물고기에게는 개별 종의 먹이활동 위치와 크기 등을 고려해 적합한 것을 선택해서 급여하지만, 올챙이의 경우에는 침강성 사료를 급여하는 것이 좋다. 일반적으로 침강성 사료는 부상성 사료에 비해 좀 더 단단하게 제조되기 때문에 물속에서 보다 오랜 시간 동안 형태를 유지한다. 따라서 수질오염이 적고 사료를 남길 경우 제거하기가 용이하다. 부상성 사료도 시간이 지남에 따라 가라앉게 되지만, 그 과정에서 점차 미세한 분말로 분해돼 수질을 오염시키게 된다.

냉동먹이

생먹이를 냉동했다가 급여할 수 있다. 움직임이 없기 때문에 사육자가 직접 하나하나 급여해야 한다는 점이 불편하지만 보관이 용이하다는 장점이 있다. 설치류나 미꾸라지 등이 주로 냉동 보관되는 생먹이인데, 미꾸라지는 얼렸다가 적당한 크기로 잘라서 급여하는 것이 좋으며, 앞지느러미에 가시가 있어 삼켰을 때 문제가 되는 경우가 있으므로 그 부분을 제외하고 급여하거나 지느러미를 제거하고 급여하도록 한다.

냉동방어

미꾸라지는 해감시킨 뒤 적당한 크기로 잘라서 1회 급여량으로 나눠 냉동시켜 보관하면 편리하게 사용할 수 있다. 살아 있는 미꾸라지는 점액질을 분비하기 때문에 보통은 해감을 위해 소금을 뿌리는데, 이 경우 염분이 걱정된다면 온수를 이용하면 된다. 40~50℃ 정도의 미지근한 물에 넣으면 얼마 지나지 않아 죽는데, 그 상태로 반나절 이상 방치한 뒤에 손질하면 손쉽게 점액질을 제거할 수 있다. 점액을 제거한 냉동미꾸라지도 시판되고 있으므로 참고하도록 한다.

먹이급여법

생먹이를 급여할 경우 사육종의 시야에 들어가도록 풀어놓으면 스스로 잡아먹는다. 직접 먹이를 줄 경우 또는 움직이지 않는 먹이를 줄 경우에는 끝을 둥글게 마무리한 핀셋으로 집어 눈앞에서 서서히 움직여주면 반응을 보인다. 수생개구리의 경우 시각과 후각 및 진동으로 먹이의 위치를 파악하기 때문에 핀셋으로 먹이를 잡고 수면을 두드리면 반응을 보인다. 동작을 잘 살피고 직접 먹이거나 다가올 때 살짝 놓으면 잡아채서 삼킨다. 제공한 먹이는 가급적 사육자의 눈앞에서 완전히 먹어치우는 것이 가장 좋다. 그러나 장기간 핸드 피딩을 하는 것은 바람직하지 않다. 사육개체를 게을러지게 만들고, 스스로 먹이를 노리고 사냥하는 능력을 상실할 수 있기 때문이다. 가끔씩이라도 생먹이를 그대로 투입해 사냥본능을 회복시켜주는 것이 좋다.

> **더스팅(dusting)**
>
> 사육 하에서 사료에 직접 칼슘제 또는 비타민제 등의 영양소분말(혹은 액상), 곱게 간 건조 등의 사료를 뿌려서 사육개체에게 섭취하도록 하는 방법을 더스팅이라고 한다. 더스팅법을 사용할 경우에는 처음부터 먹이에 과다하게 뿌리면 식욕이 왕성한 종이라도, 또 평소 선호하던 먹이라도 삼켰다가 뱉어내거나, 심한 경우 입도 대지 않고 거부하는 경우가 있으므로 조금씩 시간을 두고 천천히 양을 늘려가는 방법으로 적응시키도록 한다.

> **밀웜 머신(mealworm machine)**
>
> 귀뚜라미나 밀웜 등 살아 있는 곤충을 급여하기 위해 아래와 같은 급여통을 만들어 설치해보자. 원통형의 용기에 불규칙하게 구멍을 뚫어 그 속에 먹이용 곤충을 넣고 탈출하는 벌레를 잡아먹도록 하는 방식이다.

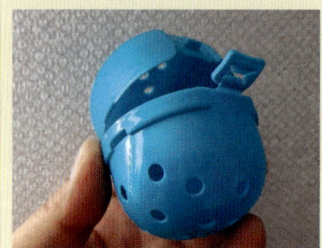

장난감통으로도 밀웜 머신을 만들 수 있다

생먹이의 칼로리(kcal/g)

종류	칼로리
귀뚜라미	1.9
밀웜	2.1
지렁이	0.5
핑키마우스(수유 전)	0.8
핑키마우스(수유 후)	1.7
어덜트마우스	1.7

야행성 종의 경우에는 낮에 깨워 먹이를 주는 것이 어렵기 때문에 보통 잠자리에 들기 전에 먹잇감을 사육장 안에 풀어놓거나 먹이그릇 안에 넣어두는 방식으로 급여한다. 통에 넣어두는 것이 먹이를 먹었는지 여부를 확인할 수 있고 사육장에 피해를 주지 않기 때문에 더 좋은 방법이지만, 예민한 개체의 경우는 먹이를 먹지 않는 이유가 될 수도 있다.

사육장에 먹이를 풀어놓은 경우에는 다음날 아침에 다시 사육장을 확인해 남아 있는 먹이를 제거해줘야 한다. 양서류는 시각을 이용해 먹잇감을 잡기 때문에 사육장의 벽면 색과 광도를 고려하는 것이 먹이를 보다 쉽게 찾도록 하는 데 도움이 된다.

남은 먹이의 처리

먹지 않고 남은 생먹이는 반드시 사육장에서 제거해야 한다. 인공사료의 경우도 마찬가지로 수질의 오염을 방지하기 위해 반드시 제거해줄 필요가 있다. 동물성 생먹이를 급여할 때는 공급하는 먹이가 안전한 것인지에 대해 관심을 가져야 한다. 사육자들이 생먹이를 먹이면서 가장 걱정하는 것이 중금속오염과 기생충감염이기 때문이다.

예를 들면 양식된 지렁이도 먹이로 사용되는데, 일부 양식장에서는 오염된 바닥재를 이용해 양식하는 경우가 있으므로 자신의 사육개체에게 꾸준히 지렁이를 급여할 생각이라면 친환경으로 양식하는 농장의 생산품을 이용하는 것이 좋다. 중금속오염은 최대한 안전한 공급처를 찾는 것으로, 기생충감염은 정기적인 구충으로 어느 정도 해결할 수 있으리라 본다.

가공사료의 경우 실지렁이, 새우, 웜, 초파리, 귀뚜라미 등의 생먹이를 냉동하거나 동결건조한 형태로 판매된다. 보관이 용이하다는 장점이 있지만, 가공과정에서 생먹이에 포함돼 있는 유익한 영양분이 손실될 수 있고 일부 개체의 경우 기호성이 떨어질 수 있다.

양서류의 식욕부진 및 거식의 원인과 대처

변온동물인 양서류는 장기간의 기아에도 버틸 수 있기 때문에 평상시에 충분한 영양을 공급했다면 단순히 거식만으로 건강을 심각하게 해친다거나 폐사에 이르는 경우는 극히 드물다. 사육자가 거식을 걱정해야 하는 이유는 영양손실 때문이 아니라 사육 중에 갑작스럽게 일어나는 이러한 식욕부진이 심각한 질병의 예후이거나 사육환경 이상의 징조일 수 있기 때문이다. 식욕부진을 유발하는 각각의 원인들을 정확히 파악해 제거해주는 것이 저하된 식욕을 회복시키기 위해 가장 먼저 해야 할 일이다.

■**온도저하에 따른 대사장애** : 변온동물이라는 양서류의 특성상 사육장의 온도가 낮아지면 대사능력이 억제돼 체내 혈액순환이 약해지고, 소화기능 역시 떨어져서 혹 먹이를 먹더라도 소화를 시킬 수 없게 된다. 별다른 질병증상이 없었는데 거식이 나타난다면, 상당 부분 온도와 관련된 문제인 경우가 많다. 계절의 변화로 추가적인 열원을 필요로 할 때나 수조 내의 히터가 작동을 멈췄을 때 이를 방치하면 거식이 일어날 수 있다. 따라서 사육장의 온도나 수조의 수온은 수시로 체크하고 적절한 수준으로 관리해야 한다.

■**적절치 않은 사육장 습도** : 양서류에 있어서 습도는 생존과 직결되는 중요한 요인이다. 서식공간의 습도가 적절치 않을 때, 식욕보다는 생존에 대한 본능이 먼저 발현되기 때문에 당연히 먹이를 거부하게 된다. 심각한 경우가 아니라면 적정습도를 제공한 다음 시간을 두고 기다리는 것으로 먹이반응을 회복시킬 수 있지만, 정도가 심한 경우 폐사에 이르기도 한다.

■**적절치 않은 pH** : 특히 수조에서 사육해야 하는 완전수생종 양서류의 경우에는 다른 종에 비해 pH의 영향을 많이 받는다. 수조의 물갈이로 인해 급격한 pH의 변화가 있을 경우에는 즉각적으로 폐사하기도 한다. 따라서 물을 갈아줄 때는 수온과 수질뿐만 아니라 pH 역시 사육종에게 적합하도록 조절해줄 필요가 있다.

먹이의 활발한 움직임은 포식행동을 자극한다.

■**스트레스와 사육환경 부적응** : 갑작스런 환경의 변화, 과밀사육, 소음, 진동, 은신처의 부재, 부적절한 광량 및 광주기, 좁은 사육공간, 청결하지 않은 사육환경, 잦은 핸들링 등으로 인한 각종 스트레스는 식욕과 면역력을 저하시킬 뿐만 아니라 2차적인 감염증을 유발하는 원인이 될 수 있다. 이 경우 스트레스의 원인이 되는 요소를 제거하는 것이 무엇보다 중요하다. 튼튼한 개체의 경우 스트레스 요인만 제거하면 오래지 않아 식욕이 정상적으로 회복된다. 사육환경 변화에 따른 스트레스로 발생하는 일시적 거식이라면, 단기간의 금식과 더불어 안정을 시킴으로써 먹이반응을 유도하는 경우도 있다.

■**바닥재나 이물섭식에 의한 장폐색** : 식욕이 왕성한 종에 있어서는 먹이를 먹는 과정에서 바닥재 등을 함께 삼킴으로써 위나 장이 막히는 경우가 생길 수 있다. 바닥재를 제거 혹은 교체하거나, 사육환경에 민감하지 않은 종이라면 바닥재가 깔려 있지 않은 별도의 공간으로 이동시켜 먹이를 급여하고 다시 사육장으로 되돌려 보내는 방식으로 먹이를 급여하는 방법도 나쁘지 않다.

■ **기생충감염** : 살아 있는 것을 주로 먹는 양서류의 습성으로 인해 기생충감염의 위험은 항상 존재한다고 할 수 있다. 입수 가능한 대부분의 먹이가 농장의 청결한 환경에서 번식되지만, 무균상태가 아닌 이상 번식환경을 100% 청결하게 통제하는 것은 어려운 일인 데다가 구입해온 생먹이를 보관하는 과정에서 기생충이 유입되는 경우도 있기 때문이다. 수조환경이라면 물갈이를 할 때 또는 먹이용 물고기 등에 붙어서 오는 경우도 있다. 특히 자연상태의 곤충이나 물고기 등을 직접 채집해서 급여하는 경우에는 감염의 위험성이 더욱 높아진다. 증상이 심하지 않은 경우 구충을 해주면 대부분 식욕이 회복된다. 기생충구제를 위해 사육장에 약품을 사용하거나 수조에 투입할 때가 있는데, 이 경우 특히 주의가 필요하다. 잘못된 약품사용으로 인해 좀 더 장기적인 거식이 유발될 수도 있기 때문이다.

■ **질병/외상/감염증** : 골대사장애(MBD)나 눈병 등 여러 가지 질병에 걸렸을 경우에 식욕부진이 일어난다. 이런 경우 질병의 원인을 찾아 치료하면 식욕이 회복된다. 사육장 벽에 부딪히거나 합사 중인 다른 개체와의 다툼, 먹이곤충의 공격 등에 의해 외상을 입어 감염이 생겼거나, 특히 구강 부분에 감염이 있을 경우 먹이활동이 감소할 수 있다. 이 때는 감염 부분을 치료함으로써 식욕을 회복시킬 수 있다.

■ **적절치 않은 먹이의 급여** : 선호하지 않는 먹이를 급여하거나 먹잇감의 형태와 크기 및 경도가 사육개체가 먹기에 적합하지 않을 경우 혹은 싫어할 만한 냄새가 나거나 심하게 부패한 경우, 경험하지 못한 낯선 먹이나 죽은 곤충 등 먹잇감으로서의 적정조건을 충족시키지 못하는 먹이를 급여할 경우 먹이에 대한 거부반응을 보일 수 있다. 이 때는 급여하는 먹이를 다른 종류로 바꿔주거나 좀 더 작은 먹이를 급여하거나 선호하는 종류의 신선한 생먹이를 공급하도록 한다.

질병에 걸린 개구리

■**적절치 않은 위치 및 시간대 먹이급여** : 양서류는 서식공간이 종마다 상이하기 때문에 사육개체가 먹이활동을 주로 하는 공간에서 먹이를 급여하는 것이 좋다. 또한, 주로 먹이활동을 하는 시간대에 급여하는 것이 좀 더 양호한 먹이반응을 얻을 수 있다.

앞서 언급한 여러 가지 요인들로 인해 먹이거부반응이 있을 경우 사육자는 마음이 조급해지기 마련인데, 그렇다고 급하게 강제급여를 실시하는 것은 그리 좋은 방법이 아니다. 강제급여는 강제로 입 안에 먹이를 욱여넣는 것이 아니라 개체의 상태와 먹이의 종류, 크기, 상태, 소화를 시키기 위한 환경조건의 조성 등을 총체적으로 고려한, 고난이도의 기술을 필요로 하는 급여방법이다. 서툴게 실시했다가는 즉시 폐사에 이를 수도 있고 오히려 상태가 더 악화될 수도 있으므로 섣불리 시도해서는 안 된다. 무작정 시도하기보다는 우선은 회복을 위한 환경조건을 제공해주고, 자연적으로 식욕이 회복되기를 기다리는 것이 좋다. 강제급여는 최후의 방법이라는 것을 명심하도록 하자.

대부분의 경우 거식의 원인을 파악하고 제거해주면 사라졌던 식욕은 서서히 회복된다. 그러나 그럼에도 불구하고 장기간 이유 없는 거식을 지속하는 경우도 없지는 않다. 이 경우는 환경적 혹은 외부적인 원인보다는 사육 스트레스와 같은 내부적인 원인을 의심해볼 수 있으며, 질병으로 인한 거식일 때보다 회복시키는 데 더 많은 수고로움을 필요로 한다. 일단은 핸들링을 삼가고 진동이나 소음 같은 스트레스 요인을 줄여주는 것이 필요하며, 시간과 인내심 그리고 세심한 관리를 필요로 한다. 외국의 사육자 가운데는 소생시키기 힘들 정도로 약해진 개체의 사육장을 통째로 풀이 우거진 곳에 며칠 정도 방치하는 방법으로 회복을 유도하는 경우도 있다. 자연의 치유력을 빌리는 방법으로 어느 정도는 효과가 있다고 알려져 있다.

> **강제급여(force feeding)**
> 부득이하게 먹이를 강제로 먹여야 할 필요가 생긴 경우에는 아래의 순서를 참고하도록 하자. 포스 피딩을 할 경우 질병개체는 안전하게 보정해 입에서 식도, 위가 수직이 되도록 반듯하게 고정시킨 이후에 실시해야 하며, 사용되는 도구는 반드시 소독을 해야 한다.
> 1단계 - 손이나 핀셋으로 먹이를 잡고 입을 벌려 가볍게 입에 물려준다. 거식을 시작한 지 얼마 되지 않고 간혹 먹이반응을 보이는 경우에는 이렇게 어시스트 피딩(assist feeding)을 먼저 실시해본 이후에 반응을 보고 포스 피딩을 고려하도록 한다.
> 2단계 - 평소에 먹는 것보다 작고 부드러운 먹이를 핀셋을 이용해 입안 깊숙이 넣어준다. 귀뚜라미라면 단단한 머리를 제거하고 몸통만 준다거나 밀웜은 갓 탈피해 외골격이 단단해지기 전의 것을 급여한다.
> 3단계 - 먹이를 완전히 갈아서 액체상태로 만들고, 이 반유동식을 스포이트나 튜브를 통해 소화기관에 직접 주입한다. 이때 너무 과도한 양을 주입해서는 안 된다.

Chapter 06

양서류의 건강과 질병

양서류가 잘 걸리는 질병의 종류와 진단방법, 특정 질병 및 부상 발생 시의 응급처치법과 예방법에 대해 알아본다.

Section 01

질병의 발생원인과 예방법

양서류가 서식하는 환경이 본래 질병이 발생하기 용이한 환경이다 보니 사육하는 과정에서 갖가지 질병증상과 맞닥뜨리게 되는 경우가 많다. 이번 섹션에서는 양서류에게 나타나는 여러 가지 질병의 증상과 그 대처법에 대해 알아보도록 하자.

질병원과 저항력 사이의 균형

생명체는 모두 질병에 걸릴 수 있으며, 질병인자는 지구상의 어느 곳에나 존재한다. 태초에 생명체가 생기면서부터 질병도 함께 발생한 것이기 때문에 생명체와 질병을 분리해서 생각할 수는 없다. 하지만 이러한 질병인자들이 체내로 유입된다고 해서 모든 생명체에 있어서 반드시 질병이 유발되는 것은 아니다. 왜 그런 것일까.

의학적으로 질병이란 곧 '신체 생리상태의 불균형'을 의미한다. 생명체가 정상적인 생명현상을 유지하기 위해서는 신체의 내부환경, 즉 체온, 삼투압, pH, 전해질의 농도, 세포외액의 양과 같은 물리화학적 상태가 항상 일정하게 유지돼야 한다.

건강한 도롱뇽의 모습

신체의 생리조절작용은 생체 내에서 스스로 가장 안정적인 수준을 유지하고 있는데, 이 균형을 '항상성(恒常性)'이라고 한다. 신체 내외부의 여러 가지 조건들에 의해 생리조절기능에 이상이 생기면 신체 내의 항상성은 방해를 받게 되고, 이는 곧 생명체에게 질병이나 죽음이라는 형태로 나타난다. 영양결핍, 수질의 악화, 수온의 변화, pH 쇼크, 수조 내의 용존산소 부족 등과 같은 스트레스 요인들이 궁극적으로 면역력의 균형에 큰 영향을 미친다. 이와 같은 스트레스 요인에 노출되면 동물 체내에서는 면역 및 호르몬 반응에 변화가 일어나는데, 생존을 위한 필요조절작용의 일환으로 성장, 면역, 번식에 필요한 에너지와 다른 영양소를 스트레스에 대응하기 위해 사용하게 된다.

이러한 과정은 자연상태의 원서식지에서뿐만 아니라 인공사육 하의 사육장 내에서도 완벽히 동일하게 발현된다. 각각의 사육장에는 사육장 내에 항상 존재하는 상주세균(常主細菌)이 있으며, 사육 중에 외부로부터 유입되는 것도 있다. 이 세균들은 사육장 내에 늘 자리를 잡고 있다가 스트레스 요인으로 인해 사육개체의 면역력이 떨어지면 병원체와 양서류 간의 항상성의 균형을 깨고 결국 질병을 일으키게 된다. 결과적으로 사육자가 실시하는 사육환경 관리를 질병의 예방이라는 측면에서 정의해 보면, '지속적인 사육환경의 관리로 사육장 내에 존재하는 상주균의 수를 줄이고, 영양관리 및 스트레스 관리로 사육개체의 면역성을 증가시켜 질병과 사육개체 간의 항상성 균형(homeostasis balance)을 유지시키는 일련의 과정'이라고 할 수 있으며, 질병의 치료 행위는 '불균형적으로 깨진 항상성의 균형을 맞춰주는 것'이라고 말할 수 있다. 비단 질병치료에만 한정되는 것이 아니라 어떻게 보면 '사육'의 상당 부분이 이 항상성의 균형을 조절하는 행위라고도 정의할 수 있다.

질병의 발생원인과 예방

사육 하에서 외부와 철저하게 단절돼 관리되는 애완양서류의 특성상 질병의 발생은, 선천적이거나 노화와 관련된 장애가 아니라면 거의 전적으로 사육자의 사육관리에 의해 좌우된다. 그러므로 대부분의 질병과 상해는 평소에 계획적으로 영양을 공급하고 사육환경을 철저하게 정비하는 것만으로도 상당 부분 예방할 수 있다.

■**적절한 영양의 충분한 공급** : 가장 우선시되는 것은 식이(食餌)다. 일차적으로 평소에 영양공급을 충분히 하고, 너무 마르거나 비만이 되지 않도록 관리하는 것이 필요하다. '충분한' 영양공급과 더불어 '균형 있는' 영양공급 역시 매우 중요하다.

■**사육장 및 사육장비의 위생관리** : 애완양서류 질병의 또 다른 원인 중 하나는 청결하지 못한 사육환경이다. 사육환경의 오염은 사육대상종에게 직접적으로 질병을 유발하고 그렇지 않더라도 지속적인 스트레스의 원인이 되는데, 이렇게 스트레스를 받은 개체는 스스로 외부환경에 적응하기 위한 노력을 하는 과정에서 점차 체력이 저하된다. 이 때문에 자체면역력이 저하돼 병원체에 대한 감수성이 커진다. 따라서 사육자는 매일 실시하는 위생관리와 더불어 사육장과 사육장비를 주기적으로 청소하고, 오염된 먹이나 물을 공급하는 일이 없도록 주의해야 한다. 수생종의 경우 수질을 항상 청결하게 유지하는 것도 질병을 예방하기 위해 해야 할 중요한 일이다.

■**사육환경조건의 관리** : 영양이나 위생뿐만 아니라 사육환경도 마찬가지로 잘 관리돼야 한다. 사육장 내의 온도와 습도, 환기조절장치, 히터 등을 수시로 점검하고 최적의 조건으로 조절한다. 연약한 양서류의 피부를 고려해 거칠고 날카로운 사육장 조성물은 제거

> **양서류의 스트레스 요인**
>
> - **물리적 요인** : 부적절한 사육환경(적당하지 않은 온·습도와 사육장 세팅, 환기) / 몸을 숨길 만한 은신처의 부재 / 사육장 주변에서 지속적으로 발생되는 소음과 진동 / 온도나 습도의 급격한 변동 / 외상
>
> - **화학적 요인** : 청결하지 못한 수질 / 수조 내의 적절치 않은 용존가스의 존재나 농도 / 적절치 않은 pH / 영양부족 및 불균형적인 영양공급 / 방치된 오염물 및 배설물(암모니아)아질산염)질산염) / 사육장에 유입된 염류(鹽類)나 독성물질 / 수중의 산소 부족
>
> - **생물학적 요인** : 과도한 사육밀도 / 포식자로 인지되는 다른 동물의 존재 / 제거되지 않은 먹이곤충의 존재나 그로부터의 공격 / 기생충 / 질병원인균
>
> - **작업적 요인** : 핸들링 / 질병치료 / 이동

하거나 교체해줘야 하며, 화상을 방지하기 위해 열원은 사육종과의 직접적인 접촉이 불가능하도록 반드시 덮개 처리를 해야 한다. 또한, 환기를 철저히 하고 암모니아를 제거하며, 곰팡이의 발생을 억제하는 등 사육환경을 항상 청결하게 관리하도록 한다.

사육장 내부환경 관리를 실시하는 것과는 별도로 외부로부터의 질병원 유입 문제에 대해서도 관리해야 하는데, 가장 신경 써야 할 것은 양서류 사육장이 설치된 공간 내에서 화학물질 사용을 금하는 것이다. 살충제나 에어로졸 등의 사용은 양서류에게 직접적이고 즉각적으로 유해한 영향을 미칠 수 있다. 다른 동물 또는 많은 개체를 사육하고 있다면 사육용품도 각각 개별적으로 사용하는 것이 좋다.

■**먹이로 인한 감염 주의** : 먹이로부터 질병이 유입되는 것도 주의해야 한다. 특히 먹이로 물고기를 급여할 경우 어류에 감염돼 있던 기생충이나 질병이 옮겨온 사례들이 심심치 않게 보고되고 있다. 이를 방지하는 가장 좋은 방법은 예방약욕을 시킨 후에 급여하는 것이다. 수족관에서 여러 종류의 약욕제들을 구할 수 있다. 부득이하게 합사해야 할 경우에는 다른 개체로부터의 감염을 방지하기 위해 각각의 '종'과 '개체의 공격성' 및 '합사 가능성'을 신중히 고려해 결정한다. 새로운 개체는 일정 기간의 격리기를 반드시 거쳐야 하며, 개체 간의 접촉이나 다툼을 줄이기 위해 넉넉한 공간을 제공한다.

질병은 예고 없이 발생하기 때문에 사전에 미리 대비를 해두는 것이 조금이라도 빠르게 대처할 수 있는 방법이다. 모든 용품을 구비하지는 못하더라도 최소한 질병개체의 격리를 위한 치료용 수조, 소독을 위한 락스, 곰팡이구제를 위한 약욕용 소금 정도 구비해두면 질병이 발생했을 때 치료를 위한 시간을 벌 수 있다.

양서류 질병 예방의 중요성

사육자는 수의사가 아니다. 사육자에게 수의학적인 전문지식까지는 요구되지 않으며, 설사 많은 노력으로 그러한 전문지식을 쌓았다고 하더라도 주사나 투약 등의 의학적인 처치들을 임의로 행하는 것은 권장할 만한 일이 아니다. 사육자는 질병에 대해 '치료자'의 능력을 쌓기보다는 '예방자'로서의 능력을 배양하도록 노력해야 한다.

양서류는 여러 종류의 동물 가운데서도 형태적, 생리적, 의학적으로 상당히 특이한 존재다. 독특한 생활사와 질병에 대한 정보의 미비, 수의학적인 경험의 부족 등으로 인해 양서류의 질병은 그 진단과 치료 그리고 효과적인 회복관리가 상당히 어려운 것이 사실이다. 이러한 이유들로 인해 양서류에 있어서 질병의 발생은 특히 더 위험하며, 예방의 중요성이 더욱 커진다.

양서류 질병이 위험한 이유

안타까운 일이지만 일단 사육 중인 개체에게서 질병증상이 발견되면 대부분 치료가 어려운 경우가 많다. 이는 다음과 같은 여러 가지 요인으로부터 기인한다.

■**사육환경의 특수성** : 사육 하의 양서류에게 있어 질병의 발생이 위험한 첫 번째 이유는 '양서류 사육환경의 특수성'에 기인한다. 양서류의 모든 대사과정이 물의 지배를 받는다고 해도 과언이 아닐 정도로 양서류의 생존은 물과 떨어져서는 생각할 수 없다. 그러나 이처럼 양서류가 선호하는 수계환경은 비단 양서류뿐만 아니라 질병원인균에게도 역시 이상적인 번식환경이라는 것이 사육에 있어서 문제가 된다.

수계환경에서는 감염증을 유발시킨 병원체가 숙주에서 이탈했을 때 공기 중에서보다 훨씬 더 오래 생존할 수 있고, 물을 매개로 해 보다 쉽게 전파될 수 있다. 따라서 사육장의 위생관리가 제대로 이뤄지지 않으면 자연에서와는 달리 병원균은 무서운 속도로 증식해 확산되고, 병원균의 폭발적인 증식은 결과적으로 사육개체의 저항력을 급격히 약화시켜 질병에 쉽게 노출되도록 한다.

■**발견이 어렵다** : 양서류의 질병이 위험한 다른 이유는 '발견이 어렵다'는 점이다. 일반적으로 야생동물은 질병이 있더라도 그것을 드러내는 경우는 드물다. 자연이라는 환경 자체가 스스로 약한 모습을 내보이면 그 즉시 죽음으로 연결되는 냉혹한 생존경쟁

의 세계이기 때문이다. 따라서 야생동물은 증상이 극한에 이를 때까지 그것을 밖으로 드러내는 것을 극도로 꺼리는 본능이 있고, 이러한 방어본능은 사육자로 하여금 사육종의 이상증상을 알아차리기 어렵게 만든다. 현재 양서류를 사육하고 있는 사람이라면 느끼는 것이겠지만, 사육자가 사육종의 이상증상을 눈치 챌 정도면 이미 해당 질병이 상당히 진행돼 있는 경우가 대부분이다. 이와 같이 아픈 것을 숨기는 야생동물의 기본적인 생태 역시 양서류에게 있어 질병이 위험한 큰 이유 가운데 하나다.

■**민감한 반응** : 또 다른 이유는 '환경조건 변화에 대한 민감한 반응' 때문이다. 양서류가 '환경의 조기경보기'로 불리는 까닭은 환경변화에 따라 관찰되는 제반증상이 즉각적이고도 치명적이기 때문이다. 이는 곧 이상증상이 나타나면 치료를 위해 손을 쓸 시간적인 여유가 그리 많지 않다는 것을 의미한다. 특히 화학적인 오염으로 인한 질병증상일 경우 문제는 더욱 심각해진다.

■**질병원인에 대한 정확한 판단의 어려움** : 양서류의 질병 가운데 상당수가 기생충성 및 세균성 질환인데, 전문의들은 현미경이나 배양을 통한 방법으로 질병의 정확한 원인체를 파악할 수 있지만, 가정에서는 외적으로 나타나는 증상만을 관찰하는 것이 고작이기 때문에 질병의 원인을 명확하게 판단하기는 용이하지 않다. 이는 바람직하지 않은 급속도의 전염이나 잘못된 응급처치로 이어진다.

■**치료의 어려움** : 마지막으로 들 수 있는 이유는, 양서류의 치료를 위한 인프라가 잘 갖춰져 있지 않기 때문에 설사 질병이 발견되더라도 치료가 용이하지 않다는 점이다. 양서류의 기본적인 생태나 질병에 대한 정보, 질병 예방이나 치료에 필요한 약품의 종류, 사용량, 사용방법 등과 관련한 제반정보들이 부족한 상황이고, 또 아직은 애완양서류 자체가 드문 국내에서는 양서류에 대한 치료경험이 있는 수의사를 찾기도 상당히 어렵다.
이러한 상황에서 사육자는 사육종의 치료를 위해 상당한(현재 사육하는 종을 여러 마리 다시 입양할 수 있을 정도의) 비용의 지출을 감수해야 할 가능성이 많고 설사 치료가 이뤄진다고 하더라도 회복가능성이 확실하지 않기 때문에, 일반적인 사육자라면 기르던 동물에게서 질병증상이 발견됐을 때 일단 어느 정도 자가치료를 하다가 포기하게 되는 경우가 많은 것이 현실이다.

블루 포이즌 다트 프로그(Blue poison dart frog, *Dendrobates tinctorius azureus*)

이러한 여러 가지 요인들이 양서류 질병에 있어서 치료보다는 예방에 중점을 둬야 하는 이유가 된다. 잠시 맡아두는 것이 아닌 이상 사육과정 전반에 걸쳐 단 한 번의 발병도 없이 사육종에게 완벽하게 건강한 삶을 제공하는 것은 불가능하기 때문에, 생명체를 사육하면서 질병에 대한 고려를 하지 않는 것은 어찌 보면 상당히 무책임한 행동이라고 할 수 있다. 따라서 사육자는 해당 종의 사육에 앞서, 혹은 아프기 전에 미리 예상되는 질병의 종류와 대책을 어느 정도는 세워두고 사육을 시작하는 것이 좋으며, 급박한 상황에서 도움이 될 만한 사람이나 동물병원의 주소와 위치, 연락처를 알아두는 것이 좋다. 자 그럼 이제부터 양서류의 질병증상과 예방법, 처치법에 대해 알아보도록 하자.

질병의 징후

아무런 의사표현을 하지 않는 동물에게서 미세한 질병증상을 포착해내기 위해서는 무엇보다 본인이 기르는 개체의 '정상적인 컨디션'에 대해서 잘 알고 있어야 한다. 아무리 사소한 것이라도 평소에 내가 알던 내 애완동물의 상태와는 뭔가가 다르다고 느껴진다면, '사육환경'에 문제가 있거나 '사육개체'에게 무엇인가 문제가 발생한 것이라고 판단해도 좋다.

1. 질병에 걸린 개체 2. 타이거 샐러맨더의 피부질환

양서류는 자신의 이상증상을 소리로 표현하지 않기 때문에 사육자는 사육개체의 행동이나 체색, 냄새, 촉감 등을 통해 질병증상을 파악해야 한다. 평소의 체색이 아니라거나, 체표에서 평소와는 다른 분비물이 관찰되는 경우, 늘 있던 곳과는 다른 위치에서 쉰다거나 평소와는 다른 자세로 앉거나 엎드려 있는 경우, 취하고 있는 자세가 약간이라도 비대칭적인 경우, 사육장에서 평소와 다른 냄새를 맡게 되는 경우 등 극히 사소한 문제라도 심각한 질병의 예후일 수 있다. 그런 만큼 평상시에 사육하는 개체에 대해 관심을 가지고 관찰을 게을리 하지 않아야만, 뒤늦게 질병을 발견함으로써 아끼는 개체를 폐사시키는 확률을 조금이라도 줄일 수 있다.

위에 언급한 이상증상들이 어떤 의미인지 잠시 살펴보기로 하자. 우선 평소와 몸 색깔이 달라진다는 것은 생리적으로 어떠한 변화가 생겼다는 것을 의미한다. 양서류는 기본적으로 어느 정도 체색을 변화시키는 것이 가능하기는 하지만, 모든 체색의 변화는 일정한 범위 내에서 이뤄져야 한다. 과도한 체색의 변화는 사육환경, 특히 온도의 급변이나 기생충 또는 세균의 감염이 원인일 수 있다. 여러 마리를 합사한 경우 이러한 체색의 변화가 소수의 개체에게서만 발생한다면 집단 내에서 해당 개체의 힘이 약한 것이 그 원인일 수도 있지만, 체색이 변하는 개체의 숫자가 증가할 때는 질병이나 수질 및 사육환경에 대한 관리상태를 재고할 필요가 있다.

많은 종들이 그렇지만 특히 완전수생종의 경우에는 환경이 나빠지면 체표의 점액질 분비가 확연하게 증가하는 현상이 나타난다. 양서류의 점액질 분비물에는 세균이나 기생충에 대한 방어인자가 포함돼 있어서 기생충의 침입을 막고 피부의 자극을 감소시킨다. 또한, 삼투압조절의 일부를 담당하기도 하고 체표에 막을 생성함으로써 물의 저항을 줄이는 역할을 한다. 그러나 이 분비물은 체내에 있는 단백질을 이용해 만들어지는 것이기 때문에 지속적인 분비는 결국 체표의 점액질 보호층이 상실되는 결과를 초래한다. 이로 인해 결국 해당 개체는 환경에 대한 적응력이 감소되고, 질병에 대한 방어막이 소실되는 심각한 문제에 봉착하게 된다. 따라서 평소와는 달리 체표 분비물의 양이 많아지면 수질이나 기생충 등의 문제가 있는 것으로 생각하고 대처할 필요가 있다.

■**활동성 둔화 및 거식** : 건강상 이상이 있는 개체에게서 가장 먼저 보이는 증상은 활력 또는 활동성의 둔화 그리고 거식(拒食)이다. 보통 우리가 쉽게 확인할 수 있는 낮에는 대부분의 종들이 은신처에 숨어 잘 움직이지 않기 때문에 가끔씩은 저녁에 불을 끄고 적외선등 아래에서 개체의 행동을 관찰해보는 시간을 가질 필요가 있다. 무엇보다도 사육개체에게서 급격히 여위는 등의 증상이 포착되면 활동성부터 확인하도록 하자.

변온동물인 양서류에 있어서 살이 빠지는 가장 큰 이유는 활동성의 증가 때문인 경우가 많지만, 움직임이 별로 없음에도 불구하고 체중이 감소한다는 것은 기생충에 감염됐거나 먹이를 오랜 시간 거부했을 경우다. 동면 전이나 변태 전후 등에 관찰되는 정상적인 거부반응이 아니라면, 먹이를 거부하는 것 역시 대표적인 질병 징후 가운데 하나다. 건강상태가 조금 좋지 않더라도 먹이에 대한 반응을 보이면 최소한 치료에 희망은 있다고 판단할 정도로, 먹이반응은 개체의 건강상태와 밀접한 관계가 있다.

우리나라 야생개체에게서 보이는 질병증상

■**이상행동의 발현** : 다음으로 아플 때 나타나는 이상행동(abnormal behavior)들이 있다. 대표적인 이상행동은 경련이나 마비, 자극에 대한 무반응, 몸을 비비거나 긁는 행동, 헤엄치는 모습의 이상, 평소와는 다른 갑작스러운 공격적 성향, 다른 개체와의 관계 악화, 지나치게 오랜 수면(기면 혹은 혼수상태), 지나치게 숨으려고 하는 행동, 계속되는 하품, 불규칙한 걸음걸이, 끊임없이 움직이는 행동, 갑작스런 식성의 변화 등을 들 수 있다(보통 고등동물은 사육 하에서 극심한 스트레스를 받게 되면 같은 행동을 끊임없이 반복하는 정형행동-定型行動, stereotyped behavior-을 보이는 경우가 많지만, 다행스럽게도 양서류에 있어서는 이런 행동이 나타나는 경우는 드물다). 일례로 사육장 내에 적정습도가 유지되고 있음에도 불구하고 수상성 개구리가 바닥에 내려와 있거나 물그릇에 너무 오래 몸을 담그고 있는 행동 등도 질병을 의심해볼 수 있는 이상행동이다.

■**신체에 나타나는 이상** : 행동으로 표현되는 것 외의 질병증상으로는 육안으로 식별 가능할 정도의 골격이상이나 부종(목, 안구 등)이 있을 경우, 안구가 탁해지거나 부어 있는 경우, 몸이 계속 부푼 채로 있는 경우, 체색의 과잉변색 혹은 피부가 물러지거나 변형되는 경우를 들 수 있다. 피부가 벗겨지거나 상처 또는 딱지가 생기는 경우도 있으며, 심한 경우 구토나 출혈이 나타나기도 한다. 이렇게 외부적으로 증상이 표현될 때는 그나마 다행스럽게도 질병을 즉각적으로 인지할 수 있다.

오른쪽 다리에 부종 증상을 보이는 두꺼비

■**사육장 내 악취** : 시각적인 징후 외에 사육장에서 평소와는 다른 독특한 냄새가 나는 경우도 질병을 의심해볼 수 있다. 변냄새나 소변냄새가 아닌 다른 악취가 나면 피부괴사가 일어난 것일 수도 있으므로 사육장 밖으로 꺼내 피부상태를 확인해보도록 한다. 배변상태 역시 건강상태를 파악할 수 있는 중요한 기준이 되는데, 배변을 하지 않거나 배설물이 정상적인 형태가 아닐 경우, 변에 기생충이 있을 경우 등은 질병증상으로 의심해볼 수 있다.

질병개체 발견 시 행동

사육 중인 개체에게서 질병으로 판단될 만한 증상이 나타날 때 사육자가 제일 먼저 할 일은 장갑을 끼는 것이다. 양서류에게 발생하는 곰팡이들 가운데 상당수가 사람에게도 전염되므로 사육자의 안전을 위해 우선적으로 장갑을 착용하도록 하자.

■**질병개체 격리** : 다음으로 해야 할 일은 질병의 진행 및 확산을 방지하기 위해 질병개체를 즉시 통제된 별도의 사육장에 격리시키는 것이다. 격리는 최대한 빠르면 빠를수록 좋으며, 이러한 경우를 대비해서라도 미리 여분의 사육장을 준비해두는 것이 좋다. 동일한 환경의 사육장까지는 아니더라도 추가적으로 열원과 소켓 정도 보유하고 있으면 치료환경을 조성하는 데 많은 도움이 되므로 여분으로 구비하는 것을 추천한다.

이 치료용 사육장(treatment tank)에도 사육종에게 필요한 온습도는 기본적으로 제공돼야 하며, 수조의 경우에는 수중의 산소포화도를 높이기 위해 폭기(暴氣, aeration)를 강하게 해줄 필요가 있으므로 에어펌프를 구비하고 있으면 좋다. 바닥재나 미관상 필요한 케이지 데코 용품들은 그다지 필요치는 않다. 수중환경이라면 치료에 사용되는 약품들이 여과박테리아를 죽이기 때문에 생물학적 여과를 제공해줄 필요는 없으며, 잦은 물갈이로 수질을 유지하면 된다.

■**응급조치 및 수의사 진단** : 증세를 보아 가벼운 정도라고 판단될 경우에는 각 증상에 맞는 응급조치를 취하도록 하고, 증상이 심하다고 판단되면 동물병원에 연락해 정확한 진단과 전문가의 지도를 받도록 한다. 외관상으로 나타나는 증상만 확인하고 실제 질병의 심각성을 파악하기는 어렵기 때문에 질병원인과 처치방법의 개인적인 판단은 사실 쉽지는 않다. 따라서 사육자의 판단은 최소한으로 제한하고, 가급적 전문지식을 갖춘 수의사의 도움을 받는 것이 좋다.

■**사육환경의 개선** : 치료와 더불어 사육자는 사육장 내외부 전체를 소독하고 온도와 환기조건을 점검하는 등 현재의 사육환경을 개선해야 할 필요가 있다. 수생종의 경우 부분환수로 상주균의 농도를 감소시키고 폭기를 통해 산소농도를 높여주며, 수질오염을 막기 위해 먹이급여를 제한한다. 보통 질병의 치료를 위해서는 사육장의 온도를 평상시보다 조금 높게 조정한다. 양서류는 체온이 1℃ 올라갈 때마다 신진대사가 10%씩 증

질병개체와 정상개체(아프리칸 클로드 프로그)

가한다는 연구결과가 있다. 평소보다 높은 온도는 대사량을 증가시켜 면역계를 활성화시키고 치료약품이 효과를 발휘할 수 있도록 만드는 역할을 한다.

이렇게 사육장이나 수조의 온도를 높일 때는 사육종의 평소 사육온도를 기준으로 하며, 고온에 취약한 종이나 온도변화에 극히 민감한 종은 원래의 사육온도를 유지해주는 것이 오히려 안전할 수 있다. 수온이 높아짐에 따라 수중의 산소포화도는 낮아지기 때문에 완전수생환경의 경우에는 수조의 수온을 상승시킴과 동시에 충분한 산소를 공급해줄 필요가 있다. 또 하나 중요한 사실은 이처럼 치료를 위해 사육장의 온도를 상승시킬 때는 가급적 '서서히' 올려야 한다는 것이다. 하루에 3℃ 이상 올려서는 안 되며, 평균 사육온도보다 5℃ 이상 올리는 것은 위험하다. 수온상승으로 인해 질병개체가 오히려 스트레스를 받는 것 같으면 다시 수온을 낮춰주도록 한다.

양서류와 같은 변온동물 사육에 있어서 사육자가 잘못 인식하고 있는 것 가운데 하나가 '인간에 있어서 1℃의 변화가 양서류에게도 1℃의 변화일 것'이라는 생각이다. 어류를 예로 들면, 인간이 느끼는 1℃의 변화는 물고기에게는 6℃ 정도의 변화로 영향을 미친다. 즉 온도가 3℃만 내려가도 실제 물고기가 느끼는 온도차는 18℃가 된다. 양서류에 있어서 정확한 측정치는 알려져 있지 않지만, 같은 변온동물인 양서류가 느끼는 온도차이도 어류와 크게 다르지 않을 것이라고 생각된다(실제로 지구의 온도가 단 1℃만 상승하더라도 기온상승과 수중 내 산소량 부족이 겹치면서 체온을 일정하게 유지하지 못하는 양서류 전체가 절멸할 수 있다고 한다. 이처럼 양서류는 온도에 매우 민감한 생명체다).

사육장 내부의 온도를 올리는 것뿐만 아니라 완전수생종에 있어서는 수영을 잘 못하는 증상이 나타날 경우를 대비해 수위를 낮춰주는 등의 관리도 필요하다. 감염성 질병인 경우나 수질이 심각하게 오염돼 있는 경우를 제외하고는 pH쇼크를 방지하기 위해 가급적이면 물갈이는 하지 않는 것이 좋다. 상황에 따라 환수가 반드시 필요하다고 판단될 경우에는 시간적인 여유를 두고 부분 물갈이로 수질을 유지하며, 새로 넣는 물은 최대한 천천히 물맞댐을 함으로써 수온과 pH를 완충시켜야 한다.

또한, 치료 중인 개체를 관리하는 데 그치는 것이 아니라, 합사돼 있던 다른 개체들에게서 질병증상이 당장 보이지 않더라도 당분간 지속적으로 건강상태를 모니터링하는 것이 필요하다. 차후 동일한 질병이 나타났을 때 자료로 삼을 수 있도록 질병의 경과와 증상 및 치료내용을 기록으로 남기는 것도 좋다.

질병에 대한 대책에 있어서 기본적으로 준수해야 할 사항은 '사전예방', '조기발견', '정확한 진단' 과 '신속한 처치' 다. 양서류의 질병치료는 상당히 어려우며 가정에서는 더욱 그러한데, 언급한 4가지 기본준수사항 가운데 '정확한 진단' 이 어렵기 때문이다. 특징적인 증상이 나타나는 일부 경우를 제외

아프리칸 클로드 프로그에게서 관찰된 피부병 증상

하고는, 질병의 증상이 거의 비슷하고 복합적인 질병으로 사망하는 경우도 많다. 정확한 진단을 위해서는 조직검사나 해부를 통해 내부장기에서 균이나 기생충을 동정하는 방법을 사용해야 하는데, 이 정도라면 해당 개체는 이미 죽었거나 회복시키기 어려운 상황이고, 차후 다른 개체의 재발방지나 교육차원에서 이뤄지는 일일 뿐이다.

'예방', '조기발견', '신속한 처치' 는 사육자가 사육개체에 대해 얼마나 관심과 애정을 가지고 있느냐에 따라 달라지겠지만, '정확한 진단' 이라는 부분에서는 전문적인 설비와 약품을 가지고 있지 않은 상태에서 취할 수 있는 처치가 상당히 한정될 수밖에 없다. 다시 한 번 강조하지만 예방이 최선의 치료법이다.

합사(숨숨)

합사는 말 그대로 '한 사육공간에 여러 마리의 동물을 함께 기르는 것'을 뜻한다. 경우에 따라 합사하는 동물은 '동종의 양서류'일 수도 있고, '두 종 이상의 양서류' 혹은 '양서류와 물고기'처럼 다른 종일 경우도 있다. 합사가 가능한 종도 있고 합사를 하는 것이 더 좋은 종도 있지만, 아무래도 단독사육에 비해 문제가 될 만한 여러 가지 변수들을 가지고 있기 때문에 특히 초보자는 가급적이면 합사를 지양하는 것이 좋다. 합사는 사육종에 대한 충분한 이해가 선행돼야 한다.

합사를 지양해야 하는 이유
1. 모든 생명체는 자기만의 일정한 공간이 필요하다.
2. 각 종마다 적정한 온도와 습도 등 기본적인 사육환경이 다르다.
3. 개체가 늘어날수록 먹이나 서식장소에 대한 경쟁이 치열해져서 함께 있는 개체들이 스트레스를 받고 공격성이 증가하게 된다.
4. 개체 수가 늘어날수록 청결한 사육환경을 유지하기가 그만큼 더 어려워지며, 그로 인한 질병발생의 위험이 높아지게 된다.
5. 크기 차이가 많이 나면 큰 개체가 작은 개체를 잡아먹거나 상처를 입힐 수 있다.
6. 합사된 개체들이 서로 다른 종일 경우 활동성이나 성격의 차이가 있을 수 있다.
7. 교차감염의 우려가 있다.
8. 독성을 가지고 있어서 먹거나 공격을 받았을 때 독성분이 분비되는 종이 합사될 수도 있다.
9. 전염성 질병의 발생 시 전체적으로 감염될 위험이 있다.
10. 별도로 관리해주지 않을 경우 먹이경쟁에서 밀린 개체의 성장이 둔화될 수 있다.
11. 자발적 먹이섭취 욕구가 저하될 수 있으며, 먹이경쟁에서 밀려 영양상태가 나빠지고 성장률이 저하된다.
12. 평상시에는 합사가 가능할 정도로 온순한 종이라 할지라도 번식기 등 특정한 시기 및 상황에 따라 성격이 돌변하는 경우가 있다.
13. 스트레스로 종 본연의 체색을 잃을 수 있다.
14. 위에서 언급한 것 외에도 예상치 못한 돌발상황이 발생할 우려가 있다.

이와 같은 위험 때문에 합사는 가급적 피하는 것이 좋으며, 그럼에도 불구하고 합사를 원하는 경우에는 다음과 같은 사항에 주의하도록 한다.

합사할 경우 주의할 점
1. 동종포식 성향이 강한 올챙이는 가급적 적은 개체군으로 나눠 사육한다.
2. 개체 수를 고려해 먹이를 충분히 급여한다.
3. 크기 차이가 심하게 나는 개체는 합사해서는 안 된다.
4. 합사 후 성장하면서 크기 차이가 생기게 되면 분리 사육한다.
5. 새로 도입된 개체는 절대 바로 합사해서는 안 되며, 별도의 사육장에서 일정 기간 격리시키며 상태를 관찰해야 한다. 특히 물을 통해 질병이 옮겨올 수 있기 때문에 완전수생종의 경우 분양받아온 그대로 물과 함께 새로운 개체를 기존 수조에 쏟아넣는 행동은 절대 금해야 한다.
6. 어류와 합사하는 경우 공격성이 없고 혹시 잡아먹더라도 문제가 생기지 않도록 가시가 없는 어종이어야 하며, 양서류의 피부나 겉아가미 등에 상처를 입히는 종이어서는 안 된다.
7. 먹이경쟁에서 밀려 영양상태가 나빠지는 개체가 없는지 관심을 가지고 살펴야 한다.
8. 질병개체는 즉시 격리시킨다.
9. 합사 후 일정 기간 상태를 주의 깊게 관찰한다.
10. 합사할 경우에는 차라리 여러 마리를 투입하는 것이 카니발리즘을 줄이는 대안이 될 수 있다.

질병과 거식과의 관계

질병에 걸렸을 때 오히려 식욕이 왕성해진다면 영양이 풍부한 음식을 많이 섭취함으로써 더 빨리 증상이 호전될 수 있을 것이라는 생각이 드는데, 사실은 이와는 반대로 동물이 아플 때는 식욕이 감퇴하는 증상이 제일 먼저 나타난다. 그 이유는 무엇일까.
일단 동물에게 질병이 발생하면 신체 내에서 복잡한 염증작용이 일어나게 되고, 그 과정에서 특수한 생물활성인자(시토카인-Cytokine, 면역세포에서 분비되는 단백질의 총칭으로 면역, 감염병, 조혈기능, 조직회복, 세포의 발전 및 성장에 중요한 기능을 한다)가 분비되는데, 이것이 식욕을 억제시키는 역할을 한다. 이는 몸이 정상적이지 않은 상태에서, 섭취한 음식을 소화시키는 데 체내의 에너지를 소모하기보다는 병원균과 싸우는 데 필요한 면역계통에 우선적으로 에너지를 몰아주기 위한 생명체의 본능적인 기능이다.
생명체는 평상시 건강할 때는 전체 대사에너지 가운데 아주 적은 양만을 면역계에너지로 소모하는데, 신체에 이상이 있을 때 소식이나 절식을 하게 되면 백혈구가 활성화되고 더불어 대식작용(백혈구가 침입한 세균들을 잡아먹는 것)이 증가하면서 결론적으로 면역계 전체가 강화되는 효과가 있다(백혈구는 체내로 유입되는 각종 미생물과 이물질로부터 신체를 보호하는 파수꾼의 역할을 하는데, 거식하여 백혈구에 영양분의 공급이 제한되면 대식세포의 식균작용—食菌作用—이 활발해지면서 질병원인균을 제거해나가게 되고, 그 결과 점차 병이 호전된다). 다른 하나의 이유는 병균의 유입경로를 차단하기 위해서다. 양서류의 신체에서 외부의 물질이 유입되는 곳은 호흡기와 소화기 그리고 피부 정도다. 그 가운데 가장 큰 경로인 입을 통한 오염원의 유입량을 줄임으로써 신체 내부의 병균들에 대한 지원을 줄일 수 있는 효과가 있기 때문에 질병개체는 먹이를 거부하게 되는 것이다.
따라서 질병이 있는 개체가 먹이를 거부한다고 해서 조급하게 평소 급여하던 먹이를 강제로 급여하는 것은 극히 위험할 수 있다. '포스 피딩(force feeding, 강제급여)'은 일반적인 생각과는 달리 사육개체의 컨디션과 소화기능의 활성화 정도, 스트레스에 대한 반응 정도, 급여하는 먹이의 종류와 양, 가공방법, 급여방법 및 급여횟수와 기간, 소화를 위한 최적의 환경조건의 제공 등을 포괄적으로 고려한 후에 결정하고 시도해야 하는 고급 사육기술 중 하나다. 어느 정도 사육경험이 있는 사육자들조차도 '포스 피딩'을 무조건 입이나 위 안에 먹이를 욱여넣는 것 정도로 생각하는 경우가 있는데, 이는 즉각적으로 질병개체를 폐사에 이르게 할 수도 있는 아주 위험한 행동이므로 신중하게 결정하고 실시해야 한다는 것을 잊지 않도록 하자.

질병치료에 관한 조언

필자 역시 그동안 제법 많은 수의 양서류를 사육해봤고, 오랜 기간 사육하면서 많은 질병증상을 다루며 더 많은 시행착오를 겪은 바 있다. 그 과정에서 느낀 점들을 여기에 간략하게 적어본다.

■**침착하라** : 일례로 멕시코도롱뇽 사육장의 수질이 악화되고 수온이 올라가는 상황을 가정해보자. 질병개체의 아가미가 녹고 체색이 변하면서 거식이 시작된다. 사육자는 열심히 인터넷을 검색해서 수조의 온도를 내리고 깨끗한 물로 환수하라는 조언을 얻는다. 그리고 당장 수조의 물을 몽땅 깨끗한 수돗물로 갈아주고 대량의 얼음을 쏟아붓는다. 이 모든 과정이 1시간 내에 이뤄진 일이다. 과연 이렇게 해주면 상태는 호전될까.

기르던 개체에게서 질병증상이 발견되는 순간 사육자의 마음은 급해진다. 급한 마음에 인터넷에서 찾은 이런저런 치료방법들을 되는 대로 시도하거나 약간의 거식증상이 있다고 무조건 강제급여를 시도하는 경우가 있는데, 침착하게 대응해야 한다. 이제까지 안정적으로 영양공급을 해왔다면 한동안 굶어도 괜찮다. 급성중독증상이 아닌 한 양서류는 생각처럼 쉽게 폐사하지 않는다. 위험한 고비를 넘겼다면 시간적 여유는 있을 것이고, 만약 그 고비를 넘기지 못했다면 이미 더 이상 고민할 필요가 없는 상태일 것이다.

위에 언급한 사례의 경우 질병증상이 미약했다면 사육자가 시행한 응급처치로 병이 나을 수도 있다. 수돗물의 염소를 버티고 급격한 pH와 수온의 변화, 암모니아 쇼크를 견뎌낼 정도의 힘이 남아 있었다면 말이다. 그러나 운이 좋았을 뿐이다. 염소중독 혹은 온도나 pH 쇼크로 바로 폐사에 이를 수도 있고, 오히려 질병이 더욱 악화될 수도 있다. 실제로는 그럴 가능성이 더 크다. 질병 자체보다 오히려 질병의 치료과정에서 개체를 급사시키거나 증상을 악화시키는 경우가 상당히 빈번하게 발생한다.

사례의 경우 치료를 위해서는 발현된 증상의 원인이 수온과 수질로 인한 것인지에 대한 확신을 내리는 것이 우선이다. 다음으로 수조 내에 에어레이션을 시행하고, 염소를 제거한 물로 수조의 수온과 pH를 조절해 환수해주며, 수조의 온도를 적정사육온도까지 서서히 내려줘야 한다. 치료도 천천히 회복도 천천히, 시간을 두고 대응하는 것이 중요하다는 점을 명심하도록 하자.

격리(隔離)

개체를 격리해야 하는 두 가지 상황은 첫째, 새로 입양한 개체가 있을 경우 기존의 개체들과 합사하기 전에 별도의 공간에서 상처나 질병, 건강상태를 확인하기 위한 격리관찰을 실시하는 것이 좋다. 그 기간은 최소 보름 이상, 질병증상이 관찰되면 길게는 2~3달까지 적응상태와 회복상태를 살펴본 후 별다른 이상이 없다고 판단될 때 합사한다. 둘째, 질병증세가 나타나면 즉시 다른 개체로부터 격리한다. 특히 그것이 전염성 질병이라고 판단될 때는 발견 즉시 격리해야 한다. 개인적으로 소수를 사육하는 경우에도 위험하지만 개체 수 복원을 위해 대량으로 인공증양식을 하는 경우라면 이러한 초동조치가 더욱 중요해진다. 질병증상이 있는 개체가 다른 개체들과 합사를 했던 개체라면 같은 사육장에 있던 모든 개체를 따로 격리하는 것이 좋다. 질병의 치료 역시 개체마다 차이를 보이므로 격리해 실시하는 것이 좋다. 개체 간 질병증상에 경중의 차이가 있을 경우 각각 다른 사육장에 격리해 관리하는 것이 좋다. 이처럼 질병개체를 격리하는 이유는 질병치료에 사용되는 약품들이 사육장이나 수조 내의 유익한 박테리아를 파괴시킬 수 있기 때문이다. 약품은 해로운 박테리아를 구제하는 것을 목표로 하기는 하지만, 해로운 박테리아만 선별적으로 제거하는 것은 아니다. 또한, 합사 사육장에서 질병에 걸린 한 마리를 치료한다고 했을 때 다른 건강한 개체들이 사용약품에 대한 스트레스를 받을 수 있기 때문에 아픈 개체는 별도로 관리하는 것이 좋다. 하지만 같은 사육장 내에서 여러 개체가 아프다면 사육장 전체를 대상으로 치료하는 것이 더 효율적일 수도 있다. 개체를 격리해 관리하는 경우에는 사육관리용품도 구분해서 사용하는 것이 좋다.

■**믿어라** : 모든 치료는 질병개체가 스스로 병을 이겨내도록 돕는 정도에 그치는 것이 좋다. 사육자는 질병개체의 저항력을 길러주는 데 도움을 줄 뿐 질병과 싸우는 것은 결국 아픈 동물 자신이기 때문이다. 평소에 관심 어린 사양관리를 해왔다면 어느 정도는 그동안 자신의 애완동물에게 쏟은 애정과 애완동물이 길러온 체력 그리고 자연치유력을 믿어보도록 하자.

■**격리하라** : 질병의 전염 여부에 상관없이 증상이 나타난 개체는 별도의 공간에서 관리하는 것이 빠른 회복에 도움이 된다. 또한, 질병개체에게 시행하는 치료가 다른 건강한 개체에게 영향을 줄 수도 있다. 이처럼 격리해 관리할 경우 온습도에서부터 pH 등 격리수조의 환경조건이 기존 사육장의 조건과 크게 차이가 나서는 안 된다.

■**점검하라** : 사육환경을 다시 점검하도록 한다. 사육 중인 개체가 아프게 된 데는 분명히 무엇인가 원인이 있을 것이다. 특히 수온, 습도가 알맞은 수준으로 유지되고 있는지를 확인하고 사육장의 청결관리가 잘 됐는지, 새로운 개체를 바로 합사하지는 않았는지, 화학적인 오염과 접촉은 없었는지 등을 확인한다. 먼저 증상이 관찰됐을 때의 사육장을 사진으로 찍어 남기고, 그동안 있었던 사육관리의 변동사항을 찬찬히 기록해보는

것도 좋다. 증상이 심해져서 수의사의 도움을 받아야 할 때 이 자세한 기록이 올바른 진단을 내리고 치료방법을 정하는 데 도움이 될 수 있다.

■ **늘려라(관심, 폭기, 환기)** : 아픈 개체는 당연히 정상개체보다 더 많은 관심을 필요로 한다. 치료수조의 산소공급을 늘리고 오염된 가스를 제거한다. 특히 완전수생종의 경우 치료과정에서 산소의 공급을 늘려주는 것이 회복에 상당한 도움을 줄 수 있다.

■ **줄여라(손길, 빛, 진동)** : 치료과정에서 핸들링을 전혀 안 할 수는 없겠지만, 걱정이 된다고 해서 질병개체를 너무 자주 건드리는 것은 오히려 질병증상을 더욱 악화시킬 수 있으므로 가능한 한 핸들링을 줄이도록 하는 것이 좋다. 빛과 진동을 줄여주는 것 역시 스트레스 완화에 많은 도움이 된다.

타이거 샐러맨더를 이처럼 반수생환경에서 사육할 경우 피부병을 유발할 수 있다.

■ **정확하게 파악하고 전달하라** : 이상증상이나 질병으로 인해 동물병원을 찾아갈 경우는 최대한 수의사에게 정확하고 다양한 정보를 제공해줄 수 있어야 한다. 사육장의 온도변화에서부터 위생, 관리 현황, 수질, 물갈이 빈도, 질병증상이 관찰됐을 당시의 사육환경변화 등을 수의사에게 정확히 설명할 수 있도록 준비한다. 가능하다면 사육장 사진이나 동영상 등을 챙겨가는 것이 좋다. 수의사가 사육환경을 정확하게 판단하는 데 도움을 줄 수 있도록 사육장 자체를 동물병원으로 옮기는 것도 괜찮은 방법이다.

양서류의 질병과 치료

애완양서류에게 발생하는 질병은 선천적이거나 노화로 인한 자연스러운 것을 제외하고, 과다하거나 결핍된 혹은 불균형적이거나 부적절한 영양공급으로 인한 '대사성/영양성 질환', 오염된 먹이와 안정되지 않은 사육환경으로부터 유발되는 '감염성 질환', 이동이나 합사 중에 발생하는 '환경, 행동 창상성 상해'로 나눠볼 수 있다. 편의상 범주를 이렇게 나누기는 하지만, 대부분의 질병은 환경과 병원체의 복합적인 감염에 의해 발생하는 것이 일반적이다.

대사성/영양성 질병

비정상적인 대사과정으로 인해 발생하는 여러 가지 질병들을 말한다. 효소의 비정상과 같은 선천적인 원인도 없지는 않지만, 대체로 사육 중에 나타나는 후천적인 내분비기관의 이상 혹은 기능의 약화 및 상실로 인해 발생하는 경우가 많다. 대사성 질환은 사육자의 지식과 노력에 의해 예방할 수 있는 가능성이 높은 질환으로, 일단 발병하면 치료가 어렵기 때문에 예방에 최선의 노력을 기울일 필요가 있다.

■**대사성 골질환**(MBD, metabolic bone disease) : 골형성장애(Fibrous osteodystrophy), 골연화증(Osteomalacia), 구루병(Rickets)이라는 용어도 같은 질환을 의미한다. 일반적으로 칼슘과 비타민D를 제대로 섭취하지 못해 생기는 질병이지만, 신장질환이나 부갑상샘종양과 같은 질병으로 인해 칼슘의 이동통로가 막히거나 흡수가 중단돼 나타나기도 한다.

증상 대사성 골질환이 발생하면 골밀도가 감소하며, 이로 인해 척추나 사지 및 꼬리의 골격이 휘거나 아래턱이 변형되는 연화턱(rubber jaw) 현상이 나타나는 경우가 많다. 약해진 뼈를 근육으로 지탱해야 하기 때문에 관절이나 근육이 부풀어 오르는 증상도 병행된다. 증상이 더 진행되면 움직임이 어렵게 되고, 혈액 안에 칼슘이 부족해지면서 경련이 일어나기도 한다. 대사장애인 고창증(鼓脹症, Bloat, 소화과정에서 발생된 가스로 인해 복부가 부풀어 오르는 증상)이 나타나는 경우도 있다.

증상이 진행되면서 뼈와 근육이 약해지기 때문에 평소 같으면 아무렇지도 않을 정도의 점프 및 추락에도 다리 또는 척추가 균열되거나 골절을 일으킬 수 있다. 따라서 특히 진료를 위해 핸들링을 할 때 절대로 떨어뜨리는 일이 있어서는 안 된다. 골절과 기타 골격의 변형은 외관상으로도 확인이 가능하나 X-ray에 의해 진단되며, 확진을 위해서는 혈액검사를 통한 칼슘과 인, 비타민D 레벨의 확인이 필요하다.

MBD증상을 보이는 골든 포이즌 다트 프로그(Golden poison dart frog)

원인 위장관, 신장, 간과 같은 장기의 선천적(유전적인 요인으로 인한) 이상으로 비타민D나 인의 흡수가 이뤄지지 않아서 발생하는 경우가 있지만, 사육 하에서는 보통 불균형적인 영양공급(비타민D3와 칼슘, 인 결핍), 일광욕 부족, 과다한 먹이급여로 인한 급성장, 영양장애 등이 원인으로 작용해 발병한다. 양서류 사육에서는 한 가지 먹이, 특히 귀뚜라미만 지속적으로 급여하는 경우에 잘 발생한다는 보고가 있다. 섭취한 먹이에서 충분한 칼슘을 얻지 못하면 체내의 혈액에 포함된 칼슘이 줄어들게 되는데, 부족한 칼슘을 뼈에서 뽑아 쓰게 되면서 뼈가 약해지고 변형되는 증상이 나타난다.

예방 MBD는 불치병은 아니지만 발병했을 경우 증상의 진행으로 인해 변형된 신체를 정상적인 상태로 완벽하게 회복시키는 것은 어렵다. 더구나 중증인 경우에는 후유증이 더욱 심해지는데, 한번 휘어버린 골격을 다시 원래대로 되돌리는 것은 사실상 불가능하기 때문이다. 따라서 평소 먹이급여 시에 가끔 웜이나 귀뚜라미에 영양제를 더스팅(dusting)해서 공급하는 방식으로 미리 예방하는 것이 좋다.

MBD를 이해하기 위해서는 먼저 칼슘과 인이 동물 체내에서 어떠한 역할을 하는지에 대해 알아야 할 필요가 있다. 이 두 미네랄은 뼈의 성장과 개체의 발달에 아주 중요한 역할을 하기 때문이다. 특히 비타민D는 칼슘의 흡수와 대사를 조절하는 역할을 하기 때문에 비타민D의 부족은 양서류의 뼈와 연골에 문제를 일으키게 된다. 일반적으로 칼슘과 인의 비율은 2:1이 돼야 이상적이며, 균형적인 식단이 MBD를 예방하는 출발점이 된다.

MBD는 골격에 나타나는 증상이 확연하기는 하지만, 단순히 골격에 한정되지는 않고 내부장기에도 영향을 미친다. 따라서 육안으로 확인 가능한 증상은 빙산의 일각일 수 있다. 다행스럽게도 육식동물은 먹이동물의 뼈와 내부장기 등으로부터 칼슘과 인을 공급받기 때문에 대부분이 육식성인 양서류에게서 MBD는 흔히 관찰되는 증상은 아니다. 그렇다고 염려하지 않아도 되는 것은 아니다. 팩맨과 같은 특정 종에서는 쉽게 나타나는 질환으로 해당 종을 사육하는 사육자는 영양공급에 더욱 신경을 쓸 필요가 있다.

먹이를 균형 있게 공급한다 하더라도 여러 마리를 합사하고 있다면 먹이경쟁에서 밀린 개체가 적절한 영양을 섭취하지 못함으로써 발생하는 경우도 있다. 따라서 사육자는 먹이급여 시에 반드시 시간적 여유를 갖고 모든 개체가 충분한 먹이를 섭취하는지 관찰할 필요가 있다. 또한, 증상이 진행되면서 턱과 관절이 약해짐에 따라 당연히 사냥이나 먹이활동도 어렵게 되기 때문에 영양공급에도 별도의 관심을 기울여야 한다.

> **비타민D 과잉증**
>
> 연조직(장기조직 등)에 칼슘이 비정상적으로 축적돼 결석이나 대사장애 등 기능장애를 유발하는 증상을 말한다. 사육 시 칼슘이나 비타민D의 과다급여 역시 부족과 마찬가지로 여러 가지 부작용을 유발한다. 지나치게 잦은 급여는 피하는 것이 좋고 특히 물고기, 핑키 등과 같이 뼈까지 통째로 먹는 경우에는 먹이를 통해 충분한 칼슘이 공급되므로 별도의 추가적인 칼슘급여는 제한하는 것이 좋다.
> 먹이곤충은 보통 인 성분은 높지만 칼슘 성분이 부족하기 때문에 인이 함유되지 않은 칼슘보충제를 사용한다. 보충제는 비타민D3를 포함하는 것이 좋은데, 이 성분은 양서류가 칼슘을 잘 흡수할 수 있도록 한다. 어린 개체는 성체보다 더 자주, 칼슘이 보충된 먹이를 급여해야 한다.

치료 MBD의 원인이 식단 때문이라면, '식단을 바로잡는 것'이 치료를 위해 첫 번째 해야 할 일이다. 충분하고도 균형적인 영양공급과 함께 '자연광이나 풀스펙트럼 조명'을 통해 적절하게 비타민D를 합성할 수 있도록 해주면서 추가적으로 '칼슘을 급여'하는 것이 어느 정도 효과를 볼 수 있다. 현재는 국내에서도 다양한 양서파충류용 영양제들을 비교적 쉽게 구할 수 있기 때문에 사육개체의 MBD는 예방하는 것이 그다지 어렵지 않다.

일주일에 1~2회 정도 시판되는 칼슘제를 먹이에 더스팅해 급여하면 된다. 보통은 분말 타입이지만 최근에는 액상제품도 판매되고 있다. 어린 개체나 번식을 앞두고 있는 개체는 급여량을 조금 더 늘려주는 것이 좋은데, 과다하게 급여할 경우 치명적인 신장질환이 발생할 우려가 있다. 따라서 사육개체에게 MBD 증상이 나타나는 것은 거의 대부분 사육자의 책임인 경우가 많다. MBD가 진행되면 턱관절이 약해져 먹이를 잡을 수 없게 되므로 주사기를 이용해 구강에 투여하는 방법을 사용해야 할 수도 있다. 예방의 차원을 넘어섰다고 판단될 경우에는 수의사에게 보이고 칼슘제를 처방받아야 한다.

■**소화기폐색**(intestinal obstruction) : 먹이나 바닥재를 제대로 배설하지 못해 문제가 생기는 질병이다. 사육 하에서 굉장히 빈번하게 보고되는 질병이고, 외과적 처치가 쉽지 않으므로 예방에 최선을 다해야 할 필요가 있다.

증상 배가 장기간 꺼지지 않고 먹이활동을 거부하는 경우 이 질병을 의심해볼 수 있는데, 부분적 마비로 뒷다리의 움직임이 어색하다거나 척추 근처의 등이 부풀어 오르기도 한다. 양서류의 피부는 상당히 얇기 때문에 촉진으로도 충분히 감지할 수 있지만, 필요한 경우 동물병원에서 X-ray 촬영을 통해 정확한 진단이 가능하다. 어린 개체나 알비노 개체의 경우는 투명한 통에 넣고 하단에서 강한 빛을 조사하면 뱃속의 내용물이 확인되기도 한다.

완전수생종은 바닥재를 삼켜 문제가 될 가능성이 높다.

원인 사육자들은 보통 장폐색이나 '임팩션(impection)'이라고 부르는데, 바닥재로 깔아준 모래나 물이끼, 자갈처럼 정상적으로 소화되지 않는 이물질을 섭취함으로써 위나 장 등의 소화기관이 막히고 정상적인 배변활동이 어려워지는 증상을 의미한다. 바닥재 외에 드물게 웜 종류를 과식시키거나 털이 난 마우스를 과다하게 급여할 경우 소화되지 않는 털이 위나 장 안에 정체됨으로써 발병하기도 한다. 바닥재가 일반적인 모래 정도의 크기일 경우 양이 많지만 않다면 배설이 되는 편이지만, 너무 많은 양을 먹었거나 운동량부족으로 장의 운동성이 떨어졌을 때, 사육장 온도가 낮아 정상적인 소화활동이 이뤄지지 않을 경우에는 문제가 될 수 있다.

예방 사육 중에 장폐색이 원인으로 작용해 폐사에 이르는 경우가 많기 때문에 이를 우려해 바닥재를 아예 사용하지 않거나 삼키기 어려운 키친타월 등을 이용하는 사육자도 있다. 자연상태와 같이 조성한 테라리움 스타일로 사육하는 경우라면 사육 하에서도 심심치 않게 발생하는 증상 가운데 하나다. 사육 초기에 바닥재의 선택을 신중히 하고 먹이급여 시 주의를 하는 것만으로도 어느 정도 예방이 가능한 질병이기도 하다.
개구리 중에는 팩맨 프로그나 버젯 프로그, 픽시 프로그와 같이 먹이반응이 격렬한 종에게서 특히 많이 관찰된다. 원인이 대부분 바닥재로 인한 것이기 때문에 먹이반응이 격렬하더라도 화이트 트리 프로그처럼 나무 위에서 먹이활동을 주로 하는 종에게서는 증상이 발견되는 경우가 드물다. 완전수생종인 경우에는 침강성(沈降性) 먹이보다는 부상성(浮上性) 먹이를 급여하거나 먹이급여 시 수면에서 삼키도록 유도하면 바닥재를 삼키는 것을 방지할 수 있다.

일단 발병하면 치료가 상당히 어렵고, 증상이 극심한 경우 외과적 처치로 해결해야 할 수도 있기 때문에 미리 사육환경을 정리해 예방하는 것이 최선이다. 임팩션이 확인되면 가장 먼저 사육환경을 확인해보는 것이 중요하다. 임팩션은 무엇보다 적당하지 않은 크기의 바닥재가 깔린 사육장에서 먹이를 먹을 때 바닥재를 먹이와 함께 삼킴으로써 발병하는 경우가 많다. 따라서 사육을 시작할 때 바닥재를 에코어스나 기타 입자가 작은 소재로 깔아준다거나 삼킬 수 있을 정도 크기의 작은 물건은 사육장 내에서 완전히 제거해주는 정도로도 발병률을 상당히 감소시킬 수 있다.

조금 번거롭더라도 먹이급여 시에 삼킬 만한 바닥재가 없는 별도의 공간에서 급여하는 것도 상당히 도움이 된다. 양서류도 생물인지라 먹이와 함께 삼킨 바닥재가 딱딱하면 다시 토해내는 경우가 많다. 그러나 물이끼처럼 길이가 길고 부드러운 바닥재는 토하지 못하고 그냥 삼켜서 문제가 되는 경우가 생긴다. 이 경우 바닥재인 물이끼를 잘게 잘라서 사용하는 것도 임팩션을 예방하는 방법이 될 수 있다.

치료 앞서 언급했다시피 임팩션은 식탐이 강한 종에게서 많이 나타나는 증상이라 개체 가운데는 심각한 상태에 이르러서도 먹이반응을 유지하는 경우도 있다. 임팩션 증상을 보일 때 먹이를 급여하면 치명적인 결과를 초래할 가능성이 높아지므로 증상이 확인되는 순간부터 문제가 해결될 때까지 절대 먹이를 급여해서는 안 된다.

임팩션을 방지하기 위해서는 사육 중인 개체를 주기적으로 들어 올려 배 부분을 촉진해보고 먹이급여주기를 고려해 정상적으로 먹이가 소화되고 있는지, 혹 단단한 이물질이 만져지지는 않는지 확인하는 것이 좋다. 초기라면 소화촉진제를 투여하거나 개체의 활동량을 늘려 자연스럽게 변으로 나오기를 기다리거나 복부마사지를 통해 배출을 유도할 수도 있지만, 증상이 심하면 마취한 후 도구를 입으로 넣어 꺼내야 할 수도 있으며 외과적 처치가 필요할 수도 있다.

■**탈장**(prolapsed), **탈항**(sutured wound) : 황소개구리나 팩맨처럼 정주성의 대형종일 경우에 발생빈도가 높은 질병이다. 이런 종의 경우 체중조절과 운동량증가를 위한 여러 가지 조치를 취해주는 것이 좋다. 사육 중에 이뤄지는 불균형적인 영양공급, 혹은 비만이나 운동부족 등이 원인이 돼 발생하는 경우가 많다.

증상 일반적으로 다른 동물에게 있어서 탈장은 대장의 말단부인 직장이 거꾸로 뒤집혀 바깥으로 노출되는 증상을 의미하지만, 양서류의 경우 생식, 배설, 비뇨기가 분리돼 있지 않은 총배설강(總排泄)을 가지고 있기 때문에 그 부위의 명칭을 정확히 정의하기는 어렵다. 양서류에 있어서는 총배설강의 안쪽, 방광, 소장의 일부나 암컷의 경우 생식기의 일부와 같은 내부장기

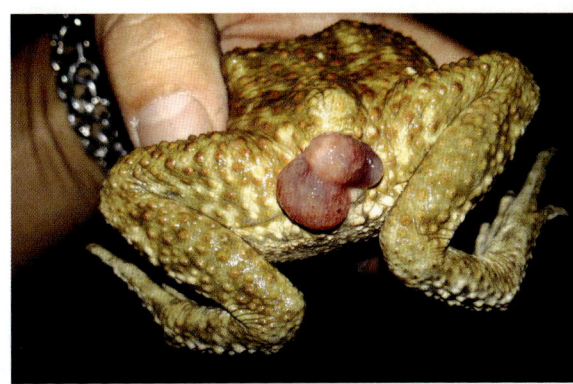

탈장 증상을 보이는 두꺼비

가 다양한 원인으로 인해 제자리를 벗어나 배설강으로부터 돌출되는 증상을 말한다. 발병하면 배설강에 붉은색이나 갈색의 돌출된 장이 매달려 있는 것을 확인할 수 있다.

원인 탈장의 원인은 정확하게 알려져 있지 않으나 스트레스 혹은 기생충이 그 원인인 것으로 추측하고 있다. 선천적인 원인도 있지만 추락, 비만, 중독, 배변곤란이나 산란으로 인한 복압상승, 지나친 과식으로 인한 위의 과부하(gastric overload) 등 후천적인 원인으로 발생하는 경우가 많다. 특히 사육 하에서는 체형이 비대한 종이나 운동량이 부족한 개체에게서 주로 발견된다.

예방 여러 가지 다른 질환을 유발할 수 있는 비만은 탈장의 위험을 높이기 때문에 영양 관리를 적절하게 해줄 필요가 있다. 양서류 사육에 있어서 탈장은 팩맨처럼 통통하고 움직임이 적은 종에게서 많이 나타난다.

치료 즉각적으로 생존을 위협할 정도로 심각한 질병은 아니지만, 방치하면 폐사에 이르기도 한다. 따라서 최대한 빠른 시간 내에 다시 체내로 들어가도록 조치를 취하는 것이 좋다. 일반적으로 살덩이처럼 보이지만 간혹 물주머니처럼 보이는 경우도 있는데, 그렇다고 절대 터뜨려서는 안 된다. 탈장이 일어나면 우선 그 부분이 건조해지지 않도록 습도를 유지해주는 것이 가장 중요하다. 수생종이라면 바닥재나 구조물이 없는 청

활동적이고 마른 체형의 종은 탈장의 위험이 상대적으로 낮다.

결한 수조로 옮겨 관리하며, 수상종이라면 깨끗한 물을 수시로 분무하거나 사육장 내에 깨끗한 물이 담겨 있는 큰 물그릇을 비치해줘야 한다. 탈장된 곳이 말라버리게 되면 외과적 처치로 그 부분을 제거해야 하기 때문이다. 이렇게 습기를 유지한 상태에서 최대한 신속하게 돌출된 장을 몸속으로 밀어 넣는다. 가벼운 증상이라면 움직이면서 저절로 들어가기도 하는데, 필요할 경우 돌출된 부분을 설탕물에 적신 면봉 등으로 부드럽게 마사지해줌으로써 붓기를 줄여 들어가도록 유도하기도 한다. 이 과정에서 과도하게 힘을 줘 돌출된 부분을 강제로 밀어서 집어넣는 행동은 하지 않는 것이 좋다.

간혹 제자리에서 탈장된 부분이 저절로 수납되기도 하지만, 한번 발생한 탈장증상은 재발되는 경우가 많으므로 증상이 빈번하다면 외과적 처치를 받아 재발을 방지하는 것이 가장 좋은 방법이다. 탈장 부위가 덧나거나 지속적으로 재발되면, 외부로 튀어나온 부위가 마르지 않도록 물에 적신 탈지면이나 거즈로 덮어 동물병원으로 이동하고 수의사의 도움을 받도록 한다.

■**지방성 각막병증**(lipid keratopathy) : 각막에 지질이 침착되는 증상으로 보통은 양쪽에 발생한다. 다행스럽게도 증상의 발현과정에서 통증은 거의 없고, 이 증상으로 인해 완전히 시력을 상실하는 경우는 드물다고 알려져 있다.

증상 양서류는 생활의 상당 부분을 시력에 의지하기 때문에 눈에 문제가 생길 경우 생존에 심각한 위협을 받게 된다. 눈과 관련한 질환이 발병되면 눈이 심하게 부어 오르거나 뿌옇게 변한다.

원인 양서류의 경우 대부분 눈이 두부의 다른 부위보다 확연하게 돌출돼 있고, 또 일부 종은 그 크기도 상당히 크기 때문에 눈 부분에 문제가 생길 소지가 많다. 언제든지 쉽게 다칠 수 있는 부위이며, 그로 인한 감염이나 각막장애 등이 유발될 수 있다. 사육 하에서 가장 많이 보고되는 질병은 콜레스테롤 침착으로 인해 발생하는 지방성 각막병증(lipid keratopathy)이다. 과도한 지방대사가 원인으로, 높은 농도의 유지방을 먹고 자란 새끼쥐를 먹이로 장기간 급여했을 경우에 관찰된다.

예방 세균에 의한 증상이라면 사육장을 청결히 관리하는 것으로 예방할 수 있다. 영양의 불균형이나 부족으로 인한 문제라면 양질의 먹이를 충분히 급여하고 고른 영양공급을 함으로써 예방할 수 있으며, 활동으로 인한 시력장애는 사육장 내에 위험한 구조물을 제거하고 스트레스 요인을 줄여 갑작스러운 행동을 줄여줌으로써 예방이 가능하다.

치료 우선 소독을 위해서는 0.85% 식염수를 이용해 하루에 두 번씩 30분간 2주 정도 약욕을 시킨다. 감염된 눈은 증류수나 3% 붕산액으로 깨끗이 닦은 다음 눈꺼풀을 벌리고 용액이 흘러들어가게 해준다. 이렇게 세정제로 눈을 소독한 뒤 항생제를 발라주면 효과가 있다. 젤 타입 항생제의 경우 질병개체가 앞다리를 이용해 닦아낼 수 있으므로 액체상태의 안약을 스포이트에 넣어 눈에 떨어뜨려주는 것이 좋다.
급성인 경우에는 비타민A를 많이 포함한 먹이(지렁이 등의 생먹이, 닭의 간, 물고기 내장 등)를 급여하면 회복되기도 하며, 시판되는 파충류용 비타민제를 직접적으로 급여하기도 한다. 단 비타민제의 경우 과다한 급여는 피하는 것이 좋다. 전문적 처치법으로는 비타민A 결핍의 경우 사료에 비타민A를 투여하고, 세균감염에 의한 안검염의 경우에는 젠타마이신(Gentamycin, 아미노배당체계 항생제 아미노글리코사이드-aminoglycoside-의 일종)을 10mg/kg(체중 당) 정도 앞발에 주사하며, 영양제(비타민복합제) 주사도 병행한다.

■**혈변(hemafacia)** : 피가 섞인 변을 배설하는 경우는 심각한 건강상의 이상이 있는 것이다. 패혈증, 아메바증 또는 장내 침입체에 따른 장 손상 등 혈변의 원인이 되는 것은 전부 가벼운 응급처치로는 증상을 완화시키는 것조차 힘든 위험한 질병들이다. 이 경우는 신속하게 동물병원으로 이송해 전문적인 치료를 받게 하는 것이 최선이다.

■**비만** : 양서류는 생리적으로 지방의 축적이 어렵기는 하지만, 애완으로 사육되는 양서류에 있어서는 비만증상을 보이는 경우가 상당히 많다. 먹이의 급여횟수와 급여량은 많은(사육자가 사육개체의 먹는 모습을 자주 보고 싶어 하기 때문) 데 비해 상대적으로 좁은 사육장에서 기르는 탓에 운동량은 적기 때문에 일어나는 자연스러운 현상이다. 비만인 개체는 전체적으로 체형이 둥글둥글해지고 눈 위, 턱 아래로 살이 처져 있는 모습이 관찰된다. 사람과 마찬가지로 양서류에 있어서도 과도한 지방의 축적은 심각한 건강상의 문제를 야기할 수 있으므로 절식과 주기적 금식으로 적정체형을 유지시켜주는 것이 좋다.

감염성 질병(곰팡이, 세균, 바이러스, 기생충)

양서류는 기본적으로 감염성 질병에 노출된 환경에서 서식하고 있지만, 고유의 면역시스템에 의해 그 균형이 잘 유지되고 있다. 그러나 이 말은 반대로 이야기하면 면역력이 저하돼 그 균형이 깨지는 순간 언제든 질환이 생길 수 있다는 의미이기도 하다.

양서류의 질병 가운데 이와 같은 감염성 질환이 상당 부분을 차지하는데, 개개의 질병으로 인해 나타나는 증상은 상당히 유사하고 전문적인 지식과 설비가 뒷받침되지 않은 이상 사육자가 개별 질병을 정확하게 확진하기가 사실상 거의 불가능하다. 또한, 확진이 됐다고 하더라도 수의사의 도움을 받지 않고 자체적으로 치료하는 것은 용이하지가 않다. 따라서 여기서는 각 감염성 질병에 대해서 간단히 알아보고, 사육개체에게서 감염성 질병이 의심될 때는 최대한 빨리 수의사의 도움을 받도록 하자.

■**곰팡이성 질환(fungal infection)** : 청결하지 않은 사육장환경에서 사육개체에게 상처가 났거나 스트레스로 면역력이 저하될 때 진균류에 감염돼 발생하는데, 양서류에 있어서 이처럼 국소적이거나 전신적인 곰팡이성 감염은 아주 흔하게 관찰된다.

피부괴사와 함께 피부표면에 회백색의 균사체를 형성하는 물곰팡이증(Saprolegnia), 피부 표면에 육아종성의 작고 하얀 결절이 나타나는 털진균증(Phycomycosis), 색소진균증(Chromomycosis)의 세 가지가 양서류에게서 발견되는 대표적인 곰팡이원인균으로 알려져 있다. 건강한 개체에게 발생하는 경우는 드물며, 초기증상이 있더라도 체력

곰팡이감염 증상을 보이는 개체

이 회복되면 곰팡이도 자연스럽게 사라지는 경우가 많다. 보통은 사체나 약해진 개체에서 활발하게 증식하기 때문에 사육장 내의 폐사체는 즉시 제거해야 하며, 약해진 개체 역시 미리 격리하는 것이 좋다. 곰팡이감염은 그 자체도 문제지만 다른 유해한 박테리아와 바이러스의 감염을 더 용이하게 하기 때문에 절대 가볍게 취급돼서는 안 된다.
대표적인 증상으로 체표에 얼룩이나 솜 모양의 물질이 붙어 있는 것을 관찰할 수 있다. 피부의 변색이나 혼탁, 궤양, 눈의 변색도 곰팡이성 질환의 증상에 속하지만, 보다 정확한 진단을 위해서는 피부생검이나 곰팡이균사 혹은 포자의 동정을 필요로 한다. 곰팡이성 질환의 경우에는 외부에 감염된 진균보다는 내부장기에 감염된 진균의 진단이 더욱 어렵다. 내부장기에 감염된 진균의 포자나 균사는 주로 배설물에서 발견된다.
일부 치명적인 곰팡이균이 없는 것은 아니지만, 그나마 다행스러운 점은 상당수의 곰팡이성 질환이 약물을 이용해 어느 정도 효과적인 치료를 기대할 수 있다는 사실이다. 치료 이후에도 언제든지 재발할 수 있지만, 적절한 치료와 철저한 위생관리가 이뤄진다면 다른 질병보다는 비교적 통제가 용이하다. 일반적인 진균치료법은 말라카이트 그린(malachite green, 트라이페닐메테인계 염기성 염료로 살균제로 쓰인다) 또는 머큐로크롬 2% 희석액에 5분 정도 약욕을 시키거나 8-히드록시퀴놀린(8-Hydroxyquinoline, 옥신-oxine)을 증상이 호전될 때까지 증상 부위에만 발라주는 방법이 있다. 진균의 종류는 다양하므로 확진을 위해서는 수의사의 도움을 받는 것이 좋다.

항아리곰팡이병(Chytridiomycosis) 과학자들에 의해 '양서류의 에볼라(Ebola)', '척추동물 종에 있어 최악의 전염병' 혹은 '질병으로 인한 사상 최악의 척추동물 다양성 상실' 등의 평가를 받고 있는 것을 볼 때, 항아리곰팡이병이 양서류라는 분류군에 미치는 영향이 얼마나 심각한지 미루어 짐작할 수 있다. 또한, 2008년 5월에 세계동물보건기구(국제수역사무국; OIE)는 항아리곰팡이병을 '회원국들이 의무적으로 신고해야 할 심각한 질병'으로 지정한 바 있다는 사실로 이 질병의 위험성에 대한 설명을 대신하도록 하겠다.

북아메리카 서부지역, 중미, 남아메리카, 오스트레일리아 동부지역에서 급속히 확산돼 양서류의 개체군에 치명적인 감소 또는 멸종을 초래하고 있으며, 1993년 오스트레일리아에서 처음 발견된 이래 파나마에서 단 4년 만에 현지의 금개구리를 절멸에 이르게 했을 정도로 양서류에게는 치명적인 질병이다. 이미 코스타리카황금두꺼비(Costa Rican golden toad)와 오스트레일리아위부화개구리(Australian gastric brooding frog)를 멸종시켰고, 과학자들은 다른 100여 종의 멸종에도 영향을 미쳤을 것으로 추정하고 있다. 더욱 걱정스러운 것은 더 많은 종이 멸종할 위기에 처해 있다는 사실이다.

현재 전 세계적으로 가장 문제가 되고 있는 양서류 질병으로, 애완동물시장의 급격한 성장으로 인해 국가 간에 양서류를 교역하면서 특정 지역에 서식하던 양서류가 전 세계로 퍼져 나가 함께 확산되고 있는 것으로 보인다. 아직 국내에서는 이 질병으로 인한 토종양서류의 대량폐사 사례는 보고되지 않았지만, 애완용 개체에서뿐만 아니라 야생 개체에서도 발병개체가 발견된 사례가 있다. 1960년대 임신진단법의 한 방법으로 아프리카발톱개구리가 사용되면서, 이후 방치된 종이 자연에 방사됨으로써 항아리곰팡이병의 확산이 촉진됐다는 연구결과가 보고돼 있다.

최근 캘리포니아 주 시에라네바다산맥에 서식하는 노란발개구리(Yellow-leg frog)로부터 추출된 잔티노박테리움 리비디움(Janthinobacterium lividium)이라는 박테리아가 항아리곰팡이를 제거한다는 사실을 발견했고, 미국 오리건스테이트대학의 과학자들이 동물성 플랑크톤인 다프니아 마그나(Daphnia magna, 물벼룩)가 병원균인 항아리균을 잡아먹는다는 사실을 확인해 치료와 확산에 희망이 생기게 됐다.

곰팡이균이 신체표면에 기생하면서 피부의 가장 바깥층에 있는 케라틴질을 먹고 살기 때문에 번식과정에서 점차 피부호흡을 곤란하게 만들어 폐사에 이르게 한다. 감염이 확산됨에 따라 케라틴질이 상실되면서 피부가 두꺼워지고 창백해지는 현상이 관찰된다. 처음에는 무기력, 거식과 같은 가벼운 증상으로 시작해서 체색의 변화, 이상행동, 자세

이상 등의 증상을 보이다가 발병 2~5주 후에 폐사한다. 피부가 벗겨지는 것도 흔한 증상 가운데 하나다. 항아리곰팡이병은 양서류 호상균(Amphibian chytrid fungus)의 일종인 와호균(蛙壺菌, Batrachochytrium dendrobatidis)이 발병의 원인이 되는 질병으로 오염된 물에 의해 감염이 이뤄지며, 치사율이 90%에 이르는 극히 심각한 감염성을 가지고 있다. 항아리곰팡이균의 원인균은 숙주가 없는 환경에서도 생존율이 높다고 알려져 있다.

전 세계적으로 발생하는 양서류 대량폐사의 많은 경우가 이 항아리곰팡이병과 관련이 있다고 알려져 있으므로 양서류 사육자는 조금 특별한 책임감을 가질 필요가 있다. 사육하고자 하는 개체를 분양받을 때부터 선별에 유의하고, 입양 후에도 당분간은 건강상태에 세심하게 관심을 기울이고 관찰해야 한다. 만약 사육 중인 개체의 증상이 항아리곰팡이병이라고 판단될 경우에는 감염개체를 야외에 방사하지 말아야 한다.

사체는 그냥 버리거나 묻지 말고 반드시 소각 처리하며, 사용한 바닥재와 사육자재는 끓는 물 또는 화학적인 방법으로 완벽하게 소독해 폐기해야 한다. 양서류 애호가로서 토종양서류를 조금이라도 보호하고자 하는 마음이 있다면 사육자재를 청소한 물을 하수구에 그냥 버리는 것조차도 삼가야 한다. 실험결과 항아리곰팡이균의 최적 생장온도는 17~23℃로 100℃에서는 1분 안에 죽고, 37℃에서는 4시간 만에 소멸됐다. 따라서 열탕소독만 제대로 실시해도 감염원의 외부노출 가능성을 상당히 감소시킬 수 있다.

진단은 피부 스크래핑 후 염색, 현미경검사로 확진한다. 사육 하에서 해줄 수 있는 치료는 약욕과 자외선조사 정도인데, 이트라코나졸(Itraconazole)과 같은 항곰팡이제를 희석한 물에 약욕을 시키고 자외선등을 설치해준다. 소금욕으로 피부의 점액분비를 촉진시켜 곰팡이균을 떨어뜨리는 방법을 사용하기도 한다.

■**세균성 질환(bacterial infection)** : 양서류는 기본적으로 세균에 노출된 환경에서 서식하고 있지만, 고유의 면역시스템에 의해 그 균형이 잘 유지되고 있다. 이 말은 반대로 면역력이 저하돼 그 균형이 깨진다면 언제든 세균성 질환이 생길 수 있다는 의미이기도 하다. 양서류가 가지고 있는 세균들로는 살모넬라(Salmonella), 슈도모나스(Pseudomonas), 클레브시엘라(Klebsiella), 대장균(Escherichiacoli), 프로테우스(Proteus)와 같은 것들이 있는데, 아픈 개체뿐만 아니라 건강한 개체들도 일상적으로 보유하고 있기 때문에 이러한 세균들을 가지고 있다고 해서 반드시 치료가 필요한 것은 아니다.

양서류는 피부에서 강력한 항생물질을 생산해내기 때문에 세균성 질환은 박테리아감염에 비해 상대적으로 적게 나타난다. 그러나 보통 박테리아감염은 상당히 진행된 이후에 진단이 가능한 경우가 많으므로 평소 사육개체를 꼼꼼히 살피고 작은 변화도 놓치지 않으려는 노력이 필요하다. 보통 수중생활을 하는 올챙이들이 세균감염에 더 취약하다.

붉은다리신드롬(Red leg syndrome 적지병-赤指病) 대표적인 증상은 감염개체의 다리 아래쪽이나 옆구리, 복부의 모세혈관이 팽창되면서 터져 붉은색을 띠는 것이다. 초기에는 뒷다리의 발가락 끝이 빨개지다가 점점 증상의 범위가 넓어진다. 거식과 활동성이 저하되면서 증상이 진행되며, 심한 경우 궤양과 출혈 증상을 보이다가 폐사에 이른다. 만성감염 시에는 안구와 신경계에 이상이 나타나기도 하는데 안염증, 경련, 구토 등의 증상이 나타난다. 증상 초기에 이 질병이 의심되면, 의심되는 부위 주변을 손가락으로 눌러봄으로써 확인할 수 있다. 손가락을 눌렀다가 떼었을 때 그 부분이 원래의 체색으로 돌아오지 않고 계속 붉은색을 유지하고 있다면 적지병일 가능성이 있다.

붉은다리신드롬은 양서류에게 나타나는 질병 가운데서도 가장 많이 과진단되고 오진되는 질병이기도 한데, 정확하게는 피부에 국한된 병변이 아니라 피부홍반(cutaneous erythema)을 동반한 전신적 감염증상이 관찰되는 경우를 'Red leg syndrome(bacterial dermatosepticemia-세균성 피부패혈증)이라고 진단한다. 국소 또는 전신성 세균감염은 다른 전염성, 비전염성 질병으로 나타나는 일반적인 증상이기 때문에 정확한 병인의 구분은 용이하지 않다. 따라서 붉은다리신드롬은 과급성에서 급성의 세균성 패혈증으로 여겨지며, 흔히들 잘못 알고 있는 것처럼 아이로모나스 히드로필라(Aeromonas hydrophila)에 의한 질병은 아니다.

붉은다리신드롬 증상을 보이는 개체

아이로모나스는 어류에게서 관찰되는 솔방울병의 원인균으로 양서류와 어류에게만 병을 일으키는 것이 아니라 면역력이 저하돼 있다면 사람에게도 식중독, 수막염, 패혈증, 창상감염, 요로감염, 심내막염 등을 유발할 수 있다. 이 증상이 발견되면 감염개체나 사육장, 사육설비와의 직접적인 접촉을 피하는 것이 좋다.

다른 질병들처럼 붉은다리신드롬 역시 비위생적인 사육환경, 저온에서의 사육, 좁은 사육장, 과밀사육, 과도한 스트레스 등으로 유발되기 때문에 청결한 사육환경을 유지하는 것이 최선의 예방법이라고 하겠다. 따라서 사육환경을 청결히 유지하고 물갈이를 자주 해주도록 한다. 양서류는 대부분 몸의 아랫부분을 바닥이나 벽면에 붙이고 있기 때문에 증상을 확인하기가 어려우므로 평소에도 사육개체의 신체 말단부나 옆구리 등을 잘 살피고, 주기적으로 사육장 밖에서 배 부분의 상태를 확인하도록 한다.

치료를 위해서는 비경구성 광범위항생제 투여가 가장 효과적이라고 알려져 있다. 전염성이 강하고 폐사율이 높은 질병으로, 사육 중인 개체에게서 이 질병의 증상이 발견되면 감염개체를 즉시 격리시키고 일차적으로 2~5%의 식염수욕을 20분 정도 실시한다. 이때 주의할 점은 식염수가 양서류의 탈수를 유발하므로 개체의 상태를 살피며 조심스럽게 행해야 한다는 것이다. 이외에 2% 황산구리용액이나 과망간산칼륨 용액에 약욕을 시키는 방법도 있으며, 테트라사이클린(Tetracycline)을 2.5mg/lb로 희석해 하루에 한 번씩 일주일 정도 구강 투여하거나, 물 10ℓ에 15mℓ의 설파디아진(Sulfadiazine)을 희석시켜 3일 연속 사료에 묻혀서 급여하는 방법으로 회복을 유도하기도 한다.

■**바이러스성 질환** : 양서류에 있어서 나타나는 바이러스성 질병의 상당수가 라나바이러스(Ranaviruses)에 의해 유발된다. 자연상태에서 라나바이러스는 때때로 90%를 초과하는 치사율로 인해 급격한 개체 수 감소 및 자연도태에 영향을 미치는데, 일반적으로 변태를 전후해 감수성이 가장 높다. 아프리카를 제외한 모든 곳에서 발생했으며, 양서류뿐만 아니라 어류와 파충류를 포함해 다양한 숙주를 감염시킨다.

증상은 2주간의 잠복기를 거치고 전신에 걸쳐 나타난다. 무기력, 식욕부진, 자세이상, 운동능력상실, 부력결핍이 보인다. 외형적으로는 구강 주변이나 뒷다리의 점상출혈, 홍반성 피부, 수포성 피부병변, 림프낭과 체강삼출물로 인한 국소성 혹은 전신성 부종의 증상을 보이며, 내부적으로도 여러 가지 장기의 부종이나 비대, 출혈, 변식이 나타난다. 라나바이러스 감염증 외에 잘 알려져 있는 것으로는, 루케헤르페스바이러스 종양(Lucke herpesvirus tumor)이 있다. 처음 발견한 과학자 루케(Luke J. Welton)의 이름을 따 명명된 질병으로 표범개구리에서 볼 수 있는 신장종양이다. 헤르페스바이러스에 의해 발생하며, 초봄에 주로 나타난다. 알이나 올챙이가 가장 취약하며, 감염된 개체의 배설물 혹은 감염개체와의 직접적인 접촉에 의해 전염된다.

구내염(mouth lot) 혀나 구강에 염증이 생겨 고름이 차며, 생성된 분비물이 입에 고이고 목이 붓는다. 증상이 더 진행되면 악취가 나고 끈적거리는 분비물을 흘린다. 이런 증상 때문에 입을 다물지 못하고 식욕이 감퇴하며, 심한 경우 식도, 기관, 폐에까지 염증이 확대된다. 턱으로 전이돼 골수염으로 진행되기도 한다. 외상, 영양불량, 스트레스, 청결치 못한 사육환경이 일차적인 원인이지만, 세균 및 헤르페스바이러스 감염이 직접적인 요인이 된다.

예방을 위해서는 예민한 종의 경우 갑작스런 자극을 줌으로써 점프를 하는 일이 생기지 않도록 주의해야 한다. 사육장 환경이 적합하지 않을 경우 철망이나 벽을 비벼 염증이 생길 수 있으므로 스트레스 요인을 제거해주고, 이동시킬 때 그물망을 이용하게 되면

유리창에 부딪친 충격으로 상처가 생긴 개체를 불결한 사육장에 방치하면 구내염으로 발전할 수 있다.

쓸려서 감염될 수 있으므로 주의한다. 발병 시 전신 또는 국소에 대한 항생제치료가 필요하며, 초기에 발견하면 입안을 포비돈 용액으로 소독하고 항생물질을 발라주는 정도로 치료가 가능하나, 악화되면 반드시 수의사의 도움을 받아야 한다.

안구돌출(exophthalmia, Pop eye) 안구의 돌출은 질병이 아니라 감염증상 중 하나다. 급성감염이나 안구 뒤쪽의 감염, 아가미 안쪽의 충혈 증상으로 인해 안구가 튀어나오는 것이다. 증상이 호전되더라도 물리적인 후유증으로 인해 튀어나온 안구가 들어가지 않는 경우가 있고, 간혹 2차 감염으로 실명하는 경우도 있다. 증상의 원인은 다양해서 수생종의 경우 솔방울병, 세균성 복수병 등의 말기증상으로 나타나는 경우도 있으며, 과도한 질산염/아질산염, 암모니아 혹은 화학물질 등의 중독으로 인해 발생할 수도 있다. 오염된 수질이나 신선하지 않은 생먹이로 인해 생기는 경우가 있으므로 예방을 위해서는 청결한 수질을 유지하고, 오래되거나 부패한 먹이는 급여하지 않도록 한다. 또한, 안구를 다칠 위험이 있는 레이아웃은 변경해주는 것이 좋다. 치료는 용이하지 않은데, 외상으로 인한 증상 초기일 경우 소금욕을 통해 삼투압을 낮춰주면 상처 부위의 붓기를 완화시키는 데 도움이 될 수 있다. 심각한 경우라면 항생제처방을 받는 것이 좋다.

■**기생충성 질환** : 양서류는 아메바(Entamoeba)와 같은 원충(Protozoa), 모두충(Capillaria)과 같은 선충(Nematode), 촌충(Cestode), 흡충(Trematode), 거머리, 진드기 등 다양한 기생충에게 감염될 수 있다. 이들은 장이나 폐, 근육, 피부, 심지어는 혈액에까지 기생할 수 있다. 이러한 기생충감염 시 거식(拒食), 체중감소, 무기력, 발육정지, 호흡곤란, 설사, 구토 등의 증상이 나타나며, 촌충의 과다증식으로 인해 위장관폐색이 일어날 수도 있다.
건강한 개체들은 내부기생충과 공생하는 것이 가능하기 때문에 기생충을 가진 채로도 오랜 수명을 누릴 수 있으나, 면역력이 저하되거나 특별한 조건 하에서 기생충이 과증식하면 문제가 될 수 있다. 기생충감염은 그 자체로는 그다지 위험하지 않지만, 질병개체의 면역력을 약화시켜 치명적일 수 있는 2차 감염에 노출되도록 하며, 건강한 다른 개체를 감염시킨다는 점에서 절대 가볍게 취급돼서는 안 된다.
기생충감염 여부는 피부 스크래핑 후 현미경으로 기생충을 확인하거나 변을 통한 기생충검사를 실시한 이후에 확진한다. 외부원충은 수생양서류의 아가미에서 발견되기도 하고, 피하에서 선충이 육안으로 관찰되는 경우도 있다. 이외에 자연에서는 거머리 등의 흡혈이 흔히 나타난다. 양서류만을 위한 약품은 개발돼 있지 않으며, 일반적으로 어류에게 사용되는 구충제를 병용해 치료한다. 예방을 위해서는 사육환경을 위생적으로 유지해줘야 하며, 무엇보다 새로운 개체를 바로 합사하지 않는 것이 중요하다.

안구백탁(cloudy eye) 눈에 하얀 막이 낀 것처럼 보여 외관상으로 어렵지 않게 확인이 가능하다. 그러나 세심하게 관찰하지 않으면 비교적 치료가 용이한 발병 초기에 알아차리기는 어렵기 때문에 보통 증상이 눈에 확연히 드러날 정도가 돼서야 뒤늦게 발견하는 경우가 많다. 이렇게 백탁이 발생하면 일단 시력이 정상적이지 않기 때문에 먹이사냥에 문제가 생기고, 이동 중에 사육장 벽면이나 내부구조물에 부딪혀 추가적인 부상이 생길 확률이 높아지며, 그로 인한 2차 감염도 증가하게 된다. 초반에는 안구에 희뿌연 막과 같은 것이 보이다가, 증상이 진행되면서 안구와 그 주위가 부풀어 오르고 조직이 괴사하며, 더 심해지면 안구가 빠지는 경우도 있다.

사육 하에서 안구백탁이 일어나는 원인은 다양하다. 우선 외상으로 인한 스크래치나 안구 부분에 대한 심한 충돌, 여과기나 열원으로 인한 화상이 주원인이 될 수 있다. 체내 이물질이나 세균 혹은 기생충의 감염으로도 유발될 수 있으며, 수질문제 즉, 수조 내의 pH농도 저하로 인한 수질의 산성화나 영양의 불균형 등도 그 원인이 될 수 있다. 양서류가 서식하는 환경은 여러 가지 세균들이 번식하기 좋은 환경이다. 특히 수량이 제한된 수조나 사육장은 박테리아나 기생충에 의한 감염빈도가 원서식지에 비해 월등하게 높다고 할 수 있다. 주로 안구에 백점충이 기생하거나 베네데니아(Benedenia)와 같은 외부기생충에 감염돼 증상이 발병하고, 외부요인에 의한 상처에 2차 감염이 발생하기도 한다.

세균에 의한 백탁은 사육장 내의 수질이 청결히 유지되기만 한다면 흔하게 나타나는 현상은 아니며, 실제로 안구백탁은 청결하지 못한 사육환경으로부터 기인한다고 해도 과언이 아니다. 사육 중인 개체의 눈에서 백탁 증상이 관찰되면, 사육자는 사육환경과 청결상태를 다시 한 번 점검해볼 필요가 있다.

안구백탁

완전수생종에게서 이 증상이 관찰되면 일단 즉시 환수를 해서 수중의 아질산농도를 떨어뜨려줘야 할 필요가 있다. 양서류의 경우 이처럼 안구에 백탁이 생기면 치료는 상당히 어렵다. 증상 초기에는 메틸렌블루와 식염수를 1:5의 비율로 희석해 그 혼합액을 눈에 떨어뜨려주도록 한다. 수조의 물을 30~50% 정도 미리 받아둔 물로 갈아주는데, 물을 교환할 때 미온수를 조금 섞어 수조의 수온을 원래의 수온보다 2~3℃ 정도 올려주면 회복하는 데 도움이 된다. 이와 같이 치료를 해서 차도를 보이더라도 약 3~5회 정도는 지속적으로 환수를 해주는 것이 좋다. 또한, 백탁 발생 후 회복됐다 하더라도 한 번 증상이 나타나면 사육환경이 조금만 악화돼도 재발하는 경우가 많다는 사실을 명심하고, 사육환경 관리에 더욱 관심을 기울여야 한다.

환경, 행동 창상성 상해

사육 중에 발생하는 사고와 관리 부실로 인한 여러 가지 질병들이 여기에 포함된다. 사고를 완전히 막는다는 것은 물론 불가능하겠지만, 발생 가능성을 최대한 줄이는 노력을 할 필요가 있다.

■ **외상(trauma)** : 양서류는 특별히 공격적인 종이 없기 때문에 개체 간의 다툼으로 인해 외상을 입는 경우는 드물다. 외상이 가장 많이 발생하는 시기는 올챙이 때인데, 강한 먹이반응으로 인해 서로를 상하게 하는 경우가 많다. 과밀사육 시 관리를 조금만 소홀히 하면 꼬리나 다리를 뜯어먹는다. 심하지 않으면 재생이 되기는 하지만, 증상이 심하면 폐사에 이르는 경우도 흔하다. 성체는 개체 간에 덩치 차이가 어느 정도 나서 먹이로 알고 입에 넣는 경우가 있는데 이때 외상이 생길 수 있으며, 간혹 번식기에 다른 수컷과의 다툼으로 인해 상처가 생기기도 한다. 사육자가 핸들링 중에 실수로 떨어뜨려 다치게 하거나 먹이곤충 또는 다른 동물의 공격으로 인해 다치는 경우가 간혹 있고, 사육장에서 탈출하기 위해 그물망이나 철망 등에 콧잔등을 비벼서 찰과상이 생기는 경우도 있다.
양서류의 피부는 강한 항균력을 지니고 있어 가벼운 외상이 심각하게 악화되는 경우는 의외로 드물기 때문에 어지간한 상처는 그냥 둬도 잘 낫는 편이다. 그러나 심한 상처라면 지혈을 하고 소독해주는 것이 좋다. 이 경우에도 양서류의 피부가 투과성이라는 점을 잊지 말고 약품사용에 주의를 기울여야 한다. 물과 접해 살아간다는 특성이 치료와 회복에 있어서 제한사항이 될 수 있는데, 환부에 물이 너무 많이 닿으면 치료가 잘 되

외상을 입은 화이트 립 트리 프로그

지 않고, 그렇다고 물기가 마르면 생존에 위협을 받게 되기 때문이다. 베타딘이나 3% 과산화수소용액 혹은 요오드용액을 환부에 발라주는데, 이처럼 외용성 약을 사용할 경우에는 환부 범위에만 바르도록 한다. 탈수를 방지하기 위해 분무기를 이용해 주기적으로 수분을 공급해주는 방식으로 치료하는 것이 좋다. 심각한 외상일 경우에는 신속하게 수의사의 도움을 받는 것이 바람직하다.

■**골절/내부장기 손상** : 점프력이 좋은 개구리의 이미지 때문에 무미목 양서류가 모두 점프를 잘 하고 낙하 시의 충격에 강할 것이라고 생각하는데, 이는 사실과 다르다. 놀라운 점프력을 보여주는 반수생종의 경우 멀리 뛰는 것이지 높은 데서 뛰어내리는 것이 아니며, 수상성 종의 경우도 점프할 때 나뭇잎과 나뭇가지라는 완충재가 있기 때문에 실제로 몸에 가해지는 충격은 그리 크지 않은 것이다. 대부분의 양서류는 높은 곳에서 떨어지는 충격에 상당히 취약하다는 사실을 명심하도록 하자.

다리가 짧은 유미목은 말할 것도 없고, 무미목 가운데서도 두꺼비나 맹꽁이류는 거의 뛰어다니지 않기 때문에 평생에 걸쳐 다리나 내부장기에 과도한 충격이 갈 일이 없다.

> **탈수증(脫水症, dehydration)**
>
> 외형적으로 피부가 건조해지고 탄력이 없어지며, 눈이 들어가는 증상이 나타난다. 이러한 증상과 더불어 피부를 가볍게 꼬집었을 때 즉시 정상상태로 돌아가지 않고 시간이 걸리면 탈수증으로 판단할 수 있다. 탈수의 치료는 체내에서 빠져나간 수분을 공급하고 체액 속의 전해질농도와 분포를 정상상태로 되돌려놓는 것을 의미한다(사육장의 습도를 높여주면 수분손실을 최소화할 수 있다).
> 변온동물인 양서류에게 있어서 온도보다 더 중요하게 취급되는 것이 수분공급이다. 호주의 북부 사막에 서식하는 나무개구리는 밤이 되면 일부러 추운 밖으로 나와 나무 위에 앉아 있다가, 몸이 차가워지면 그나마 따뜻한 나무 구멍 속으로 다시 들어간다. 이때 온도차로 인해 개구리의 피부에 물방울이 맺히게 되는데, 이 수분을 이용해 사막에서 살아간다.

그러나 이러한 종들은 단단한 땅을 파기 위해 강력한 뒷다리를 가지고 있고, 필요 시 점프할 경우 이 근육질의 뒷발은 강한 추진력을 내도록 하기 때문에 방심하고 핸들링을 하다가는 떨어뜨리게 되는 경우가 많다. 우리 속담 가운데 "개구리도 움츠려야 뛴다"는 말이 있지만, 사실 개구리의 점프는 외형적으로 두드러지는 별다른 준비동작 없이 순식간에 이뤄지기 때문에 조금만 부주의하면 놓치기 쉽다. 추락은 뼈의 골절뿐만 아니라 근육이나 내부장기의 심각한 손상을 초래하므로 양서류를 핸들링할 때는 절대 떨어뜨려서는 안 된다. 골절이 심각한 경우 깁스를 해야 할 수도 있다.

■ **탈수** : 투과성 피부를 가지고 있는 양서류는 몸속으로 수분을 흡수하는 것이 용이한 반면, 체내의 수분을 잃는 것도 쉽다. 탈수가 이뤄지면 양서류는 곧바로 폐사한다. 양서류 사육에 있어 매우 어려운 것 중 하나가 청결한 사육환경을 유지하는 것이라면, 다른 하나는 탈수를 방지하는 것이다. 사육장을 습하게 하는 것 정도야 그리 어렵지 않다고 생각하지만, 며칠만 습도관리를 제대로 해주지 않으면 어느새 미라가 돼 있는 사체를 발견하는 경우가 드물지 않다. 특히 사육장 바닥에 열판을 사용할 때나 겨울철 습도가 낮을 때는 습도유지에 더욱 신경을 써야 한다.

기타 질환들

사육 중에는 사육자의 실수나 부득이한 감염 등의 원인 외에도, 사육종의 돌발적인 행동 혹은 사육과 전혀 상관없는 외부적인 요인으로 인해 여러 가지 사고들이 발생할 수도 있고, 이것이 사육개체에게 부정적인 영향을 미칠 수 있다.

■**급성중독** : 아가미의 상피세포가 부어오르고 색깔이 변하는데, 알비노개체일 경우 또는 아가미가 밝은 색일 경우는 변색을 쉽게 확인할 수 있다. 급성중독이 일어나면 아가미가 정상적으로 기능하지 못해 호흡에 지장을 초래한다. 또한, 수중에 산소가 부족해지므로 수면으로 올라와 호흡하는 횟수가 증가하며, 심한 경우 육상으로 올라오기도 한다. 육상종의 경우 사육장을 탈출하려는 행동이 강해지며, 수정체 손상으로 인해 안구백탁이 나타날 수 있다. 신체의 말단부위나 아가미가 말리는 증상을 보이는 경우도 있다. 보통 독소로 인해 피부가 약해지고 점액이 분비되며, 심한 경우 피부가 벗겨지기도 한다. 증상이 더 심해지면 경련을 일으키며 폐사하게 된다.

수생생물은 단백질을 이용해 에너지를 얻는 과정에서 생긴 노폐물, 즉 암모니아를 다른 형태로 바꾸지 않고 그대로 몸 밖으로 배출한다. 따라서 양서류에 있어서는 완전수생종의 경우에 자주 발생하는데, 여과용량이 충분치 않은 수조환경에서 수질이 급속도로 악화되면 중독증상이 나타날 수 있다. 드물게 환기가 안 되는 좁은 통에 사육하면서 배설물이나 토한 먹이 등의 오염물을 장기간 방치했을 경우에도 발생할 수 있다.

암모니아의 독성을 낮추기 위해서는 낮은 농도를 유지해야 하고, 그러기 위해서는 많은 양의 물이 필요하다. 우선 지나치게 작은 수조의 사용은 피하도록 하며, 수량이 적을수록 수질의 변화가 심하므로 가급적이면 충분히 큰 수조를 사용하는 것을 추천한다. 수조에 충분한 용량의 여과와 에어레이션을 제공하고 주기적으로 여과기를 청소해주는 등의 관리가 필요하다. 수중에 구조물이 많으면 오염물이 수류를 따라 돌다가 구조물

화학물질에 지속적으로 노출되면 다음 세대 기형의 발생이 증가한다.

> **수조 내 약품사용의 3대 주안점**
> 1. 평소 사육온도보다 고온유지 - 생체리듬의 활성화
> 2. 충분한 산소의 공급
> 3. 약품투여량에 따른 환수

아래쪽에 모이는 경우가 많으므로 청소 시 호스를 이용해 이 오염물을 반드시 제거해야 한다. 또한, 먹이는 남기지 않을 만큼 적정량을 급여해야 하며, 먹고 남은 먹이 역시 즉시 제거해줘야 한다. 특히 부패하기 쉬운 생먹이를 급여했을 경우에는 수조 내에 남은 먹이가 방치되지 않도록 관리해야 한다. 먹이를 먹은 후에는 소화에 도움이 되도록 온도를 관리해서 다시 토하는 일이 생기지 않도록 해야, 토한 먹이가 부패해 암모니아가 발생하는 것을 방지할 수 있다. 간혹 쉽게 구할 수 있는 불투명한 소재의 좁은 플라스틱 박스에서 사육개체를 유지하다가 토한 먹이를 확인하지 못해 중독 증상이 나타나는 경우가 있다. 따라서 육상종의 사육장은 내부를 확인할 수 있는 투명한 것이어야 하며, 환기를 위한 구멍이 충분하게 뚫려 있어야 한다.

급성중독이 발생했을 때 우선적으로 취해야 할 환경적인 조치는 최대한 빨리 수조 내의 암모니아농도를 낮춰주는 것과 여과용량을 늘려 가능한 한 신속하게 암모니아를 제거하는 것이다. 동일한 조건의 수조가 있을 경우 증상이 나타난 개체를 즉시 새로운 수조로 옮기는 것이 가장 좋은데, 이때 동일한 조건이란 수온, 수질, pH 면에서 큰 차이가 나지 않는 수조를 의미한다. 이러한 조건들이 심하게 차이 나는 경우에는 옮기지 말고 현 수조에서 관리하되, 즉시 30~50%의 환수를 실시한다(이때 환수하는 물의 양은 개체의 상태를 관찰해 가감한다). 급한 마음에 수조의 물을 전부 환수하는 것은 오히려 위험할 수 있으므로 지양해야 한다. 여과박테리아를 활성화시키기 위해 수조 내에 에어레이션을 실시해 산소공급을 늘려주는 것이 좋으며, 필요 시 직접적으로 박테리아를 투입하거나 박테리아활성제를 넣어주는 것도 고려해볼 만하다. 여과박테리아는 빛을 싫어하므로 수조의 조명을 줄여주면 박테리아의 증식에 도움이 된다.

환경개선과 동시에 증상개체에 대한 치료를 실시하는데, 사육자가 질병개체를 완치시키겠다는 생각을 갖고 임하기보다는 개체의 저항력을 믿고 스스로 나아질 수 있도록 돕는 정도의 역할을 하는 것이 좋다. 우선 수조 내에 점막을 보호하는 효과가 있는 메틸렌블루나 다른 약품을 용량에 맞게 투입한다. 피부가 벗겨진 부분은 지혈을 해주고, 괴사한 말단부분은 회복의 가능성이 보이지 않으면 2차 감염을 방지하기 위해 절단한다. 수조에 미량의 소금을 투입하는 것도 회복에 도움을 줄 수 있다.

■ **가스색전증**(-塞栓症, Gas embolism, Gas bubble disease) : 일반적으로 아프리카발톱개구리나 멕시코도롱뇽과 같은 완전수생종 양서류 사육 시에 관찰되는 질병이다. 사육개체가 과포화된 물을 흡입하면 용해된 가스가 모세혈관에 전달되면서 미세한 기포가 생기기 시작하고, 시간이 지나면서 점점 기포의 크기가 커지고 숫자도 늘어나게 된다. 결국 체내에 생긴 이 기포들로 인해 혈관울혈과 점상출혈, 피하기종이 유발된다.

혈관뿐만 아니라 내부장기나 림프낭에도 기포가 형성될 수 있다. 이로 인해 육안으로 홍반이 관찰되며, 안구가 돌출되거나 심한 경우 피부가 괴사된다. 이 과정에서 가스버블의 영향으로 먼저 앞다리의 통제력을 상실하면서 정상적인 운동능력에 방해를 받게 되고, 증상이 발현되고 나서 48~72시간 후에는 사지의 통제력을 완전히 잃고 수면 위로 떠오르게 된다. 증상이 외관상 심각해 보이고 돌연사를 유발하는 경우도 있지만, 보통은 이 오로지 증상만으로 인해 폐사하는 것보다는 다른 질병의 원인으로 작용해 폐사하는 경우가 더 많다.

가스색전증 증상을 보이는 아프리카발톱개구리

사육수조에 과도한 폭기가 제공됐을 경우 발생하므로 무엇보다 너무 과하다 싶은 폭기는 자제해야 하는데, 부피가 작은 사육장에 고효율의 에어펌프를 장시간 가동하는 것은 피하는 것이 좋다. 일반적인 에어펌프라도 24시간 내내 가동하지는 말라는 조언도 귀담아 들을 필요가 있다. 낮은 수온을 유지하고 있는 수조에 갑자기 온도차이가 많이 나는 온수를 투입했을 때도 발생할 수 있다. 수온이 갑자기 상승하면서 수중에 용해돼 있던 가스의 압력이 대기압보다 낮아지고, 이로 인해 양서류의 혈액 속에 녹아 있는 가스가 기포를 생성해 혈행(血液)을 막음으로써 증상이 나타나는 경우도 있다. 따라서 환수 시에 적정수온을 확인하고, 시간을 두고 천천히 환수하는 것만으로도 증상을 예방할 수 있다.

아직 국내에 많이 보고되는 질병은 아니지만, 현재 완전수생종 양서류도 애완으로 폭넓게 사육되고 있으므로 유의할 필요는 있다. 자연상태에서도 연못에 밀생하는 수초들이 과다 증식해 광합성이 활발하게 일어나는 경우에도 발생할 수 있으므로 적절한 트리밍을 통해 연못의 산소농도를 조절해줘야 한다. 과포화 원인을 바로잡는 것이 가장 먼저 해야 할 일이며, 에어펌프의 전원을 차단해 수조 내로 유입되는 공기의 양을 줄여주도록 한다. 여과기도 잠시 작동을 멈추는 것이 좋다. 가스색전을 완전히 없애는 데는 상당한 시간이 걸리고, 만성적인 증상이 나타날 수도 있다는 점을 염두에 둬야 한다. 개인적인 처치는 지양하고 수의사의 도움을 받도록 한다.

■**수종**(Dropsy, Bloating disease) : 복부나 다리, 턱의 체액이 과도하게 많아지면서 마치 풍선처럼 부풀어 오르는 증상이 나타난다. 비만과 혼동하지 말아야 하는데, 비만은 머리와 몸통 주변의 피부가 주름지고 층이 형성되는 반면, 수종이 나타나는 개체는 마치 공기를 주입한 것처럼 부풀어 있는 형태를 띤다. 일차적으로는 체액의 압력으로 인해 먹이섭취에 문제를 일으키면서 거식에 들어가는 증상을 보이다가, 결국에는 수면 위로 떠오르게 된다. 체액의 압력은 다른 내부장기에도 악영향을 미친다.

이처럼 몸이 부푸는 질병의 원인은 두 가지가 있다. 하나는 내부 세균감염의 결과로 발생하고, 다른 하나는 신장 또는 간의 기능 불량으로 인한 림프계 이상의 결과로서 복강이나 기타 조직 외부에 체액이 비정상적으로 축적되면서 발생한다. 증상이 진행되면 한동안은 이러한 상태를 유지하면서 생존하다가 어느 순간 먹이를 거부하며, 체내 조직의 부종이 심해짐에 따라 수면 위로 떠오르게 된다.

아프리카발톱개구리나 아프리카난쟁이 발톱개구리 등에서 특히 흔한 질병으로 알려져 있으며, 내부 박테리아 감염에 취약한 개체의 경우 또는 사육환경이 오염됐거나 영양이 부족할 경우 발생한다고 추측되고 있다. 먹이로 깡구벌레만을 장기간 급여할 경우 발생빈도가 높다는 연구결과가 있으므로 다양한 먹이를 급여하도록 하고, 소화를 돕기 위해 수온을 잘 조절해줘야 한다. 가능한 한 깨끗

수종 증상을 보이는 아프리카발톱개구리

한 수질을 유지하며, 염소를 제거한 물을 사용하고 주기적인 테스트로 pH를 중성으로 관리하도록 한다. 몸이 부풀어 있는 상태에서도 개체는 상당히 오랜 기간 생존한다. 증상이 호전될 때까지 1ℓ의 물에 해수염(aquarium salt) 10g 정도를 용해시킨 후 20분 정도 소금욕을 시키거나 체내 박테리아감염 예방제(anti-internal bacterial tropical fish remedy)를 사용하면 도움이 될 수 있다. 증상이 심한 경우 회복시키기가 용이하지 않다. 수영하는 데 문제가 있기 때문에 치료 중에는 수위를 낮춰줄 필요가 있다.

■**흰다리증후군**(Spindly leg syndrome, Paralyzed leg syndrome) : 다리를 가진 유미목과 무미목에서 나타나는 근육병증으로 중금속이나 화학물질에 대한 노출, 질산염과 아질산염에 대한 노출 혹은 기생흡충의 피해로 인해 발생한다. 올챙이를 고온에서 사육하는 경우 발생빈도가 높다고 알려져 있으며, 요오드나 미량원소의 부족도 원인의 하나로 지목되고 있다. 유전으로 나타날 수도 있으며, 일부 종에서는 유전적 영향이 더 크다고 알려져 있다. 서서히 다리의 운동성을 잃고 경련과 부분마비, 빛에 대한 동공의 반응성 상실, 피부건조 등의 증상이 진행된다. 주로 앞다리에 증상이 나타나는데, 다리가 약해지고 손상되기 쉽기 때문에 먹이활동과 활동성이 감소한다. 예방을 위해서는 평소 더스팅을 통해 비타민과 칼슘을 보충해주고, 중금속이나 화학물질에 의한 오염을 차단한다. 치료를 위해 수생의 경우 비타민욕을 해주는데, 이때 반드시 씻어내고 원위치로 돌려야 한다. 흡충류가 의심될 경우 구충이 어렵기 때문에 잘 돌보지 않으면 폐사로 이어질 수 있다. 흰다리증후군은 사실상 사형선고와 마찬가지인 질병이며, 안락사를 시키는 것이 좋다.

Section 03

사육자의 위생관리

보통 흔치 않은 야생동물의 경우에는 미지의 병원체를 보유하고 있을 가능성이 높아 애완으로 기르지 않는 것이 현명하지만, 양서류의 경우는 교차 감염되는 인수공통전염병이 다른 동물에 비해 적기 때문에 별다른 예방접종은 필요하지 않다. 그러나 양서류도 야생동물이니만큼 사육자에게 질병을 옮길 가능성을 완전히 배제할 수는 없기 때문에 양서류가 인간에게 옮기는 질병에 대해서 미리 알아두고, 그 예방법이나 대응방법을 실천할 필요는 분명히 있다.

살모넬라 감염증

양서류가 사람에게 옮기는 질병으로 대표적인 것은 살모넬라(Salmonella) 감염증이다. 살모넬라는 인간을 포함한 동물의 소화관에 살고 있는데, 일반적으로는 인간이 동물 분변으로 오염된 식품을 섭취함으로써 전달된다. 주로 동물의 배설물과 피부허물에서 발견된다. 자연에서는 사람에게 감염될 수 있는 수준까지 증식하지 못하지만, 사육 하에서 수질이 청결하게 유지되지 못하면 급격하게 증식해 사람에게까지 영향을 미칠 수 있다.

살모넬라 예방법

1. 양서류와의 과도한 접촉을 피한다.
2. 양서류를 만지기 전과 후에 꼭 손을 씻고 이를 닦는다. 핸들링 시 장갑을 착용하는 것도 좋다.
3. 사육에 사용하는 물건을 사람과 공동으로 사용하지 않음으로써 교차오염을 방지한다.
4. 조리 및 설거지를 하는 곳(싱크대 등)에서 양서류를 씻기거나 사육용품을 세척하지 않는다.
5. 사육장은 항상 청결하게 유지하고 사육장과 사육용품을 정기적으로 소독한다. 배설물은 바로 처리하고 사육장 환기에도 신경을 쓴다.
6. 사육개체를 핸들링하거나 사육장을 청소하는 중에 음식물을 먹거나 담배를 피우지 않는다.
7. 아기가 태어날 예정인 가정이나 면역력이 약한 환자 또는 노약자가 있는 가정, 5세 미만의 어린이가 있는 보육원, 유치원 혹은 다른 시설에서는 가급적 양서류를 기르지 않도록 한다.
8. 양서류를 만지다가 아이에게 먹을 것을 준다거나 기저귀를 갈아주는 등의 행동을 하지 않는다.
9. 양서류가 집 안을 자유롭게 돌아다니는 일이 없도록 통제한다.
10. 살모넬라 감염증이 의심될 경우에는 양서류를 기르고 있다는 사실을 의사에게 반드시 알리고 적절한 처치를 받도록 한다.

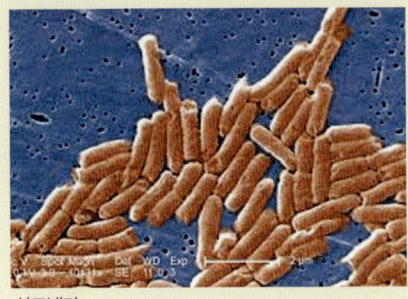

살모넬라

살모넬라는 사람이나 동물에게 티푸스 질환 감염증상(설사, 혈변, 복통, 구토, 현기증, 발열-38~40℃, 격렬한 위경련 등)을 일으키고 식중독의 원인균이 되기도 한다. 잠복기는 6~72시간이며, 대개 12~24시간 전후로 발생한다. 주요 증상은 1~2일 사이에 가장 심하게 나타나며, 경과는 비교적 짧아 4~7일간 지속되고 치료 후 1주일 정도 지나면 회복된다.

건강한 이들에게는 그다지 위험하지 않으나 임신한 여성이나 면역력이 약한 노인, 만성질환자, 5세 이하의 유아들은 체내의 면역력이 약해 일반인에 비해 발병가능성이 20배 이상 높고, 발병빈도 또한 높기 때문에 조심해야 한다. 심한 탈수증상을 보이지 않거나 장에서 다른 부위로 감염이 확산되지 않는다면 치료가 필요치 않은 경우도 흔히 있다. 하지만 면역력이 약할 경우 장에서 혈류로, 이후 다른 신체부위로 감염이 확산될 수 있으며, 이 경우 즉시 항생물질로 치료하지 않으면 사망으로 이어질 수 있다.

살모넬라는 우리 주위에 널리 분포돼 있기 때문에 인위적으로 모든 살모넬라균을 완벽하게 제거하기란 불가능하다. 또한, 양서류는 피부에 강한 항균력을 가지고 있기 때문에 개구리를 만진다고 해서 쉽게 감염되지는 않는다. 그러나 일반적으로 양서류의 사육을 위해 조성하는 따뜻하고 습한 사육환경은 살모넬라균의 이상적인 번식환경이기도 하기 때문에 주의할 필요는 있다.

살모넬라의 생육조건

조건	최저(minimum)	최적(optimum)	최대(maximum)
온도(℃)	5.2	35~43	46.2
pH	3.8	7~7.5	9.5

사육종을 만지고 난 후에는 손을 잘 씻도록 해야 하는데, 무엇보다 사육환경을 청소할 때는 고무장갑을 착용하고 청소를 마친 후에 깨끗하게 손을 씻는 정도의 조치만으로도 살모넬라감염을 상당 부분 차단할 수 있다. 살모넬라의 최대 생육온도는 46.2℃로 열에 대한 저항성이 낮으므로 사육장과 사육비품을 60℃ 이상의 물로 소독하면 발생을 억제할 수 있다. 건조에 대한 저항성이 강하기 때문에 일광소독은 살모넬라 살균법으로서 적절치 않다. 평소에 건강한 체력을 유지하도록 노력하며, 가까운 곳에 항균비누와 손소독제를 비치하고 습관적으로 손을 청결히 하는 버릇을 들이면 살모넬라감염에 대해서는 그다지 염려하지 않아도 괜찮다.

스파르가눔증

스파르가눔증(Sparganosis)은 만손열두촌충(의엽목-擬葉目-열두촌충과의 편형동물)의 유충인 스파르가눔(Sparganum)에 의한 인체감염증을 말한다. 제1중간숙주로 플레로케르코이드(plerocercoid, 편절이 발생하지 않은 편충의 유생으로 제2중간숙주에 있어서의 제2유충기), 제2중간숙주로 파충류나 양서류, 어류로는 가물치 등에 기생하는 기생충이다. 플레로케르코이드에 오염된 물벼룩이 들어 있는 물을 마시거나, 뱀이나 개구리를 생식했을 경우 또는 이들의 껍질을 상처나 안질의 치료목적으로 사용했을 경우 인체에 감염될 수 있다. 현재 구제할 수 있는 약은 없으며, 피부에서 혹처럼 나왔을 때 외과적 처치로 제거하는 것이 유일한 방법이다. 다행스럽게도 인체 내에서 생식이 불가능하므로 더 이상의 번식은 이뤄지지 않는다. 감염초기에는 자각증상이 없으나 충체가 이동할 때 압통이나 가려움증을 동반할 수 있다. 복벽이나 음낭, 다리, 드물게 안와, 복강, 척추강, 요로 등에 발생할 수 있다. 애완으로 양서류를 기르는 경우에 감염된 사례는 보고된 바가 없으며, 보통 야생종 양서류나 그 알을 보신을 위해 날것으로 먹었을 경우에 감염된다. 따라서 야생의 양서류나 양서류의 알을 생식하는 일이 있어서는 절대 안 된다.

교상(咬傷)으로 인한 감염증

양서류는 사람에게 외상을 입힐 만한 뿔이나 발톱, 비늘 등의 무기를 가지고 있지 않다. 유일하게 무기로 사용할 수 있는 것이 이빨인데, 사육되는 대부분의 양서류가 온순하고 크기가 크지 않기 때문에 물리는 경우는 거의 없다. 극히 드물기는 하지만 가끔 대형종 개구리나 두꺼비에게 물리는 경우가 있는데, 그것도 의도적으로 사육자를 공격하는 것이 아니라 강한 식탐으로 인해 먹이인 줄 알고 손가락을 무는 경우가 일반적이다.
대형개구리에 있어서는 무는 힘이 생각보다 세고, 뾰족한 치돌기(齒突起)가 발달돼 있기 때문에 상당히 아플 수도 있다. 보통 물린 상처가 심각한 경우는 드물기 때문에 일반적인 소독과 처치를 하면 쉽게 낫지만, 가끔 치료하지 않고 그냥 방치함으로써 감염증이 나타나기도 한다. 따라서 사육개체에게 물려 상처를 입었을 때는 응급처치를 한 후, 림프절이 아프고 붓는다거나 긁힌 부위가 붉게 변하는지 또는 열이 나는지 등을 한동안 주의 깊게 관찰할 필요가 있다.

급성중독(急性中毒)

우리나라의 24절기 중 세 번째 절기인 경칩(驚蟄)은 개구리와 뱀이 겨울잠에서 깨어나는 날이라고만 알려져 있지만, 경칩민속 중에는 보신을 위해 논이나 연못에서 개구리 알을 건져먹는 풍습이 있다. 환경보호의 측면에서도 개구리 알을 섭취하는 것은 삼가야겠지만, 특히 독성이 있는 종의 알은 절대 섭취해서는 안 된다. 현재는 우리나라에 서식하는 대부분의 양서류종이 포획금지종으로 지정돼 있고 이처럼 개구리나 도룡뇽의 알을 먹는 풍습도 사라졌지만, 두꺼비나 무당개구리의 알을 먹음으로써 발생하는 사고소식이 요즘도 간혹 들리고 있다. 독성뿐만 아니라 기생충감염의 위험도 있기 때문에 이와 같은 행동은 절대 삼가도록 한다.
그러나 이러한 일은 사육과 상관없는 사회적인 문제이고, 사육 중에는 먹어서 문제가 생기는 것보다는 독성이 있는 종의 두꺼비나 무당개구리류를 만지고 나서 입에 손을 넣거나 눈을 비벼 문제가 생길 가능성이 더 크다. 양서류의 진피에

개구리 알은 절대 먹어서는 안 된다

는 보호기작으로 독성물질이나 인간의 점막에 염증을 야기하는 물질을 분비하는 많은 분비선이 존재한다. 따라서 독성을 가진 종을 만지기 전이나 만지고 난 다음에는 스스로 주의를 기울일 필요가 있다.

양서류의 안락사

질병이 발생했을 경우 치료를 위한 모든 방법을 동원했음에도 불구하고 더 이상은 건강한 상태로 되돌릴 수 없다고 판단될 때는 안락사가 필요해진다. 죽어가는 과정에서 불필요한 고통은 없도록 해주는 것 역시 사육자의 책임이기 때문이다.

눈 뒤쪽으로 살이 도드라지는 종은 일단 조심하자.

안락사를 위해 시행하는 방법에는 마취법, 뇌천자법, 척수절단법 등이 있다. 마취법은 화학약품인 마취제를 과다 투여하는 방법이며, 어류마취제인 MS-222(Tricaine methanesulp honate) 350mg을 물 1ℓ에 희석한 용액에 해당 개체를 담그거나 알코올 희석액(도수가 높은 술 20% 희석액)에 넣는다. 약품을 구하기 어려울 경우 천연물질을 이용할 수 있는데, 산이나 공원에서 자생하는 때죽나무에는 에고사포닌(Egosaponin)이라는 천연의 마취성분이 있으므로 구할 수 있다면 잎과 열매를 충분히 찧어 사용해도 좋다.

경추를 분리하는 것도 효과적인 방법이다. 당연히 많은 사람들이 꺼리는 방법이기는 하지만 정확하게 시행한다면 가장 빠르고 고통 없는 방법이다. 경추를 분리하기 위해서는 날카로운 도구로 목 부분을 정확히 절단해야 한다. 뇌(연수)를 파괴하는 방법도 있는데, 몸의 정중선과 양쪽 고막을 연결하는 선이 교차하는 곳을 바늘로 찌르면 된다. 이외에 연구소에 기증하는 방법이 있다. 양서류를 연구하는 연구기관에서는 해당 질병에 대한 연구를 진행할 수 있고 적절하게 처리할 수도 있을 것이다.

애정을 가지고 기르던 동물을 스스로의 손으로 죽인다는 것이 내키지는 않겠지만, 사육자는 애완동물을 돌볼 모든 책임을 가지고 있으므로 그 죽음에 있어서도 가장 인도적인 방법을 찾아야 할 필요가 있다. 이러한 점에서 생존 가능성이 없어 보인다고 냉동실에 넣어 방치하거나 변기에 빠뜨려 흘려보내는 것은, 가장 흔하게 사용되는 방법이기는 하지만 사육자로서 절대 해서는 안 되는 비인도적인 행동이다.

Chapter 07

양서류의 번식

여러 가지 다양한 암수구분법에 대해 기본적으로 살펴보고,
실제적인 번식의 과정에 대해 알아본다.

애완양서류의 도입과 번식현황

우리나라에 애완양서류가 도입되고 벌써 20년 가까운 시간이 흘렀지만, 애완동물로서의 양서류는 일반인들은 물론이고 애완동물을 사육하는 사람 사이에서조차 여전히 생소하게 느껴지는 존재다. 이처럼 아직은 우리 주위에서 쉽게 볼 수 없으나 보통 생각하는 것과는 다르게 국내에 이미 소개된 종도 엄청나게 많고, 최근에는 애정을 가진 사육자들에 의해 새로운 종의 도입뿐만 아니라 국내 번식까지도 활발히 이뤄지고 있다.

애완양서류의 국내 도입

식용을 목적으로 외래종 개구리를 도입해 양식을 시도한 것은 1950년대 말부터지만, 순수하게 애완의 목적으로 양서류가 국내에 도입된 지는 약 20년 정도 됐다. 순회전시 등을 위해 몇몇 종이 파충류와 함께 도입됐다가 이후 수족관과 당시 막 생기기 시작한 양서파충류 숍을 통해 애완용으로 수입되면서 서서히 일반에 알려지기 시작했다. 처음에는 팩맨과 화이트 트리 프로그처럼 이목을 끄는 독특한 생김새를 가지고 있거나 덩치가 커서 체질이 튼튼한 종이 수입됐으며, 점차 희소한 종들이 소개되기 시작했다.

화이트 트리 프로그의 인공번식을 위한 수조

애완양서류가 처음 도입될 때만 하더라도 사육에 대한 정보가 거의 전무했기 때문에 사육자들은 익히 알고 있는 참개구리나 청개구리와 같은 토종개구리의 생태를 기반으로 사육할 수밖에 없었다. 이후 인터넷이 급속도로 발달하고 외국의 애완양서류종과 사육정보들이 서서히 국내에 알려지면서 현재에 이르고 있다. 필자가 확인해본 바에 의하면, 단 한 마리라도 국내에 애완으로 도입된 적이 있는 양서류의 전체 종수는 약 100여 종에 이르며, 지금도 매년 새로운 종이 소개되고 있다. 실제로 이처럼 반입된 양서류의 종수는 뱀이나 도마뱀, 거북의 종수에 비해 훨씬 많은 숫자다.

애완양서류의 번식 현황

외국에서 도입된 애완양서류종의 숫자가 이처럼 많은 데 비해 사실 국내에서의 번식 사례는 그렇게 자주 확인되지 않고 있다. 몇몇 종에 있어서 산란 이전의 과정을 거치고 수입된 개체로부터 알을 받아 부화시켜 양육한 사례가 있기는 하다.

그러나 진정한 의미의 '인공번식'은, 비번식기의 관리부터 시작해서 인공적인 휴면을 제공하고 교미를 거쳐 알을 받은 후, 그 알을 아성체급까지 키워내는 과정을 일컫는다. 현재 국내에는 수입된 어린 개체를 키워 나머지 과정을 거친 후 다시 성체까지 기른 사례는 있으나, 한 사이클을 거쳐 완전한 인공번식을 이룬 종은 아직 보고되지 않고 있다 (많은 애호가들이 관심을 기울이고 있으므로 머지않아 완전한 인공번식 사례가 생길 것으로 확신한다).

양서류 자체에 대한 연구가 부족하기 때문에 개별 종의 번식환경과 생태에 관해 정확히 알려져 있지 않다는 것이 중요한 이유겠지만, 이외에도 국내 번식을 어렵게 하는 여러 가지 이유가 있다. 우선 양서류 사육인구가 그다지 많지 않다는 것이 가장 큰 이유다. 처음 양서파충류가 애완으로 도입된 시기에 비해 종이나 개체 수가 확연하게 늘어난 것이 사실이지만, 아직까지 양서류는 대중적인 애완동물이 아니다. 흔히 양서파충류 애호가라고 통합해서 부르는데, 파충류 사육자들이 상대적으로 더 많은 편이고 양서류 사육인구는 드물다. 애완양서류의 수입은 지금도 꾸준히 지속되고 있지만 인기 있는 몇몇 종으로 제한되며, 이외의 종은 극히 적은 개체 수가 드문드문 수입되고 있는 실정이다.

또한, 국내에서는 번식이 가능할 정도의 완전한 성체로 건강하게 기르는 경우가 드물다는 것도 또 하나의 이유가 될 수 있다. 팩맨프로그의 경우 외국에서는 번식이 잘 되고 있는 종이지만, 국내에서는 성장과정에서 폐사되는 사례도 많고 질병과 비만 등으로 인해 성체 크기의 개체라 하더라도 번식이 어려운 경우가 있다.

개인이 보유하고 있는 성체의 개체 수가 적고 그 적은 개체 수를 애정을 가지고 키워왔을 것이기 때문에, 어찌 보면 그 개체들에게 상당한 위험부담을 안기는 번식계획을 결심하기가 힘들다는 것도 국내에서의 번식이 어려운 이유 가운데 하나다. 이처럼 양서류에 있어서는 아직 사육 매뉴얼이 제대로 확립돼 있지 않기 때문에 안정적인 사육에 어려움을 겪는 경우가 많다.

무미목 양서류의 한살이

또한, 인공적으로 제공되는 사육환경에서의 번식이 원래 쉽지 않다는 것도 이유가 될 수 있다. 특히 특정한 장소에 산란하는 종의 경우 산란지의 환경을 까다롭게 선택하는 경향이 있는데, 자신이 살던 곳에서 자연스럽게 번식하는 것이 아니라 번식을 위해 물을 찾는 종의 경우는 좀 더 어렵다. 현재 식용을 목적으로 개구리를 번식하는 것이 법적으로 허용되고 있어 국내에 많은 개구리양식장이 운영되고 있지만, 성공적이라고 할 만큼 대량 증양식이 이뤄지는 경우는 없다고 생각된다. 양서류의 생태에 대한 지식이 부족해서라기보다는 번식에 사용되는 자원, 기울이는 관심, 소요되는 시간 등을 단순 비교했을 때 여러모로 어려움을 겪고 있기 때문이다. 번식을 업으로 삼는 전문적인 양식장에서조차 사정이 이러하므로 취미가에게 있어서는 결코 쉬운 일이 아니다.

2017년 현재, 연구목적으로 호르몬을 이용해 산란을 유도하고 인공적으로 채취한 정액을 뿌려 수정시켜서 번식한 경우를 제외하고, 인공사육 하에서 애완반수생종의 번식사례는 몇몇 완전수생 도롱뇽 혹은 화이트 트리 프로그, 팩맨, 독화살개구리류 정도만 확인되고 있다. 하지만 이러한 어려움에도 불구하고 사육장이나 사육기자재, 먹이 등 사육을 위한 여러 가지 사육용품들이 꾸준히 개발 및 개선돼가고 있으며, 무엇보다 양서류에 애정을 가진 사육자들의 숫자가 점차 늘어나고 있는 상황이므로 앞으로 더 많은 종의 번식을 기대해봐도 좋을 것으로 생각된다.

이번 장에서는 양서류의 번식에 대한 개괄적인 내용들을 살펴보도록 하자. 365쪽의 그림에서 보듯 단순화시켜 생각하면 그다지 어렵지 않은 것 같지만, 현실적으로 양서류의 번식은 모든 분류군 가운데 가장 어렵다고 알려져 있다. 그나마 알의 수가 적으며 알을 수중에 낳지 않고 관리하는 종의 경우에는 번식이 이뤄지고 있으나, 주 활동공간과 산란공간이 다른 종의 경우는 극히 어렵다. 동물을 사육하면서 누구나 가지고 있는 생각이 정성껏 기른 동물의 2세를 보고 싶다는 것일 텐데, 양서류의 번식은 단순히 애완동물의 개체 수를 늘리는 것이 아니라 전 세계적으로 줄고 있는 희귀동물의 개체 수를 늘리고 차후 인공번식에 관한 소중한 자료를 남긴다는 측면에서 볼 때 개나 고양이를 번식시키는 것과는 그 무게가 다르다고 하겠다.

그러나 앞서도 언급했지만 양서류는 번식이 그리 쉬운 동물이 아니다. 자연상태에서 우리는 어렵지 않게 번식기에 산란된 무수히 많은 개구리 알을 관찰할 수 있지만, '완벽한 인공사육조건 하에서 성공적인 번식사이클을 돌리는 것'은 예상외로 상당히 어렵다. 어류나 파충류, 조류, 포유류의 경우는 많은 종에 있어서 인공번식사례가 알려져 있지만 양서류의 인공번식 사례는 국내외를 막론하고 매우 드물다 (상업적으로 인기 있는 종들을 제외하면).

현재 국내종 양서류의 경우 3개종에 대해 합법적인 양식이 가능하기 때문에 양식장에서 인공번식이 시도되고 있는데, 외래종 양서류의 경우는 국내 번식 사례가 아직은 손에 꼽을 정도다. 최근 조사해본 바에 의하면, 약 10종 정도의 번식사례가 보고되고 있으나 국내에 도입된 종들의 전체 수를 고려한다면 빈번

포접하고 있는 버젯 프로그

한 것은 아니다. 애완양서류의 대중화가 이뤄진 지 얼마 되지 않은 것도 이유가 될 수 있겠지만, 그것만으로 이러한 현실을 설명하기는 어렵다(처음 책을 쓰기 시작할 때는 그랬지만 현재는 제법 다양한 종류의 양서류 번식이 국내에서 이뤄지고 있다).

양서류가 환경의 영향을 많이 받는 동물이라는 점이 가장 큰 이유일 것이고, 이런 이유 때문에 양서류의 번식을 위해서는 무엇보다 해당 종의 생태에 대한 이해가 선행돼야 한다. 다른 동물들도 마찬가지겠지만 특히 양서류의 경우에는 해당 사육종의 생태에 대한 철저한 사전검토 없이는 번식에 성공하기가 어렵다. 그것이 아직 국내에서 양서류 번식에 성공한 사례가 적은 중요한 이유 가운데 하나다.

이 장이 양서류의 번식에 대해 설명하는 부분이기는 하지만, 현재까지 41가지나 알려진 양서류의 다양한 생식방법을 하나하나 자세히 설명하는 것은 거의 불가능한 일이다. 더구나 잘 알려져 있는 종이라 할지라도 그들이 안정적으로 산란하고 번식하는 환경이 어떠한 것인지에 대해서는 정확하게 축적된 데이터가 없는 경우가 많다. 따라서 이 장에서는 번식의 가장 기본이 되는 암수구별과 동면, 사이클링에 대한 내용 그리고 올챙이와 변태를 마친 아성체의 관리에 대해 간단히 알아보도록 하겠다.

Section 02

양서류의 성별구분법

번식을 위해 사육자가 가장 먼저 해야 할 일은 번식이 가능할 정도로 성숙한 쌍을 구하고 관리하는 일이다. 성성숙이 완전하게 이뤄지고 건강한 모체는 성공적인 번식에 있어서 가장 기본적인 토대가 되기 때문이다. 너무나도 당연한 이야기지만 그러기 위해서는 먼저 개체의 성별을 정확하게 구분할 줄 알아야 한다.

양서류는 외형상 암수의 생김새에 별다른 차이가 없어 보이기 때문에 대부분의 사람들이 암수를 판별하는 데 어려움을 겪는데, 성별구분의 기준이 되는 몇 가지 요소만 숙지해둔다면 그리 어려운 것은 아니다. 물론 암수를 판별하는 가장 정확한 방법은 해부를 통해 생식기관의 차이를 비교하는 것이지만, 해부학적인 연구를 위한 방법은 될지언정 사육 하에서 실행할 수 있는 방법은 아니다. 사육 하에서 양서류의 암수를 구분하는 여러 가지 방법에 대해 알아보자.

크기 차이로 구분

대중적인 애완양서류 중 하나인 '화이트 트리 프로그'의 경우를 예로 들자면, 성체 수컷

의 크기는 약 10cm인 데 비해 성체 암컷은 약 12cm 정도 된다. 후손을 번성시키고 자신의 생존을 보장하는 데 더 유리하며 2세를 안정적으로 양육하는 데도 도움이 되기 때문에 많은 동물에 있어서 수컷보다 암컷의 덩치가 큰데, 이는 양서류의 경우도 마찬가지다. 대부분의 양서류는 암컷이 수컷보다 크고 성장도 훨씬 빠르기 때문에, 여러 개체가 모여 있을 때는 크기나 체구의 차이를 비교해 대략적으로 암수를 구분할 수 있다.

그러나 성체가 아닐 경우에는 구분하기가 어렵고 한 마리만 있을 때는 판단이 어렵다는 단점이 있기 때문에, 순수하게 크기만으로 암수를 판단하는 것보다는 다른 동정 포인트와 조합해 판별하는 것이 좀 더 정확하게 구별할 수 있는 방법이다. 또한, 수컷이 암컷보다 큰 양서류도 있으므로 이 방법을 이용해 암수를 판단할 경우에는 각각의 종에 있어서 수컷의 평균 크기가 큰지 암컷의 평균 크기가 큰지에 대한 기본적인 지식이 필요하다. 입문용으로 인기 있는 애완양서류인 아프리카황소개구리는 수컷의 크기가 더 크다.

체색에 있어서 암수 간에 차이를 보이는 종(위는 무어 프로그, 아래는 히말라얀 뉴트)

체색의 차이로 구분

몸 색깔로 암수를 판별하는 것은 두 가지 경우가 있는데, 우선 하나는 기본적으로 암수의 체색이 차이 나는 경우이며, 다른 하나는 번식기에 혼인색(婚姻色, nuptial coloration)이 두드러지게 나타나는 경우다.

우리나라 무당개구리의 경우 배 부분의 색깔을 확인해서 암수를 동정하는 것이 가능하며, 암컷은 주황색을 띠고 있는 반면 수컷은 주홍색을 띤다. 참개구리는 보통 수컷은 누런색이나 초록색인 데 비해 암컷은 갈색이나 회색을 띤다. 애완용으로 많이 기르는 아프리카황소개구리의 경우에도 옆구리 부분의 색을 확인해 암수를 구분할 수 있으며, 마블 샐러맨더(Marbled salamander)와 같이 종에 따라 밴드 색깔의 농담이 서로 차이 나는 경우도 있다. 아주 특이한 경우지만, 일부 종에 있어서는 울 때 체색을 특정한 색으로 변화시키기도 하므로 이를 파악해 암수를 구분할 수도 있다. 그러나 체색은 개체에 따라 변이가 있을 수도 있기 때문에 100% 정확한 동정법이라고는 할 수 없다.

개구리나 도롱뇽 가운데는 교미시기가 되면 평소에 어둡고 칙칙하던 몸 색깔이 화려한 혼인색으로 변하는 경우가 있는데, 이것을 관찰해 암수의 구분이 가능하다. 혼인색은 몸 전체에서 나타나기도 하고 꼬리나 배, 등 쪽 지느러미 부분처럼 신체의 일부에서 나타나기도 한다. 이 혼인색은 웅성(雄性)호르몬의 작용으로 발현하고 수컷에 한정돼 있기 때문에 이러한 체색변화가 일어나는 개체는 수컷으로 판별한다. 도롱뇽의 수컷은 가을철에 꼬리가 보라색으로 변하는데, 이는 수컷의 생식기관인 정소의 발달과 관계가 있기 때문에 이러한 체색의 변화를 관찰해 암수를 구별할 수 있다.

체형으로 구분

크기와 더불어 체형의 차이를 확인해 암수를 구별할 수 있다. 대체로 무미목은 암컷의 덩치가 더 크기 때문에 몸길이와 몸통둘레가 더 길고 두꺼우면 암컷으로 판별한다. 두꺼비의 경우 암컷의 다리가 더 짧고 피부의 돌기가 조밀하다. 독화살개구리는 옆에서 봤을 때 암컷의 허리가 수컷에 비해 더 굽어 각도가 작은 것을 볼 수 있다.

보통 수컷의 몸집이 작더라도 포접 시 암컷을 강하게 껴안기 위해 앞다리가 더 발달돼 있는 경우가 많기 때문에 이를 관찰해 암수를 구별하기도 한다. 도롱뇽 가운데 교미 시에 뒷다리로 암컷을 구속하는 종은 수컷의 뒷다리가 암컷보다 더 발달돼 있으므로 이를 확인해 암수를 구별할 수도 있다.

체형으로 구분 가능한 독화살개구리(왼쪽이 암컷)

육융(肉絨), 융모(絨毛)로 구분

포접돌기(抱接突起), 혼인돌기(婚姻突起), 육융(肉絨) 혹은 생식혹이라고도 불리는 혼인육지(婚姻肉指)는 번식기에 수컷의 엄지발가락 아래에 돌기처럼 나타나는, 확연히 튀어 오른 살점 부위를 말한다. 이 혼인육지는 짝짓기를 할 때 수컷이 암컷을 강하게 움켜잡을 수 있도록 하며, 암컷의 배를 자극해 알을 배출하도록 유도하는 역할을 한다.

번식기의 수컷은 앞다리에 이처럼 독특한 포접돌기나 융모를 발달시키므로 이 부분을 확인해 암수를 구별할 수 있다. 혼인육지를 확인하는 것은 암수를 판별하는 매우 확실한 방법 가운데 하나지만, 모든 종에서 이 혼인육지가 나타나는 것은 아니다. 또한, 번식이 가능한 성체일 경우에만 확인할 수 있고, 번식에 참여하지 않는 어린 개체는 판별이 불가능하다는 단점이 있기 때문에 다른 동정 포인트와 조합해 판단하는 것이 좋다.

아프리카발톱개구리처럼 완전수생종의 경우는 이 혼인육지와 더불어 발바닥 부분에 작은 융모가 발달돼 있기 때문에 이를 보고 암수를 판별하기도 한다. 혼인육지는 발가락 아래에만 있지만, 융모는 앞발 전체에서 넓게는 겨드랑이까지 나 있는 것을 볼 수 있다. 그러나 혼인육지가 오직 수컷에서만 나타나는 웅성2차성징(雄性二次性徵)으로 수컷임을 확실하게 판별하는 기준이 되는 데 비해 융모는 먹이를 확실히 잡기 위한 도구로서, 종에 따라서는 암컷에서 관찰되기도 하기 때문에 다른 동정 포인트와 함께 암수를 판별하는 보조적인 수단으로 이용하는 것이 좋다.

1. 혼인육지 2. 융모

발가락의 크기와 길이로 구분

독화살개구리의 경우는 수컷의 발가락이 더 크고 발가락 끝의 하트 모양도 더 분명하다. 특이한 예로 지저귀는개구리아과의 개구리 가운데 일부 종은 수컷 앞발의 세 번째 발가락이 다른 발가락에 비해 2~3배 정도 길기 때문에 이것을 암수구별에 이용하기도 한다. 일부 도롱뇽은 번식기에 알의 수정을 확실히 하는 데 도움을 주기 위해 뒷발의 측면 주름이 확연하게 발달하는 종도 있으므로 이런 형태적인 변화를 확인해 암수를 판별할 수도 있다.

고막의 크기로 구분
황소개구리의 경우 고막과 동공의 크기 차이를 살펴봄으로써 암수를 구분할 수 있다. 암컷의 고막은 동공과 비슷한 크기지만, 수컷의 고막은 동공의 2배 정도 크기로 확연하게 차이가 나기 때문에 눈 밑에 있는 울음판이 큰 것이 수컷이고 작은 것을 암컷으로 판별한다.

1. 황소개구리 수컷의 고막 2. 황소개구리 암컷의 고막

교미 위치로 구분
양서류는 교미 시에 수컷이 암컷을 뒤에서 껴안는 포접행동을 하므로 보통 작은 덩치로 위에 올라타 있는 개체를 수컷으로 판별한다. 하지만 약한 수컷이 전략적으로 다른 수컷의 주의를 돌리기 위해 암컷의 흉내를 내고 있는 경우가 있기 때문에 이 방법 역시 100% 정확한 판별법이라고는 할 수 없다.

총배설강의 형태나 위치로 구분
도롱뇽의 경우 수컷은 항문의 앞쪽 끝에 작은 돌기가 있고, 항문 주위가 두툼하게 부풀어 있다. 피파개구리 역시 번식기 때 암컷의 항문 부위가 고리 모양으로 부풀어 오르는 현상을 관찰할 수 있다. 무미목의 다른 종들과는 달리 특이하게 번식기에 수컷의 생식기관이 도드라지는 종도 있기 때문에 이를 관찰해 성별을 구별할 수 있는 경우도 있다.

제7장 양서류의 번식 **373**

아프리카발톱개구리 암수(왼쪽이 암컷)

이들 종은 물살이 빠른 지역에 서식하기 때문에 암컷에게 정자를 안정적으로 전달하기 위해 수정기관으로 이런 독특한 구조를 발달시켰다. 이런 형태를 가진 종류는 단 두 종의 꼬리개구리(Coastal tailed frog, *Ascaphus truei* / Mountain tailed frog, *Ascaphus montanus*) 밖에 없다. 이와는 반대로 같은 무미목이지만 아프리카발톱개구리의 경우는 암컷의 총배설강 주위에 돌기처럼 튀어나온 부분이 관찰된다. 산란 경험이 있는 개체는 산란기관이 발달해 있기 때문에 이를 기준으로 좀 더 확연하게 판별할 수 있다. 무족영원들은 총배설강이 생식기로 변화돼 있어 이를 관찰해 암수를 판별할 수 있다.

꼬리의 길이와 굵기, 피부질감의 변화로 구분

유미목의 경우에는 총배설강의 끝이 암컷보다 수컷이 더 길고, 이러한 특징은 번식기에 더 두드러진다. 번식기의 피부질감으로도 구분할 수 있는데, 피파개구리 암컷의 피부는 번식기가 되면 평소보다 두꺼워진다.

울음소리로 구분

일반적으로 울음주머니는 수컷이 가지고 있으며, 울음소리 역시 수컷이 낸다. 따라서 울음주머니의 유무와 울음소리를 내는지 여부를 살펴 암수를 구별할 수 있다. 보통 수컷만 울 수 있다고 알려져 있으나 모든 종에 있어서 반드시 그런 것은 아니며, 수컷만큼 크게 우는 것은 아니지만 암컷도 작은 소리로나마 울 수 있다. 이와 같이 소리를 이용해서 성별을 구분하는 방법은 지속적인 경험과 훈련이 필요하다.

울음주머니의 크기와 탄력성의 정도로 구분

보통은 울음주머니가 크고 잘 발달돼 있는 것을 수컷으로 판별한다. 또한, 자주 사용하기 때문에 울음주머니 부위가 암컷보다는 더 주름지고 근육이 처져 있는 경우가 많다. 우리나라 맹꽁이나 청개구리의 경우에는 번식기 때 이 울음주머니 부위의 피부가 늘어지면서 평소보다 무늬가 더 뚜렷해지기도 하는데, 이를 관찰해 암수를 구분하기도 한다. 하지만 금개구리처럼 수컷이 울음주머니를 가지고 있지 않은 종도 있기 때문에 이 역시 모든 종에 공통되는 완벽한 판별법은 아니다. 종에 따라 암수의 턱 색깔이 다른 경우도 있다.

암수는 체구뿐만 아니라 턱 밑의 색깔에 있어서도 차이를 보인다(왼쪽이 암컷 오른쪽이 수컷).

이상은 살아 있는 상태에서 암수를 구별하는 방법이다. 이외에 단순히 암수판별만을 위한 것으로 잘 알려져 있지 않은 독특한 방법이 하나 있는데, 개구리를 뜨거운 물에 넣거나 불로 익혔을 경우와 같이 갑작스러운 근육강직이 일어났을 때의 자세를 보고 구분하는 것이다. 이 경우 암컷은 11자로 두 다리가 쭉 뻗는 반면, 수컷의 다리는 약간 O자로 구부러지거나 무릎 근처에서 두 다리가 서로 교차된다. 이는 암수에 따라 생식선의 발달 정도가 다르기 때문이라고 여겨진다. 개구리의 종아리 부분을 잡고 거꾸로 들었을 때도 유사한 자세를 관찰할 수 있다. 또한, 개구리를 익혔을 때 다리를 벌리면 암컷, 팔짱을 낀 것처럼 다리를 오므리면 수컷으로 판별하는데, 이는 다리 근육의 발달 정도가 다르기 때문에 일어나는 현상으로, 이러한 방법은 성성숙이 완전히 이뤄진 성체일 경우에 한해 적용할 수 있다(이 방법은 개체의 성숙도나 생식선 발달 정도에 따라 어느 정도 차이는 있기 때문에 오동정의 여지가 있어 객관화시키기에는 어려움이 있다).

암수를 구분할 때는 앞서 언급한 것들 중 한 가지 조건에 맞는다고 해서 성별을 단정해서는 안 된다. 특히 최근에는 야생에서 환경오염으로 인한 성별혼란의 사례도 보고되고 있으므로 위에 언급한 여러 가지 복합적인 동정 포인트를 조합해 최종적으로 신중하게 판단하는 것이 좋다. 이러한 방법으로 성별을 구분해서 성숙한 쌍이 선별되면 그 다음으로 선별개체의 관리에 들어간다.

Section 03

번식의 과정

양서류의 번식이 다른 분류군에 비해 상대적으로 쉽지 않다고 알려져 있기는 하지만, 최근 들어 열정적인 브리더들을 중심으로 이전에는 불가능했던 종들의 국내 번식성공 사례가 새로이 들려오고 있다. 과정이 어려운 만큼 성공했을 때의 성취감은 더욱 더 클 것이고, 자신의 손으로 새로운 생명을 탄생시킨다는 것은 언제나 경이로운 일이기에 사육자들은 번식을 최종목표로 삼는 것인지도 모른다.

양서류의 생식방법
모든 양서류는 성이 분리돼 있고, 대부분 체외수정을 하며 알은 물속에 낳는다. 미수정된 알은 주로 젤리와 같은 막에 싸여 있다. 양서류의 알은 배아를 보호하기 위한 경계, 즉 막을 가지고 있지 않기 때문에 무양막류(Anamnia)라고 불린다. 양서류는 번식에 있어서 현저한 적응방산(適應放散, adaptive radiation)[1]이 이뤄져 있고, 그 가운데 무미목의 번식방법은 현재까지 알려진 것만 41가지로 나눌 만큼 모든 척추동물 가운데서도 가장 다양하다고 알려져 있다. 수컷은 신장 앞부분에 1쌍의 정소를 가지고 있는데, 정소에

양서류에 있어서 알과 유생을 보호하는 형태 **1.** 멕시칸 버로잉 세실리안(Mexican burrowing caecilian, *Dermophis mexicanus*) **2.** 쓰리 스트라이프 포이즌 다트 프로그(Three-striped Poison Dart Frog, *Ameerega trivittata*)

서 출정관(出精管)이 나와 신장으로 들어간 뒤 수뇨관에 모였다가 총배설강이 열리면서 정자를 배출한다. 암컷은 난소를 가지고 있으며, 종에 따라서는 체강의 대부분을 차지할 정도로 크게 발달한 경우도 있다. 양서류의 다양한 번식방법에 대해 알아보자.

■**체외수정**(external fertilization)**과 체내수정**(internal fertilization) : 무미목은 대부분 암컷이 수중에 알을 낳으면 수컷이 정자를 방출해 수정시키는 체외수정방식으로 번식한다. 양서류에 있어서 체내수정은 10~12종에 불과한 소수의 무미목, 대부분의 유미목, 모든 무족영원목에서 관찰된다. 사이렌과(*Sirenidae*)나 도롱뇽과(*Hynobiidae*) 그리고 장수도롱뇽과(*Cryptobranchidae*)와 같은 원시적인 유미목도 체외수정을 하는데, 일반적으로 유미목의 경우에는 체내수정을 한다고 알려져 있다.

하지만 이들의 체내수정은 일반적으로 알려져 있는 교미의 형태는 아니다. 수컷이 정포(精包, 꼭지가 있는 작은 정자다발)를 방출하면 암컷이 배설강을 통해 이를 체내로 끌어들여 총배설강 상부에 있는 특수한 저정낭(貯精囊)에 보관했다가 산란할 때 수정이 이뤄지는 방식으로서 일반적으로 행해지는 다른 동물의 체내수정과는 그 의미가 조금 다르다. 구애의식이나 정포를 암컷에게 옮기는 방식은 종마다 상이하다. 정포를 직접 암컷의 총배설강에 전달하는 종도 있고 자신의 정포가 있는 곳으로 암컷을 인도하는 종도 있으며, 무미목처럼 암컷을 구속하는 포접을 하는 종도 있다.

---

1) 생물의 한 분류군(分類群)이 환경에 적응해 나가는 과정에서 식성이나 생활방식에 따라 형태적·기능적으로 다양하게 분화하는 현상이다. 진화의 경로에서 볼 수 있는 주요한 경향으로서, 대표적인 예로 오스트레일리아 대륙에서는 원시적인 유대류가 적응방산을 통해 주머니쥐, 주머니곰, 주머니두더지, 꼬마주머니청설모, 코알라 등 여러 가지 생태적 지위를 얻은 것을 들 수 있다.

3. 미드와이프 토드(Common midwife toad, *Alytes obstetricans*)
4. 유러피안 케이브 샐러맨더(European cave salamander, *Hydromantes strinatii*)

암컷에게 옮겨진 정자는 그해의 번식에 이용되기도 하지만, 저장했다가 다음번 번식에 사용하기도 한다. 암컷에게 전달되는 정자의 가장 큰 역할은 수컷의 유전자를 다음 세대에게 물려주는 것이지만, 북미 타이거 샐러맨더의 일부 종에서 나타나는 것처럼 단순히 알을 자극해 발생을 유도할 뿐 유전적으로는 기여하지 않는 경우도 있다.

무족영원목은 전 종이 체내수정을 하는데, 뱀처럼 별도의 생식기를 가지고 있는 것이 아니라 총배설강을 반전시켜 송입기관(送入器官, intromittent gland)으로 사용한다. 수컷은 정자주머니에 정자를 저장했다가 반전된 총배설강을 통해 암컷의 총배설강에 전달한다. 수컷의 총배설강 안에 있는 한 쌍의 뮐러선(Mullerian gland)은 정자를 운반하고 정자에 영양을 공급하는 액체를 분비한다. 수정은 수란관 안에서 이뤄지는 것으로 추측되고 있다. 이렇게 체내수정으로 이뤄지는 번식방법은 무족영원목의 특성이지만, 무미목 가운데는 급류지역에 서식하는 종이 이들처럼 총배설강을 삽입기관으로 사용하는 경우가 있다. 이는 정자가 빠른 물살에 쓸려 내려감으로써 수정이 안 되는 것을 방지하기 위한 적응의 결과라고 할 수 있다. 꼬리개구리(Tailed frogs)라고 불리는 종의 꼬리는 실제 꼬리가 아니라 수컷의 총배설강이 이러한 목적으로 돌출된 것이다.

체내수정은 확실하게 자신의 유전자를 물려줄 수 있다는 장점이 있는 데 반해 체외수정을 하는 종은 알을 많이 낳기 때문에 천적들이 알을 먹더라도 그 가운데 일부가 살아남을 수 있고, 여러 수컷의 정자로 수정이 이뤄지기 때문에 유전적 다양성이라는 측면에서 더 유리한 점이 있다고 할 수 있다.

■ **난생**(oviparity), **태생**(viviparous), **난태생**(ovoviviparous) : 양서류는 번식에 있어서 난생과 태생, 난태생의 방법을 모두 이용한다. 양서류의 거의 모든 종은 난생으로 민물이나 땅 위, 나무 위에 산란한다. 산란하는 알의 숫자는 적게는 2개부터 많게는 25,000개에 이르는데, 다른 동물들과 마찬가지로 알을 돌보지 않는 종은 많은 알을 낳고 알을 잘 돌보는 종은 적게 낳는다. 양서류의 세 목을 서로 비교해보면 유미목이나 무족영원목은 무미목들에 비해 상대적으로 적은 수의 알을 낳는데, 평균적으로 볼 때 양서류가 알에서 성체가 되는 비율은 전체의 20% 정도로 알의 수에 관계없이 거의 비슷하다.

완전히 발달된 유생을 낳는 양서류의 대부분은 난태생이다. 새끼들은 난관이나 위, 울음주머니, 입안에서 성숙되지만 부모로부터 직접적인 영양공급은 받지 않는다. 암컷이 수정란을 몸속에 가지고 있는 태생종도 있는데, 직접적인 태반부착은 없지만 이 경우 배는 난황낭에 저장돼 있는 난황을 양분으로 사용하거나 암컷으로부터 직접 공급되는 난관분비물의 영양분을 성장에 이용한다. 무족영원목의 약 75%는 뱃속에서 배아에 영양을 공급하다가 출산하는 태생으로 번식하며, 나머지는 알을 낳는다. 태생으로 번식하는 무족영원은 배아에 영양을 제공하는데, 이들의 새끼는 난관의 벽에서 분비되는 당단백질인 자궁유(子宮乳, uterine milk, 수정란이 착상되는 시기를 전후해 자궁강 내에 저장돼 있는 황색 또는 백색의 진하고 불투명한 액체)를 긁어먹기 위해 치아가 발달돼 있다.

■ **특이한 형태의 생식방법 및 유생보호형태** : 수중에 낳은 알이 체외수정을 통해 수정되고 알에서 깨어나 올챙이가 되고 이것이 자라 개구리로 변태하면서 땅 위로 나온다는, 우리에게 지극히 익숙한 개구리의 한살이는 양서류의 수많은 번식방법 가운데 하나에 지나지 않는다. 무미목 가운데 수백 종이 야생에서 번식을 위해 물을 필요로 하지 않는다. 이들은 생태적·진화적 적응을 통해 번식을 위한 별도의 수공간이 없어도 번식이 가능하게 됐다. 현재까지 알려진 양서류의 생식방식은 총 41가지에 이른다.

양서류, 특히 개구리 가운데는 우리가 알고 있는 일반적인 방법과는 다른 특이한 방법으로 번식을 하고 새끼를 극진히 보호하는 종들도 상당히 많다. 우리가 일반적으로 아는 것처럼 알을 물속에 낳는 것이 아니라 위험한 습지를 피해 나무 위 혹은 땅 위, 땅속 구멍, 심지어 자신의 등이나 울음주머니, 수컷이 만든 진흙구덩이, 구멍이 난 대나무 줄기 안에 낳기도 한다. 또 나뭇잎 위에 낳고 그 나뭇잎을 접어 자신의 분비물로 접합

사진 속의 거품덩어리는 폼 네스트(foam nest), 이렇게 거품에 산란하는 종은 폼 네스터(foam nester)라고 불린다.

하기도 하고, 중남미에 서식하는 퉁가라개구리(Tungara frogs)처럼 암컷이 분비한 계면 활성제 단백질(surfactant proteins)을 수컷이 뒷다리로 뒤섞어 특수한 거품주머니(floating foam)를 만든 뒤 그 속에 산란을 하는 종도 있다. 이 거품주머니는 2~3일이 지나면 표면이 굳어져 알덩이 속에 있는 수분의 증발을 억제하며, 부화시기에 맞춰 거품이 녹으면서 알에서 부화한 올챙이가 흘러나와 아래쪽의 물웅덩이로 떨어지게 된다. 이와 같은 방식으로 번식하는 개구리도 전 세계에 4개과가 있다.

체내수정을 하는 종도 많으며, 올챙이 상태를 거치지 않고 알에서 바로 어린 개구리가 태어나는 종류도 9개과 800여 종에 이른다. 주로 열대우림에 서식하는 개구리의 20% 정도가 이와 같은 방식으로 번식한다. 이런 종류는 알이나 올챙이를 천적이 들끓는 수중에 방치하지 않기 때문에 알의 생존율도 월등하게 높은 편이다. 영원의 일부 종은 알들을 한 개씩 정성스럽게 수초로 싸서 보호하기도 한다. 아프리카에 서식하고 체내수정을 하는 종의 개구리는 올챙이단계를 거치지 않고 바로 새끼개구리를 출산하는 경우도 있다. 이처럼 번식을 위해 물을 필요로 하지 않는, 직접발생(direct development)을 하는 종의 번식성공률은 강우량과 계절적 타이밍에 좌우된다.

일반적으로 보통의 양서류는 자신이 산란한 알을 보호하거나 관리하지 않는다고 많이 알려져 있다. 이는 우리가 자연에서 산란된 알이나 올챙이는 본 적이 있지만, 그것을 보호하는 어미들의 특별한 노력에는 관심을 기울이지 못했기 때문일 것이다. 물론 알을 돌보지 않는 경우도 많지만, 많은 수의 양서류종에 있어서 한쪽 부모가 알을 보호하는 행동을 하며 일부 종의 개구리는 보모가 알 또는 올챙이를 운반하며 관리한다. 육상에서 산란된 알들은 수분을 유지하기가 어렵기 때문에 어미가 알 위에 앉아 습기를 유지해주기도 하고, 독개구리 중의 일부는 매일 수정시킨 알을 찾아가 알이 마르지 않도록 자신의 피부에서 나오는 수분을 이용해 습기를 제공하는 경우도 있다.

이처럼 고정된 장소에 산란을 하기도 하지만, 많은 종의 개구리들이 스스로 알이나 새끼를 데리고 다니며 보호하는 행동을 하기도 한다. 최근에는 알이 아닌 올챙이를 바로 낳는 개구리(Fanged frog, *Limnonectes larvaepartus*)가 인도네시아의 열대우림에서 발견되기도 했다. 대표적인 종이 브라질 북부에 서식하는 피파개구리(*Pipa americana*)로, 특이하게도 자신의 등에 알을 낳고 부화 시까지 돌보는 모습을 보인다. 암컷이 산란한 알을 수컷이 자신의 넓적다리나 허리 주위에 붙여 보호하는 종도 있고, 암컷이 산란한 끈 모양의 난괴를 뒷다리에 감아 다니는 종과 특수한 보육낭을 발달시킨 종도 있다.

이렇게 외부에 매달고 다니는 것과는 반대로 칠레의 다윈개구리(Darwin frog) 같은 특수한 종은 암컷이 산란을 마치면 수정시킨 알을 수컷이 삼켜서 울음주머니 위 속에서 양육하기도 한다. 위주머니보란개구리(Gastric brooding frog) 2종은 암컷이 수정란을 삼켜 뱃속에서 올챙이를 부화시킨 뒤 입안에서 새끼를 기르는 번식형태를 가지고 있다. 유생의 구강점막에서 분비되는 프로스타글란딘 E2(Prostaglandin E2)라는 호르몬에 의해 어미의 위 크기가 확장되며, 연동운동과 염산분비가 억제되기 때문에 알은 소화되거나 장으로 내려가지 않고 위에 머물면서 부화된다. 그 이후로도 6~7주에 이르는 올챙이시기를 어미의 위에서 보낸다(현재는 멸종됐다). 보통 육상에 산란하는 종은 올챙이단계를 거치지 않고 알에서 직접 성체가 되는 경우가 많은데, 이런 종도 8백여 종이나 있으며 열대우림에 서식하는 전체 종의 20%가 이에 해당된다.

자연계에서 수컷이 새끼를 보호하는 동물은 그다지 많지 않다. 수컷이 새끼를 보호하는 현상은 어류나 양서류에서 두드러지는데, 이는 체외수정의 특성에 의한 것으로 보인다. 체외수정을 하면 수컷이 자신이 수정시킨 알이 어느 것인지 알 수 있으므로 새끼를 보호함으로써 자신의 유전자를 남길 확률을 높일 수 있기 때문이다. 또한, 양서류의

뒷다리 사이에 알을 감고 다니며 보호하는 종(사진은 Common midwife toad-*Alytes obstetricans*)

큰 특질 중 하나인 변태의 과정을 생략해버린 종도 있는데, 체내수정을 하는 아프리카의 일부 개구리는 올챙이단계를 거치지 않고 바로 새끼개구리를 낳기도 한다. 이뿐만 아니라 최근에는 인도네시아에서 알이 아니라 올챙이를 낳는 림노네크테스 라르바이파르투스(*Limnonectes larvaepartus*)라는 신종 개구리가 발견되기도 했다.

무족영원류는 마치 뱀처럼 자신이 산란한 알을 서리고 보호하는 행동을 하며, 아프리카 황소개구리의 경우 올챙이들이 모여 있는 웅덩이가 말라가면 뒷발로 땅을 파서 물길을 내어 물을 끌어오기도 한다. 독개구리 종류는 지상에 산란하지만 올챙이로 부화되면 어미가 등에 업고 물웅덩이를 옮겨 다니며 돌보고, 무정란을 낳아 올챙이의 먹이로 주기도 한다. 우리나라 도롱뇽처럼 알을 직접적으로 가지고 다니며 지키지는 않더라도 일단 알을 수정시킨 수컷이, 다른 수컷이 그 알에 다시 수정시키지 못하게 하도록 알을 지키는 행동을 하는 종도 있다. 암컷이 부화를 마칠 때까지 알을 지키는 종도 많다.

많은 종들이 개체마다 따로 산란을 하지만, 특정한 종은 공동장소에 산란해 알들이 한 덩어리를 이루는 경우도 있다. 이와 같은 공동산란방식은 초봄에 알이 얼어버리는 것을 방지하기 위한 하나의 적응형태라고 생각된다. 배아의 검은 부분은 태양빛을 효과적으로 흡수하고 배아를 감싸며, 두꺼운 젤리층이 보온재의 역할을 해 난괴 안의 온도는 주위 수온보다 5℃ 정도 높게 유지되기 때문이다.

■ **무성생식**(無性生殖, asexual reproduction) : 보통 암컷 혼자서 생식하기 때문에 생물학에서는 처녀생식(處女生殖, parthenogenesis)이라는 용어를 사용하기도 한다. 암수 필요 없이,

한 개체가 단독으로 스스로의 유전자와 동일한 새로운 개체를 형성하기 때문에 무성생식이라고도 한다. 몇 종류의 개구리와 일부 도롱뇽은 무성생식을 하는데, 자연적인 발생 외에도 알을 바늘로 쿡쿡 찌르는 식의 외부적인 자극에 의해 미수정란을 활성화시켜 발생을 유도할 수도 있다. 무족영원목에서는 아직 무성생식의 사례가 보고돼 있지 않다. 중남미의 어떤 개구리는 기생충의 수가 많으면 유성생식을 하고 기생충의 수가 줄어들면 무성생식으로 돌아가는 패턴을 보이는데, 이는 유성생식이 면역세포 생성과 관련이 있기 때문인 것으로 보인다.

■**계절번식종(seasonal breeder)과 기회번식종(opportunistic breeders)** : 동물은 인간처럼 1년 중 어느 시기라도 번식이 가능한 '연중번식동물(continuous breeders)', 개나 고양이처럼 특정한 주기로 번식이 가능한 '주년번식동물(annual breeders)' 그리고 '계절번식동물(seasonal breeder)'과 '기회번식종(opportunistic breeders)으로 나눌 수 있다.

계절번식종은 온도와 먹잇감, 물 가용성 및 천적의 개체 수와 같은 요인들을 고려해 새끼들이 생존할 수 있는 가장 최적의 특정 시간 동안만 번식하는 동물들을 말하며, 양서류는 대표적인 계절번식종이다. 기회번식종은 강우량, 먹이의 발생시기, 온도 혹은 호우로 인해 형성되는 적절한 번식지 등 특정 조건이 형성됐을 때 번식능력과 동기가 부여되는 종을 말한다. 양서류 가운데는 강우에 의해 교미행동이 유발되는 아프리카발톱개구리가 대표적인 예다. 사막에 서식하는 양서류 역시 짧은 강우시기에 번식이 이뤄지는 기회번식종이며, 기회번식종도 넓은 의미의 계절번식종에 포함된다.

■**양서류의 한살이** : 변태가 이뤄지는 종류를 기준으로 한살이를 알아보도록 하자. 무미목과 유미목의 경우 중간 단계가 생략되는 종도 있지만, 일반적으로 양서류의 발달단계는 알, 올챙이, 유생, 성체의 순서로 이뤄진다. 각각의 단계는 보통 몇 주일의 시간이 소요되지만 길게는 2년까지 걸리는 종도 있다. 양서류는 대부분 알을 물속에 낳고, 배란된 알은 몸체의 좌우에 있는 긴 수란관(輸卵管)에서 분비되는 한천 상태의 물질에 덮여 체외로 배출된다. 알에서 깨어난 유생은 아가미로 호흡하고 내골격이 없는 등지느러미로 헤엄치며 활동하지만, 변태를 통해 쌍을 이루는 앞·뒷다리가 생기면서 사지동물의 특징이 나타나고 견대(肩帶)와 요대(腰帶)를 갖추게 된다. 무족영원목은 성체와 같은 형태로 부화한다.

양서류의 성장크기에 따른 명칭

아직 국내에는 양서류의 성장크기에 따른 정확한 명칭이 부여돼 있지 않다. 일례로 흔히 사용되는 '올챙이'의 경우 보통 무미목의 유생을 이르지만, 이 용어를 유미목의 유생에게도 사용해도 되는지에 대한 사회적인 합의는 이뤄져 있지 않다. 또한, 변태를 막 마친 크기를 이르는 정확한 명칭도 존재하지 않는다. '새끼개구리'라는 의미로 '아와(兒蛙)'를 쓰기도 하지만 이 역시 공인된 명칭은 아니다. '유생(幼生)'이나 '유체(幼體)'라는 말 역시 올챙이를 의미하는 것인지 아직 성적으로 성숙하지 않은 변태를 마친 어린 개구리를 의미하는 말인지 정확하지가 않다. '준성체(準成體)'나 '아성체(亞成體)' 그리고 간혹 쓰이는 '중성체(中成體)'라는 용어 역시 마찬가지로 '성체 크기의 대략 몇 % 정도를 이른다'라는 기준이 없다.

일부 사육자들 사이에서는 중성체(中成體)를 준성체(準成體)의 개념으로 사용하는 경우도 있는데, '중간 정도 크기의 성체'라는 의미의 중성체라는 용어는 사전에는 없는 말이다. 애완동물 분야에서는 알/유체/아성체/준성체/성체로 구분하기도 하는데, 아성체와 준성체는 사전적으로 유사한 용어인 데다가 이렇게 분류하는 방법 역시 사회적으로나 학문적으로 합의된 바는 없다. 어찌됐거나 이런 용어의 불확실성은 양서류를 설명할 때 지속적으로 의사소통에 문제를 일으키게 하는 원인이 되므로 빠른 시일 내에 국내외적으로 통용할 만한 명칭에 대한 공식적인 합의가 있었으면 하는 바람이다.

본서에서는 이해를 돕기 위해 아직 사회적인 합의는 없으나 편의상 아래와 같은 명칭으로 사용하도록 하겠다. 개인적으로 정리해본 것이지만, 동물의 성장단계에 따른 명칭에 이런 용어를 사용하면 어떨지 조심스럽게 제안해본다(본서에 쓰인 아성체라는 용어는 '성체에 버금간다'는 사전적 의미의 '아성체-亞成體'가 아니라 '어린 성체'라는 의미의 '兒成體'로 변태를 갓 마친 단계를 의미하며, '유체-幼體'는 아성체-兒成體-보다 더 어린 단계로 올챙이를 의미한다. 그러나 사전에 아성체-兒成體-라는 한자어는 없다).

한자 명칭	알 (卵)	유체 (幼體)	변태	아성체 (兒成體)	준성체 (準成體)	성체 (成體)	완성체 (完成體)
시기	알	올챙이		당년생 (當年生)	이년생 (二年生)	3년차 이후 (三年借 以後)	4년차 이후
영명	egg	Tadpole / Polliwog		Juvenile(JV, JUV) Young adult Froglet(무미목으로 변태과정에 있는 개체)	Sub-adult	Adult	Fully-grown adult
성장 단계	부화하지 않은 상태	알에서 깨어나 변태를 종료하기 전까지의 개체		aft 유미목으로 변태 이후 일시적으로 육상생활을 하는 시기의 개체 변태를 마치고 본격적으로 성장 중인 개체 / 태어난 지 1년이 경과되지 않은 개체 / 종의 평균 크기의 30%(1/3) 내외 성체 초기	태어난 지 1년이 지났으나 아직 성적으로 성숙하지 못하고 암수에 따른 종(種)의 평균 크기의 70% (2/3) 내외 성체 중기	aft 시기를 지나 성체의 서식지에 정착한 개체 번식에 참여할 만큼 성적으로 완전히 성숙한 개체 / 종(種)의 평균 크기나 그 이상에 달하는 개체 성체 말기	암수에 따른 종(種)의 평균 크기나 그 이상에 도달한 개체 / 완전히 성적으로 성숙하고 매년 번식에 참여하는 개체 성체 말기

동면(cooling)을 위한 모체 관리

사육 중에 사육자의 의지와 상관없이 갑자기 번식이 되는 경우도 있는데, 계획적인 번식을 위해서는 체계적인 프로그램 안에서 시도하고 모체는 특별히 관리하는 것이 좋다. 원서식지에서는 자연적인 본능에 따라 생식활동이 이뤄지므로 문제가 생기는 경우는 드물지만, 인공적인 사육환경 하에서는 모체의 영양상태나 컨디션이 사육자에 의해 전적으로 좌우되기 때문이다. 적절치 못한 관리로 산란 후 암컷이 급격히 약해지는 경우도 있고, 번식을 하더라도 산란량이 적거나 발생률이 떨어지거나 약한 개체로 태어나는 경우와 같이 좋지 않은 변수가 생길 가능성이 많다.

연구자나 상업적 브리더의 경우 동면과정 없이 호르몬을 이용해 산란을 촉진시켜 번식하기도 하지만, 보통 사육자가 이런 방법을 사용하기에는 어려움과 위험부담이 따르므로 본서에서는 휴면기를 이용한 자연스러운 번식에 대해 알아보도록 하겠다. 우선 번식을 시도함에 있어서 완전히 성숙하지 않은 개체나 영양공급부족으로 체중이 지나치게 가벼운 개체, 심각한 질병을 앓았거나 앓고 있는 개체 혹은 회복된 지 얼마 되지 않은 개체, 최근에 분양받은 개체 등은 번식프로그램에 포함시켜서는 안 된다.

번식을 위한 개체는 동면기간을 안전하게 버틸 가능성이 높고 더 크고 많은 수의 알을 산란할 수 있는, 사육하고 있는 개체들 가운데 가장 크고 건강한 것이어야 한다. 이때 주의할 점은 암수 1마리씩, 단 한 쌍으로 번식을 시도하는 것보다는 다수로 시작하는 것이 성공률이 높다는 사실이다. 팩맨의 경우를 예로 들면, 암컷 3마리에 수컷 2마리 정도를 같은 프로그램에 넣는 것이 좋다. 수컷이 1마리만 있을 경우에는 번식이 잘 안 된다는 보고가 있다. 또한, 가급적이면 3년이 넘은 개체를 번식에 참여시키는 것이 좋다. 2년 정도 돼도 번식에 참여할 정도의 크기로 자라기는 하지만, 아직 체내에 충분한 지방을 축적하지는 않기 때문에 동면을 버텨내지 못할 가능성이 크다. 먹이를 충분히 급여하는 사육 하에서라도 보통은 3살을 넘기고 번식을 시도하는 것이 안전하다.

이렇게 선별된 모체는 동면 전에 성숙을 위해 가장 적합한 환경에서 축양할 필요가 있다. 동면 중에 수개월간 먹이를 먹지 않음에도 불구하고 양서류가 죽지 않고 살 수 있는 것은 대사를 극한까지 억제하기 때문이다. 하지만 동면 중에도 체력과 체중은 서서히 감소하기 때문에 동면에 들어가기 전에 동면기간을 문제없이 버틸 수 있는 신체상태를 만들어둬야만 안전하게 동면을 마칠 수 있고 안정적으로 산란을 할 수 있다.

아프리칸 불 프로그의 인공동면

이러한 이유로 선별된 성체들에 대해서는 동면 몇 달 전부터 충분한 영양공급과 세심한 건강관리가 필요하다. 11월에 동면에 들어간다고 할 경우라면 9월 정도에 동면을 할 수 있을 정도의 컨디션을 만들어둬야 한다. 갑자기 과도하게 영양가 높은 먹이나 평소에 급여하지 않던 동물성 단백질을 공급해줄 필요는 없다. 동물성 단백질은 동면기간에는 전혀 필요치 않은 성분이다. 평소에 영양관리를 잘 해주고 있었다면 보통의 균형 있는 먹이급여만으로도 충분한 영양을 섭취할 수 있었을 것이다. 동면 전 관리는 장기간에 걸쳐 계획적으로 진행할수록 좋다.

최적의 영양상태를 유지하되 과도하게 비만이 되지 않도록 관리하는 것도 중요하다. 배가 고플 경우 눈앞에 움직이는 물체를 무엇이나 입 안에 집어넣는 폭발적인 식성을 보이기는 하지만, 평소 섭취하는 일정량 이상의 먹이를 억지로 먹지는 않기 때문에 비만이 되는 경우는 흔치 않다. 그러나 사육 하에서는 일단 운동량이 자연상태에 비해 현저하게 적고 섭취하는 먹이의 질 또한 뛰어나기 때문에 비만에 주의해야 한다. 질병이나 기생충, 외상 등으로부터도 보호할 필요가 있다. 마지막으로 영양을 충분히 축적한 후 동면시기가 가까워지면 본격적으로 동면에 들어가기 전 장을 비우기 위해 통상 동면 2주~1개월 전부터는 서서히 금식을 시켜야 한다(동면프로그램 시작 시간이 촉박하더라도 최소 2주는 금식을 시키는 것이 좋다).

동면기간 중 위장 내에 소화가 안 된 음식이 남아 있으면, 그것이 부패되면서 발생한 가스가 위나 장으로 모여 위장장애 또는 패혈증과 같은 이차적인 감염증을 유발할 수 있고, 이는 곧 폐사로 이어질 수 있다. 또한, 동면에 들어가기 전에 충분한 수분을 공급하고 장운동을 활성화시켜 장에 모여 있는 배설물을 제거해줘야 한다. 만약 동면이 시작되기 전에 실수로 먹이를 먹였다면 완전히 소화를 마칠 때까지 동면개시시기를 늦춰야 한다. 동면을 시키지 않으면 모르되 일단 동면프로그램을 시작했으면 대강대강 관리하는 것은 있을 수 없다. 올바른 지식과 철저한 관리만이 동면 중에 일어날 수 있는 여러 가지 변수들을 최대한 줄여줄 수 있다는 사실을 명심하도록 하자.

안정적인 쿨링(cooling)과 사이클링(cycling)

자연상태에서의 동면(hibernation)이란, 변온동물인 양서류가 환경조건에 적응하기 위해 체내의 대사활동을 줄이고 체온을 낮춰 겨울을 나는 상태를 일컫는다. 이를 번식의 측면에서 생각하면 동면은 생식주기를 맞추는 데 도움을 주고 호르몬 밸런스를 유지시키며, 동면에서 깨어날 때의 온도변화는 생식호르몬 분비의 촉진을 유도해 교미를 자극하는 효과가 있다. 따라서 양서류의 번식을 위해서는 일정기간 온도편차가 주어지는 휴면의 기간이 반드시 필요하다. 꼭 번식이 아니더라도 비만인 개체의 경우에는 장기간의 휴면을 통해 과도하게 축적된 지방을 연소시키게 할 수 있다.

이와 같이 사육 하에서 번식을 위해 인위적으로 일정 기간 온도차를 조성해주는 것을 쿨링(cooling) 혹은 사이클링(cycling)이라고 한다. '쿨링'이 인공적으로 동면환경을 제공해주는 것이라면, 아열대에 서식하는 종의 경우에 있어서 우기에서 건기로 넘어가는 과정에 차가운 비가 내리고 기온이 떨어져 일정 기간 낮은 온도와 높은 습도가 유지되는 기간의 환경을 인공적으로 제공해주는 것을 '사이클링'이라고 부른다. 애완종 가운데는 팩맨, 버젯 프로그, 픽시 프로그 등이 사이클링이 필요한 대표적 종이다(양서류에 있어서 이러한 휴면기는 번식의 측면에서 아주 중요한 역할을 할 뿐만 아니라 사육개체의 '수명을 연장시키는 효과'도 있다고 알려져 있다. 픽시 프로그의 경우 사이클링을 시킨다면 40년 이상까지도 생존시킬 수 있다).

양서류 사육에 있어서 인공동면 혹은 인공사이클링은 상당히 위험하고도 어려운 기술이기 때문에 실제로 많은 사육자들이 이 과정에서 소중히 길러오던 동물을 폐사시키곤 한다. 이와 같은 동면기 폐사의 가장 큰 이유는 온도를 일정하게 내리고 올리는 것이 쉽지 않기 때문이다. 원하는 수치까지 온도를 올리는 것은 히팅 램프나 열판과 같은 여러 가지

금개구리의 동면

열원의 사용으로 가능하지만, 특정한 기계를 이용하지 않는 이상 원하는 수치까지 온도를 일정하게 내리고 안정되게 유지했다가 또다시 일정하게 올리는 것은 생각만큼 쉽지 않다. 온도의 잦은 변동이나 급격한 변화는 생물의 쇠약 및 즉각적인 폐사로 이어질 수 있으므로 동면기에는 온도를 '일정하게' 유지해야 할 필요가 있으며, 동면프로그램을 시작할 때나 깨울 때도 충분한 시간을 두고 '서서히' 온도변화를 줘야 한다.

쿨링 시에는 정상적인 온도에서 단기간에 원하는 온도까지 내렸다가 올리는 것이 아니라 오랜 시간을 두고 서서히 내려줘야 한다. 보통은 상온에서 20℃ 정도 내려 며칠간 저온에 적응시킨 뒤 15℃에서 다시 며칠 그리고 5℃ 정도가 유지되는 곳으로 옮겨 본격적인 쿨링에 들어간다. 종에 따라서는 자연상태에서 몸이 얼어붙을 정도의 온도에서 겨울을 나는 경우도 있으나 사육 하에서 그 정도의 온도까지 내리는 경우는 거의 없다. 무엇보다 동면 중에 일어나는 폐사의 대부분은 동면을 시작할 때나 동면에서 깨울 때 발생한다는 사실을 기억하고 그 기간에는 특별히 신경 써서 관리해야 한다.

온도가 낮은 곳으로 사육장을 옮긴다거나 얼음을 넣는다거나 하는 아날로그적인 방법을 사용할 경우 동면온도의 잦은 변화가 필수적으로 동반되기 마련이고, 이는 고스란히 사육종에게 부정적 영향으로 나타나게 된다. 의도치 않게 원하는 온도 이하로 장시

양서류 동면의 신비

변온동물인 양서류에게 겨울은 가혹한 계절이다. 겨우내 온몸이 거의 얼어붙은 상태로 목숨을 부지해야 하기 때문이다. 청개구리의 경우 몸의 대부분이 얼어붙은 채 심장 부근에만 겨우 피를 돌려 생존한다. 인간은 추위에 노출되면 동상에 걸리는데, 어떻게 개구리는 온몸이 얼어붙었다가도 무사히 다시 깨어날 수 있을까.

옴개구리의 수중동면

그 이유는 첫째, 개구리의 세포들이 아주 뛰어난 신축성을 가지고 있기 때문이다. 수분은 얼면 팽창하게 되는데, 신축성 있는 개구리의 세포들은 물이 얼어 팽창하더라도 세포의 구조를 무너뜨리지 않고 잘 보존할 수 있도록 해준다. 둘째, 피브리노겐(Fibrinogen)이라는 혈중 섬유소원의 수치를 향상시켜 혹시라도 생길 수 있는, 얼음결정에 의한 혈관이나 세포의 손상을 억제하기 때문이다. 마지막으로 개구리는 기온이 떨어지는 것을 감지하면 신체 각 부분에 흩어져 있는 수분을 한곳으로 모으려고 하고, 체내에서 만든 에틸렌글리콜을 간장에서 고농도의 포도당으로 분해해 체내 포도당수치를 평상시의 100배 이상으로 급격하게 높인다. 포도당을 일종의 부동액처럼 이용해 세포 내부 수분의 결빙점을 낮춤으로써 세포의 동결을 막아 보호하는 것이다. 이 덕분에 다른 부분은 얼더라도 중요한 내부 장기나 혈액은 얼지 않는다. 스스로를 얼음에 가둬 얼어 죽는 것으로부터 지키는 것이다. 이러한 종들은 한번 동결이 시작되면 외부환경이 다시 따뜻해질 때까지는 심장과 뇌의 활동까지도 멈춘다. 의학적으로 완전히 죽었다가 다시 살아나는 것이니 놀라운 일이 아닐 수 없다. 흔히 겨울잠이라고 표현하지만, 정확하게 말하면 잠(冬眠)에서 깨어나는 것이 아니라 죽음(凍死)에서 깨어나는 것이다.

동면도 신비롭지만 인간은 3개월만 병상에 누워 있어도 온몸의 근육이 퇴화해서 걷기가 힘든데 동면에서 깨어난 개구리는 멀쩡히 잘 뛰어다닌다. 이것은 또 어떻게 된 일일까. 과학정보전문매체 〈사이언스코덱스(Sciencecodex.com)〉는 호주 퀸즈랜드대학 연구진이 퀸즈랜드 북부에 널리 분포하는 개구리종인 줄무늬굴개구리(Striped burrowing frog)의 동면(冬眠)을 연구해 동면 중 근육퇴화를 막는 실마리를 찾아냈다고 보고한 바 있다. 바로 서바이빈(Survivin)과 키나제1(Kinase 1)이라는 유전자에 그 비밀이 있다. 서바이빈은 세포사멸억제 단백질 중 하나로 이름처럼 손상되거나 병든 세포를 제거해 근육이 생존하도록 도와주는 것으로 알려져 있으며, 키나제1 역시 세포분해와 DNA손상을 막아 근육이 비활성화돼 망가지는 것을 방지해주는 것으로 추정된다. 이 두 유전자가 동면 중인 개구리의 근육손상을 막아주는 것이다.

이는 다른 종에게서는 좀처럼 볼 수 없는 신비한 현상으로, 이러한 현상은 과학적으로 인간에게 도움이 되기도 한다. 동면의 기술을 인간에게 적용할 수 있다면 이식을 기다리는 인간의 장기를 장기간 보관할 수도 있고, 질병의 치료나 행성 간 여행을 위한 냉동인간을 만드는 데 응용할 수 있을 것이다. 또한, 근육퇴화의 비밀은 우주선 내 무중력공간에서의 근육손실방지는 물론 근육감퇴질환을 앓고 있는 환자들에게 유용한 치료법을 발견할 수 있을 것이기 때문이다.

간 기온이 내려가 생물이 폐사하는 경우도 생길 수 있고, 적온에서 동면을 시키지 않을 경우 동면 후 실명되거나 사지가 마비되는 증상이 나타날 가능성도 있다. 비록 건강한 개체라고 할지라도 동면 중, 혹은 동면 후의 폐사는 드문 일이 아니다. 그만큼 사육 하에서의 인공적인 동면은 많은 어려움과 위험부담을 안고 있다. 번식을 시도하는 과정에서 사육 중인 개체를 폐사시키는 주된 이유는 제대로 준비를 갖추지 못한 상태에서 동면을 시도했거나 동면기간 중에 적절하게 관리하지 못했기 때문인 경우가 많다.

따라서 사육 하에서의 인공적인 휴면은 가급적이면 시도하지 않는 것이 좋다. 여러 면에서 상당한 위험부담을 안고 있는 일이니만큼 번식을 고려하지 않는다면 일부러 시킬 필요는 없고, 확실한 준비 없이는 시도하지 않는 것이 오히려 안전하다. 사이클링의 경우에는 상대적으로 쿨링보다는 그 위험성이 적다고는 하지만, 역시 충분한 설비와 철저한 프로그램에 따라 계획적으로 진행해야 하는 과정이다.

양서류는 온대부터 열대, 아열대, 스텝, 사막, 사바나까지 다양한 기후대에 걸쳐 서식하고 있기 때문에 쿨링과 사이클링에 앞서 무엇보다 중요한 것은, 사육종이 서식하는 원서식환경을 철저하게 분석하고 해당 종의 휴면과 번식기의 환경을 가급적 정확히 구현하기 위해 노력하는 것이라고 할 수 있다. 온도변화와 더불어 안정적인 번식을 위해서는 보조적으로 습도의 변화, 인공적인 샤워나 음향 등을 제공해줄 필요가 있다.

■**동면상자 및 동면수조의 제작과 설치** : 인공동면을 위해서는 별도의 동면용 구조물이 필요하다. 보통 상자를 이용하는데, 양서류의 크기가 대체로 작은 만큼 동면에 사용하는 상자는 그다지 클 필요가 없고 소재에 특별히 제한이 있는 것도 아니다. 크기는 동면시키고자 하는 개체의 크기를 고려해 용기 내에서 180° 방향을 바꿀 수 있을 정도면 되고, 탈출할 수 없을 정도의 높이가 보장되거나 튼튼한 뚜껑이 있는 것이 좋다. 또한, 동면 중에도 느리기는 하지만 호흡은 하므로 환기용 구멍을 충분히 뚫어줘야 한다.

동면용 바닥재로는 모래, 흙, 피트모스 등의 소재가 주로 사용된다. 바닥재는 너무 두껍게 깔아주지 않아도 되며, 몸을 땅에 묻어 덮일 정도면 된다. 좀 더 신경을 쓴다면 열전도의 속도를 감소시키는 효과가 있으므로 동면상자에 단열재를 사용하면 좋다. 또한, 양서류의 특성상 습도를 유지시킬 수 있는 소재여야 하고 수분관리가 용이해야 한다.

동면상자의 크기나 소재보다는 설치장소가 더 중요한데, 동면상자가 설치되는 곳은 진동이 없어야 하며, 쥐와 같은 천적의 침입으로부터 안전한 곳이어야 한다. 또 지나치게 온도가 떨어지는 곳이어서는 안 된다. 사육자들 사이에서 냉장고를 사용해 동면시키는 경우도 있는데, 앞서 언급했다시피 동면의 관건은 안정적인 온도조절이므로 가급적이면 기계를 이용하는 것이 안전하다. 자연상태에서 날씨가 점점 차가워지면 온대지역에 서식하는 많은 종류의 양서류가 연못이나 호수의 바닥에 엎드리거나 진흙 또는 돌 틈에 몸을 숨기고 그동안 저장해둔 지방을 소모하며 기나긴 겨울을 난다.

휴면을 마친 아프리칸 불 프로그   수분손실을 막기 위해 고치로 몸을 덮고 있다.

물속에서 동면하는 종의 경우에는 동면환경을 조성해주는 것이 좀 더 용이한 편인데, 냉각기만 설치한다면 사육하던 공간에서 그대로 동면시키는 것이 가능하기 때문이다. 동면기에는 대사활동이 저하되기 때문에 사육환경이 특별히 오염되는 경우가 드물지만, 세팅구조물로 인해 발생하는 오염을 줄이기 위해 간단하게 여과기와 냉각기, 은신처 정도만 설치된 수조로 옮겨 동면을 시키는 것도 가능하다.

온대지역에 서식하는 종이라면, 우리나라 계절의 변화에 맞춰 수조의 물이 얼지 않을 지하실과 같은 장소로 사육장을 옮기고 주기적으로 수질관리를 해주는 정도로 동면을 시키는 것도 가능하다. 그러나 이 경우 저온을 일정하게 유지 관리하기가 용이하지는 않다. 온도가 낮더라도 수중 오염물질의 발생이 서서히 증가하기 때문에 이처럼 물속에서 동면시키는 경우에는 수질관리를 세심하게 해야 할 필요가 있다. 자연상태에서도 연못 바닥의 산소수준이 너무 낮아 간혹 폐사하는 경우가 있다.

이처럼 수중에서 동면하는 종은 피부호흡에 대한 의존율이 높아지기 때문에 수중에 충분한 산소가 녹아 들어갈 수 있도록 관리해야 한다. 수중의 용존산소량이 부족할 경우 문제가 되므로 물속에서 동면을 시킬 때는 에어레이션을 해주는 것이 좋다.

■**사이클링 환경의 조성** : 사이클링은 두 가지 단계로 나눠볼 수 있다. 먼저 어둡고 차가우며 건조한 건냉기를 거치게 하는 것이고, 다른 하나는 고온 다습한 환경과 샤워를 제공하는 것이다.

건냉기의 제공 이 기간은 개체에게 여름잠(aestivation, 夏眠)의 환경을 제공하는 것이다 ('aestivation'이라는 단어는 여름을 의미하는 라틴어 'aestas'에서 유래됐다). 사육하던 상태 그대로 하면을 시키기도 하고, 동면상자를 만들어 별도의 공간에서 잠을 재우는 경우도 있다. 버젯 프로그, 팩맨, 아프리카황소개구리 등을 번식시키고자 할 때 필요하다.

하면 시에 중요한 것은 위장을 비우는 것과 온습도 및 조명을 천천히 내리고 올리는 것이다. 하면환경을 제공하기 위해서는 우선 휴면공간 안에 바닥재(스패그넘 모스나 에코어스 등)를 두껍게 깐 다음 건조하게 방치한다. 이때 분무는 하지 않되 휴면개체가 필요하다고 느낄 때 언제든 수분을 섭취할 수 있도록 같은 공간 안에 물그릇을 반드시 비치하고 관리하는 것이 좋다(사이클링이 성공적으로 진행되고 있다면 물그릇은 이용하지 않아도 된다). 온도는 20℃ 내외를 유지해주며, 온도와 마찬가지로 습도와 조명 그리고 광주기도 천천히 낮춰주도록 한다. 하면을 위한 공간은 어둡고 조용해야 한다.

하면개체는 이 과정에서 피부를 통해 수분이 손실되는 것을 방지하기 위해 분비물을 내어 몸을 감싸면서 서서히 피부 바깥층이 건조되고 경화돼간다. 자신의 분비물로 일종의 점액질 고치를 만드는 것이다. 종에 따라 수분손실을 최소화하기 위해 요산을 배출하기도 하고, 이 시기에 체액의 삼투농도(osmotic concentration, 삼투압의 크기를 결정하는 분자 및 이온의 용질농도)를 증가시켜 증발되는 수분의 손실을 줄이는 종도 있다. 온습도를 낮추는 과정에 맞춰 제대로 고치를 만들지 못한 개체는 순식간에 말라버릴 수 있기 때문에 사육자는 이 과정에서 잊지 말고 매일매일 상태를 살펴야 한다.

그러나 좀 더 정확하게 말하자면 이 시기의 개체에게 일어나는 생리적 혹은 생화학적 변화는 앞서 말한 것처럼 단순히 고치를 만들어 수분손실을 방지하는 정도에 그치지 않는다. 그동안 저장해둔 에너지를 보전하고 분배하며 체내에 수분을 가두고, 질소 최종생성물을 처리하고 신체기관이나 세포를 안정화시키는 복잡한 과정이 몸속에서 일어나게 된다. 따라서 사육자는 이러한 생리적 변화가 안정적으로 진행될 수 있도록, 사육개체가 건강과 체력을 비축할 수 있게끔 충실히 관리해줄 필요가 있다.

훨씬 짧게 시키는 경우도 많지만 시간이 넉넉하다면 휴면을 시키는 기간은 2달 정도가 적당하다. 그 이후에 다음과 같은 방법으로 우기(雨

> **휴면 시, 휴면 이후 온도**
>
> 평소 사육 – 주간 25℃, 야간 23℃
> 휴면 첫 주 – 주간 24℃, 야간 20℃
> 휴면 둘째 주 – 주간 18℃, 야간 15℃
>
> **2달간 휴면 후**
> 휴면 깨기 3주 전 – 주간 20℃, 야간 18℃
> 휴면 깨기 2주 전 – 주간 27℃, 야간 21℃
> 휴면 깨기 1주 전 – 주간 29℃, 야간 24℃

아프리칸 불 프로그는 건기에 휴면하며, 최대 5년까지도 버틸 수 있다.

期)의 환경을 제공해준다. 자연상태에서는 고치 주위의 온습도 증가 혹은 비가 내리면서 빗방울이 지면을 두드리는 소리를 신호로 하면이 종료되고, 휴면상태에서 깨어나 빠르게 정상적인 상태로 되돌아간다. 이렇게 건냉기를 제대로 지냈다면 얼마 지나지 않아 번식활동을 시작할 것이다. 하면에서 깨울 때도 매주 3~4℃씩 시간을 두면서 온도를 서서히 내리고 올리도록 한다. 수생종인 경우에는 사육장에서 바로 휴면상자로 옮기는 것이 아니라 사육장 바닥에 바닥재를 충분히 깔고 서서히 수위를 줄여주면서 스스로 바닥재를 파고 들어가도록 유도하는 것이 더 좋다. 아프리카발톱개구리는 원서식지에서 수온이 낮아지면서 번식이 촉발되는데, 사육 하에서도 사육수조에 낮은 온도의 물을 환수해주는 것으로 번식을 유도할 수 있다.

우기가 필요한 경우 사이클링 기간 동안 사육종의 원서식지의 번식환경을 그대로 재현하는 것을 목적으로 하기 때문에 수조 내에는 보통 네 가지 조건이 제공돼야 한다. '빗소리가 나는 어두운 환경'과 '휴면하기 적당한 정도의 낮은 온도와 높은 습도', '샤워', 마지막으로 '알을 낳을 수 있는 환경'이다. 동면과는 달리 사이클링 기간에는 샤워가 제공돼야 하는데, 이렇게 사이클링을 위해 특별히 제작되는 사육장을 '레인 챔버(rain chamber)'라는 이름으로도 부른다. 이 레인 챔버는 원서식지의 몬순이나 폭우를 시뮬레이션해줌으로써 사육종에게 심리적인 안정감을 제공하면서 안정적으로 번식준비에 들어갈 수 있도록 도와주는 역할을 하게 된다.

레인 챔버는 현재 시판되지 않기 때문에 거의 자작해 사용하며, 제작법은 의외로 간단하다. 물이 지속적으로 순환돼야 하기 때문에 레인 챔버의 적용은 일반적인 양서파충류 사육장보다는 수조가 적합하다. 휴면시키고자 하는 종의 활동형태를 고려해 충분한 면적의 가로로 긴 사육장 또는 세로로 긴 사육장을 선택한다. 이외에 여과기(혹은 순환모터), 레인바(rain bar, 분무구멍이 뚫린 관), 타이머, 냉각기, 유목이나 은신처가 될 만한 식물 그리고 필요에 따라 환풍용 팬 등이 필요하다. 지상성 종의 경우 특별히 챔버 덮개가 필요치 않으나 수상성 종의 경우에는 탈출방지를 위한 덮개가 반드시 필요하다.

일반적인 어류 수조라면 수위를 낮추고 유목 등을 수면 위로 나오게 넣은 뒤, 여과기 출수구에 레인바를 연결(수조의 상부 끝까지)하면 된다. 여과기에서 여과된 물이 레인바를 따라 수조 상부로 올라간 뒤 수면으로 떨어지게 된다. 주의할 점은 출력이 약한 측면여과기인 경우에는 수면 상부까지 물을 밀어 올릴 정도로 출수압력이 강하지 못할 수도 있다는 점이다. 물이 수조 끝까지 밀려 올라가지 않거나 올라가더라도 모터에 무리가 간다고 판단되면 여과기와는 별도로 순환모터를 설치해주고 레인바를 연결하는 것이 좋다.

레인바와 분무, 환풍팬만으로도 기화열로 인한 챔버 온도를 어느 정도 저하시킬 수 있지만, 필요하다고 판단될 경우에는 냉각기를 사용하는 것도 고려해볼 수 있다. 이 경우 냉각기는 여과기와는 별도로 수조에 설치해도 좋고 여과기와 연결해도 괜찮다. 순환 펌프는 수동으로 동작을 조절해도 되지만 타이머를 사용하는 것이 더 편리할 수 있다. 조명으로는 자외선등을 한쪽 구석에 설치한다. 자외선등을 설치하면 휴면 중인 개체에게 방해를 주지 않으면서 현재 상태를 점검할 수 있다.

무엇보다 중요한 것은 챔버 내에 산란할 수 있는 환경을 조성해줘야 한다는 점이다. 수중에 알을 낳는 종이라면 챔버 내의 수질과 수위, pH를 지속적으로 산란에 적합한 조건으로 맞춰 청결하게 유지해줘야 하며, 나뭇잎 뒤에 알을 낳는 종이라면 적당한 식물을 수조 내의 적합한 위치에 배치해주는 등의 관리가 필요하다.

레인 챔버

> **Death Zone**
>
> 양서류가 생활하기에 적합하지 않은 온도를 제공하거나 어중간한 온도대를 제공해주는 것은 아주 위험하다. 적절한 온도를 제공하지 않을 경우 거식과 활동성 둔화로 계속해서 쇠약해지고 질병이 유발되며, 심한 경우 폐사에 이르기도 한다. 이 부적합한 온도대를 나타내는 개념이 'Death Zone'인데, 이는 해당 종이 생존할 수 있는 온도대보다 너무 낮거나 너무 높은 온도, 정상적인 활동온도영역보다는 낮고 동면온도보다는 높은 어중간한 온도영역을 이른다. 동면 중의 위험온도(동면 시의 이상적인 온도는 5℃를 기준으로 한다)는 최고온도 10℃, 최저온도 0℃를 의미한다.

메이팅 시에 문제가 생기지 않도록 수위도 너무 깊지 않게 조절해야 하며, 산란을 종료한 이후에는 모체를 옮기고 수위를 좀 더 높여주는 것이 좋다. 마지막으로 여기에 조금 더 신경을 써주면 좋을 것이 있다면 '조명'과 '음향'이다. 번식시기의 밝기와 유사한 수준의 조명을 설치해주고, 여기에 열대우림의 소리, 해당 종의 울음소리, 서식지의 환경 배경음을 들려주면 사육종이 번식모드로 돌입하는 데 좀 더 도움을 줄 수 있다.

■**동면 끝내기와 동면 후의 모체 관리**: 자연상태에서처럼 종에 따라 3~4개월간 인공동면을 시키는 경우도 있지만, 일반적으로 동면기간은 6~8주 이상 정도면 적당하다. 사이클링 기간 역시 비슷하게 잡는다. 자연상태에서는 온도의 상승과 함께 동면이 종료된다. 온도가 오르면 양서류의 신진대사가 활발해져 동면에서 깨어날 준비를 하는데, 동면을 끝낼 때도 동면을 시킬 때와 마찬가지로 천천히 실온까지 올리도록 한다.

우선 수분만 공급하고, 먹이는 개체가 상온에 완전히 적응했다고 판단된 이후부터 급여하는 것이 좋다. 동면에서 깨어날 때 발생하는 최초의 위험은 백혈구세포(WBC)의 양이 줄어들어 저항력이 극단적으로 떨어짐으로써 유발되는 세균감염과 그로 인한 '동면 후 거식(post hibernation anorexia)'이라고 할 수 있다. 이는 동면 이후 보온이 적절하게 이뤄지지 않고 일광욕이 부족할 경우, 동면 중에 손실된 체중과 체력을 회복하기 위해 필요한 식욕이 감소하는 증상을 말한다. 따라서 일정 기간이 지난 뒤에도 거식이 풀리지 않으면 수의사의 도움을 받는 것이 좋다.

사이클링이 필요한 종들은 우기에 번식을 하고 건기가 시작되면서 다시 비번식기로 들어가는데, 이러한 종들은 보통 사이클링 과정에서 산란하게 된다. 그러나 동면을 시키는 종은 모체를 안전하게 동면에서 깨운 이후에 어느 정도의 회복기를 거친 다음, 본격적으로 번식을 위한 합사에 들어가는 것이 좋다.

메이팅(mating)

이와 같이 긴 휴면기를 안전하게 마치고 번식준비가 된 쌍은, 이후 하나의 공간에서 만나도록 하고 교미행동을 촉발시킨 후 본격적인 번식에 들어가게 된다.

■ **양서류의 구애행동** : 번식기의 동물은 울음소리 또는 체색이 달라지거나 공격성이 증가하는 등 평소와는 다른 행동 패턴을 보이는 것이 일반적이다. 이러한 변화가 일어나는 가장 큰 이유는 번식기의 모든 암수가 교미에 이르는 것은 아니기 때문이다. 동일한 종 내에서도 개체들마다 가지고 있는 '조건의 차이'로 인해 '성적 선택(sexual selection)의 차이'가 생기게 되는데, 이는 짝짓기에 있어서 '성공률의 차이'를 불러와 종국에는 후대에 자신의 유전자를 물려줄 '확률의 차이'로 귀결된다.

이런 이유로 각 종은 상대방 성에게 선택받기 위한 조건들로 서로 경쟁을 하는데, 보통 그 경쟁은 암컷보다는 수컷에 있어서 상대적으로 더 강하게 나타난다. 양서류 가운데서도 영역의식을 가진 종이 없지는 않으나 전체 종수를 고려하면 드물며, 개체 간의 다툼은 번식기를 제외하고는 거의 일어나지 않는다. 양서류의 영역의식은 다른 동물의 영토개념과는 조금 다른데, 보통 수컷은 암컷에게 자신의 울음소리가 더 잘 들릴 수 있는 위치를 선점하기 위해 싸우며, 암컷은 좋은 산란처를 차지하기 위해 다른 암컷과 다툰다.

번식기에 수컷이 보이는 번식행동은 그 대상이 암컷인지 수컷인지에 따라 크게 두 가지로 나눠볼 수 있다. 먼저 많은 수컷들 가운데서 암컷으로 하여금 자신을 선택하도록 하기 위해 나타내는 여러 가지 신체적인 변화와 특정한 행동을 의미하는 '성간 선택(intersexual selection)' 행동이 있다.

그 대표적인 것이 우리가 익히 알고 있는 '울음소리'다. 각 종의 양서류는 종마다 독특한 울음소리로 암컷을 부르며, 그 음색이나 소리의 크기는 개체에 따라서도 차이가 있다. 번식기에 이뤄지는 이와 같은 짝짓기 합창은 수컷에게는 아직 활성화되지 않은 내분비계(endocrine)의 활동을 자극하고, 암컷에게는 배란을 자극하는 것으로 알려져 있다.

번식기의 수컷들이 싸우고 있는 모습(사진은 European alpine salamander)

무어 프로그(Moor frog) 수컷의 혼인색

또한, '혼인색(婚姻色)'을 볼 수 있는데, 번식기의 수컷은 신체의 전체 혹은 일부가 평소와는 다른 체색으로 변화되는 경우가 많다. 양서류에 있어서도 이러한 현상은 자주 보고되고 있다. 유럽에 서식하는 무어개구리(Moor frog, *Rana arvalis*)는 평소에는 갈색의 보호색을 띠지만, 1년에 한 번(3월과 6월 사이) 번식기가 되면 푸른색으로 체색이 변화된다.

마지막으로 잘 알려져 있지 않은 성간 선택 행동으로서 짝짓기 상대를 부르는 시각적 과시행동을 들 수 있다. 양서류의 시각적 구애행동들도 드물게 보고되고 있는데, 대표적으로 춤추는개구리속(*Micrixalus*)의 수컷개구리들은 번식기에 '뒷다리를 옆으로 길게 뻗었다 접기(foot flagging)'를 반복하는 동작을 보이며 암컷을 유혹하기도 한다.

번식기에 수컷이 보이는 번식행동의 다른 하나는 '성내 선택(intrasexual selection)' 행동이다. 이는 수컷들이 번식기에 암컷의 선택을 얻기 위해 격렬하게 싸우는 의례화된 경쟁을 일컫는 용어다. 양서류의 번식에 있어서는 보통 한 마리의 암컷에 여러 마리의 수컷이 달려들기 때문에 수컷은 암컷을 차지하기 위해 강한 힘으로 암컷의 몸을 붙잡으며, 다른 수컷이 달려들면 뒷다리로 차는 행동(foot kicking)을 보인다. 이 경쟁의 승패는 수컷 간 형질의 차이, 즉 수컷의 힘, 체구, 공격성, 인내심 등에 의해 좌우된다.

번식기에 관찰되는 수컷의 신체적인 변화와 커다란 울음소리, 격렬한 다툼은 결국 자신의 유전자를 후대에 널리 퍼뜨리기 위한 피나는 노력의 산물이라고 할 수 있다. 보통 일반적인 동물의 일반적인 경우라면 수컷끼리의 경쟁에서 이긴 더 강한 수컷이 암컷의 '선택' 을 받지만, 양서류에 있어서는 장기번식종의 경우 암컷이 수컷을 선택하며 폭발형 번식종들의 경우에는 암컷이 수컷을 선택한다기보다는 수컷에게 선택당한다는 것이 조금 더 정확한 표현이라고 할 수 있다.

■교미 : 자연상태에서의 교미와 산란은 온대지방에서 서식하는 종의 경우 보통 겨울잠에서 깨어난 이후에 이뤄지고, 아열대나 열대지방에서 서식하는 종의 경우 대부분 우기(雨期)의 강우 시에 집단적으로 이뤄진다. 그 시기는 해당 지역의 계절적 요인과 양서류의 종에 따라 상이한데, 사육 하에서는 안전하게 쿨링이나 사이클링을 마친 개체들이라면 본격적으로 번식을 시도해볼 수 있다. 가장 먼저 할 일은 암컷과 수컷을 같은 공간에서 만나게 하는 것인데, 이때 먼저 먹이를 급여해 고픈 배를 채워주는 것이 필요하다. 자연계에서처럼 호르몬의 작용으로 번식의 본능이 식욕을 억제하는 경우라면 모르겠지만, 사육 하에서는 식욕이 앞서 크기가 큰 암컷이 작은 수컷을 잡아먹는 경우가 종종 있기 때문이다. 메이팅을 위해 준비할 일들은 다음과 같다.

메이팅과 산란에 적합한 환경 조성 양서류의 산란은 보통 고여 있거나 흐르는 물에서 이뤄지지만, 이외에도 쓰러진 나무나 습기 있는 돌 밑, 구멍 속, 수컷이나 다른 동물이 만든 진흙웅덩이, 수면 위로 뻗어 나온 잎, 식물체의 우묵한 곳에 고인 물 등 상당히 다양한 곳에 산란한다. 일반적으로는 종에 따라 일정한 산란장소를 선택하는 경향이 있기 때문에 각 종에 맞춰 적합한 공간을 제공해줘야 할 필요가 있다.

산란활동이 가능한 충분한 넓이의 공간을 제공해주는 것 외에도 적절한 온도와 습도 및 조명을 제공하고, 물에서 산란하는 종이라면 적절한 수위와 수질, 수온, pH를 제공해주는 것이 필요하다. 또한, 나무 위의 물이 고인 곳에 산란하는 종이라면 그에 적합한 공간을 조성해줘야 한다. 수온 또는 수위와 같은 이러한 환경조건의 변화는 양서류의 번식을 자극하는 중요한 요인이 되기도 하며, 개구리는 산란장소를 상당히 민감하게 선택하기 때문에 이러한 조건이 충족되지 않으면 산란을 거부할 수도 있다(참개구리의 경우를 예로 들면 산란지의 수심은 20cm 내외가 적당하며, pH는 중성이 적당하다).

산란시기의 환경조건 시뮬레이션 두 번째는 사육대상종이 자연상태에서 겪게 되는 산란시기의 환경조건을 가급적 비슷하게 시뮬레이션해주는 것이다. 성공적인 번식을 위해서는 산란지의 수질, 수위, pH에서부터 자연환경에 이르기까지 가급적이면 모든 조건을 잘 숙지해두는 것이 좋다. 만일 외래종으로 우기의 야간 우천 시와 같이 특수한 조건에서 번식활동이 이뤄지는 종이라면, 산란장소를 어둡게 하고 호스나 레인바와 같은 것을 이용해 비가 오는 상황을 연출해주며, 플래시와 꽹과리 같은 도구를 이용해 천둥번개가 치는 상황을 재연해주는 것이 산란활동을 촉진하는 데 도움이 될 수 있다.

뭘 이렇게까지 해줘야 하나 싶겠지만, 이는 동남아시아 지역의 개구리 인공번식장에서 실제로 사용되고 있는 효과적인 방법이다. 팩맨의 경우에도 다른 수컷의 울음소리를 녹음해서 들려주면 좀 더 공격적인 메이팅 반응을 보인다는 보고가 있다.

메이팅 성비 또 한 가지 중요하게 관심을 둬야 하는 것은 메이팅 성비다. 양서류는 보통 1:1로 번식행동을 하지 않기 때문에 암컷 한 마리당 2~3마리의 수컷을 합사해 경쟁을 유도하는 것이 좋다. 우리나라에서 양서류의 번식사례가 적은 이유 중 하나가 한 종의 양서류를 성별에 따라 여러 마리씩 사육하는 경우가 드물기 때문이기도 하다.

번식개체의 질병 여부 확인 마지막으로 관심을 둬야 할 부분은 번식개체의 질병감염 여부, 특히 전염성 질병의 감염 여부를 확인하는 것이다. 산란 전에 같은 공간에서 관리하

양서류의 번식유형

양서류의 번식유형은 '단기번식형(explosive breeder)'과 '장기번식형(prolonged breeder)' 두 가지로 나눠볼 수 있다. '단기번식형'은 우리나라에서 흔히 볼 수 있는 번식형태다. 번식장소에는 수컷이 먼저 도착하고 암컷이 뒤에 도착한다. 수컷들은 암컷을 차지하기 위해 서로 경쟁하는데, 보통 수컷이 암컷에 비해 월등하게 숫자가 많은 경우가 흔하며, 암컷을 유인하는 울음소리보다는 다른 수컷의 접근을 막기 위한 경계음을 주로 낸다. 외국에서는 대표적으로 사막지역처럼 산란이 가능한 물웅덩이가 아주 짧은 시간만 유지되는 지역에서 이와 같은 번식유형이 주로 관찰된다. 보통 유생들의 성장속도가 빠르다.

'장기번식형'의 가장 큰 특징은 암컷이 수컷을 선택한다는 것이다. 수컷이 먼저 자신의 영역 내에서 산란에 적당한 장소 근처에 자리를 잡고, 자신이 우수한 유전자를 전해줄 수 있는 개체임을 울음소리로 표시하면, 암컷은 그 소리의 강약과 고저를 듣고 적당한 수컷을 찾아 교미하는 형태다. 보통 주파수가 낮은 큰 체구의 수컷이 선택되는 경우가 많다고 알려져 있다. 장기형의 경우 번식의 과정이 거의 한 달 정도 유지되기도 한다. 단기번식형에 비해 유생들의 성장속도가 느리며, 청개구리가 대표적인 경우다.

고 동면시킨 개체들을 합사하는 경우 위험성이 덜하지만, 번식을 위해 다른 곳에서 잠시 데려온 개체를 합사할 경우 상호 간에 질병감염의 위험성이 상존한다는 사실을 기억해야 한다. 심한 경우 오랜 시간 동안 정성껏 기른 개체를 폐사시키게 되는 일이 발생할 수도 있다.

합사 전에 먼저 약욕을 시키는 것이 질병을 예방하는 방법이 될 수 있는데, 알려진 바로는 참개구리라면 보통 5분 동안 5mg/ℓ의 과망간산칼륨 용액에 약욕을 시킴으로써 질병에 감염되는 것을 방지할 수 있다. 마지막으로 산란 이후 암컷과 수컷을 분리하며, 체력이 소진한 암컷의 체력회복과 상태변화에 항상 신경 써서 이상 유무를 관찰해야 한다.

배란 여부를 확인하는 모습

■ 포접(抱接, amplexus) : 대부분의 무미목 양서류와 몇몇 종의 도롱뇽은 번식지에서 수컷이 알을 가진 암컷을 뒤에서 강하게 껴안는 '포접(抱接)'이라는 행동을 통해 다른 수컷과의 정자경쟁을 줄인다. 포접은 체외수정을 하는 동물의 암수가 몸을 밀착해 생식구(生殖口)를 가깝게 하고 암컷이 낳은 알에 즉시 정액을 뿌려 수정시키는 행위를 의미하는데, 흔히 말하는 교접(交接)이나 교미(交尾)와는 구분해 사용하는 용어다.

포접의 의미와 역할 단순하게 본다면 포접이라는 행동의 사전적 의미는 '수컷이 암컷을 껴안는 행동'을 뜻하지만, 넓은 의미로는 '번식기에 효과적인 수정을 위한, 수컷이 행하는 행동 전반'을 일컫는다고 할 수 있다. 즉 포접은 기본적으로 자신의 정자와 암컷의 알을 수정시키기 위한 행동이지만, 암컷의 신경내분비기관을 자극함으로써 배란을 촉진시키는 역할을 하며, 분비선에서 나오는 여러 가지 분비물로 암컷을 자극하면서 붙잡아두는 역할을 하기도 한다. 또한, 다른 수컷이 암컷에게 접근해 구애하는 것을 저지하는 데 유리한 행동이기도 하다.

1. 쥐에 대한 오인포접 2. 도롱뇽에 대한 오인포접 3. 테니스공에 대한 오인포접

포접은 그 자세에 있어서 각각의 종마다 약간의 차이가 나타나며, 양서류의 종이 워낙 방대해 구애행동의 모든 단계에서 포접을 하지 않고 암컷이 자유롭게 돌아다니는 종도 많이 볼 수 있다. 반대로 암컷에 비해 수컷의 수가 극단적으로 많을 경우에는 보통 포접을 하는데, 이 경우 수컷은 같은 종의 암컷뿐만 아니라 자기와 다른 종의 암컷, 죽은 개체, 심지어 흙덩어리를 껴안기도 한다(이와 같은 형태의 포접을 오인포접이라고 한다).
포접을 하고 있을 때의 힘은 상당히 강력하기 때문에 사람의 힘으로도 두 개체를 떼어 놓기가 쉽지 않으며, 심한 경우 암컷을 다치게 하거나 익사 또는 질식사시킬 정도로 강도가 세다. 포접의 강도는 특정한 시기에 특정 지역에 모여 산란하는 종일 경우 또는 암컷에 비해 수컷의 숫자가 월등하게 많아 짝짓기의 성공확률이 상당히 낮을 경우 더욱 세지는 경향이 있다. 연구에 의하면 개구리의 수컷은 대뇌를 제거하더라도 무조건 반사에 의해 포접을 한다고 알려져 있다. 보통 포접은 최대 몇 시간 동안 지속되지만 일부 종은 며칠 또는 몇 주 동안 자세를 유지하기도 한다.

포접시간은 수컷의 개체 수 및 정자경쟁률과 관계가 있는 것으로, 경쟁이 극단적으로 심해지면 번식을 확실히 성공시키기 위해 비정상적인 정도로 긴 시간을 포접하는 경우도 있다(베네수엘라독개구리의 경우 125시간이 넘는 시간을 포접상태로 있었다는 관찰기록도 있다).
장시간에 걸쳐 포접을 하는 중에도 암컷은 먹이활동을 지속하기 때문에 정상적인 영양상태를 유지하지만, 수컷은 전혀 먹이활동을 하지 않기 때문에 점점 여위어가는 것이 일반적이다. 수컷의 경우 포접을 효과적으로 하기 위해 생식혹이 발달돼 있는데, 이는 암수구별의 기준이 되기도 한다. 이 생식혹은 앞발에 생기는 것이 보통이지만 턱이나 배, 뒷발의 물갈퀴 등 신체의 다른 부분에 생기는 종도 있다.

포접의 형태 포접은 수컷이 암컷의 앞다리와 뒷다리 사이의 공간을 강하게 붙잡는 행동을 말한다. 붙잡는 부위가 어딘지에 따라 겨드랑이포접인 '액포형(腋抱形, 암컷의 앞다리 뒷부분을 잡는 형태)', 가슴포접인 '흉포형(胸抱形, 암컷의 앞다리와 뒷다리 사이를 잡는 형태)', 허리포접인 '요포형(腰抱形, 암컷의 뒷다리 앞부분을 잡는 형태)' 등 세 가지 형태로 나눠볼 수 있다. 학자에 따라서는 이렇게 세 가지로 세분화하기도 하고, 아니면 겨드랑이포접과 서혜포접(鼠蹊抱接, inguinal amplexus, 요포형)의 두 형태로 나누고 흉포형을 겨드랑이포접이나 서혜포접의 한 형태로 보기도 한다. 이 명칭은 대략적인 위치를 기준으로 삼은 것뿐이며, 수컷의 크기가 암컷에 비해 지나치게 작으면 암컷의 겨드랑이 안까지 깊숙이 앞발을 넣지 못하고 해당 위치의 등 쪽 살을 붙잡는 경우도 있다.
먼저 '겨드랑이포접(axillary amplexus)'은 진화된 종류의 개구리들이 취하는 자세로 수컷이 암컷의 앞다리 뒷부분, 즉 겨드랑이 부분을 잡는 형태다. 이 자세는 암수의 총배설강이 자연스럽게 서로 밀착되는 장점이 있다. 우리나라에서 흔히 보이는 참개구리나 두꺼비의 포접이 대표적인 액포형이다. 허리포접은 수컷이 암컷의 뒷다리 앞부분, 즉 허리 부분을 잡는 자세로 형태학적으로 원시적인 과의 개구리에게서 주로 관찰되는 포접형태다. 애완으로 잘 알려진 종류로는 피파류나 쟁기발개구리류가 이런 형태의 포접을 하고, 우리나라에서 서혜포접을 하는 대표적인 종으로는 무당개구리를 들 수 있다. 허리 부분을 안는 자세는 암수의 총배설강 사이에 거리가 생기기 때문에 수컷은 암컷이 산란을 하는 동안 자신의 몸을 암컷의 총배설강 가까이 구부려야 할 필요가 있다.
극히 드물게 독화살개구리의 일종인 덴드로바티드개구리(Dendrobatid frog, *Colostethus inguinalis*)처럼 '머리위포접(cephalic amplexus)'을 하는 종도 있다. 지상에서 산란하는 몇

1. 팩맨의 겨드랑이포접 2. 유럽 그린 토드(European green toad)의 겨드랑이포접 3. 무당개구리의 서혜포접 4. 아프리카 드워프 프로그(African dwarf frogs, *Hymenochirus boettgeri*)의 서혜포접

몇 독개구리 종에서 나타나는 방법으로, 수컷은 긴 앞다리로 암컷의 머리 부분을 잡아 끌어당기고 그 위에 올라앉는 자세를 취한다.

입식포접(straddle amplexus)이라는 아주 희귀한 형태도 있다. 마다가스카르에 서식하는 만티다크틸루스속(*Mantidactylus*)의 개구리에서 발견된 포접형태로, 수컷이 식물의 잎 부분에 달라붙어 몸을 수직으로 일으켜 세우고 서 있는 상태에서 암컷이 수컷의 뒷다리 아래에 머리 부분을 집어넣는 것이다. 이러한 포접형태는 보통 비가 올 때 관찰되며, 수컷이 방출한 정자가 빗물과 함께 암컷의 등을 따라 흐르다가 수정이 이뤄진다.

말레이시아맹꽁이(Malaysian narrow mouthed toad)의 경우처럼 수컷이 배 부위에 접착성 있는 물질을 분비해 암컷의 등에 달라붙는 형태의 접착포접(glued amplexus)을 하는 종도 있다. 다리가 아주 짧거나 땅딸막한 체형을 가지고 있는 종은 신체적인 특성으로 인해 껴안는 자세를 취하는 데 어려움이 있기 때문에 이와 같이 독특한 형태의 포접방법을 발달시키게 됐다. 이러한 형태는 포접상태에서 강제로 떼어놓으려고 하면 접착성 물질로 인해 피부에 심각한 상처를 남기기도 한다. 보통 산란과 수정이 완료되면 접착성분이 분해되거나 암컷이 허물을 벗으면서 서로 떨어지기는 하지만, 간혹 접착제성분 때문에 암컷의 등 피부가 벗겨지는 경우도 있다.

무미목과는 다른 체형을 가지고 있는 유미목의 경우에는 포접의 형태에 있어서도 조금 차이를 보인다. 무미목의 포접이 체외수정을 위해 산란

황소개구리 잡는 두꺼비

한때 우리나라에서 유해동물로 취급되는 황소개구리를 두꺼비가 몸을 졸라 죽인다고 화제가 된 적이 있다. 토종생물이 외래종으로부터 생태계를 구한다는 요지로 기사화됐지만, 실상은 황소개구리의 덩치가 크기 때문에 암컷으로 오인한 수컷두꺼비가 암컷인 줄 알고 산란을 시키기 위해 포접을 하는 과정에서 황소개구리가 죽게 된 것이다. 황소개구리의 입장에서는 엉뚱한 오해를 사 괴롭힘을 당한 것이고, 두꺼비의 입장에서는 번식을 못하게 되는 것이기 때문에 황당한 일을 당한 것이라고 할 수 있다. 황소개구리의 죽음이 두꺼비가 가지고 있는 부포톡신(bufotoxin)이라는 독으로 인한 것이라는 의견도 있지만, 그것보다는 탈진과 스트레스로 인한 것일 가능성이 크다. 번식과정에서 독을 분비할 가능성은 적기 때문이다.

오인포접. 두꺼비와 황소개구리

된 암컷의 알에 수컷이 신속하게 정자를 방출하기 위한 자세라고 한다면, 영원과 도롱뇽 같은 유미목의 경우는 (주로 체내수정이 이뤄지기 때문에) 정자를 암컷의 몸속으로 주입할 수 있는 생식기를 가지고 있지 않은 수컷이 자신의 정포를 효율적으로 암컷에게 넘겨주기 위한 자세라고 할 수 있다. 따라서 약간의 차이가 있을 수밖에 없다.

무미목이 가지지 못한 기관인 꼬리를 이용해 암컷의 몸을 감기도 하고, 앞·뒷다리 전부를 이용해 암컷을 포접하기도 한다. 또는 뒷다리로 암컷의 목 부분을 포접하면서 분비샘이 있는 자신의 턱 하단부를 암컷의 주둥이에 비비기도 하고, 앞다리로는 암컷의 목을 뒷다리로는 암컷의 뒷다리를 잡기도 하는 등 다양한 자세가 나타난다. 일부 종은 서로의 총배설강을 직접적으로 맞대어 반전시킨 총배설강을 삽입기관으로 사용하기도 한다. 무미목의 경우 보통 수정을 완전히 마칠 때까지 포접을 유지하고 있지만, 처음에만 포접했다가 정포를 넘겨주기 직전에 암컷을 놓아주는 종도 있다. 유미목의 경우에는 포접을 하지 않고 암컷이 산란한 알을 붙잡고 수정을 시키기도 한다.

다른 분류군과는 달리 양서류가 이런 독특한 자세를 취하는 가장 큰 이유는, 수많은 다른 수컷과 경쟁하고 있는 상황에서 자신의 유전자를 물려주기 위해서는 알이 배출되는 암컷의 총배설강과 가까운 곳에 자신의 총배설강을 위치시킨 후 암컷이 산란을 하자마자 바로 정자를 방출해 수정시킬 필요가 있기 때문이다. 또한, 포접은 수컷이 암컷의 배를 자극해 산란을 도울 수 있는 이상적인 자세이기도 하다. 종종 수컷에게서 수정이 용이하도록 뒷다리를 이용해 알 덩어리를 한데 끌어모으는 행동이 관찰되기도 한다.

두꺼비는 번식을 위해 뱀에게 스스로 잡아먹힌다?

두꺼비에 대해 일반에 널리 알려져 있는 속설 중 하나는 '암컷 두꺼비는 번식을 하기 위해 스스로 뱀에게 잡아먹힌다'는 내용이다. 두꺼비는 스스로 알을 낳을 수 없고 뱀에게 잡아먹히면 소화되면서 몸이 녹아 죽게 되는데, 이때 뱀 역시 두꺼비의 독으로 죽게 되고 죽은 뱀의 몸 속에서 두꺼비알이 부화돼 자라 나온다는 것이다.

거기에 뱀도 두꺼비를 잡아먹으면 죽는다는 것을 알기 때문에 원래는 잡아먹지 않으려고 하는데, 두꺼비는 종족번식을 위해 뱀 앞에서 자꾸 뱀의 약을 올려 화를 돋워 결국에는 잡아먹게 만든다는 그럴듯한 설명까지 덧붙여진다. 이렇게 두꺼비를 잡아먹은 뱀을 잡아 술을 담그면 더할 나위 없는 영약이 된다는 이야기도 있다.

이런 이야기는 과학적인 사실 여부와는 상관없이 일반인들 사이에 널리 알려져 있고 '모성의 상징' 혹은 '자기희생의 상징'으로 회자되고 있는데, 이것이 과연 사실일까. 아쉽게도 사실이 아니다. 외형이나 습성에 있어서 약간의 차이는 있지만, 두꺼비는 개구리와 흡사한 생활사를 가지는 동물로서 번식행동 역시 동일하기 때문이다.

1. 두꺼비와 유혈목이 2. 두꺼비를 먹는 유혈목이

반대로 자연계에서는 두꺼비가 뱀을 잡아먹는 경우도 많다. 두꺼비는 독을 가지고 있기 때문에 양서류를 주먹이로 하는 뱀이라고 하더라도 두꺼비를 먹이로 삼는 경우가 드문 것이 사실이다. 우리나라에서는 능구렁이와 유혈목이 정도가 두꺼비를 먹이로 삼는다. 사람들이 어쩌다 드물게 뱀이 두꺼비를 잡아먹는 것을 보고는 두꺼비의 독성과 연관 지어 그런 상상을 하지 않았나 생각된다. 능구렁이와 유혈목이는 모두 두꺼비의 독에 내성을 가지고 있기 때문에 두꺼비를 먹는 것이 가능하고, 특히 유혈목이의 경우 목 부분의 피부 아래에 독, 어금니 쪽에 독니를 가지고 있는데, 마치 청자고둥이 섭취한 플랑크톤의 독소를 모아 자신의 독을 축적하는 것처럼, 잡아먹은 두꺼비의 독을 정제해 자신의 독으로 만든다는 연구결과가 있다. 결과적으로 뱀과 두꺼비의 번식은 아무런 관련이 없다.

산란을 마친 암컷을 다른 수컷이 다시 포접하는 경우도 있는데, 이때 암컷은 특정한 소리(릴리스 콜, release call)로 산란을 마쳤다는 것을 표시하며, 수컷은 포접을 풀고 다른 암컷을 찾는다. 번식기에 암컷의 포접 부위를 사육자가 손가락으로 압박할 때도 릴리스 콜을 들을 수 있으며, 메이팅을 위해 소리를 낼 때와는 달리 입을 벌리고 소리를 낸다.

포접을 하지 않고 체외수정을 하는 어류와 비교한다면, 포접이라는 행동으로 인해 양서류의 수정성공률은 어류에 비해 상대적으로 높은 편이다. 하지만 좀 더 진화된 파충류의 체내수정과 비교하면 성공적인 발생으로 이어질 확률이 낮다. 따라서 어찌 보면 포접이라는 행동 역시 양서류가 어류와 파충류의 중간단계에 위치하는 하나의 증거라고 할 수 있다. 포접은 양서류 가운데 무미목 양서류의 대표적 번식행동이라고 알려져 있지만, 개구리 외에 해양생물인 투구게에서도 관찰된다.

산란 및 수정

봄철 야외에 나가보면 산란된 개구리의 알을 관찰할 수 있는데, 이 난괴의 위치도 자세히 보면 차이가 있다. 어느 것은 수면 가까이 위치해 있고 어떤 것은 물속에 있다. 이는 종에 따른 차이기도 하지만, 수온 및 용존산소량과도 관련돼 있다. 수온이 차가울 경우는 물속에 녹아 있는 산소의 양이 많기 때문에 물 안쪽에 산란하지만, 용존산소량이 적은 따뜻한 물이라면 개개의 배(胚)가 충분한 산소를 얻을 수 있도록 수면 가까이에 산란한다.

보통 한 장소에서 한 개의 알주머니 단위로 알을 모두 낳고 나서 일정 기간을 보낸 다음 다른 장소로 이동해서 또 다시 산란을 하는데, 이 알주머니 하나를 클러치(clutch)라고 한다. 당연히 한 클러치의 알은 모두 동일한 환경에 놓이게 되는데, 환경이 이 클러치에 미치는 영향을 클러치 정체성(clutch identity) 혹은 클러치 효과(clutch effects)라고 한다. 양서류의 알은 이처럼 보통 여러 개의 알이 하나의 난괴 안에 모여 있기 때문에 알을 관리하는 과정은 단 1개의 알뿐만 아니라 클러치 전체에 영향을 미치게 된다.

■**산란지의 선택** : 수생종 양서류의 경우에는 개체가 안정적으로 생활할 수 있는 환경만 지속적으로 유지해준다면 별다른 무리 없이 알을 낳고 번식할 수 있다. 그러나 반수생종 양서류를 사육 하에서 이렇게 산란시키는 것은 조금 어렵다. 성체가 서식하는 환경과 알을 낳을 환경은 완전히 동일하다고 할 수 없기 때문이다. 성체가 산란지를 선택할 때는 올챙이의 입장에서 생존이 유리한 환경을 우선적으로 고려한다. 실제로 자연에서 양서류는 산란지의 환경이 지난번 산란한 환경과 조금만 변화가 있어도 알을 낳지 않는 아주 예민한 동물이다.

양서류는 산란지를 선택함에 있어서 우리가 생각하는 것 이상으로 엄청나게 철저한 경향이 있다. 양서류의 알은 파충류나 조류의 알처럼 방수 가능한 막이나 껍질을 가지고 있지 않아 건조에 절대적으로 취약하기 때문에 항상 물속이나 습기가 충분히 유지되는 곳을 신중히 선택해 산란한다.

산란지를 선택할 때는 올챙이의 생존이 유리한 환경을 우선적으로 고려한다.

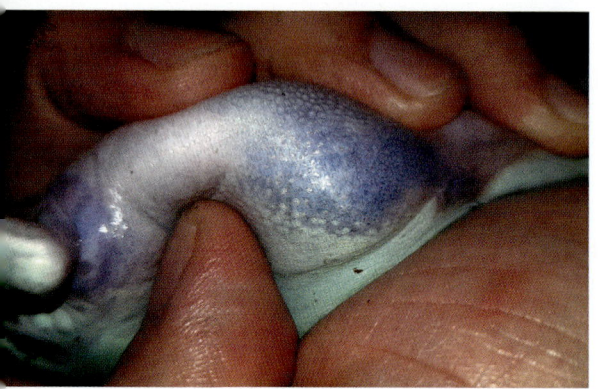
포란 중인 암컷의 복부(사진은 화이트 트리 프로그)

또한, 매년 찾아오던 번식지이고 설사 지난해 아무런 문제없이 번식한 장소였다고 할지라도 수온이나 수질에서부터 pH의 변화, 수류의 변화, 화학적 오염원의 발생, 더 나아가서는 알에게 피해를 줄 천적의 개체 수 증가나 올챙이들이 은신처로 삼을 수초의 밀생도 감소, 먹이원의 양과 질 저하, 심지어 포식자로부터 방출되는 극미량의 화학물질신호(chemical cue) 등이 감지되면 서식 또는 산란을 전혀 하지 않는 경우가 있다.

이러한 이유로 양서류의 경우는, 원서식지역이 개발될 경우 다른 지역에 새로이 서식지를 마련해주는 '대체서식지'를 조성하는 것이 어렵다. 오랜 시간 양서파충류의 사육과 증양식에 관한 공부를 해오고 있지만, 개인적으로는 적어도 양서류에 한해서만은 '대체서식지'라는 개념 자체가 성립 불가능하다고 본다. 개개 종의 환경적응성을 고려하더라도 완벽한 대체서식지를 조성해주기 위해서는 고려해야 할 점이 너무나 많고, 필요로 하는 환경조건 가운데는 인간의 힘으로 통제하기 어려운 요인도 적지 않기 때문이다. 차라리 인공증식이라면 한정된 공간 안에서 환경조건을 통제할 수 있으므로 생존과 번식이 가능하지만, 통제가 불가능한 자연상태에 이주시켜 원서식지에서와 같이 생존하고 번식하도록 하는 것은 대단히 어려운 일이다. 따라서 양서류는 최대한 원서식지를 보호하는 것이 최선의 보전방법이라고 할 수 있다.

실제로 사육 하에서 동면을 성공적으로 마치고 포란 중인 개체라도 산란에 적절한 환경을 조성해주지 못하면 알을 낳지 못하거나, 알을 낳기는 해도 발생이나 부화가 정지되고 폐사에 이르게 될 수도 있다. 서식지 선정에 있어서의 신중함이, 수중을 산란공간으로 하는 양서류의 인공증식이 아직은 활발하지 못한 매우 중요한 이유 가운데 하나라고 할 수 있다. 사육 하에서도 양서류의 성공적인 번식을 위해서는 단순히 깨끗한 물을 제공해주는 수준에서 그치는 것이 아니라 이러한 복합적인 조건들을 충분히 고려해야 한다. 또한, 자신이 사육하고 있는 종이 서식 및 번식하는 원서식지의 환경에 대해 좀 더 확실하게 조사하고 공부할 필요가 있으며, 그와 최대한 유사한 조건을 제공해줄 수 있는 사육자의 능력도 매우 중요시된다. 산란을 마친 암컷과 수컷은 즉시 다른 사육장으로 옮겨야 하는데, 지체될 경우에는 알을 먹어버릴 수도 있기 때문이다.

■양서류의 알 : 양서류의 알은 소화계, 생식계, 비뇨기계로 함께 사용되는 총배설강(cloaca)을 통해 외부로 나오는데, 물고기의 알처럼 하나하나 따로 떨어져 있는 것이 아니라 개개의 알들이 하나의 알주머니에 쌓여 덩어리 또는 긴 끈의 형태를 이룬다. 이 알주머니의 형태나 부착되는 위치, 하나의 알주머니에 포함돼 있는 알의 숫자 등은 종과 개체에 따라 각각 차이가 나타난다. 고여 있는 물웅덩이라면 곧바로 알을 낳는 경우도 있지만, 보통은 그냥 물속에 낳아두는 것이 아니라 수초나 돌, 수중에 가라앉은 나뭇가지와 같이 고정돼 있는 곳에 알주머니를 붙이게 된다.

배란이 되면 암컷 몸체의 좌우에 위치한 기다란 모양의 수란관(輸卵管, oviduct)에서 젤라틴질 물질이 분비되고, 알은 이 물질에 덮여 밖으로 나온다. 투명한 젤라틴질은 점액단백질(mucoprotein)과 점액성다당류(mucopolysaccharide)를 함유하고 있는데, 물과 기체가 투과할 수 있으며 수분을 흡수하면 부풀어 오른다. 이 우무질은 외부의 적이나 세균으로부터 알을 보호할 뿐만 아니라 보온의 역할과 태양빛을 모으는 렌즈의 역할도 한다.

알과 젤리의 덩어리를 난괴(卵塊)라고 부르며, 자연상태에서는 이 알이나 난괴의 형태가 어떠한지, 어디에 낳는지, 어느 정도의 수심에 낳는지를 종 동정의 포인트로 삼기도 한다. 젤리와 같은 물질 때문에 수정에 방해가 되지는 않을까 싶기도 하지만, 알과 정자가 접촉되기만 한다면 수정은 무리 없이 이뤄진다. 젤리질 수정소(受精素, fertilizin)는 20%의 아미노산을 함유하는 당단백질로 구성돼 있고, 미량의 황산을 함유하고 있다. 이 물질은 정자가 효과적으로 알에 달라붙게 하는 역할을 하고, 또 알에서 젤리층으로 확산돼 나오는 정자활성물질은 정자의 운동성을 높이는 역할을 한다고 알려져 있다.

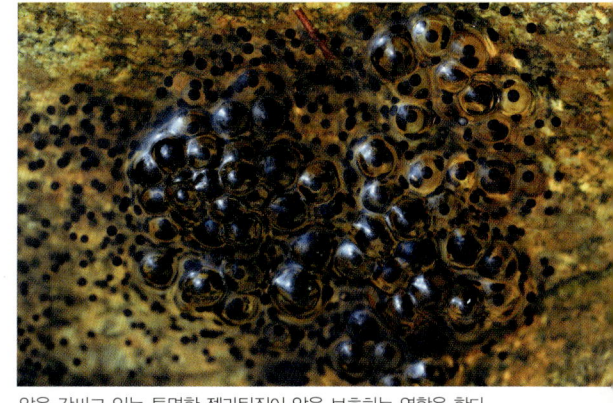

알을 감싸고 있는 투명한 젤라틴질이 알을 보호하는 역할을 한다.

> **양서류의 산란량**
>
> 양서류의 종이 다양한 만큼이나 암컷의 산란량에 있어서도 종에 따라 상당한 차이가 있다. 보통은 매우 많은 알을 낳지만 적은 숫자를 낳아 잘 관리하는 전략을 택한 종도 많다. 수중환경에서 산란하는 종은 상대적으로 많은 수백 개 정도의 알을 낳는 데 비해 육상이나 수상환경에서 산란하는 종은 5~10개 내외로 적은 숫자의 알을 낳는다. 보통 자연계에서 산란량은 성체까지의 생존율과 직접적인 연관이 있다. 산란량이 많을수록 반대로 성체까지 생존하는 알의 숫자가 적은 것이 일반적이다. 척추동물 가운데 가장 많은 알을 낳는 종은 어류인 개복치로 산란량이 3억 개가 넘지만, 알을 돌보지 않기 때문에 성체가 되는 것은 그 가운데 1~2개에 불과하다.
>
> 양서류도 이와 마찬가지로 많은 양을 산란하는 종일수록 산란 이후의 특별한 관리를 하지 않는 경우가 많고, 반대로 적은 양을 산란하는 종은 알이나 올챙이를 잘 관리한다. 또한, 보통 체외수정을 하는 종이 체내수정을 하는 종보다 상대적으로 산란량이 많다. 특히 체외수정을 하는 종은 수컷의 정자가 뿌려지지 않은 부분은 수정이 이뤄지지 않아 부화가 안 될 가능성이 있기 때문에 많은 알을 낳는다.

수중의 산소포화도는 알의 안정적인 발생에 있어서 중요한 요인이기 때문에 산란과 수정이 이뤄지면 알이 산소와 접할 수 있도록 수중에 충분한 폭기를 제공할 필요가 있다. 특히 개체 수 회복을 위한 대량 증양식을 하는 경우에는 더욱 관심을 둬야 할 부분이다.

자연상태에서는 같은 종이라고 하더라도 환경에 따라 알의 크기나 숫자가 상이하다. 예를 들어 추운 지방에서는 알의 숫자는 적지만 크기는 큰 데 비해 상대적으로 온도가 높은 지방에서는 알의 숫자는 많은 대신 크기는 작다. 고여 있는 물처럼 안정된 공간에 산란하는 경우 크기가 작은 알을 많이 낳는 데 비해 수류가 좀 있는 곳에서는 크기가 큰 알을 적게 낳는 경향이 있다. 이 정도로 양서류는 매우 신중하게 산란하는 동물이다.

산란된 알은 시간이 지남에 따라 하나의 세포가 여러 개로 나뉘는 '분할'이 이뤄지면서 점차 올챙이의 형태를 띠게 된다. 처음에 한 개의 작은 세포로 된 알은 시간이 지남에 따라 2개로, 2개에서 4개로, 4개에서 다시 8개의 세포로 나눠지는 분할을 시작한다. 분할이 시작된 지 1주일 정도의 시간이 지나면 세포는 그 숫자를 셀 수 없을 정도의 크기로 작아진다. 발생을 계속한 알은 부화일이 되면 막을 찢고 올챙이의 모습으로 외부로 빠져 나오게 된다. 막 태어난 올챙이는 아직 헤엄을 칠 수 없기 때문에 물풀이나 수중의 구조물을 잡고 한동안 붙어 있게 된다.

■ **난괴(卵塊)의 관리** : 부화기간 전반에 걸쳐 가장 중요한 것은 수온 및 수질을 안정되게 관리하는 것이다. 알이 정상적으로 발생하기 위해서는 적당한 온도가 필수적으로 뒷받침돼야 한다. 적정온도보다 저온일 경우 발생속도가 저하되거나 정지될 수도 있고, 발생온도보다 지나치게 고온이더라도 폐사로 이어질 수 있다. 수온의 유지와 더불어 중

요하게 다뤄야 할 조건은 수질이다. 일반적으로 산란장의 수위는 그다지 깊지 않기 때문에 당연히 수량도 적을 수밖에 없다. 자연상태라면 수많은 미생물들로 인해 안정적인 여과가 가능하지만, 수조 안의 물은 쉽게 오염되고 수량이 적은 만큼 수질의 변화 역시 쉽게 발생한다. 따라서 산란장의 안정된 수질을 유지하기 위해서는 물이 가득 차 있는 수조의 경우보다 더 많은 노력을 기울일 필요가 있다.

산란과 수정을 마치면 성체들을 별도의 사육장으로 옮긴다. 알과 성체들을 하나의 사육장에서 관리할 경우 수질의 변동폭이 클 수 있고, 이는 산란된 알에 좋지 않은 영향을 미칠 수 있다. 가급적이면 수질의 오염을 줄이기 위해 알만 관리하도록 한다. 알은 산란된 장소에 그대로 두고 관리하는 것이 좋다. 양서류는 산란지의 선택에 매우 신중하므로 산란을 했다는

1. 알 속의 새끼들도 어미와 같은 형태를 띠고 있다.
2. 수초에 쌓여 발생 중인 뉴트의 알

것은 그곳이 환경적으로 안정돼 있고, 또 부화에 이르기까지 별다른 문제점이 없는 곳이라고 판단했다는 의미이기 때문이다. 새로운 부화지로 옮겼을 경우에는 오히려 수질의 차이나 환경적인 차이로 인해 부화에 성공할 가능성이 낮아질 수 있다.

산란지의 오염 등으로 인해 부득이하게 새로운 부화공간으로 알들을 이동시켜야 할 필요가 있을 경우는 무엇보다 수질과 수온, 수위, pH 등의 조건을 산란지의 것과 동일하게 조성한 이후에 옮기는 것이 좋다. 필요 시 환수를 할 경우에도 최대한 영향을 주지 않도록 부분환수를 하며, 수조의 물과 새로운 물의 pH 차이가 1이 넘지 않도록 조절하는 것이 안전하다. 또한, 에어레이션을 충분히 해주도록 한다.

이렇게 산란지를 유지하면서 인공부화를 시키는 데 있어서 중요한 것은, 부화에서 변태에 이르기까지 생육환경을 일정하게 유지해주는 것이다. 발생과정에서 수질오염이

나 수조의 과열, 건조 등으로 인해 알들이 폐사하지 않도록 매일 세심하게 관리해야 한다. 독화살개구리류처럼 어미가 올챙이를 옮기거나 업고 다니는 종이라면, 올챙이를 잘 돌볼 수 있는 환경만 조성해주고 그대로 둬도 괜찮다.

■**양서류의 성별결정**(sex determination) : 양서류의 성별은 기본적으로 유전자에 의해 결정되는데, 보통 암컷이 무정란을 산란함과 동시에 수컷이 정자를 뿌려 수정이 이뤄지는 순간에 결정된다. 인간과 마찬가지로 난자와 정자가 만나는 순간에 성별이 결정되는 것이다. 이렇게 유생시기부터 성별이 결정돼 있기는 하지만, 변태를 거쳐 성성숙이 일어나기 전까지는 외형적으로 암수가 잘 구분되지는 않는다.

일반적인 양서류의 성결정은 부모개체로부터 물려받은 성염색체의 조합(XY, ZW, OW)에 의한 것으로 보고돼 있다(genetic sex determination, GSD). 양서류의 성(性)은 이와 같이 원칙적으로 유전형에 의해 결정되는 것이 일반적이지만, 일부 종에 있어서는 발육 도중에 성호르몬이나 온도 등의 다른 요소에 의해 개체의 성이 수컷에서 암컷으로, 암컷에서 수컷으로 각각 역전하는 성전환(性轉換, sexual inversion)이 일어나기도 한다.

이는 양서류나 어류의 경우 다른 분류군에 비해 유전적인 성결정의 힘이 상대적으로 약하기 때문이라고 알려져 있다. 양서류가 신체적인 면에서 보다 진화한 다른 분류군에 비해 내분비기관이 단순하다는 것도 성전환이 가능한 이유이기도 하다. 또한, 포유류, 조류 등은 체내수정을 하기 때문에 태내에서 오랜 기간 2세를 품고 있을 수 있도록 복잡한 생식기관을 가지고 있지만, 양서류나 어류처럼 체외수정을 하는 종들은 그럴 필요가 없다. 이처럼 암수의 신체적인 차이가 비교적 적다는 것이 성별의 전환을 가능케 한다. 성전환을 하는 대표적인 양서류종으로는 아프리카의 숲과 사바나지역에서 발견되는 물억새개구리(Common reed frog, *Hyperolius viridiflavussms*)를 들 수 있다. 이 종은 수컷이 충분치 않을 경우 암컷이 수컷으로 성전환을 하는 것으로 알려져 있다.

이처럼 동물에 있어서 성전환은 거의 암컷이 수컷으로 변하는 것이 일반적이고 수컷이 암컷으로 변하는 경우는 극히 드문데, 그 이유는 난자는 많은 에너지를 필요로 하는 데 비해 정자는 유전정보만 가지고 있어 에너지가 적게 필요하기 때문이다. 또한, 어떤 종의 개구리는 올챙이를 20℃의 수온에서 기르면 자웅동체가 되지만, 32℃의 고온에서 기르면 수컷이 많고 10~15℃의 저온에서 기르면 암컷이 많이 나타나기도 한다.

양서류의 성별결정

성염색체의 조합	성별결정
XY형	수컷 : XY 암컷 : XX 인간과 동일한 타입으로 성을 결정하는 쪽은 수컷이며, 정자의 염색체가 XY인가 XX인가에 의해 성별이 결정된다.
ZW형	수컷 : ZZ 암컷 : ZW 인간과 반대의 타입으로 성결정은 암컷에 의한다.
또 다른 ZW형	수컷 : OW 암컷 : ZW 수컷은 W 염색체 하나만을 가지고 있는 특이한 경우

앞서 언급한 경우는 성비나 온도에 의해 발생하는 극히 자연스러운 '자연성전환'으로 이런 현상이 생태계에 문제가 되는 경우는 없다. 그러나 환경호르몬에 의한 성별의 교란과 같이, 그 원인이 인위적인 경우에는 생태계에 상당히 큰 문제를 유발할 수 있다. 일례로 전 세계적으로 농업생산량 증대를 위해 많이 이용되고 있는 제초제는 그 자체로도 양서류의 멸종을 야기하지만, 양서류의 성을 변화시키는 원인이 되고 있다.

미국 캘리포니아대학 버클리캠퍼스의 타이론 헤이즈(Tyrone Hayes) 교수 연구팀은 '미국립과학원회보(PNAS)'에 옥수수재배에 널리 이용되는 제초제에 포함된 '아트라진(Atrazin)'이라는 성분이 수컷개구리를 자웅동체 양성(兩性) 수컷으로 변화시키거나 완전한 암컷(부화되는 알까지 낳을 수 있는)으로 바꾸는 일종의 환경호르몬의 역할을 한다고 보고한 바 있다. 연구팀이 수컷올챙이 40마리를 2.5ppb(1ppb는 10억분의 1) 농도의 아트라진에 노출시킨 뒤 3년 동안 관찰한 바에 따르면, 이 과정에서 10%인 4마리는 완전히 암컷으로 바뀌어 알까지 낳았으며, 나머지도 정상적인 수컷에 비해 남성호르몬인 테스토스테론의 수치가 훨씬 낮아졌다. 그 결과 전형적인 형태나 행동 면에 있어서 수컷의 특징이 많이 약해진 것으로 나타났다.

올챙이(tadpole)의 성장과정과 관리

대부분의 양서류는 어류에 비해 발생기간이 훨씬 더 길며, 양서류의 알은 많은 양의 난황을 가지고 있지 않다. 그러나 양서류의 알은 투명해 발생정도를 쉽게 확인할 수 있기 때문에 발생의 진행 확인이나 관리가 비교적 용이한 편이다. 각각의 클러치에 따라 부화되는 시간에도 차이를 보인다. 일찍 산란된 클러치의 알은 더 일찍 부화되는 경향이

먹이경쟁에서 우위를 점하기 위해 일찍 산란된 클러치의 알은 더 일찍 부화되는 경향이 있다.

있는데, 이는 먼저 태어나 먹이경쟁에서 우위를 점하려는 전략이라고 볼 수 있다. 부화가 시작되면 배는 부화효소를 내서 젤리층을 녹이고 밖으로 나온다. 일단 부화가 진행돼 알 밖으로 올챙이들이 나오면 바로 몸을 숨길 만한 곳으로 이동하는 것이 아니라 우무질에 붙어서 알껍질을 먹기 시작한다. 알껍질을 다 먹은 올챙이는 입이나 작은 빨판을 이용해서 물 속의 물체에 달라붙는다. 두꺼비의 유생은 부화하면 머리와 등 부분에 점착기(粘着器)라는 오목한 구조가 나타나는데, 이 점착기에서 분비된 점액을 이용해 물체에 붙는다. 이때부터 올챙이의 관리가 시작된다. 자연상태에서 올챙이기간은 10일에서 종에 따라 길게는 2년까지 지속된다.

성장함에 따라 무미목 올챙이의 꼬리는 점차 길어지면서 겉아가미가 사라지고 속아가미가 생기며, 그 바깥쪽은 호흡공(呼吸孔)이 되면서 피부로 둘러싸인다. 다음에 뒷다리가 나오고 이것이 크게 자랄 때쯤 피하에 발달돼 있던 앞다리가 바깥으로 나오며, 꼬리의 퇴화가 시작된다. 이 시기에 속아가미도 퇴화하고 폐가 발달하게 된다. 사육개체가 일시적으로 생기는 웅덩이에서 산란해 성장하는 종일 경우, 올챙이의 성장이 상당히 급격하게 진행되므로 이를 고려해 영양공급을 충분히 해줘야 동종포식을 막고 정상적으로 성장시킬 수 있다. 또한, 사육장 내에는 충분한 은신처를 제공할 필요가 있다.

■ **사육환경 관리** : 대부분의 올챙이는 물에서 생활하고 성체보다 약하기 때문에 수환경의 변화에 취약하며, 수질의 변동이 있을 때 성체처럼 육상으로 도피할 수 없기 때문에 특히 수질관리에 주의를 기울여야 한다. 가장 신경 써야 할 것은 당연히 온도이며, 너무 낮은 온도는 먹이활동과 성장을 저해한다는 사실을 명심해야 한다. 산란을 했다는 사실 자체가 사육장 내에 정상적인 생식활동을 할 정도의 온도가 제공된다는 의미이기는 하지만, 열원을 이용해 관리되는 사육장 내의 온도는 전기장치의 결함 여부에 따라 편차가 심하게 나기 때문에 열원이 정상적으로 작동하고 있는지 매일 확인해야 한다.

> **친족인지(親族認知, kinship)**
>
> 자연상태에서는 여러 알덩어리에서 나온 올챙이들이 한데 뒤섞여 거대한 무리를 이루는 것을 많이 볼 수 있는데, 이를 '친족인지(親族認知, kinship)'라고 한다. 상대적으로 약한 동물들에게서 많이 보이는 행동으로, 이렇게 떼를 지어 있는 것은 여러모로 생존에 유리한 방식이다. 우선 먹이를 찾기가 쉽고 따로 있는 것보다 포식자를 쉽게 알아차릴 수 있으며, 천적을 혼란시켜 잡아먹기 어렵게 하는 등 여러 가지 이점이 있다. 또한, 체색이 짙은 올챙이가 모여 있음으로써 태양빛을 모아 주위 수온이 빨리 상승하게 하고, 이것이 생장에 유리한 온도조건을 만들어낼 수도 있을 것으로 보인다. 때로는 이처럼 큰 무리를 이뤄 헤엄치면서 소용돌이를 일으켜 바닥의 유기물이나 플랑크톤을 떠오르게 하거나 일정한 곳에 모으기도 한다. 한 수조에 서로 다른 두 어미에게서 나온 올챙이를 섞어두면 시간이 지남에 따라 두 개의 무리로 나뉘는데, 동물학자들은 이것이 근친교배를 피하기 위한 행동이라고 해석하고 있다.
>
>

가장 위험한 상황은 품질이 낮은 히터를 사용함으로써 수온이 설정한 수치보다 높게 상승하거나 유리관이 파열되면서 수조 내의 물이 끓는 것이다. 드문 사례이기는 하지만 이를 방지하기 위해 가급적 좋은 품질의 제품을 사용할 필요가 있다. 또한, 히터를 사용할 때는 반드시 덮개를 장치해야 한다. 사실 히터를 사용해 수온을 올릴 경우에는 수조 내에 직접적으로 설치하는 것보다는, 상부여과기나 측면여과기 안처럼 별도의 공간에 설치해 수온을 올리고, 수온이 오른 물을 수조 안에 다시 넣어주는 것이 가장 좋다. 그러나 이렇게까지 하기가 쉽지는 않기 때문에 보통은 수조 내에 히터를 바로 설치하는데, 접촉 시에 발생할 수 있는 화상방지를 위해 반드시 덮개를 장치해야 한다.

올챙이는 집단으로 생활하는 데다가 먹이활동이 활발하기 때문에 그로 인해 생성되는 노폐물이 생각보다 많으므로 여과가 충분히 이뤄질 수 있도록 해줘야 한다. 동일한 이유로 완전수생종 개체일 경우 또는 올챙이들이 성장함에 따라 수위를 높이는 것이 수질관리 면에서 유리하다. 갓 태어난 올챙이는 여과기 틈새에 빨려 들어가 헤어 나오지 못할 정도로 약하기 때문에 모터를 사용하는 여과방식보다는 에어펌프를 이용하는 여과방식을 채택하는 것이 보다 안전하다. 여과기의 정상작동 여부 역시 매일 확인해야 하고, 수조 바닥에 쌓이는 노폐물이나 여과재도 신경 써서 관리해야 한다.

환수는 한꺼번에 해주는 것보다 매일 20~30% 정도씩 해주는 것이 pH의 변화를 줄일 수 있는 방법이다. 올챙이는 염소와 중금속, 화학물질에 특히 더 취약하기 때문에 환수

> **올챙이의 어원**
>
> '올챙이'는 무미목 양서류 수생시기의 어린 유생을 의미하는 말로, 양서류의 발생에 있어서 배가 부화효소를 내서 젤리층을 녹이고 젤리층 밖으로 나와 유영하게 된 시기(헤엄치는 올챙이)부터, 여기서 더 발달해 변태에 이르기 전까지의 개체를 지칭한다. 올챙이는 원래 개구리를 나타내는 명칭이었다고 한다. '올치다'의 '올'은 원래는 '옽'으로 현대어의 '웃'과 같은 말로서 '위'를 의미하고, '치다'는 빠른 속도로 급히 움직인다는 의미이며, '올치다'는 '빠른 속도로 위로 솟구쳐 오른다'는 뜻이다. 올챙이는 올(웃, 위)+치+앙이(아기, 아이 등 작은 것을 가리킴), 즉 위로 빨리 뛰어오르는 어린 놈이라는 의미였다. 원래는 개구리를 가리키던 이 말이 후에 개구리의 '어린 놈'을 가리키는 단어로 변경됐다. 다른 주장으로는 '오래자+않은 것', 즉 '네 다리가 없어 물속에서 헤엄치며 뭍에 오르지 못하는 것'이라는 의미라는 주장도 있다. 올챙이는 영어로 'tadpole'이라고 하며, 이는 중세영어인 'taddepol'에서 유래된 말로 'toad(두꺼비)'와 'poll(머리)'의 합성어다.

시에 수돗물을 바로 사용하는 일은 절대 없도록 해야 한다. 여과박테리아의 활성을 돕고 수중의 산소농도를 보충해주기 위해 에어펌프를 추가로 가동하는 것 역시 도움이 된다. 수중식물을 식재하면 은신처와 먹이, 산소공급원의 역할을 모두 할 수 있다. 그러나 수련과 같이 수면을 덮는 식물은 생각보다 수중의 올챙이에게 충분한 산소를 공급하지 못하며, 오히려 수면에 녹아드는 산소를 차단할 수 있기 때문에 사육장 내에 과도하게 식재해서는 안 된다. 부상수초의 경우 보통 전체 수면의 25% 이상 식재하는 것은 권장되지 않는다. 식물을 식재하더라도 폭기를 함께 제공하는 것을 추천한다.

올챙이시기에는 외부로부터 화학물질이 유입되는 것을 차단하기 위해 방향제나 살충제 등의 사용을 자제해야 한다. 또한, 올챙이들은 수류(水流)가 있을 경우 스트레스를 받고 운동량이 증가해 성장이 지체되기 때문에 여과기의 출수구를 조절해 물의 흐름을 제한하는 것이 좋다. 일부 종은 알 내부에서 변태를 완료하고 작은 새끼의 모습으로 부화하거나 어미가 업고 다니며 관리하는 경우도 있는데, 이러한 경우에는 개구리의 사육환경 관리 조건을 기준으로 사육을 지속하면 된다.

■**먹이관리** : 올챙이는 알에서 깨어나고 며칠이 지난 후 먹이를 먹기 시작하기 때문에 부화가 시작됐다고 바로 먹이를 급여할 필요는 없다. 일단 은신처를 제공해주는 것이 우선이다. 자연상태에서 올챙이는 유기물을 걸러내서 먹는 여과섭이(濾過攝食, filter feeding)를 하는 종, 순치로 먹이를 갉아먹는 종 등 다양한 양상을 띤다. 무미목의 올챙이는 이빨 대신 각질(角質)의 이랑(ridge)과 콧수염 비슷하게 발달된 돌기를 가지고 있는

데, 보통 부화 초기에는 수중의 조류나 규조류를 포함해 바닥에 침전된 유기물을 걸러서 먹다가, 성장함에 따라 아가미가 사라지면서 먹이를 삼켜서 먹는 종도 있다. 따라서 초기에는 분말형태로 가공해 급여할 필요가 있다. 자연상태에서 올챙이는 먹이를 먹으면서 박테리아를 함께 섭취하는데, 이 박테리아는 올챙이가 섭취한 음식물을 분해 흡수하는 데 도움을 준다. 따라서 올챙이들에게 이 박테리아를 옮겨줄 수 있도록 수조의 물은 충분히 묵어 박테리아가 활성화된 것이어야 한다.

올챙이들은 오로지 먹기 위해 사는 것처럼 보일 정도로 하루 종일 먹이활동을 하며, 우리가 흔히 아는 올챙이는 식물성 음식을 소화하기 위해 긴 나선 모양의 직장을 가지고 있다. 직장의 길이는 각 종이 섭취하는 먹이의 종류에 따라 상당한 차이를 보이는데, 초식성의 올챙이는 길고 육식성의 올챙이는 상대적으로 짧다. 올챙이의 폭발적인 성장을 뒷받침해주기 위해서는 충분하고도 균형적인 영양공급이 선행돼야 한다.

대부분의 무미목 올챙이가 초식에 가까운 잡식성이지만, 전적으로 육식을 하는 종도 있고 유미목의 올챙이는 거의 육식을 하므로 자신이 번식한 종에 따라 먹이의 형태를 조절해 급여해야 한다. 먹이를 급여할 때는 올챙이의 입과 소화기관에 부담을 주지 않으면서 소화가 쉽게 이뤄지도록 돕기 위해 약간의 가공(식물의 세포조직을 연하게 하는)과정을 거칠 필요가 있다. 일반적인 올챙이먹이의 가공방법은 '익히는 것'과 '냉동하는 것' 두 가지로 나눌 수 있다. 야채나 채소의 경우 종류에 따라 다르지만 약 30여분 정도 삶으면 적당하고, 냉동방법을 이용할 경우에는 얼렸다가 녹이는 과정을 여러 번 반복하면 세포벽이 파괴되고 흐물흐물해지므로 올챙이들이 섭취하기에 좀 더 용이하다.

올챙이에게 먹이를 제공할 때는 약한 개체를 배려해 여러 군데로 나눠서 급여하도록 한다. 성장과정에서 특히 칼슘의 공급을 간과할 수 없는데, 먹이에 칼슘을 섞어 급여하거나 갑오징어뼈를 깨끗이 세척해 염분을 제거하고 수중에 넣어두면 효과를 볼 수 있다. 액상으로 된 칼슘제를 직접적으로 사육장 내에 첨가해주는 방법도 있다.

갓 부화한 올챙이

올챙이에게 인공사료를 급여한 모습

다른 변온동물들과 마찬가지로 개체의 성장속도에 있어서 편차가 크게 나타나는데, 동시에 부화된 올챙이들이라 하더라도 사육환경이나 온도, 제공되는 먹이의 양과 질, 성별, 운동량 등에 따라 크기 차이가 상당히 많이 난다.

■사양관리 : 올챙이가 정상적으로 성장할 수 있도록 충분한 영양을 공급하는 것과 더불어 관심을 기울여야 할 부분은, '개체의 성장 정도를 파악해 비슷한 크기끼리 선별한 후 각각 다른 사육장에 나눠 축양해야 한다'는 사실이다. 개구리의 경우 동시에 부화한 개체라도 영양섭취에 따라 크기가 심하게 차이 나는 경우가 많다. 특히 식물성 먹이를 섭취하는 일부 개체가 죽은 올챙이 등의 동물성 먹이를 섭취하게 될 경우에는 다른 개체와 크게 차이가 날 정도로 급성장하고, 큰 올챙이가 작은 올챙이를 공격해 상처를 입히거나 심지어 잡아먹는 경우도 흔하다. 따라서 충분한 양의 먹이를 급여하고, 주기적으로 성장 정도를 살펴 비슷한 크기끼리 분리 사육하는 것이 동족포식(cannibalism)을 예방하는 방법이 될 수 있다.

약한 개체는 질병원인균의 잠재적인 배양처가 될 수 있기 때문에 성장속도가 크게 차이 나거나 질병이 관찰되면 별도의 사육장에 격리시켜 관리해야 한다. 이렇게 사육밀도를 조절해주는 것은 사육환경을 청결하게 유지하기 위해서도 필요한 일이다. 만일 동시에 많은 수의 올챙이가 폐사한다면 혹시 사육장이 있는 공간에서 살충제나 에어로졸을 분무한 일은 없는지, 수돗물을 그냥 수조에 넣지는 않았는지, 폭기가 제대로 이뤄져 수중에 산소가 잘 녹아드는지, 온도가 적정한지 등을 살피고 문제점을 즉시 해결해야 한다.

변태 시의 관리

무미목 양서류의 변태과정을 관찰해보면 한 가지 놀라운 사실을 발견하게 된다. 사육자가 그렇게 정성을 들여 열심히 키웠던 올챙이가 변태를 마치고 나면 말도 안 될 정도로 작은 개구리가 돼버리는 것이다. 가장 놀라운 예가 중·남아메리카에 서식하는 파

> **올챙이의 먹이**
>
> 무미목 올챙이의 식성은 채식성이며 대부분 자연상태에서는 남조류나 규조류를 먹는다. 그 결과 일반적으로 조류의 성장을 조절하는 역할을 하기 때문에 자연상태에서 올챙이 수의 감소는 조류의 과도한 성장으로 이어질 수 있고, 이는 곧 수생무척추동물과 어류의 폐사로 이어질 수 있다.
> 부화된 지 얼마 지나지 않았을 때는 삶거나 녹인 채소를 급여하거나, 빵가루, 어류사료 또는 알팔파와 같은 토끼사료의 분말을 물에 용해시켜 적당량 물에 떨어뜨려 급여한다. 시판되는 제품을 이용하고자 할 경우에는 잉어와 같은 초식성 어류용으로 제조된 사료를 베이스로 선택하는 것이 좋다. 변태가 진행됨에 따라 육식성으로 식성이 바뀌는데, 이때는 마우스(mouse)나 렛(rat) 사육용의 익스트루전 고형사료를 물에 불려 급여하거나 알테미아, 삶은 노른자, 삶은 물고기 조각, 실지렁이 혹은 햄벅(닭가슴살이나 새우 혹은 소의 염통을 갈아 만든 물고기사료)을 급여한다. 유미목의 육식성 올챙이라면 뱀장어사료 혹은 동물성 어류사료를 베이스로 한다.

라독스개구리(Paradox frog, *Pseudis paradoxa*)인데, 변태 전인 올챙이시기에는 무려 30cm에 이를 정도로 거대한 크기가 변태를 마치고 나면 불과 2cm로 줄어들게 된다(이 종의 최대 성장크기도 5~7cm에 불과하다). 왜 이런 현상이 일어나게 되는 것일까.

앞 장에서 변태의 원리에 대해서는 언급한 바가 있으나, 변태의 결과가 이런 식으로 나타나는 이유에 대해서는 정확하게 밝혀진 부분이 없어 기술하지 않았다. 다만 환경적인 요인이 가장 크다고 알려져 있다. 수중에서는 은신처가 한정돼 있기 때문에 덩치가 커야 생존에 유리하지만, 자연계에서 가장 약한 동물인 개구리로 변태하게 되면 큰 덩치는 오히려 포식자들에게 '잡기 쉽고 양 많은 먹잇감'에 불과하므로 생존에 유리하도록 크기가 줄어든다고 추측하고 있다. 그러나 올챙이의 골격에서 어떻게 그렇게 작은 개구리의 골격으로 바뀔 수 있는지에 대해서는 아직 알려진 것이 없다.

육상형 무미목에 있어서 올챙이시기의 막바지에 이르러 변태가 시작되면 주의할 점이 하나 있는데, 변태가 진행되는 과정의 개구리는 헤엄치는 능력이 저하된다는 사실이다. 따라서 이때 수위를 낮추고 올라갈 육상부분을 조성해주는 등 이를 보조할 적당한 환경을 갖춰주지 않으면 익사할 수도 있으므로 매일의 성장 정도를 확인해야 할 필요가 있다(아프리카발톱개구리와 같은 완전수생종의 경우에는 해당되지 않는다).

또한, 변태과정에서 먹이를 먹지 않는 경우가 대부분이므로 앞다리가 나오기 시작하면서부터는 먹이섭취량을 확인해 서서히 줄여줌으로써 먹이로 인해 수질이 악화되는 일이 없도록 해야 한다. 보통 변태 직전에는 거식을 하며, 변태 이후 며칠은 거부하는 경향이 있으므로 굳이 먹이를 급여할 필요는 없다. 변태 이후 1~2개월 정도는 먹이적응기라고 생각하고 보다 조심스럽게 다룰 필요가 있다.

변태 후 아와(兒蛙, froglet)의 관리

변태를 마치고 육상으로 진출한 아와는 곧바로 먹이를 먹지는 않는다. 꼬리의 재흡수를 통해 아와에게 필요한 영양이 어느 정도 제공되기 때문이다. 그러나 아와가 먹이를 먹기 시작하면, 이 시기에 있어서의 먹이급여가 사육과정에서 가장 큰 문제가 된다. 안정적인 성장을 위해서는 아와에게 적합한 크기의 적절한 먹이를 지속적으로 공급해

1. 변태 중인 올챙이 2. 변태를 막 마친 아와 3. 크기별로 분리하지 않으면 이처럼 동족포식이 나타난다.

줘야 할 필요가 있는데, 이 시기의 아와는 핀헤드 크기의 귀뚜라미나 밀웜 혹은 초파리 정도밖에 삼킬 수 없기 때문에 이 정도 크기의 먹잇감을 장기간 급여하는 것이 쉬운 일이 아니다(아와의 성장속도보다 먹이의 성장이 빨라 급여할 수 없을 정도로 크게 자라 버리는 경우도 흔하게 생긴다). 따라서 번식을 확실하게 계획하고 있다면 이 시기의 먹이는 올챙이 때부터 천천히 시간적 여유를 가지고 준비해두는 것이 좋다.

다른 모든 동물들과 마찬가지로 어린 개체들은 환경변화에 민감하고 사육자의 많은 관심을 필요로 한다. 올챙이 때와 마찬가지로 이 시기에도 성장단계별로 크기 차이가 나는 개체는 비슷한 크기끼리 모아 별도로 관리하는 것이 좋다. 성장과정 중에 보통 1년에 한 번 정도 허물을 벗는데, 이는 성장하면서 일어나는 정상적인 현상이므로 겉껍질이 벗겨진 것을 발견했을 경우 너무 걱정하지 않아도 된다. 성장기에는 성체에 비해 더 자주 허물을 벗으며, 이렇게 벗은 허물은 종에 따라 먹기도 한다.

Chapter 08

양서류의 주요 종

양서류 주요 종의 종류와 특징, 서식현황, 사육방법과 번식 등에 대해 살펴본다.

Section 01

양서류의 주요 종

애완양서류의 현황

우리나라에 애완의 목적으로 양서류가 도입된 지 20년이나 지났고 최근 양서파충류시장이 급격하게 확대되고 있는 추세이기는 하지만, 아직도 전체 애완동물시장에서 양서파충류가 차지하는 비율은 그다지 높지 않은 형편이다. 게다가 보통 양서파충류라고 통합해 지칭하고 있기는 하지만 사실상 양서류와 파충류는 확연하게 다른 분류군이며, 애완의 영역에서 본다면 양서류시장보다 파충류시장이 훨씬 더 큰 것이 사실이다. 따라서 전체 애완동물의 사육이라는 관점에서 본다면, 애완양서류의 사육은 아직은 관심 있는 극소수 마니아들의 영역, 비주류의 세계라고 할 수 있다.

그러나 그럼에도 불구하고 괄목할 만한 사실은, 현재 애완으로 사육되는 양서류의 거의 모든 종이 이미 국내에 소개됐다고 해도 과언이 아닐 정도로 나름대로 애완동물시장에서 확실하게 자리를 잡아가고 있다는 점이다. 이는 무엇보다 애완양서류에 깊은 애정을 가지고 있는 많은 양서파충류 숍 대표들과 브리더들의 힘이 컸다고 할 수 있다.

화이어 샐러맨더는 국내 번식이 확인된 종이다.

사실 처음 이 책의 원고를 쓰기 시작할 당시만 하더라도 대부분의 종 설명에 '아직 국내에는 도입되지 않았다' 혹은 '아직 국내에서의 번식사례는 없다'는 내용을 언급했는데, 원고를 정리하는 시간이 지체되는 과정에서 많은 새로운 종들이 국내에 소개됐고, 또 기대하지 않았던 여러 종들의 국내 번식사례가 확인됐기 때문에 부득이하게 '국내 번식사례가 보고됐다'로 수정하지 않을 수 없었다. 한 사람의 양서파충류 애호가로서도 무척 기쁘고 고무적인 일이라고 생각하며, 앞으로 더 많은 사람들이 양서류가 지니고 있는 특유의 매력을 느낄 수 있게 되기를 기대한다.

양서류의 주요 종 소개

이 장에서는 애완양서류의 각 종에 대해 좀 더 자세히 알아보도록 하겠다. 순서는 각 종의 영문명에 대한 한글 가나다순으로 배치돼 있음을 참고하기 바란다. 본서가 전문적인 학술서가 아니기 때문에 주요 종을 선정하는 데 있어서 학문적인 중요성이나 과학적인 가치를 가지는 종보다는, 애완으로서 대중적으로 인기가 있고 국내에 이미 소개돼 길러지고 있는 종을 우선적으로 꼽았다. 그러나 올름(Olm)처럼 아직 국내에 도입되지 않은 종이나 장수도룡뇽처럼 애완의 목적으로 사육이 허가되지 않는 종이라고 할지라도, 양서류로서의 독특한 특징과 생태를 엿볼 수 있는 종은 양서류라는 분류군 전반을 이해하는 데 도움이 될 것이라고 판단해 수록했음을 밝힌다.

또한, 국내에도 다양한 양서류가 서식하고 있으나 국내종은 대부분 포획금지종으로 지정돼 법률로써 보호받기 때문에 개인 사육이 허가되지 않고, 포획이 허가되는 종이라고 하더라도 국내종은 애완용으로서 대중적으로 많이 사육되지 않기에 제외했다. 양서류의 각 종에 대한 정보는 생각보다 많지 않으므로 자신이 사육하는 종을 정확히 관찰해 기록으로 남기는 것도 다음 세대를 위해 희귀동물사육자가 할 수 있는 의미있는 일 가운데 하나라고 생각한다.

그린 트리 프로그

- **영 명** : Green tree frog, American green tree frog, Carolina tree frog
- **학 명** : *Hyla cinerea*
- **크 기** : 평균 크기는 3~6cm
- **서식지** : 버지니아 동부 해안에서 플로리다 주 남동부에 이르는 미국의 남동부 지역에 광범위하게 서식

보통 국내에서는 '그린 트리 프로그(Green tree frog)'라는 영명이 통용되지만 아메리칸 그린 트리 프로그(American green tree frog), 캐롤리나 트리 프로그(Carolina tree frog)로도 불리며, 한국명으로 '미국청개구리'라고 불린다. 그린 트리 프로그는 일반명이므로 구글 등에서 검색할 때는 'American'을 붙여야 본종에 대한 자료를 좀 더 용이하게 찾을 수 있다. 이름에서 알 수 있듯이 북미에 서식하는 종으로서 특히 미국 조지아 주와 루이지애나 주에서는 해당 주의회에 의해 '주 양서류(State Amphibian)'로 지정돼 있다.

외형 및 특징

체색은 밝은 황갈색부터 연한 녹색까지 볼 수 있으며, 일반적으로는 이름과 같이 녹색을 띤다. 간혹 등 쪽에 밝은 노란색이나 흰색의 작은 점무늬가 드문드문 나타나는 경우가 있고, 일반적으로 입 주위(턱, 윗입술)부터 앞다리의 바깥쪽을 거쳐 사타구니까지 흰색이나 연한 노란색 혹은 크림색의 선이 관찰되는데, 그 길이나 두께는 개체마다 상이하다. 흰색 선 바깥으로 검은색 줄무늬가 나타나기도 한다. 배는 희거나 연한 황색을 띤다.

측면의 밝은 흰색 선이 도드라지지 않는다면 체구 및 형태에 있어서 우리나라의 청개구리와 아주 유사한 모습을 보이기 때문에 구분하기가 어렵다. 그러나 토종 청개구리에 비해 크기가 약간 더 크고, 몸길이도 조금 더 길며 상대적으로 날씬해 보이는 체형을 가지고 있다. 또한, 발바닥이 토종 청개구리보다 더 두터운 데다 다리 역시 더 굵고 튼튼해 보인다. 아래턱에 한 개의 울음주머니를 가지고 있는데, 우리나라 청개구리와 마찬가지로 주름살을 살펴 암수를 구분할 수 있으며, 수컷의 울음주머니 부분의 색이 더 짙고 조금 더 주름져 있다. 자연상태에서는 보통 여러 마리가 함께 모여 있는 경우가 많으며, 특히 비가 오는 밤에는 무리를 지어 합창하는 모습을 볼 수 있다.

사육환경 및 번식

자연상태에서 서식지역이 넓기 때문에 번식기는 상당히 광범위하며, 4월에서 10월 사이에 번식이 이뤄진다. 얕은 물에 400개 정도의 알을 낳으며, 부화까지는 평균 일주일(4일에서 15일) 정도 소요된다고 알려져 있다. 부화된 개체가 변태에 이르기까지는 55~63일 정도 소요된다. 사육 하에서는 한겨울만 아니라면 별도의 인공적인 난방을 필요로 하지는 않는다. 전 세계적으로 트리 프로그류 가운데 애완으로 흔하게 보급되고 있는 가장 대표적인 종으로 수명은 약 6년 내외다.

윗입술에 흰 선이 도드라진다.

갈색으로의 체색변화

러프 스킨 뉴트

- **영 명**: Rough skined newt
- **학 명**: *Taricha granulosa*
- **크 기**: 12~21cm
- **서식지**: 샌프란시스코 베이 남쪽의 산타크루즈 카운티(Santa cruz County), 주노에서 남동쪽 알래스카 북쪽으로 이어지는 북미 태평양 연안

많은 종류의 뉴트들이 포식자에 대한 방어를 목적으로 독소를 생산하는데, 그 가운데서도 특히 타리카속(*Taricha*)의 독소는 더 강력하다고 알려져 있다. 이들이 생성하는 독은 복어가 생산하는 것과 같은 테트로도톡신(Tetrodotoxin, TTX)이라는 신경독으로, 타리카속에 속한 종은 유미목 가운데 가장 강력한 독을 가지고 있는 종으로 평가되고 있다. 특히 유생일 때 더욱 위험한데, 외국의 경우 1979년에 새끼를 먹고 중독사한 사례도 보고돼 있다(원서식지에서는 가터뱀-Common garter snake, *Thamnophis sirtalis*-이 본종을 먹이로 삼는다).

현재 러프 스킨 뉴트(Rough skinned newt, *Taricha granulosa granulosa*), 크레이터 레이크 뉴트(Crater Lake newt, *Taricha granulosa mazamae*) 등 2개의 아종이 알려져 있다.

외형 및 특징

체색에 있어서 몸의 위쪽은 갈색이나 다갈색으로 짙은 데 비해 아래쪽은 선명한 주황색의 반전을 보인다. 몸 전체에 별다른 무늬는 없지만, 등 쪽의 짙은 체색으로 인해 돌기가 상대적으로 도드라져 보이기 때문에 '러프 스킨(rough skined, 거친 피부)'이라는 이름으로 불리게 됐다.

이 피부는 다른 종의 도롱뇽과 비교했을 때도 좀 더 거칠고 건조한 느낌을 준다. 다른 도롱뇽 종에서 볼 수 있는 늑골홈(rib groove, 갈비뼈처럼 보이는 옆구리의 홈)이 부족하기 때문에 체형이 통통하게 보인다. 눈은 작아서 머리의 가장자리를 넘지 않으며, 홍채는 황색이고 아래쪽 눈꺼풀은 주황색을 띠고 있다. 번식기를 제외하고 준성체나 성체들은 일반적으로 고지대 숲에서 발견된다.

사육환경 및 번식

강하게 자극하는 것만으로도 유해한 성분이 묻을 수 있기 때문에 어린아이나 애완동물이 있는 경우 사육을 추천하지 않는다. 번식은 주로 봄에 이뤄지는데, 이 시기의 수컷의 피부는 평상시보다 부드러워지며, 둥근 꼬리가 패들(paddle, 카누용의 짧은 노)처럼 변화된다. 번식기의 체색은 암수 모두 평소에 비해 밝아지는 경향이 있다. 알은 산란 후 3~4주 뒤에 부화하며, 부화된 새끼들은 성체로 변태하기 전까지 물속에서 4~5개월을 보낸다. 유생시기를 2년 정도 거친 후 체장이 약 3~7cm 정도 됐을 때 변태가 시작되며, 변태를 마치고 상륙한 성체가 성성숙에 도달하기까지는 4~5년 정도 소요된다. 고지대에 서식하는 일부 개체들은 성체가 돼도 유생 때의 아가미를 유지하고 완전히 수생생활을 하는 경우도 있다.

레드 샐러맨더

- 영　명 : Red salamander, Northern red salamander
- 학　명 : *Pseudotriton ruber*
- 크　기 : 11~18cm
- 서식지 : 미국 동부 전역

학명의 'ruber'는 '붉다'라는 의미의 라틴어로, 본종의 강렬한 붉은 체색은 서식지역을 공유하고 피부에서 강력한 신경독을 방출하는 이스턴 뉴트(Eastern newt, *Notophythalmus viridescens*)의 체색을 모방한 것이라는 주장이 있다. 그러나 크기에 있어서 두 종 간에 차이가 보이고 또 포식자에게 사냥당하는 시기도 다르기 때문에, 그보다는 이 두 종이 서로 생김새를 비슷하게 함으로써 포식자들로 하여금 두 종을 모두 피하도록 하는 뮐러형 의태(Mullerian mimicry, 표지적 의태)라는 주장이 힘을 얻고 있다.

외형 및 특징

'레드(red)라는 이름처럼 주황색이나 붉은색이 바탕을 이루고 있으며, 불규칙적인 검은 점무늬가 몸 전체에 산재해 있다. 이 붉은색의 체색은 나이가 들어 갈수록 점무늬가 융합되면서 점점 흐려지고 탁해지는 경향이 있다. 체색이 머드 샐러맨더(Mud salamander, *Pseudotriton montanus*)와 거의 흡사하지만, 본종의 눈동자는 주황색인 데 비해 머드 샐러맨더는 짧은 주둥이와 검정색 눈동자를 가지고 있는 것으로 구분이 가능하다. 사지와 꼬리는 몸통에 비해 상대적으로 짧지만 최대 성장크기가 18cm에 달하며, 강건하고 튼튼한 체질을 가지고 있는 종이다.

무페도롱뇽과(Plethodontidae, 폐가 없는 도롱뇽)의 일종으로 피부를 통해 호흡한다. 본종은 무페도롱뇽 가운데 최초로 독성이 있는 것으로 알려진 종이다. 피부의 분비샘에서 PTTX(Pseudotritontoxin)를 생산하는데, 주로 등 쪽에 집중돼 있다. 이 때문에 포식자로부터 위협을 받으면 독특한 방어자세(Unken reflex)를 취한다.

서식 및 현황

원서식지에서는 상당히 흔한 종으로 넓은 지역에 광범위하게 서식하고 있으나 서식지파괴로 인해 지역적으로 감소하고 있으며, 인디애나 주에서는 개체군이 특히 위협받고 있다.

사육환경 및 번식

야행성 종으로 주로 밤에 활발히 돌아다니며 사냥하고, 작은 도롱뇽까지 먹이로 삼는다. 산란은 늦가을이나 봄에 이뤄지며, 암석이나 수중 구조물의 하단에 알을 붙인다. 암컷은 알이 부화될 때까지 알 근처에 남는 것으로 알려져 있다. 부화한 유생은 2년 반~3년 정도 물속에서 생활하며, 성성숙에 도달하기까지는 평균적으로 약 5년이 소요된다.

붉은 체색과 검은 반점이 특징이다.

레드 아이 트리 프로그

- 영   명 : Red-eyed tree frog, Red-eyed leaf frog, Gaudy leaf frog
- 학   명 : *Agalychnis callidryas*
- 크   기 : 수컷 5cm 내외, 암컷 7~8cm 내외
- 서식지 : 중앙아메리카의 파나마, 코스타리카, 콜롬비아, 멕시코, 벨리즈, 과테말라, 온두라스, 코스타리카의 열대우림. 코스타리카를 상징하는 동물이다.

1860년 미국의 파충류학자 에드워드 코프(Edward Drinker Cope)에 의해 발견된 종으로, 본종을 처음 접한 사람이라도 이름을 알아맞힐수 있을 것 같고 또 한번 보면 절대 잊어 버리지 않을 정도의 독특한 체색을 가지고 있다. 사진 전문가들이 촬영한 수천만 장의 스틸 이미지를 보유하고 있는 아카이브 '게티이미지(getty image)'에서 이용자들을 대상으로 '환경주의(environmentalism)에 가장 잘 어울리는 동물'을 조사한 적이 있는데, 수많은 동물을 제치고 본종이 전폭적인 지지를 얻은 바 있다.

수치화된 통계는 없지만 아마도 세계에서 가장 많이 촬영됐을 정도로 각종 TV 광고에도 단골로 등장하는, 개구리 가운데 단연 독보적인 체색을 자랑하는 종이다. 그러나 아름다운 몸 색깔과는 달리 완전한 야생성을 띠는 종으로서, 조금만 밝아도 은신처에 자리를 잡고 거의 움직이지 않기 때문에 관상용으로 적합한 종이라고 보기는 어렵다.

외형 및 특징

전체적으로 몸의 상부는 밝은 녹색이며 눈은 빨간색, 발가락은 주황색, 넓적다리 안쪽은 파란색, 다리 아래쪽은 노랗거나 밝은 주황색을 띠고 있다. 옆구리에는 파란색과 노란색의 줄무늬가 있다. 이러한 색상은 나이가 듦에 따라 선명해지는 경향이 있다. 보통 양서류에 있어서 화려한 체색은 독을 가지고 있음을 나타내는 경고색인 경우가 많지만, 특이하게도 본종은 과하다 싶을 정도로 화려한 체색에도 불구하고 독이 없다. 전체적으로 보아 엄청나게 화려한 체색을 지니고 있는 종이지만, 이 색은 모두 몸이 접히는 부분에 감춰져 있기 때문에 눈을 감고 움직이지 않을 때는 좀 선명한 녹색을 가진 청개구리 정도의 느낌이며, 이와 같은 체색은 오직 움직일 때만 관찰이 가능하다. 밝은 녹색을 띠는 상부의 체색은 컨디션에 따라 어두운 녹색이나 붉은 갈색으로 바뀌기도 한다. 체색이 갑자기 밝아지면 주위를 경계하고 있다는 의미다.

체구에 비해 눈이 상당히 큰데, 커다란 붉은색 안구에 세로형의 동공이 도드라진다. 붉은색 눈은 일종의 경고색으로서 독이 있다는 의미가 아니라 적을 잠시 놀라게 하는 역할을 하며, 옆구리의 선명한 색상들도 적을 혼란시키는 역할을 한다. 붉은색의 눈도 특이하지만 그물망 무늬의 순막 역시도 다른 동물에게서는 관찰할 수 없는 본종만의 독특한 특징 가운데 하나다. 체형은 전체적으로 날씬하다.

그물무늬가 있는 독특한 순막

제8장 양서류의 주요 종 **433**

등과 배의 체색 　　　　　　　　　　　　　　　배 부분에는 아무런 무늬가 없다.

몸에 비해 긴 다리를 가지고 있어 나무를 이동하는 데 용이하고, 앞발의 1/2과 뒷발의 2/3에 해당하는 물갈퀴가 있으며, 발가락 끝에 패드가 발달해 있다.

서식 및 현황

다행스럽게도 본종은 아직 멸종위기에 처해 있지는 않지만, 본종의 서식처인 열대우림의 심각한 훼손으로 생존에 위협을 받고 있다. 이 때문에 2010년 3월 카타르 도하에서 개최된 제15차 사이테스(CITES) 당사국총회에서 부속서에 등재돼 보호받고 있다.

사육환경

거의 지상에 내려오는 일이 없으며, 낮에는 은신처나 넓은 잎사귀의 아래쪽에 붙어서 은신하고 밤에 주로 먹이활동을 한다. 연약해 보이는 외모와는 달리 체질이 튼튼하고 사육이 용이하다고 평가하는 사람도 있지만, 약하고 세심한 관리가 필요하기 때문에 초보자에게는 그다지 추천되지 않는다는 평가가 좀 더 많다. 필자 역시 어느 정도 사육경험이 쌓이면 도전해보기를 추천한다.

나무 위에서 주로 서식하는 종이지만 수영도 잘 하는 편이다. 그러나 물그릇을 비치했을 경우에는 붙잡고 나올 수 있도록 유목을 걸쳐두는 것을 추천한다. 적정 사육온도는 주간 26~29℃, 야간은 20~25℃ 정도이며, 80% 내외의 높은 습도를 선호하므로 수시로 분무를 하거나 미스팅 시스템을 설치해주는 것이 좋다. 특이하게도 무리생활을 하는 종으로 여러 마리를 합사했을 때 더 잘 자라는 경향이 있다.

번식

열대식물이 식재돼 있고 습도가 높게 유지되는 사육장 내에서는 성공적으로 번식하는 경우도 많다. 번식을 위해서는 사이클링이 필요하며, 휴면 이후 우기를 시뮬레이션해주면 사육 하에서도 번식이 가능하다. 자연상태에서 산란은 현지의 우기인 10월부터 이듬해 3월 사이에 이뤄진다.

물가에 드리워진 나뭇잎의 뒷면에 1회에 30~50개씩 5회 정도 산란하며, 산란 후 약 5일 이 지나면 부화와 동시에 아래쪽의 물속으로 떨어져 올챙이시기를 보낸다. 낙하한 지 75~80일이 지나면 개구리로 변태하고, 이후 나무 위로 올라가 생활한다. 새끼에게는 성체와 같은 체색이 바로 나타나지 않고 어느 정도 성장해야 붉은색 눈과 초록색의 체색을 띠게 된다.

특이하게도 알 속의 배아가 젤라틴질 막의 진동

1. 화려한 체색과 붉은색의 눈동자 2. 본종은 나뭇잎 뒷면에 산란한다.

을 파악해 포식자의 공격을 감지하는 능력이 있다고 알려져 있다. 바인 스네이크(Vain snake)나 다른 천적의 공격을 받으면 순식간에 젤라틴질을 뚫고 수중으로 낙하해 미숙한 상태로도 성장하는 특징이 있다. 자연상태에서의 수명은 6~10년 정도로 알려져 있다.

리드 프로그

- **영 명** : Reed frog
- **학 명** : 아프리카 종 – *Afixalus SPP.*, *Hyperolius SPP* / 마다가스카르 종 – *Heterixalus SPP.*
- **크 기** : 2.5~4cm 내외
- **서식지** : 아프리카, 마다가스카르

리드 프로그(Reed frog, 갈대개구리)라고 불리는 개구리는 모두 200여 종에 이를 정도로 많으며, 종별로 다양한 체색과 무늬를 가지고 있다. 보통은 리드 프로그 앞에 각각의 이름을 붙여서 부른다. 이름처럼 낮에는 갈대(reed)나 잎사귀에 몸을 붙이고 쉬면서 시간을 보낸다. 국내에는 레드 풋 리드 프로그(Red foot reed frog)와 마블 리드 프로그(Marble reed frog), 아르구스 리드 프로그(Argus reed frog), 마다가스카르 리드 프로그(Madagascar reed Frog) 등 다양한 종류가 도입된 바 있고 번식사례도 확인되고 있다.

외형 및 특징

체색 및 패턴이 낮과 밤에 서로 다르게 나타나는 경우가 일반적인데, 낮에는 대개 단조로운 색상인 데 비해 밤에는 다채로운 체색으로 바뀐다. 또한, 환경이나 개체의 상태에 따라서도 색상이 자주 바뀌는 모습을 볼 수 있다.

사육환경

다양한 종이 있으나 본질적으로 사육 하에서 제공돼야 할 레이아웃에는 큰 차이가 없다. 반수생환경의 조건이면 무난하며, 상하운동을 할 수 있도록 굵은 유목이나 돌을 적절하게 배치해주는 것이 좋다. 다른 개구리에 비해 조명의 중요성이 높은 종으로 일광욕을 위한 조명을 설치해주는 것이 좋다. 체구가 작아 큰 사육장을 필요로 하지는 않지만, 매우 활동적인 종이라 움직임이 많기 때문에 어느 정도 충분히 넓은 사육장에서 길러야 종 자체의 매력을 잘 느낄 수 있다.

또한, 활동량이 많은 만큼 먹이반응도 활발하고 먹성도 좋은 종이기 때문에 충분한 먹이급여가 뒷받침돼야 한다. 그러나 성체의 크기가 작기 때문에 작은 크기의 먹이를 지속적으로 유지하기가 어려울 수도 있으므로 본종을 사육하고자 한다면 먹이곤충의 공급을 안정적으로 유지할 수 있는 방법에 대한 고민이 필요하다.

아프리카 원산으로 사육온도는 21~27℃, 스팟 지역은 32~33℃ 선을 유지하도록 한다. 야간에는 16℃ 정도로 유지하되 체구가 작은 경우에는 약간 더 따뜻한 환경이 권장된다. 원서식지에서는 계절에 따라 다양한 습도대를 경험하게 된다. 따라서 습도에 대한 적응력도 높은 종이므로 사육 하에서도 우리나라 기후를 감안해 스프레이를 통해 50~80% 내에서 적절하게 조절해주면 된다.

1. 아르구스 리드 프로그(Argus reed frog, *Hyperolius argus*) 2. 골든 세지 리드 프로그(Golden sedge reed frog, *Hyperolius puncticulatus*)

1. 페인티드 리드 프로그(Painted reed frog, *Hyperolius marmoratus*) 2. 팅커 리드 프로그(Tinker reed frog, *Hyperolius tuberilinguis*) 3. 헤테릭살루스 트리콜로르(*Heterixalus tricolor*)

번식

사육 하에서의 번식은 그리 어렵지 않다고 알려져 있으며, 번식을 위해서는 사이클링이 필요하다. 암컷은 한 번에 100~150개 정도의 알을 낳을 수 있으나 실제로는 그보다 더 적을 수도 있는데, 알의 개수와 부화율은 종, 성체의 크기, 나이, 영양상태 등 다양한 환경요인에 따라 달라질 수 있다. 야생에서 알의 생존율은 매우 낮다고 알려져 있다. 보통 알에서 깨어나고 4개월 정도 지나면 변태가 완료되며, 새끼개구리의 크기가 크기 때문에 변태를 마친 개체가 같은 해에 번식에 참여하기도 한다.

또한, 번식에 필요한 수컷의 숫자가 충분하지 않을 때는 암컷에서 수컷으로 성을 전환시키는 것으로 알려져 있다. 이러한 특성은 영화에도 등장한 바 있다. 스티븐 스필버그 감독의 SF영화 쥬라기 공원(Jurassic Park, 1993)을 보면, 공룡이 더 이상 번식을 못하도록 하기 위해 유전자 조작을 통해 암컷만 생산되게 만드는데, 이와 같은 형태의 번식이 가능하게 된 이유가 공룡을 복제할 때 성전환이 가능한 리드 프로그(Common reed frog, *Hyperolius viridiflavus*)의 DNA를 이용했기 때문이라는 설정이 나온다. 수명은 2~5년 정도다.

마다가스카르 레인 프로그

- **영 명** : Madagascar rain frog, Madagascan burrowing frog, Green rain frog, Marbled green burrowing frog
- **학 명** : *Scaphiophryne madagascariensis*
- **크 기** : 4~5cm
- **서식지** : 마다가스카르의 중앙고원

외형 및 특징

갈색 바탕에 녹색의 큰 줄무늬가 연결돼 있다. 이 무늬는 척추의 능선을 중심으로 좌우가 거의 대칭을 이루며, 안쪽에 밝은 반점 또는 약간의 갈색 착색이 보인다. 배는 흰색으로 갈색의 무늬가 있다. 체형 역시 전형적인 맹꽁이 모양으로 동글동글한 몸통에 작은 머리, 짧은 팔다리를 가지고 있다. 그러나 몸에 비해 앞뒤 발가락은 상당히 길다. 원서식지에서는 홍수를 피하기 위해 수직의 암벽을 기어오르기도 하는데, 보통의 맹꽁이

보다 긴 본종의 발가락은 이러한 환경에 대한 적응의 결과로 보인다. 등의 상부에는 작은 돌기들이 산재해 있다. 위협을 느끼면 몸을 최대한 부풀리면서 유백색의 독액을 분비하기 때문에 사육 중에 과도한 자극을 주지 않도록 주의해야 한다.

맹꽁이류가 대개 그렇듯이, 대부분의 시간을 숨어서 보내고 움직임이 거의 없다. 그나마 같은 맹꽁이류인 토마토 프로그(Tomato frog)보다는 좀 더 활동적이라는 평가가 있다.

사육환경 및 번식

건기에는 거의 땅속에서 보내고 우기에는 밤에 주로 활동하기 때문에, 사육 하에서도 부드럽고 습한 바닥재를 충분히 깔아줘서 바닥을 파고 들 수 있도록 해줘야 한다. 작은 몸집에 비해 먹성은 상당히 좋은 편이므로 사육 시 적당한 크기의 먹이를 충분히 보유하고 있어야 한다.

강우로 인해 일시적으로 생기는 웅덩이에서 번식하고, 암컷은 200~400개의 알을 낳는다. 급격한 호우에 쓸려 내려가는 것을 피하기 위해 급속하게 성장이 진행되는데, 1~2개월 사이에 빠르게 변태를 마치고 상륙한다. 사육 하에서 번식을 위해서는 6~8주 동안의 건냉기를 제공하고, 이후 레인챔버에서 우기를 시뮬레이션해줄 필요가 있다. 현지에서는 농업활동으로 인한 번식지 및 서식지의 손실과 육식성 어류의 도입이 개체 수 감소의 원인으로 지목되고 있다. 수명은 확실하게 알려져 있지 않다.

마블 뉴트

- 영 명 : Marbled newt, European marbled newt, European green newt
- 학 명 : *Triturus marmoratus*
- 크 기 : 수컷 14cm 내외, 암컷 16cm 내외
- 서식지 : 남부 유럽 전역 – 프랑스, 스페인, 포르투갈

마블(marble)은 대리석이라는 의미로, 본종의 불규칙한 무늬 패턴으로 인해 이와 같은 이름이 붙여졌다. 국명은 '얼룩무늬영원'으로 불리고 있다. 본서에서 설명하는 '마블 샐러맨더'와는 '마블'이라는 이름 외에는 어떠한 유연관계도 가지고 있지 않다.
서식지를 공유하는 그레이트 크레스티드 뉴트(Great crested newt, *Triturus cristatus*)와 형태적으로 유사하지만, 검은 반점과 녹색의 체색이 확연히 경계 지어지는 것으로 구분이 가능하다. 자연상태에서는 두 종 간의 교잡도 이뤄지는 것으로 보고되고 있다.

외형 및 특징

갈색 또는 검은색과 뒤섞인 불규칙한 녹색의 패턴을 가지고 있다. 유러피안 그린 뉴트(European green newt)로 불릴 만큼 몸의 상부에는 녹색의 비율이 높고, 검은색의 얼룩 혹은 둥근 점무늬가 관찰된다. 이러한 체색과 무늬는 네 다리에도 동일하게 나타난다. 머리에서 꼬리 끝까지 척추선을 따라 주황색의 줄무늬가 보이는데, 이 무늬는 어린 개체의 경우 암수 구분 없이 모두 가지고 있으나, 암컷은 성체에 이르러서도 그대로 유지되는 데 비해 수컷은 성장하면서 점차 희미해진다. 배는 검은색이나 회색, 크림색이며 흰색 점이 산재해 있다. 수컷의 체색은 암컷보다 어둡고 번식기의 수컷은 얼룩말의 갈기처럼 검정색과 녹색이 교대로 나타나는 높고 뾰족한 볏을 발달시킨다. 꼬리 아래쪽의 볏에는 줄무늬가 두드러지지 않는 경우도 있다.

사육환경 및 번식

다른 뉴트들과 비교했을 때 육상에서 더 많은 시간을 보내는 경향이 있으므로 이를 감안해 사육장의 레이아웃을 세팅해줘야 한다. 타종과의 합사는 추천되지 않으며, 단일종 그룹으로 사육하는 것이 좋다. 대부분의 뉴트 종과 마찬가지로 적정 사육온도는 17~22℃ 사이이며, 최대 22℃를 넘지 않는 것이 좋다. 그러나 지나친 저온에서 장기간 사육하면 골격의 기형이나 약화를 유발할 수 있으며, 일부 종의 경우 새로 태어나는 유생의 성비를 변화시킬 수도 있으므로 적당한 온도를 균일하게 유지해줘야 한다.

번식기간은 다른 종들과 마찬가지로 서식지역의 고도 및 위도 분포에 따라 상이하다. 암컷은 200~380개 정도의 알을 수생식물에 부착하는데, 산란된 알은 15일을 전후해 부화한다. 부화하고 2~3개월 후에 변태가 이뤄지며, 성성숙에 도달하기까지는 5~6년 정도 소요된다. 수명은 15~25년 정도 된다.

선명한 주황색 줄무늬

녹색과 검정색의 체색

마블 샐러맨더

- 영　명 : Marbled salamander
- 학　명 : *Ambystoma opacum*
- 크　기 : 10cm 내외
- 서식지 : 미국 남동부 전역 - 미국 텍사스 동부, 오클라호마, 일리노이, 플로리다, 뉴햄프셔

외형 및 특징

검은색 바탕에 몸 전체에 걸쳐 흰색 혹은 은색의 밴드 무늬를 가지고 있다. 밴드의 크기와 모양은 다양하며 불완전할 수 있다. 이 무늬는 개체가 성장할수록 더 선명해지고 아름다워진다. 배는 검거나 갈색을 띤 검정색에 약간의 얼룩이 남아 있는 경우도 있다. 학명의 'Amby'는 '뭉뚝한', 'stoma'는 '입'을 뜻하는 그리스어에서 유래됐는데, 뭉뚝한 입에 짧고 넓은 머리, 전체 몸길이의 40% 정도 되는 비교적 짧은 꼬리를 가지고

있다. 포식자에 대응하기 위해 꼬리 쪽 피부에 독을 가지고 있다. 원서식지에서는 번식기의 비오는 밤에 번식을 위해 습지로 이동하는 과정에서 주로 발견되며, 평상시에는 거의 찾아볼 수 없다.

사육환경

몰 샐러맨더(Mole salamander)류로 대부분의 시간을 나무 구멍이나 굴에서 보내기 때문에 은신처를 잘 조성해주지 않으면 바닥을 파고든다. 적정 사육온도는 18~24℃로, 30℃ 이상의 온도에 장기간 노출되면 폐사할 수 있다. 사육 시 특히 유의할 점은, 물에 빠지면 쉽게 익사하므로 물그릇을 배치할 경우 반드시 쉽게 빠져나올 수 있는 구조물을 설치해줘야 한다는 것이다.

흰색과 검정색의 조화를 보이는 체색

번식

밴드의 색상 차이로 암수의 구별이 가능하며, 회색이나 은색의 밴드는 암컷이고 그에 비해 밴드가 밝고 흰색을 띠면 수컷이다. 이 무늬는 번식기에 변화가 더 뚜렷해지는데, 번식기가 되면 수컷의 경우 몸 뒤쪽의 하얀 줄무늬가 더 두드러지는 데 비해 암컷은 반대로 체색이 더 탁해지는 경향이 있다. 남부에서는 8~10월경, 북부에서는 10~12월에 번식하며, 가을비가 오면 범람해 물에 잠기게 되는 지역에 알을 낳는다.

암컷은 습한 통나무 아래쪽이나 바닥에 약 50~100개의 알을 붙이는데, 산란 후에도 부화할 때까지 알을 지키는 것으로 보고되고 있다. 단순히 옆에 머무는 것이 아니라 자신의 몸으로 알을 감싸 수분을 유지해주며, 비가 와서 둥지가 물에 잠길 때까지 알을 보호한다. 강수량이 부족할 경우 알 상태로 겨울을 나기도 한다. 비가 와서 산란지가 물에 잠기면 며칠 만에 부화되며, 유생은 2~9개월간의 수생생활을 마치고 변태한다. 변태 후 성성숙까지는 다시 15개월 정도가 필요한데, 남부 지역의 유생이 북부 지역의 유생에 비해 2개월 정도 일찍 성성숙에 도달한다. 어린 개체는 검은색에 자잘한 반점이 있거나 얼룩덜룩한 색을 띤다. 수명은 8~10년 정도 된다.

말레이시안 혼 프로그

- **영 명**: Malayan horned frog, Long-nosed horned frog, Malayan leaf frog, Borneon horned frog, Horned toad, Large horned frog
- **학 명**: *Megophrys nasuta*
- **크 기**: 성적 이형성이 높은 종으로서 암컷은 16~18cm, 수컷은 10cm 내외로 암수의 크기가 상당히 차이 난다.
- **서식지**: 태국 남부, 말레이 반도, 수마트라, 보르네오, 싱가포르

나뭇잎과 유사한 체형 및 체색으로 인해 말레이시안 리프 프로그(Malayan leaf frog)라고도 불리는데, 이러한 체색과 형태는 열대우림의 바닥에 깔린 썩은 잎과 비슷해서 매우 효과적인 보호색이 된다. 뾰족한 뿔 때문에 공격적으로 보이는 외형을 지니고 있지만, 실제로는 매우 온순한 종이다. 보호색을 이용해 낮에는 낙엽더미 밑에 은신해 있다가 밤에 움직이는데, 매복형 사냥방법으로 먹잇감을 잡아먹는다.

사육 하에서의 번식 사례는 극히 드물기 때문에 인공 번식된 개체를 구하기는 어려우며, 입수 가능한 개체의 대부분이 야생에서 채집된 것들이다. 이런 이유로 보통 사육환경에 적응시키기 힘든 데다가 이송과정에서 유발되는 과도한 스트레스와 면역력 저하로 사육 하에서의 폐사율이 상대적으로 높다. 또한, 원서식지의 환경을 거의 완벽하게 시뮬레이션해 줘야 겨우 먹이를 먹기 시작할 정도로 예민한 종이라 성공적으로 오래 생존시킨 경우는 드물다.

낙엽과 유사한 최고의 보호색

본종은 특히 사육환경을 완벽히 갖춘 이후에 분양받는 것을 추천한다. 사육개체를 선별할 때는 세심하게 주의를 기울여 가장 튼튼한 개체를 데려와야 그나마 사육성공률이 조금이라도 높아진다. 이러한 이유로 입문종으로서는 추천하기 어려우며, 어느 정도 사육경험이 쌓인 후에 도전해보기를 권한다.

외형 및 특징

코와 눈 위쪽이 뾰족하게 튀어나온 독특한 체형으로 다른 종과 쉽게 구분된다. 체구에 비해 머리가 상당히 크고, 야행성 종으로 굉장히 큰 눈을 가지고 있다. 양쪽 눈의 돌기 바깥쪽에서부터 앞다리 뒤쪽까지 이어지는 주름이 있고, 그 안쪽으로 다시 골반까지 이어지는 주름이 하나 더 있다. 등의 색은 붉은색이나 갈색이며, 이보다 약간 더 어두운 무늬가 섞여 있다. 목은 갈색과 검정색이고, 배는 크림색이나 노란색의 무늬가 있다.

사육환경

지상성 종으로 사육장이 그다지 높을 필요는 없으나 도약력이 강하기 때문에 가급적이면 넓은 것이 좋다. 그렇지 않으면 쉽게 벽에 부딪히거나 돌출된 뿔 부분을 사육장 벽면에 비벼대서 감염이 유발되고 폐사로 이어지는 경우가 많은데, 은신처를 넣어주는 것이 안정에 도움이 될 수 있다. 사육장 내에 많은 수를 합사해서 기를 경우 스트레스를 받으므로 어지간히 넓은 사육장이 아니라면 최대 2마리를 넘지 않게 기르는 것이 좋다. 바닥재를 파고들 수 있는 부드러운 소재의 것으로 깔아주는 것 역시 개체가 받는 스트레스를 줄여줌으로써 생존율을 높이는 방법이 될 수 있다.

짙은 색의 눈   실제 성격과는 달리 공격적인 외모를 가지고 있다.

열대우림에 서식하는 종이므로 너무 밝은 조명은 좋지 않으며, 사육장을 약간 어둡게 하고 적외선등을 사용하는 것이 바람직하다. 주간에는 21~24℃ 내외, 야간에는 22~24℃를 유지해주도록 하며, 적정습도는 60~80%다. 원서식지에서 해발고도 800~1500m 정도 되는 고지의 작은 물줄기가 있는 곳 근처에 주로 서식하기 때문에 고온에 상당히 취약하며, 사육 하에서도 사육장 전체의 온도가 가급적 25℃를 넘지 않도록 관리해주는 것이 좋다. 바닥재와 공기 중의 습도는 항상 충분히 높아야 하며, 사육장 내 환기와 온도를 낮추기 위한 목적으로 팬을 설치하는 것이 도움이 된다. 사육장에 분무 후에 먹이를 급여하면 먹이반응을 높일 수 있다.

번식

사육 하에서 번식을 위해서는 온도 20℃, 습도 50%의 환경에서 일정 기간 휴면시킬 필요가 있다. 이후 레인챔버로 옮기는데, 자연의 기상 패턴에 더 근접하게끔 기압이 낮은 흐린 날 샤워를 제공해주는 것이 번식에 더 효과적이라는 보고가 있다. 녹음된 수컷의 메이팅 콜을 들려주는 것도 도움이 된다. 산란된 알은 1주일 내외에 부화하는데, 우리가 익히 아는 올챙이와는 달리 입 부분이 위쪽으로 열려 있어 수면에 수직으로 매달려 먹이를 먹는다. 수온이 24~25℃ 정도 되면 부화하고 약 75일 후에 뒷다리가 발달한다.
본종은 보통의 개구리처럼 암컷 한 마리에 수컷 여러 마리를 함께 번식에 참여시키는 것이 아니라, 암컷 한 마리에 수컷 1~2마리 정도의 소규모 집단으로 번식시킬 때 좀 더 성공적이라고 알려져 있다. 수명은 6년 내외다.

머드퍼피 샐러맨더

- 영 명 : Mudpuppy salamander, Common mudpuppy
- 학 명 : *Necturus maculosus maculosus*
- 크 기 : 성체 크기는 30cm 내외이며, 기록된 최대 크기는 43.5cm다.
- 서식지 : 캐나다 중부, 미국 중서부, 미시시피, 조지아, 캐롤라이나

머드퍼피(mudpuppy, 진흙강아지)라는 이름이 붙여진 이유에 대해서는, 강아지가 우는 것처럼 낑낑거리는 소리를 내기 때문이라는 설과 크게 발달된 겉아가미가 강아지의 귀를 닮았기 때문이라는 설이 있다. 머드퍼피가 속한 네크투루스속(*Necturus*)에는 머드퍼피 샐러맨더(Mudpuppy salamander, *N. m. maculosus*)(Rafinesque, 1818), 앨라배마 워터도그(Alabama waterdog, *N. alabamensis*)(Viosca, 1937), 걸프 코스트 워터도그(Gulf coast waterdog, *N. beyeri*)(Viosca, 1937), 뉴스 리버 워터도그(Neuse River waterdog, *N. lewisi*)(Brimley, 1924),

드워프 워터도그(Dwarf waterdog, *N. punctatus*)(Gibbes, 1850) 등 모두 5개의 종(species)이 있다. 본종이 속한 네크투루스 마쿨로수스(*Necturus maculosus*)는 다시 레드 리버 머드 퍼피(Red River mudpuppy, *N. m. louisianensis*)(Viosca, 1937), 머드퍼피 샐러맨더(Mudpuppy salamander, *N. m. maculosus*)(Rafinesque, 1818), 레이크 위네바고 머드퍼피(Lake Winnebago mudpuppy, *N. m. stictus*)(Bishop, 1941) 등 3개의 아종(subspecies)으로 나뉜다.

외형 및 특징

갈색이나 회색의 체색을 가지며, 옅은 점 혹은 얼룩무늬가 몸 전체에 산재해 있다. 배 부분은 흰색, 회색, 옅은 노란색이며, 점무늬는 몸 아랫부분에서도 동일하게 관찰된다. 눈을 덮는 어두운 줄무늬가 머리의 측면으로 길게 이어진다. 깨끗하고 맑은 물에서는 체색이 진해지며, 탁한 물에서는 밝아지는 경향이 있다. 또한, 가끔 자연상태에서 체색에 있어서 변이개체가 발견된다고 보고되고 있다. 머리는 편평하고 눈은 작으며, 몸은 길고 두꺼운 편이다. 완전수생종으로서 짧은 다리와 수영에 적합한 넓은 꼬리를 가지고 있고, 꼬리 끝부분의 지느러미가 넓게 발달돼 있다.

전체적인 외형 및 붉은색의 커다란 겉아가미가 타이거 샐러맨더의 유생 혹은 멕시코도롱뇽과 매우 유사하게 보이는데, 본종은 뒷발의 발가락 수가 4개인 것으로 구분할 수 있다.

또한, 본종의 머리가 좀 더 길고 납작하며, 주둥이 부분이 더 직선에 가깝다. 겉아가미는 가스교환의 주요한 수단이며, 타조 깃털을 닮은 겉아가미의 발달 정도는 수중 용존산소량에 따라 상당한 차이를 보인다. 정체된 물에서는 아가미가 크게 발달한 반면, 수류가 있는 곳에 서식하는 개체는 상대적으로 작고 발달 정도가 미약하다.

야행성이지만 흐리고 어두운 날, 물이 탁할 때는 하루 중 어느 때나 모습을 보인다. 시력이 좋지 않아 냄새와 촉각으로 사물을 인식하며 사냥을 한다. 거의 40m까지 잠수가 가능한데, 주로 수생무척추동물 및 무척추동물을 먹이로 삼지만 물고기, 가재, 거북, 나아가 물뱀(*Nerodia*)까지 사

어린 개체는 눈 앞뒤로 검정색 줄무늬가 관찰된다.

냥하기도 한다. 자연상태에서는 헬벤더 샐러맨더(Hellbender salamander)나 수달, 왜가리, 물뱀들이 이들을 잡아먹는다. 헬벤더와 서식지를 공유하고 있고, 두 종 모두 완전수생종으로서 현지에서는 두 종을 헷갈려 하는 경우도 흔하다.

서식 및 현황

원서식지에서는 어느 정도 개체 수가 유지되고 있는 것으로 보이지만, 서식지 인근에서 유입되는 농업퇴적물로 인한 수질오염과 서식지파괴로 점차 생존에 위협을 받고 있다. 게임피싱(game fishing), 독이 있을 거라는 어부들의 잘못된 믿음도 개체 수 감소의 한 원인으로 지목되고 있다. 야생에서의 수명은 약 10년 내외다.

번식

몸길이가 20cm 정도 돼야 성성숙에 도달하며, 암컷에 있어서 번식이 가능하기까지는 평균 5~6년이라는 긴 시간을 필요로 한다. 자연상태에서 가을에 번식하며, 산란은 다음 해 봄이나 초여름에 이뤄진다.

번식기가 되면 수컷의 총배설강이 부어오르는데, 수컷이 바닥에 정포(spermatophores)를 배출하면 암컷이 총배설강을 통해 이를 받아들여 저

짙은 색의 겉아가미가 특징이다.

정낭(貯精囊, spermatheca)에 저장하게 된다. 암컷은 수류가 약하거나 없는 곳에 둥지를 지어 50~140개의 알을 낳는다. 갓 산란한 알의 직경은 5~6mm이며, 암컷은 부화되기까지 약 40여 일 동안 알을 보호한다. 알은 1~2개월 후 부화하며, 멕시코도롱뇽과 마찬가지로 유형성숙한다. 유생은 약 2.5cm의 크기로 태어나 난황이 완전히 소모되기 전에 3.5cm 내외의 크기로 성장한다.

모시 프로그

- **영 명**: Mossy frog, Vietnamese mossy frog, Tonkin bug-eyed frog
- **학 명**: *Theloderma corticale*
- **크 기**: 8~9cm, 수컷은 암컷보다 작고 몸통이 가늘다.
- **서식지**: 베트남 북부 그리고 이와 인접해 있는 라오스, 중국 일부 지역

모시 프로그는 한국명으로 '이끼개구리' 혹은 '사마귀나무개구리'라고 불린다. 본종이 속한 텔로데르마속(*Theloderma*)의 개구리는 약 26여 종이 알려져 있으나, 국내에 애완의 목적으로 소개된 모시 프로그는 베트남 북부에 서식하는 '텔로데르마 코르티칼레(*Theloderma corticale*)'다. 1903년 최초로 보고된 종으로, 얼핏 보면 우리나라 무당개구리의 청개구리 버전쯤으로 느껴진다. 또한, 무당개구리에서 볼 수 있는 의사행동(擬死行動)과 같은 방어행동이 나타난다.

외형 및 특징

이름에서 알 수 있듯이 암갈색으로 돋아 있는 거친 질감의 돌기들이 마치 이끼처럼 보이는데, 이러한 질감과 체색은 생물학자들 사이에서 '동물계에서 가장 정교한 위장'이라고 평가될 정도로 원서식지에서 완벽한 보호색으로 작용한다.
완벽한 위장술을 무기로 삼기 때문에 적에게 들키면 적극적으로 반격하기보다는 몸을 둥글게 뒤집고 죽은 체 하는 등의 소극적 방어행동을 보인다. 이 역시 우리나라의 무당개구리가 보이는 의사행동(擬死行動)과 같다.

1. 체색의 변화 2. 무당개구리와 비슷하게 생긴 외모를 지니고 있다.

서식 및 현황

해발고도 700~1500m 이상의 고온 다습한 상록 열대·아열대 우림지역에 서식하는데, 가파른 산악에 분포된 석회암 바위지대에서 주로 생활한다.
이처럼 인간의 접근이 용이하지 않은 험한 지역에 서식하고 있기 때문에 본종의 야생 생태에 대해서는 알려진 바가 거의 없다. 서식지가 험지이기 때문에 개체 수에 대해 정확하게 조사돼 있지는 않으나, 원서식지의 산림파괴로 생존에 위협을 받고 있고 애완동물무역을 위해 많은 수가 채집되면서 개체 수가 점차 줄어들고 있는 것으로 추정되고 있다. 현재 베트남 정부로부터 보호를 받고 있는 종이다.

사육환경 및 번식

적정 사육온도는 18~24℃이며, 사육장에는 편안히 몸을 붙일 수 있는 넓고 큼직한 유목을 넉넉히 넣어주는 것이 좋다. 이끼가 활착돼 있으면 더욱 좋다. 자연상태에서는 바위 구덩이의 나무 구멍에 고인 물에서 번식한다. 1회에 10~30개 정도의 알을 낳으며, 산란된 알은 1~2주 안에 부화한다. 부화한 이후 올챙이에서 개구리로 변태하는 데는 약 5~8개월 정도가 소요되며, 변태를 마치고 나면 서서히 성체 특유의 질감과 체색이 나타나기 시작한다. 수명은 정확히 알려져 있지는 않으나 약 10년 정도로 추측된다.

버젯 프로그

- **영 명** : Budgett's frog, Wide-mouth frog, Hippo frog, Paraguay horned frog
- **학 명** : *Lepidobatrachus leavis*
- **크 기** : 성체의 크기 9~14cm 내외. 성숙한 수컷은 암컷 크기의 절반에 불과할 정도로 암컷이 수컷보다 월등히 크다. 그러나 머리 크기는 암수에 따른 차이가 별로 없다.
- **서식지** : 파라과이 남부, 볼리비아에서 흔히 발견되고 아르헨티나에서는 북부에서 드물게 발견된다.

1899년 영국의 동물학자 존 버젯(John Samuel Budgett)에 의해 최초로 보고됐고, 그의 이름을 따서 '버젯 프로그(Budgett's frog)'로 명명됐다. 본종을 처음 접하는 사람은 약간 징그럽다고 느낄 수 있는 외모를 가지고 있지만, 알고 보면 나름대로 독특한 생태와 매력을 지닌 종이다. 독특한 경계행동으로 유명한 종이기도 한데, 물속에서는 온순한 행동을 보이지만 일단 물 밖에서는 상당히 공격적으로 변한다. 적에게 위협을 받으면 일차적으로 몸을 부풀려 경계하고, 자극이 계속되면 입을 벌리고 독특한 소리를 내어 적을 위협한다. 그래도 적이 물러나지 않으면 상대에게 덤벼들거나 물기도 한다. 야행성으로 밤에 움직임이 활발하다.

자연상태에서 8개월간의 우기 동안 영양을 축적하고 4개월간의 건기 동안 지하에서 고치로 몸을 감싸고 여름잠을 자다가, 비가 내리면 다시 활동을 시작한다. 야행성인 데다가 이처럼 건기에는 땅속에서 은신하고 있기 때문에 보통은 눈에 잘 띄지 않고, 그런 만큼 생태에 대한 자료도 그다지 많지 않다.

1. 주름이 많은 피부 2. 위쪽으로 몰려 있는 눈

외형 및 특징

체색은 진한 녹색에 회색을 띠고 있고, 옅은 노란색이나 오렌지색의 무늬가 관찰된다. 배는 흰색 또는 크림색으로 무늬가 없다. 성성숙에 도달한 수컷은 목덜미의 색이 짙어진다. 전체적인 체형은 3등신으로 납작하고, 전체 크기의 1/3에 이르는 큰 머리를 가지고 있다. 위턱에는 넓은 면적의 잇몸이 있고 아래턱에는 두 개의 큰 이빨이 자리 잡고 있다. 이들의 커다란 턱은 올챙이시기부터 관찰된다. 물속 생활에 유리하도록 눈과 콧구멍은 위쪽을 향해 나 있으며, 네 다리는 몸에 비해 상대적으로 짧고 물갈퀴는 뒷다리에만 발달돼 있다. 헤엄을 칠 때 앞발은 거의 사용하지 않는다. 피부의 질감은 옆줄이 있는 부위를 제외하고는 전체적으로 매끄러운 편이다.

사육환경

적정수온은 26℃ 정도로 20℃ 이하의 수온에서는 식욕부진이나 소화장애 등을 일으킬 수 있다. 또한, 먹성이 좋은 만큼 배설물의 양이 많고 탈피를 자주 하기 때문에 수질관리에 신경을 쓸 필요가 있다. 다른 개구리에 비해 특히 진동에 매우 민감한 종이므로 다른 종의 경우보다 사육장을 설치할 위치를 잘 선정해야 하고, 사육 중에도 불필요한 진동을 일으키지 않도록 주의하는 것이 좋다.

식욕이 왕성하고 동종포식을 하는 종이므로 합사는 피하는 것이 좋다. 야생에서는 다른 개구리를 주먹이로 삼는다고 알려져 있다. 기다란 발가락과 적극적인 성격으로 인해 프레디 크루거 프로그(Freddy krueger frog, 공포영화 나이트메어 시리즈의 주인공)라는 별명이 붙여졌는데, 이와 같은 특징(식욕 및 성격) 때문에 크기가 작거나 비슷한 크기의 다른 종을 함께 기르는 것은 불가능하다.

핑키를 급여하면 심각한 비만상태로 만들 수 있기 때문에 자제하는 것이 좋으며, 특히 본종을 사육할 때는 오버 피딩(overfeeding)을 하지 않도록 극히 주의할 필요가 있다. 사육 하에서 버젯의 수명은 먹이가 좌우하는 비중이 매우 크다. 국내에서 길러지고 있는 버젯 프로그는 대부분 영양과다로 뚱뚱한 체형을 가지고 있는 경우가 많다. 자연상태에서의 버젯 프로그는 일반적으로 사육자들이 인터넷에 올리는 사진에서 보이는 것보다 마른 상태로 살이 흐물흐물 늘어져 있는 것을 볼 수 있다.

이와 같은 모습이 이상하게 보일 수 있지만, 버젯은 이렇게 늘어진 피부로 최대한 표면적을 늘려 피부호흡을 하는 종이기 때문에 피부가 늘어져야 오히려 건강을 유지할 수 있다. 그러므로 위에서 내려다봤을 때 배의 가로 길이가 머리의 가로 길이를 넘어가지 않을 정도로 체형을 유지시키는 것이 좋다. 사육 하에서 이런 체형을 유지하도록 하기 위해서는 핑키보다 소형 어류를 급여하는 것이 바람직하다.

어린 개체의 경우 MBD 발생률이 다른 종에 비해 높다고 알려져 있는데, 이를 방지하기 위해서는 먹이와 함께 칼슘을 급여하는 것을 추천한다. 또한, 먹이를 흡입해 섭취하기 때문에 바닥재를 함께 삼켜 문제가 발생하는 빈도가 높은 종으로 바닥재 선택에도 유의해야 한다.

수영실력이 나쁘지는 않으나 수위가 너무 깊은 것은 좋지 않다. 반수생종이지만 거의 수생형에 가까운, 대부분의 시간을 물속에서 생활하는 종으로 자연스럽게 앉아 있는 자세일 때 여유 있게 숨을 쉴 수 있는 정도가 좋다. 보통 완전수생형태의 사육장에서 많이들 사육하는데, 엄밀히 말하면 완전수생종은 아니므로 사육장 내에 육상 부분을 조성하고 물그릇에 드나들기 편하도록 경사지를 만들어 반수생형태의 사육장에서 사육하는 것이 좋다. 그러나 지상에서의 움직임은 아주 둔하며, 점프도 제대로 하지 못한다.

늘어진 살은 호흡을 보조하는 역할을 한다.

바닥재가 충분할 경우 바닥을 파고드는 행동도 관찰할 수 있는데, 은신처를 설치하지 않을 경우라면 바닥재를 충분히 깔아주는 것이 좋다. 수중에도 몸을 숨길 만한 은신처를 설치해주면 안정을 취하는 데 도움이 된다.

번식

1500여 개의 알을 산란하는데, 자연상태에서 번식을 위한 웅덩이가 빠르게 말라버리기 때문에 발생은 급격하게 진행된다. 부화는 산란 후 2일 만에 이뤄지며, 2주 만에 변태를 마치고 1년 만에 성성숙에 도달한다. 애완으로서 인기가 높은 종으로 최근에는 호르몬을 이용한 번식이 활발히 이뤄지고 있다. 수명은 15~20년 정도로 알려져 있다.

범블비 토드

- 영 명 : Bumblebee toad, Bumblebee runner toad, Bumblebee walking toad, Paraguay walking toad, Yellow and black walking toad, Redbelly toad
- 학 명 : *Melanophryniscus stelzneri*
- 크 기 : 수컷은 2cm이며 암컷의 경우 평균 3cm, 최대 4cm다.
- 서식지 : 남부 볼리비아, 브라질, 파라과이, 우루과이, 아르헨티나. 해발고도 500~1000m에 주로 서식

본종이 속한 멜라노프리니스쿠스속(*Melanophryniscus*)에는 현재까지 25개의 아종이 포함된 것으로 알려져 있으나, 일반명 범블비 토드(Bumblebee toad)는 1875년 네덜란드의 동물학자 핸드릭(Hendrik Weyenbergh)에 의해 보고된 '멜라노프리니스쿠스 스텔쯔네리(*Melanophryniscus stelzneri*)'를 지칭한다. 전통적으로 파라과이 지방에서 많이 수출됐으나 개체 수가 폭발하는 시기와 희소한 시기의 주기가 있으며, 번식기로 이동하는 중에 많이 채집돼 팔린다. 따라서 쉽게 구할 수 있는 시기와 그렇지 않은 시기가 명확하다.

외형 및 특징

'블랙앤옐로우 워킹 토드(Black-and-yellow walking toad)'라는 다른 이름에서 알 수 있듯이, 일반적인 두꺼비 종류와는 달리 검정색과 노란색이 선명하게 대비되는 화려한 체색을 지니고 있다. 배 부분에도 등과 마찬가지로 노란 점박이무늬가 나타난다. 야생개체의 경우 엉덩이 아래와 겨드랑이 및 발바닥은 붉은색을 띠고 있는데, 인공 번식된 개체는 이 부분의 색도 노란색이라는 보고가 있다. 따라서 이 부위의 색을 확인해 야생에서 채집된 개체인지 인공 번식된 개체인지를 판단할 수 있다.

사육환경

자연상태에서는 흰개미를 주된 먹이원으로 하는데, 다른 두꺼비와는 달리 체구가 너무 작기 때문에 먹이문제로 인해 사육이 까다로운 편이다. 사육 하에서는 핀헤드 귀뚜라미, 피닉스 웜, 초파리 등의 급여가 가능하며, 안정적인 사육을 위해서는 가급적 초파리를 번식시켜 급여할 것을 추천한다. 독화살개구리의 사육환경과 유사하게 세팅하면 되지만, 습도는 좀 더 낮게 유지해야 한다. 본종이 서식하는 팜파스초원은 열대우림에 비해 상대적으로 더 건조하고 시원한 편이므로 사육 시의 기준 습도는 50~60% 내외로 유지한다. 고온에는 상대적으로 적응을 잘 하는 편이지만, 장기적으로 70% 이상의 높은 습도에서 기르는 것은 위험하며 습도가 지나치게 높으면 거식을 한다. 사육장 환기는 필수적이며, 사육장 내에는 익사를 방지하기 위한 구조물이 반드시 설치돼 있어야 한다.

번식

부화 후 10~12개월 정도 되면 성적 이형성이 나타나므로 성별구분이 가능하다. 암컷이 더 크고 둥근 체형이며, 수컷은 좀 더 작고 타원형이다. 성성숙에 도달하는 데는 1~2년 정도 걸리는 것으로 알려지고 있다. 자연상태에서는 봄에 주로 번식하며, 사육 하에서 번식을 위해서는 사이클링을 제공하며 레인챔버가 필요하다. 휴면 전 몇 주 동안 먹이를 반으로 줄이고 온도를 13~16℃로 떨어뜨리며, 미스팅은 중지한다. 2~3주간 휴면 후 다시 분무를 시작하고, 22~24℃의 상온을 유지한다. 암컷은 약 2주 후 포란하며, 합사 후 24시간 이내에 포접하고 수중 구조물에 산란한다. 알은 보통 12시간 안에 부화하지만 수온에 따라 2~5일이 소요되기도 하며, 올챙이는 부화 5~6주를 전후로 변태한다. 그러나 실제로 사육 하에서의 번식은 거의 이뤄지지 않고 있다. 수명은 10년 정도 된다.

보르네오 이어드 프로그

- 영 명 : Borneo-eared frog, File-eared tree frog, Bony-headed flying frog
- 학 명 : *Polypedates otilophus*
- 크 기 : 수컷 8cm 내외, 암컷 10cm 내외
- 서식지 : 보르네오, 수마트라

외형 및 특징

눈 뒤쪽 고막 위로 뚜렷하게 솟아오른 부위가 있어서 '이어드(eared)'라는 이름이 붙여졌다. 귓바퀴처럼 보이는 이 돌기는 실제로 뼈의 굴곡으로 인해 나타나는 것이다. 돌기 외에 본종의 또 하나의 특징적인 점이라면 흰색, 황갈색, 갈색, 검정색이 뒤섞인 독특한 나뭇결무늬가 나타난다는 것이다. 전체적으로 갈색 바탕에 어두운 색의 가느다란 줄무늬가 있다. 이러한 체색은 이들이 활동할 때인 야간에 조금 더 짙어진다.

본종의 주된 서식지는 열대우림의 캐노피인데, 주간에 나뭇가지에 붙어 쉬는 동안 이와 같은 체색은 최적의 보호색이 된다. 허벅지 안쪽과 다리는 흰색 바탕이며, 검정색의 줄무늬가 관찰된다. 삼각형 머리에 갈색 눈동자, 수평형 동공을 가지고 있고, 머리 크기에 비해 눈이 상당히 큰 편이다.

수상성 종으로 발가락 끝에 흡반이 두드러지게 발달돼 있으며, 흡반은 뒷발가락에 있는 것이 훨씬 더 작다. 보통 체형은 마른 편으로 골반이 두드러지는데, 원래 좀 마른 체형이기 때문에 사육 하에서도 너무 지나치게 비만해지지 않도록 관리하는 것이 좋다.

사육환경 및 번식

최적의 사육온도는 주간 23~26℃ 정도이며, 습도는 70~80%를 유지해주도록 한다. 원서식지에서는 4~6월 우기에 번식하는 종으로서 사육 하에서 인공번식을 위해서는 레인챔버가 필요하다. 암컷은 수면 위로 늘어진 나무에 거품둥지를 만들고, 그 안에 40~120개 정도의 알을 낳는다. 산란되고 열흘 전후로 부화되며, 부화된 올챙이는 둥지 바로 아래 수면으로 떨어져 성장한다. 다 성장한 올챙이의 길이는 거의 6cm에 이르며, 부화되고 8~12주 후에는 변태해 상륙한다. 올챙이는 황록색이며, 변태가 이뤄지기 훨씬 전부터 성체에게서 보이는 줄무늬를 관찰할 수 있다. 수명은 6년 이상 된다.

가로형의 동공과 흰색 눈동자를 지니고 있다.

블루 스포티드 샐러맨더

- 영 명 : Blue-spotted salamander
- 학 명 : *Ambystoma laterale*
- 크 기 : 8~14cm
- 서식지 : 북미 북동부와 5대호 연안

몰 샐러맨더(Mole salamander)로서 평소에는 거의 은신해서 생활하다가, 비가 오거나 사냥할 때 정도만 밖으로 나와 활동한다. 그러나 타이거 샐러맨더(Tiger salamander)처럼 뛰어나게 땅을 파는 능력은 없기 때문에 통나무나 바위 아래에 주로 숨어 지내는 경향이 있다. 본종은 습기 있는 낙엽 활엽수림과 늪지대 숲에서 주로 발견되며, 다른 종과의 교잡으로 태어난 잡종이 흔하다고 알려져 있다.

외형 및 특징

푸른빛이 도는 검정색의 체색을 가지고 있다. 몸의 상부에는 본종의 이름이 유래된 파란색과 흰색의 반점이 있고, 몸통과 꼬리의 측면에도 파란색과 흰색의 반점이 있다. 복부의 체색은 어두운 회색에서 푸른색 반점이 있는 검정색까지 다양하게 나타난다. 야생에서 완전히 흑화(黑化)된 개체가 가끔 발견되기도 한다. 수컷은 암컷보다 크기가 작으며, 꼬리는 암컷에 비해 더 평평한 모습이다.

번식

번식은 이른 봄, 겨울철에 내린 눈이 녹아 잠시 생기는 물웅덩이(vernal ponds)에서 이뤄진다(vernal pond는 특정한 계절에만 나타나는 자생지를 의미한다. 이 물웅덩이가 만들어지려면 덥고 건조한 날씨가 8~10개월 정도 계속된 후 짧고 강수량이 많은 겨울이 찾아와야 하며, 자주 범람하는 초지 및 연못의 형성을 촉진하는 불침투성 토양 등의 조건이 필요하다. 이런 조건을 만족시킬 지역은 미국 서부, 칠레, 호주, 남아프리카와 유럽 남부 등지의 일부 지역뿐이며, 독특한 화초와 곤충 등이 많이 서식하고 있다).

푸른 체색은 다른 종과 확연히 구분된다.

본종은 초봄에 번식 습지로 이동하는데, 연못이나 도랑의 가장자리에 있는 나뭇가지, 바위 또는 식물에 알을 낳아 붙인다. 암컷이 산란하는 한 클러치의 알은 평균 12개이며, 암컷은 해마다 500개의 알을 낳을 수 있다. 알이 부화하기까지는 약 1개월이 걸린다. 부화 후 2주 뒤에 앞다리가 나오고 뒷다리가 나오기까지는 3주가 걸리며, 늦여름에는 완전히 육상으로 올라간다. 유생은 일반적으로 회색빛을 띤 갈색으로 꼬리지느러미에 노란색의 줄무늬가 있으며, 검은색으로 얼룩덜룩한 모습을 보인다. 성성숙에 도달해 번식에 참여하기까지는 2년이 소요되며, 수명은 20년 정도다.

빅아이 트리 프로그

- **영 명** : Big-eyed tree frog, African tree frog, African big-eyed tree frog
- **학 명** : *Leptopelis SPP.*
- **크 기** : 수컷은 4~5cm, 암컷은 6~8.5cm
- **서식지** : 아프리카 전역, 탄자니아 열대우림의 캐노피. 해발고도 900~1800m 사이에 서식한다.

포레스트 트리 프로그(Forest tree frog), 리프 프로그(Leaf frog)로도 불리는 렙토펠리스속(*Leptopelis*)의 종들은 아프리카 전역에서 발견되는 개구리 무리다. 현재까지 49종이 보고되고 있는데, 이 중에서 국내에 소개된 종은 공작나무개구리(Peacock tree frog)로도 알려져 있는 렙토펠리스 베르미쿨라투스(*Leptopelis vermiculatus*, 학명의 'vermiculatus'는 구불구불 벌레 먹은 자국을 뜻하는 라틴어 'vermiculare'를 어원으로 하는데, 등에서 보이는 자잘한 무늬에서 유래됐다)나 렙토펠리스 밀소니(*Leptopelis millsoni*, 불규칙한 굵기의 진한 갈색 가로줄무늬), 렙토펠리스 플라보마쿨라투스(*Leptopelis flavomaculatus*, 등 부위의 진한 갈색 삼각형무늬) 정도다. 본종은 수상성 개구리지만, 다른 트리 프로그류에 비해 지상에서 발견되는 빈도가 높다고 알려져 있다.

외형 및 특징

각각의 종마다 색상과 패턴에 있어서 크게 다른 모습을 보이지만, 보통 어릴 때는 밝은 녹색을 띠는 경향이 있고 나이가 들수록 점점 갈색으로 변한다. 다른 청개구리류처럼 컨디션에 따라 갈색과 녹색의 두 가지 색상으로 체색이 변하는데, 변화된 체색의 차이가 상당히 커서 마치 다른 개구리처럼 보인다.

녹색일 때는 등 전체에 산재된 검은색 얼룩이 보이며, 발가락 및 윗입술의 끝부분에는 짙은 녹색이나 검은색 테두리가 둘러진 하얀 얼룩무늬가 있다. 갈색일 때는 검은색의 불규칙한 얼룩이 나타나며, 등 중간에 삼각형의 주변보다 체색이 짙은 부분이 나타나고 눈 뒤쪽부터 옆구리까지 검은색 줄무늬가 관찰된다. 둥그스름한 머리에는 이름처럼 세로형의 동공을 가진 큰 눈이 있고, 눈 뒤쪽으로 커다란 고막이 있다.

큰 눈과 특징적인 발가락의 무늬

사육환경 및 번식

렙토펠리스속에 속한 개구리들은 습하고 경사진 바닥에 알을 낳고, 이 알이 빗물에 휩쓸려 물웅덩이로 내려가게 하는 방식을 이용해 번식하는 것으로 알려져 있다. 이런 독특한 번식형태로 인해 본종을 번식시키기 위해서는 이와 비슷한 환경을 시뮬레이션해줄 필요가 있는데, 이 때문에 사육 하에서의 번식은 용이하지 않다고 알려져 있다. 수컷의 영역의식은 매우 강해 영역을 침범한 다른 수컷을 제압하기 위해 큰 울음소리를 낸다. 주간에는 25~30℃ 야간에는 18~22℃, 습도는 50~75%를 유지해준다. 수명은 5~7년 정도 된다.

사이렌

- **영 명** : Siren. Lesser siren의 경우 Two-legged eel, Mud eel로도 불린다.
- **학 명** : Greater siren - *Siren lacertina* / Lesser siren - *Siren intermedia* / Dwarf siren; 남부난쟁이사이렌 - *Pseudobranchus axanthus*, 북부난쟁이사이렌 - *Pseudobranchus striatus*
- **크 기** : Greater siren - 평균 50~70cm이며 최대 1m 미만, 1kg 내외. 본종보다 길이가 긴 도롱뇽은 110cm 내외까지 성장하는 두발엠피우마(Two-toed Amphiuma, *Amphiuma means*)와 중국 및 일본에 서식하는 두 종의 장수도롱뇽뿐이다. / Lesser siren - Greater siren과 Dwarf siren의 중간 크기로 60cm 미만까지 성장한다. / Dwarf siren - 10~20cm
- **서식지** : 북미 대륙

사이렌류는 가장 원시적인 도롱뇽으로 간주된다. 이름이 유래된 '사이렌(seiren)'은 호메로스의 '오디세이아' 제12서에 등장하는 바다의 요정인데, 상반신은 여자이고 하반신은 새의 모습을 하고 있는, 아름다운 목소리를 가진 그리스 신화의 요정이다. 신화

속에서는 지중해의 한 섬에 살면서 감미로운 노래로 지나가는 배의 선원들을 섬으로 유혹해 잡아먹었다고 한다. 요즘에도 사용되는, 경보(警報)를 뜻하는 사이렌이란 단어는 바로 여기서 비롯된 말이다. 사이렌의 모습은 현재도 쉽게 볼 수 있는데, 커피전문점 스타벅스의 로고에 나타나는 긴 머리의 여인이 사이렌을 모티브로 한 것이다.

사이렌은 서로 의사소통을 하기 위해 소리를 이용하는 것으로 알려져 있다. 비밀스러운 생태로 인해 아직 밝혀진 것이 적지만, 다른 많은 수생 양서류와 마찬가지로 농약 및 비료 유출로 인한 수질악화로 개체 수가 감소하고 있으며, 현지에서는 낚시 미끼로 사용할 목적으로 채집이 이뤄지기도 한다.

외형 및 특징

모든 사이렌은 기다란 몸에 뒷다리와 골반 없이 짧은 앞다리만 가지고 있으며, 전 생애에 걸쳐 아가미를 지니는 공통적인 특징을 보인다. 그레이터 사이렌(Greater siren)은 북미에서 가장 큰 양서류의 대표적인 종으로 완전수생 도롱뇽이다. 절대적으로 필요한 경우가 아니면 거의 물 밖으로 나오지 않지만, 부득이할 경우에는 짧은 거리의 육지를 이동할 수 있다. 앞다리는 연골로만 이뤄져 있는데, 4개의 발가락이 있는 앞발은 아가미에 숨길 수 있을 정도로 크기가 매우 작다. 체색은 검은색에서 갈색까지 다양하게 나타나며, 몸의 등면과 측면에 노란색 혹은 초록색의 반점이 있다. 배는 밝은 회색이나 노란색이다.

아홀로틀(Axolotl)이나 헬벤더(Hellbender)와 마찬가지로 성체도 겉아가미를 가지고 있다. 겉아가미와 앞다리를 제외한다면, 체형과 체색이 거의 뱀장어와 흡사하다. 꼬리는 옆으로 압축돼 있고, 지느러미가 발달해 있어 민첩하게 수영할 수 있다. 어릴 때는 몸의 측면을 따라 옅은 줄무늬가 관찰되나, 이 줄무늬는 성장하면서 사라진다. 레서 사이렌(Lesser siren)은 앞발에 발가락이 4개씩 있지만 난쟁이사이렌은 3개씩 있다. 겨드랑이와 항문 사이에 있는 늑골홈의 수를 확인해 그레이터 사이렌과 레서 사이렌을 구분할 수 있는데, 그레이터 사이렌은 일반적으로 36~40개의 늑골을 가지는 데 비해 레서 사이렌은 31~35개의 늑골을 가지고 있다. 엠피우마는 외형적으로는 비슷하지만, 둥근 꼬리에 겉아가미가 없고 사이렌의 앞다리보다 덜 발달된 네 개의 다리가 있는 것으로 구분할 수 있다.

앞다리만 있는 독특한 생김새의 사이렌

발달된 겉아가미   체색은 미꾸라지를 닮았다.

건기에는 폐어처럼 진흙을 파고 들어가 휴면을 하는데, 이런 특징으로 인해 계절성 습지 지역에는 더 많은 개체 수가 번성하고 있을 것으로 추측되고 있다. 휴면기간은 보통 1~3개월 정도지만, 실험실에서 관찰한 결과에 따르면 체중의 85% 이상을 손실하면서 5년까지도 버틴 기록이 있다. 식성 면에서 나타나는 특이사항은, 유미목은 보통 육식을 하지만 본종은 도롱뇽 가운데 식물성 먹이를 먹는 것이 관찰된 유일한 종이라는 점이다. 성체는 이빨 대신 입안에 각질의 부리를 가지고 있다.

사육환경 및 번식

본종의 사육에는 수질유지가 중요하다. 어느 정도의 수온변화에도 견딜 만큼 튼튼한 체질을 갖고 있지만, 18~24℃를 유지해주는 것이 좋다. 야행성으로 밤에 움직임이 활발하며, 간혹 탈출을 감행하기도 하므로 수조 덮개는 반드시 설치해야 한다. 처음 수조에 넣을 때 물을 가득 채우지 않도록 하며, 탈출하기 위해 수조 상부를 코로 비벼대면서 상처를 입는 경우가 있기 때문에 덮개 안쪽을 부드러운 소재로 마감해주는 것이 좋다.
그다지 공격적인 종은 아니지만 크기가 커서 물리면 상당히 아프기 때문에 다룰 때 주의해야 한다. 또한, 피부가 연약해서 보통의 그물망을 이용하면 상처가 쉽게 나므로 이동 시에는 수조에 큰 비닐주머니를 넣고 몰아넣어서 물과 함께 옮기는 것이 좋다. 2009년경에 처음 국내에 소개됐으나 구하기 어렵고 기르는 사람도 극히 드물다.
표본에서 발견되는 상처로 미루어봤을 때 번식행동은 상당히 공격적인 것으로 추측되고 있다. 원서식지에서는 2월에서 3월 사이에 500개 정도의 알을 낳으며, 산란된 알은 2개월 후 부화한다. 성성숙은 2~3년 내에 이뤄지는 것으로 추정된다. 암컷이 알을 보호할 것이라는 추측이 있지만 번식생태에 대해서는 잘 알려져 있지 않다. 사육 하에서의 수명은 15~25년 정도 된다.

스페니시 립 뉴트

- **영 명**: Spanish-ribbed newt, Iberian-ribbed newt, Sharp-ribbed newt(salamander)
- **학 명**: *Pleurodeles walti*
- **크 기**: 15~20cm, 원서식지에서는 30cm까지도 성장한다. 수컷이 암컷보다 크다.
- **서식지**: 스페인, 포르투갈, 모로코

립(Ribbed, 갈비뼈)이라는 이름은 위험에 처했을 때 몸을 뚫고 밖으로 튀어나오는 날카로운 갈비뼈로 인해 붙여졌다. 이 뼈가 실제로도 마치 바늘처럼 날카롭기 때문에 '샤프 립 뉴트(Sharp-ribbed newt)'라는 이름으로도 불린다. 갈비뼈가 살을 뚫고 나온다니 꽤 끔찍해 보이지만, 매우 효과적인 면역체계를 가지고 있어 상처 난 피부는 감염되지 않고 신속하게 치유되기 때문에 실제로 개체에게는 거의 해가 되지 않는다. 본종은 연구를 위해 우주왕복선(space shuttle)에 태워져 우주로 보내진 기록이 있는 종이다.

외형 및 특징

체색은 전체적으로 회갈색 혹은 다갈색인데, 검고 동그란 점무늬가 몸 전체에 산재해 있다. 옆구리 쪽의 체색은 흰색 돌기가 도드라지면서 옅어지고, 배는 옅은 노란색으로 등과 마찬가지로 점무늬가 관찰된다. 크고 납작한 머리에, 약간 위쪽에 위치한 눈을 가지고 있다. 꼬리는 몸통의 길이와 거의 비슷하며, 암컷의 꼬리는 수컷의 꼬리보다 짧다. 복부를 제외하고 오돌토돌한 작은 결절들이 몸 전체에 퍼져 있다.

알비노형

몸통의 측면 갈비뼈가 끝나는 각 지점에는 노란색이나 주황색의 둥근 돌기가 줄지어 돋아나 있다. 이 돌기는 독 분비샘으로서 갈비뼈가 살을 뚫고 나올 때 독을 분비하면서 갈비뼈에 묻게 되는데, 적이 물었을 때 포식자의 입 안쪽 얇은 피부에 강한 통증을 유발하고 불쾌한 맛을 느끼게 한다. 이는 포식자에 대해서는 효과적인 방어형태지만, 인간에게는 효과가 거의 없다. 또한, 사육 중에 이런 모습을 관찰하기는 상당히 어렵다.

사육환경 및 번식

보통의 뉴트와 마찬가지로 고온에서는 스트레스를 받기 때문에 사육 하에서의 수온은 21℃ 이하로 유지하는 것이 가장 좋다. 합사가 가능한 종이지만, 수컷끼리는 다툼이 심하므로 전부 암컷 혹은 수컷 한 마리에 암컷 여러 마리의 비율로 사육하는 것이 좋다. 원서식지에서는 봄과 가을에 한 번씩 두 번 번식하며, 사육 하에서의 번식이 용이한 종이다. 번식기의 수컷은 몸이 붉은색으로 변하고 지느러미가 크게 발달한다. 교미행동 역시 보통의 뉴트와 큰 차이가 없으며, 암컷은 교미 후 일주일 안에 산란을 시작한다. 크기와 나이에 따라 200~10,000개의 알을 수중 구조물이나 수생식물에 붙여 낳고, 산란된 알은 7~10일 사이에 부화한다. 수온이 너무 높을 경우 기형이 발생할 수 있기 때문에 20℃ 선으로 유지하는 것이 좋다. 10℃ 이하의 온도에서 자란 유생은 온도 쇼크로 스트레스를 받고, 30℃에서 자란 암컷 유생은 수컷으로 성이 전환되므로 지나친 저온이나 고온은 피하도록 한다. 생후 8~10개월 정도면 성적 이형이 관찰되기 시작하는데, 자연상태에서는 유생성숙형도 보고되고 있고, 사육자에 의해 알비노가 고정돼 상업적으로 분양되고 있다. 수명은 7~10년이다.

스포티드 샐러맨더

- **영 명** : Spotted salamander, Yellow-spotted salamander
- **학 명** : *Ambystoma maculatum*
- **크 기** : 15~25cm
- **서식지** : 미국 동부 및 캐나다

영명으로 '스포티드 샐러맨더(Spotted salamander, 점박이도롱뇽)'라고 하면 본종을 의미한다. 노란색의 둥근 점무늬가 특징적인 종이기는 하지만, 굳이 '옐로우 스포티드 샐러맨더(Yellow-spotted salamander)'라고 하기보다는 보편적으로 그냥 '스포티드 샐러맨더'라고 부르고 있다. 일반적으로 양서류의 무늬에 있어서 점 혹은 선, 얼룩무늬가 이렇게 각각 독립된 동그란 점무늬로 균형 있게 배치돼 있는 종은 드문데, 본종은 좌우가 거의 대칭을 이루는, 노란색의 각기 독립된 원형의 무늬라 다른 종과 쉽게 구분된다.

본종처럼 둥글고 노란 점무늬가 있는 '네우레르구스속(Neurergus)'의 개체가 국내에 소개된 적이 있는데, 현재는 길러지고 있는 숫자가 많지 않은 편이고, 노란 점무늬는 있으나 규칙성 없이 몸 전체에 어지러이 산재해 있다는 점에서 본종과는 차이가 있다. 본종의 특이점이라면, 세포와 조직 내에서 광합성 공생을 하는 물질인 단세포조류 오필라 암블리스토마티스(Oophila amblystomatis)를 가진 최초의 척추동물로 보고돼 있다는 것이다. 지하생활을 주로 하는 종으로 번식기나 먹이를 찾을 때, 비가 올 때를 제외하고는 지표에서 관찰하기 어렵다.

외형 및 특징
체색은 주로 검정색이지만 간혹 어두운 회색이나 어두운 갈색 혹은 짙은 푸른색을 띠는 경우도 있으며, 이름처럼 노란색의 동그란 무늬가 눈 뒤쪽에서 꼬리까지 두 줄로 이어져 있다. 머리 위쪽에 있는 점이 다른 부위의 점에 비해 붉은색이 조금 더 강한 경향이 있는데, 개체에 따라 머리 위에 있는 점은 주황색을 띠기도 한다. 배는 회색이나 옅은 황색을 띤다. 크고 납작한 머리, 네 다리, 둥근 꼬리를 가진, 우리가 익히 아는 도롱뇽의 모습이며 체형적으로 두드러지는 특징은 없다.

번식
원서식지에서는 동면에 들어간 후부터 번식이 이뤄지는 이듬해 3~4월경까지 거의 모습을 볼 수 없다. 번식장소로는 천적인 물고기가 없는, 강우로 인해 생기는 물웅덩이를 선호한다. 따라서 사육 하에서 인공부화를 시도할 경우에도 합사어가 없는 독립된 수조환경을 제공해줄 필요가 있다. 비가 내리고 야간 온도가 5~10℃에 이르면, 동면에서 깨어나 번식장소로 이동한다. 암컷은 수중에 쌓인 낙엽이나 구조물에 100~250여 개의 알을 붙여 낳으며, 산란된 알은 1~2개월 안에 부화한다.
올챙이는 보통 밝은 갈색이나 황색 바탕에 작고 어두운 반점이 있다. 변태에는 2~4개월이 소요되지만, 일부 성장이 늦은 올챙이의 경우 다음 해 봄이나 여름까지 변태가 지체되기도 한다. 성성숙에 도달하기까지는 2~3년 정도가 소요된다. 수명은 30년 이상으로 추정된다.

알비노형

슬리미 샐러맨더

- 영 명 : Slimy salamander. Western slimy salamander는 Whitethroat slimy salamander라고도 불린다.
- 학 명 : Western slimy salamander – *Plethodon albagula* / Northern slimy salamander – *Plethodon glutinosus*
- 크 기 : 12~17cm, 큰 개체는 20cm까지도 성장한다.
- 서식지 : 미국 동부 및 중부 전역에 광범위하게 분포한다. Western slimy salamanders – 미주리에서 오클라호마까지, 아칸소에서 텍사스 남부와 중부 지역 / Northern slimy salamander – 뉴욕에서 일리노이, 남으로 미시시피에서 북으로는 앨라배마까지, 남부 뉴햄프셔와 북서부 코네티컷까지 서식한다.

수계 근처의 나무가 우거진 경사면, 협곡, 범람원 등지에서 서식하며, 강한 영역의식을 가지고 있어 다른 개체가 침입하면 격렬하게 싸운다. 한때 웨스턴 슬리미 샐러맨더 (Western slimy salamander)는 노던(Northern) 슬리미 샐러맨더의 아종으로 생각되기도 했다.

외형 및 특징

체색은 보통 전체적으로 짙은 검정색이며, 은백색 혹은 연한 노란색 점이 산재해 있다. 일부 개체에 있어서는 흰색 점들이 몸의 측면을 따라 크고 하얀 얼룩으로 변하기도 한다.

사육환경 및 번식

건조하거나 지나치게 기온이 떨어지면 지하로 이동하는데, 원서식지에서 보통 습도가 높은 지역에서 주로 관찰되기 때문에 사육 하에서도 사육장의 습도를 높게 유지해주는 것이 좋다. 번식은 봄에 이뤄지며, 수컷은 암컷의 관심을 끌기 위한 여러 가지 구애춤을 춘다. 암컷은 습기가 있는 곳에다 4~12개 정도의 알을 낳는다. 부화에는 3개월 정도가 소요되며, 수생 유생단계 없이 완전한 성체의 형태로 알에서 나온다. 성성숙에 도달하기까지는 2~3개월 정도가 소요된다.

이름처럼 길고 날씬한 체형을 가지고 있다.

아마존 밀크 프로그

- 영 명 : Amazon milk frog, Panda bear tree frog, Golden-eyed tree frog
- 학 명 : *Trachycephalus resinifictrix*
- 크 기 : 수컷 6.5~7.7cm, 암컷 8.6~10cm
- 서식지 : 동부 수리남, 콜롬비아, 에콰도르, 프랑스령 기아나, 중앙 가이아나, 페루, 볼리비아, 브라질

몇몇 지역에서는, 마치 노가 카누의 뱃전에 부딪치는 소리처럼 독특한 울음소리를 낸다고 해서 'sapo canoeiro', 즉 '보트맨 프로그(Boatman frog)'라고 불린다. 열대우림의 캐노피(Canopy, 아마존 식생을 나눌 때 25~35m에 해당하는 부분으로 수십미터 높이의 열대우림 나무들 윗부분에 나뭇가지와 나뭇잎이 뒤엉켜 만들어낸 10m 가량의 두터운 상층부. 정글의 지붕이라 불린다)를 주서식공간으로 한다. 주로 나무 구멍 또는 빗물이 채워진 공간(phytotelmata) 주위에서 생활하며, 지상으로 내려오는 경우는 드물다.

외형 및 특징

밝은 회색의 몸체에 밝은 점무늬가 있는 어두운 갈색 혹은 카키색 밴드 무늬를 가지고 있으며, 다리와 발가락에서도 동일한 줄무늬가 관찰된다. 어린 개체는 색채의 대비가 더 선명한 경향이 있는데, 전체적으로 푸르스름해 보이기도 하는 체색으로 인해 '블루 밀크 프로그(Blue milk frog)'라고 불리기도 한다. 일반적으로 불리는 '밀크(milk)'라는 이름은 체색에서 비롯된 것이 아니라, 이 속에 속하는 개구리들이 유백색의 독성물질을 분비하는 것에서 유래됐다. 이들의 독특한 체색은 일종의 경고색이라고 할 수 있다.

주둥이가 둥글고, 눈 사이에 주둥이 쪽으로 이어진 커다란 카키색 삼각형 무늬가 있다. 발가락의 끝은 밝은 색이며 흡반이 발달해 있다. 독특한 체색과 더불어 본종을 동정하는 가장 큰 특징은 홍채인데, '골든 아이 트리 프로그(Golden eyed-tree frog)'라는 이름에 걸맞게 황금색 안구에 홍채를 중심으로 한 검은색 십자무늬를 가지고 있다.

독특한 체색을 제외하면 전형적인 청개구리의 체형을 가지고 있으나 크기는 청개구리에 비해 좀 더 크다. 아직 국내에 도입되지 않았을 때 체형이 우리나라 청개구리와 비슷해서 크기가 작을 것이라고 예상했다가, 실제로 외국에서 성체 실물을 보고 생각했던 것보다는 너무 많이 커서 당황했던 기억이 있다.

사육환경

열대우림종을 사육할 경우 반드시 기억해야 할 사항은, 열대우림의 환경은 습하지만 공기가 결코 정체되지 않는다는 점이다. 따라서 본종을 사육하고자 할 때는 환기가 적절하게 이뤄지도록 깊은 관심을 기울여야 한다. 사육 하에서 주간 스팟 지역의 온도는

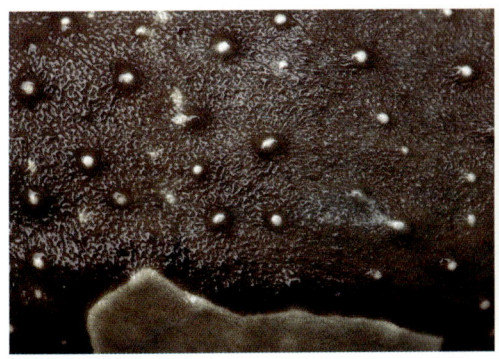

분비샘을 확대한 모습

십자 형태의 독특한 눈동자

제8장 양서류의 주요 종 **479**

전체적으로 독특한 체색을 지니고 있다.

체형은 전형적인 청개구리의 체형과 같다.

27~29℃, 은신처 지역의 온도는 21~24℃ 선을 유지한다. 덩치도 크고 야간에 매우 활발하게 움직이는 종이기 때문에 세로로 긴, 어느 정도 크기가 큰 사육장을 마련해주는 것이 좋다. 합사는 가능하지만 개체 수가 많을수록 먹이반응이 감소한다는 점을 염두에 둬야 하며, 수컷이 너무 많은 것은 좋지 않다. 보기보다 굉장히 튼튼한 종으로 초보자들도 어렵지 않게 사육할 수 있다. 상당히 매력적인 체색을 가지고 있기 때문에 개인적으로는 비바리움과 가장 멋지게 어울리는 대표종이 아닐까 생각한다.

번식

번식은 우기, 8~9월 및 4~6월에 이뤄진다. 수컷은 많지 않은 번식장소인 나무등치를 두고 서로 경쟁한다. 암컷은 나무등치에 고인 물 혹은 나무 구멍의 내벽에 2500개의 알을 붙여 낳는다. 영양이 부족한 환경임에도 불구하고, 어미가 올챙이들의 먹이용으로 무정란을 주기적으로 낳아주기 때문에 올챙이는 불과 2~4주 정도면 변태를 마친다. 사육 하에서의 번식은 용이하지 않다고 알려져 있었으나 최근 외국에서는 번식이 순조롭게 이뤄지고 있다. 국내에서도 머지 않은 시기에 성공적인 번식이 이뤄질 것으로 예상하고 있다. 수명은 10년 내외다.

아프리칸 불 프로그

- **영 명**: African bull frog, Pyxie frog, African burrowing frog, South African pyxie
- **학 명**: Pyxie Frog - *Pyxicephalus adspersus* / Dwarf Pyxie Frog - *Pyxicephalus edulis*
- **크 기**: 남아프리카에서 발견되는 무미목 가운데 가장 큰 종이다. 수컷은 20~25cm에 1.5~2kg, 암컷은 10~13cm에 450~800g이다. 양서류의 경우 보통 암컷이 덩치가 더 큰 데 비해 본종은 특이하게 수컷이 더 크다. 이는 번식기 때 발생하는 수컷들 간의 격렬한 투쟁과 수컷이 올챙이를 지키는 습성 때문인 것으로 추측되고 있다. 세계에서 두 번째로 크게 자라는 개구리로서 골리앗개구리(Goliath frog, *Conraua goliath*) 다음으로 크게 성장한다.
- **서식지**: Pyxie frog - 사하라 사막 이남의 아프리카 남부 지역, 앙골라, 보츠와나, 케냐, 마라위, 모잠비크, 나미비아, 남아프리카공화국, 스와질란드, 탄자니아, 잠비아 / Dwarf pyxie frog - 짐바브웨, 콩고민주공화국, 짐바브웨와 남아프리카공화국에서 보츠와나, 모잠비크, 잠비아까지. Pyxie frog보다 서식범위가 좁다.

국내에서는 '아프리카황소개구리' 라는 이름보다는 학명을 기준해서 '픽시 프로그 (Pixie frog)' 라는 별명으로 많이 불리고 있는데, 튼튼하고 먹성이 좋아 양서류 사육의 입문종으로 많이 길러지고 있는 종이다('픽시-Pixie'는 '장난꾸러기 요정'이라는 의미다). 일반인들은 황소개구리라는 이름 때문에 생태계파괴로 익숙한 종과 혼동하는 경우도 있으나, 우리나라 자연에 방사된 종은 '아메리카황소개구리'로 본종과는 아무런 상관이 없다. 국내에는 본종과 드워프 픽시 프로그(Dwarf pyxie frog, *Pyxicephalus edulis*) 등 두 종이 도입돼 있다. 현지에서는 단백질 공급원으로 이용하기 위한 채집과 도시화로 인해 개체 수가 줄고 있기는 하지만, 아직 걱정할 정도는 아니다.

외형 및 특징

어릴 때는 주둥이에서 시작해 등을 가로질러 뒷다리 사이까지 이르는 녹색 줄무늬를 가지고 있기 때문에 마치 참개구리처럼 보인다. 성체가 되면 녹색의 무늬가 거의 사라지면서 올리브 그린의 체색으로 바뀌고, 몸이 비대해지면서 다리가 짧아진다. 이 줄무늬는 암컷의 경우 색은 좀 옅어지지만 성체가 돼서도 유지되는 경향이 있다. 등 쪽에 돌출된 피부돌기가 관찰된다. 수컷의 배와 목은 노란색 또는 오렌지색인 데 비해 암컷은 크림색 또는 베이지색이므로 옆구리 색상을 확인해 암수를 구분할 수 있다. 또한, 수컷의 다리가 암컷에 비해 더 굵고 머리도 더 크다. 뒷발에는 작은 물갈퀴가 있으며, 땅을 파기 위한 중족골 결절을 가지고 있다.

사육환경

아프리카의 사바나, 아열대나 열대의 건조한 관목지대, 도랑 등에 서식하는 종으로 적정 사육온도는 25~32℃이며, 야간의 온도는 20~25℃가 적당하다. 그러나 칼라하리 사막(Kalihari desert)에서부터 해발고도 1200~1500m의 고지에 이르기까지 두루 서식하는 종으로서 '지구에서 가장 뛰어난 적응력을 가진 양서류'로 평가받는 만큼, 사육환경에 있어서 일정 수준의 변화에는 거뜬히 버틸 정도로 강건하다.

성장속도가 엄청나게 빠르기 때문에 비타민D_3가 필수적인 종이며, D_3 칼슘제를 수시로 급여하는 것이 좋다. 물고기나 핑키, 마우스를 간헐적으로 급여하는 방법으로 어느 정도 이를 대신할 수도 있다. 원서식지에서는 새도 주요 먹이로 삼고 있지만, 앞서 언

픽시 프로그는 대단히 왕성한 식욕을 가지고 있다.

급했듯이 양서류의 소화기관은 조류나 포유류의 조직을 소화하기에 최적화돼 있지 않기 때문에 상시적으로 급여하는 것은 추천되지 않는다.

보통 사육 하에서 비만이 되는 경우가 많은 종인데, 비만인 개체는 수명이 짧아지므로 먹이급여 시 적당하게 제한해줄 필요가 있다. 먹성이 워낙 좋기 때문에 인공사료로도 사육 가능하다. 과거 남아공 프리토리아동물원에서 한 번에 17마리의 새끼코브라를 잡아먹은 사례가 보고됐을 만큼 폭발적인 먹성을 가지고 있기 때문에 먹이급여 중에 주의하지 않으면 손을 물릴 수도 있다. 기본적으로 덩치가 큰 종인 데다가 성체의 경우 발달된 치돌기로 인해 물리면 상당히 아프고 심한 상처를 입을 수 있으므로 먹이를 급여할 때는 반드시 핀셋을 이용하도록 한다. 필자의 경험에서 우러나온 조언이니 각별히 조심하도록 하자.

사육 하에서는 행동풍부화를 위해 가끔씩 젖은 모래나 흙을 채운 상자들을 넣어줌으로써 구멍을 팔 수 있는 환경을 만들어주는 것이 좋다. 이와 같은 방식의 운동은 다리의 근육을 강화하고 사육 하에서 오는 스트레스를 줄여줄 수 있다. 그러나 이런 습성으로 인해 사육장 바닥의 레이아웃이 훼손되는 경우가 많다. 몸통이 크고 사지가 짧아 거의 뛰지 않는 종이기 때문에 핸들링 시에 절대 떨어뜨리면 안 된다. 특히 성체와는 달리 어린 개체는 상당히 민첩하기 때문에 더욱 주의를 기울일 필요가 있다.

번식

건기에는 강한 뒷발로 땅을 파고 들어가 휴면하는데, 영양을 충분히 비축해뒀다면 최대 5년까지도 버틸 수 있다. 우기에 비가 오면 지상으로 나오며, 번식은 비가 내리는 첫 번째 주중에 시작된다. 특히 시간 당 30mm 이상의 폭우가 내리거나 밤에 비가 오면 바로

일반적인 종과는 달리 등 위에 올라가 있는 큰 개체가 수컷이다.

번식활동에 들어간다. 원서식지에서는 폭우가 내린 후에 생기는 얕은 웅덩이나 개울에서 번식한다. 수컷은 산란 웅덩이에 들어가 크게 우는데, 그 소리가 황소의 울음소리와 같다고 해서 황소개구리라는 이름이 붙여졌다. 번식기에 수컷들은 서로 격렬하게 싸우고, 이 과정에서 다른 수컷을 물어 죽이는 경우도 있을 정도로 공격적인 성향을 띤다.

암컷은 한 번에 3000~4000개의 알을 낳는다. 산란된 알은 수온 29℃에서 보통 이틀 정도면 부화되며, 3주 정도 성장한 후 변태한다. 올챙이는 지느러미에 줄무늬가 있다. 특이하게도 이 시기에 수컷이 알과 새끼를 보호하기 때문에 올챙이들은 부화되면 자신들을 지켜줄 성체 수컷 주위에 군집을 이룬다. 수컷은 새끼들을 지키기 위해 굉장히 공격적으로 행동하는데, 웅덩이로 접근하는 다른 작은 동물을 잡아먹거나 쫓아내고 자신보다 훨씬 더 큰 동물에게도 두려움 없이 덤벼드는 모습을 보인다.

또한, 올챙이가 있는 웅덩이의 물이 말라가면 강한 뒷다리로 다른 물웅덩이로부터 물길을 내서 물을 끌어오기도 한다(건기에 올챙이들을 위해 14m에 이르는 물길을 낸 사례도 보고돼 있다). 이러한 생태로 인해 본종은 '양서류 가운데 가장 부성애가 강한 종'으로 알려져 있다(물론 수컷이 올챙이를 먹는 경우도 없지는 않지만 그런 경우는 극히 드물다). 성장 중인 개체는 보통 10cm 정도가 되면서부터 암수의 차이가 두드러지기 시작한다. 평균 20년을 사는데, 최장 40년 정도 생존한다.

아프리칸 클로드 프로그

- **영　명** : Xenopus, Platanna, African clawed frog
- **학　명** : *Xenopus laevis*
- **크　기** : 성체 크기 10~13cm
- **서식지** : 남동부 아프리카

무미목 피파과에 속하는 무설류(無舌類) 양서류로, 대부분의 피파과(科)가 그렇듯이 혀와 이빨이 없다. 제노푸스속(*Xenopus*)의 양서류는 본종을 포함해 모두 7종이 알려져 있다. 학명의 제노푸스(*Xenopus*)는 '이상한 발(strange foot)', 라이비스(laevis)는 '부드러운(smooth)'을 뜻한다. 애완으로는 1950년대부터 길러졌다고 알려져 있는데, 알비노 타입이 대중화돼 있기 때문에 국내에서는 '누드개구리'라는 이름으로도 많이 불린다. 흔히 수족관이나 동물센터에서 볼 수 있는 알록달록한 색깔의 아프리카발톱개구리(아프리칸 클로드 프로그)는 알비노 개체에 인공적으로 색을 주입한 것이다. 얼마 전까지만 해도 쉽게 입수할 수 있어서 양서류 사육의 입문용으로 가장 적합한 종이었다.

그러나 몇 해 전 충북 청주시 서원구 산남동의 한 습지에서 유기된 개체가 참개구리와 포접하고 있는 모습이 전국적으로 이슈화되면서, 국내 생태교란의 위험을 이유로 2015년 12월 '위해우려종'으로 지정됐고 현재는 수입금지종으로 등재돼 있다. 기르던 생물을 유기하는 사람은 나름대로 하나의 생명을 살리는 행동이라고 생각할 수도 있겠지만, 이는 오히려 훨씬 더 많은 생명을 죽이는 행위이며 또 개인이 범한 과오에 대해 그 일과 아무 관련이 없는 많은 일반인들이 책임을 져야 하는 결과를 초래한다. 따라서 어떠한 이유를 막론하고 외래종은 절대 야외에 방사해서는 안 된다.

크게 발달한 뒷다리의 물갈퀴

외형 및 특징

원종의 체색은 다갈색이고 얼굴은 더 짙은 색이며, 양 옆구리에서 사타구니 방향으로 마치 실로 꿰맨 듯한 흰색의 측선이 보인다. 수컷은 발바닥에 짧은 털이 많이 나 있으며, 암컷은 수컷에 비해 몸이 크고 꽁무니에 돌기가 튀어나와 있는 것이 특징이다.

수중생활에 고도로 적응된 형태로 납작하고 유선형인 몸에 머리 앞으로 뻗은 작은 앞발과 굵은 뒷다리를 가지고 있다. 뒷다리에는 물갈퀴가 크게 발달돼 있어서 능숙하게 헤엄을 칠 수 있도록 하며 피부호흡에도 도움이 된다. 양쪽 뒷발의 3~5번째 발가락에 날카로운 발톱이 발달돼 있는데, 이 발톱에서 본종의 이름이 유래됐다. 이 발톱을 이용해 진흙을 헤집어 먹이를 찾거나 진흙을 파고 들어가 천적으로부터 몸을 숨긴다. 양서류 전체를 통틀어 먹잇감을 찢는 데 필요한 발톱을 가진 종은 본종이 유일하다. 건기에는 비가 올 때까지 진흙 속에서 몇 달 동안 버티기도 한다.

원서식지에서는 유속이 느리고 따뜻하며 얕은 냇물이나 웅덩이에 서식한다. 유기물이 많고 탁하게 고인 물을 선호하는데, 옆구리에 있는 진동감지기관을 이용해 탁한 물속에서도 수생곤충 등 먹이의 움직임을 민감하게 포착할 수 있다.

사육환경

강력한 뒷발을 가지고 있기 때문에 사육 하에서 수조의 레이아웃을 해치는 경우가 많다. 따라서 어느 정도 무게가 있는 구조물을 설치하고, 살아 있는 식물을 식재하고자 할 경우에는 파헤치지 못하도록 단단하게 보정해야 한다. 다른 종에 비해 물의 진동과 움직임에 매우 민감하므로 수조 내에 설치한 여과기 모터의 진동이 너무 강한 것은 좋지 않다. 사육장을 설치하는 위치도 다른 종의 경우보다 더 세심하게 주의를 기울여야 한다.

성체가 돼도 물속에서 주로 생활하는데, 눈이 위쪽으로 달려 있어서 물 밖의 움직임을 관찰하기에 용이하다. 먹이는 앞발을 이용해서 잡으며, 움켜잡는 것이 아니라 앞발을 벌리고 있다가 그 사이에 떨어지는 물체를 끌어와서 입으로 집어넣는다. 사육 하에서도 인공사료를 양쪽 앞발 사이에 조심스럽게 떨어뜨려주는 방식으로 급여 가능하다. 식탐이 아주 강한 종이기 때문에 체구에서 차이가 나는 개체와는 절대 합사를 금해야 하며, 삼킬 수 있을 정도의 탱크메이트 역시 합사하는 것은 불가능하다.

완전수생종으로 육지공간이 그다지 필요하지는 않으며, 온도에 민감하므로 수온유지가 중요하다. 기후가 온화한 미국의 캘리포니아에서는 탈출한 개체가 대량 번식해 생태계를 교란시키는 문제가 발생하기도 하지만, 원래 더운 지방에 서식하는 종으로서 우리나라의 추운 겨울을 버티지 못할 가능성이 크기 때문에 자연에 방사해서는 안 된다.

완전수생종이지만 의외로 수조 밖으로 튀어나오는 일이 잦으므로 사육장의 뚜껑은 반드시 설치돼 있어야 한다. 수면으로 올라와 공기를 흡입하기 때문에 물의 높이는 바닥에 본종이

아프리칸 클로드 프로그의 올챙이

발을 딛고 서서 수면위로 머리를 내밀 수 있을 정도가 적당하지만, 대부분 수질관리의 편의성을 위해 좀 더 깊은 물에서 사육하는 경우가 많다. 이럴 경우에는 수중구조물을 설치해주는 것이 좋다.

번식

자연상태에서는 1년에 4~6번까지도 번식하며, 최대 1000개의 알을 낳는다. 올챙이의 피부는 비교적 투명하기 때문에 몸속에서 피가 흐르는 것을 육안으로 관찰할 수 있다. 부화하고 약 30일 후에는 뒷다리가 나오고, 약 15일 후에는 앞다리가 나온다. 성성숙에 도달해 번식에 참여하기까지는 약 3년 정도 소요된다. 사육 하에서는 번식수조를 어둡고 차갑게 해줄 경우 번식이 더 용이하게 이뤄진다. 매우 튼튼한 종으로서 변태 이후에도 수

1. 포접하고 있는 모습 2. 산란통을 이용한 올챙이의 보호

중생활을 하기 때문에 사육이 용이한 데다가 성체에 성샘자극호르몬을 투여하면 계절에 상관없이 산란 유도가 가능하고, 유전자발현을 조절하는 것도 쉬워서 발생학, 세포생물학, 생화학 등의 여러 분야에서 널리 이용되고 있다. 실제로 복제를 통해 태어난 최초의 척추동물이 아프리카발톱개구리였다. 본종을 실험에 이용한 지도 벌써 100여 년이 넘었는데, 지난 2016년 국내의 울산기술원(UNIST) 연구진이 세계 최초로 본종의 유전체를 완전히 해독해 그 결과를 '네이처지(Nature)'에 발표한 바 있다.

현지에서는 단백질 공급원으로 이용하기도 하고, 과거 아프리카에서는 암컷에게 임신 중에 생성되는 HCG호르몬을 감지할 수 있는 능력이 있어 임신테스트에 이용됐다는 기록이 있다(임신한 여성의 소변을 주입했을 때 48시간 이내에 산란한다). 또한, 1992년에는 '무중력 상태에서의 번식사이클' 연구를 위해 우주왕복선에 태워지기도 했다. 자연상태의 수명은 15년 내외지만, 사육 하에서는 25~30년 정도까지도 생존하는 것으로 알려져 있다.

아홀로틀

- 영 명 : Axolotl, Mexican walking fish, Water monster, Mexican salamander
- 학 명 : *Ambystoma mexicanum*
- 크 기 : 25cm 내외
- 서식지 : 멕시코 중부의 소치밀코 호와 찰코 호에 서식. 현재 찰코 호에서는 발견되지 않고 있다.

'아홀로틀(Axolotl)'은 'atl(물)'과 'xolotl(미끄럽거나 주름진 것, 몬스터, 남자 하인)'이 합쳐진 말로 '물에 사는 미끄럽고 주름진 괴물'이라는 의미를 가지고 있다. 한국어로 자료를 찾으면 '물에서 논다'는 의미라고 설명돼 있는 곳이 많은데, 그런 뜻은 아닌 것으로 보인다. 국내에서는 '엑솔로틀' 또는 '멕시코도롱뇽'으로 흔히 불리며, 혹은 일본에서 만든 '우파루파'라는 상업명도 많이 쓰이고 있다. 대표적인 애완양서류로 현재 높은 인기를 구가하고 있는 종이다. 번식이 용이하고 놀라운 재생능력과 장기이식능력(다른 개체의 장기를 이식받아도 거부반응이 없으며, 뇌와 척수도 회복이 가능하다고 알려져 있다)을 가지고 있기 때문에 전 세계적으로 유전학, 발생학, 신경생물학 및 의학적 연구에 널리 이용되고 있다. 체질이 매우 강건하고 먹이공급도 수월해서 양서류 사육에 입문하는 초보사육자들에게 적합한 종이다. 특히 웃는 듯한 표정의 얼굴이 매력적인 종으로 포켓몬스터(Pocket monster)의 캐릭터 '우파몬' 의 모델이기도 하다. 어릴 때의 모습을 그대로 유지하며 성체로 자라는 유형성숙(Neoteny)으로 유명해 피터팬도롱뇽(Peter Pan's salamander)이라는 별명으로도 불린다.

외형 및 특징
원종은 갈색이나 황갈색을 띠고 있으며 약간의 얼룩이 관찰된다. 몸통의 폭보다 훨씬 크고 넓은 머리를 가지고 있으며, 눈에는 눈꺼풀이 없다. 양옆으로 각각 3쌍의 큰 겉아가미를 가지고 있다. 올챙이처럼 머리 뒤쪽으로 커다란 지느러미가 발달돼 있으며, 스스로를 보호하기 위해 체색을 변화시킬 수 있다. 서식지가 비슷한 타이거 샐러맨더와 전체적으로 아주 유사한 체형을 지니고 있다.

서식 및 현황
원서식처는 아즈텍인들이 농사를 짓기 위해 갈댓잎 위에 흙을 쌓아 만든 인공섬의 언저리였으나, 현재는 이 지역이 불법 무허가 주택촌으로 변하고 있는 데다가 멕시코 시티의 상수도 수요를 충족시키느라 호수 수원이 고갈되고 있고, 거기에 생활하수가 유입되면서 수질오염이 더해져 심각한 멸종 위기를 맞고 있는 상황이다.

과거 아즈텍 시대부터 멕시코 사람들에게는 주요 먹거리로 이용될 만큼 흔한 종이었으나 현재는 보호종으로서 멕시코 내에서 복원노력이 진행되고 있다. 이와는 별개로 전 세계적으로 애완의 목적으로도 많이 번식되고 있으며, 개량도 이뤄지고 있

1. 알비노 개체 2. 두툼하게 발달된 주둥이와 호흡기관인 겉지느러미

다. 국내에서도 번식된 사례는 많다. 현재는 품종개량으로 원종 외에 화이트 핑크, 블랙, 그린 마블, 알비노, 화이트, 골든 알비노 등 여러 색깔의 개체를 볼 수 있다. 일본에서는 대량증양식에 성공하면서 튀김 등의 식품으로 개발됐으나 혐오스럽다는 평가가 대부분이었다. 그러나 오래전부터 멕시코에서는 식용으로 사용된 종이다.

사육환경

사육 시에는 pH 7 정도의 수질을 유지해주고, 적정수온은 15~20℃이므로 20℃ 이상으로 올라가지 않도록 수온을 관리해줄 필요가 있다. 높은 온도는 스트레스와 식욕저하의 요인이 된다. 보통 23℃ 이상의 온도에 장기간 노출되면 겉아가미가 녹기 시작하면서 먹이를 거부하고 심각한 스트레스를 받는다. 따라서 사육장에 온도계를 설치해 관리하는 것이 필수적이다.

수조의 바닥에서 주로 활동하는 저서성 동물로, 식탐이 강하고 먹이를 순간적으로 흡입하는 습성이 있다. 이와 같은 습성으로 인해 가라앉는 먹이를 급여할 경우 바닥재를 함께 삼키는 빈도가 높아지기 때문에 장막힘 증상이 나타나기 쉽다. 따라서 사육개체의 머리 크기보다 작은 크기의 돌을 바닥재로 사용하는 것은 좋지 않다. 또한, 식탐이 강한 종이기 때문에 개체의 크기 차이가 많이 날 때는 분리 사육하는 것이 좋고, 비슷한 크기의 개체라도 간혹 꼬리나 다리를 뜯어먹는 경우가 있으므로 가급적 단독으로 사육할 것을 권한다(물론 다시 복원되기는 한다).

완전수생종이기 때문에 사육자에 따라서는 수조 내에 어류를 합사하기도 하는데, 펄럭거리는 겉아가미를 뜯어먹는 경우가 있으므로 크기가 작다 해도 수마트라처럼 탐식성이 강한 어류는 합사하지 않는 것이 좋다. 호기심이 많은 양서류로 주기적으로 사육장의 레이아웃을 변경해주는 것이 좋은데, 수공간을 이탈하는 순간 얼마 지나지 않아 죽기 때문에 절대 탈출하지 못하도록 수조 덮개를 확실하게 설치해줄 필요가 있다.

번식

원서식지에서는 12월에서 6월 사이에 번식하는데, 암컷은 1회에 약 100개 정도의 알을 낳는다. 보통의 도롱뇽처럼 수컷은 정자를 정포(spermatophores) 상태로 암컷에게 전달한다. 수컷이 만들어둔 정포를 암컷이 성공적으로 받아들이기 위해서는 정포가 고정돼 있어야 하기 때문에 번식수조의 수류가 너무 빠른 것은 좋지 않다. 자연상태에서 성성숙에 도달하는 데는 18~24개월 정도 가 소요되지만, 사육 하에서는 먹이의 양과 질, 급여빈도에 따라 더 빨리 성숙하기도 한다. 보통 15cm를 넘어가면 성숙하기 시 작하며, 수컷보다 암컷의 경우 성성숙에 이 르는 시간이 좀 더 길어지는 경향이 있다. 번식은 쉬운 편이나 모체의 건강을 생각한 다면 일 년 반 이상 충실히 성숙시킨 이후 번식에 도전하는 것이 좋다. 보통은 번식행 동을 유발하기 위한 방법으로 온도 자극을 이용하는데, 성숙한 한 쌍을 20~22℃의 수온환경에서 몇 주 동안 따로 사육하다가 12~14℃ 내외의 수조로 옮겨주면 구애행 동이 유발된다. 수중 구조물에 알을 붙이는 습성을 가지고 있기 때문에 번식수조에는 알을 붙일 수 있는 식물을 식재하거나 구조 물을 반드시 설치해줘야 할 필요가 있다.

1. 알비노와 원종의 비교 2. 분홍색의 알비노 개체

무생물보다 살아 있는 식물에 알을 붙였을 때 부화율이 상대적으로 높다는 보고가 있 다. 수온이 20℃ 정도로 유지되면 보통 17일 내외에 부화한다. 연중 번식하지만 사육 하에서는 일반적으로 1년에 1회 정도 번식시키는 것이 안전하다.

요오드나 티록신 등의 갑상샘호르몬을 투여하면 다른 도롱뇽의 경우처럼 변태가 이뤄 지는 것으로 미루어볼 때, 원산지에서는 낮은 수온과 먹이의 결함으로 갑상샘호르몬 분비 메커니즘이 교란돼 변태하지 못하는 것이라 추측되고 있다. 멕시코 소치밀코 (Xochimilco) 호와 찰코(Chalco) 호의 토양은 티록신의 구성성분인 요오드가 적게 함유돼 있고, 두 지역은 저위도 고산지대에 위치해 온도가 영하로 떨어지지 않기 때문에 티록 신 결핍(티록신은 날씨가 추울 때 체온을 올리기 위해 분비된다)이 발생해 변태를 하지 못한다. 이 처럼 원서식지의 야생개체는 변태를 하지 않지만 사육 하에서는 때때로 육상형태로 바 뀌는 경우가 있는데, 변태가 유발돼 육상형태로 바뀌면 수명이 크게 단축된다. 수명은 10~20년으로 최대 25년까지도 살 수 있다.

알파인 뉴트

- 영 명 : Alpine newt, European alpine newt
- 학 명 : *Ichthyosaura alpestris*
- 크 기 : 수컷은 최대 9cm, 암컷은 최대 12cm
- 서식지 : 중부 유럽 전역

속명의 'Ichthyosaura'에서 'ichthys'는 그리스어 'ιχθύ'로 '물고기'를 의미하고 'sauros'는 'σαυρο'로 '도마뱀'을 의미한다. 본종은 사육과 번식이 그리 어렵지 않다고 평가되고 있어 사육입문종으로 추천할 만하지만, 아직 국내에 도입된 개체가 드물기 때문에 구하기가 쉽지는 않다. 알파인 뉴트는 현재까지 알파인 뉴트(Alpine newt, *I. a. alpestris*)(Laurenti, 1768), 이탈리안 알파인 뉴트(Italian alpine newt, *I. a. apuanus*)(Gray, 1850), 그리스 알파인 뉴트(Greek alpine newt, *I. a. veluchiensis*)(Wolterstorff, 1935), 스패니시 알파인 뉴트(Spanish alpine newt, *I. a. cyreni*)(Mertens & Muller, 1940), 몬테네그란 알파인 뉴트(Montene-gran alpine newt, *I. a. montenegrinus*)(Radovanovic, 1951), 유고슬라비안 알파인 뉴트(Yugoslavian alpine newt, *I. a. lacusnigri*)(Dely, 1960), 파이퍼리아누스 알파인 뉴트(Piperianus alpine newt, *I. a. piperianus*)(Radovanovic, 1961), 보스니아 알파인 뉴트(Bosnian alpine newt, *I. a. reiseri*)(Schreiber, 1912), 세르다루스 알파인 뉴트(Serdarus alpine newt, *I. a. serdarus*)(Radovanovic, 1961), 칼라브리안 알파인 뉴트(Calabrian alpine newt, *I. a. inexpectatus*)(Dubois & Breuil, 1983) 등 10개의 아종이 알려져 있다.

외형 및 특징

갈색이나 검은색의 체색을 지니고 있으며, 몸의 측면은 흰색 바탕에 검은색 점무늬가 머리부터 몸통까지 이어져 있다. 다리에도 동일한 점무늬가 확인된다. 꼬리에도 점무늬는 있으나 몸과 다리에 있는 것보다 좀 더 크고, 동그란 점이 아니라 크기와 모양이 균일하지 않은 얼룩무늬를 띤다. 배는 주황색이다. 암컷은 좀 더 짙은 색이며, 배는 연한 노란색에 작은 반점이 퍼져 있다. 등지느러미의 색은 수컷은 회색, 암컷은 갈색을 띠는 것이 보통이지만, 개체의 상태나 환경에 따라 달라질 수 있다. 날씬한 체형에 둥근 머리를 가지고 있으며, 큰 눈에 금빛의 홍채와 검은 눈동자를 가지고 있다. 꼬리는 넓고 납작하며, 끝 쪽으로 갈수록 점점 가늘어지다가 날카롭게 끝난다.

매년 번식기인 봄이 되면 수컷은 외형적으로 큰 변화를 겪는다. 평상시에 두드러지지 않던 등과 꼬리의 지느러미가 눈에 띄게 크게 발달하는데, 이 시기의 꼬리는 대거(Dagger, 단검)형으로 좀 더 넓어진다. 체색도 확연하게 변화되는데, 옆구리와 꼬리가 밝은 파란색 혹은 자주색으로 변하면서 몸의 측면은 푸른색에 점무늬가 확연해져 매우 화려하게 변신한다. 보통 인터넷에서 '알파인 뉴트'로 검색하면 볼 수 있는 화려한 체색의 사진은 번식기에 촬영된 것들이다. 번식기가 끝나면 화려했던 체색은 얼룩덜룩한 갈색으로 다시 돌아간다.

1. 유생 2. 변태 직후 육상에서 활동

사육환경

반수생 또는 완전수생환경을 제공해주는 것이 좋다. 적정 사육온도는 10~18℃ 선이며, 절대 23℃ 이상으로 올라가지 않도록 관리해주는 것이 좋다. 또한, 보통 원서식지에서는 수류가 약한 물속에서 주로 발견되기 때문에 사육 하에서도 사육수조의 수류를 제한해줄 필요가 있다.

본종은 아프리카발톱개구리, 아메리카황소개구리와 함께 키트리드 진균(Chytrid fungus)의 숙주로 알려져 있으므로 사육장에 넣기 전에 충분한 검역기간을 거쳐야 하며, 폐사 시 사체가 외부로 유출되지 않도록 완벽하게 처리해야 한다. 사육 중에 폐사했다면 사육비품을 세척할 때 사용하는 물이나 환수로 수조에서 버려지는 물도 가급적 살균 처리해서 배출하는 것을 추천한다.

1. 비번식기의 암컷의 체색 2. 비번식기의 수컷의 체색
3. 번식기의 암컷 4. 번식기의 수컷

번식

어린 개체와 성체는 10월에서 다음해 2월까지 육지에서 동면하고, 동면이 끝나면 3~5월 사이에 번식한다. 번식을 위해서는 2~3개월 동안 2~4℃에서 동면을 시킬 필요가 있다. 암컷은 약 200개의 알을 수생식물의 잎에 낳아 감싼다. 부화된 유생은 7~8mm 정도 크기이며, 변태 전에 4~5cm까지 성장한다. 유생이 변태하기까지는 4~6개월 정도가 소요되고, 2~3년 후면 성성숙에 도달한다. 아종 중에는 변태하지 않고 유형성숙하는 종도 있다. 최대 수명은 20년까지인데, 보통 6~8년 정도 산다.

엠피우마

- **영 명** : Amphiuma, Conger eel, Congo snake, Lamp-eater, Ditch eel
- **학 명** : *Amphiuma SPP.*
- **크 기** : One-toed amphiuma - 최대 35cm / Two-toed amphiuma - 최대 116cm(북아메리카에서 가장 큰 양서류이며, 세계에서 세 번째로 긴 양서류) / Three-toed amphiuma - 최대 106cm
- **서식지** : One-toed amphiuma - 플로리다 팬핸들의 북서부와 앨라배마 남동부에 한정 / Two-toed amphiuma - 플로리다 본토, 루이지애나 서부, 동쪽 해안 국가를 거쳐 버지니아 북쪽까지 / Three-toed amphium - 앨라배마 서쪽에서 미시시피와 루이지애나를 거쳐 텍사스 동부와 북부 (미시시피 강을 따라) 미주리 대부분을 통해 동부 아칸소, 서부 테네시 및 서부 켄터키까지 걸프 해안 주에서 서식. 현재는 미국 남동부에 서식지가 한정되지만, 화석으로 보아 홍적세에는 유럽에서도 서식했던 것으로 보인다.

엠피우마 도롱뇽과(*Amphiumidae*)의 유일한 속이다. 발가락의 개수에 따라 원 토 엠피우마(One-toed amphium, *Amphiuma pholeter*), 투 토 엠피우마(Two-toed amphiuma, *Amphiuma* means), 스리 토 엠피우마(Three-toed amphiuma, Amphiuma tridactylum) 등 3개의 종으로 나뉜다. 스리 토 엠피우마와 다른 아종들이 서식지를 공유하는 지역에서는 종간교배가 일어나기도 한다. 국내에는 투 토 엠피우마와 스리 토 엠피우마만 도입됐다. 현지 어부들 사이에서는 '붕장어'란 의미의 'Conger eel, Congo eel' 혹은 'Congo snake'로도 불리지만, 어류나 파충류가 아니므로 분류학적으로 정확한 명칭은 아니다.

팔다리만 없다면 마치 장어나 드렁허리처럼 보인다.

외형 및 특징

체색은 보통 회색이나 검정색으로 짙다. 보통 전체적으로 별다른 명암 없이 고른 체색을 지니고 있고 무늬 역시 관찰되지 않지만, 스리 토 엠피우마의 경우 등 쪽과 배 쪽의 색이 가장 뚜렷한 대조를 이룬다. 가끔 알비노 개체도 발견된다. 형태적으로는 세 종이 거의 유사하며, 납작하고 뾰족한 머리에 장어처럼 가늘고 긴 몸과 작은 다리를 가지고 있다. 다리는 최대 2cm에 불과할 정도로 아주 작은데, 이 때문에 일반적으로 뱀이나 뱀장어로 오인된다. 다리를 이동하는 데 사용하지는 않으며 균형을 잡는 데 가끔 이용한다. 앞다리 앞쪽에 정상적으로 기능하는 아가미와 아가미구멍이 있다.

많은 수생동물과 마찬가지로 잘 발달된 측선시스템을 가지고 있으며, 꼬리는 옆으로 납작하고 눈꺼풀이나 혀는 없다. 원 토 엠피우마(A. pholeter)는 다른 두 종에 비해 짧은 다리와 머리를 가지고 있다. 원 토 엠피우마에는 늑골홈이 없고, 투 토 엠피우마(A. means)와 스리 토 엠피우마(A. tridactylum)에는 57~60개의 늑골이 있다.

서식 및 현황

미국 남동부 연안 평야에 있는 습지의 운하, 연못, 도랑, 경사로, 강 또는 개울과 같은 영구적·반영구적인 수역에서 발견되며, 사이렌과 서식지를 공유하고 있기는 하지만 별다른 관련은 없다. 진흙 바닥의 굴에 서식하며, 세 종 모두 납작한 머리를 이용해 스스로 굴을 팔 수 있다. 서식지의 물이 마르면 진흙을 파고 들어가 다음 비가 내릴 때까지 휴면한다.

스리 토 엠피우마(Three-toed amphiuma, *Amphiuma tridactylum*)

야행성 동물로 밤에 활동적으로 움직이며 사냥을 한다. 개구리, 뱀, 갑각류, 물고기, 곤충 등을 먹이로 삼지만 뱀이나 동종의 다른 개체도 잡아먹는다. 이 중에서 가재를 특히 선호하긴 하지만 잡을 수 있는 거의 모든 먹잇감을 사냥해 먹는다고 할 수 있다.

사육환경

원서식지에서는 수로가 한 번에 몇 주씩 얼어붙는 지역에서 살아가기 때문에 아주 낮은 수온에서도 잘 버틴다. 그러나 21~24℃가 적정온도대이며, 25℃ 이상으로 수온이 올라가는 것은 좋지 않다.

사육장 모서리 부분에 몸을 걸치고 수조 뚜껑을 밀어올려 탈출하는 경우가 있기 때문에 사육장 덮개는 단단히 고정돼 있어야 하고, 주둥이를 문질러 외상을 입는 일이 없도록 덮개의 모서리 부분은 부드러운 재질의 소재로 감싸주는 것이 좋다. 또한, 강한 빛을 싫어하므로 조명을 줄이고 은신처를 반드시 설치해줘야 하며, 몸길이가 길쭉하므로 PVC 파이프 같은 긴 관 형태의 소재를 잘라서 넣어주면 안에 들어가 휴식을 취한다. 먹이를 입 안으로 강하게 빨아들여 먹는 흡입포식형이기 때문에 먹이를 급여할 때 물릴 수도 있으므로 주의해야 한다.

번식

완전수생의 생활을 하지만 폐호흡을 병행하기 때문에 비가 내리는 밤이나 암컷이 알을 낳을 때는 육상에서도 발견된다. 체내수정으로 번식하며, 암컷은 한 번에 약 100개의 알을 젖은 진흙 바닥이나 물 가장자리에 있는 구조물에 붙여 낳으며, 산란 후 부화되기까지 약 4~5개월 동안 알을 서리고 보호한다. 부화된 유생은 겉아가미를 가지고 있지만, 약 4개월이 지나면 이 겉아가미는 사라지고 폐가 기능을 하기 시작한다. 성성숙에 이르는 데는 3~4년 정도가 소요된다. 수명은 30년 내외다.

엠퍼러 뉴트

- **영 명**: Emperor newt, Mandarin newt, Mandarin salamander, Halloween newt
- **학 명**: *Tylototrtion Shanjing*
- **크 기**: 최대 20cm
- **서식지**: 중국 윈난성 중남부 해발고도 100~2500m 사이의 산림과 2차 산림

학명의 'Shanjing'에서 'Shin'은 '산(山)', 'Jing'은 '정령(精靈), 악마(惡魔)'를 의미한다. 형태적으로 별다른 차이가 보이지 않기 때문에 1995년까지는 히말라얀 뉴트 (Himalayan newt, *Tylototriton verrucosus*)와 동일한 종으로 간주됐으나 히말라얀 뉴트의 체색이 전체적으로 균일한 갈색인 데 비해 본종은 선명한 주황색을 가지고 있는 것으로 구분할 수 있다.

외형 및 특징

짙은 갈색의 체색을 바탕으로 몸통 위에는 세 줄의 주황색 또는 황색 돌기가 확연하게 나타난다. 돌기 가운데 하나는 머리 중앙에서 시작해 척추능선을 따라 꼬리까지 이어지고, 다른 두 개는 두개골의 측면에서 시작돼 척추 양옆에서 둥근 주황색의 무늬로 꼬리의 시작부분까지 이어진다. 이 돌기는 독 분비샘으로서 적에게 제압될 경우 흉곽을 확장해 독을 분비하는데, 7500마리의 쥐를 죽일 수 있는 강한 독성을 지니고 있다. 머리의 앞부분과 배, 꼬리, 다리는 주황색이다. 전체적으로 상당히 거친 질감의 피부를 가지고 있으며, 머리는 삼각형으로 넓고 굴곡이 두드러진다. 본종은 같은 크기의 다른 뉴트에 비해 비교적 두꺼운 머리뼈를 가지고 있다. 꼬리는 머리와 몸통의 길이를 합친 정도로 길며, 수영에 적합하도록 편평한 모습이다. 거의 완전한 육상생활을 하며, 번식기를 제외하고는 물에 들어가지 않는다. 다른 많은 양서류와 마찬가지로 개체 수가 점차 줄고 있는데, 전통의학에서 약재로 사용하기 위한 목적으로 남획이 이뤄지는 것도 개체 수 감소의 큰 이유 가운데 하나로 지목되고 있다.

사육환경 및 번식

강한 독을 분비하므로 사육 전반에 걸쳐 상당한 주의를 기울일 필요가 있다. 원서식지에서는 일반적으로 4월에서 8월 사이에 번식하는데, 암컷은 40~240개의 알을 돌이나 수생식물에 붙여 낳는다. 산란된 알은 15~40일 사이에 부화하고 유생은 약 60일 후에 변태를 겪으며, 3~4년 후에 성성숙에 도달해 번식에 참여하게 된다. 사육 하에서 번식을 위해서는 15℃까지 온도를 내려 건냉기를 제공해준 이후에 21℃로 높이고 습도를 제공한다. 수명은 12~20년 정도로 추정되고 있다.

1. 줄지어 있는 동그란 주황색 옆돌기 2. 몸통은 다른 부분보다 체색이 짙다.

올름

- **영 명** : Olm, Black olm
- **학 명** : Olm – *Proteus anguinus anguinus* / Black olm – *Proteus anguinus parkelj*
- **크 기** : 20~30cm 내외, 블랙 올름은 최대 40cm까지 성장한다. 수컷이 암컷보다 조금 작다.
- **서식지** : Olm – 이탈리아 북동부에서 보스니아 헤르체고비나, 세르비아, 몬테네그로에 이르기까지 아드리아 해 연안을 따라 형성된 디나르알프스산맥(Dinaric Alps Mts.)의 동굴 지하 / Black olm – 슬로베니아 남부의 벨라크라이나에서만 발견

유럽 동남부에 위치한 카르파티아산맥(Carpathian Mts.) 동굴에서 발견되며, 유미목(有尾目, Urodela) 동굴영원과(洞窟蠑螈科, Proteidae)에 속하는 장님도롱뇽으로 보통 '올름(Olm)'이라고 불린다. 본종은 동굴영원과의 유일한 유럽 종이며, 프로테우스속(*Proteus*)의 유일한 종이다. 동굴영원과는 프로테우스속의 올름 1종을 포함해 북미 동부에 서식하는 네크투루스속(*Necturus*)의 5개 종(Mudpuppy와 Waterdog들) 등 총 6종으로 구성돼 있다.

이들은 1억4천만 년 전 쥬라기 후기에 가장 가까운 친척으로부터 분화된 것으로 생각되고 있다. 1986년 슬로베니아 카르스트 연구소(Slovenia Karst Research Institute) 회원들이 벨라크라이나(Bela krajina) 지역을 탐사하던 중 정상적으로 발달된 눈을 가진 어두운 피부색의 아종 블랙 올름(Black olm, *Proteus anguinus parkelj*)을 발견했다. 아무런 색소 없이 분홍색 혹은 흰색의 체색을 띠기 때문에 사람의 피부색과 비슷하다고 해서 '휴먼피시(Human fish)'라고 불리기도 한다. 그러나 피부의 멜라닌 생성 능력은 그대로 유지하고 있기 때문에 부화 후 밝은 곳에서 사육할 경우 체색이 점차 어둡게 변한다.

외형 및 특징

몸은 매우 가늘고, 긴 원통형 체형에 좁은 머리와 뭉뚝한 주둥이를 가지고 있다. 블랙 올름의 머리는 올름보다 상대적으로 짧은 특징이 있다. 사지는 매우 작으며, 앞다리에 3개, 뒷다리에 2개의 발가락이 있다. 유형성숙종으로서 변태하지 않고 3쌍의 붉은 겉아가미를 평생 동안 지니고 생활한다. 꼬리는 비교적 짧고 옆으로 평평하며, 작은 지느러미가 있다. 독특한 체색과 생김새로 인해 1977년 처음 발견됐을 때 용의 새끼라고 여겼으며, 슬로베니아인들은 '올름'을 상상 속의 동물 '용'이 실존한 증거라고 믿고 있다. 유럽에서 유일하게 동굴 속에 서식하는 척색동물로, 눈은 완전히 퇴화해 피부 밑에 묻혀 있으나 빛에 대한 감수성은 예민하다. 어린 개체들은 성체보다 발달된 눈을 가지고 있다. 먹이활동에는 시각보다는 청각과 후각, 미각을 이용한다. 또한, 머리에 있는 팽대부(膨大部, ampullary)라는 특수한 센서를 통해 약한 전기장을 감지하는 능력이 있는데, 이는 상어가 사용하는 것과 같은 전기감각이라고 할 수 있다. 블랙 올름은 눈을 가지고 있기 때문인지 다른 감각들이 원종에 비해 상대적으로 둔한 경향이 있다.

1. 올름 2. 블랙 올름

서식 및 현황

슬로베니아인들은 올름을 용의 새끼라고 믿어왔다.

자연상태에서는 지표 가까이 또는 300m의 지하에서 발견되며, 완전수생종으로서 일생동안 겉아가미로 호흡하며 살아간다. 원서식지에서는 카르스트 지대의 동굴 속 차가운 지하수에서 사는데, 서식하는 수온대는 6~12℃ 정도다(블랙 올름이 올름에 비해 좀 더 따뜻한 표층수를 선호한다).

먹이로는 게, 달팽이 및 고유종 동물, 무척추동물을 주로 잡아먹는데, 한 번에 많은 양의 먹이를 섭취할 수 있으며 간에 영양분을 저장한다. 먹이가 부족할 경우 활동과 대사율을 감소시켜 소모되는 에너지를 줄이며, 심각한 기아상태일 경우에는 자신의 신체조직을 재흡수할 수 있다. 이러한 기능을 바탕으로 최대 10년간 먹이를 섭취하지 않고도 생존할 수 있다.

사육환경 및 번식

자연상태에서 깨끗한 물에 크게 의존하기 때문에 수질오염에 아주 취약하다. 따라서 무엇보다 수질관리에 세심한 주의를 기울일 필요가 있다. 피부가 반투명해서 내부장기의 형태를 볼 수 있기 때문에 성체의 성별이 쉽게 구분된다. 수컷은 산란지를 두고 다른 수컷과 맹렬히 경쟁한다. 교미를 마친 암컷은 수컷의 영역을 벗어나 산란할 공간을 마련하며, 교미 후 2~3일 후부터 산란을 시작하고 최대 25일 동안 계속해서 70여 개의 알을 낳는다. 알은 부화될 때까지 암컷이 지킨다.

부화일은 수온에 따라 결정되는데 8℃일 때 182일, 11℃에서 123일, 15℃에서 86일 정도가 소요된다. 성체가 되는 데는 10~15년이 필요하며, 경우에 따라 난태생으로 번식한다는 보고도 있다. 올름의 알은 아직 자연상태에서 발견된 적이 없기 때문에 이 모든 데이터는 연구를 목적으로 조성한 인공사육환경에서 얻어진 것이다. 수명은 약 100년 정도로 추정되고 있고, 애완의 목적으로는 유통되지 않는다.

왁시 몽키 트리 프로그

- **영 명**: Waxy monkey tree frog, Waxy monkey frog, Painted-bellied tree frog
- **학 명**: Waxy monkey tree frog - *Phyllomedusa sauvagii* / Giant waxy monkey frog - *Phyllomedusa bicolor*
- **크 기**: Waxy monkey tree frog - 5~8cm / Giant waxy monkey frog - 암컷은 9~10cm 내외, 수컷은 11~12cm 내외
- **서식지**: 아르헨티나, 볼리비아, 파라과이, 페루, 브라질

야행성이며, 수상성(樹上性) 종으로서 이름처럼 나무 위에서 원숭이 같이 뛰어다니는 것이 아니라 느릿느릿 걸어 다닌다. 보통의 나무개구리들이 발가락 끝에 큰 패드가 발달돼 있는 데 비해 본종은 패드가 두드러지지 않는, 길고 섬세한 발가락을 가지고 있다. 이런 이유로 다른 청개구리 종류보다 나무를 타고 오르는 능력이 더 뛰어나다고 평가되고 있다. 이들이 생산하는 왁스에는 박테리아와 곰팡이들로부터 스스로를 보호하기

위한, 수백 가지의 생리활성화합물 및 통증완화에 효과가 있는 진통제 성분(모르핀의 40배)이 포함돼 있기 때문에 관련 분야에서 연구대상이 되고 있다. 과학적 연구가 시작되기 훨씬 전부터 남미 원주민들은 자이언트 왁시 몽키 프로그(Phyllomedusa bicolor)의 피부분비물을 채취해 환각물질로 이용해왔다. 비교적 큰 사육장이 필요하고 사육환경을 잘 맞춰줘야 하기 때문에 초보자 입문용으로 추천되는 종은 아니다.

외형 및 특징

은색의 커다란 눈에 세로형태의 동공을 가지고 있고, 눈 뒤쪽으로 마치 두꺼비의 독샘처럼 크게 솟아오른 분비샘을 가지고 있다. 성체가 됐을 때 왁시 몽키 트리 프로그(Waxy monkey tree frog)의 경우 이 분비선이 등 쪽에서도 나타나면서 등이 울퉁불퉁하게 두드러지지만, 자이언트 왁시 몽키 프로그(Giant Waxy monkey frog)의 등은 좀 더 매끈한 모습이다. 두 종은 얼굴 생김새에서도 차이가 나타나는데, 코와 눈 사이가 왁시 몽키 트리 프로그는 좀 둥그스름하다면 자이언트 왁시 몽키 프로그는 직선에 가깝다. 공통적으로 녹색 계열의 체색을 가지고 있으나 색감에는 조금 차이가 있다. 왁시 몽키 트리 프로그가 연두색에 좀 더 가깝다면 자이언트 왁시 몽키 프로그는 푸른색에 가깝다. 배 부분의 색은 흰색, 옅은 노란색, 크림색으로 큰 차이가 없다. 눈동자 언저리, 입술의 아래쪽과 가슴, 앞다리, 뒷다리의 끝부분, 옆구리에 검정색 테두리를 가진 흰색 반점이 드문드문 관찰된다. 이 무늬는 왁시 몽키 트리 프로그에서는 흰색의 긴 줄무늬로, 자이언트 왁시 몽키 프로그에서는 검은 테두리를 가진 둥근 흰색 점무늬로 나타난다.

자이언트 왁시 몽키 프로그

사육환경

본종이 속한 '필로메두사속(Phyllomedusa)'의 개구리들은 개구리 중에서 드물게 일광욕을 하는 종이다(현재 국내에서 만날 수 있는 필로메두사속의 다른 개구리로는 타이거 레그 몽키 프로그-Tiger-leg monkey frog, Phyllomedusa

왁시 몽키 트리 프로그

자이언트 왁시 몽키 프로그

hypochondrialis-가 있다). 따라서 우리가 일반적인 지식으로 알고 있는 개구리 사육법과는 조금 다르게 고온 건조한 환경에서 사육해야 안정적으로 생존시킬 수 있다. 29~32℃ 온도를 제공하는 스팟 지역 외에도, 칼슘흡수와 비타민D_3 합성에 도움이 되는 UVB 조명을 설치해주면 더욱 좋다. 피부에서 분비되는 지질분비물을 다리에 묻혀 몸 전체에 펴 바르는데, 이렇게 본종이 온몸에 왁스를 바르는 이유는 고온 건조한 환경 하에서 수분증발을 방지하고 피부를 보호하기 위해서다. 사육자료가 부족했던 시절에는 개구리라는 선입견 때문에 습한 환경에서 사육했다가 폐사시킨 사례가 많았다.

적정 습도는 40~60% 선으로 사육장 내 습도가 절대 60%를 넘어가지 않도록 관리해줘야 한다. 양서류용 UVB와 낮은 와트 수의 스팟등을 설치해주면 더욱 좋고, 밤낮의 온도차는 좀 많이 나게끔 조절해주도록 한다. 본종은 양서류 가운데 온도에 대한 내성이 가장 강한 종으로 거의 40℃에 가까운 온도조건에서도 버틴다고 알려져 있다. 비교적 높은 온도로 사육장을 유지하게 되므로 유목과 은신처는 높이를 달리해 여러 개 설치해주는 것이 좋다. 점프하기보다는 걸어다니기를 좋아하고, 유목에 '올라타' 있는 것보다는 '움켜잡고' 있는 것을 좋아하므로 사육장에 설치되는 유목은 사육개체가 움켜잡기에 적당하도록 너무 가늘거나 굵지 않은 것이어야 한다. 다양한 굵기의 유목을 넣어주면 스스로 적당한 곳을 옮겨 다니며 자리를 잡는다.

성체의 크기도 작지 않으므로 사육장은 충분히 넓은 것이 좋은데, 이렇게 공간이 넓은 것이 온도 및 습도차를 형성해주는 데 더 용이하다. 또한, 사육장이 고온으로 유지되므로 다른 종을 사육할 경우에 비해 환기에 더욱 신경을 써야 한다. 팬을 설치해 주기적으로 가동해주는 것도 도움이 된다.

낮에는 거의 내내 자다가 밤에 사냥하고, 물그릇에 들어가 필요한 수분을 흡수하므로 사육장에 설치되는 물그릇을 항상 청결하게 유지할 필요가 있다. 고온에서 생활하기 때문에 수분을 절약하기 위해 방광에서 한 번 더 흡수한다. 같은 이유로 암모니아대사의 결과로서 요산을 배출하기 때문에 다른 종에 비해 결석이 잘 생긴다는 보고가 있다.

번식

성체 암컷은 약 700개의 알을 낳는다. 수면 위로 늘어진 나뭇가지의 잎을 깔때기처럼 말아 그 안에 산란하는 독특한 번식방식을 채택하고 있다. 올챙이는 부화 후 곧장 나무 아래의 수면으로 낙하해 성장한다. 따라서 인공사육 하에서 번식을 시키기 위해서는 암컷이 알을 붙이기에 튼튼하다고 느낄 만한 식물을 식재해줄 필요가 있다.

번식을 위해서는 2~3개월 정도의 건냉기가 필요하며 주간에는 21~23℃, 야간에는 15~18℃ 정도의 온도를 유지해준다. 인공번식에 성공한 사례가 없는 것은 아니지만, 사육 하에서의 번식은 상당히 어려운 것으로 알려져 있다. 수명은 8~10년 정도다.

1,2 왁시 몽키 트리 프로그 **3,4** 자이언트 왁시 몽키 프로그

월리스 플라잉 프로그

- 영　명 : Wallace's flying frog
- 학　명 : *Rhacophorus nigropalmatus*
- 크　기 : 8~10cm. 날 수 있는 개구리 가운데 가장 큰 종이다.
- 서식지 : 말레이 반도에서 인도네시아 서부까지

월리스라는 이름은 본종의 표본을 공식적으로 처음 수집한 영국의 생물학자 알프레드 월리스(Alfred Russel Wallace)에서 따온 것이다(너무나 유명한 생물학자인 다윈과 같은 시대를 산 월리스는 그와 비슷한 시기에 진화론을 제시했으며, 현재는 '생물지리학의 아버지'라 평가받고 있는 인물이다). 현재까지 약 80여 종의 날개구리가 발견됐는데, 가장 최근의 기록은 2013년 베트남에서 호주의 생물학자 조디 롤리에 의해 발견된 신종으로, 모친 헬렌 롤리의 이름을 따 헬렌 플라잉 프로그(Helen's flying frog, *Rhacophorus helenae*)라 명명했다.

외형 및 특징

체색은 일반적으로 밝은 초록색이며, 검정색의 자잘한 점무늬가 산재돼 있다. 간혹 흰 점무늬가 나타나는 개체도 있다. 옆구리와 허벅지, 발가락 끝은 노란색 혹은 주황색이고 물갈퀴에는 검은색 빗살무늬가 있으며, 배는 흰색 혹은 담황색이다. 가로형의 동공과 큰 눈을 가지고 있다. 나무를 타는 종으로 흡반이 발달돼 있는데, 뒷발가락에 있는 흡반은 앞발가락에 있는 것보다 작다. 날씬한 체형에 다리는 매우 길고 발가락에 물갈퀴가 크게 발달돼 있으며, 다리 측면의 피부는 약간 늘어져 있다. 이와 같은 형태적 변화는 본종이 활강을 하는 데 공기역학적으로 도움이 되도록 진화한 결과다.

멀리 있는 먹이를 발견하거나 자신에게 위험이 닥칠 경우 앞발가락 및 뒷발가락 사이에 있는 물갈퀴를 펼쳐 공중을 난다. 플라잉(flying)'이라는 이름과는 달리, 이들의 비행이란 낙하산 활강(parachuting)에 가까워서 수평에 대해 45° 미만의 각도로만 하강할 수 있다. 그러나 하강 중에 발의 각도를 조절함으로써 몸을 180° 회전시킬 수 있고, 지상으로부터 15m까지의 높이에서도 큰 무리 없이 부드럽게 착지할 수 있다. 월리스 날개구리의 포식자들도 날 수 있는데, 이들의 주된 천적은 크리소펠리아속(Chrysopelea)에 속하는 플라잉 스네이크로서, 파라다이스날뱀(Paradise flying snake, *Chrysopelea paradisi*)과 오네이트날뱀(Ornate flying snake, *Chrysopelea ornata*)을 들 수 있다.

사육환경

적정 사육온도는 주간 20~28℃, 야간 16~23℃이며, 습도는 80% 선이 적당하다. 사육 하에서는 보통 좁은 공간에서 길러지므로 실제로 활강하는 모습을 보는 것은 거의 불가능하다. 그러나 활동성이 뛰어난 종으로 생각보다 넓은 사육장을 필요로 한다. 충분히 넓은 사육장에서 사육될 때 본종의 매력을 더 잘 느낄 수 있다. 수영에 능숙하지 않으므로 물그릇이 비치돼 있다면 빠져나올 수 있는 구조물을 설치해줘야 한다. 여타의 다른 개구리들보다는 사육난이도가 조금 높은 편으로 사육입문자에게는 추천되지 않는다.

푸르스름한 눈과 가로 눈동자

1,2. 배 부분의 화려한 체색과 발달된 물갈퀴 3. 화이트 립 트리 프로그와의 비교

번식

짝짓기를 할 때와 산란할 때조차도 낮은 위치에 있는 나무로 이동할 뿐 나무 위에서 거의 내려오지 않는다. 번식기에 암컷의 경우 난관에서 일종의 계면활성제 단백질(surfactant proteins)이 분비된다. 암컷이 발에 알을 낳으면 수컷이 수정을 하고, 뒷다리를 이용해 암컷의 분비물과 물을 휘저으면서 공기를 넣어 부풀린다. 이렇게 해서 거품 둥지가 완성되면 조심스럽게 물 위에 있는 가지에 붙인다(산란을 위해 거품 둥지를 만드는 종의 개구리를 폼 네스터-foam nester-라고 부른다). 시간이 지나면 거품 둥지는 단단하게 굳어 스티로폼처럼 변하는데, 이 거품은 일종의 '생체 적합성 배양배지'로서 포식자나 곤충, 박테리아, 햇빛으로부터 알을 보호하고 탈수를 방지하는 역할을 한다.

얼핏 보면 너무 약하고 대강 만든 것 같은데, 이 거품에 알들이 너무 깊게 묻힐 경우 산소를 얻을 수 없어 폐사하고, 너무 얕게 묻히면 수분이 증발하면서 알들이 모두 말라 폐사하게 된다. 따라서 실제로 전체 둥지는 분비물의 정확한 양과 정확한 제조방법을 기반으로 최적의 크기와 모양을 유지하도록 아주 정교하게 만들어진다. 거품 둥지 안에서 배아의 발육이 완료되고, 부화한 올챙이는 바로 아래에 있는 물로 떨어져 성장하다가 변태한다. 이렇게 알의 발생지로 거품을 이용하는 것은 매우 낯선 형태의 배아양육방식이지만, 개구리뿐만 아니라 베타(Betta)를 비롯한 여러 종의 물고기도 이와 같은 방식으로 번식한다.

완전히 다른 분류군이지만 본종은 아시아코뿔소와도 생태적으로 밀접한 관련을 가지고 있다. 이는 아시아코뿔소가 진흙목욕을 하는 곳에 위치한 나무의 가지에 암컷이 산란을 하기 때문인데, 최근 아시아코뿔소의 개체 수 감소는 본종의 번식과 생존에도 영향을 미치고 있다. 사육 하에서는 4~8년 정도, 최대 10년까지 살 수 있으며, 인공 번식된 개체를 분양받는 것이 조금 더 오래 기를 수 있다.

웨스턴 그린 토드

- **영 명** : North American green toad
- **학 명** : *Anaxyrus debilis insidior*
- **크 기** : 수컷은 3.7~4.6cm, 암컷은 4.4~5.4cm
- **서식지** : 미국 남서부 및 북서부(애리조나, 뉴멕시코, 콜로라도, 캔자스 및 텍사스), 멕시코(타마울리파스, 산루이스포토시, 듀랑고, 자카테카스)

이처럼 구분하는 것에 대한 반론도 있으나 보통 동부녹색두꺼비(*Anaxyrus debilis debilis*), 서부녹색두꺼비(*Anaxyrus debilis insidior*)의 두 아종으로 구분한다. 국내에는 서부녹색두꺼비가 도입돼 있다. 보통의 두꺼비와 달리 크기가 작기 때문에 두꺼비를 좋아하지만 막상 기르기에 그 크기가 너무 부담이 된다는 사람에게는 추천할 만하다.

외형 및 특징

검은색 바탕에 거의 온몸이 녹색으로 덮여 있는 체색을 가지고 있고, 녹색 위에는 드문드문 노란색이 불규칙적으로 덧씌워져 있다. 사지에도 노란색 혹은 녹색 바탕에 검은색 테두리를 가진 줄무늬가 있지만, 말단에서는 이 줄무늬가 옅어진다. 배 부분은 흰색 혹은 크림색이다. 짧은 다리에 눈 뒤쪽으로 도드라진 이하선이 있고, 통통한 체형을 가지고 있다. 성숙하면 턱 밑의 색으로 성별의 구별이 가능한데, 수컷의 색깔이 더 짙다.

1. 녹색의 독특한 체색 2. 두꺼비류의 특징인 눈 뒤쪽의 독샘이 두드러진다.

사육환경 및 번식

이들의 원서식지가 건조한 지역이므로 사육 하에서도 다른 종에 비해 건조하게 기르는 것이 좋다. 습한 은신처 지역을 제공하되 사육장의 습도는 50% 선으로 유지한다. 두꺼비답게 튼튼하고 먹이반응도 좋은 편이며, 두려움 없는 활발한 성격과 일반적인 두꺼비들에게서는 잘 보기 어려운 독특한 체색을 지니고 있기 때문에 훌륭한 애완두꺼비 가운데 하나라고 생각한다. 그러나 작은 체구로 인해 크기가 작은 먹이를 지속적으로 준비하고 공급해야 한다는 사실이 본종의 사육을 시도하고자 할 때 가장 신중히 고려해야 할 점이라고 할 수 있다. 일반적으로 두꺼비는 덩치가 크고 상하운동을 거의 하지 않기 때문에 사육장을 평면적으로 세팅해 사육하는 것이 보통이지만, 본종은 크기가 작으므로 사육장을 입체적으로 꾸며주면 일반적인 두꺼비와는 또 다른 매력을 느낄 수 있다.

번식은 2월 말에서 8월 중에 강우를 촉매로 이뤄진다. 여름비가 올 때마다 건조한 서식지에서 살던 성체들은 비가 내려 일시적으로 생기는 웅덩이로 이동해 번식에 참여한다.

이스턴 뉴트

- **영 명** : Eastern newt
- **학 명** : *Notophthalmus viridescens* spp.
- **크 기** : 평균 7~8cm, 최대 10cm
- **서식지** : 미네소타 북부 및 중부, 위스콘신 동부 및 남부, 일리노이 주 북부 및 남부 일리노이 주, 캔자스 주 극동과 중부 및 동부, 오클라호마, 텍사스에서 걸프만에 이르기까지 광범위하게 분포

현재까지 보고된 이스턴 뉴트의 4가지 아종 가운데 캐나다 북동부에서 오대호 연안까지, 애팔래치아 지역에서 미시시피, 앨러배마, 조지아에 이르는 지역을 주서식지로 하는 붉은점뉴트(Red-spotted newt, *N. v. viridescens*)가 가장 흔하게 유통되고 있다. 국내에서는 다른 아종은 구하기 어렵기 때문에 보통 '이스턴 뉴트'라고 하면 붉은점뉴트를 지칭한다. 레드 스포티드 뉴트(Red-spotted newt, *N. v. viridescens*, 가장 북쪽에 서식), 브로큰 스트라이프 뉴트(Broken-striped newt, *N. v. dorsalis*, 노스 캐롤라이나 남동부와 사우스 캐롤라

이나 북동부에 서식), 센트럴 뉴트(Central newt, *N. v. louisianensis*, 미국 중부 주와 걸프 연안 및 남동부 연안의 평원에 서식), 페닌슐라 뉴트 (Peninsula newt, *N. v. piaropicola*, 플로리다 반도에 서식-가장 따뜻한 지역에 서식하기 때문에 사육 하에서도 다른 아종보다 고온에 좀 더 강하다)의 네 가지 아종이 보고되고 있다(그러나 DNA 분석으로는 유전적 차이가 거의 없어 학자에 따라서는 확실한 아종으로 보기는 어렵다는 주장을 하기도 한다).

외형 및 특징

어린 개체의 경우 등 쪽에 밝은 오렌지색이나 붉은색의 체색을 바탕으로 검은 테두리가 있는 붉은 반점이 여러 개 관찰된다. 이 붉은 반점은 척추를 중심으로 양쪽에 줄지어 있으나 대칭을 이루지는 않는다. 붉은 반점들 사이, 옆구리, 꼬리, 다리, 배에는 자잘한 검은 점무늬가 산재해 있는데, 이 반점들의 패턴은 아종마다 차이가 있다. 성체의 체색은 어릴 때와 확연하게 다른데, 올리브 그린의 체색에 붉은색 반점이 있고 배는 보통 황색을 띤다.

겉아가미를 가지고 수중에서 올챙이시기를 보내다가 변태와 더불어 상륙하며, 성성숙에 도달할 때까지 2~3년 동안 육지에서 생활한다. 그런 다음 다시 물로 돌아와 평생을 지낸다. 개체에 따라서는 좀 더 오래 지상에 머무르는 경우도 있는데, 사육 하에서는 영양공급상태에 따라 지상에서 생활하는 기간이 더 짧아질 수도 있다.

1. 성체 수컷 **2.** 성체 암컷 **3.** 어린 개체

검은 테두리가 있는 붉고 동그란 점이 특징이다.

사육환경

성체와 어린 개체의 체색이 확연히 다르므로 분양받은 개체의 체색을 우선적으로 확인하고 성장단계를 파악한 이후 사육장 레이아웃을 적절하게 세팅해줘야 할 필요가 있다. 사육난이도는 낮은 편이나 체내에서 테트로도톡신(Tetrodotoxin)을 생성하기 때문에 취급 시에 주의를 요한다. 본종을 만지기 전과 후에는 반드시 손을 씻고, 핸들링 도중에 손을 입에 대거나 눈을 비비지 않도록 주의해야 한다.

번식

원서식지에서의 번식은 보통 이른 봄에 이뤄진다. 번식기에 수컷은 뒷다리로 암컷을 움켜쥐고, 턱으로 암컷의 주둥이 부분을 문지르며 꼬리를 힘차게 흔든다. 이런 행동을 하는 종의 수컷은 마치 무미목 수컷이 포접을 위해 앞다리에 생식혹을 발달시키는 것과 마찬가지로, 암컷의 몸을 확실하게 고정할 수 있도록 뒷다리에 거친 피부 패치를 발달시킨다(패치는 번식기가 지나면 사라진다).

교미 후 암컷은 200~400개 정도의 알을 수생식물에 붙여 낳는다. 보통 부화까지 2~6주가 소요되고, 물속에서의 올챙이단계가 2~6개월, 유생의 육상단계가 2~4년 정도, 성체기간 10~25년이라고 이야기하지만, 이스턴 뉴트에 있어서 삶의 모든 단계의 발달기간은 서식지의 온도 및 먹이, 환경에 따라 매우 다양하게 나타난다. 국내에서도 번식 사례가 보고되고 있다.

이탈리안 크레스티드 뉴트

- **영 명** : Italian crested newt
- **학 명** : *Triturus carnifex*
- **크 기** : 수컷 최대 15cm, 암컷 최대 18cm
- **서식지** : 오스트리아와 발칸반도의 여러 나라(그리스, 알바니아, 불가리아, 루마니아, 세르비아, 몬테네그로, 슬로베니아, 크로아티아, 보스니아헤르체고비나, 마케도니아, 코소보), 섬을 제외한 이탈리아 본토의 일부 지역(남쪽에 많은 개체군이 있으며, 북부에서는 서식지가 빈약하다)에 서식한다.

외형 및 특징

수컷의 경우 진한 갈색 바탕에 검은 반점이 관찰되며, 머리와 목에는 자잘한 흰색 점무늬가 산재돼 있다. 몸통의 측면에는 머리의 무늬보다 크고 옅은 검정색의 둥근 점무늬가 불규칙적으로 나타나는데, 이 점무늬는 꼬리 쪽으로 가면 크기가 작아진다. 배는 보통 노란색이나 주황색으로 역시 검은색의 작은 반점이 있다. 꼬리의 중심 부분은 번식기 때 밝은 흰색을 띠는데, 이는 암컷의 시각적 자극을 강화하기 위해서라고 알려져 있다. 암컷의 체색은 수컷에 비해 더 짙은 색으로 수수한 느낌이며, 척추능선을 따라 노란 줄무늬가 이어져 있다. 이 줄무늬는 꼬리지느러미의 위아래 테두리를 따라 연결돼 있다. 번식기에 수컷은 몸통과 꼬리 사이의 등지느러미가 톱니 모양으로 크게 발달한다(갈기 모양의 지느러미 때문에 국내에서는 이런 종류를 '빗영원'이라고 부른다). 꼬리 부분의 지느러미는 가장자리가 부드럽다.

서식 및 현황

본종은 최대 2140m의 고도에 서식하는데, 건조한 지중해 지역 및 너도밤나무 숲을 포함해 다양한 서식지에서 생활한다. 개체 수는 아직 유지되고 있으나 유럽에서 가장 빠르게 개체 수가 감소하고 있는 양서류 군집으로서 보호의 필요성이 제기되고 있다. 영국에서는 본종과 토착종인 그레이트 크레스티드 뉴트(Great crested newt)가 서로 교잡해 문제가 되고 있다. 본종 외에 트리투루스속(*Triturus*)으로는 다뉴브 크레스티드 뉴트(Danube crested newt, *Triturus dobrogicus*)가 국내에 도입된 적이 있다.

톱니와 같은 등지느러미가 매력적인 종이다.

사육환경 및 번식

수질변화에 특히 민감한 종으로 항상 청결하고 일정한 수질을 유지해줘야 할 필요가 있다. 번식은 4~6월에 이뤄지며 암컷은 약 250개, 최대 400개의 알을 낳는다. 그러나 첫 번째 염색체의 치명적인 돌연변이로 인해 알 가운데 보통 50%만 정상적으로 발생해 부화된다. 성성숙에 도달하는 데는 3~4년이 소요된다. 수명은 20년 정도 된다.

자이언트 샐러맨더(장수도롱뇽)

- **영 명** : Chinese giant salamander, Japanese giant salamander, Hellbender
- **학 명** : Chinese giant salamander – *Andrias davidianus* / Japanese giant salamander – *Andrias japonicus* / Hellbender – *Cryptobranchus alleganiensis*
- **크 기** : Chinese giant salamander – 최대 180cm, 45kg 내외 / Japanese giant salamander – 최대 160cm, 25kg 내외 / Hellbender – 평균 30~40cm, 최대 74cm 세 종 중에서도 중국 산악지역의 개울 및 호수를 서식지로 하는 중국장수도롱뇽은 현생 양서류 가운데 세계에서 가장 큰 종이고, 일본장수도롱뇽은 세계에서 두 번째로 큰 종이자 일본에서 가장 큰 도롱뇽이다. 헬벤더 역시 세계에서 세 번째로 큰 수생도롱뇽이자 북미에서 가장 큰 종이다. 무게로는 골리앗황소개구리 다음으로 세계에서 네 번째로 무거운 양서류다.
- **서식지** : Chinese giant salamander – 중국 중남부 및 남부(칭하이 성 동쪽에서 강소성 및 사천성, 광시성, 광동성의 일부 지역) / Japanese giant salamander – 혼슈와 시코쿠, 큐슈의 일부 / Hellbender; *C. a. alleganiensis* – 미주리 주 남쪽과 아칸소 주 북동쪽의 일부 강, *C. a.bishopi* – 뉴욕 남부에서 조지아, 켄터키, 오하이오, 인디애나, 일리노이, 미주리

현존하는 양서류 가운데 크기가 가장 큰 종류의 집단인 장수도롱뇽과(Cryptobranchidae) 수생양서류의 총칭으로, 중국에 서식하는 중국장수도롱뇽(Chinese giant salamander)과 일본에 서식하는 일본 장수도롱뇽(Japanese giant salamander) 그리고 미국 동부지역에 서식하는 헬벤더(Hellbender, Cryptobranchus alleganiensis)의 세 종류가 있다. 상당히 오래 전부터 살아온 양서류 집단으로 장수도롱뇽과(科) 자체는 신생대 팔레오세 때 등장한 것으로 알려져 있으며, 장수도롱뇽과의 근연종인 쿠네르페톤까지 포함하면 1억7천만 년 전 중생대 쥐라기 때부터 존재했던 집단인 것으로 보인다.

장수도롱뇽과(Cryptobranchidae)에는 헬벤더속(Cryptobranchus)과 장수도롱뇽속(Andrias) 외에도 아비투루스속(Aviturus), 울라누루스속(Ulanurus), 자이사누루스속(Zaissanurus) 등이 있으나 모두 멸종되고 현재는 이처럼 2개 속의 3개 종만 남아 있다(헬벤더는 C. a. alleganiensis와 C. a. bishopi 두 개의 아종이 존재한다). 지리적 요소로 볼 때 우리나라에도 장수도롱뇽류가 존재했을 가능성이 높아 보이지만, 이와 관련된 기록이나 정확한 표본 기록이 없기 때문에 확실하지는 않다.

중국에서는 장수도롱뇽의 울음소리가 아이가 우는 소리처럼 들린다고 해서 와와어(娃娃魚) 또는 와와위(娃娃鯢)로 불린다. 일본에서는 오오산쇼-우오(おおさんしょううお, 大山椒魚)로 불리며, 전설 속 요괴인 갓파(河童, かっぱ)의 유래로 추정되고 있다. 일본명 대산초어(大山椒魚)에서 초(椒)는 산초(山椒, 운향과의 초피나무 또는 동속 식물의 과피로 씨를 제거해 만든 약재)를 의미하는 것으로, 본종이 위협을 받았을 때 피부에서 분비되는 희고 끈적거리는 점액질의 냄새가 산초의 독특한 냄새와 비슷한 것에서 유래됐다. 일본 추코쿠(中國) 지역에서는 한자키(ハンザキ, 半割·半裂)라는 이름으로도 불리는데, 이는 '반으로 자르다'라는 의미로 도롱뇽의 뛰어난 재생능력에서 유래된 이름인 것으로 보인다. 일본장수도롱뇽은 1830년 독일인 의사이자 박물학자인 프란츠 시볼트(Philipp Franz Jonkheer Balthasar van Siebold)에 의해 처음 서양에 소개됐다.

일본장수도롱뇽

헬벤더가 속한 크립토브란쿠스속(*Cryptobranchus*)은 '숨겨진'이라는 뜻의 고대 그리스어 'kryptos'와 '아가미'라는 의미의 'branchion'이 합쳐진 이름이다.

외형 및 특징

체색은 3종 모두 비슷한데, 일반적으로 얼룩덜룩한 반점이 있는 어두운 갈색이나 적갈색을 띠며, 가끔 주황색 혹은 흰색의 알비노 개체도 발견되고 있다. 크기는 조금씩 차이가 있지만, 모두 몸통이 넓고 편평하며 큰 머리, 작게 퇴화된 눈꺼풀 없는 눈, 네 개의 짧은 다리와 점액질의 주름진 피부를 가지고 있다. 피부의 주름은 변태와 함께 생기기 시작하는데, 수중에서 접촉면을 넓혀 피부호흡을 하는 데 도움을 준다.

앞다리의 발가락은 4개, 뒷다리의 발가락은 5개이며 발가락에 발톱은 없다. 입이 크고, 이빨은 작지만 날카로운 데다가 턱의 힘이 강해 물리면 크게 다칠 수 있다. 꼬리의 길이는 전체 몸길이의 60% 정도에 달하며, 지느러미가 발달돼 있다. 비슷한 크기의 종이 없는 중국과 일본에서는 장수도롱뇽을 다른 종과 혼동하는 경우는 없지만, 북미의 헬벤더는 가끔 서식지를 공유하는 머드퍼피 샐러맨더(Mudpuppy salamander, *Necturus maculosus*)와 혼동되고 있다. 그러나 겉아가미의 유무로 구별할 수 있다.

서식 및 현황

강한 야행성 습성을 가진 완전수생종으로, 유속이 빠르고 저면에 바위가 깔려 있는 1급수의 개울에 주로 서식한다. 낮에는 강가의 구멍이나 큰 바위틈에서 쉬다가 어두워지면 활동을 시작하는데, 시각보다는 냄새와 머리 및 등에 있는 감각절을 이용해 사냥감의 움직임을 파악한다. 물고기, 새우, 수서곤충, 개구리 등을 주로 잡아먹는데 움직임이 둔하기 때문에 능동적으로 사냥하기보다는 주변 환경에 맞게 의태하며 먹잇감이 다가오기를 기다렸다가 재빠르게 덮쳐 사냥한다. 동종포식도 빈번하다고 알려져 있다.

중국에서는 식용과 더불어 본종의 점액질이 화상치료제로 쓰였으며, 일본에서도 식용으로 사용됐다는 기록이 있다. 현재 중국에는 식용 및 약용을 위해 대량으로 양식을 하고 있다. 중국에서는 1960년대만 하더라도 후안 지역 한 군도에서만 1.5톤 이상의 도롱뇽이 식용으로 채집됐다는 기록이 있으나, 2000년대에 이르러 서식지의 90%가 파괴됐고 전체 개체 수의 80% 이상이 감소됐다. 최근에는 서식지감소와 환경오염, 남획으로 인해 개체 수가 더욱 줄고 있어 현재 '국가2급 주요보호야생동물'로 등록돼 있

중국장수도롱뇽

중국장수도롱뇽

다. 일본에서도 마찬가지로 1952년부터 일본 문화청에 의해 '특별 천연기념물'로 지정돼 보호받고 있다. 그러나 일본에서는 중국에서 도입된 개체와 토착종이 교잡해 유전적 교란이 발생하고 있는 상황이다. 헬벤더 역시 2011년 10월 5일부터 '미국 어류 및 야생동식물 보호국(US Fish and Wildlife Service, 어류와 야생 동식물, 자연서식지를 보호 관리하는 연방정부기관)'에 의해 멸종위기에 처한 종으로 지정돼 보호받고 있다.

이처럼 각 국가에서 법률로써 보호받는 것 외에 국제적으로도 사이테스 부속서I(CITES Appendix I)로 지정돼 국제적으로 거래가 제한되고 있다. 국내에서는 몇몇 대형동물원에서 전시를 위해 보유하고 있는 개체가 드물게 있을 뿐 보기가 매우 힘든 종이다.

사육환경

체구가 큰 데다가 아가미가 없이 피부호흡에 의존하기 때문에 산소가 풍부한 맑은 물에 서식지가 국한될 수밖에 없다. 따라서 사육환경적인 측면에서 가장 관심을 기울여야 할 점은 얕은 수위, 차가운 수온과 청결한 수질을 항시적으로 유지해주는 것과 어느 정도의 강한 수류, 충분한 은신처 그리고 풍부한 용존산소를 제공해주는 것이다. 또한, 사육 중에 지나치게 비만이 되면 피부주름이 줄어들면서 호흡에 문제가 생길 수 있으므로 체형을 적절하게 유지해줘야 할 필요가 있다.

수온에 민감한 종으로 보통 수온이 20℃에 이르면 먹이활동을 멈추고 쇠약해지기 시작하며, 30℃ 이상이 되면 치명적인 영향을 미친다. 필자의 경험에 비춰보면, 수온의

헬벤더

급변에도 아주 취약해 즉시 폐사할 수 있다. 실수로 수온이 급변했다고 해서 짧은 시간 내에 적정 사육온도까지 급격하게 내리는 것이 오히려 더 위험할 수 있다. 또한, 눈은 나쁘지만 몸 전체에 빛에 민감한 세포가 포진해 있어 너무 강한 조명도 스트레스가 될 수 있다.

번식

중국종의 생식은 수온이 20℃에 도달하면 시작되는데, 교미는 모두 7월과 9월 사이에 이뤄진다. 번식생태는 세 종이 거의 비슷하다. 수컷은 생식기 주위가 부풀어 오르는 짝짓기 계절을 제외하고는 성적 이형성을 보이지 않는다. 수컷이 평소에 서식하는 곳보다 물 흐름이 느린 곳에다 산란에 적당한 굴을 확보하면(헬벤더는 하천 바닥을 파서 알자리를 만든다), 이어서 암컷이 들어가 산란한다. 수컷은 적당한 장소를 차지하기 위해 서로 심하게 싸우며, 간혹 치명적인 상처를 입거나 죽기도 한다.

암컷이 한 번에 낳는 알은 500~700개 정도이고(헬벤더는 2~3일에 걸쳐 150~200개의 알을 낳는다), 부화될 때까지 수컷이 둥지에서 알을 지키면서 신체에 있는 주름과 지느러미를 움직여 발생 중인 알에게 산소를 공급한다. 산란된 알은 50~70여 일이 지나면 3cm 정도 크기의 올챙이로 부화하고 부모의 보호 아래 성장하며, 약 4~5cm가 된 이듬해 1~2월 경에 둥지에서 나와 강으로 이동한다. 유생 때는 아가미호흡을 하지만 성장함에 따라 아가미는 사라지고 피부호흡에 의존하게 된다.

겉아가미는 보통 3세, 몸길이 약 20~25cm에 도달하면 사라지기 시작한다. 자연상태에서는 30cm 정도까지 성장하는 데 5~6년이 걸리고, 성성숙에는 10~15년 정도 걸린다고 여겨지고 있으나 정확한 생태에 대한 연구는 아직 부족한 편이다. 성장이 빠른 편으로 사육 하에서 충분한 영양공급이 뒷받침될 경우 3~4년 정도면 1m까지 성장시킬 수 있다. 중국종과 일본종의 수명은 최소 60년으로 100년까지 산다고 여겨지고 있다. 헬벤더의 수명은 80년 정도로 알려져 있다.

차이니즈 와티 뉴트

- 영 명 : Chinese warty newts
- 학 명 : *Paramesotriton chinensis*
- 크 기 : 암컷 성체 15cm, 수컷은 좀 더 작다.
- 서식지 : 중국

외형 및 특징

와티 뉴트(Warty newts)는 중국, 라오스 및 베트남 전역에 걸쳐 약 10종이 서식하는 것으로 보고되고 있다. 모든 종이 거친 피부를 가지고 있으며, 배 부분의 체색은 갈색 또는 주황색을 띤다. 형태적으로 유사해 정확한 동정은 어려울 수 있다. 후난성, 안휘성, 절강성, 복건성, 광동성, 광시성에서 발견되는 중국사마귀뉴트(Chinese warty newt, *Paramesotriton chinensis*)는 피부 질감이 다른 종보다 더욱 심하게 우둘투둘한 것이 특징이다.

서식 및 현황

자연서식지는 아열대 또는 열대의 습지, 강 및 민물습지로 대부분 야생에서 채집된 개체가 상업적으로 유통된다. 현지에서는 흔한 종으로서 포획으로 인한 개체수 감소에 대해서는 아직 염려할 정도가 아니라고 알려져 있다.

사육환경

일반적인 뉴트 사육의 경우처럼 강한 조명은 필요하지 않으며, 15℃ 정도의 낮은 수온에서 사육하는 것이 좋다. 수온이 올라갈수록 허약해지며, 급격한 수온 변화나 고온에서의 사육은 폐사를 초래할 수도 있다. 튼튼한 종으로 수온이나 pH 변화에 상대적으로 강하기는 하지만, 과도하게 차이 나는 것은 좋지 않다.

번식

번식기에 수컷은 푸른 빛이 도는 흰색의 줄무늬가 꼬리의 테두리를 따라 나타나며, 암컷의 꼬리는 수컷에 비해 현저하게 길다. 번식은 비교적 용이한 편으로, 겨울철 2개월간의 금식기를 거치고 수온을 5℃ 내외로 유지해 수개월간 동면을 시키다가, 다시 서서히 온도를 실온으로 상승시키면 교미행동이 나타난다. 암컷은 80~100개 정도의 알을 사육장 내의 구조물에 붙여 낳는다. 산란된 알은 2주 내에 부화하고, 부화한 유생의 길이는 1cm 내외이며 검정색을 띤다. 유생은 부화한 지 3개월 정도 지난 후 변태해 육상으로 이동하며, 2~3년 정도 육상에서 생활하다가 다시 물로 돌아와 일생을 보낸다. 수명은 10년 내외로 알려져 있다.

츄비 프로그

- **영 명** : Chubby frog, Malayan painted frog, Asian narrow-mouthed frog, Malayan narrow-mouthed frog, Asian bull frog, Painted bull frog, Banded bull frog, Rice frog
- **학 명** : *Kaloula pulchra*
- **크 기** : 1.5~7.5cm
- **서식지** : 동남아시아 전역에 널리 서식한다. 괌, 싱가포르, 보르네오, 셀레베스, 호주, 뉴질랜드에서는 침입종이다.

외형 및 특징

갈색 바탕에 등 부분의 테두리를 따라 황갈색 혹은 줄무늬가 있는 밝은 갈색 및 적갈색이 관찰되며, 수컷은 목 부분의 색이 암컷보다 더 짙은 경향이 있다. 머리와 몸통의 구별이 어려운 동글동글한 체형 때문에 풍선개구리(Bubble frog)라는 별명으로도 불린다. 맹꽁이답게 재빠르게 땅을 팔 수 있도록 중족골 결절이 발달돼 있다. 칼로울라 풀크라 풀크라(*K.*

p. pulchra), 칼로울라 풀크라 하이나나(*K. p. hainana*), 칼로울라 풀크라 마크로케팔라(*K. p. macrocephala*) 등 세 개의 아종이 있다. 튼튼한 체질을 가지고 있어 수입과정에서의 생존율이 가장 높은 축에 속한다. 또한, 현재 유통되는 개체가 거의 야생채집개체임에도 불구하고 사육 하에서의 적응력이 매우 높은 편이다.

사육환경

몸을 파묻어 안정을 취하는 종으로서 사육 하에서도 파고들 수 있도록 습기 있는 바닥재를 넉넉히 깔아주는 것이 좋다. 온도에 대한 적응력이 높아 20~26℃ 사이의 환경에서는 별다른 문제없이 사육할 수 있는데, 바닥재만 충분히 깔아준다면 그 이상의 온도조건에도 버틸 수 있다. 습도는 70% 내외로 조절해주는 것이 좋다.

활동량이 많지 않은 종이기 때문에 사육장이 지나치게 클 필요는 없으며, 야행성으로서 저조도 조건일 때 식욕이 더 왕성해진다. 자연상태에서는 개미와 흰개미를 주로 먹는 것으로 알려져 있는데, 일반적인 개구리에 비해 입이 작기 때문에 작은 크기의 먹이를 급여해야 한다.

1. 태국시장에서 팔리고 있는 츄비 프로그 **2.** 눈과 코 사이가 짧아 귀여운 인상을 풍긴다. **3.** 몸 양쪽 가장자리의 주황색 줄무늬

생긴 것과 다르게 등반을 제법 잘 하는 종인데, 보통 짧은 다리와 통통한 체형에 속아 사육장 뚜껑을 제대로 관리하지 않는 경우가 많다. 이런 경우 빈번하게 탈출을 감행하므로 반드시 덮개를 설치해서 확실하게 관리하도록 한다.

번식

일반적인 맹꽁이와 마찬가지로 건기에는 땅속에서 시간을 보내고, 우기에 모습을 나타낸다. 원서식지에서는 4월과 5월 우기의 폭우를 신호로 폭발적으로 번식한다(지역에 따라 연중 번식하기도 한다). 비로 인해 일시적으로 생성되는 웅덩이와 도랑에서 번식하기 때문에 알의 발생과 올챙이의 성장은 매우 빨리 이뤄지는 편이다. 산란된 알은 24시간 안에 부화하며, 올챙이는 부화한 지 2주 만에 변태한다.

사육 하에서 번식시킬 때 암수의 성비는 2 : 1 또는 3 : 2인 6~12 마리 정도가 좋다. 습도를 높이면 수컷이 울기 시작하는데, 수컷 간의 경쟁은 번식활동을 자극하는 효과가 있다. 수컷은 목 부분이 암컷보다 짙은 색을 띠는 것으로 구분이 가능하다.

번식을 위해서는 먼저 습도는 50~60% 선으로 떨어뜨리고 휴면을 시킬 필요가 있다. 이때 2~3주에 걸쳐 서서히 온도를 내리는데, 수입지가 어디인지에 따라 휴면의 온도는 조금 차이가 난다. 인도네시아 혹은 말레이시아 개체라면 16℃, 베트남에서 수입된 개체라면 12℃로 4~6주간 휴면시킨다(싱가포르처럼 온도변화가 적은 지역에 서식하는 개체들이 다른 지역의 개체들보다 사육 하에서의 번식이 조금 더 용이하다는 보고가 있다). 이 시기에는 조사시간도 12시간에서 8~10시간으로 줄여주는 것이 성공적인 번식에 도움이 된다. 휴면이 끝나면 2주에 걸쳐 온도와 습도를 보통 수준으로 올려주고, 이후 레인챔버로 이동시켜 샤워를 제공한다. 이때 수온은 22~25℃ 정도가 적당하다. 수명은 10년 내외다.

케인 토드

- **영 명**: Cane toad, Giant toad, Marine toad, Giant marine toad, South American cane toad, Dominican toad, Spring chicken
- **학 명**: *Bufo marinus*
- **크 기**: 암컷은 25cm에 1kg 내외이며, 수컷은 10~15cm로 암컷이 훨씬 크다.
- **서식지**: 중남미, 멕시코, 중앙아메리카, 아마존이 원서식지다. 그러나 호주, 하와이, 미국 동부, 일본, 대만, 하와이, 필리핀, 서인도 제도와 뉴기니에까지 유입됐다.

'마린 토드(Marine toad)'라고도 불리지만 이 종을 최초로 발견했던 학자들이 서식지를 잘못 기록한 것이 그대로 전해져 지금에 이르고 있는 것일 뿐, 실제로 해안지역에 서식하지는 않는다(그러나 본종은 약간의 소금기가 있는 물에서도 산란이 가능하다고 알려져 있다. 본종의 올챙이는 약 15% 농도의 소금물에서도 생존이 가능하며, 파나마에서 27.5% 농도에서 살아 있는 올챙이가 발견된 바 있고 성체가 1.5km의 바다를 헤엄쳐 건너가 다른 섬에서 발견된 기록도 있다). '사탕수수두꺼비(Cane toad)'라는 이름은 이 종을 이용해 구제하려고 했던, 호주의 토종 딱정벌레이자 사탕수수의 해충인 '케인비틀(Cane beetle, *Dermolepida albohirtum*)'에서 유래됐다.

원산지 이외의 나라에서는 침입종이다.

외형 및 특징

체색은 황갈색, 올리브 갈색, 회색 등으로 나타나는데 좀 더 짙을 수도 있으며, 배 부분은 더 밝은 색을 띠고 있다. 외형적으로는 우리나라의 두꺼비와 크게 다르지 않은데, 뚱뚱한 몸통과 물갈퀴가 없는 짧은 다리를 가지고 있다. 머리는 상당히 각져 있고, 눈 뒤쪽으로 커다란 독 분비샘이 두드러지게 자리하고 있다. 그러나 성체의 경우 우리나라 두꺼비보다 훨씬 더 크고 무겁게 성장한 모습을 볼 수 있다.

우리나라 두꺼비의 경우처럼 위협을 받으면 등 쪽에 있는 분비샘으로부터 유백색의 점액질인 부포톡신(Bufotoxin)이 분비되는데, 사람에 있어서 피부자극을 유발하거나 눈 또는 점막을 자극할 수 있다. 오래전 필자도 본종을 해부한 적이 있는데, 엄청난 양의 독액에 깜짝 놀란 경험이 있다. 인간도 사망에 이르게 할 수 있지만 아직 이로 인한 사망사건은 보고되지 않았다. 그러나 악어, 여우 등 현지 토착생물의 피해는 흔히 보고되고 있다. 사람보다 동물에게 더 치명적이므로 특히 개와 함께 기르고 있는 가정에서는 탈출한 케인 토드를 개가 무는 일이 생기지 않도록 각별히 주의할 필요가 있다.

성체뿐만 아니라 알과 올챙이에게도 독이 있는데, 올챙이 때는 어미로부터 물려받은 독을 가지고 있고 변태 이후에는 스스로 독을 생산해서 비축한다. 변태기를 즈음해 어미로부터 받은 독은 모두 소진되고 아직 독을 만들지 못하는 '독의 공백기'가 발생하는데, 자연상태에서는 이 시기에 개체 수가 많이 감소하게 된다. 원서식지에서는 산란된 알의 0.5%만이 성체가 된다고 알려져 있다.

서식 및 현황

농업에 화학물질이 사용되기 전, 1935년 호주 퀸즐랜드 북부에 102마리가 처음 도입됐으나 현재 1억 마리 이상으로 불어나 생태적으로 심각한 문제가 되고 있다. 특히 주

머니고양이나 호주왕도마뱀 개체 수 감소의 가장 큰 원인으로 지목되고 있다. 태평양의 많은 지역에도 농작물에 피해를 입히는 해충의 생물학적 방제를 목적으로 도입됐으나 현재는 지역 생태계를 파괴하는 침입종으로 취급받고 있으며, 해당 국가의 토착동물에 심각한 위협이 되고 있다. 최근 연구결과에 따르면, 급격한 진화로 인해 70년 전에 비해 체격이 45% 증가하고 다리가 25% 더 길게 체형이 바뀜으로써 하루에 1.8km를 이동하면서 서식지를 더욱 빠르게 넓혀가고 있다고 한다.

사육환경 및 번식

사육온도는 주간 23~28℃, 야간 20℃ 정도가 적합하다. 그러나 워낙 튼튼한 종이기 때문에 어느 정도의 온습도 변화에는 크게 무리 없이 적응한다. 번식은 6월~1월 사이에 이뤄지며, 연 2회 번식이

케인 토드는 강한 독과 큰 덩치를 자랑한다.

가능하다. 산란량도 많은 편이어서 1회에 약 8000~25,000개의 알을 낳는다. 산란된 알은 보통 2일 이내에 부화하지만, 부화기간은 조건에 따라 14시간~1주 사이로 다양하게 나타난다. 올챙이가 되고 그로부터 180일 안에 개구리가 된다.

사육 하에서의 번식이 불가능한 것은 아니나 환경적인 측면을 고려했을 때 국내에서의 번식이 이뤄지지 않기를 바란다. 현재 국내에서 애완용으로 구할 수 있는 종인데, 개인적인 견해로는 이처럼 심각하게 문제가 된 종은 애완업계에서 자체적으로 수입을 자제하는 등의 자정작용이 있어야 한다고 생각한다. 심각한 문제가 될 수 있으므로 혹시라도 현재 본종을 사육하고 있는 사람이 있다면 절대 자연에 방사하거나 탈출하는 일이 없도록 주의하자. 수명은 15~20년으로 최대 40년까지 산다.

쿠반 트리 프로그

- 영 명 : Cuban tree frog, Giant tree frog
- 학 명 : *Osteopilus septentrionalis*
- 크 기 : 수컷은 4~9cm, 암컷은 5~15cm. 북미에서 가장 큰 나무개구리다.
- 서식지 : 하와이 오아후 섬과 카리브 제도 전역

외형 및 특징

체색은 옅은 회색 또는 흰색에서 올리브, 황갈색, 청동 또는 갈색에 이르기까지 매우 다양한 데다가 온도나 환경에 따라 바꿀 수 있다. 효과적인 먹이사냥을 위해 커다란 눈과 사지에 흡반을 가지고 있다. 성적 이형종으로 암컷이 수컷보다 크다. 왕성한 식욕을 가지고 있어 입 안에 들어오는 크기의 먹이라면 어느 것이나 다 먹는다. 작은 개체들은 곤충을 주로 먹지만, 성체는 작은 뱀, 도마뱀, 쥐 또는 둥지에 있는 어린 새도 잡아먹는다.

서식 및 현황

높은 습도를 선호하는 종으로 자연서식지에서는 수로 주변에서 주로 발견된다. 현지에서는 큰 식물과 다량의 물이 있는 호텔 수영장 주변에서 풍부하게 서식한다고 알려져 있으며, 낮 동안 보통 커다란 잎사귀 아래나 나무의 틈처럼 습도가 높은 곳에 숨어 지낸다. 덩치가 크고 활동적이며 높은 번식률, 짧은 세대 간격, 왕성한 식욕, 타종과의 우수한 경쟁능력 등으로 인해 다른 지역에 유입됐을 때 토착종 양서류나 도마뱀, 뱀 등을 잡아먹어 토착 생태계에 직접적으로 영향을 미친다.

타종보다 소금물에 대한 저항력도 강한데, 이 점이 외국에서는 타 지역으로의 빠른 확산에 도움을 주고 있다. 하와이에서는 판매금지종으로 지정돼 있어 이를 어길 시 2만5천 달러의 벌금과 1년의 징역형에 처해질 정도로 심각한 침입종으로 취급되고 있으며, 미국의 일부 주에서도 신고제도를 운용하고 있다. 현재 국내에서는 극소수의 개체가 유통되고 있으나 향후 양서파충류 무역의 규모가 커지면 케인 토드와 함께 국내 유입 및 국내 환경에 무단으로 방출될 가능성에 대해 관심을 가지고 모니터링할 필요가 있어 보인다.

사육환경 및 번식

입양 초기에는 새로운 사육장에 적응하지 못하고 강한 점프력을 이용해 유리벽에 부딪쳐 외상을 입는 경우가 많으므로 자극하지 않도록 주의할 필요가 있다. 그러나 사육환경에 잘 적응하는 종이기도 하다. 피부에 자극을 주는 독성 점액을 분비하기 때문에 핸들링을 자제하고 취급에 주의를 기울여야 한다. 심한 경우 천식을 유발할 수도 있다. 초보사육자의 경우, 특히 집안에 어린아이가 있을 경우에는 사육을 지양하는 것이 바람직하다. 수컷은 가끔 매우 시끄럽게 울어대기 때문에 이 또한 불편할 수 있다.

번식은 1년 내내 가능하지만 27℃에서 29℃까지 오르는 5~10월 사이에 가장 흔하게 이뤄진다. 최적의 번식조건은 27.5℃이며, 높은 습도(97%)와 많은 강우가 동반될 때를 선호한다. 암컷은 최대 1500개 이상의 알을 낳으며, 국내에도 인공번식 사례가 보고돼 있다.

타이거 레그 몽키 프로그

- **영 명**: Tiger-leg monkey frog, Super tiger-leg monkey frog, Tiger-striped monkey frog, Barred leaf frog. Tiger-striped leaf frog
- **학 명**: *Phyllomedusa tomopterna*
- **크 기**: 수컷은 4.5~5.5cm, 암컷은 6cm 이상까지 성장할 수 있다.
- **서식지**: 아마존 열대우림(동부 에콰도르, 페루 동부, 콜롬비아 남부, 베네수엘라 남부와 동부, 가이아나, 수리남, 프랑스령 기아나, 브라질, 북부 볼리비아)

외형 및 특징

등의 체색은 푸른색으로 자잘한 흰색 점이 전체적으로 불규칙하게 나타난다. 본종의 가장 큰 특징은 무엇보다도 몸의 옆면과 허벅지, 종아리의 안쪽에 나타나는 검정색의 줄무늬다. 주황색 바탕에 나타나는 선명한 검은색 줄무늬는 타이거 레그(Tiger-leg)라는 이름이 붙을 정도로 특징적이다. 몸의 하단부는 아래턱에서 앞다리가 시작되는 부분까지는 흰색, 그 아래 부분은 주황색으로 간혹 불규칙한 검은 점무늬가 관찰되기도 한다. 다리는 길고 사지의 말단은 주황색으로 여기에도 검정색의 무늬가 관찰된다.

서식 및 현황

본종의 자연서식지는 아열대 또는 열대의 습한 저지대 숲, 아열대성 또는 열대의 습지 및 간헐적인 담수 습지다. 본종이 번성하기 위해서는 이처럼 안정적인 열대우림의 환경이 필요하지만, 최근 서식지 내 산림벌채나 벌목 관련 활동이 활발해지면서 서식환경이 점차 불안정해지고 있는 실정이다.

사육환경 및 번식

교목형 야행성 종으로 낮에는 안전한 나무둥치나 나뭇잎에 붙어 수면을 취하다가, 해가 지면 일어나 활동한다. 생태적 측면에서 레드 아이 트리 프로그(Red-eyed tree frog, *Agalychnis callidryas*)와 거의 흡사하기 때문에 이미 사육자가 레드 아이 트리 프로그를 사육해본 경험이 있다면 사양관리에 크게 어려움을 느끼지 않을 것이다. 주간에는 23~27℃의 온도를 제공하며, 밤에는 5~10℃ 정도 떨어뜨려준다. 습도는 50~80% 사이로 유지되도록 하며, 하루에 적어도 한 번은 사육장에 스프레이를 해주도록 한다. 밤에 일어나면 물그릇에 몸을 담그기 때문에 항상 물그릇을 청결하게 관리해줄 필요가 있다.

배 부분의 검은 줄무늬, 등과 배의 체색 차이가 큰 것이 특징이다.

번식활동은 주로 12월과 5월 사이에 연못 근처의 나무나 관목에서 이뤄진다. 암컷은 연못 위에 드리워진 잎사귀 둥지에, 한 클러치 당 약 70개의 알을 낳아 젤라틴 덩어리에 싸서 붙인다. 올챙이는 부화 후 둥지 아래 물속으로 떨어져 변태 때까지 물속에서 성장한다.

타이거 샐러맨더

- **영 명** : Tiger salamander
- **학 명** : *Ambystoma tigrinum*
- **크 기** : 평균 25cm 내외, 드물게 35cm 이상까지 성장하는 경우도 있다.
- **서식지** : 대서양~태평양까지 북미 대륙에 광범위하게 서식한다. 캐나다 남부와 멕시코 남부에서도 드물게 발견된다.

학명의 'Ambystoma'는 '뭉툭한 입', 'tigrinum'은 '호랑이'를 뜻한다. 일반적으로 도롱뇽은 개구리에 비해 사육하기가 좀 더 까다롭고, 더 작고 약한 종이 많기 때문에 애완동물로서 상대적으로 중요하게 취급되지 않는다. 그러나 본종의 경우 '최대의 육상 샐러맨더'라는 별명에 걸맞게 커다란 덩치와 왕성한 식욕, 튼튼한 체질을 가지고 있어 수생종인 '멕시코도롱뇽(Axolotl)과 함께 애완도롱뇽 가운데 가장 많이 길러지고 있는 종이다. 육상도롱뇽 사육에 입문하는 데 본종만큼 적합한 종도 드물다.

외형 및 특징

'타이거(Tiger)'라는 이름처럼 검정색 바탕에 노란색의 무늬가 특징이다. 땅을 파고 들어가 생활하는 종으로 몰 샐러맨더(Mole salamander)류에 속한다. 지표 2m 아래에서 발견된 개체가 있을 정도로 땅을 파는 능력이 뛰어나다. 땅을 파헤치는 데 도움이 되는 넓고 납작한 머리에 작은 눈, 길고 두꺼운 꼬리를 가지고 있다. 여러 마리를 합사하는 것이 가능한 종으로, 국내에는 이스턴 타이거 샐러맨더(Eastern tiger salamander, *Ambystoma tigrinum tigrinum*)와 바드 타이거 샐러맨더(Barred tiger salamander, Western tiger salamander, *Ambystoma mavortium*)가 주로 분양되고 있다.

사육환경

활발하고 대담한 성격으로 사육환경에 대한 적응도 빠르다. 사육한 지 얼마 지나지 않아 손에서 먹이를 받아먹을 만큼 금세 적응하며, 심지어 배가 고프면 주인의 손길을 따라다니기도 한다. 현재 필자도 기르고 있는데, 먹이를 줄 때면 사육장을 두드리는 소리에 반응해 은신처에 숨어 있다가도 사육장 문 앞으로 모여든다. 덩치가 크며 먹이반응이 좋고 배설량도 많기 때문에 사육장 청결에 신경을 써줘야 한다.

자연상태에서는 주로 딱정벌레, 지렁이, 귀뚜라미 등을 먹는다. 사육 하에서도 곤충을 주먹이로 하되 가끔 핑키나 물고기 등의 다른 동물성 먹이를 영양식으로 급여한다. 시판되는 팩맨푸드나 다른 인공사료도 먹이로 급여할 수 있다. 왕성한 식욕으로 인해 사육 하에서는 쉽게 비만이 되기도 하기 때문에 적절한 식단조절과 체형관리가 필요하다.

북으로는 캐나다 남부, 남으로는 멕시코 남부까지 광범위하게 서식하는 적응력 좋은 종으로 사육 시의 주간 적정온도는 18~22℃ 내외이며, 24℃를 넘지 않도록 조절해주는 것이 좋다. 25℃ 이상의 온도는 잠재적으로 생존에 위협이 된다. 야간에는 10~15℃ 선을 맞춰주도록 하며, 습도는 70% 선이 적절하다. 땅을 파고들지 못하면 스트레스를 받으므로 바닥재를

호랑이 같은 노란 줄무늬   땅을 파고드는 것을 좋아한다.

충분히 깔아주는 것이 좋으며, 성체 한 마리 당 하나의 은신처를 마련해주는 것이 좋다. 파고드는 특성 때문에 사육장 아래쪽 바닥재나 구조물을 훼손하는 경우가 많다는 사실을 참고해서 레이아웃을 구상할 필요가 있다.

번식

성숙한 수컷은 체형이 더 날씬하고 더 평평한 꼬리를 가지고 있으며, 뒷발이 암컷보다 길어지는 경향이 있기 때문에 비교적 성별구분이 쉬운 종이다. 번식을 위해서는 4~5년 정도 충실히 관리한 성숙한 암수가 필요하다. 원서식지에서는 2~3월경 비가 오는 날 번식이 이뤄진다고 보고되고 있다. 육상에서 교미하고 물속에 산란하는데, 한 클러치에 5~120개의 알을 수중식물에 붙여 낳는다. 산란된 알은 3~4월경 수온이 10℃를 넘으면 부화를 시작해 조건에 따라 19~50일 안에 부화를 마친다. 올챙이는 온도와 기상조건에 따라 75~150일 사이에 변태하며, 변태한 새끼가 성체의 체색을 가지는 데는 수주에서 수개월이 걸린다. 1년 이내에 성성숙이 완료된다.

본종은 변태를 하기 전에 거의 성체의 크기에 도달할 수 있다. 변태가 이뤄지면서 아가미가 사라지며, 꼬리와 피부 및 다리는 더 두꺼워지고 눈꺼풀이 생긴다. 또한, 폐가 완전하게 발달돼 온전한 지상생활을 시작한다. 올챙이들 중에서 동족포식을 한 개체는 다른 개체보다 머리와 입이 더 커지며, 더 빨리 성장하고 변태한다는 보고가 있다. 성숙한 유생의 경우에는 멕시코도롱뇽과 동일한 방식으로 번식시키는 것이 가능하다. 수명은 보통 12~15년이다.

토마토 프로그

- **영 명** : False tomato frog
- **학 명** : *Dyscophus guineti*
- **크 기** : 암컷의 경우 최대 10.5cm에 230g, 수컷의 경우 6.5cm에 40g 내외로 암컷이 훨씬 크다. 체색은 수컷이 더 옅다.
- **서식지** : 마다가스카르 고유종

정확히 말하면 영명의 '토마토 프로그(Tomato frog)'는 '디스코푸스 안톤길리(*Dyscophus antongilii*)'를 의미하지만, 해당 종이 남획과 서식지파괴로 인해 사이테스 I로 지정돼 국제거래가 제한되고 있기 때문에 애완으로서의 토마토 프로그는 일반적으로 디스코푸스 귀네티(*Dyscophus guineti*, False tomato frog)를 지칭한다. 두 종은 체형의 차이는 거의 없으나 안톤길리의 경우 체구가 더 크고 체색도 더 화려하다. 디스코푸스 안톤길리가 국내에 도입될 가능성이 거의 없기 때문에 우리나라에서는 디스코푸스 귀네티를 굳이 '가짜토마토개구리(False Tomato frog)'라고 부르지 않고, 그냥 '토마토개구리(Tomato frog)'로 부르고 있다. 토마토 프로그는 마다가스카르를 대표하는 양서류로서 본종이 속한 디스코푸스속(Dyscophus)에는 디스코푸스 안톤길리(Dyscophus antongilii, 토마토개구리)(Grandidier 1877), 디스코푸스 귀네티(Dyscophus guineti, 가짜토마토개구리/삼바바토마토개구리)(Grandidier 1875), 디스코푸스 인술라리스(Dyscophus insularis)(Grandidier 1872) 등의 세 종이 있다.

외형 및 특징

토마토라는 이름처럼 붉은 체색을 나타내는 종으로 등은 붉은색, 주황색, 붉은 오렌지색이고 배는 노란색에 가깝다. 가끔 목에 검은 반점이 있는 개체도 볼 수 있다. 등에 마름모 형태의 무늬가 있으며, 눈의 뒤쪽 측면으로 검은색 줄무늬가 관찰된다. 통통한 몸통과 큰 눈, 작은 입을 가지고 있으며, 다른 맹꽁이들처럼 눈과 입 끝의 거리가 짧아 귀여운 인상을 풍긴다. 심한 스트레스를 받으면 죽은 척하기도 한다.

포식자가 토마토 프로그를 물면 끈적끈적한 흰색의 물질을 분비하는데, 이 분비물은 포식자의 입과 눈을 붙여버릴 정도의 접착력을 가지고 있으며 약간의 독성분이 포함돼 있다. 사람에게 알레르기를 유발하는 독소도 포함돼 있는데, 사육자가 거칠게 핸들링을 하는 경우에도 이 분비물이 보일 수 있다. 이런 경우에는 즉시 손을 씻고, 분비물이 완전히 세척되기 전까지 입이나 눈을 만져서는 안 된다. 본종의 선명한 체색은 독을 가지고 있다는 일종의 경계색이라고 볼 수 있다.

사육환경

체형에서 알 수 있듯이 수영에는 익숙하지 않다. 적응성이 강해 반수생으로 사육해도 큰 문제는 없지만, 본래의 습성대로라면 육지환경에 바닥재를 파고들 수 있도록 조성해서 기르는 것이 좋다. 주간 사육온도는 26~28℃, 야간에는 18~23℃, 최저 사양은 20℃ 정도로 생각하고 관리하도록 한다. 사육온도가 18℃ 이하로 내려가면 폐사할 수도 있으며, 습도는 70~80% 정도가 적당하다.

1. 짧은 얼굴과 큰 눈 2. 토마토 프로그 올챙이

1. 배에는 별다른 무늬가 없다. 2. 어린 개체와 성체

본디 맹꽁이 종류로 바닥재를 파고드는 습성이 강하며, 움직이는 모습을 관찰하기는 어렵다. 바닥재를 넉넉히 깔아주면 사육 하의 스트레스를 줄여줄 수 있으며, 더불어 사육장 내에 몸을 충분히 담글 수 있을 정도 크기의 물그릇도 함께 설치해주는 것이 좋다. 생각보다 탈출이 빈번하다고 보고되는 종으로 반드시 사육장 덮개를 설치해야 한다.

국내에는 보통 어느 정도 크기가 큰 개체가 수입되지만, 최근 어린 개체도 수입되는 경우가 있다. 나이와 체구가 비슷한 개체들을 합사해 기르는 것이 가능하며, 여러 마리가 함께 있을 때 활동성이 더 좋아지는 경향이 있다. 어린 개체의 체색은 성체와는 달리 거의 갈색에 가까우며, 성장하면서 점차 붉게 변한다. 인공번식개체의 체색이 야생개체에 비해 붉은색이 연한 경향이 있기는 하지만, 성장과정에서 나타나는 이러한 체색의 변화를 관찰하는 것도 사육에 있어서 큰 즐거움 가운데 하나다.

번식

성장이 빠른 종으로서 충분한 영양공급이 뒷받침된다면 1년 안에 성체 크기에 도달할 수 있으며, 성성숙에 도달하는 데는 9~14개월이 소요된다. 번식을 위해서는 사이클링을 실시해서 습도가 55~65% 정도로 유지되는, 건조기 이후의 우기(雨期)를 시뮬레이션 해줄 필요가 있다. 원서식지에서는 우기가 끝난 2~3월에 번식활동을 하며, 폭우가 내린 후에 생기는 물웅덩이나 수로에서 주로 번식이 이뤄진다. 암컷은 1000~15,000개의 알을 산란하는데, 산란된 알은 2~3일 후에 올챙이로 부화되며 산란일로부터 약 45일 후에는 변태를 마치고 작은 개구리가 된다.

자연상태의 개체 수가 지속적으로 줄어들고 있으나, 화려한 체색과 귀여운 체형으로 인해 애완양서류 시장에서 상당한 인기를 구가하고 있는 종이기 때문에 인공번식이 활발히 이뤄지고 있다. 수명은 평균적으로 6~8년이며, 최대 10년 정도 된다.

포이즌 다트 프로그

- 영 명 : Poison dart frog, Poison frog, Poison arrow frog
- 학 명 : *Dendrobatidae SPP.*
- 크 기 : 1.5~6cm
- 서식지 : 삼림성으로서 중남미의 열대우림지역에서 주로 발견된다. 볼리비아, 코스타리카, 콜롬비아, 에콰도르, 베네수엘라, 페루, 파나마, 수리남, 브라질, 니카라과, 하와이. 모든 종이 신열대구역에 서식한다.

'독화살개구리(Poison dart frog)' 라는 이름은 남미의 인디오들이 이 개구리의 독을 블로우건(blowgun)의 화살촉에 발라 사냥을 한 것에서 유래됐다. 화살촉을 개구리 등에 문질러 독을 묻히는 장면이 나온 영화 '아포칼립토'를 통해 일반인들에게도 잘 알려져 있는 종이다. 그러나 영화에 쓰인 종은 두꺼비로, 실제 독화살개구리는 영화에서처럼 그렇게 크지 않고 주인공이 그랬던 것처럼 손으로 잡을 수도 없다.

또한, 전통적인 독액채취방법은 개구리를 불에 구워 배출되는 독액을 모으는 것이다. 실제로 남미 원주민들은 사냥할 때 독화살개구리의 독보다는 식물에서 추출한 독인 큐라레(Curare, 남미산의 댕댕이덩굴과 식물인 콘드로덴드론-*Chondrodendron*-의 침출액으로 조제되는 화살독)를 더 많이 이용한다.

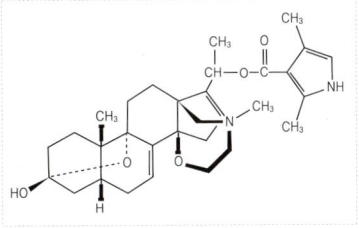

독화살개구리의 독

외형 및 특징

놀랍도록 화려한 경고색을 가지고 있는 이 개구리들은 '열대우림의 보석' 이라는 별명으로 불리며, 애완양서류 중에서도 제법 큰 분야를 형성하고 있다. 아직 사육인구가 그리 많지는 않지만, 애정을 갖고 있는 여러 애호가들에 의해 다트 프로그의 사육은 '단순히 먹이를 주고 사육장을 관리하는 행위에만 그치는 것이 아니라 비바리움의 레이아웃까지 합쳐져 하나의 수준 높은 문화생활로 정착' 돼가고 있는 중이다. 필자는 다른 양서류종에까지 이러한 현상이 확산돼야 한다고 생각한다.

독화살개구리는 지구상에서 가장 강력한 알칼로이드 독인 바트라코톡신(Batrachotoxin, BTX-batraco는 그리스어 τρσχο에서 유래된 단어로 '개구리' 를 의미한다)을 보유하고 있는데, 이런 용도로 사용된 종은 170여 종 가운데 특별히 독이 강한 3종(*P. terrebilis, P. aurotaenia, P.bicolor*)

속명(genus name) & 명명자(authority)	일반명(common name)	종수(species)
Adelphobates (Grant, et al, 2006)		3
Andinobates (Twomey, Brownm Amezquita&Mejia-Vargas, 2011)		13
Ameerega (Bauer, 1986)		31
Colostethus (Cope, 1866)	Rocket frogs	21
Dendrobates (Wagler, 1830)	Poison dart frogs	5
Epipedobates (Myers, 1987)	Phantasmal poison frogs	6
Excidobates (Twomey and Brown, 2008)		2
Hyloxalus (Jimenez de la Espada, 1870)		58
Minyobates (Myers, 1987)		1
Oophaga (Bauer, 1994)		9
Phyllobates (Dumeril and Biron, 1841)	Golden poison frogs	6
Ranitomeya (Bauer, 1986)	Thumbnail dart frogs	21

뿐이다(덴드로바트과–Dendrobatidae–계통은 13개 속에 약 170종을 포함하고 있다). 현재까지 알려진 유일한 천적은 화이어 벨리 스네이크(Fire-bellied snake, *Leimadophis epinephelus*)로 바트라코톡신에 어느 정도 내성이 있어서 독화살개구리를 잡아먹을 수 있다. 이처럼 강력한 독화살개구리의 독이 어디서 유래됐는지는 확실치 않으나 개미, 흰개미, 딱정벌레 등 개구리의 먹이가 되는 곤충들이 운반한 식물독일 가능성이 크다.

'독' 화살개구리라는 이름 때문에 일반인들로 하여금 '독이 있는 위험한 동물을 집에서 함부로 길러도 되느냐'는 오해를 불러일으키고 있는 것도 사실이지만, 사육 하의 독화살개구리는 완전한 무독성이기 때문에 걱정하지 않아도 괜찮다. 독화살개구리의 독은 자체적으로 생산되는 것이 아니라 현지의 독성 먹이곤충으로 인한 것이기 때문에 인공 번식된 개체나 야생채집개체라도 인공사육 하에서 장기간 사육된 것은 가장 독성이 강하다고 알려진 황금독화살개구리(*Phyllobates terribilis*)라 할지라도 독성이 사라진다. 유럽에서는 간혹 남미에서 수입되는 식물에 야생 독화살개구리가 묻어와서 문제가 되는 경우가 있지만, 현재 국내에서는 인공 번식된 개체들만 유통되고 있기 때문에 안심하고 길러도 된다.

사육환경

많은 개구리들이 야행성인 데 비해 독화살개구리류는 낮에 주로 활동하며, 게다가 대범한 성격을 지니고 있어 앞에 사람이 있건 없건 활발하게 돌아다닌다. 또한, 텃세가 거의 없기 때문에 사육장 내에 여러 마리를 합사하는 것이 가능하다. 이런 특성으로 인해 독화살개구리는 관상적인 측면에서는 최고의 애완양서류종이라고 할 수 있다.

자연적인 사육환경이 필수적인 종이므로 사육개체를 입양하기 전에 먼저 식물이 잘 자랄 수 있는 안정적인 비바리움 환경이 조성돼 있는지 확인하는 것이 중요하다. 또한, 주행성 종으로 낮에도 활발히 움직이기 때문에 정상적인 발육을 위해서는 반드시 조명을 설치해줘야 한다. 조명은 보통 14시간 점등, 10시간 소등을 기본으로 조절한다.

> **붉은 여왕 효과**(Red queen effect, Red queen hypothesis, Red queen's race) - **길항적 공진화**(拮抗的 共進化)
>
> 이 작은 개구리가 어떻게 이렇게 강한 독을 가지게 됐는지를 설명하는 이론 가운데 하나가 붉은 여왕 가설이다. 루이스 캐럴(Lewis Carroll, 1832~1898)의 소설 <이상한 나라의 앨리스>의 속편인 <거울 나라의 앨리스>에서 붉은 여왕이 주인공인 앨리스에게 한 말에서 비롯된 용어다. 이 소설에서 붉은 여왕은 앨리스에게 '제자리에 있기 위해서는 끊임없이 뛰어야 한다'고 말한다. 자신이 움직일 때 주변 세계도 함께 움직이고 있기 때문에 다른 사람보다 뛰어나기 위해서는 그 이상을 달려야 겨우 앞지를 수 있다는 것이다.
> 이 내용을 바탕으로 시카고 대학의 진화생물학자 리 반 베일른(Leigh Van Valen, 1935~2010)이 1973년 <새로운 진화 법칙(A New Evolutionary Law)>이라는 논문에서 발전하는 경쟁상대에 맞서 끊임없는 노력을 통해 발전하지 못한 주체는 결국 도태된다는 '지속소멸의 법칙(Law of Constant Extinction)'을 설명하고자 '붉은 여왕 효과'라고 부르면서 통용되기 시작했다.
> 생물은 항상 다른 생물들과 상호작용을 하며 진화하는데, 독화살개구리가 가지고 있는 강한 독도 그를 먹이로 삼는 뱀의 내성과 경쟁하면서 점점 강해졌다고 설명할 수 있다. 동물 세계에서 이런 재생산 진화 대결은 '길항적 공진화(拮抗的 共進化)'로 설명되고 있다. 붉은 여왕 효과는 이처럼 주로 진화론이나 경영학의 적자생존 경쟁론을 설명할 때 유용하게 사용되고 있다.

평균적인 사육온도는 낮에는 27℃, 밤에는 22℃ 선을 유지한다. 보통 고온(23~28℃), 고습(70~100%) 지역에서 관찰되지만, 선호하는 온습도대는 종에 따라 약간의 차이가 있으며, 고지대에 서식하는 종들은 좀 더 낮은 온도를 제공해줄 필요가 있다. 습도를 제공해주기 위해 미스팅 시스템을 설치하거나 하루에 한두 번 직접 분무를 해주도록 한다.

번식

번식패턴에 있어서는 평상시에는 혼자 지내다 번식기에만 짝을 찾는 종도 있고, 계속 쌍으로 지내는 종(대표적으로 아주레우스) 그리고 수컷 1마리와 암컷 2~3마리가 무리를 지어 생활하는 종 등 3가지 유형이 나타난다. 수컷은 일반적으로 암컷보다 작고 가늘며, 발가락의 흡반이 크다. 암컷 발가락의 흡반은 원형이고 수컷은 심장 모양이다. 또한, 암컷은 체형은 옆에서 봤을 때 아치형의 곡선을 띠며, 수컷은 곡선형이다.

암수 모두 번식기에 특히 영역의식이 강하므로 자신의 영역에 침입하는 다른 개체와의 다툼도 흔한 편이다. 암컷도 좋은 둥지를 차지하기 위해 다른 개체와 싸우고, 마음에 든 번식지에 먼저 산란해둔 다른 암컷의 알을 먹는 경우도 있다. 따라서 번식을 고려하고 있다면 과밀사육은 피하는 것이 좋으며, 만약 많은 수를 합사할 경우에는 사육장이 충분히 넓고 내부구조가 복잡해야 한다. 그러나 성체가 되기 전까지는 합사를 해도 큰 문제가 생기지는 않는다. 물가에 서식하지 않기 때문에 브로멜리아드와 같은 착생식물

(air plant)의 밑둥이나 빗물이 고이는 식물의 잎, 야자열매의 껍질 같은 곳에 적은 양의 알을 낳고, 부모가 알과 올챙이에 수분을 공급하며 보호한다. 이러한 공간에 산란을 하기 때문에 사육자는 산란예상지역을 항상 청결하게 관리하고 수질을 깨끗하게 유지해줘야 한다. 또한, 종에 따라 산란공간의 색깔이나 각도, 방향 등도 암컷이 산란지를 선택하는 조건이 되므로 여러 곳의 산란공간을 제공해주는 것이 좋다.

알이 부화되면 암컷은 각각의 올챙이가 자신의 등에 기어오르게 한 다음 작은 물웅덩이에 옮겨둔다. 어미개구리는 올챙이를 옮겨둔 위치를 기억하고 있다가 정기적으로 찾아가 무정란을 낳아 먹이로 제공하는 특징이 있다. 어미가 올챙이들이 있는 고인 물 안에 몸을 담그면 올챙이가 어미의 뒷다리에 반복적으로 부딪히는 행동을 하는데, 이를 신호로 무정란을 낳아준다. 올챙이는 이 무정란과 브로멜리아드 탱크의 조류, 퇴적물, 유기물질을 먹으며 성장한다. 만약 어미가 몸을 물에 넣었을 때 아무런 반응이 없으면, 어미개구리는 올챙이가 폐사했거나 이미 변태를 했다고 판단하고 더 이상 알을 낳지 않은 채 그냥 돌아간다.

국내에도 인공사육 하에서 번식된 사례가 자주 확인되고 있다. 야생에서는 3~15년 살며, 사육 하에서는 25년까지 생존한 사례도 보고되고 있다.

1. 덴드로바테스 아우라투스(*Dendrobates auratus*) **2.** 덴드로바테스 레우코멜라스(*Dendrobates leucomelas*) **3.** 라니토메야 플라보비타타(*Ranitomeya flavovitata*) **4.** 덴드로바테스 푸밀리오(*Dendrobates pumilio*)

피파피파

- 영 명 : Surinam toad, Surinam underwater toad, Star-fingered toad
- 학 명 : *Pipa pipa*
- 크 기 : 10~17cm. 20cm 이상 되는 개체도 기록된 바 있다.
- 서식지 : 볼리비아, 브라질, 에콰도르, 콜롬비아, 페루, 수리남, 베네수엘라, 트리니다드토바고, 베네수엘라, 프랑스령 기아나 일대

보통 '수리남두꺼비'라고 불리는데, 그 생태를 보면 두꺼비보다는 개구리에 가깝다. 국내에서는 '피파피파'라고 학명을 부르거나 혹은 '피파개구리' 등으로 많이 불린다. 'Pipa'란 포르투갈어로 '연(鳶)'을 의미하는데, 이러한 이름은 본종의 체형이 직사각형의 넓적한 평면인 것에서 유래됐다. 번식방법이 좀 특이하기는 하지만 애완의 측면에서 볼 때, 튼튼하고 입맛도 까다롭지 않은 데다가 독특한 외형을 가지고 있기 때문에 사육개체의 외모를 중요시하지 않는다면 나름 매력적인 종이라고 할 수 있다.

외형 및 특징

등의 체색은 갈색 혹은 올리브색을 띠고 점무늬가 산재돼 있으며, 세 줄의 측선이 방사형으로 위치하고 있다. 배는 중심부가 흰색이고 주위는 흐리며, 점무늬 혹은 얼룩덜룩한 무늬가 관찰된다. 양쪽 앞다리 사이를 잇는 선이 있고, 그 선의 중간에서 총배설강 쪽으로 이어지는 T자 형태의 선무늬가 있다. 전체적으로 거의 완전히 평평한 사각형의 체형에 작은 세모꼴의 머리가 붙어 있어 마치 낙엽처럼 보인다.

완전수생종답게 뒷다리에는 물갈퀴가 크게 잘 발달돼 있고, 그에 비해 상대적으로 앞다리는 짧고 물갈퀴가 없다. 짧은 앞다리가 몸의 옆부분으로 돌출돼 있어 육상에서는 몸을 지탱할 수 없기 때문에 오랫동안 머물 수 없다. 따라서 청소를 위해 잠시 옮겨둘 때에도 물을 함께 넣어줘야 한다. 육지를 이동할 때는 배를 끌며 움직인다. 주둥이와 턱에는 피부가 늘어져 있는데, 이 늘어진 피부는 몸의 윤곽을 감추는 역할과 더불어 먹이가 되는 물고기를 유인하는 미끼의 역할을 한다. 눈은 위쪽을 향해 있는데, 크기가 작아 마치 점처럼 보인다. 이렇게 위를 향해 있는 눈은 위쪽에서 접근하는 포식자나 먹이에게 관심을 집중시키는 데 유리하다.

원시적인 개구리로 혀와 이빨, 눈꺼풀, 고막이 없으며, 몸의 측면에 선형으로 발달된 측선을 이용해 다른 동물의 움직임을 감지한다. 혀와 이빨이 없기 때문에 연못 바닥을 헤쳐 먹이를 찾거나 찾은 먹이를 입으로 가져갈 때 앞다리를 사용한다. 민감한 발가락을 이용해 먹이인지 여부를 판별하는데, 이럴 때 도움이 되는 작은 별 모양의 부속지가 발가락 끝에 발달돼 있어 '스타 핑거 토드(Star-fingered toad)'라고 불리기도 한다.

납작한 체형이 특징인 피파피파

등에서 새끼를 보호하는 독특한 양육방식

아열대나 열대의 저지대, 산소농도가 매우 낮은 못에 주로 서식하고 있는데, 피부에 산소교환을 위한 모세혈관이 특별히 발달돼 있지 않기 때문에 피부호흡을 하지 않는 대신 주기적으로 수면으로 올라와 공기를 직접적으로 흡입함으로써 산소를 얻는다. 이런 이유로 체구에 비해 상당히 큰 폐를 가지고 있다.

사육환경

자연상태에서 물이 정체돼 있는 곳을 선호하기 때문에 사육 하에서도 역시 수류를 통제해줄 필요가 있다. 야행성으로 주로 밤에 사냥하며, 평소의 둔한 움직임과는 달리 사냥을 할 때는 상당히 민첩하다. 본종은 열에 약한 종으로서 인간의 체온 정도도 좋지 않은 영향을 미치기 때문에 가급적 손으로 잡지 않는 것이 좋다. 손으로 잡을 때는 반드시 물을 묻혀 잡도록 하고 잡는 시간을 최소화한다. 국내에 성체급은 가끔씩 수입이 되지만 어린 개체는 거의 볼 수 없다.

번식

'지구상에서 가장 역겨운 개구리' 라는 다소 불명예스러운 별명을 가지고 있는데, 이는 외형 때문이 아니라 독특한 번식방법에서 비롯된 것이다. 정확한 번식생태가 알려지기 전에는 암컷이 자신의 거친 등피부에 수란관을 길게 뻗어 알을 낳는다고 생각됐다.
번식기 수컷은 다른 개구리처럼 소리 내어 우는 것이 아니라 목 안에 있는 딱딱한 뼈를 부딪쳐 시끄러운 소리를 내서 암컷을 부른다. 번식기의 암컷은 등 부분의 피부가 두꺼워지고 항문이 고리 모양으로 부풀기 때문에 수컷과 구분된다. 암수가 포접한 상태에서 암컷은 수컷의 배에 알을 낳고, 이렇게 산란된 알은 수컷이 암컷의 등을 올라타면서 다시 암컷의 등으로 옮겨 붙는다. 이 과정에서 수컷이 정자를 방출해 수정이 일어나는데, 이러한 과정이 15~18번 반복되면 60~100개 정도의 알이 수정된다.

이후 특이하게도 암컷은 24시간 내에 등의 피부가 부풀어 올라 껍질이 각질로 된 포낭(包囊)을 만들고 각각의 알들을 감싼다. 수정된 알은 이렇게 암컷의 등에서 발생과 성장이 진행되는데, 올챙이시기를 거치지 않고 약 3~5개월 뒤에 2cm 크기의 작은 새끼 개구리로 세상에 나온다. 이 기간 동안 올챙이의 꼬리가 일종의 태반 역할을 한다고 알려져 있다.

번식에 있어서 나타나는 이와 같은 특징으로 인해 '애보기두꺼비'라고 불리기도 하는데, 알을 등에 지고 있는 모습이 마치 연밥(연꽃의 씨앗주머니를 이른다)에 개구리의 다리를 붙여놓은 것처럼 보인다. 독특한 번식방법 덕분에 생태 다큐멘터리의 주소재가 되기도 하며, 인터넷을 통해서도 부화장면을 쉽게 찾아볼 수 있다.

보통 농담 삼아 '노약자나 임산부, 비위가 약하신 분은 시청 금지' 혹은 '혐오 주의'라는 태그가 붙어 있는 경우가 많은데, 특히 반복되는 특정 문

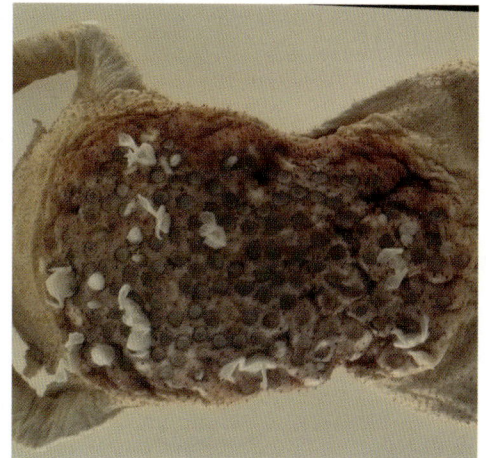

새끼는 어느 정도 자란 상태로 나온다.

양에 혐오감을 나타내는 환공포증을 가지고 있는 사람들은 시청을 자제하는 것이 좋겠다. 그러나 다시 생각해보면 놀라운 모성애를 보여주는 본종의 독특한 번식생태는 주목할 만한 특징이라고 할 수 있다. 기르기 어렵지 않고 번식력도 좋은 편이지만, 아직 국내 번식사례는 보고되지 않고 있어서 번식장면을 실제로 목격하기는 어렵다. 수명은 6년 정도로 알려져 있다.

혼 프로그

- **영 명** : Horned frog, Pacman frog
- **학 명** : *Ceratophrys SPP.* / Horned frog – *Ceratophrys cranwelli* / Argentine horned frog – *Ceratophrys ornata* / Surinam horned frog – *Ceratophrys cornuta*
- **크 기** : Chacoan horned frog – 수컷은 10~13cm, 암컷은 13~15cm까지 성장한다.
  Argentine horned frog – 수컷은 13~15cm, 암컷은 15~17cm까지 성장한다.
  Surinam horned frog, Amazonian horned frog – 10~15cm 내외, 최대 20cm
- **서식지** : Chacoan Horned Frog – 브라질, 아르헨티나, 파라과이 및 볼리비아의 아열대성 초원지대 / Argentine horned frog – 북부 아르헨티나, 브라질 및 우루과이의 열대 다우림 / Surinam horned frog – 남아메리카. 콜롬비아에서 브라질에 이르는 아마존 분지의 담수 습지 및 웅덩이

뿔개구리(Horned frog)가 본래의 이름이지만 오락실 게임인 팩맨 캐릭터의 모델과 비슷하다고 해서 본명 대신에 '팩맨(Pac-Man)'이라는 별명으로 많이 불린다(팩맨은 1980년 5월

일본의 게임회사 남코에서 출시된 아케이드 게임의 캐릭터로 원래 모티브는 한 조각이 빠진 피자를 표현한 것이다. 본종의 둥근 체형과 커다란 입이 게임의 캐릭터와 비슷하다고 해서 팩맨이라는 별명으로 불리기 시작했다).

여러 아종이 있으나 '팩맨(Pacman)'이라는 이름으로 분양되는 종은 가장 대중적으로 보급돼 있는 차코뿔개구리(Chacoan horned frog, *Ceratophrys cranwelli*)를 지칭한다(아르헨티나의 건조한 그란 차코-Gran Chaco-지역 고유종이기 때문에 차코안 혼 프로그-Chacoan horned frog-로 불리나 영명으로는 그란웰 혼 프로그-Cranwell's horned frog-도 많이 사용한다). 국내에서 분양받을 수 있는 그린 팩맨, 알비노 팩맨, 브라운 팩맨, 사무라이 블루 팩맨, 아프리콧 팩맨, 스트로베리 팩맨 등이 모두 차코 종이다. 또한, 본종과 차코뿔개구리를 인공적으로 교배시켜 '판타지 팩맨(Fantasy horned frog)' 이라는 종을 개발하고 있다(판타지 팩맨은 번식이 불가능하다).

아르젠틴 혼 프로그(Argentine horned frog)는 학명을 따서 '오네이트 팩맨(Ornate pacman)' 으로, 브라질리안 혼 프로그(Brazilian horned frog, *Ceratophrys aurita*)는 서식지를 따서 브라질리안 팩맨(Brazilian pacman)으로 불린다. 그러나 카팅가뿔개구리(Caatinga horned frog, *Ceratophrys joazeirensis*)는 카팅가 팩맨이라는 이름보다는 카팅가뿔개구리, 카팅가 혼 프로

양쪽 눈 위로 튀어나온 돌기가 있다.

그로 많이 불리고 있다. 수리남뿔개구리(Surinam horned frog) 역시 수리남 팩맨이라는 이름보다는 '수리남뿔개구리' 라는 이름으로 불린다. 여러 가지 이름을 혼용해도 문제가 되는 것은 아니므로 크게 신경 쓰지 않아도 된다.

1. 수리남 혼 프로그 2. 수리남 혼 프로그의 포접

팩맨은 양서류 사육에 있어서 대표적인 입문종으로 평가되고 있으며, 현재까지 크란웰 혼 프로그(Cranwell's horned frog, *Ceratophrys cranwelli*), 아르젠틴 혼 프로그(Argentine horned frog, *Ceratophrys ornata*), 수리남 혼 프로그(Surinam horned frog, *Ceratophrys cornuta*), 브라질리안 혼 프로그 또는 위드 프로그(Brazilian horned frog or Wied's frog, *Ceratophrys aurita*), 콜롬비안/베네수엘란 혼 프로그(Colombian/Venezuelan horned frog, *Ceratophrys calcarata*), 카팅가 혼 프로그/조아제이로 혼 프로그(Caatinga horned frog/Joazeiro horned frog, *Ceratophrys joazeirensis*), 퍼시픽 혼 프로그/스톨츠맨 혼 프로그(Pacific horned frog/Stolzmann's horned frog, *Ceratophrys stolzmanni*), 에콰도리안 혼 프로그(Ecuadorian horned frog, *Ceratophrys testudo*)(Andersson, 1945) 등 8개의 아종이 알려져 있다.

현재까지 국내에 도입된 뿔개구리의 원종은 앞서 언급한 네 종류뿐인 듯하지만, 개별 종을 선별 번식하거나 각각의 아종들을 교잡함으로써 양서류 가운데 가장 많은 색상으로 개량돼 있기 때문에 국내에서도 다양한 색상과 패턴의 팩맨을 분양받을 수 있다.

외형 및 특징

둥그스름한 몸을 가지고 있으며 머리가 신체의 대부분을 차지한다. 눈 위쪽이 마치 뿔처럼 솟아나 있고, 입이 커다란 것이 특징이다. 머리 위에 뿔처럼 나 있는 뼈도 나뭇잎으로 위장해 천적으로부터 자신을 보호하고, 숨어 있다가 갑자기 먹이를 덮치는 데 용이하도록 적응한 것으로 보인다. 알비노 타입을 제외한 일반형 개구리는 대체로 황갈색의 몸에 반점과 줄무늬가 있어서 낙엽 위에 있으면 잘 보이지 않는다.

크란웰 혼 프로그(Cranwell's horned frog)는 보통 밝은 초록색 바탕에 갈색의 줄무늬, 점무늬를 가지고 있다. 눈에서 시작돼 각각의 콧구멍을 덮고 윗입술까지 이어지는 줄무늬가 있고, 양눈을 연결하는 가느다란 줄무늬가 있다. 등에 있는 무늬는 정확한 모양은 아니지만, 위쪽에서 보면 척추를 중심으로 좌우가 거의 대칭적으로 배열돼 있다. 갈색의 줄무늬가 허벅지와 종아리 부분에서 관찰된다. 배 부분은 베이지색 혹은 회색이다. 기본적인 녹색 외에도 갈색, 베이지색, 주황색 및 노란색(알비노) 등을 볼 수 있으며, 성장하면서 체색이 약간 변화된다.

혼 프로그의 다양한 체색

오네이트 혼 프로그(Ornate horned frog) 역시 진한 녹색 또는 황색의 체색을 가지며, 패터닝 과정에서 빨간색과 검은색 패치가 나타난다. 배 부분은 모두 흰색이나 회색으로 역시 무늬가 있다. 수리남 혼 프로그(Surinam horned frog)는 전체적으로 갈색이나 녹색인 것은 차이가 없으나 두 눈을 연결하는 짙은 갈색 무늬가 있고, 그 무늬의 안쪽과 양쪽 뿔에서 꼬리까지 이어지는 삼각형 부분이 등에 비해 상대적으로 밝은 색을 띠고 있으며, 등 쪽에 좌우가 거의 대칭되는 짙은 색의 기하학적 무늬가 있다. 좀 더 진한 갈색의 줄무늬로 인해 체색에 있어서 다른 팩맨들과 약간의 차이가 나타난다.

사육환경

원서식지의 온도는 차코 종의 경우 18~28℃, 오네이트 종의 경우 12~24℃ 선이며, 사육 하에서도 이와 비슷하게 맞춰주도록 한다. 전체적으로 팩맨은 어느 정도의 습도를 요구하는 종으로서 차코 종은 보통 70% 내외의 습도를, 오네이트 종은 상대적으로 높은 80% 선의 습도를 필요로 한다.

본종을 기르는 과정에서는 먹이문제에 가장 큰 관심을 기울여야 하는데, 운동량이 적은 종이기 때문에 매일 먹이를 급여할 필요는 없다. 그러나 먹성이 지나칠 정도로 왕성하기 때문에 자신의 소화능력을 초과하는 크기의 먹이를 삼키거나, 너무 많은 양의 먹이를 한 번에 먹거나, 먹이를 먹을 때 이물질까지 함께 삼키는 등의 문제가 생길 수 있고, 이로 인한 장막힘(Impaction) 현상으로 폐사하는 경우가 발생할 여지가 많다.

자연상태에서 주먹이는 서식지를 공유하는 동종 또는 다른 종의 개구리라고 알려져 있다. 이처럼 곤충보다는 다른 개구리나 물고기를 주로 먹이로 삼기 때문에 사육 하에서 곤충을 주식으로 장기간 급여하다 보면 돌연사하거나 건강상의 문제가 생기는 경우가 많다. 국내에서는 핑키나 마우스를 먹이로 급여하는 사육자도 많은데, 이처럼 설치류를 지속적으로 급여하는 경우에도 과도한 지방축적으로 인해 비만이 되기 쉽다. 또한, 실명하거나 돌연사한 사례도 보고되고 있으므로 급여에 주의를 요한다.

지나치게 비만이 되면 번식이 불가능한 경우도 많기 때문에 번식을 고려하고 있다면 적절한 영양공급에 신경 써서 너무 살이 찌지 않도록 체형을 조절해야 한다. 또한, 체구에 비해 사지가 가늘기 때문에 성장기에 영양공급이 부족하거나 불균형한 경우 MBD가 쉽게 발생할 수 있다. 워낙 대중적인 인기종이라 전용 인공사료도 개발돼 시판되고 있으므로 생먹이를 급여하는 것이 부담스러운 사육자라면 사용을 고려할 만하다.

먹이사냥은 주로 시각에 의존한다. 사냥방법은 매복형으로, 먹잇감이 다가올 때까지 몸을 숨기고 기다렸다가 눈앞에서 움직이는 먹잇감을 덮쳐 잡아먹는다. 자신보다 더 큰 개체도 삼킬 수 있기 때문에 단독 사육하는 것을 추천한다. 상악에 날카로운 돌기가 있어 일단 한번 물면 입 밖으로 끄집어내는 것이 상당히 어렵다. 마찬가지 이유로 먹이를 급여할 때 손을 물리지 않도록 주의할 필요가 있다.

뚱뚱한 체형인데 의외로 점프력이 있기 때문에 뚜껑이 확실히 닫히는 사육장에서 사육하는 것이 좋다. 사육장의 높이가 너무 낮으면 놀라서 뛸 때 머리를 심하게 부딪쳐 쇼크사하는 경우도 있으며, 핸들링할 때도 손에서 뛰어내리는 경우가 많다. 충격을 완충시킬 만한 긴 사지를 가지고 있지 않기 때문에 이럴 경우 심각한 결과를 초래할 수도 있으므로 사육장 밖으로 꺼내는 경우에는 추락하지 않도록 특히 주의해야 한다. 보통 뿔개구리류는 크기가 작기 때문에 채집통에서 사육되는 경우도 있는데, 육상종이므로 물과 과도하게 접촉하지 않도록 주의를 기울여야 한다.

굴을 파서 체온유지와 먹이사냥을 위한 은신공간으로 사용한다. 뒷발로 바닥재를 파고드는 습성이 있으므로 부드러운 흙에서 기르는 것이 제일 좋으며, 특히 성체가 되면 몸이 무거워지기 때문에 몸을 든든히 지지할 수 있는 바닥재를 반드시 깔아줘야 한다. 여분의 은신처를 제공해주는 것도 좋다.

혼 프로그는 동글동글한 체형으로 인해 인기가 높은 종이다.

이렇게 파고드는 종인 경우 하부열원을 설치하는 것은 특히 좋지 않다. 팩맨은 체온이 상승하면 본능적으로 시원한 곳을 찾아 파고드는데, 사육장 바닥에 열원이 설치돼 있을 경우 쿨존(cool zone)으로 이동하는 데 지장을 초래해 심각한 스트레스를 받게 된다. 바닥재 없이 사육개체의 코 아랫부분까지 닿도록 물을 채운 수조에서 수중환경으로 사육하는 경우도 있는데, 이 경우 다리의 근육이 약해지는 현상이 흔히 나타난다. 이를 방지하기 위해서는 반드시 바닥재가 있는 환경에서 사육하는 것이 좋지만 임팩션에 유의할 필요가 있다. 물사육 시에는 사육장 구석에 엉덩이를 대고 있는 경우가 많은데, 이런 자세로 거의 안 움직이기 때문에 운동부족이 되기 쉽다.

번식

다 자란 성체는 공격적이며 자신의 영역을 가지고 혼자 생활한다. 수컷들 간의 영역다툼은 치열하며, 수컷은 생식혹과 목 부분의 색이 암컷보다 짙은 것으로 구분이 가능하다. 짝짓기는 2~3개월 동안의 휴면을 거친 후, 주로 폭우가 쏟아진 날 저녁 여러 마리의 개구리들이 연못에 모이면서 시작된다. 일단 수컷이 암컷을 부르기 위해 울기 시작하면(메이팅 콜) 1km 밖에서도 들을 수 있을 정도로 우렁차다. 암컷은 1000~2000개의 알을 낳는데, 수정 후 알이 부화하는 데는 2~4일 정도가 소요되며 변태까지는 약 3~5주일 정도가 필요하다. 올챙이 사육수조의 수온은 25℃ 전후면 적당하다.

성성숙에 도달해 번식에 참여하는 데까지는 자연상태에서 3~4년 정도가 소요되며, 사육 하에서는 빠르면 12개월 이전에 성성숙이 가능하지만 적어도 18개월 이후가 될 때까지 번식을 미루는 것이 좋다. 야생에서는 평균적으로 5~7년 정도 살지만, 사육 하에서 쾌적한 사육환경을 제공해 건강하게 자랄 경우 10년 이상도 살 수 있다.

화이어 벨리 뉴트

- 영 명 : Fire bellied newt
- 학 명 : Chinese fire bellied newt, Oriental fire bellied newt, Dwarf fire bellied Newt – *Cynops orientalis* / Japanese fire bellied newt – *Cynops pyrrhogaster*
- 크 기 : Chinese fire bellied newt – 6~10cm / Japanese fire bellied newt – 9~12cm, 간혹 15cm 되는 개체도 발견된다.
- 서식지 : 중국, 일본

국명 '붉은배영원'의 영명으로 '레드 벨리 뉴트(Red bellied newt)' 혹은 '화이어 벨리 뉴트(Fire bellied newt)'라는 이름으로 불린다. 그러나 '레드 벨리 뉴트'는 화이어 벨리 뉴트와는 완전히 다른 종인 '타리카 리불라리스(*Taricha rivularis*)'의 영명으로 통용되고 있기 때문에 '화이어 벨리 뉴트(Fire bellied newt)'가 본종의 정확한 이름이다.

외형 및 특징

몸의 상부는 진한 갈색 혹은 검정색이고 하부는 동일한 체색에 붉은색 혹은 주황색 무늬를 가지고 있다. 무당개구리의 배와 유사한 모습이다. 피부의 질감은 거칠고 눈 뒤쪽으로 독샘이 발달돼 있다. 국내에서 분양되는 종들은 거의 중국 원산인데, 일본종은 중국종보다 크기가 좀 더 크고 독샘이 더 발달돼 있으며, 꼬리 끝이 좀 더 뾰족하고 피부의 돌기가 더 두드러진다. 일본종은 국내에서는 보기 어렵다.

사육환경

본종을 포함해 많은 뉴트 종들이 다양한 수준의 테드로도톡신(Tetrodotoxin)을 생산한다. 피부를 통해서는 바로 흡수되지 않으나 눈, 점막 및 소화기관의 상처 혹은 외부의 상처를 통해 흡수될 수 있으므로 취급 시에 주의를 기울여야 할 필요가 있다. 특히 손에 상처가 있을 때 뉴트를 핸들링하는 것은 삼가도록 한다. 그러나 자극이 없는 경우 독을 분비하지 않기 때문에 보통 다른 탱크메이트에게는 해를 끼치지 않아 합사가 가능하다. 사육 수온은 21℃ 이상에도 버티기는 하지만, 17~20℃ 정도가 좋다. 그러나 24℃부터는 스트레스를 받고 감염, 특히 곰팡이감염에 취약해진다.

일정 기간 육상생활을 하게 되므로 국내에서 분양받은 뒤에 바로 수조에 넣어줄 것이 아니라, 물그릇이 비치된 비바리움 사육장에 일단 넣은 다음 개체가 선호하는 환경을 파악하고 나서 적합한 레이아웃으로 사육장을 세팅해주는 것이 좋다. 이처럼 완전수생종이라도 사육개체가 스스로 상륙을 원할 경우 또는 사육 중에 수온이 올라가서 견디기 힘들 경우 피할 수 있는 부상육지를 설치해주는 것이 만약을 대비해 유리한 방법이다.

수생종이 물 밖에 너무 오래 나와 있는 것은 질병이 그 원인일 수도 있지만, 수온이 적합하지 않거나 수질 등의 조건이 청결하지 않기 때문일 경우

1. 산란하는 모습 2. 아성체에게 먹이를 급여하고 있는 모습

가 많다. 따라서 지나치게 오랫동안 물 위에 올라와 있다 싶을 때는 질병 유무와 함께 사육환경을 확인할 필요가 있다. 원서식지에서 소규모의 무리를 이뤄 서식하는 종이므로 한 마리만 단독 사육하는 것보다는 몇 마리를 합사해 사육하는 것이 좋다. 호기심이 많고 아주 활발한 종인 데다가 생각보다 등반에도 능숙해서, 완전수생종이라는 선입견을 갖고 사육장 뚜껑을 잘 닫지 않으면 탈출하는 경우가 많다.

번식

자연상태의 번식기는 3~7월이며, 수컷은 대개 암컷보다 높은 꼬리지느러미를 가지고 있고 번식기에 꼬리가 푸르스름하게 변한다. 번식할 준비가 되면 암컷은 알이 팽창하고 더 뚱뚱해 보인다.

인공적인 번식을 위해서는 수온을 10℃ 내외로 내려서 4~6주 동안 동면을 시켜줄 필요가 있으며, 사육자에 따라서는 냉장고에 보관하는 경우도 있다. 동면을 마치고 수온을 다시 20℃ 선으로 올리

1. 암수의 구분 **2.** 화이어 벨리 뉴트와 완전히 다른 종인 레드 벨리 뉴트

면 번식행동을 보인다. 수컷은 암컷을 향해 꼬리를 휘두르는데, 이러한 패닝 동작으로 페로몬을 멀리 확산시켜 암컷을 불러들인다. 암컷은 100~200개 정도의 알을 수생식물에 붙여 낳는데, 성체가 알을 먹기도 하므로 알과 성체는 분리시켜야 한다.

부화에는 2~3주 정도가 소요되며, 부화한 유생은 수온에 따라 변태 전까지 4~6개월간 물속에서 성장한다. 유생이 수면 근처에 머무르는 시간이 많아지고 겉아가미가 작아지기 시작하면, 변태시기가 가까워오는 것이므로 상륙을 위한 준비를 해주는 것이 좋다. 완전히 변태(5~8cm 크기로 변태한다)를 마친 개체는 상륙해 성숙할 때까지 1~3년 동안 육상생활을 하다가 이후 다시 물로 되돌아가 평생을 지낸다. 사육 하에서는 부화 후 2년이면 충분히 성체 크기에 도달할 수 있으며, 평균 수명은 10~15년 내외다. 적절한 환경에서 관리될 경우 30년까지도 살 수 있다.

화이어 벨리 토드

- **영　명** : Korean fire-bellied toad, Oriental fire-bellied toad
- **학　명** : *Bombina orientalis*
- **크　기** : 4~5cm
- **서식지** : 한국, 중국

본종은 국내에서는 단지 야생동물로만 인식돼 있으나 강건한 체질과 높은 활동성으로 인해 외국에서는 나름대로 인기 있는 애완종으로 취급되고 있다. 본서에서는 우리나라를 원서식지로 하는 무당개구리에 한정해 설명하겠지만, 동남아와 유럽에 이르기까지 전 세계적으로 비슷한 종류가 널리 서식하고 있고(무당개구리속은 전 세계적으로 6종이 서식하고 있다), 애완양서류 무역에서도 적지 않은 개체 수가 유통되고 있다. 예전에는 우리나라에서 영국이나 프랑스 등지에 관상용으로 수출하기도 했다.

외형 및 특징

등의 피부는 크고 작은 돌기로 인해 상당히 거칠다. 수컷은 암컷에 비해 등 부분의 돌기가 좀 더 조밀한 경향이 있다. 검은색, 녹색, 갈색 등이 어지러이 뒤섞여 있고, 검은색 무늬가 산재돼 있으며, 머리와 사지의 위쪽에 검은색 줄무늬가 있다. 배는 등에 비해 상당히 매끄럽고, 선명한 붉은색 바탕에 검은색의 불규칙적인 무늬가 관찰되므로 다른 종과 쉽게 구별 가능하다. 이처럼 화려한 색상은 개체에 따라 각각 다양하게 나타난다. 머리는 동글납작하고 주둥이는 짧으며, 뒷다리에는 물갈퀴가 발달했으나 앞다리에는 없다.

사육환경

낮과 밤에 모두 활동하며, 여름철에 가장 왕성하게 먹이활동을 한다. 절지동물이나 환형동물 또는 연체동물 등을 먹는데, 대부분은 곤충을 주먹이로 한다. 피부에서 흰색의 독액을 분비하는데, 인체의 점막을 자극하므로 가급적 핸들링은 지양하는 것이 좋다. 특히 입이나 눈에 닿지 않도록 주의해야 한다.

번식

우기나 산란기에는 암수 모두 가느다란 소리로 울고, 5~7월 초에 물속에서 번식한다. 번식기에는 수컷의 앞다리가 굵어지고 엄지발가락 안쪽에 포접돌기(抱接突起)가 생성된다. 논이나 웅덩이에 집단으로 모여 산란하며, 다른 개구리와 달리 돌이나 나뭇잎에 붙이지 않고 몇 개씩 흩뿌려 낳는다. 암컷 한 마리는 여러 번에 걸쳐 30~150개의 알을 낳는데, 산란장소로 수류가 있는 곳보다는 정수성의 고인 물을 선호하며, 수컷은 암컷의 뒷다리 앞과 허리를 잡아 포접한다. 산란을 마치면 산림지역으로 이동하고, 10월이면 동면에 들어간다. 10~15년 정도의 수명을 가지고 있다.

화려한 체색은 독이 있음을 경고한다.

화이어 샐러맨더

- **영 명**: Fire salamander, Common fire salamander, European fire salamander
- **학 명**: *Salamandra salamandra*
- **크 기**: 18~25cm, 최대 30cm
- **서식지**: 남부 및 중부 유럽, 서아시아 및 북부 아프리카 전역. 모로코와 알제리, 터키, 레바논에 이르기까지 이종을 발견할 수 있다. 해발 250m~1000m에서 주로 발견

공식적으로 학계에 보고된 최초의 도롱뇽이었기 때문에 '*Salamandra salamandra*'라는 학명을 가지고 있다. 화이어(fire)라는 이름은 체색 때문에 붙여진 것은 아니다. 나무를 이용해 난방을 하던 시절에 땔감으로 불속에 던져 넣은 통나무 안에서 샐러맨더가 기어 나오는 경우가 잦았는데, 이런 모습에서 샐러맨더는 불속에서 살 수 있으며 피부에서 나오는 분비물로 불을 끈다는 오래된 속설이 생겨나게 됐고 이것이 곧 이름의 유래가 됐다. 석면(石綿, asbestos)의 원래 이름은 '샐러맨더 울(Salamander wool)'이며, 처

음 발견됐을 때 옛날 사람들은 그것이 샐러맨더의 털이라고 생각해 그런 이름을 붙였다. 애완으로는 살라만드라 살라만드라(*Salamandra salamandra salamandra*)와 살라만드라 테레스티스 (*Salamandra salamandra terrestis*, 바드 화이어 샐러맨더-Barred fire salamander-라는 이름으로 불리는데, 무늬가 거의 이어져 줄무늬처럼 보인다)가 주로 유통된다.

외형 및 특징

검은색 바탕에 노란색 혹은 주황색의 줄무늬가 있다. 무늬가 더 굵어 전체적으로 노란색으로 보이거나 완전히 검은색을 가진 개체도 있다. 등과 옆구리는 검은색이며, 배는 갈색 혹은 검은색이다. 꼬리는 원통형으로 몸통보다 짧은데, 꼬리에도 동일한 색의 무늬가 나타난다. 양눈 뒤쪽에 두꺼비처럼 분비선이 발달돼 있다. 본종이 가지고 있는 알칼로이드 독소인 사만다린(Samandarin)은 모든 척추동물에 있어서 호흡곤란과 함께 강력한 근육경련과 고혈압을 유발한다.

서식 및 현황

유럽 중부에 안정된 개체군이 존재하지만 서식지훼손, 외래생물(연어와 가재)의 유입, 기후변화, 상업적 목적을 위한 채집 등으로 인해 개체 수가 감소되고 있으며, 특히 네덜란드와 스페인에서의 개체 수 감소는 더 빠르게 이뤄지고 있다.

사육환경

이상적인 사육온도는 15~20℃이며, 야간에는 5

1. 수컷 2. 암컷 3. 유생 4. 무늬가 나타나기 시작한 개체

체색은 개체마다 다채로운 모습을 보인다.

℃ 정도 낮춰준다. 고온저항성이 약해 23℃ 이상의 온도에서는 상당한 스트레스를 받는다. 습도는 60~70% 선이 적당하다. 호기심이 많고 새로운 환경을 탐험하기 좋아하며 상당히 활발한 종으로, 넓은 사육장을 제공해 주고 주기적으로 레이아웃을 변경해주는 것이 좋다.

안정되면 사육자의 손에서 먹이를 받아먹을 정도로 용감하고 먹성이 좋은 종으로 사육 하에서 쉽게 비만이 되므로 먹이량을 적절히 조절해줘야 한다. 능동적인 사냥꾼으로서 먹잇감의 움직임에 전적으로 의존하기보다는 후각을 이용해 먹이를 찾는다. 원서식지에서는 간혹 썩은 고기(죽은 먹이)도 먹는다고 알려져 있다.

원서식지에서 단독생활을 하는 종이므로 가급적이면 단독사육을 하는 것이 좋다. 어릴 때는 그나마 합사가 가능하기는 하지만 먹이를 급여할 때 서로 싸우는 모습을 보이는 경우가 잦다. 성장하면 넓은 영역을 가지고 강하게 영역싸움을 하며, 심한 경우 한쪽이 죽을 수도 있기 때문에 사육 하에서도 합사를 하는 것은 좋지 않다. 다른 도롱뇽과의 합사도 마찬가지다.

독성이 강하고 피부에 자극을 줄 수 있기 때문에 취급 전후에는 반드시 손을 씻도록 하고, 라텍스 장갑을 착용하는 것도 좋은 방법이다. 특히 집안에 어린아이나 다른 애완동물이 있을 경우에는 접촉하는 일이 없도록 각별히 주의를 기울여야 한다.

번식

육상종으로 번식행동은 땅에서 이뤄지며, 번식을 위해서만 물로 돌아간다. 원서식지에서의 번식기는 일반적으로 초가을이며, 이른 봄에 변태를 마치고 육상으로 이동한다. 수컷은 암컷의 몸을 턱으로 문지르는 행동을 보인다. 유생은 연못과 얕은 호수에서 완전한 수생생활을 하며, 태어난 개체가 번식에 참여할 만큼 성숙하는 데는 3~4년 정도가 소요된다. 인공번식을 위해서는 5~7℃에서의 휴면기간이 필요하다. 자연상태에서 보통 30년 이상 살 수 있으며, 사육 하에서는 훨씬 더 오래 장수하는 종으로 독일 국립자연사박물관에서 50년 이상 생존한 개체의 기록이 있다.

화이트 립 트리 프로그

- 영 명 : White lipped tree frog, Giant tree frog, Indonesian giant green tree frog
- 학 명 : *Litoria infrafrenata*
- 크 기 : 11~14cm, 암컷의 경우 15cm를 초과하는 개체도 한다.
- 서식지 : 호주 북부, 뉴기니, 비스마르크 제도

'자이언트 트리 프로그(Giant tree frog)'라는 이름이 말해주듯이 세계에서 가장 크게 성장하는 청개구리이며(쿠반 트리 프로그-Cuban tree frog-가 최대 크기로 성장하면 본종과 거의 비슷하다), 원서식지인 호주에서는 가장 덩치가 큰 개구리다. 유연관계에 있는 화이트 트리 프로그(White's tree frog, *Litoria caerulea*)와 비슷한 체형이지만 화이트 트리 프로그처럼 살이 찌는 경향이 적고, 덩치는 더 크지만 성격은 조심성이 더 많은 편이다.

외형 및 특징

등 쪽은 녹색이지만 다른 청개구리처럼 환경조건에 따라 갈색으로 변하기도 한다. 화이트 트리 프로그와 같은 녹색이지만, 본종이 더 밝고 선명한 밝은 녹색을 띤다. 몸 상부에 산재돼 있는 자잘한 돌기와 주름은 옆구리 부분에서 크고 넓어지는데, 배 옆부분의 녹색은 이 도드라진 피부로 인해 흰색이나 옅은 노란색의 반점이 관찰된다.

배는 흰색 혹은 아이보리색이다. 아랫입술에는 이름이 유래된 특유의 흰색 줄무늬가 있고, 이 줄무늬는 양쪽 어깨까지 선명하게 이어져 있다. 가로형태의 눈동자를 지닌 매우 큰 눈을 가지고 있다. 뒷발에는 완전한 물갈퀴가 있고 앞발에는 부분적으로 물갈퀴가 있으며, 각각의 발가락 끝에는 흡반이 발달돼 있다. 수컷은 목 아래에 한 개의 울음주머니를 가지고 있고, 개가 짖는 듯한 독특한 음색으로 운다.

사육환경

적정 사육온도는 주간 27~30℃ 내외, 야간에는 22~24℃ 선이며, 적정 습도는 60~70℃% 내외다. 본종을 사육할 때는 덩치가 크고 배설물의 양이 많은 대형종임을 충분히 감안해서 사육장의 레이아웃을 세팅하고 사육환경을 관리해줄 필요가 있다. 어지간한 식물이나 유목은 무게를 버티지 못하기 때문에 구조물의 훼손이 심하고 사육장이 쉽게 더러워진다. 또한, 수영에 굉장히 서툰 종이라는 사실을 염두에 두고 적절한 환경을 조성해줘야 한다. 본종은 암수 한 쌍 혹은 수컷 한 마리에 작은 그룹의 암컷을 합사해 사육할 수 있다.

번식

원서식지에서의 번식은 봄과 여름에 걸쳐 비가 내린 이후에 이뤄진다. 수컷은 목 아랫부분의 색이 더 짙고 살이 더 늘어져 있는 것으로 구분 가능하며, 번식기의 수컷은 사지에 불그스름한 색이 나타난다. 암컷은 400~4000개의 알을 낳으며, 올챙이는 흰색 줄무늬가 있다. 산란에서 변태까지는 8주 정도가 소요된다. 자연상태에서 10~15년 이상, 사육 하에서는 20년까지도 살 수 있다.

1. 가로 눈동자 2. 옆구리의 무늬

화이트 트리 프로그

- **영 명**: White's tree frog, Australian green tree frog, Dumpy tree frog
- **학 명**: *Litoria caerulea*
- **크 기**: 10~14cm
- **서식지**: 호주, 뉴질랜드, 인도네시아, 뉴기니

1770년 아일랜드의 외과의사이자 식물수집가 존 화이트(John white)가 쿡 선장이 이끄는 오스트레일리아 탐험대(영국의 자연과학 후원자 조셉 뱅스-Joseph banks 경의 연구단 일원으로 참여함)에 참여해 최초로 발견한 종이다. 1790년 이 탐험을 기록한 66쪽짜리 학술지에 여러 종의 동식물과 함께 본종을 발표하면서 발견자의 이름을 붙여 '화이트 트리 프로그(White's tree frog)' 라고 부르게 됐다. 서식지를 공유하는 매그니피센트 트리 프로그(Magnificent tree frog, *Litoria splendida*)와 체색이나 체형 면에서 유사하다.

분명히 초록색 개구리인데 최초에는 '라나 카이룰레아(Rana caerulea)', 즉 '푸른 개구리' 라는 이름을 붙였다. 존 화이트가 영국으로 보낸 표본(액침 처리된 것)의 피부색이 방부제로 인해 손상되면서 파랗게 변색된 것을 보고 그대로 이름을 붙인 것이다. 그러나 실제로 자연상태에서도 푸른색이 두드러지는 개체가 발견되는데, 이런 개체는 오스트 랄리안 블루 화이트 트리 프로그(Australian blue white's tree frog)라는 이름으로 높은 인기를 구가하고 있다(국내에서는 'White's tree frog blue form' 이라고 불린다).

대중적으로 가장 사랑받는 청개구리종이자 팩맨과 함께 양서류 사육의 대표적인 입문 종으로서 국내에서도 양서류 가운데 가장 많은 수가 길러지고 있다. 야생채집개체도 많이 수입되고 있는데, 기생충이나 질병을 가지고 있는 경우가 많으므로 분양 받은 뒤에도 일정 기간 별도의 공간에서 상태를 확인하는 검역기간을 거친 후 본 사육장으로 이동시키는 것이 좋다. 국내에서 최초로 항아리곰팡이균이 발견된 외래 양서류도 본종이었다.

외형 및 특징

전체적으로 녹색이고 배는 흰색인데, 앞서 언급했듯이 푸른색이 두드러지는 개체들도 있다. 간혹 등이나 몸의 측면에 짙은 테두리를 가진 흰색 점무늬(상업적으로는 '스노우플레이크-Snowflake' 라고 불린다)를 가진 개체도 있지만, 보통 몸에는 별다른 무늬가 없다.
고온 저습한 환경에서는 대체적으로 조금 더 밝은색을 띠는 경향이 있고, 반대로 저온 고습한 환경일 때는 갈색을 띤다. 우리나라 청개구리를 크게 확대해놓은 듯한 체형이며, 발가락에는 약 1/3 정도 해당하는 물갈퀴가 있고 뒷다리에는 3/4에 해당하는 물갈퀴가 있다. 발가락 끝에는 커다란 흡반이 발달해 있다. 체형 면에서 특징적인 것은 성체의 경우 눈 위에 특이한 지방 융기가 있다는 점이다.

나이 든 개체

사육환경

온도는 주간 27~29℃, 야간에는 22~24℃ 정도로 낮춰준다. 습도는 70% 내외를 유지해주며, 사육장 바닥 전체를 물로 채우는 팔루달리움에서 사육할 경우 과습(過濕)에 유의해야 한다.

1. 성장에 따른 두상의 변화 2. 손도 잘 타는 종이다. 3. 화이트 트리 프로그와 그린 트리 프로그의 비교

덩치가 큰 수상종(樹上種)이므로 몸을 지지할 만한 튼튼한 나뭇가지를 많이 얽어서 제공해주는 것이 좋다. 큰 덩치와 왕성한 식욕을 가지고 있으므로 바닥재의 오염이 빠르다는 사실을 인식하고 사육장을 항상 청결하게 관리해줄 필요가 있다. 적당히 큰 물그릇을 넣어주면 배변관리가 용이하다.

MBD에 비교적 취약하다는 평가가 있으므로 일주일에 한 번 정도 비타민과 칼슘을 더스팅해서 급여하는 것이 좋다. 지나친 비만에 주의해야 하는데, 지방을 눈 위에 저장하는 경향이 있으므로 이 부위를 확인해 먹이의 양을 가감하도록 한다. 보통 사육 하에서 이렇게 비만해지는 개체가 많아 '덤피 트리 프로그(Dumpy tree frog)'라는 별명으로도 불리기도 한다.

번식

수컷의 경우 목 아랫부분의 색이 암컷에 비해 짙은 경향이 있는데, 가끔 진공청소기나 물소리 등에 반응해 울기도 한다. 원서식지에서의 번식기는 여름철 비가 내릴 때로 암컷은 800~2000개의 알을 낳으며, 산란된 알은 2~3일 안에 부화한다. 일반적으로 올챙이의 변태는 2개월 이내에 이뤄지지만, 환경이 여의치 않을 경우 최대 1년까지 수중에 머무른 사례도 보고돼 있다. 평균 10년 내외로 살지만, 사육 하에서 잘 관리되면 20년 이상도 살 수 있다.

히말라얀 뉴트

- **영 명** : Himalayan newt
- **학 명** : *Tylototriton verrucosus*
- **크 기** : 15cm 내외, 최대 20cm
- **서식지** : 인도와 네팔 동부, 중국 윈난성 서쪽~중국 북부, 베트남 북서부, 태국 미얀마

크로커다일 뉴트(Crocodile newt), 크로커다일 샐러맨더(Crocodile salamander), 히말라얀 샐러맨더(Himalayan salamander), 레드 납비 뉴트(Red knobby newt)라는 이름으로도 불린다. 인도 북동부의 히말라야 계곡, 네팔의 동부, 중국 남부 윈난성 지역, 태국 북부와 북부 미얀마 지역에 걸쳐 서식한다. 보고되고 있지는 않으나 라오스나 네팔에서도 서식하고 있을 가능성이 있다. 고산지역과 열대우림지역에 서식하는 종이기 때문에 사육하에서도 온습도 조절이 약간 까다로울 수 있다.

외형 및 특징

전체적으로 짙은 갈색의 바탕에 주황색의 무늬를 가지고 있다. 머리 부분과 사지는 주황색이며, 척추를 따라 주황색의 줄무늬가 관찰되고 꼬리 전체도 역시 주황색이다. 척추를 중심으로 양옆으로 주황색의 둥근 점무늬가 줄지어 관찰된다. 피부는 자잘한 돌기가 많고 상당히 거친 편이며, 눈 앞뒤로 두드러진 분비샘이 발달돼 있어 두상이 상당히 투박해 보인다.

서식 및 현황

주로 습한 숲이나 논, 차밭, 산지의 연못과 호수 기슭의 초원 등에서 서식한다. 일반적으로 해발고도 1000~3000m 사이의 고지에 서식하는 고원종이다. 미얀마에서는 낚시 미끼로, 인도에서는 전통적인 의약품의 원료로 사용된다. 서식지의 잠식과 화전을 위해 인간이 일부러 내는 산불 등이 개체 수 감소의 큰 원인이 되고 있어 네팔, 인도, 중국, 태국에서 법률에 의해 보고받고 있다.

번식

번식은 몬순계절인 3월 말에서 4월 초순에 이뤄지는데, 3~5월 경에 한 클러치에 25~60개의 알을 낳는다. 부화된 유생은 장마철인 9월 말까지 물속에서 생활하다가 10월 쯤에 육지로 진출한다. 유생은 주로 수생생물을 먹이로 삼고, 성체는 곤충이나 지렁이를 잡아먹는다. 유생의 단계가 상대적으로 다른 종들에 비해 짧다고 알려져 있으나 그 생태에 관한 정보는 상당히 부족하다. 평균 크기는 20cm이며, 약 3~5년이 지나면 성성숙에 도달한다. 수명은 약 10년 내외다.

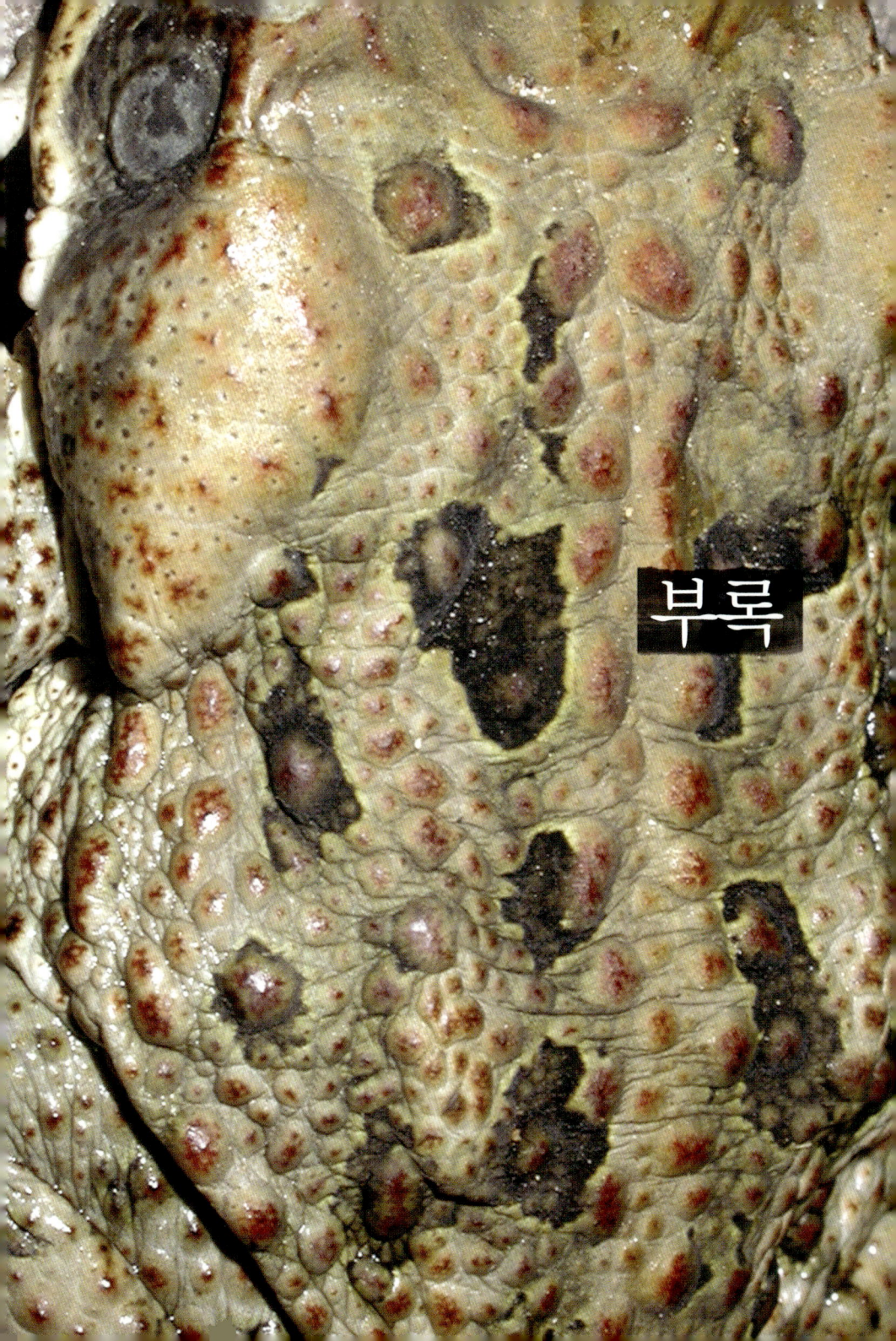

부록

우리나라의 양서류

우리나라의 양서류는 대부분이 보호종 또는 포획금지종으로 지정돼 채집이나 사육이 법률로써 제한되고 있다. 이런 이유로 사육서인 본서에서 언급할 필요는 없으나 자생종에 대한 관심과 애정을 가지는 것은 양서류 애호가로서의 기본자세라고 생각하기에 여기에 언급한다.

양서강 : 2목 7과 8속 18종
1. 유미목
- 도롱뇽과 : 도롱뇽, 제주도롱뇽, 고리도롱뇽, 꼬리치레도롱뇽
- 미주도롱뇽과 : 이끼도롱뇽

2. 무미목
- 무당개구리과 : 무당개구리
- 두꺼비과 : 두꺼비, 물두꺼비
- 청개구리과 : 청개구리, 수원청개구리
- 맹꽁이과 : 맹꽁이
- 개구리과 : 참개구리, 금개구리, 북방산개구리, 계곡산 개구리, 한국산개구리, 옴개구리, 황소개구리

한국산 양서류 분류

1. Class *Amphibians* 양서강
   1. Order *Caudata* 도롱뇽목(유미목)
      1. Family *Hynobiidae* 도롱뇽과
         1. Genus *Hynobius* 도롱뇽속
            1. *Hynobius leechii* 도롱뇽
            1. *Hynobius yangi* 고리도롱뇽
            1. *Hynobius quelpaertensis* 제주도롱뇽
         1. Genus *Onychodactylus* 꼬리치레도롱뇽속
            1. *Onychodactylus koreanus* 꼬리치레도롱뇽
         1. Genus *Salamandrella* 네발가락도롱뇽속
            1. *Salamandrella keyserlingii* 네발가락도롱뇽 ★
      1. Family *Plethodontidae* 미주도롱뇽과
         1. Genus *Karsenia* 이끼도롱뇽속
            1. *Karsenia koreana* 이끼도롱뇽
   1. Order *Salientia* 개구리목(무미목)
      1. Family *Bombinatoridae* 무당개구리과
         1. Genus *Bombina* 무당개구리속
            1. *Bombina orientalis* 무당개구리
      1. Family *Bufonidae* 두꺼비과
         1. Genus *Bufo* 두꺼비속
            1. *Bufo gargarizans* 두꺼비
            1. *Bufo stejnegeri* 물두꺼비
            1. *Bufo raddei* 작은두꺼비 ★
            1. *Bufo sanbangi* 삼방두꺼비 ★
      1. Family *Hylidae* 청개구리과
         1. Genus *Hyla* 청개구리속
            1. *Hyla japonica* 청개구리
            1. *Hyla suweonensis* 수원청개구리
      1. Family *Microhylidae* 맹꽁이과
         1. Genus *Kaloula* 맹꽁이속
            1. *Kaloula borealis* 맹꽁이
      1. Family *Ranidae* 개구리과
         1. Genus *Rana* 개구리속
            1. *Rana coreana* 한국산개구리
            1. *Rana dybowskii* 북방산개구리
            1. *Rana huanrenensis* 계곡산개구리
            1. *Rana chensinensis* 중국산개구리 ★
            1. *Rana amurensis* 아무르산개구리 ★
            1. *Rana nigromaculata* 참개구리
               = *Pelophylax nigromaculatus*
            1. *Rana chosenica* 금개구리
               = *Pelophylax chosenicus*
            1. *Rana rugosa* 옴개구리
               = *Glandirana rugosa*
            1. *Rana catesbeiana* 황소개구리
               = *Lithobates catesbeianus*

(표시 ★ 북한에만 서식)

양서류 보호 현황

국명	학명	IUCN Red-list2013	한국 Red-list2011	천연기념물
도롱뇽	Hynobius leechii	LC	LC	
제주도롱뇽	Hynobius quelpaertensis	DD	NT	
고리도롱뇽	Hynobius yangi	EN	EN	
꼬리치레도롱뇽	Onychodactylus fischeri	LC	LC	
이끼도롱뇽	Karsenia koreana	LC	VU	
무당개구리	Bombina orientalis	LC	LC	
두꺼비	Bufo gargarizans	LC	LC	
물두꺼비	Bufo stejnegeri	LC	LC	
청개구리	Hyla japonica	LC	LC	
수원청개구리	Hyla suweonensis	LC	EN	
맹꽁이	Kaloula borealis	LC	VU	
참개구리	Rana nigromaculata	NT	NT	
금개구리	Rana plancyi chosenica	VU	VU	
옴개구리	Rana rugosa	LC	LC	
한국산개구리	Rana coreana	LC	LC	
북방산개구리	Rana dybowskii	LC	LC	
계곡산개구리	Rana huanrenensis	LC	LC	
황소개구리	Rana catesbeiana	LC		

멸종위기종	포획금지종	식용금지종	수출입허가대상종	인공증식을 위한 포획허가대상종	국외반출승인대상종
	○		○		○
	○		○		○
	○		○		○
	○		○		○
	○				○
					○
	○		○		○
	○		○		○
					○
Ⅰ급			○		
Ⅱ급					
					○
Ⅱ급					
					○
	○	○	○	○	○
	○	○	○	○	○
	○	○	○	○	○

개구리 인공번식 허가 관련

야생동물 인공증식 관리지침 - 양서류
[시행 2005.3.29] [환경부 예규 제2005-0호, 2005.3.29 제정]

□ 목 적
『야생동·식물보호법』에 의하여 상업적 목적으로 인공증식을 하고자 하는 경우 야생동물의 종류, 포획허가기준·절차 등에 관한 지침을 정함으로써 야생동물의 인공증식 관리가 효율적으로 수행되도록 하기 위함
□ 관련근거
○『야생동·식물보호법』제19조(야생동물의 포획금지) 제1항 제5호
- 야생동물의 보호에 지장을 주지 아니하는 범위 안에서 환경부령이 정하는 경우에는 야생동물 포획허가를 받아 포획 가능
○ 동법 시행규칙 제26조(인공증식을 위한 포획허가)
- 법 제19조에서 '환경부령이 정하는 경우' 라 함은 별표7의 규정에 해당하는 야생동물을 환경부장관이 정하는 기준 및 방법 등에 의하여 시장·군수·구청장의 허가를 받아 상업적 목적으로 인공 증식하고자 하는 경우를 말함

인공증식을 위한 포획허가대상 야생동물 - 양서류	
구분	종 명
양서류	1. 아무르산개구리 *Rana amuriensis* 2. 계곡산개구리 *Rana huanrenensis* 3. 북방산개구리 *Rana dybowskii*

□ 포획허가기준 및 절차

1. 포획허가 기준

가. 공통사항

[1] 포획허가 신청 및 허가 등

□ 포획허가 신청

○ 인공증식을 위하여 야생동물을 포획하고자 하는 자는 포획야생동물의 종류와 수량, 포획목적, 포획기간, 포획지역, 포획방법 등을 기재한 포획허가 신청서(붙임1)를 관할 시장·군수·구청장에게 제출하여야 함

※ 포획지역은 5000분의 1 지형도에 대상지역을 표기하여 제출(면적 포함)

□ 포획허가

○ 시장·군수·구청장은 포획허가 신청서에 대하여 포획방법·수량 및 방법의 적정성 등을 검토하여 포획허가 여부를 결정함

○ 포획지역이 1개 이상일 때는 허가신청서에 포획지역을 일괄 기재하여 허가신청 및 허가 가능함

○ 포획지역과 인공증식장소는 동일한 관할구역(시·군·구 단위 기준)에 위치하여야 함

○ 포획허가 횟수

- 포획남용 방지를 위하여 동일인은 동일종에 대해 3년 동안 총 3회까지만 포획을 허용하고 3회 포획한 때에는 그때부터 3년간 인공증식 목적의 포획허가를 금지함

○ 포획허가증은 인공증식장소 내 식별하기 쉬운 위치에 항상 비치하여야 함

□ 포획시기

○ 야생동물의 포획은 생육이 가장 활발한 시기(4~11월)에 포획하는 것을 원칙으로 함

- 다만, 양서류의 경우 지역 및 산란시기 등을 고려하여 3월부터 포획 허가가능

□ 동일 지역 등의 연속 포획금지

○ 한번(1회) 포획한 지역은 종(種) 보전을 위해 포획한 날로부터 3년간 포획한 지역 및 주변 일정 지역은 동일종의 포획허가를 금지함
- 주변 일정 지역이라 함은 허가한 지역의 경계선에서 허가지역 장축길이의 50% 범위 내 지역을 말함
『예시』: 다람쥐 포획허가를 한 지역이 최소길이는 200m이나 최대길이가 1000m인 경우, 경계선으로부터 500m 이내 지역
□ 포획 및 포획신고
○ 포획허가를 받은 후 포획한 야생동물은 포획한 날로부터 5일 이내에 시장·군수·구청장에게 신고하여야 함
- 신고 시에는 허가증 뒷면에 포획사실 등을 기재하고 포획개체 수를 확인할 수 있는 사진 등 증빙서류를 제출하여야 함
○ 포획한 야생동물은 인공증식 목적으로만 사용되어야 함(위반 시 처벌됨)

[2] 인공증식 장소 및 시설 등
□ 인공증식장소
○ 인공증식장소는 사용할 수 있는 법적 권리(사용권, 소유권, 임대, 지역권, 지상권 등)를 취득한 토지(산림, 하천, 호소, 전, 답 등)이어야 함
○ 인공증식장소는 인공증식 대상 야생동물의 먹이, 서식, 분포 등 생태적 특성 등을 고려하여 최적의 서식조건에서 인공증식 및 사육이 될 수 있도록 최대한 현재의 자연상태가 잘 유지될 수 있는 지역이어야 함
- 아울러 당해 및 주변지역의 자연생태 및 경관 등이 조화가 유지되도록 하여야 하며 당해 지역은 최적의 서식조건 유지를 위해 전체면적의 25% 이상은 원형보전하여야 함
○ 인공증식장소는 원칙적으로 마을(5가구 이상)과 일정거리 이상 이격(최하 300m)되도록 하여야 함
- 마을 규모가 50가구 이상인 때에는 원칙적으로 500m 이상 이격되어야 함
※ 파충류의 경우 마을과의 이격거리는 별도기준 적용
□ 인공증식시설
○ 증식동물의 생태적 특성 등을 고려하여 동물이 학대받거나 비위생적인 시설에서 증식·사육되지 않도록 적정한 시설설치 및 환경이 유지되도록 하여야 함
○ 동물의 탈출 및 안전사고 방지를 위한 적정시설을 설치하여야 함

- 출입문은 비상문(2중문 등)을 설치하여야 하며, 관계자 출입 및 인공증식을 위하여 필요한 경우 외에는 항상 잠겨 있어야 함
- 울타리(휀스) 등은 바닥 밑까지 고정 설치하여 내부로부터의 탈출 및 외부로부터의 침입이 방지되도록 하여야 함.
※ 독성을 가진 파충류의 경우 탈출예방을 위한 시설 및 필요한 조치를 취하여야 함
- 화재 등 비상사태 발생 시 동물 탈출로 인해 주변지역에 피해가 발생하지 않도록 예방시설 설치 등 필요한 예방조치를 취하여야 함
○ 인공증식시설에는 인공증식사실을 나타내는 표지판을 설치하여 일반인들이 인공증식시설임을 식별할 수 있도록 하여야 함

『예시』: '다람쥐 인공증식시설', '청둥오리 인공증식시설', '살모사 인공증식시설', '북방산개구리 인공증식시설', '방역상 출입금지' 등

□ 환경관리 및 폐사처리 등
○ 증식동물의 질병예방 및 기생충방제 등 위생관리에 힘써야 하며, 질병발생 또는 부상동물 발생 시 적절한 조치를 취하여야 함
○ 인공증식으로 인해 주변지역에 소음, 악취 등 생활환경피해가 발생되지 않도록 조치하여야 함
○ 증식장소 및 시설에서 발생되는 환경오염물질은 환경관련법에 따라 처리하고 적용법률이 없는 때에는 관련법을 준용·처리하여야 함
○ 포획·증식한 동물을 운반하는 때에는 동물이 학대되지 않은 방법으로 운반하여야 하며 동물탈출 방지시설 등을 설치하여야 함
○ 동물이 탈출하였을 경우에는 24시간 이내에 허가권자에게 신고하여야 하며, 탈출한 동물은 인체 및 재산상의 위해 염려가 없는 한 허가권자의 허가 없이 포획할 수 없음 (이 경우 3회 포획금지 적용 제외)
○ 인공증식 중 포획한 야생동물이 죽거나 질병으로 사육할 수 없을 경우에는 5일 이내 허가권자에게 신고(붙임2) 후 처리하여야 함
○ 전염병 등 질병으로 폐사하거나 질병으로 사육할 수 없을 경우에는 가축전염병예방법의 규정에 따라 처리하여야 함
- 질병이 아닌 사고 등으로 폐사한 때에는 폐기물관리법 등 관련법에 따라 처리하여야 함
○ 전염병이 발생한 경우에는 즉시 허가권자에게 신고하고 방역 등 필요한 전염병 예방

조치를 취하여야 함
[3] 포획금지 지역 및 포획방법
□ 포획금지 지역
○ 『야생동·식물보호법』에 의하여 지정된 야생동·식물 특별보호구역
○ 『야생동·식물보호법』에 의하여 지정된 야생동·식물 보호구역
- 다만, 야생식물 보호만을 위해 지정된 보호구역은 포획허가 가능
○ 자연환경보전법에 의한 생태·경관보전지역
○ 국토의 계획 및 이용에 관한 법률에 의한 생태계보전지구
○ 그 밖에 자연공원법 등 다른 법률에 의하여 야생동물보호를 위하여 지정된 용도지역 또는 야생동물의 포획을 금지·제한하고 있는 지역
□ 포획방법
○ 야생동물 포획은 담당공무원 또는 야생동·식물보호원의 입회 하에 실시되어야 함
○ 포획은 그 동물의 생태적 특성을 고려하여 적정한 방법으로 포획하되 개체가 상하거나 다치지 않는 안전한 방법으로 포획하여야 함
○ 덫, 올무 등과 같이 야생동물이 다치거나 학대하는 방법으로 포획하여서는 아니 됨
○ 포획한 동물이 인공증식장소에 도착하기 전에 폐사한 경우에는 신고 후 야산 등 적정한 장소에 매립하여야 함
[4] 인공증식 용도 및 재방사 등
□ 인공증식 후 사용 용도
○ 인공 증식한 야생동물은 원칙적으로 다음 용도에 한하여 상업목적으로 사용되어야 함
- 학술·연구용, 약용, 재증식용, 방사용, 애완용, 동물원 관람 및 전시용, 수출용, 식용 및 그 가공재료(식품위생법에 저촉되지 않는 경우에 한함)
□ 재방사
○ 인공증식을 목적으로 포획한 야생동물은 포획한 날로부터 30개월 이내에 포획한 장소 또는 그 주변지역에 다시 풀어놓아야 함
- 포획한 동물이 폐사, 부상, 노화 등으로 다시 풀어놓을 수 없거나 풀어놓더라도 실효성이 없을 경우에는 그 개체로부터 증식한 종을 포획한 개체 수의 1.2배 이상을 방사하여함
○ 포획한 야생동물 또는 증식한 종을 방사할 경우에는 담당공무원 또는 야생동·식물

보호원의 입회 하에 방사하고 그 방사장면 사진 등 방사사실 입증자료를 첨부하여 허가받은 기관에 제출하여야 함

[5] 인공 증식된 동물의 개체관리
□ 관리대장 작성관리
○ 야생동물 포획허가를 받아 인공증식을 하는 자는 인공 사육한 동물의 양도·판매 및 보관실태를 관리대장(붙임4)에 작성·관리하여야 함
- 야생동물포획허가를 받아 인공 증식한 자로부터 인공 사육한 동물을 양수받아 인공증식을 하는 자도 관리대장을 작성·관리하여야 함
□ 양도·양수 및 판매 등
○ 인공증식목적으로 인공 증식된 동물을 양도하고자 하는 경우에는 양수자가 이 지침에 의한 인공증식장소 및 증식시설을 먼저 갖춘 경우에 한하여 양도하여야 함(인공증식목적으로 포획한 야생동물은 양도 불가)
○ 인공증식이 아닌 상업목적으로 사용하고자 하는 자는 인공증식자에게 직접 구입하거나 이를 구입한 자로부터 구입하여야 함
- 다만, 인공 증식된 개체는 무분별한 판매·유통방지를 위해 2차에 한하여 판매·유통할 수 있음
(예 시) : A가 인공증식자로부터 다람쥐 100마리를 구입한 경우, A는 소비자에게 직접 판매하거나 B에게 다람쥐 50마리를 판매할 수 있음(1차). 그리고 B는 그 50마리를 소비자인 C 등에게 판매(2차)할 수 있으나, 소비자인 C 등은 다른 사람에게 다시 판매·유통하지 못함
- 인공 증식한 개체를 구입한 자는 그 개체가 인공 증식된 것임을 증명할 수 있는 관리대장(붙임4) 또는 인계·인수대장(붙임5) 사본을 가지고 있어야 함(위 예시의 A, B, C)
※ 위 예시의 경우, 인공증식자는 A에게, A는 B에게, B는 C에게 각각 관리대장(붙임4) 또는 판매·거래대장(붙임5)에 판매사실을 기재하여 그 사본을 주어야 함
□ 기 타
○ 포획한 야생동물은 특별한 사유가 없는 한 인공 증식된 종과 구분될 수 있도록 그 동물이 있는 장소에 그 사실을 알 수 있는 적정한 표지시설을 부착하여야 함(다람쥐, 조류, 파충류에 한함)
○ 포획한 야생동물을 증식 등을 위해 부득이 인공 증식된 종과 동일시설에서 증식하는

경우에는 그 개체에 포획한 야생동물임을 알 수 있는 적절한 표지시설을 부착하도록 하여야 함(다람쥐 및 조류에 한함)

[6] 기존의 인공증식자에 대한 조치 등

□ 경과조치

○ 『야생동·식물보호법』시행 이전('05.2.10)부터 야생동물을 인공 증식하고 있는 자는 이 지침 시행일로부터 6월 이내 시장·군수·구청장으로부터 인공증식증명서(붙임7)를 발급받아야 하며, 발급받은 인공증식증명서는 포획허가를 받아 인공 증식하고 있는 것으로 간주함

- 다만, 인공증식증명을 발급받은 자는 2006년 말까지 이 지침에 의한 인공증식장소 및 시설기준을 갖추어야 함

○ 이 지침에 의해 인공증식증명서를 받은 기존의 인공증식자는 관리대장(붙임4) 기록 유지 등 이 지침내용을 준수하여야 함

□ 기 타

○ 인공 증식한 자로부터 인공 증식된 개체를 양수받아 인공 증식하고자 하는 자는 인공증식장소 및 인공증식시설을 갖춘 후 시장·군수·구청장으로부터 인공증식증명서(붙임7)를 발급받아야 함.

※ 인공 증식한 개체를 양수받아 재 인공 증식하는 경우, 포획허가증을 발급받을 수 없으므로 인공증식증명서를 발급하여 포획허가증으로 갈음할 수 있도록 함

인공증식을 위한 야생동물의 포획수량 및 방법 – 양서류			
구분	대상동물	포획수량	포획방법
양서류(3)	아무르산개구리 계곡산개구리 북방산개구리	각 개체별 100마리 이내 (암수 각 50)	뜰채, 생포 등 개체가 다치지 않는 방법

□ **운반방법**

양서류(아무르산개구리, 계곡산개구리, 북방산개구리)

□ 포획개체 수

○ 각 개체별 1회 최대 100마리 이내(암수 각 50마리), 3년간 각 개체별 최대 300마리

- ○ 개구리, 올챙이 등의 성체를 포획하여야 하며 알은 포획금지
- ☐ 포획방법
- ○ 뜰채, 족대 등 포획대상 개체가 다치지 않는 방법을 사용하여야 하며, 전기충격 등의 위험한 방법으로 포획하여서는 아니 됨
- ☐ 포획지역
- ○ 반경 1.5㎞ 단위로 포획을 허가하되, 포획허가지역 및 주변지역(최대 2㎞)은 3년 동안 포획 제한
- ○ 반경 1.5㎞ 지역에서 30마리 이내의 개구리나 올챙이를 포획하여야 하며, 3~4개 지역에서 분산 채집하여야 함
- ☐ 운반방법
- ○ 운반 시 운반상자에는 구멍을 뚫어 호흡이 가능하도록 하여야 하며, 습기를 유지할 수 있어야 함

☐ **증식시설 기준**
- ☐ 인공증식장 면적 : 1000㎡ (약 300평) 이상
- ☐ 증식시설
- ○ 수환경시설(웅덩이, 계류, 논 등)
- – 수환경시설 면적은 인공증식시설 전체 면적의 30% 이상
- ○ 울타리(휀스)시설
- – 높이 1.5m 이상의 휀스를 설치하고 휀스 끝부분은 'ㄱ' 모양으로 구부리거나 망목 등을 설치하여 개구리들의 외부 유출 예방
- – 울타리의 고정지주는 지면으로부터 50㎝ 이상의 깊이가 되도록 시멘트, 벽돌 등으로 기초공사를 실시하여 장마, 태풍 시 유실되지 않도록 조치
- ○ 그늘시설(흄관, 그늘막 등)
- ○ 부화시설(의무적 설치시설임)
- – 7m×40m 이상의 비닐하우스 1개 이상
- – 비닐하우스 내의 온도를 일정하게 유지시키기 위한 온도조절장치
- – 알 또는 올챙이의 자연부화 및 변태를 위한 수조시설 또는 웅덩이시설 3개 이상 설치

CITES

CITES - '워싱턴 조약'
멸종위기에 처한 야생동·식물의 국제거래에 관한 협약(Convention on International Trade in Endangered Species of Wild Flora and Fauna)
범세계적으로 멸종위기에 처한 야생동식물의 포획, 채취와 상거래를 규제함으로써 야생동식물과 생태계를 보호하기 위한 조약으로 1973년 3월 3일 워싱턴에서 조인되어 1975년부터 발효되었다. 우리나라는 1993년 7월에 가입하였다.
국제무역에서의 불법적인 야생동식물 유통에 대응하기 위해 5000여 종의 동물과 28,000여 종의 식물 등 약 33,000종의 생물종이 등재되어 보호받고 있으며 각각의 종은 무역으로 인한 위협 정도와 적용되는 규율 정도에 따라 부속서 Ⅰ, Ⅱ, Ⅲ으로 나뉜다.

Ⅰ급 : 국제적으로 멸종위기에 처한 동식물로 무역이 중지되지 않으면 멸종될 생물종
- 국가 간의 거래가 원칙적으로 불가능하고 학술연구 및 공익, 기타 인공번식을 목적으로 하는 경우만 인정. 단 사육되거나 인공적으로 재배된 경우 예외 조항에 따라 부속서 Ⅱ로 간주되는 경우도 있다.

Ⅱ급 : 현재 멸종위기에 있지만 국제거래를 엄격하게 규제하지 않을 경우 멸종위기에 처할 수 있는 종이나 부속서 Ⅰ에 등재되어 있는 종과 혼동되기 쉬운 종
- 상업적 거래는 가능하나 CITES종 수출입 허가 신청을 득해야 함

Ⅲ급 : CITES 개별 당사국이 이용을 제한할 목적으로 자기 나라의 관할권 안에서 규제를 받아야 하는 것으로 확인하고 국제거래규제를 위하여 다른 당사국의 협력이 필요하다고 판단한 종

처벌 규정

위반 내용	처분
허가없이 수입, 수출, 반출 또는 반입하는 경우	3년 이하의 징역 또는 2천만원 이하의 벌금
수입, 반입목적 외의 용도로 사용하는 자	2년 이하의 징역 또는 1천만원 이하의 벌금
부정한 방법으로 수입, 수출, 반입, 반출허가를 받은 자 국제적 멸종위기종의 멸종 또는 감소를 촉진시키거나 학대를 유발할 수 있는 광고를 한 자	1년 이하의 징역 또는 500만원 이하의 벌금
위의 위반행위 시 적발된 국제적 멸종위기종 및 그 가공품은 몰수	

구분	부속서 Ⅰ	부속서 Ⅱ	부속서 Ⅲ
양서류 등재 종	17spp	126spp	3spp

Appendices		
Ⅰ	Ⅱ	Ⅲ

CLASS *AMPHIBIA* (AMPHIBIANS) *ANURA* *Aromobatidae* Fragrant frogs		
	Allobates femoralis	
	Allobates hodli	
	Allobates myersi	
	Allobates rufulus	
	Allobates zaparo	
Bufonidae Toads *Amietophrynus* *superciliaris* *Altiphrynoides* spp.		

Atelopus zeteki

Incilius periglenes

Nectophrynoides spp.

Nimbaphrynoides spp.

Calyptocephalellidae Chilean toads

Calyptocephalella gayi (Chile)

Dendrobatidae Poison frogs

    Adelphobates spp.

    Ameerega spp.

    Andinobates spp.

    Dendrobates spp.

    Epipedobates spp.

    Excidobates spp.

    Hyloxalus azureiventris

    Minyobates spp.

    Oophaga spp.

    Phyllobates spp.

    Ranitomeya spp.

Dicroglossidae Frogs

    Euphlyctis hexadactylus

    Hoplobatrachus tigerinus

Hylidae Tree frogs

    Agalychnis spp.

Mantellidae Mantellas

     Mantella spp.
Microhylidae Red rain frog, Tomato frog
Dyscophus antongilii
     Scaphiophryne gottlebei
Myobatrachidae Gastric-brooding frogs
     Rheobatrachus spp.(Except *Rheobatrachus silus*
     and *Rheobatrachus vitellinus*)
CAUDATA
Ambystomatidae Axolotls
     Ambystoma dumerilii
     Ambystoma mexicanum
Cryptobranchidae Hellbender and giant salamanders
Andrias spp.
     Cryptobranchus
     alleganiensis (United States of America)
Hynobiidae Asiatic salamanders
     Hynobius amjiensis (China)
Salamandridae Newts and salamanders
Neurergus kaiseri

국내법상 CITES 종 양서류의 수출입, 매매, 증식, 용도변경은 모두 환경부에 신고하여야 한다.

□ 양서류 AMPHIBIANS

구분	부속서 Ⅰ	부속서 Ⅱ	부속서 Ⅲ
개구리목 ANURA			
두꺼비과 Bufonidae	알티프리노이드속 전종 *Altiphrynoides spp.* 바리우스두꺼비 *Atelopus zeteki*		

■ 야생생물 보호 및 관리에 관한 법률 시행규칙 [별지 제26호의6서식] 〈신설 2014.7.17〉

국제적 멸종위기종 사육시설 등록신청서

※ 바탕색이 어두운 난은 신청인이 적지 않으며, [ ]에는 해당되는 곳에 √ 표시를 합니다. (앞쪽)

접수번호		접수일	처리기간	30일

신청인	성명(대표자)		생년월일	
	상호(명 칭)		전화번호	
	주소			

사 육 시 설	사육시설의 소재지	
	일반사육관리 기준 충족여부	[ ] 물과 음식 제공, 적당한 환경 제공 [ ] 동물 건강관리 [ ] 행동 관리 [ ] 교육, 설명과 관람객 체험 [ ] 보존 [ ] 행정 [ ] 충분한 자질을 갖춘 사육사 [ ] 안전관리
	사육개시일	
	사육조건	
	관리방법	

사육하는 국제적 멸종위기종 목록 및 시설내역

일련번호	보통명	학 명	개체수	등 급 (Ⅰ, Ⅱ, Ⅲ 급)	시설규모(동)	시설면적(㎡)

「야생생물 보호 및 관리에 관한 법률」제16조의2 제1항 및 같은 법 시행규칙 제23조의5 제1항에 따라 국제적 멸종위기종 사육시설의 등록을 신청합니다.

년 월 일

신청인 (서명 또는 인)

유역환경청장(지방환경청장) 귀하

신청인(대표자) 제출서류	1. 사육시설의 사진 및 평면도 2. 사육시설 면적 및 개체 수 등을 포함한 사육시설현황내역서 3. 시행규칙 별표 5의2 제1호에 따른 일반 사육기준의 관리 계획을 포함한 사육시설 관리계획서 4. 보호시설 명세서(보호시설에서 사육 중인 경우에만 해당합니다)	수수료 10만원

210mm×297mm[백상지 80g/㎡(재활용품)]

처 리 절 차

이 신청서는 아래와 같이 처리됩니다.

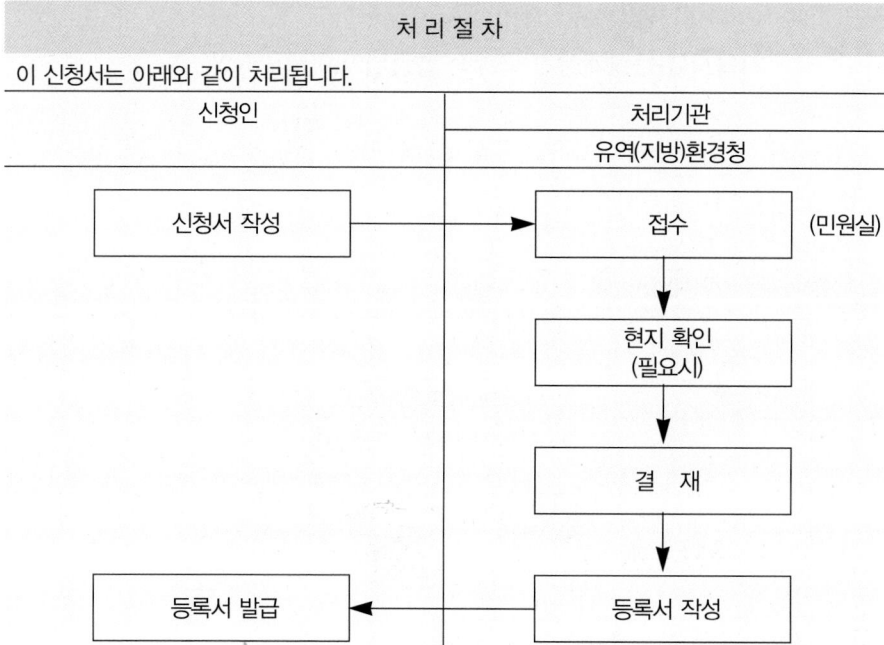

국제적 멸종위기종 사육시설 기준 〈양서류〉

사육시설 등록대상인 국제적 멸종위기종(제13조의3 관련)

4. 특정 시설 장치 및 관리 여부가 개체의 생존에 현저한 영향을 미칠 수 있어 동물의 복지상태에 대한 지속적 관리가 필요한 종

라. 양서류(AMPHIBIA)

번호	부속서 I	부속서 II	CITES 등급
	도롱뇽목(CAUDATA)		
	엠비스토마과(Ambystomatidae)		
23	멕시코도롱뇽	Ambystoma mexicanum	II
	장수도롱뇽과(Cryptobranchidae)		
24	중국장수도롱뇽	Andrias davidianus	I

그러나 양서류 종에 대한 사육 시설 기준은 정해져 있지 않다.

구 분	부속서 I	부속서 II	부속서 III
개구리목 ANURA			
두꺼비과 Bufonidae	알티프리노이드속 전종 Altiphrynoides spp.		
	바리우스두꺼비 Atelopus zeteki		
	오렌지두꺼비 Bufo periglenes		
	카멜레온두꺼비 Bufo superciliaris		
	보모두꺼비속 전종 Nectophrynoides spp.		
	님바프리노이드속 전종 Nimbaphrynoides spp.		
	스피노프리노이드속 전종 Spinophrynoides spp.		
독개구리과 Dendrobatidae		알로바테스 페모라리스 Allobates femoralis	
		알로바테스 자파로 Allobates zaparo	

구 분	부속서 I	부속서 II	부속서 III
		크립토필로바테스 아주레 이벤트리스 *Cryptophyllobates azureiventris*	
		독개구리속 전종 *Dendrobates spp.*	
		에피페도바테스속 전종 *Epipedobates spp.* (*Epipedobates machalilla* 포함)	
		불빛개구리속 전종 *Phyllobates spp.*	
청개구리과 Hylidae		붉은눈개구리속 전종 *Agalychinis spp.*	
만텔라과 Mantellidae		만텔라속 전종 *Mantella spp.*	
맹꽁이과 Microhylidae		안톤개구리 *Dyscophus antongilii*	무지개굴착개구리 *Scaphiophryne gottlebei*	
개구리과 Ranidae		여섯발가락개구리 *Euphlyctis hexadactylus*	
		호랑무늬개구리 *Hoplobatrachus tigerinus*	
거북개구리과 Rheobatrachidae		비브론두꺼비속 전종 *Rheobatrachus spp.* (*R. silus, R. vitellinus* 제외)	
도롱뇽목 CAUDATA			
엠비스토마과 Ambystomidae		파츠쿠아로도롱뇽 *Ambystoma dumerilii*	
		멕시코도롱뇽 *Ambystoma mexicanum*	
장수도롱뇽과 Cryptobranchidae	장수도롱뇽속 전종 *Andrias spp.*		
샐러맨더과 Salamandridae	카이저점백이 뉴트 *Neurergus kaiseri*		

참고자료

- 〈생물의 세계, 녹문당〉 George B. Johnson, 2004.4.25.
- 〈주머니 속 양서 · 파충류 도감〉 손상호 · 이용욱 지음, 황소걸음, 2007. 3. 15
- 〈진화학〉 Douglas j. 지음, 라이프 사이언스
- 〈생명이란 무엇인가〉 나카무라 하코부 지음/강호감 손영수 옮김, 전파과학사
- 〈약이 되는 독 독이 되는 독〉 다나카 마치 지음/이동희 옮김, 전나무숲
- 〈산성비〉 김준호, 서울대학교 출판부, 2007. 12. 31
- 〈현혹과 기만(의태와 위장)〉 피터 포브스 지음/이한음 옮김, 까치
- 〈발생학〉 강영선 · 윤일병 지음, 1975.
- 〈한국동식물도감〉 제17권 동물편, 양서파충류. 문교부
- 〈한국의 양서파충류〉 김종범 · 송재영, 2010, 월드사이언스
- 〈한국 자생생물 소리도감-양서류(한국의 개구리 소리)〉 한상훈 · 김현태, 2010. 국립생물자원관
- 〈경계 : 배제된 생명들의 작은 승리〉 김시준 · 김현우 · 박재용 · 윤승희 · 문정실 · 김서경, 2016.9
- 〈열려라! 개구리 나라〉 고선근(2002), 서울 : 지성사.
- 〈세계 과학 백과 대사전(생물 상)〉 김정흠 외(1997). 서울 : 과학사
- 〈동물 발생학〉 김창환(1992). 서울 : 일조각.
- 〈생명을 노래하는 개구리 심재한(2001). 서울 : 다른세상
- 〈과학 · 발명 우수 작품집〉 울산교육과학연구원(2000~2004), 울산
- 〈어린이 동물도감〉 편집부(1998). 서울 : 보리
- 〈학생 백과사전(생물)〉 황준성 외(1997). 서울 : 신태양사
- 〈물 바람숲〉 조홍섭 환경전문기자 ecothink@hani.co.kr

새로운 만남 가까워진 이별 **양서류**

2018년 12월 20일 초판 1쇄 찍음
2018년 12월 30일 초판 1쇄 펴냄

기획 | 씨밀레북스
책임편집 | 김애경
지은이 | 이태원
펴낸이 | 김훈
펴낸곳 | 씨밀레북스
출판등록일 | 2008년 10월 16일
등록번호 | 제311-2008-000036호
주소 | 강원도 춘천시 효자3동 753-21, 203호
전화 | 033-257-4064   **팩스** | 02-2178-9407
e-mail | cimilebooks@naver.com
웹 사이트 | www.similebooks.com
ISBN | 978-89-97242-11-6 13490

이 책은 저작권법에 따라 보호받는 저작물이며,
무단전재와 무단복제는 법으로 금지돼 있습니다.
※ 값은 뒤표지에 있습니다.
※ 잘못된 책은 바꿔 드립니다.